帝国时代

萧然 ◎ 著

# 大秦帝國 上

上海社会科学院出版社

# 致读者

如今的书，多到汇成了海洋。我的这部《大秦帝国》有幸蒙读者从书海中找出，说明诸君与我至少有一点相同：都爱好历史。

尽管我自幼喜欢历史，但真正静下心来，一头钻进故纸堆乐此不疲，以至弄到不闻暮鼓晨钟、不知老之将至的地步，那还是近二十多年来的事。

中国历史，最令我着迷的还是古代，尤其是秦、汉、唐三代，我以为那是中华民族创造活力最为充沛、人性也较为高扬的三个时期。由此，渐渐萌发出一个心愿：为这三个时代各写一部书。

现在这三部书前两部已先后与读者见面：《大秦帝国》、《大汉帝国》分别初版于1997年和2009年。第三部《大唐帝国》正在准备中，争取尽快写出。

近些年来，讲史、写史成了热门，讲、写方式也多种多样，如戏说、细说、趣说、正说、品说等等，可谓百花齐放。不过我这个人可能有点守旧，至今仍留有美好记忆的，还是青少年时代读的几部作者大多为"五四"前贤的"史话"。写过清新可读的《西洋史》的陈衡哲先生说得好："历史不是叫我们哭的，也不是叫我们笑的；乃是要我们明白的。"所以我的这三部书就想尽量做到"明白"二字，尝试用一种新的史话体来写。这个所谓"新"，不妨归结为以下四句话——

一句是平民视角。写历史可以有不同视角，写得好都可以达到"明白"的要求。譬如孔夫子写《春秋》，以周天子为评判圭臬；司马光写《资治通鉴》，以是否有利于帝王统治为编撰标准，他们都把历代帝王的存亡兴衰、荣辱沉浮写得相当明白。这是可以理解的，因为他们心目中的第一读者便是帝王。而在下则是一介平民，读者诸君也该大多是普通人。我们普通人想通过读历史弄明白的，主要的恐怕还不是历代帝王存亡兴衰的道理，而是历史演进中的人生况味；或者说不是为了"资治"，而是为了"资生"——汲取人生滋养。其实包括帝王将相在内的历史人物纵然千姿百态，他们首先总还都是人，有与我们普通人相似或至少可以理解的喜怒哀乐、七情六欲。将帝王视角转换为平民视角，从高高的宫殿回到广阔的人间，历史事件就有可能因拆除了虚幻的屏障而变得面目一新，历史人物也会因此而变得可亲可近。

再一句是侧重人物。历史很复杂，包括政治、经济、文化诸多方面极其丰富的内容；但历史也很简单，简单到只要用一个字便可概括：人。历史上的一切都是因人的生存、发展需要而建立起来的。所以历史的真正主人是人，明白历史的核心就是明白历史中的人生。

明白的前提是理解。为此我在写作中随时提醒自己：力求理解。我想如果我们能少一点终极评判的雄心、多一点力求理解的诚意，以此去接近作为我们先祖的古人，包括那些按当时某种政治或道德标准已被脸谱化了的人物，或许就较为容易进入他们的内心，成为他们的知音。果真那样，我们就能结识到众多先哲前贤、帝王将相、文坛才子、沙场猛将，还有高士野夫、奇男烈女，以及鸡鸣狗盗之徒、灯红酒绿之客……那些浑朴天然的人性，那些激扬放达的人格，因历史几乎永远不可能复现而显得如此珍贵，而你却能与他们结成"忘年交"，时而促膝絮谈，时而浩歌长啸，品味古今不同人生，获得相似或相通的感悟，那该是一件多大的乐事啊！

第三句是，配合阅读需要介绍文史知识。古代历史人物都是生活在当时的两个环境中：地理环境和人文环境；就内容之繁富、变化之快速而言，后者要远远超过前者。人文环境的构成主要是各项典制，包括治典、教典、礼典、政典、刑典和事典，合称六典。这些对我们现代人来说，大都成了颇感陌生的所谓"文史知识"。现代读者要接近古人，就不能不多少了解一点其所处的人文环境，而孤立地介绍那些繁复的文史知识又难免枯燥乏味。我的做法是，配合读者在阅读过程中产生的需要穿插以相关典制的介绍，同时尽力使这些典制不是游离于历史，而是作为历史活动的实际参与者与人物一起展示自己。事实上，在我国古代帝王制度的语境下，那些影响重大的典制本身，往往就是无数历史事件的结晶，在其构成因素中，不仅有政治智慧和人生体验，也还有刀光剑影和凝固了的鲜血。

最后一句是，只想起到一点"引桥"的作用。我写"三大帝国"力求适应现代读者，却也适量引录了一点古书原文。之所以这样做，除了它们的表现力远远胜过我笨拙的转述外，其中还暗藏我的一个小小的"阴谋"：引诱读者对古人的写作魅力产生兴趣，进而去阅读原文。我的体验是：真要学懂历史，必不可少的一条就是直接读《二十五史》及相关古籍。要知道，古书中许多独特的表达本身就是一种历史。更何况，读古文原著，尤其是司马迁的《史记》，那才真正是一种美妙无比的享受！所以说到底，我的书只想起到一点"引桥"的作用，绝不敢奢望代替古人写的史书和近人写的学术专著。若是有一天读者诸君过"引桥"而弃之，径自直入恢宏的历史殿堂，那将是我莫大的欣慰。

当然，以上都只是我的一些设想，这部《大秦帝国》究竟写得如何，还有待读者的评判和方家的教正。我热切企盼着。

作　者

# 目录

致读者 .................................................... 1

**引　言　中华第一帝国** ................................ 6
　　中国社会的第二次怀孕和临产 ........................ 7
　　"东边日出西边雨……" ............................. 9
　　流星·彗星·哈雷彗星 ............................. 12
　　探求大秦帝国之魂 ................................. 17

**第一章　忍辱负垢，创业维艰** ........................ 21
　　一对带着梦想的白颈雉从雍水之畔起飞 ............... 22
　　名为秦晋联姻，实为东进序曲 ....................... 32
　　盟约在诗诵歌吟背后悄然而成 ....................... 41
　　从素服罪己到称霸西戎 ............................. 53

**第二章　再次从"诸侯卑秦"的困境中奋起** ............ 63
　　力挽四世之衰的风雨归来人 ......................... 64
　　铁与血的变革在关中大地兴起 ....................... 72
　　立马河西，虎视山东 ............................... 81

## 第三章　且看白颈雉如何成为猛鹰悍雕 .................................. 95
纵横捭阖，决胜千里 ..................................96
短命的国王与泼辣的太后 ..................................110
从"累卵"险境中突围而出 ..................................121
九鼎在握，称王天下还会远吗？ ..................................140

## 第四章　三个男人、一个女人与一个孩子 .................................. 155
千古奇贾：他用千金买了一个国家 ..................................156
众说纷纭的赵姬妊娠之谜 ..................................166
"邯郸党"入主咸阳宫 ..................................180
从和弦走向变调的三重奏 ..................................192

## 第五章　一个巨人性格的完成 .................................. 207
挥剑杀出重重包围 ..................................208
血的疯狂与心的挣扎 ..................................220
艰难的超越：超越因袭，超越自我 ..................................231

## 第六章　秦王扫六合，虎视何雄哉！ .................................. 243
按上祭坛的第一只羔羊 ..................................244
被玩弄于手掌之上的和氏璧 ..................................255
易水悲歌壮千古 ..................................266
王门父子威震南北 ..................................278
中原列国之树上的最后一片黄叶 ..................................290

## 第七章　帝国风貌：开天辟地，流韵百代 .................................. 305
第一个集三皇五帝之尊于一身的人 ..................................306
接过盘古氏的巨斧（上） ..................................323
接过盘古氏的巨斧（下） ..................................338

## 第八章　顶峰与"顶峰心理" ........................ 353
"秦王骑虎游八极……" ............................ 354
由绝对权力点燃的愚昧之火 ........................ 373
始皇大帝之死 .................................... 384

## 第九章　龙种与跳蚤：秦始皇的继承者们 ............ 399
灵车里凑成的三驾马车 ............................ 400
两匹老马的一场肉搏 .............................. 416
李斯的四种生命 .................................. 427

## 第十章　两个新生阶级的第一次生死较量 ............ 443
大泽乡一声怒吼震天下 ............................ 444
"刘项原来不读书" ................................ 463
咸阳怒火：大秦帝国的葬礼 ........................ 476

## 结　语　历史在回旋中从悲壮走向辉煌 .............. 494
秦人留给后人的遗产 .............................. 494
中原人对历史的再创造 ............................ 496
站在长城之巅遥望 ................................ 499

秦国和秦帝国大事年表 ................................ 503

后　记 .............................................. 511

# 引 言

## 中华第一帝国

每个民族或国家，都有引起世人注目的闪光点，都有特别值得追忆的年代。

在中国，三岁童子都知道从前有个了不起的大人物，叫秦始皇；许多农妇从少女时代开始便都会唱一首歌谣：《孟姜女哭长城》。

秦始皇，孟姜女，一个是以宏大的气魄、狂暴的方式创造了新天地的巨人形象，一个是为这个新天地作出了贡献和牺牲的平民百姓的苦难形象，他们恰好构成了一个如此短暂却又如此辉煌的时代：大秦帝国。

中外学者研究认定：各非汉语语种用来指称中国的词汇大都以"Ch'in"（秦）为原型。例如英语China，便是"Ch'in"的一声之转。由此说明，居住于世界五大洲不同肤色的人们，最初进入他们印象的中国和中国人，正是与"秦"这个称谓相对应的那片国土、那些人和事。

以下是录自各种报刊的一些消息报道：

有人在英国布里斯特尔市对公众的旅游兴趣作了一次问卷调查，问在中国旅游时最感兴趣的名胜古迹是哪里，填答结果90.5%都说是长城。

1978年9月，法国前总理、时任巴黎市长的希拉克参观了秦始皇兵马俑坑后兴奋地说，秦兵马俑坑是世界第八大奇迹[1]。从1980年到1992年短短十余年间，秦兵马俑已在全世界二十一个国家和地区的四十三座城市展出，第八大奇迹之说已为世人所公认。

1989年12月，由联合国教科文组织世界遗产委员会负责人签发的一份特别文件送达中国北京。这位负责人说他很荣幸地通知中国政府，中国有五处古代文化遗址已被载入"世界遗产保护目录"，其中属秦帝国的就有两处：长城和秦始皇帝陵[2]。这份文件向全世界宣告："为了全人类的利益，凡经批准列入此目录的具有特殊和世界价值的文化和自然遗址，应受到保护。"

啊，大秦帝国，你吸引了这个世界多少人的目光啊，你简直成了人类的骄子！

---

【1】另七大世界奇迹通常指：埃及金字塔，巴比伦空中花园，以弗所（小亚）阿耳忒弥斯神庙，奥林匹亚（南希腊）宙斯神像，哈利卡纳苏（小亚）摩索拉斯陵墓，东地中海罗得岛太阳神巨像（科洛斯），亚历山大城（法罗斯岛上）灯塔。

【2】另外三处是：北京故宫，北京人遗址，莫高窟。

一个狂飙式的儿子，该有一位特别矫健强悍的母亲。大秦帝国，你的母亲是谁呢？

## 中国社会的第二次怀孕和临产

大秦帝国的母亲便是春秋战国。

历时五个半世纪的春秋战国，是中国历史这部庞大的交响曲的一个奇特的乐章。它酷烈而辉煌，执著而奔放；它既使人惊愕，又令人神往。它孕育和造就了一大批先哲古贤、高士奇侠，犹如璀璨的繁星永恒地照耀在历史上空。它充满着力量和智慧的奇迹，标出了人类在许多领域曾经达到过的座座高峰。生活于现代的中国人，不管你是否受过学校教育，也无论你是属于五十六个民族中的哪一族，都不能不直接或间接地受到那个奇特时代所积淀下来的文化遗产的影响，在我们的血肉里程度不等地留有孔子、孟子、老子、庄子、墨子、韩非子……那一大批智者的滋养。如今，当我们踏进从那个时代出土的青铜器皿陈列室，或者推开珍藏着诸多智者典籍的书库，一种精深博大的历史气息便会迎面扑来，怎能不令人敬之仰之、顶礼膜拜呢？

但同时，春秋战国又是一个不断产生荒唐，有时还把这种荒唐作了庄重记录的年代。

读《左传》下面这则记载，你也许就会忍俊不禁——

僖公二十八年（公元前632年），继齐桓公而起的春秋第二霸主晋文公，城濮一战大败楚国，为此而大会诸侯于践土，并"召"名义上还是天下共主的周襄王也去会盟。说来也真可怜，此时堂堂的大周王朝天子却蜗居于雒邑（今河南洛阳市洛水北岸）一隅，不得不随时恭候诸侯列强来牵了鼻子走。当下周襄王一听召唤，只好立刻应命前往。若干年后，孔子作《春秋》读到这段史料，不由仰天长叹：呵，上天，世上岂有诸侯可以"召"天子之理呢！若照实情写出，就会大丢周天子的面子，依据"为尊者讳"的原则，孔老先生硬是把事情写成这样："天王狩于河阳。"这就是说，襄王不是被"召"去而是自己去的；也不是去给霸主捧场，而是为对天下子民施行教化而去行猎的：古代三皇五帝不是都要"春蒐、夏苗、秋狝、冬狩"吗？多么堂皇而合乎礼制啊！

再读《吕氏春秋·察微》的记载，却令人哭笑不得——

在吴、楚交界有一个叫卑梁的地方，两国居民自古和乐相处，春天来临时，采桑姑娘们常在一起嬉戏。一次吴国姑娘误伤了楚国姑娘的一个手指，被伤姑娘的父母出来责问，双方发生了争吵。这本属极平常的民间纠纷，楚国方面的地方守令却因多年无休止争战形成的思维定势，不假思索便立即认定这件小事为两国关系严重事件，迅速举兵攻打，尽杀当地老幼。吴王夷昧一听勃然大怒，当即兴兵讨伐，夷昧之子公子光率师相助。楚国哪肯示弱，数万精锐火速应召而至。两国军队同时浩浩荡荡开向弹丸之地鸡父，因一件鸡毛蒜皮小事居然酿成了一次大战，即所谓"鸡父大战"。

但接下去的记载。直叫人欲哭无泪了——

战国时代，齐国和赵、魏两国各以黄河为界，而赵、魏居西地势较高，齐国滨海地势低下，每逢河水泛滥，齐国难免有泽国之忧。于是《汉书·沟洫志》就有了这样的记载：

齐国治黄河筑了道长堤，河水这边被堵住就流向赵、魏。赵、魏一看不得了，也各自赶紧筑起堤防以为抵挡。就这样，他们三国各家自堵门前"水"，当政者自然都可堂皇地宣称自己已经"克勤王事"了，却不料，从此在黄河两岸五十里的宽阔地带内，汹涌的黄河之水时来时去，忽东忽西，苦煞了祖祖辈辈生于斯、养于斯的万千苍生！

今人不应也无权讥笑或哀叹古人。要不然，我们就会陷入唐代杜牧在《阿房宫赋》中早已提醒过的可悲的循环圈："秦人不暇自哀而后人哀之；后人哀之而不鉴之，亦使后人而复哀后人也。"并非我们比古人高明，而是时间的筛子历经两千多年的筛选，终于汰去了一些事物的表象，这才使我们得以一眼看出它们的荒唐可笑之处。

但还不止是荒唐。

春秋战国这些奇特的乐章又是在漫长年代的无休止争战中，用白骨蘸着鲜血写成的。单是在春秋时期，据《史记》记载就有"弑君三十六，亡国五十二，诸侯奔走不得保其社稷者不可胜数"。至于其中究竟死了多少人，谁也说不准。生活在战国中期的孟子作过这样一个概括："争地以战，杀人盈野；争城以战，杀人盈城。"（《孟子·离娄》）近人梁启超在《中国史上的人口统计》中作了总的估计：战国时期"七雄交哄。所损士卒当二百万有奇矣"！要知道，战国末期人口总数也只有一千五百万到两千万之间[1]"所损士卒当二百万有奇"，那就是总人口的十分之一以上，这是一个何等惊人的数字！可以想见，在当时的函谷内外，大河上下，那些经历过无数次搏杀的古战场上，曾经是骷髅成丘，白骨铺地，这是一幅幅多么惨烈的景象啊！

长期战乱给广大民众带来了深重的灾难，人们早就企盼着：这一切该是结束的时候了！

这是在前线浴血苦战的士兵，怀念家乡和妻儿，希望早点结束战争的心声：

扬之水，不流束薪。彼其之子，不与我戍申（守卫申国）。怀哉怀哉，曷月予还归哉？（《诗经·扬之水》）

这是一个军属对前线丈夫的刻骨相思，殷殷企盼着他早日归来：

君子于役，不知其期。曷至哉？鸡栖于埘，日之夕矣，牛羊下来。君子于役，如之何勿思？（《诗经·君子于役》）

但是社会的发展，固然不会无视于千百万人的主观愿望，却更要取决于客观条件。笼统地归纳一句"春秋无义战"（《孟子·尽心下》），无助于科学地说明问题。发生争战的根本原因，不应当到道德观念中去寻找，它存在于实实在在的社会利害关系中。即使是神话传说中的特洛伊战争，聪明的古希腊人也给它安上了一个极为物质的原因：为了争夺一只

---

[1] 据唐代杜佑《通典·食货志》估计，战国末期人口总数约一千五百万；《帝王世纪》及《文献通考》同此。近人范文澜《中国通史》则记为约两千万左右。

"不和女神"投下的金苹果。引起春秋战国如此久长的连续争战和社会大动荡的根本原因，在于社会母体内正孕育着一个新的生命，偏偏这个新生命的出世又必须以另一个旧生命的死亡为前提条件。这就是说，新兴的地主阶级与没落的奴隶主阶级，双方将在这场大动荡中一决生死存亡。属于早熟的中国社会，这时开始了它的第二次怀孕和临产。第一次是在原始部族制母体内孕育出一个奴隶主阶级，在埋葬旧的原始部族制的同时，分娩出一个称之为国家的婴儿，实行的是在华夏大地上第一次出现的帝王封建制度。而这一次临产，不仅要埋葬一种旧的制度，还要灭亡一个旧的阶级。因而过程更艰难，冲突更激烈，不可避免地会有接连不断的阵痛，呼天抢地的嘶叫，出现抽搐、痉挛以至休克等异乎寻常的反应，并伴随着滚滚如潮的污秽和血腥……

不过要来的总是会来的。

怀孕终于足月，产门终于启开，盼望中的一天终于还是到来了！

这一回诞生的婴儿名叫大秦帝国，实行的是一种全新的国家制度：大一统的帝王集权制[1]。两千多年后，英国历史学家阿诺德·汤因比对它作了这样评述——

从中国历史的传统表现来看，由始皇帝完成并经刘邦加以拯救的那种有效的政治统一，实际上必定是史无前例的成就，如同恺撒与奥古斯都在希腊世界所取得的成就一样。（《历史研究·希腊模式与中国模式》）

大秦帝国诞生于公元前221年（秦始皇二十六年）的夏秋之交，金风开始送凉，大雁初次南飞。

## "东边日出西边雨……"

同在这一天，一东一西，发生了两件截然相反的事。

临近东海的临淄（今山东淄博市东北），因是齐国国都，数百年来一直号称繁华甲天下，占尽风流。历史翻到这一天，它终止了作为诸侯国国都的称号，降为大统一的秦帝国版图中的一个郡——齐郡的组成部分。齐王宫里的金粉歌舞香尽声逝，顿成过去。

齐国，是山东[2]六国中被秦国最后灭亡的一个诸侯国。这就是说，在此之前，其余

---

[1] 关于秦及秦以后我国古代国家制度的性质，在上个世纪下半叶几成一统的看法是，将奴隶制与封建制的分界线定在周秦之际，认为秦及秦以后实行的是封建制度。由此，又派生出封建帝王、封建社会、封建思想以至封建迷信等等概念。近些年来，已有多位学者提出，此种说法不符合历史实际，不应再采用。本人对此颇有同感，并斗胆以为，中国古代实行的大体可说是帝王制度，分两个大阶段：帝王封建制和帝王集权制。封建意指封土建国，此种制度至西周已相当完备，所谓诸侯八百，封国林立，至东周而诸侯国中的五个封国先后相继称霸，其后又是七国争雄，作为共主的周天子已是名存实亡。秦始皇统一六国后，废封建，立郡县，实行的是帝王集权专制制度，权力由帝王一人独擅。汉及汉以后，虽部分地恢复了封建制，但此时的封国已不再是具有独立意义的政权实体，因而并不影响整个国家实行的是帝王集权制。

[2] 山东：此处系历史上的地理概念，指崤山或华山以东广大地区。

五国国都也遭到了与临淄同样的命运。

这一天清晨，几匹疲惫的老马拖着几辆破旧的乘辇，驶出郡邑临淄。乘辇里坐着满脸沮丧的齐国末代国王田建和他的嫔妃、亲从。乘辇前后数十匹关中高头大马上，是负责押送的秦国将士，咄咄逼人。他们的行程终点，将是距此数百里太行山下一个叫作共的小山城。

齐王田建是不战而降的，秦王对他仅作迁徙也即流放的处理，还不失为一种优待。但这些一向锦衣美食的昨日的国王、王妃，又如何经得起这一路风尘颠簸和饥渴劳累之苦呢！沿途原为齐国的臣民们，望着这队车马的后影，唱起了如今我们还可以在《史记·田敬仲完世家》中读到的那半是怨愤、半是讥讽的歌谣，如果用现代语表达出来大意是——

松树呵，柏树呵，
渴不能饮饥不能餐啊！
谁令国王如此呢？
该责备自己用人不当、品行不端吧！[1]

顺便交代两句后话：齐王田建在共邑荒凉的陋室里，终究没有熬过这一年的秋天，便在郁悒和饥渴中死去。嫔妃和亲从各作鸟兽散，流落到了寻常百姓中间。

历史的转折是严酷的，但也并非一概无情。借用刘禹锡的一首竹枝词，可以把当时中国大势点化得十分形象而传神："东边日出西边雨，道是无晴（情）还有晴（情）。"

在齐王田建离开临淄的同一个早晨，西距两千余里之遥的咸阳城，从巍峨的秦王宫驶出了一长列气势宏大的车驾，按礼制称大驾，有属车八十一乘，分左中右三行。旌旗蔽天，戈戟耀日。中间为一乘玉辂，其上为圆形的黄盖，象征天，饰有日月星辰图纹；其下是四方的舆，象征地，绘有山岳江海的图像。即将宣布自己为"始皇帝"的嬴政[2]，头戴冕旒、身穿衮龙袍端坐其中。玉辂左右各建青龙、白虎大旂，皆有十二旒；就连拉车的马也是戴金披彩，好不威风！其后还有各种名目的副车，一律皂盖赤里的车帷，乘坐的是兼并六国大战中的功臣猛将和丞相、御史等近侍大臣。最后是两行披甲执戈雄跨于马上的护卫武士。这支庞大队伍沿着渭水北岸宽大平坦的御驰大道，声威赫赫地向雍城进发。

距咸阳近百里、位于汧河上游的雍（今陕西凤翔县南），是嬴秦的发祥地。自六百五十余年前秦德公辟雍城为都开始，历经十九世、三百余年，至献公才迁到栎阳（今陕西临潼渭水北岸），最后又由孝公迁到咸阳（今陕西咸阳市东北）。在雍城，不仅有德公兴建的大郑宫，有穆公兴建的蕲年宫，孝公、昭襄王先后修造的橐泉宫、棫阳宫；还有嬴秦列祖列宗的寝庙和陵墓。雍城对秦王嬴政更有着终生难忘的意义：正是在蕲年宫里，举

---

【1】原文为："松耶，柏耶，住建共者客耶？"
【2】关于秦始皇的姓名，一般书籍都记为"嬴政"，严格说来，这是用错了的。嬴为秦之姓。依古制：男子称氏，女子称姓；氏所以别贵贱，姓所以别婚姻。故秦始皇不应称嬴政，而应以其出生地赵为氏，称赵政。《史记·秦始皇本纪》：秦始皇"名为政，姓赵氏"。《索隐》云："生于赵，故曰赵政。"但因称"嬴政"几乎已是约定成俗，改为"赵政"也许反使读者感到陌生，考虑再三，姑且从俗吧。

行他标志成年的冠礼的同一天，一举平息了嫪毐（laò ǎi）集团的叛乱，进而彻底摆脱被尊为仲父的相国吕不韦对朝政的控制，从此独立地秉掌国政，运筹帷幄，跃马扬剑，不断向山东六国发起强大攻势，历经十七个寒暑的奋战，终于完成了统一大业。今天，他要到雍城去祭祀祖庙，禀告祖宗，并最后祭祀上天。

在这浩大的车驾隆隆行进的沿途两旁，是处于狂欢中的人潮。曾经产生过像收录在《诗经·秦风》中的《无衣》、《蒹葭》那样优美诗篇的秦民，想必此时定会手之舞之、足之蹈之而畅怀歌咏。但因秦帝国存在过于短促，竟没有一篇流传下来。差强可以反映此时秦人心情的，是汉人写的这样四句：

元元黎民，
得免于战国；
逢明天子，
人人自以为更生。（《汉书·严安传》）

秦王嬴政在祭祖祭天时，都作了庄重宣告，列数六国国君的昏庸无道和他们对秦国弃盟毁约等种种所谓罪恶，因而秦国才兴发义兵；逐个消灭了他们。据《史记·秦始皇本纪》记载，原话大致是这样的——

异日韩王纳地效玺，请为藩臣，已而倍（通"背"）约，与赵、魏合从畔（通"叛"）秦，故兴兵诛之，虏其王。寡人以为善，庶几息兵革。赵王使其相李牧来约盟，故归其质子。已而倍盟，反我太原，故兴兵诛之，得其王。赵公子嘉乃自立为代王，故举兵击灭之。魏王始约服入秦，已而与韩、赵谋袭秦，秦兵吏诛，遂破之。荆王献青阳以西，已而畔约，击我南郡，故发兵诛，得其王，遂定其荆地。燕王昏乱，其太子丹乃阴令荆轲为贼，兵吏诛，灭其国。齐王用后胜计，绝秦使，欲为乱，兵吏诛，虏其王，平齐地。

听这口气，会使人想起《伊索寓言》中那只要吃羊的狼，反正我要吃掉你，这本身就是真理。不过历史上所有的军事胜利者，大都会把自己说成是道义的拥有者，所以也不足为怪。最后秦王宣称：

寡人以眇眇（miǎo，微小）之身，兴兵诛暴乱，赖宗庙之灵，六王咸伏其辜，天下大定。

这些盛典完成后，诏告全国臣民，特开例恩准天下举行宴饮，即所谓"大酺三日"，以示始皇帝与百官和黔首对新生的大秦帝国的共同庆贺。

秦始皇建立的秦帝国，是中国历史上第一个用帝王集权专制制度建立起来的国家，因而可称是中华第一个帝国。

如果我们把目光转向当时的世界，便可以看到一幅人类少年时代的争强斗胜的壮丽画图。

这时候，世界各民族大多已或先或后跨进文明史门槛。被后世传颂的几个最古老的文明古国，已经或正在向统一集中的帝国形式迈进。公元前2371年～前2230年，在两河流域南部萨尔贡一世建立了阿卡德王国，这是世界历史上第一个奴隶制帝国。随后是公元前1750年汉谟拉比建立了巴比伦帝国；公元前1567年，卡摩斯和阿摩西斯一世驱逐希克索斯侵略者后建立了埃及新王国帝国时期。公元前550年和公元前478年，分别由居鲁士二世建立了波斯帝国，由提洛同盟建立了雅典帝国。然后是公元前336年由亚历山大大帝建立的亚历山大帝国，公元前322年由旃陀罗笈多建立的印度孔雀王朝帝国。

在中国，大秦帝国的诞生，宣告了春秋五霸、战国七雄数百年争战的终结。

这一帝国实际所控制的疆域，它的集中统一程度，是以前各个时期不可比拟的。它的以地主土地私有制为基础的经济制度，以郡县制为核心的政权形式，都是前无古人的创举。继此而才有大汉帝国、大唐帝国，直至大清帝国，在中国历史上因秦帝国的出现而划出了整整一个大时代。

但秦帝国本身却是那样短暂。它二世而亡，只存在了十五个年头。如果不是占了秦历以十月为岁首的便宜[1]，实际上只有十四年。这不仅比世界上早于秦建立的绝大多数帝国存在的时间要短（比亚历山大帝国稍长），也比迟于它出现的我国历史上任何一个统一王朝的存在时间要短，就是连传统历史学家通常总是不予承认为独立王朝的新（王莽）和周（武则天），存在时间也要稍长于秦帝国。难怪林剑鸣先生在《秦史稿》中，不无感慨地写道："秦，像历史长空中的流星，它放出一阵耀眼的光芒以后，就迅速地消逝了！"

## 流星·彗星·哈雷彗星

"像历史长空中的流星"——林先生这个形象而确切的比喻，启发我也想来作一番也许属于蛇足的引申。窃以为秦帝国就其存在的短暂而言，确实恍若流星；但它留在人们观念中的形象，似乎更像彗星。这不仅因为秦帝国时期，彗星屡屡经天，而且景象诡异，因而司马迁在记载这一天文现象时，用了多少带点惊愕的语气："秦始皇之时，十五年彗星四见，久者八十日，长或竟天"（《史记·天官书》）；也不仅因为秦始皇亲政甘泉宫和死于沙丘的前夕，都有彗星出现——我主要取彗星的象征意义。

彗星可谓横空出世。它脱出了一般行星的常轨，仿佛是突然出现在天空。它那由彗核、彗发和彗尾组成的灿烂的光带，"长或竟天"，气势恢宏地划过天空，蔚为壮观。秦帝国也是以脱出那个时代人们通常能够预想到的王朝模式而豁然问世的。它以强大的国家权力承认和

---

【1】占了秦历以十月为岁首的便宜：秦帝国的存在时间，用秦历或夏历算，相差一年。秦依据"五德终始"说（详见后文及七章一节），宣布以水德受命，采用《颛顼历》，相对于夏历，则是以十月为一年之初的正月（因避秦始皇嬴政名讳，改称端月）。公元前206年八月秦二世自杀，子婴即位；同年十月即降于刘邦。这样子婴降汉时间，若以夏历计，是他即位的同年十月；而以秦历计，则是第二年正月（端月）。

确立的地主土地所有制，和在这种生产关系基础之上建立起来的以皇帝为绝对权威的集权专制的政权形式，以及为此而设置的包括郡县制在内的一系列行政立法和典章制度，也被当时许多人视同彗星的出现那样不可理解。人们看着从咸阳宫上空升起一道道奇异的光亮，阵阵头晕目眩之后，在野者开始默默诅咒，在朝者有的冒死进谏，有的阿顺求容。突然有一天，秦帝国这颗彗星消失了，但它所创立的那些当时不被理解的国家权力形式、典章制度，特别是"皇帝"这个至高无上的称号，却千年百代地沿用了下来，并被奉为天经地义。

彗星的另一象征意义是灾难。

把彗星这一特殊天体视为会给人间带来灾祸的"妖星"，认定彗星的出现为"凶兆"，在中国有过一个漫长的历史阶段，如《左传·昭公十七年》就记有彗星的光芒扫过天空，"诸侯其有火灾乎"这样的话。因受这种传统观念的影响，就连太史公司马迁也不无类似想法，因而他在上面引用过的那段"彗星四见"的记载后又写道："其后秦遂以兵灭六王，并中国，外攘四夷，死人如乱麻"，并认为"自蚩尤以来，未尝若斯也"！

但秦帝国，特别是秦始皇晚年和秦二世时期，实行的确实是中国历史上罕见的暴政。秦政的酷烈是有传统的。秦穆公之世尽管颇多建树，但他死时竟要一百七十七人殉葬！秦孝公任用商鞅变法，对反对新法者进行了严厉的镇压，据刘向《新序》著录，仅一次就在渭河边杀死七百余人，"渭水尽赤，号哭之声动于天地"。秦始皇更把这种残酷的统治手段发展到了极端。一听说有人借私学"逆古以害今"，就点燃了焚烧《书》、《诗》和百家著作的火焰。为求长生受了方士的骗，又据告密的人说咸阳有儒生在妖言惑众，一怒之下，就把四百六十余名儒生捉来全都活埋！为建造骊山下的秦始皇陵墓，征发了七十余万人力，陪葬了无数奇珍异宝，为防止泄密，竟然将数以万计的工匠坑杀在陵墓之旁。修筑长城固然是出于维护边防的需要，但以动员三十万之众的规模，长年累月劳苦于白山黑水之间，古书上屡屡描述的"死者相属"一类惨状，决非言之无据。早在那个凄婉悱恻的《孟姜女哭长城》的故事在民间广为流传以前，就有了这样的民谣：

生男慎勿举，
生女哺用脯。
不见长城下，
尸骸相支柱。

孟德斯鸠对暴政作过一个很有意义的分析，认为："暴政有两种，一种是真正的暴政，是以暴力统治人民的；另一种是见解上的暴政，即当统治者建立的一些设施和人民的想法相抵触时让人感觉到的那种暴政。"（《论法的精神》）秦帝国的暴政可说是这两种因素兼而有之，而在它后期，则几乎全部属于第一种暴政。

彗星的出现，又是一种世界性景观。当那神奇瑰丽的景象展示在太空的时候，居住在地球上相对经纬度的人们，一抬头都能看到。分别居住于五大洲的世界各国人民，最初对中国人的认识，正是通过彗星般崛起的秦帝国。因而无论古代希伯来文或印度梵文都用"秦"或近似秦的译音"支那"、"脂那"、"震旦"等来指称中国。研究秦史有年的马非百在《秦始皇帝传》对此作了考订，并列举了众多实例——

如古代印度梵文，称中国为支那（Cina）或支那斯（Chinas）。希伯来文圣经《旧约·以赛亚书篇》则称为西尼姆（Sininm）。英国人斯坦因自中亚盗窃的康居国文遗书中，则称为秦斯坦（Cynstn），罗马拉丁文名著《爱利脱利亚洋海纪事》亦载有秦国（Jhin）之名，并谓其大都城为秦尼（Jhinae）。此外希腊地理学家雷脱美之《地理书》，有秦尼国（Sinae）与塞里斯国（Seres）之名。希腊僧人科斯麻士之《世界基督教诸国风土记》，有秦尼策国（Jzintza）及秦尼斯达国（Jzinista）之名。亚美尼亚史学家摩西之《史记》，则谓中国为产丝之国，其国名为哲那斯坦国（Jenasdan）。陕西西安府之《大秦景教流行中国碑》之叙利亚文，则称中国为秦那斯坦（Zhinastan），长安为克姆丹（Khumdan）。而中世纪阿拉伯之著作，则直称为秦（Cyn或Syn或Jhin）。波斯诗圣费杜西于其诗中，记载中波两国人民交往甚多，其称中国皆为支那（China）……晚近日本人亦仿效西方人称中国为支那。

国际著名汉学家、宾夕法尼亚大学荣誉教授卜德先生在《剑桥中国秦汉史》中写道：

说明帝国的威名甚至远扬于中华世界以外的例子是，秦（Ch'in）这一名称很可能是英语"中国"（China）及各种非汉语中其他同源名称的原型。例如，"Thinai"和"Sinai"就作为这个国家的名称出现在公元一、二世纪的希腊和罗马著作中。但是，中国人由于秦帝国统治的暴政，对它始终非常憎恨，因而反而很少用这个名称来指代自己；他们在过去和现在都用"中国"这一常见的名称来称呼自己。

当然，中国人所以不用"秦"，而用"中国"这样一个称呼来指代自己国家，自有其更深层的地理、人文和历史渊源，并非由于秦帝国实行了暴政。但在了解到短暂的秦帝国的最初闪光，竟然在世界历史上留下如此鲜明的印象以后，我们还是不禁会对它涌起一种特别的感情。

据英国天文学家克劳密博士推算，秦王嬴政亲政前夕在咸阳上空出现的彗星，正是一千八百多年后由英国天文学家哈雷首次计算出它的轨道因而获得命名的哈雷彗星。由此，我还想进一步把秦帝国比之为哈雷彗星。

哈雷彗星不会像流星那样消失，它平均以76年为周期向地球人类光顾一次。秦帝国作为中国社会发展过程中的一个阶段，自然一经消逝永不复返；但在历史学，或者说人们观念中这个特别天宇里，它却像哈雷彗星那样，两千多年来，一而再、再而三地高悬中天，展示它的吉凶未卜、善恶难定的光焰，一次又一次地吸引百家争鸣，引起世人瞩目。

在我国历史上，还没有第二个如此短暂的王朝使得人们具有如此恒久的兴趣去关注它，包括一般人作为历史故事来欣赏的兴趣，和历史学家们进行理性探究的兴趣。

最先试图对秦帝国作出评价的是汉朝人。但他们往往偏重于对秦暴政的指控，且又好作夸饰渲染之词。这当然也是可以理解的。历史上一个新王朝的建立，每每要在一个相当长时间内着力揭示被战胜国的黑暗面，甚至明知夸大或无中生有也在所不惜，以更显出自己诛伐无道的光明所在。秦国兼并六国过程中也曾这样做过，如今是六十年风水轮流转，当年的胜利者被推到了受指控的位置。除此之外，对一般人来说，指责一个已被埋葬的暴君，不必再有任何顾忌，非但可以宣泄积已久的愤懑，通常还能受到新的当国者的赞许，何乐而不为！因此，凡是对待这类时期的史料，在用过一番真伪鉴别工夫后，最好再捏在手心挤一挤，以便挤出其中水分。

不过汉初年轻而负有盛名的政论家贾谊写的《过秦论》，行文恣肆汪洋，立论也还较为平正。文中认为秦帝国的短命是由于错过了两个本可很好巩固、发展自己的时期。第一是南面称帝之初。饱受长期战乱之苦的天下元元之民和四方之士，终于又见到了天子，因而莫不虚心而向上，斐然而向风。如果能在这个时候"守威定功"，那便是"安危之本"。但秦始皇却没有这样做。第二是二世初立之时。对秦始皇的暴政记忆犹新，所以天下黎民莫不引颈企盼着二世的举措。对饥寒交迫中的劳苦者，只要略施恩惠便会得到满足，即所谓"天下之嗷嗷，新主之资也"。但是智能和胆略都远不及乃父的秦二世，却以昏庸和游乐荒废了这个良机。

司马迁在《史记·秦始皇本纪》里大段大段引录《过秦论》原文，并赞扬道："善哉乎，贾生推言之也！"表明他对贾谊观点的认同。作为一个杰出的历史学家，司马迁还针对当时一般学者对秦帝国的偏见，提出了一个极具现实性、又富有深远意义的告诫。他说："学者牵于所闻，见秦在帝位日浅，不察其终始，因举而笑之，不敢道，此与以耳食无异，悲夫！"（《史记·六国年表》）用耳朵进食，食而不知其味，却还自作聪明地"举以笑之"，这个讽刺是辛辣的，却也活脱脱画出了一些人的浅薄相。对待历史和历史人物，特别是对待秦史和秦始皇，这种"耳食症"，的确值得我们经常警惕。

精于帝王术的汉高祖刘邦，在赐予已经断绝了后嗣的秦始皇帝以二十户人家守护陵墓，以显示其宽容和仁爱的同时，对待秦帝国的历史地位却过于霸道，霸道到甚至不承认它的合法存在。

这就要说到那个叫作"五德终始"的天命归属图式或称国运代谢学说了。本书第七章将对这个似乎玄妙深奥的学说作简略介绍。实际上。它的核心内容也就那么一句话：认为王朝的更替是严格按照土、木、金、火、水这"五德"相克或相生轮流转的。从黄帝开始，分别是：黄帝，土德；夏禹，木德；商汤，金德；周文王，火德。大秦帝国建立时，宣布以水德受命于天，代周火德而兴，并采取了一系列与水德相应的措施。现在看来这自然很荒唐，但当时人们却信以为真，因而一个朝代能不能符合其中相应的一德，就变成了它是否符合正统、能否获得上天受命这样一个根本性的大问题。

大汉帝国成立后，按照"五德终始"说，应是汉土克秦水而兴，以土德受命。尽管汉初法制多承秦旧，但汉高祖却决心与已被推翻的秦帝国彻底划清界线，硬是跳过秦而径直与周拉上关系，宣布仍以水德接续周的火德。这样一来，秦帝国就被排除在五德更迭的循环圈之外，等于失去了历史地位。显赫一时的秦帝国，此时已可怜兮兮地落到了被开除"史籍"的地步！开头汉帝国的决策层都觉得这种做法一了百了，很痛快。但渐渐终于有人感觉到了其中的不妥处。你根本不承认秦帝国的合法存在似乎还容易做到，但那空荡荡的十五个年头，和这十五个年头里发生的事、出生的人往哪里搁呀？聪明人毕竟还是有，于是别创一说曰"闰统"。此说认为，就像历法中过若干年会出现一个闰月那样，"五德终始"在不断演进过程中偶尔也会出现"闰"，秦帝国也就是这么被"闰"出来的一个"统"！这一回，秦帝国的史籍总算勉强保住了，但却被打入了"另册"。就是说，它是一颗没有正规星座、横穿而入的彗星，一颗哈雷彗星！

此后两千年，这颗哈雷彗星不时在历史上空出现，特别在唐宋时期，多次爆发出耀眼的光亮。唐太宗李世民与周围群臣，唐宪宗时期的韩愈、柳宗元，宋神宗时期的王安石、司马光，还有集宋代理学之大成的朱熹，或在朝堂，或在学界，多次就秦帝国和秦始皇的兴亡荣辱、功过是非展开论说争辩。其间，尤以柳宗元的《封建论》影响最大。

柳宗元生活在晚唐时期，昔日盛唐的辉煌，经安史之乱一劫，转眼已到了夕阳西下，统一的李唐山河被藩镇列强分割殆尽。这不由人又一次勾想起那五霸争强、七雄逐鹿的春秋战国时代，想起那猛烈崛起又迅速坠落的大秦帝国。

问题是这样提出来的：秦帝国因何而迅速灭亡？

韩愈是主张分封制的，因而他认为"无分势于诸侯"是秦二世而亡的首要原因（见《韩昌黎集·杂说》）。

柳宗元的《封建论》恰好与韩愈针锋相对，竭力反对分封。也许在柳宗元眼里，当时藩镇的跋扈割据，正是当年诸侯裂土争战悲剧的重演。他以汉朝实行过部分的封侯封王，魏、晋承袭此制而相继迅速衰落；唐朝废除分封，完全采用州县制却已巩固地享有了二百余年国运，这样两个对比事实为据，证明郡县制优于分封制。至于秦速亡的原因，他认为"非郡县之制失也"，"失在于政"，就是说是由为政者的暴虐造成。

时代发展到了明清，世界各民族的相互交往成了潮流，古老的中国缓慢地启开了国门。也许国人在睁眼看世界的同时，却不无羞惭地看到了自己的陈腐与落后，因而要求血与火的锤炼与变革，希望有雄才大略的铁腕人物出世，渐次形成了人们的共同愿望。于是，两千多年前的秦帝国又成了时兴的话题。这一时期对秦的指责还是有的，例如王守仁就对秦的诸如焚书坑儒等暴政，进行了激烈的抨击；但更多的却是赞扬。此时这颗再度悬上历史学上空的彗星，"凶兆"的含义消失殆尽，济世救国的吉祥含义大放异彩。石破天惊，李贽竟然赞誉秦始皇为"千古英雄"、"千古一帝"（分别见《史纲评要·后秦记》、《藏书·世纪列传总目》）。继起的王夫之，针对前人常以秦不分封诸侯是"私天下"的指责，提出他独特的见解："秦以私天下之心而罢侯置守，而天假其私以行其大公。"（《读通鉴论》卷一）及至晚清，章太炎在《秦政论》、《秦献记》等文章中，一再张扬秦政，认为古代称得上以公正治天下的，莫过于秦王朝。他特别称道秦始皇自己"负扆（yǐ，屏风）以断天下，而子弟为庶人"这种不以血缘关系封侯赐爵的无私精神，认为他比历史上任何一个帝王都要崇高。

比喻总是跛脚的。把秦帝国比作哈雷彗星，只是取了它往往隔若干时间又要成为社会舆论热点这样一义。实际上，这种"彗星"并非来自天外，而是出自人们心间。正是现实生活的需要，决定了人们希望从以往历史中去汲取点什么。从这个意义上说，"每一种真正的历史都是当代史"（克罗齐《历史学的理论和实践》）。本身已包含有丰富历史内容的秦帝国，仿佛恰恰由于它的短暂，反而越发显出问题的尖锐性和对比的鲜明性，因而更加吸引人们去探究它、解剖它、吸吮它或排斥它。不用作细致考察便可以看到，秦帝国的每一次被引起论辩，都是某种社会现状的折射。当社会由乱而治时，主要是在朝者便会出来揭示秦的残暴，并声言自己将以秦为鉴，实现长治久安；当社会由治转乱时，主要是在野者便会站出来，赞扬秦的革古鼎新胆略，呼唤秦始皇式人物的再世——这大概就是历史学上空这颗哈雷彗星的轨迹吧。

不过，两千多年来，无论论辩双方如何水火不容，寸土不让，有一点却完全一致：双方都认为到战国末期，山河复归一统既是大势所趋，也是人心所向。

问题是：为什么完成统一大业的，不是别国，偏偏是山东六国公认为"天下之仇雠"（见《史记·苏秦列传》）的秦国呢？不是别人，偏偏是被认为"行桀纣之道"（见《说苑·至公篇》）的秦王嬴政呢？

## 探求大秦帝国之魂

这一点，的确大出当时人们意料。

在具有高度文化素养和完备礼乐制度的中原齐鲁诸国看来，世代隅居于关西的秦国，不啻化外之区、野蛮之邦，因而曾长期置之视野之外。孔子周游列国，偏偏就没有去秦国，以至后来连韩愈也不无遗憾地说："孔子西行不到秦，掎摭星宿遗羲娥。"（《石鼓歌》）羲娥，是"羲驭"与"素娥"的合称，也即日、月。星星小，日月大，所以韩愈这话说得直白一点，就是你孔老夫子西行而不去秦国，那简直是捡了芝麻丢了西瓜。不过这是唐人的看法。在孔子所生活的那个时代，不仅中原地区的人们视秦为野蛮、落后而不屑一顾，就连秦人自己也是深深感受到了这一点的。落后是痛苦的，因落后又受到排挤、轻视，更是加倍的痛苦。《吕氏春秋·不苟》记有秦穆公训诫大夫公孙枝越职行事说的一段话：由于"秦国僻陋戎夷"，即使事事、人人都照制度办事，"犹惧为诸侯笑"，可你为什么还要那样做呢？备受屈辱而又极不甘心于屈辱地位的内心痛苦，溢于言表。但秦国的这种地位，到战国初期也还没有根本改变。当山东六强，甚至包括若干小国，都不断在这里那里会盟角逐较量的时候，已具有相当实力的秦国，却还是被冷落在关西。当时年轻气盛的秦孝公在即位祭祖时，痛哭哀告说：耻辱啊耻辱，诸侯如此卑视我秦国，还有什么比这更大的耻辱呢？

出生于寄居地赵国、因而原名赵政的秦始皇，母亲是歌舞伎，父亲虽是秦国王孙却作为人质羁留在赵国，加上秦、赵常常作为敌国相互攻战，因而他的整个童年时代不仅与通常王子王孙都能够享有的优渥生活与良好教育无缘，有时连基本的温饱和人身安全都很难保障。每当为躲避赵国搜捕，不得不鹑衣百结地露宿在邯郸的僻里陋巷时，他所关切的绝不是未来如何去吞并六国，而只能是眼前如何填饱辘辘饥肠！

也许造化有偏心，常常同情处于困境中的弱者，赐予这样一个国、这样一个人，以一个从此永远不可能再复得的良机，去完成统一大业。

但历史的发展，原有它自身的必然规律。可能会有侥幸，却不会归结于侥幸。

秦国和秦始皇所以能成为中华第一帝国的创造者，先哲和时贤已作出多种探究，原因很多。如地理条件的优越：东据崤山、函谷之固，西拥雍州膏腴之地，不仅物产丰饶，且攻守皆利。又如秦内政较为严正，士大夫比周结党之事相对较少，百官恭俭敦敬，勤于执事。再如秦民勇悍善斗，秦地音乐诗歌都有一种犷野意味。特别是商鞅变法后，坚持以军功封爵，将士更勇于公战，犯白刃，蹈汤池，一往无前。秦国还长期以厚禄高位吸纳各国"客卿"，使许多在本国得不到重用的智能之士纷纷西游，以求在秦国一展抱负才华。此外，也许还是最主要的，就是统一已成为时代要求，统一的时机已经完全成熟。儒墨两家在学说上是对立的，但对必须统一这一点却完全一致。当梁惠王问到如何来结束已经长达数百年的大小兼并、兄弟残杀的局面时，孟子断然回答："定于一。"（《孟子·梁惠王上》）墨子也认为要达到"天下治"的目的，"唯能壹同天下之义"（《墨子·尚同上》）。总括以上诸因素，也就是通常说的天时、地利、人和。

但详尽地按照这些"条条杠杠"为这个古老的帝国写出一部带有总结路数的文字，也许会使人索然寡味。我还是想从自己设定新史话体的路子，尝试着侧重从人和人生与人的命运的角度作一探索，力求能写出一点新的意味来。

我想起了英国历史学家阿诺德·汤因比的"逆境论"。

在研究人类文明起源时，汤因比得出结论，艰难的生存环境即逆境是文明和文化得以形成并发展的重要原因。逆境有多种多样：恶劣的地域条件，猝然降临的自然灾变，人为的战争和奴役，由某种原因造成的自身智力或肢体方面的缺陷等等。逆境对处于其中的人们是一种挑战，它不仅会刺激人们鼓起勇气和智慧去战胜它，并进而成为创造新的业绩的动力。

下面是汤因比的一段著名的论述——

> 社会成长乃是一系列成功应战回答挑战的结果。历史的动力正表现在挑战和应战的相互作用之中。但是，如上所述，社会的成长却不是必然的。只有挑战遇到了成功的应战，并且这一挑战还能趁势不断激发起更新的挑战时，社会才会不断成长。（汤因比《历史研究》）

如果说大秦帝国因暴亡而不免使人有流星之叹的话，那么它的兴起却决非一蹴而就，它那短暂而辉煌的光焰，是经由漫长的历史阶段积聚而成的。因而如果我们要寻访帝国之魂，就不能不追溯秦人的整个奋斗史：从一个遭受迁徙的民族，到附庸——诸侯——王国，直到成为天下共主的大秦帝国。

秦人的先祖也曾有过颇可自豪的历史，但自从其中两位先祖在商末助纣为虐，被认为作恶多端，周灭商后便一下坠入了低谷。此后漫长的历史岁月中，一代接一代的秦人都是在此种艰难的生存环境中挣扎、搏斗，对艰难的生存环境发出的挑战作出应战。对于秦人中掌权执政的君主来说，既要对由外强逼迫造成的困境作出应战，又要对由这种困境引发的内部危机作出应战。几次成功的应战赢得了大踏步的前进，忽而出现了失败的应战又突然倒退下来。无论对于一个人，一个民族，或是对于一个国家，这都是一种意志、毅力和性格的残酷磨练。

历经数百年的艰苦跋涉，终于攀登到了这样一个阶段：不再是六国卑视秦国的问题，而是秦国如何来削平六国、统一华夏的问题。

作为历代先祖事业的继承者，此时的秦王嬴政个人，也是在对付外部困境和内部危机的两个方面的成功应战中，完成了自我超越的。这个昨日邯郸街头的流浪儿，如今已是一代雄主。但他面对的仍然是强大的敌人：土地五倍于秦、兵力十倍于秦的山东六国[1]。这又是一种挑战，是由以往一系列成功的应战激起的更新、更高的挑战。秦王嬴政和他的文臣武将，以及他那庞大的对手们，将如何各自作出他们的应对呢？

最后，中华第一帝国的大厦巍然立起，做了帝国始皇帝的嬴政终于登上了人生的顶峰。在人类历史上，能够登上类似顶峰的人屈指可数。顶峰也决非无忧无虑的极乐世界。事实上也许将面临一种特殊类型的挑战与应战。"我欲乘风归去，又恐琼楼玉宇，高处不胜寒。"东坡居士想必是有所体验的，因而作过这样的提醒。人类原是社会动物，天赋芸芸众生以平等之权，突然一下子别人都成了蝼蚁，唯独我至尊、至贵、至上，孤零零一人独处于顶峰之上，真是"高处不胜寒"啊！处于顶峰之上的人，又会有怎样的感觉情趣、特殊心态呢？他会怎样发脾气、怎样骂人、杀人呢？他还担心事吗？如果有，那是怎么样的心事呢？他还做梦吗？如果还做，那是一些怎么样的梦呢？……

在接受了出版社约稿，开始构思、撰作这新史话体断代史第一部《大秦帝国》的1995年整个闷热的夏天里，我漫游于前圣时贤的文献文字之海，希冀尽快超越秦史知识的描红阶段，获得大秦帝国阍者的允许，前去虔诚朝觐，争取能与古人、秦人，特别是始皇帝嬴政，平等地对话，感同身受地生活其中，并进而试图触摸一下帝国也许至今还没有完全停止搏动的心房。

但时间过去了一个多月，我还只能徘徊在暗红斑驳的帝国禁城围墙之下，苦于找不到一个进出口。

临窗有棵银杏树，浓郁的绿荫偶或为我送来阵阵凉风。透过茂叶编织的缝隙，可以看到一片湛蓝而深远的天。

随着阵阵扑扑簌簌的拍翅声，突然掠过两羽白鸽。

于是，绿叶、蓝天、白鸽，组成了一幅明丽的画图。

一对白鸽忽而幻化成了两只白颈雉，我甚至清晰地看到了它们那艳丽的长尾羽就在我眼前掠过。

当我清醒地想到这是一种幻觉时，那奇异的神鸟已再也无法从我眼前抹去。

一对白颈雉？我不由惊喜地叫出了声。

啊，看到了，我看到了，一对白颈雉，从雍水之畔起飞，在苍茫的关中大地上空翱翔！

那不是普通的白颈雉；那是艰难跋涉中的秦人的梦想，是他们梦想的神化。

啊，可爱的蓝天使者，你能成为我进入大秦帝国最初发祥地的向导吗？

---

[1]《战国策·赵策二》，当时著名纵横家苏秦对六国与秦作比较论述时，有此估计。可能有夸大。

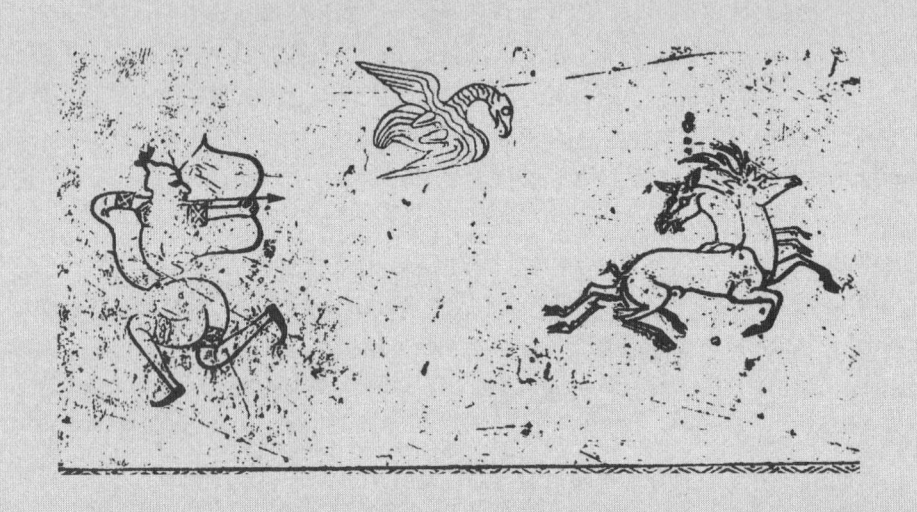

# 第 一 章
## 忍辱负垢，创业维艰

一对带着梦想的白颈雉从雍水之畔起飞
名为秦晋联姻，实为东进序曲
盟约在诗诵歌吟背后悄然而成
从素服罪己到称霸西戎

# 一对带着梦想的白颈雉从雍水之畔起飞

## 从光辉梦想跌到无尽黑暗

如今我们习惯把建立秦国、秦帝国这一氏族称为"嬴秦",其实"嬴"这个姓,"秦"这个采自封国之名的氏,都是过了相当长历史阶段才取得的。但为了叙述方便,我们姑且一开始就称他们为秦人吧!

秦人的历史,仿佛与鸟兽有着不解之缘。

不只是本节题目中写到的白颈雉,还有燕子、马和各种珍禽异兽。

燕群快活地鸣叫着,飞过原野,落下一枚燕蛋。一位正在牧羊的名叫女修的少女,吞咽了这枚燕蛋,生下一个男子,取名大业,他就是秦人的始祖——《史记·秦本纪》用这样一个神奇的传说,翻开了秦部落起源的历史。

古籍中这类无性而孕,生下男子成为某个部族始祖的传说,还有很多。不妨推想,它是我们先人追忆那个已颇为遥远的"只知有母,不知有父"的母系社会时,敷衍幻化出来的神话吧。[1]

另有一个也是有关燕子的神话,见于《吕氏春秋·音初》,更为委婉动人。

春天,碧绿的原野上,高耸入云的九重台拔地而起。台顶上,蓝天下,一对美丽的少女击鼓奏瑟,时歌时舞。天帝感动了,便命令燕子代他下访这两位少女。燕子"嗌嗌"地鸣叫着,欢快地飞翔着,来到台顶。两位少女立刻欣喜地嬉戏捕捉起来。终于捉到了燕子,关进一个玉筐。一会儿,她们想揭开筐子来看看。谁知刚一揭,那燕子便飞向蓝天,留下了两枚燕蛋。这对少女便无限怀恋地歌唱起来:可爱的燕子啊,你飞到哪里去了呢?

后来少女中的一位名叫简狄的,在沐浴时吞下了一枚燕蛋,便怀孕而生了殷商的祖先契。

在相当长一段历史时期内,秦人因自己与曾经建立了商朝的商人有类似的始祖传说而

---

[1] 近代学者多持此说。也有提出异议的,如顾颉刚先生的《秦汉的方士与儒生》认为,凡此类现在我们可以从古籍上读到的神话,是王莽专权时期为适应其篡汉需要而由刘歆等人附会上去的,古籍上原本没有此类说法。

感到荣耀。但自从他们被迫从富庶、温暖的东海之滨，经过艰难的跋涉，踏上了荒凉、寒冷的黄土高原，迁徙到了遥远的西陲之地之后[1]，再想起这两个有关燕子的传说时，就会引起莫名的惆怅和怨愤。

因为这联系着他们一段痛苦的历史。

把断断续续的神话和传说连缀起来，秦人先祖的世系大略是这样的——

大业娶女华，生子大费。大费娶姚姓玉女，生子大廉和若木。此后，若木有后嗣费昌，大廉则有孟戏和中衍。接着开始了中潏的世代：中潏生蜚廉，蜚廉生恶来……

大费生活的时期，大致相当于传说中的虞舜、大禹时代。滔滔洪水，泛滥于中原大地。禹受命治水，大费跟随左右当助手。禹劳身苦心，胫毛尽脱，在外十三年，三过家门而不入。大功告成时，虞舜要重赏大禹。大禹说：并非我一个人能完成，也有大费辅佐的功劳呀！虞舜听了很高兴，说：好啊，你这个大费，助禹治水有功，赏赐你这面皂游，你的子孙将会有盛大的功业！

"皂游"是一种有黑色飘带的旗子，秦人把它视为无上光荣。

从这时开始，秦人和先后以舜、禹为首领的舜、夏部族联盟有了较为亲密的联系。舜还充分发挥秦人祖先驯养鸟兽方面的丰富经验，让他们担任驯养师。特别是一位叫柏翳的先祖，干得特别出色，许多珍禽异兽都被调教得十分驯服。为了表示嘉奖，舜特地赐予柏翳一个姓，就叫"嬴"。

现在他们已可说自己姓"嬴"了，只是还没有"秦"这个封国，还没有氏。

在古代，是否有氏，是区别贵贱的一个标志。这也就是说，秦人到这时候也还没有跻身于贵族的行列。

《史记》除了《秦本纪》中有个柏翳，《五帝本纪》中还另有个"伯益"。学者们大都认为两个名字属同一人。如果真是这样，那么秦人对自己的发展史曾有过多么惨烈的记忆啊！他们会想到：正是那个血淋淋的事件，葬送了本来他们可能拥有的日出般的辉煌！

因为这位伯益，不仅发明过占岁、掘井，做过虞官，在尧时就和皋陶、后稷一起受到同样重用；后又佐禹治水，以致禹生前已预定要把天下传给他。这样，按照传统儒家的说法，当大禹东巡会稽而崩时，便出现了伯益和大禹的儿子启相互谦让王位的动人场面。直到最后，天下诸侯因伯益佐禹时间不长，对他还不怎么了解，便都去朝见启，启只好勉强接受了王位。

但实际情况却并不这么温良恭俭让。

从记载看，隐伏于温情脉脉纱幕之后的刀戈剑戟险情，最先是战国初期有人在燕王哙面前捅出来的，事见《史记·燕召公世家》。这个人说——

---

[1] 关于嬴秦氏族的来源，历来学者有两种不同意见。一为西来说，如王国维：秦之祖先，起于夷狄（见《秦都邑考》）；翦伯赞：秦为羌族苗裔，原住鄂尔多斯原野，后缓缓向甘肃西南迁徙（见《秦汉史》）。另一为东来说，如黄文弼的《秦为东方族考》，卫聚贤的《中国民族的来源》，马非百的《秦集史》，以及林剑鸣的《秦史稿》等等，均主此说。本书取东来说。

禹荐益，已而以启人为吏。及老，而以启人为不足任乎天下，传之于益。已而启与交党攻益，夺之。天下谓禹名传天下于益，已而实令启自取之。

这与儒家通常说的就大不一样。拥戴启的不是"天下诸侯"，而是启之"交党"，即他的同党或追随者；益与启也不是相互谦让，而是启率领他的同党"攻益，夺之"。事情还牵涉到大禹，这位永远值得后人敬仰的治水大功臣，晚年在传位问题上竟是"名传天下于益"，过后又"实令启自取之"，像是演了一场戏！

接着是屈原向上苍发出《天问》——

启代益作后，卒然离蠥；何启惟忧，而能拘是达？

这段文字不大好懂。按闻一多《天问疏证》大意是说：禹死后，益受禅而立。启欲谋夺益位事被察觉，反而遭到益的拘禁。后来启终于逃脱，带领他的人攻益而夺了天下。这里更没有丝毫谦让可言，有的只是一场跌宕曲折、你死我活的搏斗。

稍后于屈原的韩非，在《韩非子·外储说右下》中也有类似的记述——

古者禹死，将传天下于益，启之人因相攻益而立启。

最后是晋代人对这一事件作了更为彻底的披露。

在我国史学史上，晋太康年间在汲县战国魏襄王墓中出土了一部《竹书纪年》，实在是一件大事。这部出自当年魏国史官之手的编年体史书，保留了许多历史事件的原貌，而与传统说法大异。据《晋书·束皙传》引录，关于益、启传位的事，它径情直遂地只用了这样七个字，便血淋淋地勾画出了为争夺王位而相互残杀的一幕惨状——

益干启位启杀之。

伯益被杀害了，整个嬴秦氏族从一片光辉的梦想中陡然坠落到了无尽的黑暗。

不过，柏翳、伯益也可能是两个人。因为《史记·陈杞世家》在记录唐虞时代的贤人时，柏翳、伯益并列其中。《史记·索隐》对此提出了疑问："未知太史公意如何，恐多是误。"新近出版的《夏商史稿》一书的作者孙淼，则肯定认为把伯益说成是秦的祖先"不足凭信"，柏翳、伯益当是两个人。[1]

但是即使按此说，启杀益而立对秦人仍然是一个严重的打击。启的这一行动，从此永远终止了所谓"以天下让贤"的禅让制度。他以暴力夺取部落联盟领导权，进而建立了以

---

[1] 学术界对柏翳、伯益究竟是两人还是同一人，一向颇有争论。杨宽先生《中国上古史导论》中有详论，有兴趣的读者不妨找来一读（上海书店影印出版的《古史辨》第六册载有此文）。

君主世袭为特征的夏王朝。这是中华大地上第一个以阶级统治形式出现的奴隶制国家，该是一大进步。历史撞开了文明的大门，宣告联盟协和的时代已成过去，但伴之而起的却又不能不是残酷和野蛮。新生的夏王朝以暴力为后盾实施了强有力的政治、经济统治，即使是与夏启属同一祖先的有扈氏，也因他们不愿臣服新王朝的暴力统治而被剿杀无遗。此时，依旧保持着原始部族制平等生活的秦人祖先，在这个新生国家里自然要被视为异类，而他们自己也感到与新制度格格不入。他们暂时还认识不到被他们视为那么美好的原先那种生活方式，其实却是注定要被历史淘汰。他们退缩了，沉寂了，默默渔猎于东海之滨……

## 第二次跌落——大迁徙

夏启大致传了十五世而至桀，秦人等待了漫长的四百七十年，终于等到了能够显示自己胆识才干、改变氏族命运的一天。

夏的末代国王是桀，古书上说他宠幸妹（mò）喜，虐杀忠谏之臣，一味苛待百姓，却还把自己比作太阳。于是人们便对天诅咒道：你这可恶的太阳呀，何时我与你同归于尽呢！我国历史上第一次以推翻一个王朝为目的的大起义开始了，领头人便是商族的首领汤。这时候，秦人先祖中的费昌便果敢地率领众人反夏投商，加入了浩浩荡荡的起义大军。费昌本人，更以他出色的驯马、驾车本领，成为商汤的御者，参加决定胜负的鸣条大战，立下卓越的功勋。

秦人的胆识才干赢得了商汤的高度重视。以后，他们世代有人参与佐治商朝国政，在整个殷商之世，嬴姓一直是显贵之族。特别是中衍的玄孙中潏，受商王派遣西行，成了镇西戎、保西陲的边疆大臣。不久，中潏的儿子蜚廉和孙子恶来，都先后得到商王重用。这可说是秦人先祖的最辉煌时期，让他们久久难以忘怀。

但祸福往往同门。极盛时期的出现，同时也就预示没落时期的到来。秦人的先祖是借着夏朝末代国王桀覆亡的机会复起的，没有想到，他们却又在商朝最后一个国王的倒台中跌落了下来！

商的末代国王是纣。据古籍记载，商纣的昏庸暴虐与夏桀有惊人的相似之处。他宠幸妲己，草菅人命，逼疯和惨杀敢于直谏的箕子、比干等众多大臣。例外的是，蜚廉、恶来却始终得到纣王重用。传说父子俩都有非凡本领：蜚廉善跑，可以日行千里；恶来有力，双手能撕裂猛兽。所以《史记·秦本纪》说他们两人"俱以材力事殷纣"。据此，似乎只是弄臣一类，涉及政治内容不会很多。但《孟子·滕文公章句下》却把武王"驱蜚廉"与成王"伐奄国"并列起来，说明在孟子心目中蜚廉对殷纣的昏庸无道负有重大责任。《吕氏春秋·当染》篇又把恶来列为纣王身旁两个最重要佞臣之一，他们劣行的影响，导致了纣王的"国残身死"。据此，则又大致可以推定，他们父子二人，在"助纣为虐"方面是颇为卖力的。不管怎么说，秦人的厄运就这样降临了：当纣王发觉自己已陷入周武王率领的讨伐大军的汪洋大海，不得不以自焚来结束生命时，父子俩的人生道路也到达了终点：恶来为武王所杀，蜚廉则为殷商殉死。

强大的西周王朝建立起来了。不用说,殷商的遗民,从王室到平民,都成了周氏族的奴隶,就像《诗经·大雅·文王》所吟唱的那样:成千成万的商族子孙啊,遵从天命,只好臣服于周!(原文:"商之孙子,其丽不亿;上帝既命,侯于周服")。此时的秦人,包括在殷商时代已经上升为统治阶级奴隶主的那部分秦人,自然全都成了周氏族的奴隶。

但厄运并没有到此为止。

周武王去世,年少的周成王继位,商纣的儿子武庚趁机发动了大规模的反周叛乱。据《逸周书·作雒解》记载,其中有"徐"、"奄"、"盈"等氏族参与了叛乱,他们都为嬴姓,即其先祖都为秦人。成王在著名政治家周公旦辅佐下,迅速而残酷地镇压了这场叛乱。除大量杀戮外,凡与叛乱有关的氏族,都被强迫迁出原地,到较为荒凉、边远的地方去居住。

艰难的长途迁徙就这样开始了。既助纣为虐,又参与叛乱,成千成万的秦人是戴着这双重罪名踏上行程的。他们扶老携幼,肩担手提,离开世世代代相依为命的故土,向着陌生的西方,朝着一个莫测的前程,步履艰难地行进着。再没有昔日虞舜赐予"皂游"的荣誉,也丧失了夏、商时期以车马出行的那种威风。没有欢笑,没有歌舞。也许这时候只有燕子在天空伴随他们的苦旅,给了他们些许慰藉。因为燕子是他们的"图腾",是他们生命的象征。

但是,随着冬季的来临,当黄土高原上迎面扑来凛冽的西北风的时候,燕子就转而开始了一年一度的南迁。不难想象,此时仍然煎熬在迁徙途中的秦人,举头仰望向着他们故土飞去的燕群,内心会有怎样的感受!呵,曾经给予了秦人以生命的燕子,你能否带上我的灵魂一起飞回东土呢?

## 来之不易的"附庸"地位

关于这次迁徙的结果,散见于史书记载,综合起来是这样的——

(一)其中小部分,迁至黄、淮流域就定居了下来。他们后来建立过一些蕞尔小国,如徐、黄、江、葛等。它们都作为嬴姓的分支,通常以国名为氏。

(二)其中大部分,主要是参与过叛乱,因而被视为罪行严重的人,迁徙到了周的西陲之地。在那里附近,原先已有少数秦人,就是早先中潏成为殷商西疆大臣时带去留下的。这两部分合到一起,就成了后来建立大秦帝国的嬴秦氏族的祖先。由于周王朝边境不断向西扩展,已被划为化外之民的秦人也只好随之而西移,最西可能到达过如今的甘肃天水附近。

此后,秦人一直处于被奴役的地位,与戎、狄各族杂居共处。为了生存,他们一面顶风冒雪,逐水而居,过着艰难的游牧生活;一面努力创造定居条件,发展种植业,逐步培植粟、麻、桑、稻等作物。艰难的生存环境,磨砺着他们的意志,锻冶着他们的性格。

这样,大概要到周王朝四传而至穆王时代,才出现了一个小插曲,给秦人带来了些许转机。

这个转机仍然得益于他们善于养马和驯马的特长。

五十五岁才即位的周穆王,就是那位在约成书于战国时期的《穆天子传》中被描写为半人半神的穆天子。他驾八骏去会原由豹尾虎齿、蓬发戴胜的神话人物演变而来的西王母，沿途奇人异闻、珍禽怪兽，令人目不暇接。是谁有此超凡本领为穆王驾八骏去会西王母呢？不是别人，正是迁徙后的秦人的一位先祖，他是蜚廉之子季胜的五世孙，名叫造父。造父为穆王驾车，据说曾以"日行千里"的速度，使穆王迅速平定了一次叛乱。因此大功，他被封于赵城。秦人的这个支族，以后便以封地为氏，在赵城居留下来，到春秋时成了晋国贵族，产生过威名赫赫的赵奢这样的良将；如果按照《引言》二节中那个注，甚至还应包括后来的秦始皇"赵政"。

到了周孝王时代，蜚廉之子恶来的五世孙非子，也因善于养马而被召至"汧渭之间"（今陕西扶风、眉县一带），专门负责为周王室养马。非子自然十分珍惜这个得之不易的机会，尽心竭力而又小心翼翼地谨奉自己的职守。不久，就因他的忠诚和驯顺，获得了一个恩封：封秦为周的"附庸"，并准许他们在"秦"这个地方建筑自己的城邑，恢复嬴氏族的祭祀。

什么叫"附庸"？《礼记·王制》作了这样解释："天子之田方千里，公、侯田方百里。伯七十里，子、男五十里。不能五十里者，不合于天子，附于诸侯曰附庸。"这就是说，附庸只能跟在大国屁股后面当个小三子，根本没有资格朝见天子。但对秦人来说，这已是多么不容易啊！经过如此漫长岁月的苦斗，纵然还是"附庸"，总算有了自己一个称为"秦"的小城堡。从此"嬴"与"秦"合而成为顽强地生活在关西大地上的一群男女的姓氏，他们以独特的风貌正式登上了中国历史舞台。

但实际上，被艰难的生存环境磨砺得十分机敏狡黠的秦人，当时就已察觉：周王朝统治者之所以突然淡忘了秦人曾经助纣和叛周的仇隙，并非出于宽厚或仁慈，而自有其不便明言的无奈和苦衷。

原来此时的周王朝已迅速衰落。这种衰落不仅表现在中原各诸侯国随着经济和军事实力的发展而次第崛起，也表现在边疆地区若干被视为化外的少数民族的不断侵削和骚扰，使周王朝深以为苦。秦人长期处于戎、狄之间，尽管与戎、狄也有过冲突，但交往频繁，关系亲近，而且秦人在那里似乎已有了相当声威，这便引起了周朝高层集团的注意。一天周孝王把曾与周王室有亲戚关系而又数代与秦人联姻的申侯召来，问他对如何利用秦人的看法。申侯回顾了历史，证明与秦人联姻确实能收到使戎人臣服、西陲和睦安宁的效果。周孝王听后决定改变对秦人的传统策略，于是便有了封为附庸、准许筑城称秦那样一些恩赐。

周王朝的策略转变，使秦人一下子认识了自己的价值所在。他们清楚地看到，其实周天子命他们在汧、渭之间养马只是一个幌子，真正的目的是要他们利用自己特殊的地理条件和历史渊源去阻隔戎、狄，成为周王朝在大西北的屏障。于是他们在山呼万岁、感谢天子隆恩的同时，紧紧抓住这一契机，去达到一箭双雕的目的：一面以受命于天子的名义镇抚或讨伐西戎，向周王朝邀功请赏；一面借机发展自己，扩大势力范围，作更深远的谋虑。

非子以后的第三代首领秦仲，由于钦慕周王朝的那一套礼乐制度而对周天子表现出更多的忠顺。他受周王朝的正式派遣去讨伐西戎，出征前受封为"大夫"。这是秦人在周王朝得到的第一个封爵。但周天子的这一封赐，却使戎人终于看清了秦人的异己面目，从而导致秦、戎关系的破裂。西戎首领集结起全部力量发起猛烈进攻，驱逐了居住在大丘一带的秦人先祖中的大骆之族，杀死了秦仲，前锋直扑周王朝的心腹之地。秦人已无法单凭自己力量阻击西戎，摇摇欲坠的周王朝只好在仓促中调兵遣将，集结起七千兵马交与秦仲的儿子庄公等五个兄弟去组织反击。经过一段长时间的残酷搏杀，才击退西戎，暂时稳定了西北局势。由于这一显著功绩，秦庄公受封为西陲大夫。从此，秦的势力不断壮大，声威日隆，成了周王朝在西北地区不可或缺的支柱。

人的理想其实也是现实的，也会随着处境的改变而改变。秦人再也不能满足于跟在诸侯屁股后面打转转的附庸地位了。这时他们又想：既然中原大地上已经出现数以百计名义上受制于周天子、实际上日益自大的诸侯国，那么早在舜、禹时代就显示出卓越才干的秦人，为什么就不可以拥有自己的封地和国家呢？

正当秦人在为新的理想进行奋斗时，一个极难得的时机突然降落到他们面前。

从某种意义上说，这时机是由一个女人赐给他们的。这个身世奇异、美艳稀世、对男人极具诱惑力的女人，却是个危险人物。据说正是她，葬送了繁荣昌盛的西周王朝。

信不信由你！

## 是"女妖"给秦人带来了良机

王朝的兴衰存亡，自有其内外多种因素促成。但在古代，一些男性史学家往往把亡国之罪全栽在一两个女人头上，把她们描写成可怕的"祸水"。

第一个该是妺喜吧，她被说成是葬送夏王朝的罪魁。

第二个是妲己，她被说成是葬送商王朝的祸首。

下面要介绍的是第三个，她将葬送的是"半个"周王朝。就是说，她使周王朝分成了西周、东周两大段，使中国历史转入了东周，即数百年战乱频仍的春秋战国。一个女人，居然有如此神力，少说也非得有三头六臂不可。如果你相信史书记载的传说，那么只要听一听她的怪诞奇异的身世就会毛骨悚然！

那还是在夏朝的时候，这一天忽有两条神龙降落到夏宫，开口说道：你们看哪，我们是褒国的两位君主呢！

夏王吓得赶紧召来太史占卜，求问上天如何对付它们：杀死，赶走，留下来，哪一种办法好。占卜的结果却是三种做法都是"凶"，只有把龙的唾液用盒子收藏起来才会"吉"。于是赶紧隆重供祭神龙，向它们宣读祷文，神龙果然在留下唾液后飞去。夏灭亡后，这个藏着神龙唾液的盒子传到了商朝；商灭亡后又传到了周朝，历时数百年，谁都不敢打开盒子看一看。到了周厉王末年，也是周室命该有事，厉王忽而发问道：这盒子里藏的是什么东西呀？打开来看看！侍臣自然不敢怠慢，可刚揭开就大叫一声不好，唾液全都流到宫廷地面上，任你怎么擦也擦不掉。厉王命令宫女一个个脱得赤条条的大喊大叫，想用女人的秽气吓走它。不料呼地一下冒出一团黑气，龙涎顿时化为一条黑色的蜥蜴，游啊游，游进了后宫。这事偏偏让一个宫女碰上了，这一年她还只有七岁。这个宫女长到十五六岁，根本没有与男人交媾却生下了一个女婴。人们都说那一定是妖精，就派人把女婴抛进了荒山野林。原以为事情到此也就了结，谁知到周宣王的时候，又传出了这样一首童谣：

箕草编就箭袋，
山桑炙成弯弓；
若问作此何用？
来给周国送终。[1]

宣王下令一查，果然查出有一对夫妇在制作这种桑弓和箭袋卖，便下令去捉拿这对夫妇。夫妇俩在逃跑路上遇到一个在伤心啼哭的孤女，顿起哀怜之情，就把她收养下来一起逃到了褒国。孤女渐渐长大，美艳如同天仙，称为褒姒。宣王死，幽王继位，欲伐褒国，褒侯惧，献褒姒以免祸。这一天幽王到后宫去闲游，只见一个绝世美人笑盈盈地迎面走来，幽王一下被她迷住了，从此神魂颠倒，再也无心朝政，只顾日夜与这个褒国献来的妃子淫乐。幽王万万没有想到，这褒姒原来正是早先宫里婢女生下后就抛弃到荒山野林的那个妖女！童谣就要应验了：那对制作弓箭的夫妇，无意间收养了一个妖女，却演出了一场埋葬西周王朝的悲剧！

悲剧的第一幕以笑开场。褒姒不轻易笑，幽王百般逗引，她就是不笑。当时周王朝在边疆地区设有烽火台，发现有外敌来犯时，便举火为号，号令大小诸侯带兵前来"勤王"。一次诸侯应召急急赶来却并不见有敌寇，只好一个个灰头土脸地回去了。从来不笑的褒姒看到这一幕却大笑了起来。幽王不仅不以错举烽火为失误，反倒以为终于找到了一个逗引宠妃开颜一笑的好办法。从此便常常把引燃烽火当作儿戏，让诸侯徒劳往返来博取褒姒一笑。

悲剧第二幕因怒发事。幽王欲立褒姒为后，并立其子伯服为太子。为此他玩弄手段，废掉了申后和原已立的太子宜臼。这种违反常制的做法，遭到了王室和大臣们的一致反对，特别激怒了申后的父亲——拥有强大实力且与戎、狄和秦人都有广泛联系的申侯及其家族。申侯强力进谏，幽王却在一怒之下采取了一项更加激化矛盾的措施：削去申侯爵位，并下令兴兵讨伐申国。

这就引发了最后一幕：以血作结。所谓先下手为强，后下手遭殃。申侯得悉幽王就要发兵，就来了一个先发制人，联合缯国与西戎势力中最强的犬戎一族，共同奋起发难。当汹涌如潮水的犬戎向周王朝国都镐京（今陕西长安县西北）迫近的时候，惊慌失措的幽王赶紧命人点燃烽火，但诸侯却因以往的屡屡受骗而没有一个再来应召。犬戎攻势愈演愈烈，很快脱出了申侯的控制，攻陷镐京，大肆抢掠，并把逃至骊山之下的幽王杀死。到了这一步，迫于无奈的申侯只好暗中发出密书，请求各路诸侯火速带兵赶赴镐京救王于难，即所谓"勤王"……

好了，戏演到这里，历史事件的真正主角终于应时出场！

---

[1] 引自《史记·周本纪》，原文仅有两句："檿弧箕服，实亡周国。"我作了点增补。

在星夜赶来的三支勤王队伍中，其中一支开头因它的地位低微而备受卑视，但很快人们却不得不刮目相看，因为它纪律最严明，打仗最勇敢，立功最多、最大。

这支队伍的大旗上，绣着一个黑色的"秦"字，率领队伍的是一员年轻的虎将，他就是秦襄公。

秦襄公是秦仲之孙、庄公之子。庄公有两个儿子。大儿子世父，为报杀祖父之仇，泣血发誓要亲手杀死戎王，精选一支人马长期在外苦战，而把继位的机会主动让给弟弟襄公。极有谋略的襄公，即位后采取了两项措施：一是将自己妹妹嫁与西戎中的一个支族丰王为妻，以便分化和利用戎人；二是把都邑向东迁到汧邑（今陕西陇县南），这样更接近了周都镐京。这回发兵勤王，他正是利用了这一地理优势，最先来到，抢了头功。

在诸侯勤王联军计议如何破灭犬戎时，秦襄公作为"附庸"虽不得不屈居末座，但他深思熟虑，语出惊人。根据自己多次与戎人较量的经验，他说：犬戎之心志，多为剽掠金帛女子而已。彼以我兵初至，定然不作提防。今夜三更，我等分东、南、北三路攻打，独留西门放其一条逃路。途中再预置埋伏，从后掩击，必获全胜！

战斗的结果，完全证实了秦襄公的预计。

犬戎之乱平定以后，周王室和大臣经过紧急磋商，决定拥立躲避在申国的太子宜臼继位，是为周平王。同时宣布国都从镐京东迁至雒邑，这标志着西周的结束和东周的开始。实际上从此时起，统一的周王朝已不复存在。所谓东周，也就是周天子徒具虚名而听任诸侯争霸的春秋和战国。

当新即位的周平王带着他的文武百官，不无感伤地离开定都数百年的镐京，沿着渭水缓缓东行的时候，另有一支剽悍的马队和数百名勇武虎贲，紧紧卫护在车驾前后，那便是秦襄公率领的护驾队。周天子分封的一百四十多个诸侯国没有一个前来护驾，偏是这些此时还只有"附庸"地位的秦人，却表现了他们独有的忠诚。这一点，肯定给周平王留下了深刻的印象。

至此，秦氏部族地位终于出现了一个质的飞跃。

秦襄公七年（公元前771年），周平王封襄公为诸侯，赐给他岐以西的土地。襄公正式建立了秦国。从此结束了受人鄙视的附庸地位，取得了与中原各诸侯国平起平坐的资格。

这个新生的秦国与中原诸国一样，同属于封建国家。尽管此时无论经济发展水平和典章制度完备程度都还无法与山东诸国相比，但正因为后起和不完备，自有其特别旺盛的生命力，显示出咄咄逼人的气势。

建国典礼是隆重的，不少诸侯国、包括向以礼仪之邦自诩的齐和鲁，都按惯礼派来使节行聘问之礼。这是秦人历史上从来没有享受过的荣誉。但襄公从使节们细微的言谈表情上，仍然感觉到了有意无意的讥讽和或隐或现的轻视，这依然深深刺痛着他的心。

送走各国使节后，留给秦襄公的，却是一个接一个的不眠之夜。

先祖留下的热血在他血管内喷涌。一种更为宏大的欲望，鼓动得他狂躁不安。

恍惚中有白云从头顶冉冉降落。白云化为一对白颈雉且开口说道：我们是西方之神白帝的使者。白帝命尔好自为之，尔将为西方之帝！话音刚落，那一对白颈雉便飘飘忽忽向雍水那边上空飞去。忽而近旁像是有人大声呼喊道：襄公，莫错过良机，快留住那神雉呀，得雄者为王，得雌者可霸！……

襄公一跃而起，却扑了个空。这才发觉原是一梦，自己还蜷卧在枕上。但透过曙色朦胧的窗户，却又分明看到一对白颈雉正翱翔于西垂宫飞檐之上的天空，那艳丽的长尾羽，在紫灰色的天幕上连成了一道迷人的彩虹。【1】

秦襄公决心向天下稍稍显示一下秦人的心迹。

他以梦见双雉的祥瑞为由，命人修筑高台，称为西畤【2】。用赤马、黄牛、羝羊各三为牺牲，举行隆重的祭祀白帝仪式，并向渭水上空放出了一对白颈雉。

按周礼，只有周天子才有资格祭祀天帝。诸侯祭祀天帝，尽管白帝还只是西方之帝，并非最高天帝，也被认为是严重的僭越行为。所以《史记·六国年表》说："秦襄公始封为诸侯，作西畤用事上帝，僭端见矣！"秦国此举，果然引来诸侯一片责难声。鲁国立刻派出它的太宰到雒邑向周天子发出要挟：如果天子不能禁止秦国这种僭越行为，那么鲁国就将举行郊禘【3】之礼，天子也不应当禁止！

秦襄公却不无得意地默默欣赏着诸侯的责难。各国会反对，这早在他的意料之中。但他坚信：总有一天秦国要东进中原，它既有这样的能力，也有这样的实力！

但不久，年富力强的秦襄公，却突然病倒在讨伐西戎的战马上。当他强忍着病痛来到祖庙，跪倒在祖宗神位前时，流着眼泪说了这样一番话：列祖列宗在上，不孝儿孙汗颜难言。我秦族赖历世先祖筚路蓝缕，已为儿孙开创了宏大的基业。但不孝儿孙德薄力微，未能按预期推进此宏业，实在愧对先人。还求祖宗有灵，上天有报，赐我秦族一代雄主，以最终实现神雉启示，完成王霸大业！

雄主，雄主，快快出世！——这便是秦国第一代国君最后留下的呼唤。

---

【1】秦人在艰苦创业时期有不少神话传说，《史记》中大都有简录，似乎都可视为他们不甘屈辱、渴望崛起的一种内心反映。如文公梦黄蛇自天下属地，其口止于鄘衍，于是作鄘畤，用三牲郊祭白帝。襄公自以为主少皞之神，作西畤，祀白帝，等等。关于这里说的神雉事，见《史记正义》引《晋太康地志》。"秦文公时，陈仓人猎得兽，若彘，不知名，牵以献之。逢二童子，童子曰：'此名为媦，常在地中，食死人脑。'即欲杀之，拍捶其首。媦亦语曰：'二童子名陈宝，得雄者王，得雌者霸。'陈仓人乃逐二童子，化为雉，雌上陈仓北阪，为石，秦祠之。"雌雄两只神雉，一飞去，一落陈仓山后化为石鸡。《史记·封禅书》说，秦"以一牢祠，命曰陈宝。"这一遗迹存今陕西宝鸡市宝鸡县，地名正由此而来。据马非百先生考证，所谓飞天神雉，即陨星现象；所谓宝鸡，就是陨石。

【2】畤：音 zhī，为秦人特设的祭祀之所，此处专为祭祀白帝而设。此外，还曾建立过鄘畤、密畤、畦畤等。

【3】禘：指帝王始祖之庙，其祭称大禘。《礼记·大传》："礼，不王不禘。王者禘其所自出，以其祖配之。"所谓"不王不禘"，是说只有帝王才有资格举行禘祭，诸侯若行此祭即被视为僭越。

# 名为秦晋联姻，实为东进序曲

## 用刀剑杀出来的"亲家"

但上天似乎有意要考验秦人的耐心，能够把初具规模的秦国大踏步推向前进的雄主却迟迟未能面世。

襄公去世后，自文公至宪公、出公、武公、德公、宣公和成公，历经七世、一百零六年，可谓仓促而过。进展自然还是有的，特别值得提出的是文公时期对岐地的开发。在今陕西岐山县东北的岐地，原是被称为周原的周人发祥地，是关中的富庶之域。文公率兵逐出戎人后，又把没有随平王东迁的周余民接收了过来。周民有丰富的农耕经验，在当时中华各族中处于先进之列。秦人与周民结合后，很快促使自己由游牧经济最后完成了向农业经济的转变。又由于地处关西，传统的"井田制"影响很小，实行的是一种较为宽松的"爰田制"[1]，比较能够发挥奴隶劳动者的积极性，有利于生产发展，也便于扩大兵源。此外，文公十三年（公元前753年）设立史官，开始有了历史记载。宁公二年（公元前714年），国都由汧渭之会迁至更接近前线的平阳（今陕西宝鸡县东阳平村），以利征战。到德公时期（公元前677年～前676年）准备再次迁都。一占卜，以为迁雍最吉。卜辞说："后子孙饮马于河。"（《史记·封禅书》）河，就是黄河。"饮马于河"，那不就是东进中原地区吗？在卜辞的鼓舞下，很快又将国都迁至雍。雍位于沣河上游的雍水附近，为陇山以东的门户，无论防御西戎或向东开拓，都占据极有利的地理位置。武公十年（公元前688年）征服邽、冀戎后，设置为县，这是郡县制的最初雏形。以上这些，都为秦以后的发展创造了前提条件。

这期间，发生了秦国历史上第一次内乱。宪公娶鲁君之女，生武公、德公；又娶周王之女，生出子。论地位，王姬自然要高于鲁姬，但宪公生前已预立了长子武公为太子，这

---

【1】爰田：奴隶制国家将土地按土质优劣分上、中、下三等，分配给奴隶耕种，并定期更换，以充分发挥土地肥力，称爰田。在井田制度下，奴隶主占有的是奴隶们无偿为"公田"劳动的成果；在爰田制度下，奴隶们则以"彻"的形式将一定数量产品上缴给奴隶主，余则归己。

便播下了内乱的种子。宪公一死，大庶长[1]弗忌、威垒、三父等大臣，便废太子而另立年仅五岁的出子为国君。五岁的孩子自然不能当政，于是便由母后王姬临朝。过了五年，出子十岁，又为三父等所杀，再立武公为国君。武公即位三年后，又诛杀了三父等人，并夷其三族，罪名便是他们杀了国君出子。

这一内乱的实质是君权旁落和庶长专权。武公作了很大的努力，才使权力重新集中于王室，秦走出低谷，踏上了复兴的康庄之路。

这样又等待了二十余年，秦国在近三百年的春秋时期最辉煌的一章——穆公时期，终于来到！

这辉煌的一章是以秦晋两国之间的一场政治婚姻为开篇的，后世人还据此创造了一个成语，叫作"秦晋之好"。

秦穆公四年（公元前656年）的春日来临时，整个雍城因秦国即将与晋国联姻而显出一片喜庆之气。

按《仪礼·士昏礼》规定，整个婚娶过程要行"六礼"，即纳采、问名、纳吉、纳征、请期和亲迎。

这一天要举行的是六礼中的首礼纳采。

采礼极其丰盛。除了象征诚信的一对雁，还有四辆满载金银珠宝的礼车，十二匹骏马、十八箱锦帛和百余名奴婢童仆。

专送这些采礼的是聪敏机智而又精通礼仪的大夫公子絷。他当然深知自己此行另有更重大的使命。

晋献公的夫人齐姜，是齐桓公的女儿，此时已经去世。留下一个儿子，即太子申生；一个女儿，便是贤淑美丽即将成为新娘的穆姬。

但秦穆公所钟情的，却既不是穆姬的姿色，也不是她的品德。在他眼里，与其说她是一个女人，还不如说是一只鸟，说得更确切些是一只雌鸟，就是先祖襄公梦中那对白颈雉中的一只：得雄者为王，得雌者可霸。

导致两国联姻的，也不像双方宣布的那样是为了共结百年之好，而是各从自己目的出发，想借此钳制对方。

穆公是德公的少子，名任好。他有两个哥哥，都先后继位，即宣公、成公，但时间都不长，总共才十六年。穆公还在二哥成公在位期间，就关注国政，细心研究天下大势。此时，周天子地位日益衰落，而各诸侯国则在剧烈的相互兼并中不断组合分化。分布在全国的百余个割据政权，大者广袤千里，小者截长补短也凑不足五十里方圆。统一的周王朝所以出现如此四分五裂的局面，倒也并非单由人为因素造成，而是基于社会经济发展导致奴隶制不断分化瓦解这样一种大变革的反映。因此，除了诸侯国内部各种不同经济利益势力间的矛盾和斗争，更为突出的表现是几个大国之间的相互吞并属国，争夺霸权。齐国在桓

---

[1] 庶长：秦国初期特设的官职，大致相等于中原诸国的相。秦至武王二年才正式设丞相之职。

公即位后，因任用著名贤相管仲而迅速崛起，于公元前679年（秦武公十九年）大会诸侯于鄄而成为春秋第一个霸主。但霸主的出现不是终结而是加剧了新一轮的争夺。晋国、楚国，还有宋国、郑国、燕国，以至吴国、越国，一个个跃上角逐的疆场……

穆公即位的誓言是：继齐而霸者，非秦而有谁！

秦处于关中河西。它若谋求向东发展，首先碰到的强劲对手便是晋。

晋的先祖原与周同族。有个故事说，一次周成王与他的弟弟叔虞做游戏，用梧桐叶子剪成帝王信符玉珪的形状，分给叔虞说：这个封给你。在一旁的史官尹佚听了就准备选择吉日封叔虞。成王说：我是跟弟弟开玩笑的呀，怎么能当真呢？尹佚就说了一番被历代传为经典的话："天子无戏言。言出，则史记之，礼成之，乐歌之。"（《史记·晋世家》）成王不敢违反这个规矩，只好真的把唐这个地方封给了叔虞，因称唐叔虞。后来因为叔虞的儿子燮父把国都迁到了晋水之旁，才改称为晋，也就是晋国。

进入春秋后，晋国长期处于内乱状态，直到武公时才将晋统一起来，至其子晋献公继位，国势渐趋强盛。以往，当晋国因内乱而自顾不暇时，秦国正用主要力量与戎人周旋以使自己有一个稳固的基地；如今，当它们各自回过头来谋求对外发展时，突然不期而遇地触到了对方几乎与自己完全一样的那种贪婪的目光。秦晋对局的历史揭开了！

秦穆公一即位，便立刻亲率精兵强将攻下了茅津戎族地区，向东插进了一个楔口。

老练的晋献公没有对这一具体事件作出反应，却召来大夫里克、荀息一起商议，用后来在历史上被传颂为谋略经典之一的"假虞途以灭虢，灭虢后再轻取虞"这样一条连环巧计，轻松地连灭了虞、虢二国。虞、虢虽均为蕞尔小国，战略地位却十分重要。虞扼茅津，虢据函崤，皆控咽喉之要。晋占据了这两个小国，等于扼住秦国图谋出关东向的重要孔道。

秦穆公一下子便掂出了对手的分量。这个年轻气盛的国君，按其本性是会立刻作出报复性反应的。但他却用极大的努力克制住了自己，经与大臣们冷静商议后，作出一个出人意料的决定：要与晋联姻，认老辣的对手晋献公为岳丈大人。

## 五张羊皮买到一个贤佐

秦穆公作出如此选择，是因为他不得不承认：与山东诸大国相比，秦国还处在落后地位。

这种落后突出地表现在：缺少若干个能够运筹帷幄、折冲千里的智能之士。

齐国的迅速崛起称霸诸侯，使秦穆公深深懂得：一个国家拥有如管仲那样具备文韬武略的贤佐是何等重要！他自视甚高，认为自己的德行才具绝不会低于齐桓公，可悲的是他环顾左右，非但不可能有管仲，就连能够与晋献公身边的里克、荀息颉颃匹敌的谋士也找不到一个！

经过郑重的思考，秦穆公决定花大力气抓紧做好招贤纳士这件大事。

考虑到秦国的相对落伍，招贤纳士应扩大地域范围，他准备向山东各国敞开大门。

在当时条件下，秦穆公作出这个决定，不仅需要高远的识见和宽大的胸怀，而且还得冒颇大的风险。

由于宗法制度的长期影响，各诸侯国用人方面都十分强调"亲亲贤贤"，若是违反这一传统而任用另一诸侯国的人，就难免遭到贵族阶层的指责，甚至招来杀身之祸。《左传》上就记载着好几起这类事件。如《昭公七年》："单献公弃亲用羁（指外籍人员），冬十月辛酉，襄、顷之族杀献公而立成公。"纵然后起的秦国受宗法制度的影响相对要比中原诸国淡薄一些，但也不能无视于它的存在。为此，秦穆公不作声张，将此事限制在一个极小范围之内，暗自试行。他召来公子絷，当面交待了他此次晋国之行负有一身二任的使命：在遵照礼制完成"纳采"之礼的同时，既要留心观察晋国的内情，更要随时察访四方贤士，如有可能便引来秦国委以重任。

当公子絷率领着庞大的礼品队伍渡过黄河来到绛城（今山西翼城东南）时，晋国大臣们也正在为这桩不寻常的婚事而紧张地忙碌着。先是太史用蓍草占卜，认为不吉。接着是太卜以龟占卜，却是大吉。于是晋献公便说道：古人有言，从筮卜不如从龟卜。既然龟卜大吉，这是天命，寡人就依从吧！

其实，什么太史、太卜的占卜，徒具形式罢了。要把女儿远嫁秦国，是晋献公经过深思熟虑后早已作出的决定。秦穆公没有把穆姬看作女人而是把她看作梦想中的一只雌鸟；同样，晋献公也没有把秦穆公视为乘龙快婿，而是把他当作了一座桥，一座可以通向秦国进而乘机制服秦国的桥。

婚事就因了这个相互利用的目的而顺利地进行着。由纳采而问名，而纳吉，而纳征，最后是请期和迎亲。六礼全部完成，穆姬成了秦穆公夫人，公子絷也在这期间出色地完成了他的特殊使命。

关于晋国内情，公子絷带来的是一个凶兆：晋献公因宠幸骊姬而想改立太子，大臣们各依附于其所支持的公子结党成派，一场内讧已迫在眉睫。但于敌为凶兆，于我不恰好是吉兆吗？更使穆公高兴的是招贤纳士方面的喜讯：一位与管仲不相上下的贤佐，即将应召来到。这位贤佐是公子絷这回在晋国访到的公孙枝引荐的。

先说公孙枝的发现。

真所谓踏破铁鞋无觅处，得来全不费工夫。在一次出绛城归秦复命的途中，公子絷看到一个在田垄耕作的汉子，隆准虬髯，气度不凡。他的耕作方式也颇为奇特：以两手握两锄，双锄落时入土盈尺。公子絷近前施礼待要与之交谈，那人却先说道：来去匆匆，一身而二任的秦公子，好不忙碌啊！

公子絷不由暗暗一惊，越发感到这个不期而遇的奇人绝非等闲之辈。求问高姓大名后，请上车乘，同座而归。

据史书记载，公孙枝姓嬴氏，字子桑，岐州人。他在晋国游历多时，却没有得到任用，"穆公求之，乃归秦"。公孙枝归秦后的功绩，不在于他也曾提过不少好建议，出过一些好主意，而在于他向秦穆公竭力引荐一个人而自己却甘愿居下事之。

后来的事实证明，他所引荐的这个人对秦穆公的作用，确实无异于管仲之于齐桓公。

而其颠沛之身世，多舛之命运，更不由人一掬同情之泪；而贵为卿相后所表现出来的才智和品德，更令人肃然起敬。

这个人便是用五张羊皮换来的百里傒。

百里傒是被晋献公灭掉的虞国人，已经三十多岁了，空有王佐之才，依然家贫如洗。想要出游寻些事做，看到无依无靠的妻子和小儿，又颇为不舍。这时他的妻子杜氏说：男儿当志在四方，君已壮年还不出游图仕，难道一辈子守此小家坐困不成？百里傒出门时，家里仅有一只母鸡，杜氏割爱宰杀了以为饯行。灶下连柴火也没有，就拿门闩当柴烧。临分手时，怀抱幼儿的妻子，说了句满含着依恋和企盼的话："苟富贵，勿相忘！"

但富贵又何其难求！百里傒先东行来到齐国。原想求事于齐襄公的，一到了那里，齐国却因襄公与已嫁为鲁桓公夫人的亲妹妹通奸，随后又杀死鲁桓公等一连串变故，正闹得祸端频生，动乱不休。这样困顿蹉跎了好些岁月，百里傒已是年过四十的人了，却还不得不以乞讨度日。一次他求乞到齐国一个叫铚的地方，结识了一个宋国人，叫蹇叔的。蹇叔见他品貌超常，论及当时天下大势，又应对如流，指画井然，便感慨说：像先生这样的才学而困穷到如此地步，难道不是命吗？

蹇叔自己虽也尚处落魄之中，但还是把百里傒接到家里，两人结为至交。此后百里傒便为附近农户养牛，暂作糊口之计。这期间，从齐国国都临淄传出消息说，公子无知已杀襄公，自己做了新君，正在悬榜招贤。百里傒便想去应榜。蹇叔说：襄公还有两个儿子逃亡在外，无知是非分窃立，只怕难以久长。百里傒便打消了赴临淄的念头。后来又听说周王子颓爱好牛，凡是替他养牛的都可饭饱酒足，百里傒便决定去投奔他。临别时，蹇叔告诫说：大丈夫当择主而事，不可轻率委身于人。万一所事不贤，就会左右为难：离开他吧，难免被斥为不忠；与之同患难吧，那就是不智。故此行望贤弟慎之又慎才好！

百里傒到了周国都雒邑，以自己卓越的养牛技术求见王子颓。王子颓很高兴，准备让他做家臣。恰好蹇叔到雒邑来看望他，两人一起见过王子颓后，蹇叔说：我看王子颓志大而才疏，周围又多是些阿谀谗佞之辈，失败恐怕就在眼前了，还是及早离去吧！

如此东西颠踬困顿了一段日子，最后蹇叔与百里傒一起来到虞国。虞国的大夫宫之奇是蹇叔的老友，通过他的引荐，虞公任用百里傒为中大夫。蹇叔说：我看这位虞公，识见短浅而又师心自用，不像是个可以佐助他而有所作为的君王，奈何、奈何？百里傒说：虽是如此，却也无奈。如今弟犹如一条久处涸辙之鱼，渴望能有一勺水来救急，只好权且留些日子再说吧！

蹇叔也想不出更好的办法，两个好友只得分手。蹇叔到宋国的鸣鹿村去，在那里卜居以耕读自娱。

不久，果然发生了虞公因经不起晋国美玉、良马的诱惑而许晋假道灭虢，结果自己也被晋灭了的事。在这个过程中，宫之奇以"唇亡则齿寒"的道理，几次向虞公进谏不要假道给晋去攻占与虞国唇齿相依的虢，虞公都听不进去。事后，宫之奇责怪百里傒说：你先生不在一旁助我向君主进一言，反而劝阻我，这是为什么呢？

百里傒说：向愚人进献锦语嘉言，就如同把珠玉丢弃在路边一样。夏桀杀关龙逢，商纣杀比干，还不都是因为他们敢于直言强谏吗？先生恐怕也有危险呢！

宫之奇说：如此看来，虞是非亡不可了。你我二人，该到哪里去呢？

百里傒说：先生还是一个人走吧。若再带上我，不是又要加重先生罪行了吗？我慢慢再说吧！

宫之奇带着一家人走了，后竟不知所终。

直到虞国被晋国灭亡，百里傒还跟随在虞公身旁。逃亡途中，虞公仰天长叹一声说：我好后悔啊，没有听从宫之奇的进谏！看到百里傒还在身旁，就说：咦，当时你为何不提醒我一声呢？

百里傒说：那时君上连宫之奇的话都不听，难道还能听小臣的进谏吗？

就这样，百里傒随着虞公做了晋国的俘虏。有人向晋献公推荐百里傒的才德，晋献公准备任用，百里傒却说，只要虞公健在，我不会另事新主；即使虞公去世后，我若出仕，也决不会在晋国。

就在这个时候，公子縶以为秦穆公行纳采之礼的身份来到了晋国，并很快向秦穆公引荐了公孙枝。求贤若渴的秦穆公待要重用公孙枝，公孙枝却道：在下不过一名粗鄙野人罢了，真正能辅佐明主成就王霸之业的贤士，可惜尚在绛城缧绁之中！接着便说起了已成为晋国俘虏的百里傒的经历。

于是公子縶再次以代行"六礼"的身份来到晋国，在商议未来穆公夫人丰厚豪华的嫁奁等等事宜时，很不经意地提出在众多的陪嫁婢仆媵臣中再加一个，就是已沦为贱奴的百里傒。

如此细微小事，自然没有必要禀报晋献公就付诸实行。

这样在长长的陪嫁物品清单"媵臣"一项中，便添加了一名"百里傒"。

百里傒，又作百里奚，据学者考证，其实都不能算是正式姓名。"百里"为姓；"傒"通"奚"，都是奴隶的一种。所谓"百里傒"，无非表明了"姓百里的贱奴"这样一个意思而已。

委屈了！为了委以秉掌国政的大任，却不得不让这个百里贱奴再做一次陪嫁媵臣，就像同时陪嫁的牛、马、羊一样。

但当秦国按陪嫁物的清单验收时，却不见了百里傒！

百里傒到哪里去了呢？

他逃走了！

他是在被列入陪嫁物品清单之前逃走的。如果他知道即将被作为陪嫁媵臣送去秦国，可能就不会逃。秦国原是他计划中的投奔国之一。虞公死了，他不想以贱奴身份老死晋国，趁还不太老，或许还能一展抱负。此外他也没有忘记还在虞国荒村苦熬日子的孤儿寡妻。

百里傒逃出绛城，原想投奔宋国的，因遇山洪阻道，就转而奔楚。一踏进楚境的宛城就被当地的猎户捉住，怀疑他是奸细而捆绑了起来。百里傒赶紧申辩说他是虞国人，因国家被晋国破灭了，才逃难出来的。猎户给他松了绑，问他能做什么，他说会养牛。于是就叫他养牛，牛一头头被他喂养得膘肥体壮，村野之人都很佩服他。这件事很快传到楚成王那里，楚王召见百里傒问：养牛有什么门道吗？百里傒便以养牛喻政借机进言说：按时进食，体恤其力，心与牛合而为一。楚成王说：你这话说得很好，不只养牛如此，养马也是这样吧？百里傒见他没有听懂，也就不想再说下去。后来楚成王就让他当圉（yǔ，马倌）人，到南海去牧马。

公孙枝经过多处访问，才打听到了百里傒的下落，建议赶快把他赎回来。秦穆公说：那就多带些珠玉币帛去吧，带少了，怕楚国会拒绝。

公孙枝说：如此，只怕百里傒就来不成了！

秦穆公说：这又是为何呢？

公孙枝说：楚国之所以让百里傒牧马，就因为至今还不知道他的贤德。如果重礼以求，等于告诉楚国百里傒的无上价值，楚国还肯放走他吗？当年齐桓公想要得到囚禁在鲁国的管仲，就不说要重用他，却说管仲曾射过我一箭，箭中带钩，是我仇人，我要亲手宰了他！如今君上一不妨这样说：敝邑有媵臣百里傒者，逃至上国，今欲得而治以罪，以儆效尤。请允许以贱奴之价赎回。

秦穆公用了公孙枝这个办法，果然以大致相等于当时一个奴隶的市场价格，即只用五张羊皮，便从楚国赎回了百里傒。[1]

## 发生在"蜜月"的翁婿之战

但当秦穆公亲迎于郊，命人替百里傒解去囚索，第一次看到这个要比自己大双倍年岁的老人时，不免感到惋惜和遗憾了。

下面是两人初次见面时的对话——

穆公：先生年寿几何？

百里傒：虚度七十。

穆公：可惜啊，老啰！

百里傒：君上若命臣去逐飞鸟，搏猛兽，臣确实已老。若是使臣坐而论国事，遣三军，运筹帷幄，那还正当年少。想当年姜子牙以八十高龄钓于渭水之滨，遇文王而拜为尚父，终于使周室拥有了天下。今日臣有幸得遇君上，不是比吕望还年少十岁吗？"

穆公：呵，老先生有此雄心，可喜可贺。只是敝国介于戎、狄之间，向来不与中原诸侯会盟。欲使秦国不落后于诸侯，老先生有什么可以赐教寡人吗？

百里傒：君上不把微臣看作亡国贱奴，屈尊下问，臣怎敢不竭陈孤陋。如今的雍、岐一带，原是文王、武王赖以隆兴之基。险峻的山峦如犬牙，逶迤的平原似长蛇，周室不能自守而把它送给秦国，这真是上天有心要玉成君上宏业呀！至于秦国介于戎、狄之间，正

---

[1] 此处百里傒经历，主要依据《史记·秦本纪》，仅对其中"媵于秦"，后又"亡秦走宛"一节，稍有更改。《史记·商君列传》记赵良语，则另有一说，与《本纪》不同处有：一，没有提到百里傒曾做过穆公夫人媵臣；二，他是闻穆公贤而自己跑去，"行而无资，自鬻于秦客"的，不是穆公派人用五张羊皮赎回来的。

可以此强兵；秦国不与中原会盟，更可因此而蓄力。西陲之地，其疆域不下于数十国之多，并而为一，耕其地足以丰食，籍其民足以征战。这是上天独赐予秦，山东诸国只可望而羡之，不可争而有之。君上若能以西陲为据，然后扼山川之险迫临中原，伺隙东进，文武兼备，恩威并施，何愁王霸之业不成！

穆公：（一揖而起）多谢先生赐教！寡人今得先生，正如当年桓公之有管仲啊！

后来两人还接连畅谈了三日，穆公感到如鱼得水，志高气扬。当即要封以为上卿，百里傒却推辞说：臣之才学，远逊臣之友蹇叔千里。君上欲成就大业，请大任蹇叔，臣则居下辅佐。

秦穆公说：先生的才学，寡人适才已受教，但不知先生高友又为如何？

百里傒说：蹇叔的贤德，不仅君上还不知道，就连在他所住的乡里也极少有了解的。唯有臣身感心受，得以深知。臣初次出游到齐国，想委身于公子无知门下，是蹇叔劝止了臣，后来无知果然为雍林人所杀，臣因此而得以免遭其祸。以后又游周，想委身在王子颓门下，蹇叔再次劝止臣，之后王子颓果然被郑、虢之君杀死，臣再次得以脱身于大祸。第三次，臣回到虞国投奔于虞公，蹇叔也曾有过劝诫，但臣为贫困所迫，姑且暂时留事，结果就做了晋国俘虏。听从蹇叔之言两次免遭其祸，一次不听就险些丧生。臣从自己这个亲身感受中深知，蹇叔之远见卓识是常人难与比拟的。如今蹇叔尚隐居在宋国鸣鹿村，君上最好从速把他召来！

于是穆公便命公子絷扮作商人，带上百里傒的书信，以重币厚聘到宋国鸣鹿村去访求蹇叔，经过几番曲折，终于请到。一同东来的还有蹇叔之子西乞术。一夕倾谈，穆公大喜过望，当即封蹇叔为右庶长，百里傒为左庶长，都列为上卿，等同相位。

百里傒是秦国历史上第一个来自山东诸国而委以如此重任的"客卿"[1]。他相秦六七年，勤于政事，功绩卓著。特别难得的是，他能严以律己，宽厚待人，时人亲切地戏称他为"五羖（gǔ，黑色公羊；此处指羊皮）大夫"。至秦孝公时代，有人对百里傒的为人作过这样评价："五羖大夫之相秦也，劳不坐乘，暑不张盖，行于中国，不从车乘，不操干戈。功名藏于府库，德行施于后世。五羖大夫死，秦国男女流涕，童子不歌谣，舂者不相杵。"（见《史记·商君列传》）

百里傒与其糟糠之妻杜氏的故事，在秦国更是广为流传。

百里傒出游数十年，杜氏抚养幼儿，艰难度日。后来她也携儿辗转来到秦国，以替人洗衣缝补为生；渐已长大成人的儿子孟明视，因喜好武事而常与乡人一起打猎角艺。杜氏听人说起有个叫百里傒的已在秦国做了庶长，开始还不怎么相信，后来偶然在街头望见，未敢贸然相认。恰好相府要招收洗衣杂役，她便去了，早晚勤于操劳，很快博得府中人喜欢。一天远远望见百里傒正坐于堂上，庑下有乐工在奏乐。杜氏以自幼曾学过音律为由，获得允许，加入了弹奏。琴声凄婉，余音绕梁，乐工们都自愧不如。问她能不能再依韵而

---

【1】客卿有二意：一、泛指一切为客于秦的列国学士；二、特定的官名，专为列国学士仕于秦而设。如《史记·范睢蔡泽列传》："昭王召见蔡泽，与语，大悦之，拜为客卿。"便是官名。

歌，杜氏长叹一声说：老妾颠沛流离十余年，已经荒疏了乐事。只是今日幸得有相国在上，愿为之一歌，有烦代为上前禀报。

乐工上前禀告后，百里傒命她立于堂左而歌。杜氏低眉敛袖，施礼启口，连歌三叠。歌词情深义长，凄切悲凉，只是诸书记载不一，以下所录，是我据几种版本汇合而成——

百里傒，五羊皮。忆别时，烹伏雌，炊扊扅（yǎn yí 门闩）。今日富贵忘我为？
百里傒，五羊皮。母已死，葬南溪。坟以瓦，覆以柴。今日富贵忘我为？
百里傒，五羊皮。昔之日，君行而我啼；今之日，君坐而我离。嗟乎，富贵忘我为？

百里傒听后大为惊愕，急切起立询问，果然是阔别数十年的老妻，于是相扶大恸。穆公听到这件事也深为感动，便命人把杜氏及其子接入府中，夫妻父子终得完聚。蹇叔之子西乞术，百里傒之子孟明视，都孔武有力；又从秦国招得白乙丙，也威武过人。穆公同拜三人为大夫。当时号称三将，同掌征伐之事。

现在，在秦国朝堂上，已是文武齐备，人才济济。甚至还先后有伯乐、九方皋这样名闻天下的相马专家。秦穆公五年（公元前 655 年），即秦晋联姻的第二年，还在蜜月之中的新郎，哪还耐得住厮守于温柔之乡，竟披甲跃马，亲率精兵，向他的泰山大人之国——晋国发起闪电般的攻势，只一日便轻取河西要地河曲，等于为东渡黄河搭上一块跳板。当然，这还不过是锋芒小试。

接着，举行隆重的仪式，宣布将国都所在地的雍水改名为"霸水"；一座新修造的宫殿命名为"霸城宫"。

恰在这时，雍城东北千余里之外绛城，响起了低沉的丧钟。在位二十六年的晋献公，在眼睁睁看着太子申生被迫害自杀，公子重耳、夷吾相继出奔等一连串变乱中，溘然撒手与世长逝。机不可失，时不我待。自襄公立国至此已有一百一十余年历史的秦国，如今将要第一次跨过黄河，把势力推向中原诸国了！

# 盟约在诗诵歌吟背后悄然而成

在晋国这一次延续近二十年的内乱期间，秦国眈眈虎视于一旁，伺机以武力为后盾施加影响，选择最有利于自己的人选和方式不断更换晋国新主，史称"三置晋君"。

但晋毕竟也是中原一个大国，兵多将悍，谋士如林，岂肯俯首听命！其间威胁接欺诈，逼约继毁约，忽而杯觥交错于筵席，忽而戈戟搏杀于沙场，呈现了复杂多变的斗争场面。而参与其中的各色人等，在猝然降临的荣辱生死拷问面前，一个个赤裸裸地显露出了自己的人格和人性。

## 险恶的骊姬与神秘的宝夫人

按照传统历史学家的说法，晋国的这场旷日持久的动乱，又是源于"女祸"。

而且巧得很，也许是纯属偶然，也许是祸福相依、乐极生悲那些古老谶言的反复应验，古代史书上引起灾祸的那些女人，几乎全是凯旋而归带回的战利品。

前面已经提到过三位，她们是——

夏桀征伐有施国，带回了妺喜；

商纣征伐有苏国，带回了妲己；

周幽王征伐褒国，带回了褒姒。

现在要说的是第四位：晋献公征伐骊戎，掠得了骊君的女儿骊姬。

这骊姬生得花容玉貌，美艳绝世。于是，历史上不知重演过多少次的宫廷悲剧便由此开场：先是君王宠幸新妃；接着是新妃在枕头边下功夫；或是要立自己为正，或是要立亲生儿子为太子；随后便是接二连三的互相残杀。

史书对骊姬记载甚多，尤以《国语·晋语》最为详尽。其实把祸乱之罪全推在一两女人身上，显然是男性主导话语权的一种偏面观点，有失公允；不过这个骊姬其生性之阴险和残忍，却确实令人不寒而栗。

晋献公原有八子，其中三子，即已立为太子的申生，和夷吾、重耳，俱有贤行，时称三公子，分别由三个母亲所生：齐桓公之女齐姜生申生，狄之狐氏姊妹生重耳和夷吾。献公幸骊姬姊妹后，又生奚齐、卓子。骊姬想废申生而立亲生儿子奚齐为太子，便百般怂恿献公让三公子远离国都绛城分别出居。但即使这样做了，她还是不死心，又在夜半忸怩作态吞声暗泣，待献公问她，她又故意不胜依恋地说是因为想到自己已无多日能侍君为欢而伤心的。经献公再三逼问，才说出了预先编好的一套话：申生在外如何散布对君上不满，如何说她"惑君乱国"，如何以此为口实将图谋不轨等等。然后珠泪涟涟地哭着说：这件事，朝廷上下都早知道了，只有君上还蒙在鼓里。贱妾一死何惜，最担心的是怕因此而累及君上。所以为今之计，莫如君上亲手杀死贱妾以安申生了！

这确是妖媚女人极厉害的一手，献公哪还有分辨是非能力，一怒之下，便要惩治太子，只是苦于找不到可以服众的罪名。这时骊姬便提出让申生去讨伐皋落狄族，这样败了可以借刀杀人，即使不死也可以此治罪；若是胜了，骊姬以为也可以促使申生因恃功而早起异谋，那时再讨伐自然便会得到国人拥护。

但是申生在攻打皋落狄族中居然不死，而且还取得了很大胜利；取得胜利后又更加敬事献公，恭谨自守。拿不到可以治罪的把柄，就干脆制造一个吧！于是骊姬又使出了更阴险的一计。她谎称梦见了申生已去世的母亲齐姜，要申生在自己居地曲沃祭祀母亲。当申生把祭祀母亲用过的祭肉、祭酒按礼制规定送到绛城来孝敬父亲享用时，骊姬暗中放进了毒堇和毒鸩，并当着献公的面毒死了一条狗和一个小奴隶。这样原本无辜的申生便有了一条十恶不赦的大罪：图谋弑父。有人劝申生应当赶快申辩说明毒药是骊姬放的，申生却说：父亲老了，没有骊姬，他食不甘味，寝不安枕，我怎么能那样做呢？又有人劝申生赶快逃奔他国，他又说：我担着弑父的罪名，人们都把我看作禽兽，有谁还肯接纳我呢？如果我归罪于父亲，那便是张扬君上之恶，必然使晋国见笑于诸侯，我岂非成为叛国罪人了吗？为人子，为人臣，我都不应当弃国亡命！说罢，北向再拜，竟然就这么不明不白自杀死去了！这样的事，生活在现代的我们实在难以相信。但《史记·晋世家》却连时间、地点都记得清清楚楚：晋献公二十一年（公元前656年）"十二月戊申，申生自杀于新城"。唐代司马贞《史记索隐》还作了考证："申生乃雉经于新城庙。"雉经，就是上吊自杀。这又叫人不得不信！

历代论者大多认为申生死得不值得，但在当时，这或许还被认为是一种崇高的人生信念吧？《史记·卫康叔世家》里还记有卫宣公之子太子伋，几乎在与太子申生相同的情况下自愿死去。稍有不同的是太子伋有个弟弟子寿极为难得，他瞒过太子伋抢先代哥哥去死。但太子伋知道后，还坚持认为"所当杀者乃我也"，硬是又跟着死去。这两出极为相似的悲剧，引起了司马迁很大感慨，他说：

余读世家言，至于宣公之太子以妇见诛，弟寿争死以相让，此与晋太子申生不敢明骊姬之过同，俱恶伤父之志。然卒死亡，何其悲也！

的确是何其悲啊！

但骊姬却觉得单害死申生还不够，又诬陷公子重耳、夷吾是下毒弑君的同谋者。晋献公在下达了最后一道荒唐的命令——追杀两个同谋犯即自己的一对亲生儿子后不久,在梦魇似的错乱中突然死去,夷吾、重耳则已分别逃亡到了北狄和梁国。

晋国内乱进入了高潮。文武大臣们围绕着拥立谁为君主的问题展开了生死搏斗。经过激烈、残酷的相互争夺,终于形成了两大派:以大夫荀息为首的一派,坚守"先君遗命",先后拥立骊姬之子奚齐和骊姬之妹的儿子卓子为君,苦苦支撑了一小段时间。以正卿里克、大夫丕郑等为首的一派,则主张拥立逃亡在外的重耳为君,他们联合可以联合的一切力量,先后杀死了奚齐、卓子和骊姬、荀息等。

晋国在相互残杀中暂时变成了无君之国,国人为此遭受了无穷苦难。但所谓鹬蚌相争渔翁得利,这对一直眈眈虎视于一旁的秦国来说,不正是一个千载难逢的实施东进之策的好时机吗?

偏偏就在这时,秦穆公却生病了,而且一病就是五日不省人事。后来才弄清楚,原来晋乱一起,秦穆公和他的谋臣们就有些迫不及待之感。但如今他们都认定自己是要成就大事业的人了,因而不得不用足够的耐心来捕捉一个最佳时饥。所以穆公那个病,实在全是由既兴奋又焦急,日夜辗转反侧闹出来的!

生病的滋味不好受,但他在病中做的一个梦却美妙无比。先是缥缈如在云际,渐渐又璀璨若临仙境。忽有一少妇美若蟾宫月娥,手握天符轻盈而来,将穆公引至一处,拜于殿下。须臾帘卷,满眼辉煌。见有一王者冕旒华衮,凭玉几上座;左右肃侍,威仪端庄。王者传命赐酒。当即有内侍奉上玉斝(jiǎ),穆公接过,刚一沾唇,已宛若醍醐灌顶。那王者以一简与左右大声宣读道:任好听旨:朕命尔平晋乱,尔其勉之慎之!这样接连宣读了三次,那少妇才又引着穆公出了宫阙。待要离去,穆公已是恋恋难舍,不由转回身去深深一揖,请问少妇姓氏和来处。那妇人道:妾身就是宝夫人,居于太白山之西麓,即在君上之宇下,君上难道没有听说过吗?君上若能为我立祠,妾身当使君上成就霸业,留名万世。[1]

穆公醒来,满朝文武都说这是上天授命于秦的吉兆,穆公自然更加高兴,即日便命人鸠工伐木,在离霸城宫不远的太白山上为宝夫人立祠,并隆重祭祀。

梦自然是虚假的,但那美妙的梦境却正是穆公急欲成就霸业的内心的真实写照。

## 越俎代庖:秦为晋置君

当期盼中的最佳时机终于到来的时候,秦穆公特地在新落成的霸城宫举行了一次非同寻常的朝议。这一回的议题是秦国历史上空前的:以受命于上天的名义,议一议秦国究竟让谁去当晋国新君?

---

[1] 关于天帝托梦事,见《史记·封禅书》:秦穆公"病卧五日不寤;寤,乃言梦中见上帝,上帝命穆公平晋乱。受巿而记藏之府。"而所谓宝夫人,则又与前文已提到过的神雉及"陈宝"有关。据《史记索隐》引《汉书·郊祀志》说,每年祭祀时,"其神来,若雄雉,其声殷殷云,野鸡夜鸣,以一牢祀之,曰陈宝"。既有雄雉,亦当有雌雉。于是又演化出一雌雉神,称宝夫人。《索隐》引臣瓒语云:"陈仓县有宝夫人祠,岁与叶君相会,祭于此者也。"

一个中原大国的君主居然要由秦国来议定,这一事实本身最雄辩不过地说明了:昔日被人鄙视的秦国,如今已跻身于少数强国之列了!

朝议的结果认为尽管晋献公有子一大群,但多系庸碌无能之辈,能够站得住脚的,也只有重耳、夷吾二人。因而以从二人中择一为妥。

那么究竟选择谁呢?

百里傒说:重耳奔于狄,夷吾居于梁,此去都不甚远。君上能否派人去对献公之死表示吊唁,一则显示我秦国之重于礼仪,二则可以借机观察二位公子之为人,然后从中酌定。

穆公觉得有理,就派公子縶代表国君前去吊唁。

公子縶先到狄。

宾主礼毕,一身缞绖的重耳即行告退。公子縶通过守门人给重耳传去一句话:公子如有意乘时入主上国,敝国国君愿以车马为公子前驱!

在晋三公子中,重耳居中。他以宽厚仁爱闻名,其实却是个极有志向和城府的人。在申生接连受谗害以至最后自杀时,他是同情的;但如今奚齐、卓子先后除去,那么申生的自杀便是给他提供了一个曾经是那样可望而不可及的机会。不过他知道事情并不那么简单。奚齐、卓子虽死,其余党尚存,更何况逃亡在外另有夷吾,仍在国内的公子就更多,一场争夺势所难免。如同摘取甜美的果子需要等待一个成熟期一样,他还得忍受和等待直到各种条件大致成熟,然后才能较为顺利地去获取。因而三日前当正卿里克、大夫丕郑等大臣派人来奉迎他回国去继位时,他对来使说了这样一番话:重耳不孝得罪先父,逃亡四方,生既不能尽问安侍膳之诚,死又不得奉视含哭位之礼,更何敢以德薄才微之躯乘乱贪位呢?还祈各顾命大臣更立他子,重耳当竭诚敬奉新君,不敢有违!

但是,眼前却出现了一个不曾预计到的新情况:一个强大的邻国主动找上门来愿意作他的后盾,要不要接受这种保护呢?

重耳在后舍召来跟随他逃亡的大夫赵衰,问他对这件事情的看法。赵衰还保持着昔日中原大国的气度,说:靠别国力量保护入主晋国,即使做到了,也不怎么光彩吧?重耳自然也有同感,但他觉得到实在必要时,这也未尝不是一条可行之路,只是其他条件目前尚未成熟。于是便出来对公子縶说:君诚意惠吊亡臣,并转致上国大君美意,重耳不胜惶恐。亡人无宝,唯以仁亲为宝。父死亲丧,重耳已形容枯槁,唯依制丁忧而已,哪里还敢有什么其他想法呢?说完竟伏地大哭起来,声感天地。

公子縶转而向梁国进发。

这时候,夷吾正与跟随他逃亡的大夫吕省、郤芮等大臣,在梁国为他提供的官舍里进行着紧张的磋商。

接连几天,忧喜参半、吉凶难定的消息,不断从绛城传来。开头说,奚齐、卓子已被杀,这当然是喜讯。后来又说,几位顾命大臣已派人去迎接重耳。夷吾一听,顿时发了急,命人火速筹划,准备赶回绛城去争国。恰在这时,官舍外飞来几匹汗淋淋的快马,来人禀报说:重耳无意入国,几位大臣派来迎接新君的乘辇很快就要上道。夷吾以手加额欢呼一声：这是上天有意要把晋国赐给我啊！

郤芮却说：重耳恐怕不是不想做国君的人吧？他不去，其中必有缘故。正卿里克、大夫丕郑等人如今已在那里控制了局面，公子也有好几位在，他们还要向外求君，肯定是有企图的。这些人，本来就是私欲很大的啊！

夷吾说：那也不难，就答应给里克以汾阳之田百万，给丕郑以负葵之田七十万吧！说时就命左右书契缄封，立即派人送到绛城去。

吕省说：即使如此，还不能算是十分稳妥。常言道：入虎穴者，必操利器。如今晋国朝堂怕已是虎狼成群，公子欲求入主，看来非借强国之力为助不可。

夷吾觉得有理，但究竟是西借秦国之力，抑或东赖齐、郑之助，一时议论未定。

守门人就是在这个时候跑了进来，大声禀报道：秦国使者大夫縶来到！

作为走过场的吊唁仓促礼成。

宾主落座，夷吾就直奔主题：大夫以君命远道来吊，当有以赐教亡人吧？

公子縶一见对方如此急切之态，反倒故意延宕迂回，待夷吾再次逼问，才缓缓说出了秦国将出兵为援的话，却又有意戏言几句：卫国地方男女多情，他们作诗唱道："投我以木瓜，报之以琼瑶。"縶向闻上国名山众多，不知也出产此种琼瑶否？

夷吾立即接口说：时雨之恩，当以此心相报。夷吾又何惜一琼瑶呢？

说完又稽颡称谢。

夷吾以为已经吃到了定心丸，就进入内舍，向他的臣属通报了与秦国来使商谈的结果。

郤芮说：看来贪心的秦国，是不会白白这样做的。恐怕得割出一大片土地来给它作为酬谢吧？

夷吾说：贿赂自然是少不了的。不过寡人很快已是晋国国君了，割一大片土地，对晋国损失不是太大了吗？

吕省说：这笔账看你怎么算。公子若是不能回国即位，岂非只是梁国一匹夫吗？晋国那么多土地连一寸也没有公子的份。所以割让给秦国的土地原本就是他人的，谈不上损失不损失！

夷吾再次出来时，就对公子縶说：里克、丕郑即将迎我入国，亡人都将给予相当多的酬谢。亡人若能获得上国大君宠爱，入主晋国社稷，则敝邑愿献河西八城之地，聊报大德于万一。其域东尽虢地，南至华山，可为大君闲暇时东游狩猎之便！

说着，从袖中取出已经书契的盟约，双手捧上。

公子縶待要作些谦让之态，夷吾又说道：亡人另有黄金四十镒，白玉六双，愿献于大夫左右，还求笑纳，不敢说是报答。卫国男女诗中不也是这样说的吗："匪报也，永以为好也！"

公子縶接过盟约，仰首一阵大笑，说：好一个"匪报也，永以为好也"，贵公子果然有情啊！

公子縶回到秦国，详细复述了见到两个公子的情况。

秦穆公说：如此看来，重耳要贤于夷吾。是否以接纳重耳为妥？卿等可一议。

公孙枝说：这要看君上纳晋君的目的何在了：是为晋国之安定强盛呢，还是为秦国扬威于天下？如果是为晋国，自然应当择贤君；若为秦国计，那倒不如接纳不贤者！

穆公说：那为什么呢？

百里傒说：纳贤与纳不贤可以得到"置君"之名是相同的。不同的是接纳贤君，等于为自己安置了一个强大的邻国；接纳不贤之君，其国就难以强盛，但邻国之弱，不正是秦国之利吗？这个道理很残忍，但这个道理很现实。

穆公兴奋地说：先生这番话，使寡人有顿开茅塞之感！看到塞叔一直未开口，又问道：卿因何默而不语？

塞叔喟叹一声说：唉，这大概也是上天安排的吧？看来，晋国祸乱还远远没有到头呢！

穆公一阵朗声大笑说：您老真是一位爱好仁义的大长者啊！

秦穆公九年（公元前651年），霸城宫前严整地陈列着三百乘战车，戈戟森森，旌旗猎猎。举行过隆重的祭祀仪式后，穆公亲授符节，以百里傒为特使，由孟明视等三将率领这支宏大的队伍，护卫着夷吾由梁国进入晋国去即位。这在秦国历史上是第一次。一百多年前，曾经有过一次秦襄公护送周平王东迁，不仅规模完全不能与这一次相提并论，更重要的是所处地位已不可同日而语。那次是作为"附庸"小心翼翼地听人调遣的，如今却以一个新兴大国的身份，独立作出决定，把战车开进另一个大国，去主宰那个大国的命运。这是秦人历史上从未享受过的荣耀啊！

但当这支队伍渡过黄河，刚要踏上晋国土地时，忽而飞来一片乌云，几乎遮没了刚才还是他们独自拥有的那片阳光灿烂的天空。

不远处灵宝山下尘烟起处，望不到尽头的战车阵列正滚滚向这边驶来。三员虎将勒马横戈以手加额望去，但见那队伍前头猎猎飘动着的旌旗上绣着一个大字："齐"！

一场更大范围内的争夺战，就这样拉开。

## 欺骗也成了一种战术

《韩非子·扬榷》篇有句极为生动、形象的话，叫作"一栖两雄，其斗嚈嚈（yán，争斗貌）"。《礼记·曾子问》也有类似的话："天无二日，土无二王。"我们大致可以推定，这些都是当时流行的俗话。因为在春秋战国那个特定时代里，人们天天看到、碰到的最突出的事实便是：诸侯在相互为争霸而无休止争战中可以暂时无霸，却决不允许同时存在两霸！

当秦穆公在西陲之地又是修造霸城宫，又是祭祀宝夫人，一厢情愿地做着称霸美梦的时候，他的一举一动、一言一行都绝不可能逃过已经称霸于诸侯的齐桓公的耳朵和眼睛。齐桓公岂能容得关西蛮儿如此目无他这个公认的霸主！但他觉得尽可沉默以对，没有必要立刻作出反应。待到夷吾归国前夕，齐桓公突然以受命于周天子的名义，率领诸侯来到晋国；同时派出大行（礼官，掌接待宾客）隰（xí）朋统率五百辆战车浩浩荡荡到黄河边迎接夷吾。这一来，踌躇满志的秦国一下被推到了极为尴尬的境地。只是由于齐桓公有老练沉着的管仲在一旁辅佐，才没有把事情做得太绝，后来各自后退一步，算是两国"共同"扶持夷吾入晋。

这样，夷吾便在两大强国的扶持下，于周襄王二年（秦穆公十年、公元前650年）坐上了君位，称晋惠公。

人们通常以为一仆二主就是仆人的地位双倍低贱，却不知同时也意味着主人权威的贬值：此时仆人不仅可以有所选择，有所依赖，还可以利用一方去制约另一方。

惠公即位后的第一件事，就是毁弃前约。他派丕郑带着他的信函出使秦国，信的措辞不免有些滑稽。他说他本来曾应许秦国以河西之地为酬报，可如今大臣们都说土地是先君的土地，你当时还是一个逃亡在外的公子，怎么可以擅自把先君的土地奉送给人家呢？他怎么也说服不了大臣们，因而只好对秦国表示歉意。

秦国朝堂上下一片愤怒。对如此忘恩负义的小人，他们岂肯善罢甘休！但秦穆公与百里傒等大臣再三商议的结果，却觉得晋惠公所以敢于公开毁约，一个重要因素便是因齐国的介入而有恃无恐。秦国如果贸然出兵，必然引来齐国干涉，事情就会变得复杂起来。无奈只得忍着这口气，以待事态的发展。

惠公即位后的第二件事是诛灭异己。最先想到的是正卿里克、大夫丕郑，因为按他们本意要立的是重耳，而不是他夷吾。对这两人曾经有过的封赐允诺，自然早已变成子虚乌有。当时也不过是随便拿起的一块敲门砖，如今既已进门，要考虑的就是如何除掉他们的问题，还谈什么封赐不封赐！于是先派丕郑出使秦国，支开他们当中一个，单留一个对付起来就要容易得多。惠公召来大夫郤芮商议说：里克对寡人是有功的，现在要杀他，该用个什么罪名呢？

郤芮说：里克杀奚齐、卓子两位国君，又杀顾命大臣荀息，罪行太大啦！君上念他迎纳之功，那是私劳；而讨其弑君之罪，那是大义。古来贤明的君主都不会以私劳害大义。请君上准许臣奉命讨逆！

惠公说：你说得有理。那就去办吧！

郤芮来到里克府第说：君上有命令，派我来转达给您。君上说：没有足下，寡人不可能立为新君，寡人不会忘记足下的接纳之功。不过，足下弑二君，杀一大夫，这就使得寡人很难为足下说话了。寡人要遵奉先君的遗命，就不敢以私劳害大义，只好请足下自己裁决！

里克愕然不语，郤芮在一旁催逼。里克仰天喟叹一声，留下一句千古名言："欲加之罪，其无辞乎？"随即引剑自刎。

还在秦国的丕郑一听到里克被逼自杀的消息，就在辞行时向秦国献计：让丕郑带一信函回晋国，诱使为夷吾出谋划策的吕省、郤芮来秦而杀之，再以重兵送重耳回国即位，丕郑则在国内做内应。秦国朝堂上下原本就憋着一股子窝囊气，急待奔突而出却苦于找不到缺口，因而一听到丕郑献出这样一计，便以为终于等到了一个机会。秦穆公欣然采纳，亲书一信，并回赠以丰厚的聘问之礼。

信是这样写的：

上国大君左右：秦晋乃甥舅之国，前效微力，何敢言报。上国诸大夫忠义可鉴，不榖断不至于以区区八城之地而伤诸大夫之心。况仅以一河相隔东西，晨昏举首可望，地之在晋亦犹在秦也！

敝邑近有校场演技之事，久闻上国吕、郤二大夫武艺精湛，欲求当面赐教，幸旦暮一来，以慰不榖深望。[1]

惠公收到信和厚礼有点喜出望外。但吕省、郤芮却从丕郑对里克的死似乎并不怎么在意，而丕郑府第人事往来却异常频繁等迹象中起了疑心，禀过惠公后，一面暗中监视，一面派人打入内部窃得真情，一举将丕郑等九名大夫尽行擒获、杀戮。至此，以里克、丕郑为首的一派力量已被消灭殆尽。

九大夫的亲属只有丕郑之子丕豹得以脱身逃命。丕豹逃到秦国，跪伏在穆公面前，大哭不止。他请求秦国立刻发兵讨伐晋国，并且说：如今的晋君背秦恩而积民怨，百姓愤怒已到了极点。大国偏师所向，国人必以箪食壶浆出迎义军，废旧立新易如反掌！

经历了又一次挫折，这时候的秦穆公已较为冷静，他让大臣们来议论这件事。

蹇叔说：听丕豹的话而兴兵伐晋，那是助臣犯上，有违道义。

百里傒说：若是晋国百姓真像丕豹说的那样愤怒了，那是很快就可看到内变的。是否还是等发生了内变，再来商议对策为好？

穆公说：寡人也有些怀疑。如果百姓已愤怒到那种程度，还能一下子杀九位大夫吗？夷吾这样做了还能站得住，说明支持他的人还有相当力量。

于是决定不兴兵，暂作壁上观。留丕豹在秦，并仕以大夫。

此后，秦晋之间居然过了一段颇为太平的日子。秦穆公十三年（公元前647年），晋国遇上严重灾荒，百姓大饥。晋国向秦国借粮，百里傒、蹇叔都认为灾荒难免，哪一国都有，救灾恤邻，理义之常，应当借给。丕豹则还念着杀父之仇，攘臂高呼，要趁此天赐良机，征伐晋国。穆公说：负我者乃晋国君主，与百姓何干？寡人不忍因君主之故而迁怒于民。

于是紧急调运黍粟数万斛，经由渭水、黄河、汾水，送往晋都绛城。数十天里，舳舻相接，纤人连行，历史上称之为"泛舟之役"。

应当说，这"泛舟之役"才是秦国历史上取得最辉煌胜利的一役。这不是战争的胜利，却胜过战争的胜利，即道义的胜利，争取人心的胜利。此后一段日子里，晋人提起秦人会有一种特别亲切之感。甚至死去的太子申生也托梦给人说："夷吾无礼，余得请于帝，将以晋与秦，秦将祀余。"（《史记·晋世家》）死人托梦，固属无稽，但做梦人有过类似想法，却又是真实的。

巧得很，只过了一年，情况就倒了过来：秦国大荒而晋国大丰收。秦穆公派人向晋国借粮，晋惠公却在近臣的怂恿下，非但拒绝出借，还乘人之危准备立刻大动干戈。穆公大怒，主动率兵迎击。这一年（公元前645年）秋天，秦军越过黄河，深入到晋的韩地，秦、

---

[1] 秦穆公给晋惠公的信，史著只零星提到。此处所载系我根据前后情节草拟。

晋爆发了著名的"韩原之战"。

韩原之地，一说在今陕西韩城西南；一说在今山西河津、万荣间。韩原之战的发展充满戏剧性。两军对峙，惠公与穆公原是郎舅之亲，战场上却成了生死对手。他们先通过书简进行了一场有趣的对话——

惠公说：寡人此次仅带甲车六百乘，但似已足可败君于马下。君若退师，正合寡人之愿；如其不然，则寡人也愿退而让君，只是三军将士其势汹汹然奈何奈何！

穆公说：君欲国，寡人迎而纳之；君欲粟，寡人筹而送之。今君欲战，寡人岂敢抗命失陪呢！

战幕拉开，求胜心切的惠公，披甲横戈奋勇出击，竟至脱离了主力部队，被泥泞的山路绊住了马足。穆公率领麾下军士恰好赶来，双方展开了一场生死肉搏。盔落发散的惠公眼看就要被生擒，恰在危急关头，晋军的部分主力军已匆匆赶到。转眼间被团团困住的已由惠公换成了穆公。穆公战车左侧的马已被晋军扣住，晋军一位将军的长戟击中了穆公的胸甲，七层厚的甲衣已经刺到第六层。就在这时，前方忽而响起了潮水般的呐喊声，眨眼间，不知从何处飞来三百余名勇士，左冲右突，一下攻破了晋军的包围圈，非但穆公得以脱险，还活捉了惠公。秦军乘胜追击，全歼了晋军。

这三百余名闻讯赶来解救穆公的勇士，穆公却并不认识。询问后方才知道，那已是多少日子前的事了。那次穆公轻带随从来到岐山脚下去闲游，不知怎的走失了一匹心爱的坐骑。好容易找到时，那马已成了釜中之物，正被一群村野农人美美地享用着。一位侍从官吏正要对这群粗人绳之以法，穆公却阻止了他，反而对那些村野农人说：我听说吃马肉不同时喝点酒，会伤身子呢！说着，就命人马上扛来酒，让他们尽兴而饮。这回对韩原之战起了如此重要作用的三百余名勇士，正是那些吃过马肉的村野农人。

大获全胜的秦军，兴高采烈地渡过黄河，沿渭水浩荡西行。晋惠公和他的一些近臣被作为俘虏押在这支狂欢的队伍之中。如何来处置这位在押的国君，穆公曾有过杀之以祭祀天帝的想法，只是尚未与大臣们最后议定。秦军刚要进雍城时，却见一辆披以缟素的乘辇缓缓从城中驶出。乘辇停下，走出一个端庄绢秀的女子来，也是一身素白，却正是穆公夫人，即当年因结"秦晋之好"而从晋国迎娶来的晋献公之女穆姬。将士们一个个敛容惊视，穆公急忙走下乘辇迎上去说：夫人为何这般装束？

穆姬说：君上凯旋而归，妾身本应以盛装相迎。只是妾身不愿看到秦晋之好因此一战而永远不再，故以缞绖来见。夷吾纵然负义且不仁，但穆姬不能因怨而忘亲，因怒而弃礼。若晋国国君早晨押解到秦宫，妾身就早晨死去；若晚上押解到秦宫，妾身就晚上死去。还望君上恕罪！

穆公连忙说：夫人快别这样想了，寡人与夷吾原是郎舅之亲，又何至于如此绝情呢？今日邀来，原也只为一叙情谊。难得夫人提醒，寡人当择日护送晋君归国就是！

随即命内侍为穆姬除去缟素，同登乘辇进城。

这时候又有几匹快马奋蹄赶到，是周天子从雒邑派出的使者，也是来为被俘的晋君说情的。

于是穆公便对惠公做出了不杀而送回国的决定。当然，穆公所以这样做，也并非全是由于夫人的以死相胁和周使节的远道赶来说情，更主要的是他自知秦国远没有强大到可以吞并另一个大国的程度。勉强那样做，只会使自己陷入四面受敌的危险境地。而释放夷吾，秦国不仅可以继续保持道义上的优势，而且还能控制和利用晋国。

这样，秦晋两国便达成了以下内容的和约：

（一）秦送夷吾回国继续君位；

（二）晋割河西八城之地予秦；

（三）晋太子圉入秦为质，穆公以女儿怀嬴嫁与圉为妻，以续秦晋两国累世联姻之好。

从国君跌落到阶下囚，这个人生大转折，终于使晋惠公对自己有了较为清醒的认识。回国前，他特地派出大臣代表他去向晋国臣民说：是我污损了国家的体面，我还有我的儿子圉，都不配再即君位，请国人另立国君吧！国人听了都感动得大哭，还是要求惠公复位。此后，在惠公继续当政的三五年内，晋国进行了一些整顿和改革，其中包括废除井田制，实行了与秦国相同的爰田制；还建立了"州兵"制，即平时为农、战时为兵的一种地方武装力量。

经过这样一些整顿和改革，晋国才又渐渐恢复了生气。

但不久，惠公病倒了！

在秦国这边，这天凌晨，怀嬴公主忽然哭着来对父亲说：太子圉逃走了，逃回晋国去了！

穆公大骂一声：竖子欺我！又仰天长叹道：呵，早知夷吾父子都是此等小人，悔煞当初不立重耳啊！

## 怀嬴公主当了两次政治筹码

在晋国内乱外患相继迭起的这些年月里，三公子之一的重耳还一直逃亡在外。由于他的贤名，追随他一起逃亡的有赵衰、狐偃、介子推等一大批颇具才识的辅臣。他们在外流亡十九年，历经狄、卫、齐、曹、宋、郑、楚、秦等国。其间卫文公的轻慢，曹共公的无礼，晋惠公还曾派人谋刺，所遭逢的艰险和屈辱，可想而知。重耳出亡时尚是壮年，待到归国即位为晋文公，已是六十二岁的老人了。也许正是这一段阅尽世态炎凉、尝遍人生百味的经历，冶铸了他的意志、毅力、气度和人格，使他后来有可能继齐桓公之后成为春秋第二个霸主。

太子圉的逃跑，使秦穆公下决心作出了一个新的选择：改立重耳为晋君。

经过一番追影探踪，得知重耳已逃亡在楚国，穆公立刻派公孙枝去聘问楚成王，迎重耳入秦。重耳一到，又待以国君之礼，举行了盛大的酒宴。红灯绿酒，轻歌曼舞。席间，宾主实际上进行了一场政治谈判，却以诗诵歌吟的形式出现，妙语联珠，精彩纷呈。

重耳以往赴宴通常由正卿、又是他舅父的狐偃陪同，这回却特意换了颇通诗文、善于辞令的大夫赵衰，因为他知道穆公十分讲究礼仪，又熟习中原文化，有赵衰在场便于应对。

先是穆公吟诵《采菽》诗：

君子来朝，何锡予之？

虽无予之，路车乘马；

又何予之，玄衮及黼……

这本是周天子欢迎诸侯来朝时演奏的一首乐歌。穆公与重耳原是郎舅之亲，但他经过精心选择的这首诗，却暗示自己与这个小舅子是天子与诸侯关系，秦国与晋国是宗主国与附属国关系。

穆公刚吟完，充任赞礼的赵衰便唱名让重耳下堂拜谢，穆公也下堂答拜。接着赵衰便选了一首《黍苗》让重耳赋诵：

芃芃黍苗，阴雨膏之。
悠悠南行，召伯劳之……

重耳吟这首诗的用意，是在头里两句。他懂得《周易·系辞》中说的"尺蠖之屈，以求信（通"伸"），龙蛇之蛰以存身"的道理。如今他尚处于逃亡中，不能不对穆公卑躬以求，离开秦国强有力的支持，他是断难回国即位的。但若由他来明说，则有碍风雅。于是在一旁的赵衰便以赞礼的身份半真半戏地吟唱道：呵，这诗说得多有意思！公子仰望君上的降恩，就像禾苗渴望时雨的滋润一样。如果禾苗因有雨水滋润而得以结出金黄饱绽的谷子，奉献给晋国宗庙，那全是君上的大德啊！如果公子承蒙君上的大德成为晋国百姓的君主，晋国怎么会不听从君上的安排呢？如果有晋国这个获得君上恩泽的范例，那么四方诸侯，有谁还敢不诚恐诚惶来听从上国大君的命令呢？

穆公赞叹说：您先生真会说话啊！但那是贵国公子得道多助，哪里是只靠寡人一人呢？

接下去，宾主又分别吟诵了几首诗歌。穆公诵《小宛》，盛赞重耳"翰飞戾天"的志向，表示愿意尽力帮助重耳回国争得君位。重耳赋《河水》，表示即位后要像流水归于大海那样朝事秦君。最后穆公朗诵了气势宏大的《六月》，鼓励重耳去创建未来大业。宾主再次拜谢和答谢。

以上情节采自《国语·晋语四》，我们现代人读此可能会感到很新鲜。其实，古代在贵族子弟间，以诗歌作为交际应酬手段相当盛行，以至被视为一种身份、修养的标志。所以孔子教育他的儿子孔鲤说："不学诗，无以言。"（《论语·季氏》）至于在外交场合以诗歌作为谈判的一种技巧，更是屡见不鲜，如《左传》中就有大量此类记载。

这个夜晚，穆公似乎特别高兴，特地从嬴氏宗室中选了五个女子赠给重耳做侍妾。重耳自然也高兴。十九年的流亡生活行将结束，梦寐以求的君位抬眼在望，都是值得庆幸的；但作为大国的晋国竟然要如此低眉折腰仰求于人，又不免有几分难以明言的隐愤。次日清晨起来，一个侍妾又端着盆盂来让他洗手，洗过后，他挥挥湿手让她走开。可能眉宇间已泄出了内心的几分隐愤了吧，那女子突然正色道：秦国、晋国是同等的国家，公子怎么能这样轻慢我呢？

重耳万万没有想到，这个女子正是秦穆公的女儿怀嬴！他赶紧除去衣冠表示罪己，听任惩罚。穆公得知后却反来自责，再三说明怀嬴是他女儿中最有才德的一个，但因已嫁过太子圉，所以不敢正式婚配，只是暂充奉巾执帚之列，收不收留她，听凭公子处置。

又一个万万没有想到：太子圉是重耳之侄，因而怀嬴还曾是他的侄媳呢！

该不该娶这个侄媳，重耳的几位辅臣进行了郑重而有趣的讨论。他们说古道今，引经据典，最后得出结论说：重耳与太子圉虽然原为同姓，但因异德异心，如今已如同陌路，因而"取其所弃，以济大事，不亦可乎"（《国语·晋语四》）？

在这里，最要紧的是"以济大事"四个字。为了回国即位这件大事，娶侄媳为妻又有何妨！于是，同是这位怀嬴公主，第二次为"秦晋之好"做出了牺牲，与说起来还是她伯公的重耳，在霸城宫里隆重地举行了婚礼。

太子圉所以要抛弃娇妻仓促逃回国去，与现代人所说的爱情呀、婚变呀，全然无关。他是因重病的父亲归天在即，怕"近水楼台"之人会乘机抢去本属于他的君位。果然，子圉归国不久惠公便溘然离世，临终托孤于吕省、郤芮。太子圉即位，是为晋怀公。吕、郤提醒说：诸公子倒不必担心，最需防备的是逃亡在外的重耳。于是发出一道命令说：凡是跟随重耳出亡者，限三个月之内回国。逾期不回，录罪注死。父子兄弟坐视不召者，并杀不赦！

不是三月，而是只过了三天，重耳和他的随从们便一起回到了晋国。但不是来向怀公服罪，而是来夺他君位的。秦穆公二十四年（公元前636年），秦国以五百乘战车、两千精骑、五万步卒的强大威势，护送重耳渡过黄河，踏上晋境。在国君位置上坐了不到半年的怀公子圉慌忙出逃去了高梁。吕省、郤芮等一班大臣也不敢以卵击石，纷纷出郊恭迎。重耳一面派人去高梁刺杀子圉，一面宣布即位，是为晋文公。其实，吕省、郤芮等人只是迫于秦军的强大威势，才不得不暂时屈从的。待秦军退走，他们便暗结同党，歃血为誓，约定时日，欲焚烧晋宫，杀死文公。但其中有个叫寺人披的参与者却向文公告了密。文公看到自己在国内实力还不足以固位，便逃出绛城，在王城（今陕西大荔县朝邑东）这个地方与穆公秘密相会，以求庇护。到约定时日，晋宫果然起了火。吕省、郤芮等人这时才发觉文公不在宫内。估计文公是向秦国方向逃去的，又匆匆追到黄河边。穆公以另立吕、郤等人愿意接受的新君公子雍为诱饵，将他们诱到王城，这时便出现了一个富有戏剧性的场面：吕、郤问新君何在，愿求一见。穆公便高声说道，请新君出来吧！屏后一闪，果然出来一个贵人，吕、郤抬头一看，竟是文公，当场惊倒在地。

到这时，穆公终于帮助文公除去了全部政敌。又派兵三千第二次护送重耳回国。穆公在位三十九年，倒有近半的时间和精力，花在"三置晋君"这件事情上。文公第二次回国后，励精图治，完善爰田制，增强军队，晋国很快强盛了起来。接着又以"尊王"相号召，平定周乱，迎接周襄王复位，败楚军于城濮，会诸侯于践土，成了赫赫霸主。穆公扶持重耳的本意，是欲使晋受控于秦，但后来的发展却是事与愿违，在诸如上述尊王平乱、城濮大战等事件中，秦国往往不得不追随于晋国，扮演一个呐喊助威的角色。多少年前，穆公曾经后悔不该接纳夷吾，此时是否又有些后悔两次护送重耳了呢？

不管怎么说，终文公之世，秦晋两国关系总的说来还是比较友好的。文公一死，秦国立刻尝到了晋国抛出的苦果，而且是一颗很大的苦果！

# 从素服罪己到称霸西戎

## 受贪欲驱使的冒险远袭

事情是从秦穆公获得一份来自郑国的秘密情报开始的。

在此之前,秦国与郑国曾经有过一段曲折而微妙的关系。晋文公登上霸主地位后,秦国的东进图谋受到了严重的阻碍。但这时秦仍无力与晋公开抗衡,只好等待时机,另辟蹊径,同时抽出部分力量来转而向南部和西部发展。恰在这时,晋国派来使节,共约向郑国大兴讨伐之举。郑国位于晋国之东南,晋国所以要这样做,显然是为了它的势力向黄河以南大踏步推进。但兴兵的理由却是一笔旧账:晋文公当年在逃亡途中路经郑国,郑文公曾对他无礼。秦穆公也看到了郑国所处地位的战略意义,秦国欲谋东进,或迟或早必须控制郑国。在找不到更好出路的情况下,觉得能插进一只脚去也是好的。于是便派兵参加了晋、秦伐郑的联合大军。

大军压境,郑国亡在旦夕。郑文公请出老臣烛之武为专使,深夜用绳索缒出城门,冒死来到秦营。老人随后的一番话,居然使秦穆公做出了立即退兵的决定。而秦军一退,晋军独木难支也只好跟着回师。累卵之危,顿时冰解,一场灭国大灾,化作鸟语花香,竟全凭一位老人的三寸不烂之舌。这说起来近乎神话,细细想来也还是有相当可信度。

原来烛之武的那番话,充分利用秦晋历史上和当前的矛盾,全从秦国利害关系立论,却只字不提郑国自身要求,因而每句话都深深打动了穆公的心。烛之武首先举例说明,秦曾有赐于晋,而晋却朝许夕改,它是不可信的。这话肯定会勾起穆公多少余恨未消的回忆。接着烛之武又说,郑、晋是邻国,而郑、秦中间却还隔着一个晋国,因而灭郑只会对晋有利,于秦无利;非但无利,而且有害,道理很简单:"邻之厚,秦之薄也!"这一点恰好击中了穆公的心病。这些年来,他不正是已经吃够了东邻晋国强盛以后带给秦的苦头了吗?烛之武说的第三层意思是,如果秦国能放过郑国,那么郑国将作为东道主,愿为秦国使节东西往来提供各种方便。这简直替穆公心目中的东进蓝图画了一条联络红线,他怎么能不动心呢?于是便出现了这个化干戈为玉帛的大转折:"秦伯说(通"悦"),与郑人盟,使杞子、

逢孙、杨孙戍之，乃还。"（《左传·僖公三十年》）

两年以后，即秦穆公三十二年（公元前 628 年）冬季，腊尽春来之时，正是按照上面提到的秦、郑盟约，秦驻守在郑的杞子、逢孙、杨孙三将，从郑国国都新郑（今河南郑州市南部）送来了一份情报。情报说：郑人使我掌管新郑北门之锁钥，若君上下令潜师来击郑，我为内应，则郑国便可轻得。[1]

也许是穆公因东进图谋屡屡受挫而产生了急躁情绪，也许是因为已入暮年渐次消散了敏锐的判断力，总之是他经不住这份情报的强大诱惑，贸然做出了立即发兵的决定。大臣中持激烈反对态度的是蹇叔。他认为让一支军队疲于奔命去袭击一个遥远的目标，这是从未听说过的事。更何况，秦、郑相距千余里，大部队浩浩荡荡经过谁人不知，怎么可能做到"潜师击郑"呢？郑国有知必有备，秦就断难取胜。这似乎都是些常识性的道理，英明如穆公是不可能不知道的。但正如谚语所说，偏见有时比无知更可怕。当一个人过分执著于某种意念或欲念时，就会造成偏见。此时穆公的心已为袭取郑的欲念所控制，他不听劝阻，亲自调兵遣将，命令孟明视、西乞术和白乙丙三将，率领这支由四百辆战车、两千余精兵组成的大军，去执行他的跨国远征冒险计划。军队出发时，蹇叔哭着说：我看到尔等出去，却看不到尔等回来啦！穆公听了很生气，派人去对蹇叔说：你这快要死的老糊涂，你懂什么！

率领这支军队的三将之一西乞术是蹇叔的儿子，临别时老人对儿子说：此行可虑的恐怕不在郑而在晋。晋人若阻击，必在崤山地带，千万谨慎。不然，我就只好到那里去收葬你的尸骨了！

对此次伐郑决策，百里傒是什么态度，史书记载不甚明晰且又互异。《史记·秦本纪》以及《春秋》之《公羊传》、《穀梁传》记到强谏、哭师这两件事，蹇叔名字之前都列有百里傒；《左传》则只有蹇叔一人。如果依据前书，那么百里傒是与蹇叔一样持反对态度的；若是按照后书，则态度不明。此外，《史记·商君列传》引了赵良评价百里傒的一段话，又把"东伐郑"作为百里傒相秦六七年中的主要政绩之一。照此看来，百里傒似乎又是这项决策积极参与者和执行者。不过探究此类细节问题大概只有历史学家们有兴趣，我们还是随着这支前程未卜的远征军一起行进吧！

由雍城到新郑，下渭水，渡黄河，越崤山，入函谷，千里迢迢，众多的人马，庞大的辎重，一路困顿劳累，不难想见。自腊月底出发，越过周、晋边界，到达澧河南岸滑（gǔ）这个小国家时，已是阳春二月。一问，才知道离郑国边境还有十余里。到郑国国都新郑还得赶上近百里。可就在这时，却见前面一人骑着高头大马过来，身后两名童仆赶着数十头肥牛。那人下马施礼高声说道：郑国使臣来此迎候，愿求上国大将军一见！

孟明视等三将一听，不由大惊。这次秦国出兵原是偷袭，谁知离目标还有好些路程，

---

[1] 此处依据《左传·僖公三十二年》。《史记·郑世家》则认为是郑国官员向秦国出卖了情报："郑司城缯贺以郑情卖之，秦兵故来。"也可能是这个缯贺让杞子等掌管了北门钥匙。

郑国却已派来了使者，这说明他们早已知道，还能偷袭什么呢？

其实，郑国此时还蒙在鼓里。此人也并非郑国派出的使臣，而是贩牛商人弦高。

这一天弦高恰好驱着牛群进城去，看到了如此庞大的秦军部队，估计是去袭郑的。他是郑国人，觉得对自己国家应尽保护之责。于是一面赶紧暗中派人快马飞驰新郑去报警，一面伪称自己是郑国国君委派的使臣，特来犒劳长途跋涉的秦军的，并从自己准备贩卖的牛群里挑了数十头肥大的赶来作为犒劳品。

弦高说：敝邑寡君听说三位大将军将行师于敝邑，特备不腆之赋，使下臣伏道犒师。敝邑得蒙上国施恩退师以来，日夜警备，不敢安寝，犹恐得罪于上国。望将军左右鉴之谅之！

秦国三将一听，完了！郑国早已有了周密戒备，还去自投罗网做什么？只好临时撒个谎，把事情搪塞过去：敝邑寡君派遣某等，原是为此滑国而来，岂敢有犯上国！

为使谎言成真，秦军果然随手消灭了滑这个小国家。

郑国国君得到了弦高警报后，迅速采取了戒备措施。发出情报的杞子等三人察觉计谋已泄，纷纷逃亡他国。与此同时，孟明视等也率师踏上了归程。事情到此似乎总算可以结束了。

但秦军怎么也不会想到，当他们的前锋部队接近险峻莽苍的崤山群峰时，蹇叔老人的预言不幸应验了：死神张开他那巨大的黑网铺天盖地地撒了下来！

## 崤山峡谷成了死亡之谷

晋对秦的仇隙，起始于那次晋秦联合伐郑而秦中途退师。而这一回，就在秦袭郑大军出发前夕，晋文公因病而亡。这也就是说，当秦军偷偷越过晋国边境时，恰好晋国朝堂上下还在居丧期。按照当时惯例，一国国君去世时，其余诸侯国应派使节吊问。秦国非但没有来吊问，且未经假道就行师边境，这一下子激怒了晋国先轸、栾枝等大臣和文公之子欢，即新继位的襄公。襄公特意穿起墨染的丧服，亲自号令三军，万千将士同作狮子吼，激起了一股同仇敌忾的悲壮之气。经过一番紧张而周密的筹划，选择精兵悍将预先埋伏于秦军回国必经的东西两崤山的深谷绝崖之处。又暗约聚居于晋国南部的姜戎出兵协助，共同布下了一张隐蔽的天罗地网。

疲惫不堪又归心似箭的秦军，满载着攻灭滑国掳掠所得的财物、牛马、女子，一路颠簸，进入崤山地带时已是初夏时节。西乞术忽而记起了父亲蹇叔的告诫，提醒主将孟明视说：此处正是崤山险地，家父有过嘱咐，不可不防呀！孟明视说：我等驰驱千里，还未遇到过敌手，过此崤山，便入秦境，还怕什么呢？

秦军进入东崤山，四周未见人影，走得倒是十分顺利。但渐渐发觉了异样：两旁山坡上的树木不知为何都被砍尽，更蹊跷的是，刀斧痕迹还都是新的！正起疑时，背后又隐隐闻得鼓角之声，很快便望到似有无数晋兵疾步追来。孟明视立即下令催促将士加速前进，先锋部队却忽而人嚷马嘶，乱作一团……

原来秦军已进入了一道峡谷，而前路已被无数新砍的乱木堵塞。就在这时候，峡谷另一端晋军如潮，杀声如雷，死神撒下它的罗网了！结果就像《春秋公羊传》记载的那样：秦军被晋人与姜戎"要之崤而击之，匹马只轮无反者"！

发生于秦穆公三十三年（公元前627年）的晋秦崤山之战，以秦军全军覆没而告终，主将孟明视、西乞术、白乙丙做了俘虏。三人被押解到晋国祖庙所在地的曲沃（今山西闻喜东北），捆绑在祖庙廊下的石柱上，即将施刑，以祭祀还在殡宫的晋文公。就像当年做了俘虏的晋惠公将被杀戮祭祀天帝时出来女救星穆姬那样，这时也出来了一个女人，她就是秦穆公的女儿、晋文公的夫人、当今晋君襄公的母亲怀嬴。这位做过两代晋君妻子的秦族女儿，心底依然向着故国。她的话是这样说的：秦晋累世婚姻，一向友好。如今因此三逆贪功起衅，致使两国变恩为怨。我料想秦君必定深恨此三人，在此杀之无益，不如放回国去让秦君自行诛戮，使两国重修于好，不是更明智一些吗？

襄公余怒未息，但既然母亲这样说了，只好答应。

获释后的秦国三将犹如脱笼之鸟，快马加鞭出曲沃城向西飞奔。赶到汾河边，正要觅船西渡，背后又赶来数十匹快马，为首的那位一面狠狠加鞭，一面大声叫道：三位将军且住！敝邑寡君特命小臣聊备薄酒，前来饯行，务请三位将军赏光！

此人是晋国太傅，名阳处父。他当然不是来饯行，而是奉命来截留、捉拿三人的。

放走三人时，老臣先轸没有在场。一听这消息，他便气呼呼地跑去问襄公：三名秦国囚犯何在？

襄公说：母夫人请求放行，让秦国去自行诛戮，寡人已经从命。

先轸恨恨悲叹一声说：唉，武将冒死奋战才获此三囚，妇人一句话就放虎归山，孺子怎么糊涂到这个地步！

襄公当下醒悟，于是便急派阳处父来追赶。

孟明视等觅得一船，赶紧点篙离岸，拱手一揖说：多谢了！请太傅转达上国大君，某等没齿不忘不杀之恩！

阳处父已赶到河岸，焦急中心生一计，下马回礼道：敝邑寡君恐将军不敷于乘，特派小臣将此坐骑追赠将军，聊表相敬之意，伏乞将军俯纳！

孟明视朗朗笑着遥遥额手示意道：还请大君自用吧！此番回去若蒙敝邑寡君开恩不杀，三年之后，某等当亲至上国，拜受恩赐！

三人侥幸脱险。现在，他们的生死将全决定于一个人：秦穆公。

按照当时通例，遭到全军覆没的将领，极难有免罪不杀的希望。

人生的转折点，往往不是出现在胜利、欢乐的时候，而是出现在失败、痛苦的时候。

史书没有录下秦穆公自得到崤山惨败消息后的心路轨迹，我们不妨推想，他一定作了长久的、痛苦的思索。因为唯有如此，他才能做出那样独特的处理。

穆公对这一战役的善后处理，不仅决定着他晚年的业绩，也在一定程度上影响到秦国的历史。

当三名败将拖着沉重的步子，羞惭满面地临近雍城时，出现在面前的情景令他们呆若木鸡！一身缟素的穆公，带着群臣，已早早拜迎在城郊。三将一齐跪倒在地，请求给予死罪。穆公却亲自扶起说：这哪里是卿等之罪呢，分明都是寡人之罪啊！寡人不该不听蹇叔善谏，以致铸成大错啊！

此后，孟明视等三将依然受到穆公信用，可以想见他们会以怎样的忠诚，来报答此不杀大恩。

为了报仇雪耻，已进入老年的穆公，犹执锐披坚，亲临前线与晋人有过几次小战，但都以失利告终。两年后，即秦穆公三十六年（公元前624年），经过周密的筹划，穆公立誓要与晋人决一死战。这一回，他选择了一条晋国防守薄弱的进军路线：经由洛河进入晋境，北上袭击王官（今山西闻喜南）。大军仍由孟明视等三将率领。为了表示死战的决心，渡过洛河后，焚烧了所有渡船。在这次大获全胜的战役中，秦军个个奋勇向前，凶猛异常，就像后来纵横家张仪所形容的那样："秦人捐甲徒裼以趋敌"，脱去盔甲，光着膀子，那是一场真正的拚死肉搏啊！秦军与晋军交战，简直就像传说中的大力士"乌获之与婴儿"（《战国策·韩策一》）。结果是秦军所到之处，晋军闻风丧胆，只知固守，不敢迎战。

秦军凯旋归来时，穆公亲率群臣出迎，并特地到三年前的崤山战场，积土为封，一连三天哭祭秦军在那次战役中的阵亡将士。穆公还朗读了一篇誓辞，即我们现在还能从《尚书·周书》中读到的《秦誓》。那深刻的自责，深沉的感悟，至今读来还令人为之怦然心动。这是其中的一段——

古人有言曰："民讫自若，是多盘。"责人斯无难，惟受责俾如流，是惟艰哉！我心之忧，日月逾迈，若弗云来。[1]

## 雄主归去留《秦誓》

穆公在位共三十九年。崤山之役后的五六年，却正是他事业和人生最有光彩的一段时期。此时秦国的东进图谋已取得了颇为可观的进展，疆域已大致扩展到黄河西岸。但他清醒地认识到，东向的突破性进展，客观和主观条件都还不够成熟，因而适时地把注意力较为集中地转向西部，在经营多年的基础上，到他临终前两年（公元前623年），终于完成了史书所说的"益国十二"、"开地千里"、"称霸西戎"的大业，为后来秦始皇大踏步东进，创建大一统的秦帝国，提供了稳固的后方基地。

穆公能够完成这一基业，得力于一个人，便是由余。

---

【1】大意谓：古人曾说过，人如果常常随心所欲，那就容易出错。责备别人并不难，被别人责备而能从善如流，那才困难啊！我心所忧的是，岁月流逝，永不复返。

由余，《史记·秦本纪》说他先祖是晋人，《史记·邹阳列传》则径称其为戎人。其他如《盐铁论》、《新序·杂事》等也都说他是戎人。无论这位少数民族政治家是否与汉人有过血缘关系，他对中原文化曾用心作过研习，并有独到见解，这是可以肯定的。《汉书·艺文志》杂家目收有《由余》三篇，作者当就是这位由余。

秦穆公三十四年（公元前626年），正当秦国朝堂上下为崤山之役的惨败进行着沉痛的反思时，由余受戎王之使到秦国来观光。穆公陪同他一起游苑囿，登高台，临深池，夸以宫室之美，示以歌舞之乐。由余却忽而问道：上国是如何建立起这些来的，是役使鬼作还是役使人作？役使鬼作便是劳神，役使人作便是劳民。

穆公不由一惊，问道：劳神何如，劳民又何如，愿闻赐教。

由余说：臣尝历读上古记载，自尧舜而至于夏桀、殷纣，可以用一句话来概括，便是：以俭得之，以奢失之。

穆公越发觉得面对的是一个非同寻常的人物，便又急切地问道：寡人有一事请教：中国以诗书礼乐法度为政，尚且祸乱不休；夷戎之地无此等法度，不知何以为治？

由余笑着道：依臣看来，所谓礼乐法度，正是中国祸乱之源。

穆公说：请道其详。

由余说：上圣黄帝制定礼乐法度，必以身为则，然后约束百姓，但也仅得小治。其后为君为王者日趋骄淫，却借礼乐之名以粉饰炫耀自身，又借法度之威以督责胁逼其下。天下怨望，贪欲并生，因而篡夺不休。夷戎之地就不是这样。在那里，上施淳厚之德以遇下，下怀忠诚之心以事上；上下合一，无形迹相欺，无文法相扰，却能做到犹如同一身躯头脑与四肢那样协调动作。这不治之治，才是真正的大治！

穆公一时默然。显然，由余的话深深触发了他对治理未来秦国的思索。

社会经过了两千余年的发展，现在我们对由余的这番话，就可以看得较为清楚。他实际上是在对两种处于不同发展阶段的社会状况进行对比。他所说的中国主要是指当时中国的中原地区，奴隶制度日趋没落腐朽，各种矛盾不断暴露，而新兴的地主阶级尚处于萌生、成长状态，因而奴隶主阶级内部各种不同利益集团之间，奴隶主与地主阶级之间，不可避免地经常要出现生死搏斗，这便是所谓"贪欲并生，篡夺不休"。由余所说的夷戎之地，主要是指中国西北、西南少数民族地区，根据他的多少有点美化了的描述，那里还处于原始部族制阶段，一种浑朴的人性还支配着社会生活的各个方面。经由"不治之治"这面镜子的折射，确实更鲜明地突现了处于没落时期的奴隶制度的腐朽和不合理。但那种所谓"不治之治"毕竟是比奴隶制度更为落后的一种统治状况，它只能适应于人类社会的初期阶段。

穆公当然也不会对"不治之治"感兴趣。他从由余的话里，看到了他曾经用心追求过的中原那种诗书礼乐制度并不那么神圣，并不那么完美无缺。这一点。对以后秦国坚持采取法家路线直到完成统一大业，也许不无影响吧？

事后，穆公把由余的话告诉了百里傒。百里傒也深有所悟地说：这是个大贤人啊！

穆公说：邻国有贤人，正是敌国的忧虑。由余现为戎人所用，对秦国就是祸患。怎么办？百里傒已经把这件事与内史廖谈起过，知道他有个办法，因而请穆公去找他。穆公召见内史廖，内史廖提出的办法，与由余说的话一样，也牵涉到了两个不同的社会发展阶段，但却是用一个较为成熟的社会中间的腐朽的东西，去进攻另一个尚处于淳朴阶段的社会弱点。

内史廖是这样说的——

戎王地处荒僻，从未享受过中国的五声五味。君上不妨挑选些歌伎舞女和精于烹饪的良宰送去，用声色口味去泯灭戎主的志向。同时设法把由余暂时款留在此，超过预定期限后再让他回去。这样，戎王就会迷于淫乐而怠于政事，对由余的逾期不归也会产生疑忌。到了这一步，不仅可以要到由余这个人，君上就是要取他国家，也可不费吹灰之力而得！

穆公听了很高兴，于是就照计行事。一连数日，穆公与由余同席而坐，共器而食，随后又由蹇叔、百里傒、公子枝等与他轮流作伴，并从交谈中探问戎国的地理环境、兵力设置等等。与此同时，挑选能歌善舞的美女十六人和良宰若干，作为聘问之礼派遣内史廖向戎王送去。戎王一得此绝色女子和美味佳肴，顿时飘然若仙。从此日夜设酒张宴，淫乐不止，哪还有心思过问政事！上行下效，百官尽废；政弛人散，牛马半死。如此一年半载过后，待由余回到戎地，已是满目荒凉，而戎王却犹沉湎于声色酒宴之中。由余数谏不听，又因逾期归来而受到猜忌，穆公则派人再请，他无奈只得转而投秦。穆公以盛礼相待，并当即举为上大夫，共同谋划伐戎之事。

那边秦国已是磨刀霍霍，这边戎王却依旧尽日美酒歌舞。有谁胆敢说秦军要来袭击的话，他就张弓搭箭把他们当作射击的目标。这样当秦军真的来了时，戎国早已丧失了起码的抵抗能力。直到秦军杀入王宫，刀已架上脖子，戎王还醉倒在樽前打呼噜做他的美梦呢！

秦穆公完成了称霸西戎之业，名义上作为统一天子的周襄王于襄王二十九年（公元前623年）特派召公至秦祝贺，并赐金鼓。这是秦在被迫迁徙至西陲之地数百年来享受到的最高荣誉。一百年后，即鲁昭公二十年（公元前522年），齐晋公访鲁，问起孔子国小地僻的秦穆公何以能称霸西戎，孔子作了这样回答——

> 秦，国虽小，其志大；处虽辟，行中正。身举五羖，爵之大夫，起累绁之中，与语三日，授之以政。以此取之，虽王可也，其霸小矣。（《史记·孔子世家》）

公元前621年，为秦国崛起奋斗了一生的秦穆公去世了，其子即位，是为康公。由康公到春秋末年，秦国共历康公、共公、桓公、景公、哀公、惠公和悼公七世、一百四十四年，都不怎么景气，且有愈走愈下之势，可谓一代不如一代。在一连串的失望中，人们便会很自然地怀念起穆公来。据说收录于今本《诗经·秦风》中的《晨风》，便是一首怀穆公、讽今君的诗。诗中说：看不到穆公这样好的国君，怎不叫我忧心忡忡；如今的君主啊，早已忘了我们民众！一唱三叹，感情十分浓烈。[1]

这一时期各诸侯国之间的争夺战，则日趋尖锐、激烈。犹如奔腾喧嚣的大海，众多小鱼小虾不断受到吞噬，即使如鲢鲤鲳鳇也或寻求庇护，或缩居一隅但求自保。唯有若干鲲鲸，则翻江倒海，逞雄逞霸，却又往往好景不长，暴兴暴衰。自中原齐、晋两霸相继陨落后，南方的楚国开始勃兴。楚庄王在他即位三年（公元前611年）攻灭庸国后，国势日隆，很快成为霸主，以它特有的瑰丽多姿的楚文化，向中原大地投射出强烈却也是短暂的闪光。接着便是吴、越这两个相邻却相仇的国家，在相互攻伐中先后称霸随即先后灭亡，演出了一部令人扼腕长叹的"吴越春秋"。秦国在这一系列争夺战中，主要对手仍是晋国，虽互有胜负，但殆势日显，在东进愈来愈艰难的情况下，开始调整与中原诸国的关系，谋求向楚接近以遏制晋。当庸国趁楚国受灾之机向它发起进攻时，秦助楚灭掉了庸，秦楚联盟关系终于形成。

这样，到公元前546年由宋国发起召开各诸侯国的所谓"弭（弭通弥，止息）兵大会"的时候，楚、晋被认为是盟主，而齐、秦也争取到了相同的地位。楚、晋、齐、秦四个头等大国似乎达成了停止用兵的协议，但其实战争并没有停息，只是规模、地域暂时被限制在较小范围而已。所谓"弭兵"，有的是为了麻痹对方，有的是为了积聚力量，也有的是因为已经争战到精疲力竭想有段时间喘口气。这是一个"国无宁日，岁无宁日"的年代，又是一个"邦无定交，士无定主"的人世。政治是经济的集中表现。战争的不断发生，表明着经济领域内正经历着激烈的动荡和变革，新旧各种因素都想借助刀剑戈戟来为自己维护或争夺地位。春秋中叶以后，铁器开始运用，水利工程的建设和耕牛的出现，使农业生产发展到新的水平。经济贸易出现了"负任担荷，服牛轺马，以周四方"的活跃景象。经济领域的这类带有突破性的发展，更刺激了不同利害关系的阶级、阶层和集团，为争夺财富和权力而加紧相互厮杀。晋国诸多卿大夫经过长期残酷的火并，到公元前453年，最后还剩下魏、赵、韩三家，"三家分晋"局面实际已经形成。到公元前403年，名义上还是天下共主的周威烈王，不得不正式承认魏、赵、韩为诸侯国。问世于宋代的《资治通鉴》正是从这一年开始记载的。司马光一开笔就激愤地写下了大段评语，对三家分晋而"天子既不能讨，又宠秩之，使列于诸侯"这种悖乱状况大为忧虑，惊呼"先王之礼，于斯尽矣"！

的确，被儒家视为尽善尽美的周礼已经分崩离析了，经过改革，带着勃勃生气的魏、赵、韩这三条鲲鲸，正是从"先王之礼"的罗网冲决而出，突然跃入了正在搏击中的列国大海，原来的相对平衡被冲破了，更大规模的争夺开始了！一阵眼花缭乱过后，历史终于拉开了

---

【1】《晨风》共三节，各节内容基本相同，感情则不断加深。此处所引为第一节。原诗为："未见君子，忧心钦钦。如何如何，忘我实多。"据《诗毛氏传疏》此诗是"刺康公"的，不妨把"君子"理解为穆公。但诗毕竟侧重感情抒发，而不是事实记载。脱离这个背景，"君子"也可理解为情人、友人等。

新的一幕，出现了一个齐、楚、秦、韩、赵、魏、燕七国争雄的新时代——战国[1]。

在血与火的战国时代，秦国将如何面对新的挑战呢？

---

人世间本无直道可走。

下一章读者将看到，秦国偏偏在春秋之末、战国之初那样一个变革最剧烈的历史关头再次坠落。接连几代庸君俗主，在或是只图安逸、或是勉力守成中匆匆而过。其间，外寇、内乱，还有争国夺位的内讧，交相煎迫，情势显得分外严峻。

但只要有人发愤而起，那么多难正可兴邦，变革足以振国。于是而有《力挽四世之衰的风雨归来人》，而有《铁与血的变革在关中大地兴起》，然后是一个国富兵强的嬴秦《立马河西，虎视山东》。

如果说秦穆公的《秦誓》是立国之本的话，那么秦孝公的《求贤令》便是强国之宝。

---

[1] 关于战国的始年，史学界有多说。旧时多依《资治通鉴》，以为始于周威烈王二十三年，即公元前403年；近半个世纪来则大多定在周元王元年，即公元前475年。

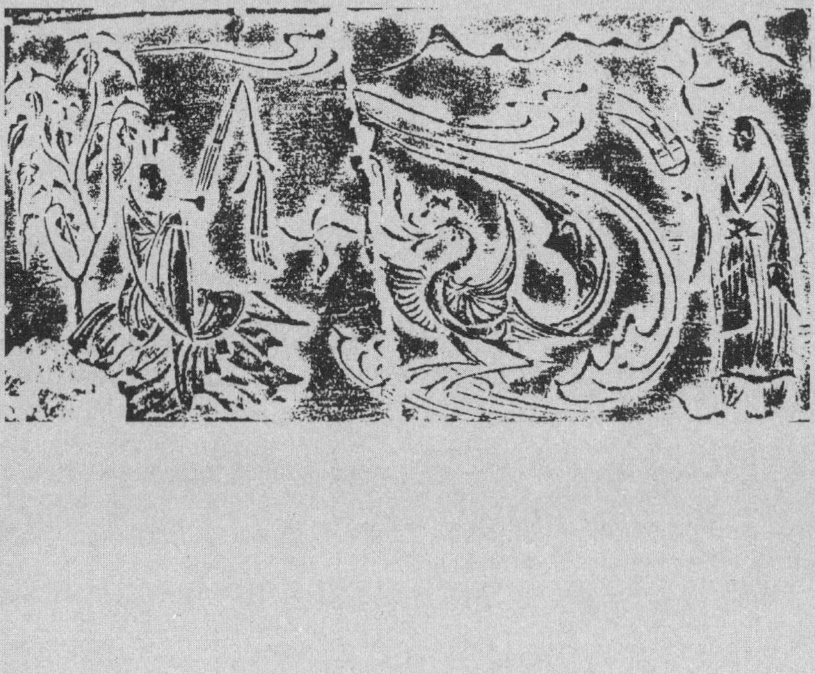

# 第 二 章
# 再次从"诸侯卑秦"的困境中奋起

力挽四世之衰的风雨归来人
铁与血的变革在关中大地兴起
立马河西,虎视山东

# 力挽四世之衰的风雨归来人

## 秦家小子忽而进入了龙钟老态

历史的长河从来不是止水，而属于秦国的这条历史支流，又显得特别曲折汹涌，忽而激起拍天巨浪，忽而又坠落深谷，似乎有意考验着秦人的意志和毅力，看他们能否首先战胜自己然后战胜环境，进而成为顽强的胜利者。

当战国时代的帷幕揭开时，秦国又落后了。在那样一个争战激烈的时代里，落后就意味着挨打甚至灭亡。在一个相当长的时期里，秦国不得不在内外交困的低谷中挣扎着。

战国时代是风云激变的时代。新兴的地主阶级日趋得势，而没落的奴隶主阶级愈益凋零。铁制的、远比铜制的更有效率的生产工具和更具杀伤力的武器，大规模地投之于实际应用。生活的节奏加快了，社会发展的步子加大了，任何固步自封、安逸自得的幻梦都将被无情的现实狠狠击碎。

战国时代又是大改革的时代。由分晋而立的魏、赵、韩三国首倡其声，迅速建立起能基本适应于新兴生产关系的经济制度和政治制度，即在经济上，开裂"阡陌封疆"，出现了土地私有制；在政治上，废除领主贵族的世卿世禄，改行官僚制度。三国很快国富兵强，令人刮目。接踵而起的是齐、郑、宋，经过改革，也都成效卓著。改革则存，不改革则亡，逐渐成为社会共识。

战国时代已是一个接近收获的时代。历经数百年的争战，产生出一大批高智商的先知先驱，他们深切地观察、体悟现实，有的已若隐若现地望到了明天，纷纷著书立说，创立各自学派，为当今国君提供各种如何治理目前和开辟未来的方案。最先出现的是春秋末期以孔子为代表的儒家和以墨翟为代表的墨家。进入战国时期，道家、法家、名家、阴阳家、纵横家、兵家等等相继兴起，形成了一派百家争鸣的壮丽景象。

很可惜，局促于关中的秦国却仿佛置身于这滚滚的时代洪流之外，颇有点向隅而泣的悲凉感。

秦国的再次落后是有原因的。

从主观上说，战国初期的几代国君，自厉共公、躁公、怀公、灵公、简公、惠公到出子，都较为平庸。后来秦孝公在《求贤令》中提到，特别是其中厉、躁、简、出四世，弄得国家内外交困，致使"诸侯卑秦，丑莫大焉"。

从客观上说，秦国毕竟是后起之国。它是在中原诸国奴隶制度已进入停滞、衰落状态下建立起奴隶制国家来的。基于本身的历史、地理原因，也鉴于山东诸国已经暴露出来的矛盾，秦国的奴隶制采取了独特的经济结构和政权形式。它不实行分封制，土地占有权集中于王室，政权形式则采取高度集中的中央集权军事专制。当年，秦正是依仗自身的这些特点显示出来的优越性，战胜了原来要比它强大得多的"老大哥"。如今，同是这些特点，却成了它继续向前发展的羁绊。很显然，原先实行分封的中原诸国，国内因有卿、大夫封地和采邑而形成大小割据的状态，一旦奴隶制进入危机阶段，就比较容易分化瓦解，也就是说新兴的经济、政治体制比较容易生存、发展并脱颖而出。而秦国的新兴势力却在"集权制"的樊笼中东碰西撞，生长极其艰难。此种时间空间的错位，便造成这样一种历史景观：当年，秦国犹如虎虎有生气的后生青年去与那些垂暮老人较量，着实风光了一阵子；曾几何时，那些垂暮老人经过一番脱胎换骨的改造，一个个或先或后返老还童，而当年那个关西秦家小子，如今若是临镜一照，就会忽然发现自己已是头童齿豁，一声"无可奈何花落去"的长叹，进入了龙钟老态。

可悲的是秦国上层集团内部那些守旧势力囿于狭隘的自身利益，不肯"临镜一照"，不承认自己已进入老年，不愿意也来一番脱胎换骨。

于是便出现了这样的怪现象：当中原诸国气势磅礴的改革大潮掀起时，一些旧的奴隶主贵族慑于新兴的地主阶级的威势，纷纷逃往秦国。如韩、赵、魏三家将晋国的旧贵族智伯消灭后，智伯之族智开便"率邑人"匆匆逃往秦国。昔日被中原权贵们讥之为"化外之地"的秦国，如今却成了他们的避难所和安乐乡！

在这种情况下，秦国的被动挨打当然是不可避免的了。以下便是随手从史书中摘出的记录，而且还仅限于与东邻魏国一国的战事：秦灵公六年（公元前419年）魏入侵秦，在少梁筑城，秦反击无效，魏"复城少梁"。秦简公三年（公元前412年），魏再次攻秦，在秦东部边防重镇临晋以及元里筑城。过了不到一年，魏第三次来攻，深入到洛阴、郃阳等地筑城……

不仅是外寇，还有内乱。传说中的"盗跖"，可能就是这一时期秦地奴隶起义的一个著名领袖。有关跖的情况，诸书记载、解释不一，大致可以推定他生活在战国初期。至于他的活动区域，陈鼓应先生注《庄子》引了李奇注《汉书》的一条材料，认为："跖，秦之大盗也。"古书中所说的"大盗"，大多指奴隶或农民起义中有影响的人物。"盗跖从卒九千人，横行天下，侵暴诸侯"，"所过之邑，大国守城，小国入保，万民苦之"。这虽是《庄子·盗跖》篇中带有夸张性的描述，但也不至于毫无所据。

与外寇内乱互为因果的，则是秦国上层统治集团的内讧。造成内讧的根本原因，与宪公、武公、德公时期那次内讧一样，是君权的旁落和庶长的专权。

公元前428年（秦怀公元年），秦躁公死。此时秦国的大权又落到了以庶长为代表的守旧势力手中。守旧派的贵族们立躁公之弟怀公为君。但不到三年，大庶长灶和其他一些贵族又一起逼死怀公，再立怀公之孙灵公为君。这时候出现了一个尽管尚是少年，却思想激进、主张改革的人物，便是灵公之子公子连（又名师隰）。公子连被立为太子后，广交新兴势力，很快得到拥护并成为他们的代表。灵公在位十年后就去世了，按正常程序继位的应为太子连。但就在这时，控制政权的守旧势力经过周密策划，硬是阻止了太子连的即位，却从遥远的晋国接回灵公的叔父悼子，于公元前414年立为国君，是为秦简公。在这种情况下，公子连不得不离开故土，东渡黄河，流亡国外。

简公在位十五年，秦国仍滑行在下坡路上。简公死，继位的是他的儿子惠公。惠公曾经立誓振兴，在击退东邻侵犯、稳定西南局势方面也获得了一些成效，无奈沉疴已久，一时难以回天。而他自己，却在居位十三年后，不幸因病猝然壮年离世。

惠公一死，大庶长和守旧的贵族势力为了便于控制，特意从惠公的儿子中选了个年方四岁的出子来继位。出子是被后来称为小主夫人的母亲惠后抱着登上国君大位的。当隆重的即位典礼开始时，在母亲怀中的出子哭了。他哭是由于受了惊吓：弄不懂周围那些大钟大鼓为什么突然一下都响了起来！

这时候在离雍城数百里的黄河西岸，另有一个年近五十岁的人，也在为这个不吉利的继位典礼而哭。他望着滚滚西去的渭水，想象着渭水北岸雍城蕲年宫里正进行着的那一幕；他为自己而哭，也为故国而哭。

这个哭着的中年人，便是已经在国外流亡了二十余年的公子连。

## 袭关：一次新旧势力的较量

公子连为故国而哭，首先是由脚下这片河西之地引起的。

他站在风陵渡口，触目皆是新兴的魏国权力的标志：管理渡口的是魏国官吏，近旁左侧是魏国烽火台，右侧则是魏国领土标柱。他还知道，只要渡过黄河，东行数十里，那里便是魏国国都安邑（今山西夏县西部）。各国使节穿梭往来，四海名流富家云集，呈现一派强盛兴隆景象。

不错，这里的一切如今都已被打上了魏国的标志。但作为嬴氏宗室的一个公子，他怎么能够忘记，这河西之地原本是秦国的领土呢！秦国的列祖列宗为了获得这片土地，曾经花去了多少心血！穆公以大半生精力"三置晋君"，首得河西八城。以后又经历世君主的连续努力，到厉共公时代，已只剩下大荔戎国还没有被收服。厉共公十六年（公元前461年），秦以修筑河堤为名，派出两万大军向大荔迫近，随即来了个出其不意的突然袭击，攻陷了大荔国王城。至此，历经近两百年的苦心经营，这片富饶的河西之地才终于全部为秦所有。

得之如滴水，失之若落潮。正是在公子连流亡期间，从简公二年到七年（公元前413年～前408年）这短短四五年时间里，河西之地就几乎全部易为魏主。

瓜分晋国三家之一的魏国所以能以如此显赫的声势迅速崛起，就在于魏文侯先后信用李悝、吴起等重臣，对经济、政治以至军事制度作了重大的改革。李悝为魏国提出了不少有利于新的土地制度发展的措施，实行"尽地力之教"，使魏国迅速富强起来。李悝的《法经》是我国历史上第一部法典，不仅对魏国，对以后中国法制的建立都有深刻影响。吴起原是卫国人，因有杀妻求将、母殁丧不临两项劣行，在齐、鲁等国都受到冷遇。吴起来投魏国，魏文侯明知他有劣迹还是任以为将。吴起首先在魏国推行征兵制，精心训练了一支战斗力极强的称之为"武卒"的特殊部队。在受命带兵击秦时，他对秦军的特性作了深刻的剖析。他认为："秦性强，其地险，其政严，其赏罚信，其人不让，皆有斗心，故散而战。"据此，他提出的对策是："击此之道，必先示之以利而引去之，士贪于得而离其将，乘乖猎散，设伏投机，其将可取。"以后的事实证明，吴起的这些策略屡屡获得成功。不仅如此，在战斗中，身为大将的吴起，还能与士卒一起冒死奋战，生活上与他们同甘共苦，甚至还为负创的士卒吮吸脓血，因而士卒们都不惜生命愿为主将死战。在这种情况下，秦军与魏军一接锋，就失去了往日威风，屡战屡败。秦简公六年和七年（公元前409、408年），吴起两次率兵攻秦，临晋、元里、洛阴、郃阳等河西城邑，尽落魏人之手。接着，魏国堂而皇之地在这里设立河西郡，并大兴土木建筑郡城，吴起被任命为首任河西郡郡守。此后，这个新建的河西郡，对于秦国，不啻是插入胸侧的一把利剑；对于魏国，则是一个可靠的前哨阵地。机智峻刻的吴起，正是凭借这个阵地，"与诸侯大战七十六，全胜六十四，余则钧解，辟土四面，拓地千里"（《吴子·图国》）。

公子连有二十余年的流亡经历。他亲眼看到古老的中原诸国所以能复兴，皆得益于改革。而河西之地得而复失的惨痛教训，更时时击撞着他的心：如果能回国主政，决不能让秦国再置身于时代洪流之外，非坚决实行改革不可！

他急切地等待着可以回国的时机。

四岁的出子当然谈不上当政，因而君权落在他母亲即小主夫人之手。据《吕氏春秋·当赏》记载，小主夫人是"用奄变"，即依靠宦官之类内侍官的机变获得这个权力的。小主夫人与扶植出子上台的大庶长、旧贵族是否有过斗争，缺少文献可凭，但他们都是旧势力的代表，想来就不难暂时结为统一战线，支撑这个拒绝任何改革的奇特的政权。结果是："群贤不说（通"悦"）自匿，百姓郁怨非上。"（同上）这个腐朽的政权，已经到了众叛亲离的地步。

出子做了两年挂名国君后，即公元前385年，公子连决定采取行动了！

经过一番筹划，并通过秘密渠道与一位支持改革的庶长取得联系后，公子连选择了一个风雨之夜，轻车简从，越过已为魏地的河西边界，准备用突然袭击的方式，回国夺取君位。

对这次入国争位的记载，仅见于《吕氏春秋·当赏》。其中牵涉到两个古地名，即"郑所之塞"和"焉氏塞"的所在地，各家注释不一。有的竟说远在甘肃平凉境内，与秦都雍城相距数千里之遥，除非公子连忽然变成了孙悟空，不然就断难有回国指望了。为此，我特地登门去请教了从青春年少直到满头银丝一直孜孜于《吕氏春秋》研究并乐此不疲的陈奇猷老先生。陈老如数家珍地当场向我说出了一连串古籍记载，据此推定"郑所之塞"在今陕西渭水南岸华县附近，"焉氏塞"则在渭水之北今富平县关山一带。据此，老先生向我描述了两千三百多年前这场曲折惊险的入国争位袭击战，我听着也不禁要为公子连捏把汗！

大雨瓢泼。三辆战车，数匹快马，越过渭河平原，楚入少华山北麓，沿山路疾行。站立在头一辆战车上的公子连已被雨水和泥浆溅得满身湿透却犹是大汗不止，一个劲地催促着快、快、快！他是有意选择风雨之夜入国的，却不曾料到竟会如此地风狂雨骤，刚才因被山洪所阻已经耽误了半个多时辰，如果不在酉时三刻前赶到郑所要塞，那就意味着此举很可能失败。根据事先得到的情报，酉时三刻前要塞守令为封哙，是支持公子连的。过此时间后将换成另一人，事情就变得吉凶难测。

山路经过几回盘旋，进入一道两旁崖壁陡峭的峡谷后，突然感到四周已被暮色裹住，一行人速度也被迫慢了下来。公子连迅即从车上跳出跨上骏马，加鞭冒雨飞奔，几个随从也跃马跟上，终于赶在酉时初刻来到要塞。公子连在随从的协助下，换上礼服，保持适度的庄重，命侍从去叩关。没有想到出来迎接的要塞守令不是年轻的封哙，而是年老又特别勤于职守的右主然，他是因为看到大雨，唯恐有闪失，提前来接班的。

右主然很快认出了公子连，郑重施礼道：公子一向可好？

公子连赶紧还礼说：连亡命山东多年，赖祖宗荫庇，少有长进。此次回国，不期而得与伯父在此相见，实为连之大幸。说时又深深一拜。

右主然答拜后却说道：老臣为秦国尽职有年，一向信守为臣大义，不能同时忠于二主，还望鉴谅；公子，请多多自勉吧！说罢，趋而旋走，退入要塞，并命令守卒关门。

这时候，三辆战车数十名士卒也已赶到，群情激愤，都要求作孤注一掷式的冲击。但公子连想到，那样即使侥幸入关，也早已引起雍城方面的警觉，就失去了袭取的可能。于是断然做出决定，拨转马头，南渡渭水，绕道桥山山脉，经由长达数十里的古驿道，赶在天亮前到达入秦的另一个要塞——焉氏塞。根据情报，这个夜晚焉氏塞的守令为菌改，比较倾向于新兴势力，或有可能接纳入国。如果到那里后也遭到拒绝，那就只好强行入关，与之决一死战了！

整整一夜的冒雨奔波，居然一切如事前所设想的那样，焉氏塞守令菌改，将公子连一行人全都接入要塞，并立即派人去雍城与那位庶长联系，求得内应，以便入国争位。

不料焉氏塞另一个忠于小主夫人的守令却抢先暗自向雍城方面发去了警报。小主夫人得报，立即命庶长发兵火速赶往焉氏塞去堵截。出发时下给士兵的命令是：外寇入侵边境，命令你们去消灭他们！从雍城到焉氏塞有近百里路，但走着走着，那位庶长却趁机做了手脚，命令变成为：不是去打击外寇，是去迎立新君啊！士兵们全都响应，欢声雷动。

庶长与菌改一起，率领着大批士卒，拥着公子连，浩浩荡荡地进了雍城，把大郑宫团团围住。小主夫人被迫自杀，才满五岁的出子也被乱军杀死。他们的尸体被抛进了深渊。

### 秦献公的遗恨和遗嘱

公元前384年，公子连即秦国君位，就是献公。

秦献公即位后碰到的第一个问题是：对右主然和菌改，该如何进行惩罚或赏赐？从当时献公的个人恩怨来说，自然是要对拒绝他入国的右主然以重罚，给迎接他入国的菌改以重奖的。他也曾想这样做了，但这时大夫监突却谏诤说：君上不可以这样做。凡是一个国君要赏赐或惩罚臣下，必须排除私人感情上的好恶，一切只能决定于臣下行事对国家有利还是有害。如其有利，即使个人感情上很憎恶，也要赏赐；若是有害，即使个人感情上很要好，也该惩罚。

献公听了认为有道理，但是联系到眼前这两个人，又觉得有些难以接受。他说：那么难道对右主然就不该惩处，对菌改也不应赏赐？

监突说：依臣之见，以为不可。君上只要这样想一想便可明白：这些年来，秦公子逃亡在外的还有好多。如果接纳入国的可以受到赏赐，而拒绝接纳的要受到惩罚，照此行事，臣子们不是都要争先恐后地去迎接他们入国了吗？真要那样做，国家还会有安宁之日吗？

献公深以为然，就决定免去右主然之罪，让菌改任大夫之职。对二要塞守卒，则每人赏赐大米二十石。【1】

献公经过一番整顿，政局转入平稳后，就着手进行带有改良色彩的一系列改革——

【废止人殉】人殉是伴随着原始部族制瓦解而萌芽，至奴隶制建立而盛行的一项残酷的丧葬制度。那些惨状，至今我们尚能从发掘的墓葬中部分地看到。最初是男女合葬，常常是男子仰身直肢，而女子则侧身曲肢，表现出父系时期女子屈从于男子的一个社会侧影。到了夏商时代，一些君王或贵族死去时，就要迫使相当数量的男女奴隶为之殉葬。据墨子提供的数字说："天子杀殉，众者数百，寡者数十；将军、大夫杀殉，众者数十，寡者数人。"（《墨子·节葬下》）从已经出土的一些墓葬中可以看到，墓主的尸骨总是仰卧居中，而人殉的尸骨则多为弯腰曲肢，侧身而侍。有的还明显留有捆绑着被杀害的痕迹。奴隶主贵族所以要这样做，基于当时他们信奉的一种观念，认为死后在另一个世界里，他们仍然可以役使奴仆臣妾侍奉自己，继续享受生前的舒适生活。

迫使别人用生命为自己殉葬，在现代人看来，是绝对不可思议的事。但人的观念是他所处的特定时代的客观存在的产物。在奴隶制社会里，奴隶主认为臣服于他们的奴隶与其所拥有牛马珠宝一样，同是物质财富的一部分。既然他们有权将生前喜好的珠宝或使用过的器皿陪葬，理所当然也有权让所蓄有的奴隶为他们殉葬。这种违反最起码的人道的残忍制度受到抨击直至废止，要到生产力发展到相当程度，生产关系和经济结构有了一定改变，人的个体价值渐渐被受到重视以后才有可能。《左传》中僖公十九年和昭公十年、十一年（公元前641年和前532、531年）等处，就都有主事者欲杀人祭祀而受到谏阻或反对的记载。很可能即使在那种情况下，奴隶主贵族还是想方设法死命抓住这个被认为可以显示自己身份和权力的腐朽制度，后来只是迫于日益强大的舆论压力，才不得不改为具有人形的"俑"，

---

【1】《吕氏春秋·当赏》此段原文为："献公以为然，故复右主然之罪，而赐菌改官大夫，赐守塞者人米二十石。"对此各家解释不一。我这里写的是依陈奇猷的《吕氏春秋校释》。此外，俞樾《诸子平议》则"疑右主然、菌改传写互易"，就是说该赏的当是右主然，该罚的应为菌改，这样"于下文之义方合"。赐给守塞者的米，他也认为只及右主然守塞一方，菌改一方无赐。马非百的《秦集史》并认为菌改已受到了处罚。他原为"庶长"（根据是《史记·秦本纪》有"庶长改迎献公"一语），庶长是十爵，而大夫是五爵，因而"赐菌改官大夫"，实际上就是"降其爵秩，以示薄惩"。

即陶偶、木偶来代替人殉，以权且满足一下他们那种欲罢不能的变态心理。尽管孔子的政治主张是落后于时代的，但事关人道，他却表现了一个时代智者的敏锐观察力和寸步不让的战斗精神，他愤怒地责斥道："始作俑者，其无后乎！"（《孟子·梁惠王上》引）

在人殉问题上，秦国要比中原诸国落后一大步。

秦族进入奴隶社会后，也就有了人殉。据《史记·秦本纪》记载。第一次出现在秦武公死时（公元前678年），从死者有六十六人。特别是秦穆公去世，人殉竟达一百七十七人之多！人殉中有子舆氏三兄弟，是当时人们心目中的"良臣"，他们殉葬时那种"惴惴其栗"的惨状，引起人们极大的同情，有人特地写了首《黄鸟》诗哀悼他们，此诗现在我们还可以从《诗经·秦风》中读到。穆公死时离后来孔子对始作俑者的责斥还不到一百年。秦这边还在用活生生的人殉，而中原之地不久连俑殉也要受到抨击，难怪当时墨子要称秦人为"秦之野人"了。由此不难想见，献公一即位就果断地宣布"止从死"是要冒相当风险的，旧奴隶主贵族不会轻易放弃他们这种已经享受了数百年的特权。实际上从近年来发掘的若干秦墓也得到证明，献公以后直到战国末期并没有完全废止人殉。但无论如何，献公的"止从死"还是一项有胆有识的进步举措。

【编制户籍】秦献公十年（公元前375年），下令全国按五家为一"伍"的单位编制起来，称为"户籍相伍"。周王朝在建立初期也曾采取过类似措施，对居民以五为单位进行编组：五户为邻，五邻为里。但周时的邻、里只包括奴隶主和自由民，而秦此时所编的"伍"则包括原来的奴隶。这一点区别十分重要。原先自由民和奴隶主在"国"，奴隶居在"野"，两部分人贵贱界限十分清楚。进行这种新编制的意义，在于取消了"国"与"野"的界限，等于在法律上承认原来的"野人"与"国人"处于同样的地位。当然要完全取消这种由长期历史原因造成的贵贱界限决非一次户籍编制所能奏效，但这至少也是新兴势力长期斗争的一种结果，是他们力量日趋强大的一个标志。

采取这种措施还有一个军事上的意义。在这以前一个时期，秦军的大部分是庶长之类奴隶主贵族首领的私属部队，往往成为他们手中的作乱工具。"户籍相伍"后，便于将居民基层组织与军队编制结合起来，必要时可以统一征集兵员，这就剥夺了贵族培植私人武装的特权，保证了国君对军队的统率权，为进行更大改革提供社会条件。

【迁都栎阳】迁都的时间是在献公即位第二年（公元前383年），这表明他一当政就定下了要继承先祖东进的长远理想和复取河西之地的近期目标。秦都原在雍城，处于关中西部，与中原距离较远，有鞭长莫及之叹。栎阳（今陕西临潼东北武屯镇附近）南濒渭水，位于关中平原东部，沟通着中原与西北政治经济往来。《史记·货殖列传》称："栎邑北却戎翟，东通三晋，亦多大贾。"这一记载，现在已为出土文物所证实。如1962年，曾在栎阳故地发现一只铜釜内藏币八枚，经鉴定是战国时期通货。据此也可大致推知当时栎阳的繁荣景象。献公七年（公元前378年）又"初行为市"，这既是秦国整个经济有了相当发展的反映，也是栎阳这座国都迅速繁荣起来的必然结果。

献公采取这些改革措施后，国内实力有了较快增强，于是便在他当政后期，接连向东邻"三晋"发起反击，秦国开始由失败转向胜利。

首次得胜是在献公在位第十九年（公元前366年）。这一年魏、韩两国国君在宅阳相会，秦国出其不意地向韩、魏联军发起攻击，大败联军于洛阴。两年后，秦军深入到河东，在石门与魏军大战，斩首六万，取得了多少年来少有的大胜，以至于那个名义上的天下共主周显王也赶紧派使节前来祝贺，赐以称为黼黻的礼服。又过了两年，魏国向韩、赵两国发起大战，并在浍大败韩、赵。正当韩、赵与魏鏖战之时，秦国又伺机向魏发起袭击，在少梁大败魏军，获取了庞城，并俘虏了魏将公孙痤。在这期间，献公称"伯"，表示自己地位已高于一般诸侯。

但长期的流亡生活断送了献公的青春年华，在位二十三年后他即进入了衰老多病的垂暮岁月，带着壮志未酬的遗恨死去（公元前362年）。临终时，他殷殷嘱咐刚举行过冠礼的儿子渠梁——即将继位的秦孝公：没有收回河西之地，这是为父的耻辱。你可要继承父志啊！

# 铁与血的变革在关中大地掀起

## 奇才应《求贤令》西来

秦孝公参加即位大典时（公元前361年）的心情，与其说是兴奋，不如说是激愤。

父亲的临终嘱咐已深深烙印在他心上，而山东列强愈演愈烈的角逐形势，却使他一颗热血喷涌的年轻气盛的心，焦躁不安。诸侯们经常在这里、那里会盟，任意分割着天下，却把已经具有相当实力的秦国仍然视为夷戎之邦而有意冷落在关外。特别咄咄逼人的是东邻魏国，新近派大将龙贾沿洛水修筑了一道长城，从郑向北，不仅将原曾属秦的河西、上郡等广大地区圈了过去，而且还以高墙为隔，这不是想要永远把秦国封闭在关中一隅吗？耻辱啊耻辱，诸侯如此鄙视我秦国，还有什么比这更大的耻辱呢？

大典礼毕后，孝公立即召群臣商议，拟定并实施广布恩惠、救助孤寡、招抚战士、明定立功受奖等措施，并在国中发布了一道载之于《史记·秦本纪》的著名的《求贤令》——

昔我缪（通"穆"）公自岐雍之间，修德行武，东平晋乱，以河为界，西霸戎翟（通"狄"），广地千里，天子致伯，诸侯毕贺，为后世开业，甚光美。会往者厉、躁、简公、出子之不宁，国家内忧，未遑外事，三晋攻夺我先君河西地，诸侯卑秦，丑莫大焉。献公即位，镇抚边境，徙治栎阳，且欲东伐，复缪公之故地，修缪公之政令。寡人思念先君之意，常痛于心。宾客群臣有能出奇计强秦者，吾且尊官，与之分土。

如同上章二节中《五张羊皮买到一个贤佐》说的那样，秦穆公在用人制度上开创了一个很好的范例。这个优良传统被忽视近三百年后，现在又由秦孝公的这道《求贤令》获得了继承和发展。特别值得注意的是，《求贤令》提出的求贤范围不限于"群臣"，还有"宾客"，即向诸侯各国智能之士敞开了欢迎的大门。秦国由此建立的"客卿"制度，不仅开辟了丰富的人才资源，还可藉以强我弱敌，无论对近期的与列强争雄，还是为未来兼并六国、创建大一统的秦帝国，都是一个极重要的条件。

但一项全新的改革，其开创性的重要意义，开头并不一定很快为人们所认识。《求贤令》

发布数月，还未见有大贤大材来应求，孝公不免内心郁郁。这一日他正在栎阳宫饮酒，偶见窗外鸿雁飞过，不由举首追视，喟然长叹。侍候在一旁的寺人景监说：君上因何目视飞鸿而叹？

孝公说：往昔齐桓公曾经说过：吾得仲父管仲，犹飞鸿之有羽翼也。可寡人至今空有冲天之志而尚无羽翼之助，怎不叫人兴叹呢？

景监说：臣舍下有一客卿，不知君上是否愿意一见？

孝公说：当然愿意，卿快去为寡人引来！

景监说：但此人是新近从敌国魏国来的，而且正是魏王弃之不用的，可以吗？

孝公说：敌弃之，我用之，不是更好吗？快快召来吧，寡人在此立等！

客人被引进来了，孝公问他治国之道，客人列举上古伏羲、神农、唐尧、虞舜的事例作答，还没有说完，孝公已听得呼呼大睡。事后孝公对景监说：你那客人是个无知妄人，说的话迂腐陈旧，毫无用处。这样的人你推荐来做什么？

过了五天，景监又去对孝公说：臣下客人说他话还没有讲完，请君上允许他再来拜见一次。

孝公仍然问他治国之道，这一回客人详细陈述了夏禹分划土地、规定赋税，以及商汤、文武顺天应人的事迹。事后孝公对景监说：你那客人博闻强记，知道的老古董倒真还不少，但古今事异，对现实有什么用处呢？

于是景监便去对那个客人说：足下对君上说话，应当投其所好。您怎么可以老是拿那些老祖宗的传说和陈年账簿去亵渎君上的清听呢？

客人说：我正试着呢！第一次我讲帝道，他根本不想听；第二次我讲王道，他也不大想听。请允许我再见一次，这一次我将以霸道之术进说君上，君上肯定喜欢听！

这个将以霸道之术游说秦孝公的客人，便是商鞅。

商鞅原是卫国人，是卫君的庶孽公子，因称卫鞅或公孙鞅；入秦后受到孝公重用，被封为商君，历史上习惯称他商鞅。

商鞅觉得自己的故国太微弱，不足以施展他的才学，于是便西游至魏，一时又难以晋见魏惠王，只好暂时栖身于丞相公孙痤门下，做了个相府属官中庶子。公孙痤偶而与他商议一些事，他提出的谋略屡屡得中，这便引起了公孙痤注意，准备伺机引荐给惠王，委以重任。公孙痤还没有来得及这样做，不料一场重病，竟至奄奄一息。这一天，惠王来看望公孙痤，见他病成这样，便问道：万一相国有个意外，寡人将托付谁来治理这个国家呢？

公孙痤这时便乘机说：起用中庶子卫鞅吧。鞅虽年少，却是当世奇才，胜过臣十倍。

惠王不以为然，以沉默为答。

公孙痤又说：大王如果不用鞅，那就一定要杀了他。不然让别国用了，那就会反过来成为魏国大害。

惠王漫应一声说：好吧。

离开相府，惠王登上车乘不由叹息起来：唉唉，这个公孙痤呀，怎么病到如此地步了呢？他竟然糊涂到让我把国家去托付给卫鞅，又说如果不用就要杀了他。把一个中庶子看得如此重要，那不是白日说梦话吗？

公孙痤却因对惠王提了不用卫鞅就不如杀之的建议而心有不忍起来。怎么说，也不应在自己临死前再做一桩如此不人道的事吧？就把商鞅召到病床前来，把适才自己与惠王的对话全告诉了他，又说：王上已经答应我要杀你了，你还是赶快逃走吧！

商鞅笑笑说：王上既不能听相国之言用臣，又怎么能依相国之言杀臣呢？

后来商鞅照旧留在相府，果然平安无事。

这回秦国发布了《求贤令》，商鞅闻讯即肩背行囊，渡黄河、入函谷，来到秦都栎阳，并通过寺人景监而得以晋见孝公。

商鞅初见孝公，首次说以帝道，再次说以王道，似乎他口袋里什么都有，任凭买主挑选。这是因为，他曾经向对当时各派理论都深有研究的鲁国人（一说晋人）尸佼学习过，而商鞅真正的学问还是在法家方面，也就是他自己说的"霸道之术"。《史记》本传说他"少好刑名之学"。所谓刑名之学，是为还处于萌芽状态的帝王集权制度提供理论依据和实际措施的法家学说。更为难得的是，商鞅曾在经法家初期代表李悝的治理而强盛一时的魏国作过长期游历，使他有机会实际接触了许多当时最先进的改革经验。后来的实践也证明，商鞅不仅是出色的理论家，更是一位卓有成效的实干家，在法家群星中放射着特别耀眼的光辉。后起的秦国能一跃而成为改革最彻底、成效最显著的佼佼者，这位为人"刻薄"、"少恩"，"卒受恶名于秦"（《史记·商君列传》赞语）的商鞅，应当公平地给他记上首功。

## 一次关系到国运的大辩论

现在就让我们来看一看商鞅是怎样以霸道之术进说孝公的。

孝公一听说商鞅还有霸道之术，即命景监传见，颇有些急不可待地说：先生既有霸道之术，何不早早赐教呢？

商鞅说：臣不是不想说，只是怕有违君上圣意。因为霸道与帝王之道不一样。帝王之道是出乎民意，顺于人情的；而行霸道可能就要违逆人情民意。

孝公勃然变容，按剑横目说：怎么能违逆民意人情呢？

商鞅故作一顿说：事理就是如此，臣只是照实说出罢了！

孝公说：既如此，请道其详。

商鞅指指几上的一张琴又说：琴瑟若是音律不调，就非得改弦更张不可。国家也如此，发展到一定阶段，就非得做些大的调整不可。可一般的臣民只图眼前安逸，长远的计虑他们不愿想也没有这个能力去想，古语说的"民可与乐成，不可与虑始"，就是这个道理。当初管仲相齐的时候，把国家划分为二十五个乡，规定四民各守其业，把旧制度全改过来了。开始民众感到不便，纷纷反对。后来新制度很快显出了成效，齐国九会诸侯，一匡天下，国君享受到了荣誉，民众得到了实利，到这时候人们才看到管仲实在是真正为国家、民众着想的啊！

孝公说：先生若果有管仲致霸之术，寡人自然要委以国政听从先生的了。但不知其术何在？

商鞅说：国家不富，何以兴兵；兵力不强，何以胜敌！要想国富，最重要的是要大力农耕；要想兵强，最重要的就是鼓励参战。如何做这两点？就是要重赏和重罚。重赏，民众就会知道该做什么；重罚，民众就会知道不该做什么。赏与罚都要言之有信，政令一经宣布，必须坚决执行。果真这样做了，国家肯定会富强起来！

孝公说：好啊，这些办法能做到！

商鞅说：办法虽好，没有称职的执行人还是不行；有了称职的执行人，任用不专一仍然不行；任用专一了，别人一出来说三道四就犹疑同样不行！

孝公说：唔，有理，请再说下去！

商鞅却请求告退。

孝公说：寡人正要听听先生的全部霸术，怎么就要告退了呢？

商鞅说：臣请君上细细思量三日，决定可还是不可，然后臣才敢全部说出来。

商鞅从栎阳宫告退出来，景监见到他责怪说：君上一再称赞你说得好，你不趁此机会好好说一说，反倒要君上仔细想三日再说，这不是存心要挟君上吗？

商鞅说：我是担心君上决心没有下定，中途变卦呀！

但只过了一天，孝公就派使者来请，商鞅却以三日约期未到而谢绝了使者。景监劝他还是应该去。商鞅说：如果我第一次与君上相约就失信，将来还如何取信于君呢？

到了第三天，孝公特地派了车子来请。相见后，孝公赐坐，诚意请教。听着、听着，孝公的膝头不知不觉地一点点往席前挪动，两人越靠越近。商鞅一连说了三天三夜，孝公始终兴致勃勃，毫无倦色。

孝公已有意任用商鞅了，但为了尽可能获得大臣们的支持，决定先在朝堂上进行一次辩论。

秦孝公三年（公元前359年），这场关系到秦国命运的大辩论就在栎阳宫进行，《史记》本传及《商君书·更法》、《新序·善谋》对此均有详录。读时给人一个突出的印象是，作为新旧两种势力代表的辩论双方，确实做到了各抒己见，畅所欲言；在辩论中，秦孝公也表现出颇有从善如流的气度。

辩论开始前，孝公作了简短的致辞，说明强秦必须变法，只是还顾忌到一点：怕因变法而引起"天下议已"。据此，商鞅针锋相对地指出："疑行无名，疑事无成"：要成功一件大事，不能因为害怕别人议论或反对就犹豫不决。接着又作了阐释和引申。他说：一项具有远见卓识的举措会引起一般世俗愚见的议论或反对，原本属于常见现象，决不能成为不实现这项举措的依据。所以，有至高道德的人，不会去随和世俗偏见；成就大功业的人，不会去同凡夫俗子谋议。一个英明的君主，他的行动准则必须是：只要能使国家富强，就不必再去效法旧的典章制度；只要能够使民众获利，也就没有必要再去遵循周礼的那些规定！

孝公听了不由脱口赞道：说得对啊！

大夫甘龙却紧接一句：说得不对！进而反驳说：贤明的君主不会违逆民俗去施行教化；明智的臣子不会变更法规来治理国家。顺乎民俗施行教化，不费力气就可成功；沿袭成法治理国家，官吏驾轻就熟，做百姓的也愿意服从。

话音刚落，商鞅就直截了当指出：甘龙的话是典型的世俗偏见！接着他说：寻常之人习惯于旧习俗，一般学者又沉溺于自己狭隘的知识范围。这两种人叫他们做个奉公守法的官吏倒是可以的，但却不能同他们讨论关系到国家长远利益的大事。夏、商、周三代礼制不同都成就了王业，春秋五霸法度各异也都建立了霸业。智者制定法度，愚者被法度所制；贤者变更礼制，不肖者受拘于礼制——这历来就是智愚贤不肖的区别！

这场唇枪舌剑的辩论持续了相当长时间，商鞅据理力争，气势逼人，明显占着上风。这时又一位大臣杜挚从未来改革的结果提出反对意见，有点以守为攻味道。他说：没有百倍的利益，不能改变法度；没有十倍的功用，不能更换器物。总而言之一句话：遵照周礼符合正宗，效法古制不会有错！

商鞅针锋相对紧接着说：恐怕不见得吧？夏桀、商纣遵循旧礼就亡了国，商汤、周武不依古制却反而获得了天下。所以我也是总而言之一句话：治理天下并非只有一种办法，只要有利国家就该不依古制！

静静听着的孝公，这时果断地做出了结论：鞅之言善，着拟《变法令》！

当即拜商鞅为左庶长，掌军政大权，相当于中原诸国的正卿或国相。并谕告朝堂群臣：今后国政，悉听左庶长施行。有违抗者，与违抗寡人同！

## 一场伤筋动骨的大改革

秦国的变法运动持续时间长达十余年，主要法令均由商鞅草拟，先后分几次公布，其改革的范围和深度远远超过山东诸国，许多带有根本性的改革内容，可谓伤筋动骨，目的是要使已经显得老朽的秦国再度获得青春。本书依据预定的写作构想，侧重点在人际纠葛和人的命运及人生况味，有关经济、政治一类典章制度则从简。因而尽管商鞅变法在秦国历史上具有转折性的重大意义，有关变法内容也只能极简略地作一点介绍。

【奖励农耕，提倡首富】变法之初，先发布了一项《垦草令》，鼓励人们垦荒开地，同时也提出了一些带有根本性的改革措施。如规定按田亩和粮谷收入征税，即实行带有地主土地所有制性质的租税制，这等于废除了奴隶制经济制度。整顿吏治，禁绝官吏的胡作非为、拖延渎职；强调全国政治制度的严正和统一，提高工作效能。为了"重农"，对富族大户，规定不准豢养游手好闲的人，对商人和商业活动作出了种种限制；对一般居民，禁止自由迁徙与旅行；对农业劳动者，则用限制受教育的方法，使其愚昧无知，从而安心于故土故居，尽力农耕终身。随着改革的深入，后来又公布了一些法令，规定凡由耕田或纺织而生产粟帛超过一定数量的人，可免自身徭役；凡因经营商业或因怠惰而贫困者，要连同其妻子儿女一起没入官府为奴。此项所谓"重本（指农）抑末（指商）"政策，以后便成为秦国历代相沿的国策。从一般经济发展规律来看,"重本抑末"未免带有很大的片面性,但在秦国却自有其一定的实际原因。这里地广人稀,又多荒山荒原,农业,尤其粮食生产落后于中原诸国,而城市商业活动则相对地较为繁荣。此项政策的实施,可以使更多劳动力投入到农业生产中去,迅速改变农业落后面貌。同时因有"致帛粟多者,复其身(免除徭赋)"等规定,势必导致富者愈富,贫者愈贫。这种贫富不均现象不仅不为新法所禁,而且正是它要提倡的。因为出现首富,正可以形成越来越多的新兴地主,符合地主占有制经济的发展要求。

【奖励军功,严禁私斗】推行以军功授官爵的新制度,取代原来贵族阶层可以无功受禄的旧传统。爵分二十等级[1]。具体做法是:凡在战争中杀得敌方甲士一人并取得其首级者,赐爵一级,赐田一顷,宅九亩。斩得敌一甲首者,还可役使一人为自己奴仆;得到五个甲首,即可役使五家为自己农奴,等等。

在奖励军功的同时,严禁私斗,特别是"邑斗"。邑指小城邑,在奴隶制时代为大小奴隶主们所占据,他们为相互争夺土地、财产不断进行争斗。这些争斗,当初在许多情况下曾是新兴地主阶级借以萌发成长的温床,但在地主阶级掌握了政权、新的经济、政治制度业已确立后,它就转而成为破坏性因素。新法严禁私斗,违者将被处以重刑,目的在于消除奴隶主势力反抗,巩固和加强国王集权制。

【推行法治,轻罪重罚】据说商鞅是带着李悝的《法经》来到秦国的,将《法经》的思想和刑律贯彻于秦国的法令中。这些法令的根本目的是为了维护新兴地主阶级利益,其基本原则是"轻罪重刑"。商鞅认为只有对轻罪处以极重的刑罚,才能迫使人们不敢犯罪,即所谓"重刑,连其罪,则民不敢试"。

不仅如此,新法还实行了"连坐法"。

秦在献公时期就曾进行过户籍编制,商鞅变法时重新作了更为严密的编制,规定五家为一伍,十家为一什,并与推行严刑峻法挂起钩来,即实行所谓"伍、什连坐法":一家有人犯罪,四家都要同坐。在平时,五家之间要相互监视,发现有"奸人"应向官府告发,告奸者可以得到同在前线斩得敌人首级一样的奖励;而若匿藏奸人,则要受到与投降敌人同样的处罚。

秦孝公十年(公元前352年),即进行初步改革后的第七年,新法已收到显著成效,孝公升商鞅为大良造,命其进一步草拟法令,推进变法。两年后,一场全面的、深刻的变

---

【1】爵分二十等级:爵,古代表示某种秩次的称号。如周代有公、侯、伯、子、男五等爵号。秦自商鞅变法后,秦实行的是二十等爵制。二十等爵之名,据《汉书·百官公卿表》自一级至第二十依次为:公士、上造、簪袅、不更、大夫、官大夫、公大夫、公乘、五大夫、左庶长、右庶长、左更、中更、右更、少上造、大上造、驷车庶长、大庶长、关内侯、彻侯。其中,第七级即公大夫以上称高爵。最高爵为"彻侯",在汉代因避武帝刘彻名讳而改为"通侯",亦称列侯。

法运动在关中大地上兴起。其内容，概而言之，有以下几个方面——

（一）开阡陌、平封疆。阡陌指田亩中间或四周的小路，实行井田制时为公、私田之间的界线。封疆指奴隶主贵族各个封邑间的相隔离地带，作为各自占有范围的标志。开掘阡陌，平毁封疆，不仅可以扩大耕地面积，也是最后从地表上消除奴隶制痕迹的一项措施。

（二）普遍建立县制。早在春秋时期，秦、晋、楚等国就开始零星地设立过一些县的建制。进入战国后，秦国主要在东部地区继续设立了一些新县。在变法运动的促进下，这时秦国已将全国划分为四十一个县（一说三十七个），县以下有乡、里、聚（村）等组织，建立起一套直属于王国的地方政权机构，取代了原来奴隶主封邑林立的割据状态。

（三）实行"口赋"，即实行不是按户、而是按每户人口数定赋的"人丁税"制。规定一家有两个以上男劳力而不分炊异居者，赋税就要加倍。这是从经济上对宗族共居大家庭的一种制约，迫使男性成年人独自去建立小家庭，自食其力。目的也是为了促进农业生产，并扩充劳役与兵役的来源。

（四）统一赋税制度。以前奴隶主贵族征税畸轻畸重，十分混乱；开阡陌、平封疆后又出现了大量个体农户，需要对赋税进行整顿和统一。变法后赋税分军赋与田租两种。军赋按户起征，以供军需之用；田租则按各户受田多寡，每年向国家缴纳定量实物，包括粮食、饲草，及禾秆等。

（五）统一度量衡进位制和颁发标准的度量衡器具。如规定一步为六尺，二百四十方步为一亩等。保存至今的青铜器物中，我们还可见到"商鞅方升"等原物。

（六）革除陋习，树立新风。秦人长期与戎、狄各族杂处，保持着父子兄弟同室而居的原始社会偶婚遗风。这种旧风俗既不利于后代健康成长，也有碍社会正常秩序的建立。新法禁止此等陋习，并竭力提倡"乐战轻生"的新风气，以获得军功为门第的最大光荣。经过长时间的实行对比鲜明的奖惩措施和强大的舆论造势以后，在秦国可以做到"民闻战而相贺也"的地步，甚至"起居饮食所歌谣者战也"（《商君书·赏刑》），可谓尚武思想已深入到日常生活。

就在大规模推进变法运动的当年（公元前350年），秦国进行了第三次也是最后一次迁都：从栎阳迁至咸阳。秦的几次迁都，均贯串着一个"东进"的意图，和为未来称王天下的宏大构想。咸阳今址在陕西咸阳东北二十里，位于九嵕山之南，渭水之北，古时山南水北皆称为阳，因称"咸阳"。其地恰好据于秦岭怀抱，三面而守，既可浮渭而直入黄河，又可由终南与渭水之间的大道进入函谷。咸阳秦宫的格局是商鞅采集中原诸国宫殿的式样建造的，美轮美奂，恢宏壮丽。以后，它就成了大秦帝国的国都。

## 左手举赏金，右手执屠刀

商鞅在变法之初，为了使民众相信官府言既出、信必从，采取了一个当时被看作是极为奇特的做法，不过我们现代人倒是早已司空见惯了的，那就是广告术。

堂堂的国之法典竟要靠广告术来推销，历代论者对商鞅的这一做法颇多贬词。但宋代的王安石却写了一首《咏商鞅》赞道：

> 自古驱民在信诚，
> 一言为重百金轻。
> 今人未可非商鞅，
> 商鞅能令政必行。

应当说，这广告还是做得相当高明的。在首批新法草拟就绪即将公布之前，商鞅命人在国都南门外立一根三丈之木，派官吏守着，对过往行人说：左庶长有令：有谁能将此木徙至北门，立刻赏以十金[1]。一时观者如潮，议论纷纷，但因莫测其意，疑惧兼有，还没有一个人敢于去搬动这根大木的。商鞅看了很高兴，又下了一道命令，把赏金加到五十金。这时远近闻讯赶来的人越聚越多，而疑惧也更大。这时偏有一人站出来说道：得不到赏金，总不至于遭罚吧？赏不到五十金，多少有点碎银花花也好！说罢，就把三丈之木一口气搬到了北门。商鞅当即亲自颁赏五十金，并且夸奖他说：你是一个好臣民，能够听从我左庶长的命令！

这个广告术，在商鞅之前就有一个人做过的，那就是吴起。稍有不同的是，商鞅是"移木赏金"，吴起同则是"偾（fèn）木赐爵"。吴起治西河时为了取信于民，就在南门外竖了一根木柱，宣布若有人能扳倒它就让他做长大夫，有个人这样做了，就真的让他做了官。不知商鞅是否从中受了启发，总之他获得了很大成功。这件奇事一时传为轰动国都的大新闻，几乎妇孺皆知，都说左庶长言必信、令必行，不可等闲视之。

商鞅用五十金买到了预期中的信誉后，立即公布了他的第一批新法。每项新法中，都有这样一条：政令既出，不问贵贱，一体遵行；有不遵行者，戮之以徇！人们既已深信左庶长是"言必信，令必行"的，有谁还敢说个不字呢？

但由于每项新法内容都有一些出人意料的大改革，与人们已经习惯了的思想认识和生活方式大异，一时怎么也无法适应。特别是宗室贵族和在旧制度下获利较多的人，改革触及到了他们的根本利益以至生存权，引起激烈反对。据《史记·商君列传》记载，单是在国都"言初令之不便者以千数"。这数以千计的反对者如果都是平民百姓，对付起来也许并不太难，可偏偏其中有一人竟是太子，也就是秦孝公的儿子驷，也即后来即位的惠文王！

这不仅是对新法的严重考验，更是对商鞅，特别是对秦孝公的一次公开挑战。

商鞅毫不示弱，他甚至暂且按下那数以千计的普通者，决心首先要绳之以法的恰恰就是这个太子。他说：法之不行，自上犯之；欲法之行，必自上刑之！

孝公面临到了两难选择：要太子，还是要新法？或者说是要亲子之情，还是要理想中

---

[1] 此处"金"为货币计算单位。秦以一镒（二十两，一说二十四两）为一金，汉以一斤为一金。杨宽先生的《战国史》则认为"一金就是一块金币"。

的功业？

二者只许择一，中间没有妥协余地。

孝公在授权商鞅变法时，曾在朝堂上当着全体大臣的面说过：今后国政悉听左庶长施行，有违抗者与违抗寡人同。

现在，他能收回这个话吗？他能违抗这个话吗？他收回，他违抗，便是一个孝公收回、违抗另一个孝公，其结果就会是取消了孝公！

孝公作出了一个历史性抉择：寡人再说一遍：今后国政，悉听左庶长施行。有违抗者，与违抗寡人同！

商鞅于是宣布：论太子以罪，这一点不变。考虑到太子毕竟为国君之嗣，不可以直接施刑；且太子年幼无知，多系他人教唆所致。因而决定惩罚太子的两个师傅：太师公孙贾，处以黥刑：用刀刻刺额面，再涂之以墨；太傅公子虔原处鞭刑，后因再次非议新法而处以劓（yì）刑：割去鼻子。

解决了这桩棘手的太子案，商鞅声震朝野，接着便大开杀戒，用极其残酷的手段来镇压新法的反对者。甚至当新法初见成效时，有人改变原先认为新法不便的看法，对新法说了几句好话，也被商鞅指斥为"乱化之民"而强迫迁徙去了边城。因为在商鞅看来，他立法，别人只有执行的义务，绝无任何说三道四包括顺着说赞扬话的权利。《史记集解》引了刘向《新序》一则材料说：商鞅"内刻刀锯之刑，外深铁钺之诛"，对触犯新法的人动辄处以酷刑，其中有一天竟在渭河之畔杀了七百余人，致使"渭水尽赤，号哭之声动于天地"。可能不无夸张，但其惨酷之状确实令人怵目惊心。

但新法的成效也十分显著。《史记·商君列传》称："行之十年，秦民大说（通"悦"），道不拾遗，山无盗贼，家给人足。民勇于公战，怯于私斗，乡邑大治。"宋代司马光盛赞秦孝公用商鞅变法的成功，认为其可贵之处在于一个"信"字——

> 夫信者，人君之大宝也。国保于民，民保于信。非信无以使民，非民无以守国。是故古之王者不欺四海，霸者不欺四邻。善为国者，不欺其民；善为家者，不欺其亲。不善者反之：欺其邻国，欺其百姓，甚者欺其兄弟，欺其父子。上不信下，下不信上；上下离心，以至于败。所利不能药其所伤，所获不能补其所亡，岂不哀哉！（《资治通鉴·周纪二》）

变法的巨大成就，表现了商鞅在经国治民方面的非凡才能和那种令人望之生畏的凛冽威势。但商鞅的才华还不止此。他也有心要炫示一下自己多方面的光彩。此时他已升任为大良造，成了秦国三军统师。接下去我们将看到，商鞅在驰骋疆场和折冲尊俎方面，同样表现出过人的胆识、出众的智慧，还有那种使人不寒而栗的无情、狡诈和残忍。

# 立马河西，虎视山东

## 东方的困兽和西方的狐狸

秦国变法期间，中原上空战云密布，争雄愈烈。新兴的逞强一时的魏国，深入改革以后再度崛起的齐国，还有不甘寂寞的赵国，各自紧张地展开活动，或拉拢争取盟国，或迫使小国附庸，各谋扩张势力。在这个背景下，周显王十五年（秦孝公八年、公元前354年），一场中原列国争强大战便爆发了！

如果把这场大战比作几匹猛兽之间的搏斗，那么事情的起因则是夹在当中左右都不敢得罪、却又动辄得咎的一只小羔羊——卫国。卫国原是入朝于它的西邻魏国的，但当北方的强邻赵国向它发起进攻的时候，势单力薄的卫国没奈何只好转而入朝于赵国。魏国一听到这消息，正好找到一个可以伐赵的借口，立刻派出精锐部队兼程奔袭赵国，重重围住了它的国都邯郸。赵国挣扎到了第二年，终于不得不向东邻齐国发出呼救。齐国在自己发兵的同时，又迫使卫、宋两国联合出兵攻魏的襄陵。与此同时，楚国也派出了救赵的部队。这样到同年十月，魏国攻破了赵国国都邯郸，齐军也在桂陵打败了魏军，楚军则趁机攻取了魏的睢水、涉水之间的一片土地。第三年，魏国调用韩国的军队在襄阳打败了齐、宋、卫联军。至此，这场持续了三年的战争，因各方都觉得需要有一段喘息时间而议和、结盟，魏国也把它攻取的邯郸还给了赵国。

读者诸君可能已经注意到，按照以上记述，这场旷日持久的争强大战是在东方列国之间进行的，秦国不是没有参加吗？

是的，秦国并没有正式参加；但商鞅的机巧和才干恰恰表现在这里：他使没有正式参战的秦国，获得了比东方列强任何一国更大的实利。

《伊索寓言》中有一则故事说，熊和狮子同时抓到一只羔羊，未及吞食，双方却狠斗了起来，待到各自受了重伤再也动弹不得时，有只已在远处窥视多时的狐狸乘机走了过来，大模大样地叼走了那只羔羊。

东方几匹猛兽经过如此长期的相互拼死搏斗，似乎各方都没有得到什么实利，倒是西方一只狡猾的狐狸，伺机接连三次出击，掠得了不少土地。

这只《伊索寓言》中的狐狸便是秦国。

依据商鞅计谋，秦国把伺机出击的战略目标，始终锁定在魏国。

这是因为商鞅曾对秦孝公这样说过——

> 秦之与魏，譬若人之有腹心疾，非魏并秦，即秦并魏。何者？魏居领阨之西，都安邑，与秦界河而独擅山东之利。利则西侵秦，病则东收地。今以君之贤圣，国赖以盛。而魏往年大破于齐，诸侯畔（通"叛"）之，可因此时伐魏。魏不支（抵挡不住）秦，必东徙。东徙，秦据河山（指黄河、崤山）之固，东乡（向）以制诸侯，此帝王之业也！（《史记》本传）

第一次，正当魏军围困邯郸以为胜利在望时，秦军趁其边境防御虚弱突然轻兵插入，在元里打败了魏国驻军，斩首七千，占据了少梁。

第二次，魏军与齐军在襄陵相互咬住，苦战不休。商鞅又抓住这一大好时机，亲统轻骑长驱直入，包围了魏国旧都安邑，迫其归秦。

第三次，魏正与齐、赵等国议和，商鞅来一个冷不防，率领精兵进袭正在修筑长城以防秦的固阳，迫使守军投降。

说起来，魏国还是有所预见并作了一点防备的。早在中原大战前夕，为了集中力量对付东线，便向秦国示好结盟，以求稳住西线。秦孝公七年（公元前355年），魏惠王与秦孝公在杜平（今陕西澄城东）会盟。这一事件对秦国与中原诸国都具有历史意义：中原诸国从此结束了不与秦国会盟的时代；而秦国，则从此与山东诸国不再存在时间空间上的差距，它已作为一个令人瞩目的新成员出现在群雄角逐的疆场上。

不过商鞅是一个现实主义者，他看重的不是什么历史意义而是眼前实利。在他的策略观念中，盟约只能用来麻痹对方，决不可使之束缚自己手足，一切只要可以得利的机会都决不能白白放过。所以盟约甫成，他就接连组织了上述三次袭击。只是由于当时秦国内部的改革还在初始阶段，主要精力还得集中于下一阶段规模更大、内容更深刻的改革，因而不得不暂时控制大踏步东进的欲望，就这么做一些见缝插针的偷袭之举。

当然魏国作为一个新兴的东方大国，也是决不会轻易咽下接连被西方蛮子偷袭这口恶气的。仅仅由于考虑到与东方列强打了三年争夺战元气还没有恢复，只好暂时隐忍。秦国自然也深知这一点，对应的策略是见好就收，适可而止，不仅主动将攻取的部分土地退还给魏，并遣使表示愿意与魏重修前好。魏惠王也乐意以此作为缓兵之计。这样到第一次秦魏盟约后的第五年，即秦孝公十二年（公元前350年），秦孝公与魏惠王再次相会于彤（今陕西华县西南），确认了双方的盟友关系。

又过了六年，即到秦孝公十八年（公元前344年），已拥有地方千里、带甲三十六万的魏国，开始紧张地日夜操练军队，同时派出大批使节穿梭往来于宋、卫、邹、鲁、陈、蔡等国家之间，准备以带领十二诸侯朝天子的名义，对秦国来一次大规模讨伐行动。

一向对秦国没有好感的齐、楚、燕、赵、韩等列强，对魏国的这一讨伐行动，纷纷作壁上观。

秦国已陷于孤立无援的境地。

函谷内外人们在纷纷传言：咸阳亡在旦夕！

关于秦国如何应对这场迫在眉睫的大战，《史记》无录，而《战国策·齐策五》所载苏秦说辞则有详细引述，且生动有趣。以下介绍主要取材于这篇说辞。

秦孝公寝不安席、食不甘味已有几天。他通宵达旦接连召集文武大臣商议对策。一道道紧急命令下达到全国各地。所有城池的雉碟全都配备上攻守战具。各地边境要塞都选派壮士坚守。全军将士同仇敌忾，誓死保卫故土，严阵以待魏军来犯。

魏军即将兴兵的消息还在不断传来，大战的阴云越逼越近。

这一日商鞅来见孝公。

孝公心情沉重地说：若秦、魏能以黄河为界，抵挡起来就要容易得多。不想寡人至今未能实现先君临终嘱咐，魏国依然占据着我穆公河西之地，敌人随时都可以向我发起进攻，这威胁实在太大啦！

商鞅说：不仅如此。此次魏以带领十二诸侯朝天子的名义，挟天子以令诸侯，从者必然众多。纵使我据有河西之地，恐也难久持。

孝公说：依卿之见，如何才能解救此次之困？

商鞅说：看来，单靠秦国一国，纵使全力以赴，万幸而能存国，也定然损失惨重，只能是下策。若能说动齐、楚来救，是为中策。但齐、楚皆有借魏以亡我之心，即使答应出兵，也必在我损兵折将接近危亡之时。他们出兵的目的无非是为了分赃。臣熟思三日，以为解困的上策，是齐、楚等国不由我请而自行怒而奋起反魏，如此，则秦国边境非但可以不费一兵一卒而固若金汤，而且还可趁安邑受困难以自保之机，迅速出击，收复河西之地。

孝公立刻转忧为喜说：卿若真有此妙策，即需万镒黄金，千斛珠宝，寡人也可立刻命人取来！

商鞅说：何用金银珠宝，只需空言一句。

空言一句？！——孝公惊惑不解。

但当商鞅附耳向他说出这句"空言"时，他不由爽声大笑起来。

## "空言一句"唤来千军万马

商鞅轻车简从，急赴魏国国都安邑。

这座中条山下的古城，同样处在大战前夕的紧张气氛中。

此时的魏国国君，仍然是那位当初根本不把商鞅放在眼里的魏惠王。这一年已是他在位第二十六年。

一场奇特的智力较量即将展开。我得趁此间隙，先插说几句关于"王"这个称号。

西周之时，王是周天子专称，因而那时的王就意味着"王天下"，是全国最高统治者。诸侯则或称公，或称侯；称王将被视为最大的僭越，无人敢冒这个险。但到周夷王时，楚国国君熊渠，自认为我是蛮夷，你中原那套礼制管不到我，硬是立了他的三个儿子为王。不过到了暴虐的周厉王一即位，熊渠也怕了，主动去掉了三个儿子的王号。又过了一百多年，到周平王三十一年（公元前740年），楚国国君蚡冒卒，其弟熊通不仅杀蚡冒之子而自立，还公然宣称自己为楚武王。这是历史上第一个敢于称王的诸侯，自然要激起中原列国的一片抗议声。但因此时周天子已威权尽丧，对熊通的此种僭越行为也只好开只眼闭只眼，最后不了了之。

至于我们面前这位魏惠王，他是诸侯中第二个称王者，时间在二十六年前他即位那年，即周烈王七年（公元前369年）。

不过楚王也好，魏王也罢，他们实际仍然只是一个封国之君，谈不上"王天下"。

商鞅的所谓"空言一句"，文章就做在这个"王"字的含义上。

当初，惠王没有听从公孙痤的话，既没有重用、又没有杀掉商鞅；如今，秦国经过商鞅变法，变得日益强盛而可畏，惠王自然不免有些后悔。特别是商鞅几次乘虚袭魏后，更恨不得生擒商鞅杀之而后快！

如果商鞅还是当年公孙痤相府那中庶子，此时的魏惠王定然会手起剑落，一刀结果这小子性命的；可人家现在已是秦国派来的使节，碍着"两国交战，不斩来使"的惯例，他还是按下心头怒火，保持一个大国国君应有的风度，按照国使礼节来接待这当年的中庶子。

惠王在阼阶前拱手一揖说道：先生别来无恙乎？此来又有何赐教寡人？

未及惠王降阶，商鞅便由西阶趋步而上，作揖施礼道：恭喜大王，贺喜大王！敝邑寡君特命小臣前来拜贺大王，愿大王万寿无疆，洪福齐天！

惠王说：寡人安坐安邑，未及与上国大君会猎河西，却不知喜从何来，福又安至？

商鞅说：大王的大喜大福，许多人都已知道，臣从咸阳一路来，就有好些人都在津津乐道，难道大王自己反而一无所知？

惠王说：嗬，还有这样的事？有劳先生说与寡人听听！

商鞅说：这又何用臣说呢？大王的功业，如今早已超过当年齐桓、晋文之辈；大王的号令已经可以遍行天下，最多只有一二不识时势之君，尚需大王宣示一下圣威，而大王做到这一点犹若探囊。故依小臣之见，大王不如现在就着手准备帝王的冠冕印玺，敝邑寡君愿做拜贺大王称王天下的第一人！

惠王听了喜出望外，于座上跽身一揖说：先生所言，正是寡人终身大愿。但不知如何去登临此位，还望先生赐教。

商鞅说：有两种办法。一种办法易如折枝，另一种办法难于挟泰山以超北海。任凭大王选择。

惠王说：寡人自然选择容易的一种。

商鞅说：可依臣看来，大王已经选择的，却偏偏是挟泰山以超北海那一种。

惠王说：此话怎讲？

商鞅说：如今大王所联合的，不是宋国、卫国，就是邹、鲁、陈、蔡一类。此等原是大王马鞭子一挥便能驱使的蕞尔小国，靠它们怎么能与齐、楚那样的列强对阵呢？而如果不征服齐、楚，又怎么能称王天下呢？所以说用大王现在用的这个办法而要想成就帝王之业，无异于挟泰山以超北海。臣有一易如折枝之策，愿大王择取。其法为：向北联合燕国，向东讨伐齐国，则赵国必然臣服于魏而听候大王调遣；向西联合秦国，向南讨伐楚国，则韩国必然臣服于魏而听候大王调遣。若如此，大王便能上应朝天子之命，下顺天下人之心，成就帝王之业不是指日可待了吗？

惠王一听大喜，当即下令撤销了向秦宣战的成命，会盟诸侯的主旨也由原来的伐秦改为称王。同时紧急鸠工扩建宫殿，装饰朝堂，赶制王冠、王袍，以及作为帝王出行时的乘辇、卤簿等等。

经过一番紧张筹备，魏惠王约集诸侯到逢泽（今河南开封东南）举行称王典礼，接受各国诸侯的祝贺。秦孝公也特地派出公子少官率军队参加，以示庆贺。会上，惠王自称为"王"，纵然与会者除秦外，大多是为伐秦而联合的那些小国，但他多少还是过了一下口头上"称王天下"的瘾，会后又带领大家去朝见周天子。

魏惠王的这些做法，简直已是公开的谋反行为，尽管此时蛰居于雒邑的周天子早已形同傀儡，谈不上有任何实际制裁实力，但其他原来就窝了一肚子火的列强，却正好据此打出"勤王"旗号，借口卫护周天子而大兴讨伐之师了。其结果便是《战国策·齐策五》下面这样一段话：

于是齐、楚怒，诸侯奔齐，齐人伐魏，杀其太子，覆其十万之军。魏王大恐，跣行按兵于国，而东次于齐，然后天下乃舍之。当是时，秦王垂拱受西河之外，而不以德魏王。

这里所说的便是发生在秦孝公二十一年（公元前341年）的"马陵之战"。先是魏攻赵，韩助赵，最后是齐救韩，与魏军大战于马陵（今河南范县西南）。这次战役的结果便是上面引文中说的："杀其太子[1]，覆其十万之军。"马陵惨败消息传到大梁，魏惠王狼狈得光着脚板东奔西跑，赶紧下令全线停战，最后顾不得体面，去向齐国求和。而秦国恰好趁此机会，在垂衣拱手之间轻而易举地获得了河西之地，还用不着向魏国道一声谢。

顺便介绍一下"马陵之战"中两位著名军事家的故事：庞涓与孙膑。

魏国的十万大军由名将庞涓和太子申统率，齐国的数万精兵则以田忌、田婴为将，以因受过剔去膝盖骨的膑刑而只能坐于辎车指挥的著名兵法家孙膑为军师。庞涓与孙膑

---

[1]《史记·孙子吴起列传》则记为"虏太子申以归"。

同学于鬼谷子，曾是一对好友。庞涓先为魏惠王所用，因自觉不如孙膑，便派人假意请孙膑来事魏，随即设计陷害，处以膑刑。孙膑以假装疯癫侥幸留得残生，旋又施巧计，经由齐国使节的"暗渡陈仓"，才逃出魏国亡命齐国。在魏军进入马陵前，孙膑早已精心设下了伏击圈，诱使魏军一步步踏进陷阱。当魏军进入峡谷时，已是暮色苍茫，隐隐看到被削去半边的一棵大树上像是写着一行字。庞涓命左右举火一看，不由大惊，上写着八个字竟是："庞涓死于此树之下！"就在这时，岭上万箭齐发。身中数箭的庞涓仰天大叫一声，饮剑自刭。

那么上面引文最后一句说到：秦国乘机于垂衣拱手之间便取得了河西之地，怎么会有如此轻巧的事呢？

原来，这又是商鞅设的计！

计取河西之地，可说是商鞅为秦国做出的仅次于变法的大贡献，但据《吕氏春秋·无义》记述，商鞅取得此项胜利的方法却不那么光彩，这使他不仅在历史上因此而屡屡受到人们指责，而且我们很快就要看到，在他生命垂危之际最后或有可能脱逃的一线希望，也被自己这一不光彩行径留下的恶名给断送了！因而《吕氏春秋》在记述此事过程后得出这样一个结论："故士自行不可不审也！"的确，人们在决定采取某个影响深远的行动时，应持审慎而又审慎的态度，不能只顾一时逞意而不顾及它的后果啊！

## 如此多情故人！

现在我们就来说一说商鞅计取河西的事。

和议后的魏国，依然腹背受敌：东有齐国及其盟国的进攻，西有秦国的进击，疲于招架，屡屡败北。昔日声威，陵夷殆尽。

这时候，商鞅兴奋地对孝公说：君上还记得两年前臣受命赴魏时送给惠王的那一句空言吗？

孝公说：好一句空言！卿只此空言一句，就能抵惠王十万大军！

商鞅说：臣受命劝进惠王称王，对惠王来说，只是空言一句，但对君上来说，却并非不可企及的空言，臣愿以此为君上奔走终生。

孝公说：寡人夜寐夙兴，孜孜以求者，正是此志。卿此一言，为寡人增力不少。但不知何时能有此种时机？

商鞅说：欲求帝王之业，臣以为眼前正是大好时机。魏如今诸侯尽叛，形单影孤，难以自持。我若乘此东进，则魏必东迁。此后，秦国独据河山之固，东向以视中原诸侯，进退自如，帝王之业何愁不成！

秦孝公二十二年（公元前340年），齐、赵两国又一次向魏国兴兵进击。秦国也就在这个时候，发起了夺回河西之地的战役。

秦军、魏军各为五万，可谓旗鼓相当。魏军驻于吴城（今山西平陆北），此城原为吴起治西河时所筑，坚固可守。秦军则扎营于狼牙山下，背山傍岭，攻守都十分有利。率领秦军的是商鞅，率领魏军的是公子卬。巧得很，二人竟是旧相识：年岁相仿，志趣相投，当年商鞅游魏时，两人结下深厚的友谊。

一对故人猝然相逢于戈戟森严的战场，似乎都有不胜世事沧桑之感，都像有化干戈为酒樽的意向。

公子卬正要修书，以叙故友久违思念之情，商鞅的信却已先派人送到。展而诵之，绵绵情谊，溢于言表——

鞅敬拜于公子尊前：公子尚记得尔我沐浴夕阳，一起畅谈于涑河之畔否？不意流水年华，而今各事其主，为两国之将，但何忍以兵戎相见，兄弟自相鱼肉？鄙意欲公子言之上国大王，鞅亦言之敝邑寡君，各皆罢军。若果如愿，则两国生灵免遭涂炭，河西之地得以山长青、水常流；使千载而下，称吾两人之交情犹管鲍之复生也！

公子卬读后兴奋得击案高吟：知我者，故人也！当即修书答谢，约定三日之内禀明惠王后，立即撤军。并厚赏来使，回信就由来使带回。

商鞅得到回信，迅速做了一番部署，第二日宣布前营先撤，待得到孝公回命后，即拔寨全起。先撤的前营，暂至狐岐山、白雀山一带行猎，既使将士得以游乐，又可获些野味助餐。同时，又派使者向公子卬送去两件秦地特产的小礼物：旱藕和麝香，并附去数言：旱藕益神，麝香辟邪；聊志友情，以为永好。

到第三日，商鞅待要率师回程，越发不胜依依，几番回辔，于是又使人送去一信——

马啸西风，公子将归矣，鞅再拜于尊前曰：大河长流，人寿几何？尔我兄弟幸而得此一见，归而分隔河西河东，不知此生能否再有相会之日！愿即勒马回步，作一次衣冠之会，相见于玉泉山下，促膝长谈竟夜，以为别后永念。公子若能俯从，请即以明日为期。[1]

公子卬早已为这深情厚谊所陶醉，立即回书如期赴约。当天夜里，这位纯情的公子几乎是数着更次等待天明的。但他哪里知道，他那位当年的好友商鞅，此时却正在忙着布置层层险恶机关，守株待兔。原来那假意撤走的前营，在狐岐、白雀二山之间行猎只是幌子，其实是预先设下的伏兵。至于玉泉山下两位故人即将重逢之地，更是刀光剑影，处处暗藏着杀机。

第二天早晨，商鞅先派人去吴城向公子卬报信，说是敝邑相国已先往玉泉山恭候，随行人员不满三百。公子卬深信不疑，有近侍上前劝阻，都被他厉声斥退。时辰一到，他便

---

[1] 商鞅给公子卬的信，《史记·商君列传》仅记有一次，《吕氏春秋·无义》则记有两次。原文均较简略，我据情节作了些增补。

兴冲冲地登车赴会，跟从的还有乐工一部，辎车上载着酒食，侍从人数与商鞅相当。

两位故人一见面，欢喜不尽，双双执手进入主席。各人所带随从皆有酒食，全都喜笑颜开。公子卬是地主，先为商鞅把盏。三献三酬，奏乐三次。然后，撤去魏国筵席，再摆上秦国酒馔。秦国几名侍酒者，都系虎贲勇士所扮，个个力敌百夫。商鞅举爵殷勤劝酒，劝到三巡，忽以目示意左右，四周刀斧手纷纷如猛虎扑出。刹那间，山顶杀声如雷，山下应声似潮。转眼间，公子卬所有侍从或被杀，或被缚。他本人也已被左右两个虎贲按住，却犹是惊恐莫解，大声嚷嚷着：相国，何以要如此欺骗故人？

商鞅笑着说道：姑且欺骗一次吧，尚乞公子恕罪！

公子卬当即被押上囚车，解往咸阳报捷。这边所有被缚侍从，都解去绳索，赐酒压惊。然后由秦国将士扮成公子卬及左右侍从，坐于主车，仍用原来军仗，以秦军顶替那些被杀了的人，凑足原来三百人数。选出几个乖巧的俘虏作为前驱，命令他们，就说是公子赴会回来。赚开城门，当有重赏；如若不从，即刻斩首。侍从们看到求生有望，自然个个答应。这样三百余人进得吴城后，一个里应外合，大破措手不及的魏军，城头上很快换上了绣有"秦"字的大纛。

商鞅乘胜大举东进，渡过黄河，直逼安邑。魏惠王在受到齐、赵与秦国东西夹攻的危急形势下，不得不屈膝求和，答应把河西大部分地区归还给秦国。秦孝公又来一个见好就收，下令商鞅班师。魏惠王在拱手交出河西之地后，感到再呆在安邑宫里犹如背有芒刺——离秦太近了，于是着手把国都正式从安邑东迁至大梁（今河南开封附近）。[1]

离开安邑这座曾经给魏国带来辉煌的故都时，魏惠王望着夕阳中苍茫的中条山，仰天一声长叹，说出了这样一句话："寡人恨不用公孙痤之言也！"（《史记·商君列传》）

从这时开始，因国都已迁至大梁，魏国又称梁国，魏惠王亦称梁惠王。

## "陷人于危，必同其难"

商鞅凯旋而归，孝公亲至东郊隆重迎接他和他所率领的胜利之师，接着就封以於、商之地十五邑。於，今河南西峡东；商，今河南商丘南。一说"於"、"商"应连读为"於商"，其地在今陕西商县东南。以封地"商"为氏，这也便是商鞅原名卫鞅、后来史家习称商鞅的原由。

汉初贾谊在追溯秦始皇创立秦帝国由来时，认为帝国大业的第一位奠基人，便是秦孝公。且看这位洛阳才子笔下这些气势磅礴的文句——

---

[1] 关于魏迁都至大梁时间，《史记·魏世家》和《史记·商君列传》，均记在魏惠王三十一年；而《史记集解》和《孟子正义》引《竹书纪年》，都记在魏惠王九年。比较起来，似以《竹书纪年》为是。本书因牵涉到《史记》的有关引文，只好二说并存，姑以"开始迁"、"正式迁"这样用语来调和二者矛盾。但须说明：这只是为了方便读者阅读，非敢随意杜撰一家之言。

> 秦孝公据崤函之固，拥雍州之地，君臣固守，以窥周室。有席卷天下、包举宇内、囊括四海之意，并吞八荒之心。（《过秦论》）

据《史记·秦本纪》记载，秦孝公十九年（公元前343年）"天子致伯"。伯通"霸"。天子致伯，就是周天子承认秦国为诸侯之长。尽管周天子其时已徒具虚名，但由周王朝数百年基业形成的传统思维，依然认为只要是那位局居于雒水一隅的姬姓天子点过头的，便算是得到了权威的认可。所以到第二年，"诸侯毕贺"：山东诸国包括中原列强全都到秦国来表示祝贺。这该是秦孝公、也是秦国历史上享受到的最高荣誉。

要说秦孝公的功业，当然离不开商鞅。这一点，孝公自己也是很清楚的。因而据说在他暮年，曾有想把君位传给商鞅的意向，商鞅辞谢不受。

到计取河西之地、受封于商，商鞅的人生和事业达到了他的顶峰。

顶峰其实是一种危险。古今中外，几乎没有一个人能够在顶峰之上平稳地长久居留。

正当商鞅声威赫赫、尽享荣华之时，有个在一旁冷静观察着的人，突然来拜访他了，向他发出了"危若朝露"的警告，认为杀身之祸已是"翘足可待"；劝他及时激流勇退，归还十五邑封地，隐身到乡野去灌园终老。

这个人叫赵良。

赵良其人，在《史记》中仅见于《商君列传》，而且对他的生平、行事也没有更多说明。有学者从他所持观点估计可能是宗室贵戚，也有人认为或许是当时高士。我在通读《史记》时渐渐产生一个想法，以为这个赵良，就像张良博浪沙袭秦失败后不期而遇的那位黄石老人（详八章一节）、陈胜揭竿反秦为王后忽然来访的那个昔日耕田伙伴（详十章一节）一样，是太史公人物列传中特有的角色，他们究竟是什么人，抑或是否真有其人，似乎都不怎么重要，重要的是他们在传主命运被叙述、人性被展示过程中所起的作用。黄石老人和那个耕田伙伴后面还将提到，这里单说赵良。赵良的到来，固然使商鞅龙腾虎跃的人生旅程突然出现了一个休止符，让他有个回顾、展望和冷静思索自己人生的机会；但作为史家的司马迁，插入这一人物，也许更为主要的是要借此阐述他的人生感悟，同时也让读者每读至传主命运转折处，可因有此插叙而稍作停顿，静下心来细细作些咀嚼。

现在我们就来择要听一下两人的对话。

从开头的几句寒暄中约略可以看出，商鞅大概尚在微贱时曾与赵良有过一面之交。如今他不仅已成为秦之国相，且功勋赫赫，但仍然提出愿与依旧是布衣的赵良交个朋友："今鞅请得交，可乎？"听得出来，既出自诚心，却也多少带有点炫耀。

赵良用委婉的言辞拒绝了商鞅的请求。在他进一步申述时，已是语含讥刺，意在言外。他说："仆闻之曰：'非其位而居之曰贪位，非其名而有之曰贪名。'仆听君之义，则恐贪位贪名也。故不敢闻命。"

商鞅听出话中之话来了，追问一句："子不说吾治秦与"：先生不高兴我治理秦国吗？

这样就将对话引入了正题：评价商鞅治秦的功过得失。

此时商鞅的自我感觉正处于一生中最好的状态，他夸耀自己治秦的一桩桩功绩，语气中认为自己比穆公时代的五羖大夫更贤明。赵良听后说："千羊之皮，不如一狐之掖；千人之诺诺，不如一士之谔谔（直言貌）。武王谔谔以昌，殷纣墨墨（犹"默默"）以亡。君若不非武王乎，则仆请终日正言而无诛，可乎？"意思是我要获得你不杀的承诺后，才敢进言。商鞅表现得很大度，他说："语有之矣：貌言华也，至言实也，苦言药也，甘言疾也。"良药苦口，请先生尽管直言，我洗耳恭听。

这样，赵良就把商鞅与百里傒从行事、功业、修身等方面逐一作了比较，在盛赞百里傒的丰功伟绩和道德风范后，列数商鞅通过寺人"走后门"进入秦宫，推行新法峻刻严刑，出入"后车十数、从车载甲"大摆威风等劣迹，并引《诗》、《书》指出："得人者兴，失人者崩"；"恃德者昌，恃力者亡"，圣人之教，不可不诫。最后劝导说——

君之危若朝露，尚将欲延年益寿乎？则何不归十五都（指孝公封给商鞅之地），灌园于鄙，劝秦王显岩穴之士（指隐居之贤人），养老存孤，敬父兄，序有功，尊有德，可以少安。君尚将贪商於之富，宠秦国之教，畜百姓之怨，秦王一旦捐宾客（代指孝公死去）而不立朝，秦国之所以收君者，岂其微哉？亡可翘足而待！

但是，"商君弗从"。

商鞅没有听从赵良的劝告，不等于他没有思考；他思考了，仍然"弗从"，这就有其深刻的、在他看来已是无法改变的原因。

如果我们仔细想想，也会以为商鞅是不可能听从赵良的劝告的。这种"不可能"包含着他的出身、经历以及性格等多种因素。《吕氏春秋·无义》对此有个非常切合实际的评述："公孙鞅之于秦，非父兄也（非秦王室成员），非有故也（在秦无故旧），以能用也，欲埵之责（意谓为秦尽责），非攻无以。"商鞅没有听从赵良劝告你可以理解为他贪恋功名利禄，读了《吕氏春秋》这段评述却又让我们品味到了他作为一个来自下层的"客卿"的些许苦涩。

商鞅来自卫国，在秦国既无王室背景，又得不到亲友支撑，除非孤身奋力进取，就没有他的立身之地。这既造就了他的性格，也在相当程度上决定了他的命运。商鞅不可能不是一个极端的功利主义者。功利就是他的生命；停止了对功利的追求，就意味着生命的止息。因而为了达到一个预定的功利目的，他可以暂时不顾及其余，不计后果，甚至个人生命。这几乎成了商鞅的宿命，但也正是在这里，他的短暂的生命闪现出了耀眼的光辉。

商鞅受封于商不到两年，即公元前338年，在位二十四年的秦孝公猝然病故，继位的是惠文公。

这位惠文公不是别人，正是那个在少年时代因反对新法而商鞅要绳之以法的太子驷。后来太子自己总算没有受刑，为之代受刑的是他的师傅公子虔和公孙贾。

公孙贾被黥了面，公子虔被割去了鼻子。

一个人，额头被刺上字，或者光溜溜的削平了鼻子，即便是平民百姓也无脸见人，何况他们都是身为宗室成员、未来国君的师傅呢？

受刑以来，两人一直深居内宫，大门不出，二门不迈，整整忍受了十二年！

十二年的积怨，一旦要求索还，那代价会是很可怕的！

惠文公即位后的第一次朝会，第一个出来禀奏的，便是被割去了鼻子的的公子虔和黥了面的公孙贾。两人援引了"大臣重则国危，左右重则身危"的古训，接着说：商鞅立法治秦，秦国虽治，但国中老少男女都只说商君之法，而不说秦国之法。如今又加封采邑十五，权位已极，势必谋叛。望君上立刻明断，切莫养虎贻患！

两人刚说完，朝堂上便响起一片附和声。

惠文公说：此贼寡人也恨之已久。但他是先君之臣，谋叛形迹还不明显，暂且削去职位，看他如何动作吧！

于是下令收去商鞅相印，命他立即回封地商、於去。

其实孝公一死，商鞅就有了预感，更何况此前赵良早已向他发出过警告。他在辞别朝堂时，特意依旧用了全部卤簿，威仪犹如国君。在变法中新晋升的百官，纷纷前来向他饯行，朝署为之一空。车马驶出咸阳城，商鞅不由回望了一眼。由他设计、建造的秦宫楼群殿，沐浴在一片朝晖中。他知道，这很可能是最后一眼。

商鞅觉得自己需要有这样一个结束，他的政敌也正等着他最后再摆这么一次威风。

公子虔、公孙贾立即去禀奏惠文公说：这叛贼已撤去相位，竟然还敢僭拟王者仪制，倘若任其回归商、於，必然后患无穷！

当年曾在朝堂上与商鞅进行过激烈辩论的大夫甘龙、杜挚，也火急赶来作了同样的禀奏。惠文公大怒，当即命公孙贾引武士三千去追赶商鞅，斩首来报。

当公孙贾领命出朝时，受严刑峻法压抑已久的咸阳城内百姓，连街倒巷纷纷出来指骂商鞅。那些少年气盛的当场挽袖奋臂，自愿跟随着同去捉拿商鞅。一路越跟越多，最后竟多达数千人。

商鞅已离咸阳近百里，忽闻背后喊声大振。命人探明情由后，知寡不敌众，急忙卸下衣冠，扮作卒隶，带着妻儿老母一起逃亡。奔至函谷关，看看天色将暮，便往旅店投宿。店主向他索要证明身份的书帖。商鞅说没有。店主便关门谢绝，说：这是商君之法规定的，小人可不敢容宿无帖之客，违反规定要杀头的呀！

商鞅不由暗暗叫苦：啊，我自己立法，如今反倒害了自身了啊！

趁着夜色，商鞅混出函谷关，觉得还剩下最后一条路：投奔魏国。唯一的一线希望是，年轻时代游魏期间结识的那些友人中，或许还有肯收留他的吧？

魏国要塞的守令是一位老者，叫襄疵。他认出了商鞅，却拒绝接纳。

商鞅恳求说：古人有言：君子周急不济富。鞅如今已是涸辙之鲋，长者难道还不能施以滴水之恩吗？

襄疵说：恕老朽也以一句古人之言作答：陷人于危，必同其难。相国当年陷公子印于难的事，世人都还历历在目，难道相国自己反倒如此健忘吗？

商鞅走投无路，不得不退回秦国，急奔自己封地商、於，组织徒属，准备作孤注一掷式的顽抗。但惠文公很快派出大军，粉碎了商鞅的抵抗，并在郑国黾池这个地方将商鞅俘获，施以六种死刑中最惨酷的一种：车裂，即五马分尸。覆巢之下岂有完卵，商鞅的一家也全部被杀戮。

对商鞅的历史功绩，西汉刘向有过这样一个总的评价——

秦孝公保崤函之固，以广雍州之地，东并河西，北收上郡，国富兵强，长雄诸侯，周室归籍，四方来贺，为战国霸君，秦遂以强，六世而并诸侯，亦皆商君之谋也。夫商君极身无二虑，尽公不顾私，使民内急耕织之业以富国，外重战伐之赏以劝戎士，法令必行，内不阿贵宠，外不偏疏远，是以令行而禁止，法出而奸息。（《新序》佚文，录于《史记集解》）

事实上，惠文公顺应公子虔等人要求处死商鞅，也并非要否定商鞅功绩，更不意味着秦国要恢复商鞅变法前的旧制度。恰恰相反，对于新法的成果，惠文公全部予以继承，后来还有所发展。马克思、恩格斯在剖析没落的封建贵族对待暴发的资产阶级的心态时，有一个微妙的描述，说他们一方面叽叽咕咕地"声讨资产阶级"，另一方面却堂而皇之地"拾取工业树上掉下来的金苹果，不顾信义、仁爱和名誉去做羊毛、甜菜和烧酒的买卖"（《共产党宣言》）。这恰好也是秦国新的统治集团对商鞅的心态。由商鞅变法结出的金苹果，他们堂而皇之地拾而纳之于怀，毫无半点羞愧之感；而对商鞅这个人及其一家，却不止是叽叽咕咕地声讨，还要用健马撕裂，用快刀宰杀！

不过再细细想想，觉得这一切也都由事物本身发展的情理使然。

继孝公而立的惠文公，在位共二十七年，后二十四年改称为惠文王。他一生文治武略都颇有建树，绝不是一个胸襟狭隘、只图报复逞快于一时的庸君俗主。他杀商鞅自然也不能排除有出于个人恩怨的因素，但更为主要的却是基于他深谙统治之术的个中三昧。凡是新君即位，都要设法施德于他的臣民以使自己迅速获得拥戴，因而对所有受到前朝伤害的人，都要尽可能给予安抚，即使不能真的做到，哪怕只说几句空话也好。其具体操作要诀是：把一切坏事都推给前朝，把一切好事都记在自己名下。但非有万不得已的特别原因，先君的光辉形象是绝对不能损坏的，最有效的办法，莫过于像现在这样推出一个确实有不少民愤、个人品德方面又有缺陷的商鞅出来，使他成为前朝所有过失的箭靶子。如此这般以后，臣民们都会对新君山呼万岁，新君之位就会迅速获得稳固。

所以，即使继位的不是惠文公，商鞅侥幸不被车裂，也决不会有好下场；

所以，即使没有公子虔、公孙贾的禀奏，惠文王也迟早要借个题目做这篇文章；

所以，惠文王做的实在是任何一个新君都要做的，也就是说，这是一种古老的新君术的重演：他一手抱住商鞅变法结出的"金苹果"，一手举起斟满商鞅之血的酒爵，向变法过程中的被伤害者表示慰抚。

现在，正处于青春年少的惠文王，雄姿英发，勒马横戈，挺立在由商鞅收复的河西大地上，立眉虎视着河东诸国，胸口勃勃然即将有所动作。所谓"诸侯卑秦"的时代已一去永不复返。一蹶不振的魏国，日见衰落的齐国，但求容身的韩国，欲强反弱的燕国，东碰西撞的赵国，内耗频频却又妄自尊大的楚国，如今轮到他们认真想一想：为求自身生存，该如何来对付这个剽悍勇猛，且又颇具智慧和狡诈的关西蛮儿呢？

---

当秦国强大到以中原六国作为自己对手的时候，"合纵"、"连横"之说便应运而生。

下一章开头的出场人物是一个衣衫褴褛、又被打得遍体鳞伤的年轻人。他突然张嘴问他妻子：我的舌头还在吗？

的确，战国这个特殊的时代发展至此的标志物，便是舌头与刀剑。背信弃义、出尔反尔、翻云覆雨、朝秦暮楚……这一切都令人眼花缭乱。但拨开迷乱的表象，依然可以看到最终起作用的还是军事、经济实力和决策者的智慧。秦国正是得益于改革较为彻底，因而在反复角逐、搏击中，一跃而成为七雄之冠。

下章之末，读者将接收到一个信号：有个奇特的人物，将以奇特的方式介入秦王室内政，在相当程度上改变了秦王世系传承次序。于是，我们隐隐听到了大秦帝国开始向我们走来的跫跫脚步声……

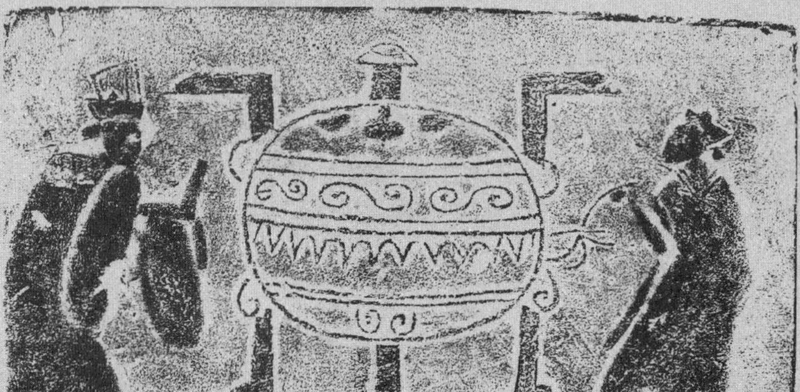

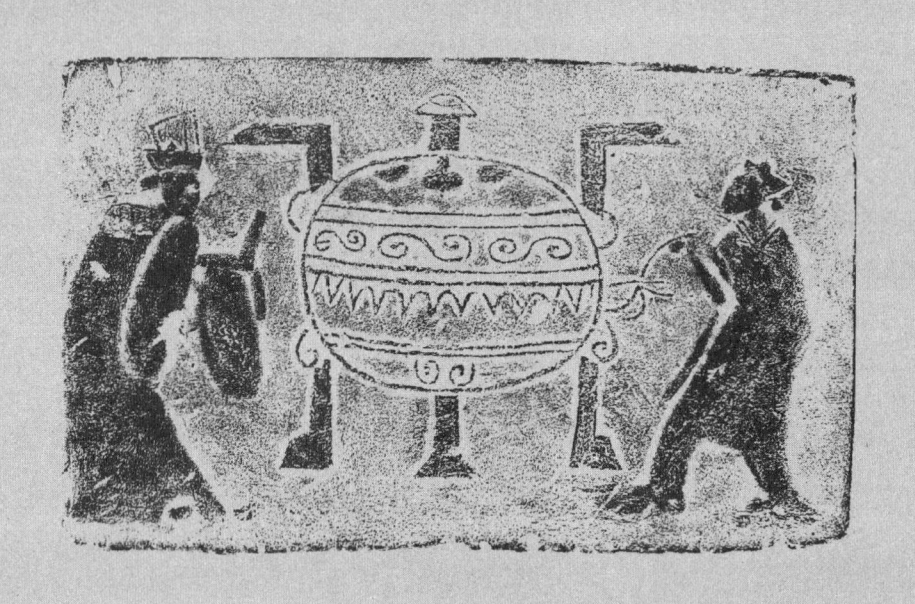

# 第 三 章
# 且看白颈雉如何成为猛鹰悍雕

纵横捭阖，决胜千里

短命的国王与泼辣的太后

从"累卵"险境中突围而出

九鼎在握，称王天下还会远吗？

# 纵横捭阖，决胜千里

从这个时候开始，战国进入到了一个新时期。这新时期的主要特征不妨用一个最简单的数学公式来表示：6∶1。

"6"是山东六国。它们东奔西走、走门串户、绞尽脑汁、想方设法，试图联合起来共同去对付已经强大得令人心惊胆颤的秦国。

"1"是秦国。它当然也不会在睡觉，同样忙于东奔西走、想方设法去拆散对方的联合，或拉而拢之，或击而破之，或二者兼施。

于是两种新学说便应运而生：

一是"合纵"，为山东六国而说，即所谓合众弱以攻一强；

一是"连横"，为秦国而说，即所谓事一强以攻众弱。

主张合纵或连横之说者，称纵横家。他们是战国时期穿梭往来于七雄之间最活跃的人物。

## 一对关系微妙的同学

"合纵说"代表人物是苏秦；

"连横说"的代表人物是张仪。

苏秦是东周雒阳人，张仪是魏国人。他俩既不同国，所持学说又水火不相容，但却曾是要好的同学，一起师从于一个半人半仙式的人物：鬼谷子。

在介绍这对关系微妙的同学之前，先简略说几句关于这两种学说。

无论"合纵说"，还是"连横说"，都是就当时列国的现实利害关系成说，学术的理性含量似乎并不多。但你千万别轻视它们。当它们狂飙似地席卷华夏大地之时，其余诸家学说骤然变得黯淡无光，什么老子贵柔，孔子贵仁，墨子贵廉，似乎一下子变得毫无意义，全都被迫退出了角逐场；就连人们的信仰和敬仰以至人生的价值，都受到了极大的冲击。生活在战国末期的韩非，在著名的《五蠹》一文中，对儒家倡导的"先王之道以籍仁义"那一套作了极辛辣的讽刺，并把它列为必清除的"五蠹"之首。文中对不同时代的争逐焦点，作了这样简捷的概括：

上古竞于道德，中世逐于智谋，当今争于气力。

这就是说战国是一个拼搏实力的时代，来不得半点温良恭俭让。

据《史记·苏秦列传》和《战国策·燕策》等记载，一次苏秦向燕王进言，谈到孝、廉、信等传统道德问题，不仅生动有趣，且又耐人寻味。曾参（shēn）、伯夷、尾生三人，分别被那时人们视为孝、廉、信的典范。谈话，就由评论这三个典范人物的价值开始——

苏秦：如今有这么三个人：一个孝行犹如曾参，一个廉洁犹如伯夷，还有一个诚信如同尾生。让他们来做大王臣子，大王以为如何？

燕王：当然很好。

苏秦：但臣以为他们这些品行，对大王毫无用处。

燕王：何以见得？

苏秦：孝行做到如同曾参那样，那么他就连离开双亲在外面住宿一夜也不肯了，还怎么能像臣这样侍奉于大王周围，随时听候使唤呢？廉洁做到如同伯夷那样，宁愿饿死首阳也不肯臣服武王，还怎么能像臣这样步行千里来为大王效命呢？诚信做到像尾生那样，与女子相约于桥下，女子不来就抱柱淹死，怎么还能像臣这样奉大王之命去击退齐国的进攻呢？

燕王：如此说来，仁义道德岂非成了无用之物？

苏秦：仁义道德之类，是一种人格的自我完善，却不是建功立业的进取之道。

燕王：人格的自我完善不也是很重要的吗？

苏秦：但如果单是为自我完善，那就既不会有三皇五帝，也不会有春秋五霸。以为只要自我完善就够了，那么秦国又何用出兵崤山呢？齐国又为什么要兴师营丘呢？恕臣直言：臣本周地人，如果为了自我完善，尽可在家乡躬耕垄亩，又何必要来叨扰大王的清听呢？……

我们不能不承认，在当时急剧动荡的形势下，苏秦的这种赤裸裸的实用主义理论，恰恰是符合实际的，适用的，因而也可说是正确的。

慨叹人心不古、道德沦丧吗？大可不必。

中国社会发展到这时，地主占有制经济基础已基本奠定，但统一的上层建筑，特别是其中的国家体制和统治中心，却还要经过若干年的生死较量，才能最后推出胜家来加以确立。上层建筑中的道德意识和价值观念等等，则已从被打碎的旧制度框架中逸出，处于一种游离、混杂、散乱状态，它们像无主的弃物，正等待着人们去捡拾、改装或抛弃。

如果把春秋战国比作一个竞技场，那么到战国中期以后，可说已接近最后冲刺。争夺的激烈性，使得各人只顾把自己的智与力全部发挥出来，再也无暇修饰披戴。抬头望去，满目尽是赤条条、油亮亮，冒着热气流着汗血的肌肉；肌肉与肌肉、生命与生命在激烈地撞击与搏斗。

尽管残酷，但这样的竞争倒还是相对较为公平的。

苏秦和张仪，在发迹前，都有一段坎坷、屈辱的经历，因了《史记》各自本传和《战国策·秦策》等的精彩记述，不仅为读史者所熟知，就是在民间也广为流传。

苏秦是雒阳（今河南洛阳东北）人，出外东西奔波了几年，想凭他口若悬河的游说本领得到列国重用，其中单是向秦王上书就达十次之多。可结果，人家全都不信他那一套。最后不得不带着一副"形容枯槁，面目黧黑"的狼狈相，"大困而归"。兄弟妻嫂都讥笑他说：你一不种田，二不经商，想要靠耍嘴皮子发财，不是白日做梦吗？如今落魄到这个地步，活该！苏秦受到了极大的刺激，也悟出了一个道理。他说："妻不以我为夫，嫂不以我为叔，父母不以我为子，是皆秦之罪也！"从此便以如何抗秦为宗旨，发愤攻读《阴符》等兵书。有个典故叫"悬梁刺股"[1]，其中"刺股"说的就是苏秦。每逢"读书欲睡"，他便"引锥自刺其股"，有时甚至"流血至足"。这样过了一年后再度出行，以"合纵说"游说于燕、赵、韩、魏、齐、楚之间，终于大获成功，被公推为纵约长，腰佩六国相印。一次路过雒阳，车骑辎重等同王者，列国使者纷纷前来恭贺，连周天子也派出大臣来慰劳。苏秦的家里人听到这个消息，更是"清宫除道，张乐设饮，郊迎三十里。妻侧目而视，倾耳而听。嫂蛇行匍伏，四拜自跪而谢"。苏秦问嫂子因何要这般"前倨而后恭"，嫂子的回答倒是实话实说：那是因为你小叔子如今"位高金多"了呀！苏秦听了不由大为感慨——

嗟乎，贫穷则父母不子，富贵则亲戚畏惧。人生世上，势位富贵，盖可忽乎哉？

由于本书是以秦为叙述中心，因而对这两种学说在列国云谲波诡、异彩纷呈的展示，也只能略"合纵"而详"连横"，以秦国一方为主。这样，对苏秦在列国游说的经历，包括他那些奇谋良策与欺诈恫吓共存，真知灼见与吹嘘阿谀并现，总体来说又是精妙绝伦的长篇说辞，只好略而不提，以便腾出主要篇幅来，重点叙述"连横说"的代表人物、后来跃升为秦国丞相的张仪。

现在让我们把目光转向楚国，这里刚发生了一桩偷窃案，时间大约就在苏秦腰佩六国相印、风光无限之时。

繁华的楚国国都郢（今湖北江陵西北），偏是它的西区却异常冷落。

陋巷，枯叶，寒风。

一个衣衫褴褛的青年学子，拖着一条受伤的腿艰难地步行着。留在他身后的是一行长长的血迹。

突然一个趔趄，他跌倒了，跌倒在一扇破败的柴门前。

---

[1] "悬梁刺股"中的"悬梁"，说的是汉时孙敬的故事。他昼夜苦读，为不使自己瞌睡，以绳系发而悬于梁。

柴门里急急扑出一个女子来，把青年学子搀扶进了木屋。女子一边为他揩洗血肉模糊的腰腿，一边流着眼泪说：当初夫君若是能听为妻的话，不要日夜寒窗苦读，不要出去游说，又何至于受到如此屈辱呢？

青年学子盯着妻子冷不丁问出了一句流传千古的怪话："视吾舌尚在不"：快看看，我的舌头还在吗？——说完张大了嘴。

女子惊惑莫解：在呀？！……

青年学子泰然说：那不就足够了吗？只要舌头在，功名富贵就会有！

这个青年学子便是张仪。

张仪四处游说都得不到任用，来到郢城，因作为楚国令尹（楚最高行政长官，约等于中原列国之相）随从参加宴饮，不料却被令尹门下人怀疑偷了令尹的一块据说是价值连城的"和氏璧"，结果被打成这副模样。

几天后，有个操着赵国邯郸一带口音的人找上门来了。这个人提醒张仪说：秦国正在追求霸业，足下不妨赴秦一游。至于往来游资，足下不是有个故友苏秦吗？他如今已是六国之相，足下径可去赵国找他，想来故友情深，定当鼎力相助。

张仪于是便离楚赴赵，去求见老同学苏秦。

好不容易来到邯郸，谁知苏秦竟一连几日拒绝接见。后来总算见了一面，却先是一顿羞辱，继而就把他一个人冷落在堂下，到用餐时仅赐以仆婢之食。士可杀而不可辱，更何况这种羞辱还来自昔日同窗好友呢！张仪一怒之下，便收拾行囊，匆匆离赵奔秦。正当他川资告罄，眼看赴秦之行将半途而废时，那个操着邯郸口音的人又来了，不仅供给他车马财用，还伴随着他同行同宿。但到张仪进入秦国晋见了秦惠文公，获得客卿的资格，并很快受到了重用时，那人却忽然来辞行了。张仪不解，说：先生之德，不才没齿难忘。如今初得富贵，方思报答，先生因何反要离去了呢？到这时，那人才说出了事情的真相。原来此人所有作为，正是奉苏秦之命而行；从劝说张仪入赵求助，张仪到邯郸又有意让他受辱，使其发愤西行，到入秦遇有困难又一路伴随资助，全是苏秦精心策划的结果。

苏秦如此煞费苦心帮助张仪，自然也有同窗情义的一面，但更多的还是基于自身利益的考虑。

苏秦的"合纵说"是建立在六国都要求反秦这一共同点上的，但实际上六国之间矛盾重重，只要秦国一发起进攻，各国都立刻依据自己利害关系作出不同反应，哪里还真能合纵得起来！所以当苏秦刚说服赵王加入了纵约，就想到如何设法至少暂时不让秦国进攻赵国，以使他在赵王面前说得天花乱坠那一套不被转眼之间的变故击得粉碎。他想到一个人，便是张仪。他认为当时只有张仪的才学，才具备担任秦国国相的资格。而张仪如果真的登上秦国相位，那么凭过去他们的情谊，料想张仪是不会让秦国发兵来攻赵，把他这个老同学推向尴尬境地的。但他又不愿把这个用意明白说出，而是同样运用了作为纵横家的巧智，始招之，继而辱之、激之，然后助之，直到张仪被秦惠文公任用为客卿后，才说出事情的全部真相。张仪听后大为感动，再三请那人代为向苏秦表示感谢，并带去一言：只要是苏秦君在政之时，我张仪还敢说些什么呢？

这段充满小说情味的插曲，不免使人猜想其中是否含有较多虚构成分。此外，《吕氏春秋·报更》记述资助张仪入秦的人，是东周昭文君。当然若要勉为其说，也可设想张仪先受苏秦之激，后同时又得昭文君之助而入秦的。但无论如何，苏秦之于张仪，总比上章三节已提到过的另一对同样是鬼谷子的弟子庞涓之于孙膑，和后面六章一节将要介绍的同为荀子门生的李斯之于韩非，要有情谊得多。由此产生一点歧想：在政治舞台上，纵横家们翻手为云，覆手为雨，人际关系被剥得赤条条的，只剩下"势利"二字，确实几乎毫无情义或廉耻可言。正是这一点，使他们在身前和身后都无法享有一个好名声。但综观其一生，还是不乏人情意味在，是特殊的时代使他们焕发出仿佛是独领风骚的炫目异彩。闪光过后，所遗留的同样是一种苍凉的人生境界。苏秦是这样，张仪也是这样。[1]

## 从初登相位到出使楚国

让我们再回到张仪的舌头。

张仪一进入秦宫，首先要战胜周围的争宠者，才能受到重用。

当时主要是两个人：公孙衍与陈轸。前者为魏国人，已继商鞅之位任大良造；后者为楚国人，先张仪入秦，已颇受秦国重视。两人不仅都富有谋略，且善于辩论。

实际上颇有城府的惠文公也在暗中考察，将选择三人之中的哪一个作为自己的主要辅佐大臣。

张仪首先使用他的舌头。他伺机以巧辞对惠文公说，公孙衍原在魏国做过称作犀首的官，不可能不偏心于魏，而魏是秦东向的首要敌国。陈轸以厚币与楚结交，但实际结果却是秦楚两国关系没有改善，陈轸只是在讨好楚，这说明他想要背秦事楚。

公孙衍一气之下离秦归魏——他原是魏人又做过魏官，因而似乎不愁回魏后得不到重用。

陈轸却还要较量一下。他机敏而有力地回答了惠文公的诘问，居然重新赢得了信用。

陈轸用的是以攻为守的论辩术。

惠文公：寡人听说先生想要离秦事楚，有这样的事吗？

陈轸：有。

惠文公：如此看来，张仪之言果真属实。

陈轸：此事不但张仪知道，连咸阳道上过往行人也都知道，只是君上还不知道罢了。

惠文公：既如此，先生因何还不离寡人而去呢？

陈轸：从前，伍子胥尽忠于主，所以天下的君主争相要他做自己的臣子。曾参尽孝于

---

[1] 关于张仪与苏秦关系及相关史实，近年来因帛书《战国纵横家书》的出土，获得了一些与《史记》、《战国策》记载不同的材料。如《史记·苏秦列传》称苏秦的两个弟弟苏代、苏厉，均主合纵说，活动时间则在苏秦之后。而《战国纵横家书》提供的材料却是苏代为兄，苏秦为弟；苏秦的活动时间不仅在苏代之后，也要远远迟于张仪。若依此说，则张仪、苏秦同学于鬼谷子，分别以连横、合纵说展开论战等等，就纯属子虚乌有，根本不可能发生。本书作为通俗性历史读物，姑仍依《史记》、《战国策》写出。

双亲，所以天下做父母的都希望有曾参这样的儿子。同样，如今轸因能忠于其主，所以楚君很想以轸为臣，而轸之所以至今没有离开秦国，正因为轸是忠于君上的。但如果有一天忠而见弃，轸不归楚又到哪里去呢？

惠文公终于被说动，继续给陈轸以优渥的待遇。

张仪只得了个半胜，这使他很快懂得，无论内战或外战，都不能单靠舌头。

张仪入秦后一年，即秦惠文公十年（公元前328年），与公子华一起，受命向魏地蒲阳发起攻击。这是张仪生平第一次率师搏击沙场，居然获得全胜，迫使蒲阳归降。

通常人们获得一次胜利能够保持已属不易，张仪却有本事使这次小胜结出一个大果实来。

张仪机敏地抓住蒲阳这张牌，便开始一而再、再而三地运用他的如簧巧舌。他先说动惠文公把明明已经抓到手心的蒲阳归还给魏，惠文公颇有头脑，很快同意；再劝说文公夫人把公子繇送到魏国去做人质，这就难了。做母亲的，如何舍得把亲生骨肉往敌国手掌里送呢？《战国策·赵策四》就记着一则赵太后拚命反对大臣们一再劝勉他少子送到齐国去做人质的故事，她说有谁敢再说此事"老妇必唾其面"！但是张仪又居然说服了文公夫人。然后他自己以使节的身份来到魏国。魏襄王做梦也没有想到魏国打了败仗，秦国非但归还土地，还以公子来质，自然要以隆重的礼节欢迎秦国使节来到。觥筹交错后，酒酣耳热之际，张仪轻描淡写地说了这样一句话：敝邑寡君对大王情谊如此深厚，想必大王不至于不懂得以礼回报吧？

魏襄王全身一震，手中的酒爵落到了几案上。

张仪回秦时，向惠文公奉上了魏襄王被要挟献出的一份厚礼：上郡、少梁的地图籍。从此，全部河西之地都归入了秦国版图，中原诸国都为之震颤不已。

就在这一年，惠文公终于作出了抉择：任命张仪为秦国历史上的第一任国相。

也就在这一年，陈轸离秦奔楚。

才华横溢而又正当青春的张仪，就这样令人瞩目地登上了秦国政治舞台。

从这个时候开始，两颗闪耀着奇特光亮的新星，同时出现在华夏大地上，穿梭往来于齐、楚、燕、赵、韩、魏、秦之间。东方之星称"合纵"，便是以腰佩六国相印的苏秦为代表；西方之星称"连横"，便是以年轻的秦相张仪为代表。由两颗新星流动所划出的轨迹，仿佛产生了某种吸引与排斥共存的磁场，各个诸侯国、各种势力之间，突然变得那样聚散无常，兴衰莫测。

这是中国历史的奇观，尤其是语言史上的奇观。舌头的功能大概至此已极。那些纵横家的大量说词中的一小部分，便是现在我们还能够读到的一部沉甸甸的《战国策》。单就语言这个角度说，无论谁，只要把《战国策》通读一遍，就会对汉语这个我们民族共同的交流工具，曾经有过如此丰富的表现力、会给人如此强有力的震撼和美好的感受而惊叹不已！

应该写一部书来详细描述这场奇观，真写出来了一定很好看。但我在这里只能简略介绍其大势：合纵说几次兴隆又几次衰落，连横说虽也屡遭挫折，但还是有所进展。在此期间，秦国在东方加强控制魏，在西方迫使义渠戎臣服。魏欲图自强而积极联络韩、赵、齐，秦则在啮桑与齐、楚这两个大国相会，形成鼎足之势，使魏三面受掣。魏又发动韩、赵、燕、中山五国共同称王，即所谓"五国相王"以为对抗。但五王各怀异心，经不起一点风吹草动就四分五裂。

出现这个大势的道理很简单：归根结底，起决定作用的毕竟不是舌头，而是实力。商鞅变法以后，秦国无论军事或经济都拥有越来越强大的实力，已是山东诸国望尘莫及的了。

周显王四十五年（公元前324年）即张仪相秦第四年，惠文公称王，即秦惠文王。在秦国，史称这一年为秦惠文王更元元年。在此前后，楚、魏、齐、韩、燕、赵，全都相继称王。接着，张仪又出了个别出心裁的主意：要求惠文王免去他相位，而让他到魏国去为相，目的自然还是为了更好地为秦国效命。

让一个原为敌国大臣的人来任相，这事着实令人费解。

晁福林先生著文（见1994年第三期《江海学刊》）认为，此相与通常所说的秉掌国政之相是有区别的，这是一个特殊的"相"，其职权大约相等于高级外交官。此说有理。因为事实上，当张仪入魏为相时，魏国相位是有人坐着的，此人就是那个在与张仪争宠中一气之下离秦归魏的公孙衍。秦王同意张仪此举，是为了让他打入魏国内部去支配魏的外交路线，使之纳入有利于秦的"连横说"轨道，并进而产生"国际"效应，让其他中原诸国都来仿效魏国。至于魏国何以愿意接受张仪入魏任相，看来主要还是迫于秦的压力，此外也可能有想借用张仪出色的外交才干，一振魏国败势的因素。

但张仪相魏四年，成就甚微。尽管他口若悬河，滔滔不绝于"事秦"如何千好万好，却总是引不起对方兴趣。这倒并非全是由于怀有旧隙的公孙衍屡屡暗中作梗，实在因为魏秦之间的根本利害冲突无法调和。其间，秦王还两次带有警告式的兴兵伐魏以配合张仪的舌头，效果也不明显。在这种情况下，张仪因无以报秦而内心羞惭，颇为难得的是，秦惠文王却能以一个雄主的大气度暗中优遇张仪如旧。直到最后一年，继惠王而立的魏襄王，才勉强表示背弃合纵而臣事于秦，这才使张仪多少有了个顺势而下的台阶，带着这颗半生不熟的胜利之果回秦述职。惠文王当即恢复了张仪在秦的相位。

秦惠文王更元九年（公元前316年），东、西二线告急：东边是韩国欲发兵攻秦，西面则因蜀苴（读如"巴"）相攻，二国同时告急于秦。惠文王组织大臣们来讨论被后来实践证明对秦国发展具有战略意义的大决策：是先伐韩国，还是先伐巴蜀？这场讨论《史记·张仪列传》及《战国策·秦策一》、《新序·善谋》都有详录。大略说来，张仪主张先伐韩，大将司马错主张先伐巴蜀。双方辩论相当激烈，都以完成统一大业为目的。张仪从当年中原诸国斗争大势立论，司马错则从较为长远的富国、广地，建立稳固的后方基地为说。比较起来，前者似快而实慢，后者似慢而实快。惠文王经过冷静思索，果断作出决定：先伐巴蜀。他没有因为张仪持反对说而冷落他，下达的军令是：张仪与司马错一起率师西征。张仪与司马错也没有因为曾是朝堂上的论敌而相互内耗，而是彼此尊重，通力合作。凡此种种，都是显出这个国家必然走向兴旺的征兆。葭萌关一场决战，大败蜀军。接着又攻灭了巴及蜀。巴、蜀全归秦后，惠文王精选包括自己儿子公子通在内的良材去治理巴蜀，这片所谓"荒服"[1]之地很快欣欣向荣起来。

秦惠文王不愧是一个高明的弈手,这盘已经下了三百多年的棋,投下伐取巴蜀这关键一子,已是定局初现,胜家跃跃欲出了!

就在这时,从齐国国都传来了苏秦死去的消息。

这个被司马迁称为"倾危"人物的纵横家,临死还要来一次最后险诈。他已被齐国大夫中与他争宠者刺中要害,奄奄一息。齐王派人四处搜捕凶手未得。他对齐王说:臣很快就要死了。大王只要加臣一个罪名,车裂臣后示众于闹市,凶手立刻就会自己跑出来!

齐王照着做了,凶手果然迫不及待找上门来"邀功"了。结果自然当场被砍下了脑袋。

苏秦一死,张仪少了一个劲敌。

至此,所谓战国七雄,燕、赵、韩、魏江河日下,尚剩秦、楚、齐三强鼎足而立,其余一些小国则战栗其中,苟延残喘,微不足道。

现在,秦国觉得单是在已经蔫头耷脑的近邻魏国身上敲敲打打不过瘾了。惠文王适时地把直接与齐、楚交锋提到了议事日程,于更元十二年(公元前313年)又投下了令人注目的一子:派张仪南下出使楚国。

一提起楚国,张仪就会情不自禁地想起那段屈辱的经历。早在几年前,他一登上秦国国相高位,便在春风得意之余,给楚国那位令尹写了这样一封信——

*令尹大人尊前:不才乃当年奉侍尊者席前一介寒士,不知阁下还留有记忆否?昔者我实未曾盗取府上璧玉,却无端遭受阁下鞭笞之苦。今则郑重预告:请阁下好生看守住自己国家,我将盗取贵国城池来也!* [2]

炫耀权力、急于报复的心态,溢于言表。这既反映了张仪毕竟有失持重、敦厚的性格,在某种程度上也是战国世相的一种写照。

接下来我们看一看,楚国怎么来应付这位居心叵测的秦使!

## 一个转身,六百里变成了六里!

楚国国都郢城,为迎接秦国贵宾的到来,充满着节日般的喜庆气氛。

楚怀王怀着忐忑不安的心情,早早恭候于郊。他没有忘记几年前张仪曾给楚国令尹来信声言要窃取楚国城池的警告。

在欢迎的行列中,只有怀王的嬖臣、上官大夫靳尚喜形于色。当年张仪来楚国游历时,两人颇有过一段交谊。

---

【1】荒服:五服之一。古代王畿以外的地方,以五百里为率,视距离远近分为五等,称五服。据《尚书·禹贡》五服之名为:甸服、侯服、绥服、要服、荒服。

【2】《史记》本传载张仪致楚令尹信原文为:"始吾从若饮,我不盗而璧,若笞我。若善守汝国,我顾且盗而城。"

张仪这回玩的是故伎，即又一次让秦惠文王免去相位，而到楚国来任专主外交之相。当主客同坐着乘辇，在盛大的卤簿队伍的导引下驶过西城区时，张仪不由得回头望了望那条越发败落的陋巷。那段黑土板结的泥路上，不知是否还留着他当年的血滴？今非昔比，这回他怀着一个特殊使命来重游郢城，自然志满意得，却也隐隐有几丝惆怅。

盛大的酒宴开始。助兴的是瑰丽的楚乐，袅娜的楚舞。

怀王一边为客人把盏一边说道：先生辱临敝邑，当有以赐教寡人？

张仪说：臣此来无他，但求秦楚之好。

怀王说：寡人早有心与秦交好，只是秦王屡屡侵伐敝邑，教寡人如何还敢亲秦呢？

张仪说：大王见过贵地出产的锦鸡吗？锦鸡艳丽若火焰，雌雄相好前，雄者每每拍翅以求。窃意秦王也非为侵伐上国，只不过是锦鸡相亲之前鼓动鼓动翅膀罢了。

怀王大笑，爵酒四溢。张仪跽身而起，为怀王揩拭。

怀王说：如此说来，倒是寡人薄情了。

张仪蓦地正色：大王岂止薄情，且更有负情之嫌！

怀王不由敛容：请贵客明示。

张仪说：如今天下大势，全由秦、楚、齐三国而定，胜券则操于秦手。秦若东合于齐则齐重，南合于楚则楚重。秦早有心与楚交好，只是大王不该至今与齐保留着盟约，此最为秦王所忌。臣此来第一要事便是请大王明断：是联齐而招危呢，还是联秦而求强？

怀王默然。

张仪说：大王诚能闭关绝齐，秦王将进献商、於之地六百里与楚，并愿以爱女作为大王执箕奉帚之妾，秦、楚永结姻亲之好。

怀王听得大喜过望，说：寡人若得秦王如此厚爱，还去联齐做什么呢？

席散后，群臣纷纷前来向怀王称贺，独有一人大声说道：这是祸事，只该痛哭，不应祝贺！这个人便是在争宠中败于张仪的陈轸，此时已投楚做了客卿。

怀王听了很不高兴，责问他为什么要这样说。陈轸说：这分明是张仪的诡计！秦所以重视楚，就因为楚齐联好。楚一旦背齐，孤单一国，秦哪里还肯白白送给你六百里商、於之地呢？楚背齐，齐必然怒而亲秦。到那时，秦齐一联合，楚国还能存在下去吗？

怀王说：你闭嘴，就等着看秦王送土地来吧！

于是怀王下令北关守将不准齐使往来，并授张仪以相印，赐金百镒，良马十驷，专派一名将军跟着张仪到秦国去接受商、於之地。

离楚前夕，张仪特意去拜会了靳尚，赠以厚礼，以示友好。辞别怀王后，与怀王派出的那位楚将一路饮酒谈笑，似乎十分相得。看看已近咸阳，张仪忽而东摇西晃，像是已酩酊大醉，竟至一头坠下车去，在惨叫声中被左右慌忙扶起，已造成足胫骨折，只好另乘一卧车，先自火急入城，求医治疗。

其实张仪是假装酒醉，此一去竟不再露面。

再说那位奉怀王之命来接受土地的楚将，独自一人住于馆驿，东寻西问，都说张仪还在养伤，无法相见。这么一拖就是三月。楚将无奈只好上书秦惠文王，要求实现许地六百里的诺言。惠文王派人送回一信，说若张仪确有所许，自然必定践约；但如今楚与齐其实并未绝交,所以尚望楚国有果断行动,且待张仪伤愈后当即面议相关事宜。楚将写信将经过回报怀王,怀王立刻派人假道于宋,在宋、齐边界上大肆辱骂齐闵王,以表明楚国绝齐亲秦的决心。齐闵王大怒,派出使节西行至秦,愿与秦交好而共同伐楚。

张仪当然不是在养伤,而是在等待。等待什么呢?他在等待预料中的齐使。破楚齐之盟,立秦齐之约,是他这次出使楚国的主要目的。齐使果然很快来到,他便宣称伤愈入朝。在朝堂口已经伺候了好几个月的那位楚将,一见张仪便拦道求问。张仪却装作大为惊讶地反问道:将军为何至今尚滞留敝邑呀,难道仪所许土地还没有取到吗?

楚将说:秦王尚待相国面决。如今幸而相国玉体康复,请即向上国大王禀过,臣得以尽快回复寡君。

张仪说:些许小事,何须禀过秦王!仪所许的原是自己俸邑中的六里之地,尚乞上国大夫笑纳。

楚将大惊失色,结结巴巴地问:臣受命寡君是来取商、於六百里之地,从未听说过只有六里呀!

张仪似乎比楚将还吃惊,说:哪有此等事呢,大概是上国大王听错了吧?秦国土地皆百战所得,即便尺土寸地,仪也不敢擅自许人,更何况有六百里之多呢!

楚将不得不如实回报楚怀王。怀王一听怒不可遏,大骂张仪是无耻小人,我逮住他,定要生嚼他肉!

怀王正准备下令发兵攻秦,陈轸却进前几步一揖说道:大王前次令臣闭嘴,不知如今可开口了吗?

怀王说:寡人前次恨不听先生之言而为狡贼所欺,这回先生有何妙计?

陈轸说:大王已失齐助而欲攻秦,楚必遭败。事到如今,不如割二城予秦同它修好,然后合兵攻齐,或者还可以从齐那里取得贿赂予秦的相等土地。

怀王说:本是秦欺我,齐又有什么错!如何反倒赂秦而攻齐,岂不教天下人笑话寡人吗?

楚怀王又一次不听陈轸谏言,怒气冲冲地派出大将屈匄(gài),率领十万大军攻秦。秦齐联合迎楚,左右夹攻,斩首八万,杀屈匄,又夺取丹阳、汉中之地。怀王再次发兵击秦,仍遭惨败,最后不得不割出两城来与秦议和。

秦惠文王趁机要挟,说他很想得到楚国的黔中之地,情愿用秦国的关外之地作交换。楚怀王却说他不想交换土地,只想得到张仪,情愿白送黔中之地。惠文王自然不忍,不料,张仪却主动请行。惠文王说:楚王为商、於之地一事恨透了你,此去凶多吉少,如何是好?张仪说:臣自有计在,秦强楚弱,谅他不敢杀臣。即便被杀而使秦能获得黔中之地,这也正是臣之最大的心愿。

这样,秦惠文王更元十三年(公元前312年),张仪又有了第二次楚国之行。

## 肉做的舌头与铁定的命运

楚宫上下奔走相告着一个惊人的消息:大王已把张仪囚禁起来了,只待择日告祭祖庙,然后开杀。

人们都不禁要为张仪捏把汗。可他自己，却在囚室里饮食如常，谈笑自若。

原来张仪早在进入楚宫前，就预先暗中派人去告知上官大夫靳尚，据刘向《新序·节士》所录还以珍宝作为贿赂，请他去内宫如此这般地走动一个人。这个人便是最受楚王宠幸的夫人郑袖。

那郑袖娇媚稀世，且颇懂得机巧。有段时间怀王新幸一美人，郑袖便假意与之情胜姊妹，然后劝告说，怀王最讨厌别人鼻气，所以见大王时最好掩住鼻子。美人果然照着做了，弄得怀王疑惑不解，不知美人为何一见到他就要掩鼻子。郑袖又乘机进言，说那是她厌恶大王体臭的缘故。怀王勃然大怒，立即命人削去那美人的鼻子。郑袖的心机，于此可见一斑。

靳尚来到内宫拜见郑袖，劈头一句就是：看来，夫人得大王之宠日子到头了，如何是好？

郑袖大惊：为什么？

靳尚说：秦王有个最信任的大臣，就是张仪，如今却被大王囚禁了起来。那秦王正筹划用土地和美女来赎张仪，听说秦国来使也即将从咸阳出发。那些美女都是秦国攻伐三晋之地时挑选来的，一个个美艳如玉，且惯于媚目巧笑，大王一见，自然宠幸有加。若果如此，夫人如何还能专宠呢？

郑袖说：先生有何好计，可以制止此事？

靳尚说：奴才能有什么好计呢？夫人有的是办法，只需说动大王释放张仪就是了！

这日怀王来到后宫，却见郑袖饮食不进，一病不起。怀王惊讶地追问，郑袖这才委婉说出：宫廷上下人们都在传说，秦王因张仪被囚而即将有吞楚之举，当年吴王伐楚尽杀郢城老小的大难又迫在眉睫。臣妾因念及祖宗基业濒临危殆，大王恩宠不能长保，是以愁肠百结而致此病。恳请大王让臣妾和少子幼女早早迁居他处，免为秦军所鱼肉……这么说着，便吞声饮泣起来。

怀王说：爱卿千万莫忧，容寡人从长计议。

郑袖趁势说：臣妾乃一女流，尚且知道两国交战不斩来使是古来定则，何况这无理之举又是用祖宗数百里丹阳、汉中之地去换来的！大王一代英主，这回因何糊涂起来了呢？

怀王不由一怔，说：非夫人此言，寡人几乎做出了辱没列祖列宗的蠢事！——他是猛然想到丹阳、汉中之地才说这话的。

于是怀王重又请出张仪，厚礼相待，放张仪归秦，通两国之好。

张仪刚出得郢城，一位峨冠博带的楚国宗室刚刚从齐国出使回来，听说怀王拘囚了张仪忽又要放行，也顾不得回府第，便急步进宫去见怀王，准备强力谏阻。

这位楚国宗室便是以《离骚》等杰出诗作流传千古的伟大诗人屈原。

屈原，芈姓，屈氏，名平，字原，又字灵均，为楚宗族。怀王时，初任三闾大夫，掌管王室相关事务。后改任左徒，其位仅次于宰相："入则与王图议国事，以出号令；出则接遇宾客，应对诸侯。"在这段时间内，屈原甚得怀王信用，后来他在《惜往日》一诗中还对此一唱三叹，追怀不已。但"心纯庞而不泄兮，遭谗人而嫉之"，谗言也由此而起。屈原博学强识，善于辞令，怀王的一些法令文书皆出自其手。他主张彰明法度，举贤任能，东联齐国，西抗强秦，因而为王室和大臣中的守旧苟安势力所不容。一次他刚草拟好了一份文书,上官大夫靳尚硬要拿去先看,屈原不给,靳尚就去对怀王说:屈原拟定的那些法令,原是在您大王指示下做的,可每回向众人公布时,屈原总是夸耀自己的功劳,说除了他,没有人能做得出来!怀王听了非常生气,就开始疏远屈原。当张仪一次又一次向怀王施行骗术时,屈原已不在左徒之位,是否保留三闾大夫之职,史书没有明确记载;但有一点是肯定的:屈原依旧坚持认为在秦国咄咄逼人不断东扩的形势下,楚国唯有联齐抗秦,才能自存和图谋发展。对此,怀王有时也表示认可,只是经不住张仪一番巧言令色、威胁利诱,就昏昏然跌进了圈套。这回屈原出使齐国归来,途中听到怀王拘囚了张仪,不由一喜;忽又听说要放行,大为吃惊。一见怀王就说:张仪现在何处?何不快杀此贼!

怀王说:寡人思之再三,以为杀之无理,不如先放了吧!

屈原说:臣使齐之日,大王不是还将此贼恨之入骨,必欲生嚼其肉而后快吗?因何朝令夕改,变化如此之速呢?

怀王一惊,仿佛从梦中醒来,大声下令:快追,快去把张仪追回来!

数十名武士驾着轺车快马出城追赶,但机敏的张仪早已星夜急驰出郊,此时哪还有半点影踪。

张仪回到咸阳,既有险中取胜的得意,也有侥幸逃生的余悸。他对秦惠文王说:这回臣得以万死一生,重回咸阳,皆因大王威力所助。从此仪不能再失信于楚,望大王诚履前约,割地予楚,并与楚结成联姻。若果能如此,臣将借与楚结好为发端,乘势再说动五国连袂来事秦!

秦惠文王听从张仪的话,分出汉中五县之地送给楚国,再以自己女儿嫁与楚怀王少子子兰为妻;又求怀王之女为太子荡之妃,共结永好。楚怀王很高兴,以为张仪这回真的有信,自然也因此对屈原越发不加信用。

因秦楚结好一事,秦国声威愈炽,张仪名声也随之大振。惠文王又增封张仪五邑之地,号武信君,并赐黄金白璧,高车驷马,再派他到中原诸国去游说。张仪马不停蹄地奔驰于韩、齐、赵、燕之间,把他的舌头的功能发挥到了极致。张仪游说山东诸国国君那些威胁与利诱并施的说辞,我们现在还可从《史记》本传及《战国策》中读到。读后突出的印象是一个字:夸。如夸说秦国的强大:"秦地半天下,兵敌四国,被险带河,四塞以为固";"虎贲之士百余万,车千乘,骑万匹,积粟如丘山"。再如夸耀秦军之威:"席卷常山之险,必折天下水脊";有胆敢顽抗者,"无以异于驱群羊而攻猛虎"、"垂千钧之重于鸟卵之上"。在这些说辞中,同样以夸张的修辞手法,运用各种对比实例,反复陈述"事秦则安,不事秦则危"的道理。由于张仪对列国国情、历史都非常熟悉,又能抓准对方心理,因而他的这些滔滔若大江东去的说辞,力胜千军,所向披靡,各国国君纷纷弃纵就横,表示愿意臣事于秦。

张仪要确立他的"连横说",自然先得摧毁与之对立的"合纵说"。因而他在这些说辞中不能不经常提到他的老同学苏秦及其所鼓吹的"合纵说"。如他对楚王说——

且夫从者(指主合纵说者)聚群弱而攻至强,不料敌而轻战,国贫而数举兵,危亡之术也。臣闻之，兵不如者勿与挑战，粟不如者勿与持久。夫从人饰辩虚辞，高主之节，言其利不言其害，卒有秦祸，无及为已。

再如他对赵王说——

凡大王之所信为从者，恃苏秦。苏秦荧惑诸侯，以是为非，以非为是，欲反齐国，而自令车裂于市。夫天下之不可一（指合一以抗秦）亦明矣！

同学归同学，朋友归朋友，事关自己的功业，张仪还是毫不留情地把火力集中到曾经煞费苦心地帮他从困境中挣脱出来的同学和好友苏秦。

正当张仪踌躇满志，功业和声名蒸蒸日上之时，在东海之滨的邹城，有两个人，一个也是纵横家，叫景春；另一个便是孔子去世一百多年后儒家的又一位代表人物孟子，正在评论着张仪。景春认为像张仪这样"一怒而诸侯惧，安居而天下熄"，"岂不诚大丈夫哉"？孟子断然否定："是焉得为大丈夫乎"！接着正面论述了何谓大丈夫——

居天下之广居，立天下之正位，行天下之大道。得志，与民由之；不得志，独行其道。富贵不能淫，贫贱不能移，威武不能屈，此之谓大丈夫。（《孟子·滕文公下》）

秦惠文王更元十四年（公元前311年）秋，张仪出使燕国后兴冲冲回国来复命，怀里揣着的是又一份战利品：燕王不仅愿意事秦，还献出了常山五城。不料还没有踏进咸阳城，就听到了一个惊人的噩耗：秦惠文王溘然离世！

这个眼前铺满辉煌异彩的纵横家，一下坠进了无穷的黑暗。

秦惠文王享年仅四十六岁，可谓盛年早逝。继位的是十九岁的秦武王，就是上面提到过的那个娶楚怀王之女为妃的太子荡。武王还在做太子时就看不惯张仪，群臣谗言乘机蜂起。山东诸国得悉武王与张仪有隙，也接连背弃连横而恢复了合纵。

张仪看到了，一个商鞅式的可怕的厄运，即将从他头顶降落下来。

纵然舌头曾经为他赢得过人间的荣华富贵，但柔软的舌头毕竟敌不过铁定的命运！

这个时候他想起了做了多少年论敌的老同学苏秦，一切恩恩怨怨烟消云散，留下的只有命运与共的哀怜。

他记起苏秦临终前还最后一次运用他的智慧，为的是报复；他也要最后一次使用自己的智慧，为的是苟活。

想到这一点，张仪心头不由升起一种莫名的悲哀，但求生的本能促使着他还想去勉力一试。

他对刚继位的秦武王说，齐国最恨我张仪，大王只要把臣送到魏国，齐国立刻就会兴兵伐魏。当齐、魏打得不可开交时，大王就趁机攻韩，帝王之业在此一举。武王原也有甩掉前朝重臣这个包袱之意，于是顺水推舟让张仪奔了魏。果然不出张仪所料，齐国迅即发兵攻魏。此时魏国在位的是襄王之子哀王，一见齐兵来到已慌作一团。张仪说大王别怕，臣马上来替大王解围。张仪派舍人到楚国让他作为楚使去齐国，把张仪与武王如何密谋设置圈套，如何以张仪为饵引诱齐国攻魏的话，全告诉了齐闵王。闵王一听大叫中计，当即下令退兵。

张仪居魏一年，在悒郁中因病死去。他本是魏人，倒也算得了个落叶归根。凡为秦国历史发展作出重大贡献、一度也曾声名赫赫的外籍客卿，大都不得善终，张仪能有这么一个平安的结局，已经算是仅次于百里傒的了。

对苏秦、张仪的人生，后人感慨颇多。明代高启以《仪秦》为题作诗吟咏道：

二子全操七国政，
朝谈纵合暮衡连；
天如早为生民计，
各与城南二顷田。

诗的末句"城南二顷田"，引的是苏秦腰佩六国相印衣锦还乡，对众人大发感慨时说的一句话："且使我有雒阳负郭田二顷，吾岂能佩六国相印乎？"（《史记》本传）意谓我若有田二顷，就不必为谋生而出去游历，那也就成不了六国之相。语气中既有炫耀，也有辛酸。高启显然是反对纵横家的，因而反用其意：老天如果早点给苏秦、张仪各二顷田，那他们就不会到列国去游说，去闹什么合纵、连横；果真如此，也许就不会出现民不聊生的战国了——这当然只是诗人的一种天真的幻想。

继秦惠文王而立的秦武王，又称武烈王、悼武王，史称"有力"而"好戏"，在位只有四年，死时才二十三岁。如此短促的人生，却在秦国历史舞台上有着不同凡响的表演。这里先介绍他少年时代一个小插曲。一次他问他的太师、太傅：九鼎有多重？

两位师傅一怔，不知怎么回答才好。因为按照古籍记载，九鼎重得无法计量，而且绝对不可问的："问鼎"之罪，可谓十恶不赦。

——我能举得起来吗？

一问未了又是一问，而且这一问比前一问更可怕，两位师傅吃惊得只好瞠目以对。

——哈哈，我能，我一定能举起来！

这位少年自己回答说。

# 短命的国王与泼辣的太后

## "一窥周室，死而无恨"

秦国朝堂出现了从未有过的活跃气氛。不仅是几个侏儒经常插科打诨逗人欢笑，还有受到武王重用的任鄙、乌获、孟说等闻名天下的大力士，在殿阶前广场上练武，不时传来围观者们阵阵的喝彩声。

新继位的秦武王，就喜欢在这样的氛围中处理朝政。他不稀罕那些尊卑森严的礼仪，臣子们也乐得一起开心。常常朝会一散，这位年轻的国王就赶紧脱去一身累赘的朝服，拍拍肌肉饱绽的胸部，一蹦一跳走向殿前练武场。只听得他发声喊，硕大的石鼓已高举在他头顶。群臣拊掌欢呼，武王也畅怀大笑，从中得到极大的满足。

但武王决不止是"好戏"，更好功。他一登上王位就宣布了要在自己手里完成帝王之业的决心。他说："寡人欲容车通三川，一窥周室，死不恨矣！"（《史记·秦本纪》）他所说的"三川"，当时还是韩国的一个郡，因境内有河（指黄河）、洛、伊三水而得名。容车，泛指装饰华丽之车。武王一旦乘着这样的车辂驶近三川之地，那么他日夜想望要"窥"的"周室"，离他的马鞭子也已经不远了。

这里说的"周室"，就是迁都雒邑后，其疆域、人口、实力都远远不如战国七雄当中任何一个诸侯的周王朝，当然名义上它还是统一的周朝天子的象征。说起来未免有点滑稽，就是这么个小朝廷，到周考王时期（公元前440年~前426年）又分封出一个更小的诸侯国，称西周；这西周后来又分裂出一个小国，叫东周。到周赧王即位（公元前314年）后，东、西周正式立国分治，居然还各有各的国都。这样便有三个称"周"的政治实体：一个是名义上的周王朝，不妨称之为"大周"；另外两个是诸侯国，就称"小周"吧。"大周"和"小周"都姓姬，都出身于帝王世家，都是周王朝的后裔。几百年来形成的所谓"望族心理"，使他们始终具有一种高踞于众生之上的优越感。也许正是依靠了这一想象中的精神支柱，他们才得以在几乎与周围一片大动荡处于半封闭状态下一代接一代地支撑了下来。《战国策·东周策》记了一则充满幽默意味的轶事，说是一次有个温地人要进一个小周国，城门官不纳。这个人说我是这里主人，你怎么不让我进去？可城门官问他住在哪里哪巷，他又回答不出，于是就把他囚禁了起来。小周国君派人来审问他：你明明不是这个城里的人，为什么要说是这里主人？这个温地人说：我小时候读《诗》，《诗》里有这样四句诗：溥天之下，莫非王土；率土之滨，莫非王臣。既然您周天子管理着天下，天下的臣民都是您的臣民，那我就是您的臣民，走遍天下都在您的土地上，我不就到处都像在自己家里一样了吗？

　　这个温地人，可说是位出色的心理学家，他抓住仅有弹丸之地小周国国君的虚荣、自大心理说了这么一番话，果然立刻获得释放。

　　"小周"国君尚且如此，至今仍然掌握着多种传国宝器的"大周"国君，自然更可名正言顺地以"奉天承运"的天子自居了。

　　但现在这位年轻气盛的秦武王，却偏说要窥他一窥！

　　张仪离秦奔魏，对秦国无疑是一大损失。但继张仪之位的樗里疾、甘茂左右二相，也都是颇为杰出的智能之士。樗里疾，原是惠文王的异母弟，即武王叔父，为人滑稽多智，秦人号称"智囊"。甘茂，下蔡人，熟习百家之说，曾佐惠文王定蜀，功绩卓著。雄心勃勃的秦武王依靠这两位肱股大臣，开始他理想中的帝王之业。

　　第一个目标，便是要攻取韩国的三川之地：宜阳（今河南宜阳西）。

　　武王继承父亲惠文王的故伎，派出樗里疾到韩国去任相，同时命甘茂出使魏国，联魏伐韩，以内外相应、左右包抄之势，迫使韩襄王就范。

　　甘茂已完成联魏使命，先派副使向寿回国向武王复命，同时带来一句有意要使武王起疑的话：臣劝大王还是不伐韩为好！武王一听，猜到其中必有蹊跷，便亲自备驾出迎，到息壤之地与甘茂相会，询问中途提出不伐韩的缘故。

　　其实甘茂哪里是真的不想攻韩，恰恰相反，作为一个外籍客卿，他是想用攻取宜阳这一件大功劳，作为自己在秦国坐稳相位的奠基石。《战国策·秦策二》就有一语道出了甘茂的这种心态："我羁旅而得相秦者，我以宜阳饵王。"其中除了他自己对"羁旅"处境敏感的体验，恐怕多少还隐含着一点商鞅、张仪结局的阴影。

　　君与臣在息壤相会，甘茂备述攻取宜阳实为东进立一门户的重大意义和路遥地险等艰难之处，纵然为王业所需但劳师费财，且也不是短时间内轻易能够攻取得到。武王一听已经明白了甘茂没有完全说出的话，便说：取宜阳进而窥周室，正是寡人此生大愿。所需将士、资财，全由卿开口就是！

　　甘茂等待的就是这句话，只是觉得还不够。于是又说了一个《曾母投梭》的故事：任谁都不会相信像曾参这样的大贤人会杀人，更何况是他母亲呢？但因为有一个与曾参同名的人杀了人，人们便一个接一个跑去报告正在织布的曾参母亲。耐人寻味的情景就这样出现了：第一个人说曾参杀人，母亲断然不信；第二个人又去这样说，母亲还是不信；第三个人再去说曾参确实杀了人，母亲丢下梭子，跳过墙去躲藏了起来。甘茂说：如今臣的贤名远不及曾参，而大王相信臣的程度，也未必像曾母相信儿子那样，而一旦宜阳暂时攻不下来，诽谤臣的人肯定不止三个，那时大王会不会也丢下手中梭子呢？臣无惧韩国利兵坚城，所怕的就是大王丢梭子！

武王说：卿尽可放心，寡人愿与卿誓盟。

甘茂伏地再拜：臣受命，万死不辞！

于是君臣歃血为誓，藏誓书于息壤。秦发兵五万，由甘茂统帅，向寿为副，进函关，下洛河，围攻宜阳。

但一围五个月，宜阳据险固守，就是攻不下来。

朝中反对的人越来越多，要求尽快班师的谏书连篇累牍。武王未予理睬。这时候左相樗里疾正从韩国回来，也认为应赶快撤师。他说：宜阳城方八里，材士十万，积粟可食用数年。而秦师已疲惫不堪，实难与之周旋，再拖延下去，怕会有变！

樗里疾是王叔，又是刚从韩国回来了解敌国内情的人，武王坚持不住了，终于投出了他的梭子：召甘茂班师。甘茂当即派人送回一信，武王拆封一看，只有两个字："息壤"。武王立刻醒悟，再调兵五万，由乌获、孟说率领，急赴宜阳助战。甘茂受到极大鼓舞，经过一番谋划后，选定次日凌晨三鼓发起攻城。他倾囊倒箧拿出全部私金用来奖励将士。他说：如果明天攻不下来，就以宜阳城郭作为我的坟墓！

凌晨一场恶战，直打到夕阳西下，终于破城而入，斩首七万有余。韩襄王恐惧了，赶快派出相国带着玉帛宝器入秦求和。武王大喜。一面召甘茂凯旋回师，留向寿安守宜阳；一面命樗里疾先率领战车一百辆往三川开路，他自己则带着一班勇士同日起程，直发周都雒邑。

庞大的战车行列隆隆行进在三川大地上，孱弱的韩国在车轮下颤抖，中原诸国都为之震惊。纵然春秋战国以来。历代周天子都早已形同虚设，但雒邑毕竟是王都之地，岂可容忍全副武装的战车横冲直撞进入王城之门！试问大周王朝自从文武圣君立国七百余年来，何曾见过一个诸侯之国竟敢做出如此大逆不道的行径来！想当年，晋文公想叫周襄王到践土会盟，在文书中用了"召"这个字，孔子写《春秋》时就要大发感慨并挖空心思为之讳饰，如果孔老先生活到现在，亲眼看到这种"犯上作乱"行为，还不知道会气成怎么样呢！就说你秦国自己吧，那年秦穆公发兵偷袭郑国，秦师仅是路过雒邑北门，将士们也还不得不一个个免胄下车以示尊敬；但因有的没有按周礼规定缓步行进而是跳上车去的，也遭到当时天下人一致谴责，后来秦军果然在崤山全军覆没，那可真是天报应啊！可如今，你们居然敢于以全副武装进犯神圣的王都之地，难道不怕上天降下比崤山之败更惨重的灾祸吗？

当然，中原诸国国君还有几句话是不便公开说的，那就是：周天子这只鹿，人人皆可逐而得之，不让我独得，也至少要共享，岂容你关西蛮子一人独吞！

偏偏这时候的名义天子周赧王是个软骨头，一听到隆隆的战车声，赶紧穿戴得整整齐齐，伏道恭候着秦武王的到来。

就在这时，楚国派出的使者，昼夜兼程，飞马来到。

楚以中原六国大阿哥的架势，对周赧王这种有损天子威仪的做法提出了诘难。

周赧王让能言善辩的侍臣游腾，去应对这位怒气冲冲的南国使者。

下面便是两人一番极妙的对话。尽管周天子已沦落到徒具虚名的地步，可你看，作为代言人的游腾，却依旧优游从容，硬是还保留着往昔天朝大国的泱泱风度呢！

游腾：先生从郢城来，暮春三月，正是江南花开莺啼之时吧？听说上国新制了一口大钟名为大吕，欲与齐国大吕之钟媲美，那钟声一定很优美吧？可惜我无缘聆听。

楚使：臣也很可惜，此次来朝觐王都，非但再也听不到优美祥和、能使凤凰来朝的韶乐，一路来但见北邙蒙羞，洛水呜咽，大都王气从来没有这样黯淡过！

游腾：先生如此关心宗周社稷安危，实为难得。那我就讲一个因贪钟而亡国的故事吧，不知先生是否愿意赐听？

楚使：请说。

游腾：当年晋国上卿智伯瑶想要攻伐仇犹，便说我送你一口大钟。仇犹因贪图这口大钟，专门造了条道路来运钟。结果钟运来了，智伯瑶的军队也跟着进来了，仇犹就这样亡了国。

楚使：这个故事应当由我来说。难道王上没有看到跟在大钟后面的秦军已经进来了吗？

游腾：可区别就在这里！当年仇犹为什么灭亡呢？因为他看不到智伯瑶的计谋，没有防备。如今我王英明，对秦国的虎狼之心早已洞察无遗，所以是表面谦恭，实际早有戒备。这次武王到来时，王上命数百精兵，长戟居前，强弩列后，名为护卫，实为囚执。所以请先生回复楚王并中原诸王，尽可高枕无忧！

亏他有脸说得出！

不知是真是假，据《史记·樗里子甘茂列传》记载，楚王听了他派出的使者的这番传话，居然还"乃悦"呢！

与弥漫着腐朽的虚荣之气的中原相反，正在迅猛崛起的关西秦国，讲究和关注的却是实力和实利。

实际上，秦武王如果真想灭掉这个名义上的周王朝，可说不费吹灰之力。但他不会那么傻。正像有一次周赧王通过使节对别人说的那样，此时周室土地，"绝长补短，不过百里"，因而"裂其地不足以肥国，得其众不足以劲兵"；虽属蝇头小利，但倘若你胆敢对它有所动作，那么"虽无攻之，名为弑君"（《史记·楚世家》），就会招来诸侯声讨的大祸。所以最有利的选择，就是像现在这样，借天子的空头名望，起到一种威慑作用——山东诸国你们都给我竖起耳朵听着：连堂堂的周天子也不得不为寡人伏道恭迎，尔等有谁还敢对寡人说三道四吗？哼！

年轻的国王大摇大摆走着，媚态可掬的周天子在一旁陪侍着。

他们一起走向宗庙。

请注意：这不是诸侯国的宗庙，是已立国七百余年的大周王朝的宗庙。

一行人历阶而上。

尘封的石门徐徐推开。

一片昏暗中，数十只蝙蝠因受惊而东西飞撞。

帷幕拉开，一座座巨大的周鼎赫然矗立在目。

——哈哈，我早说过，我一定举得起来！

秦武王一下甩掉了累赘的锦袍玉带，拍了拍鼓绽黝黑的胸脯……

## 这个关西蛮子硬是举起了九鼎

九鼎究竟铸于哪个年代，历来众说纷纭，大体有黄帝、尧舜、大禹、夏启等多说。《史记·封禅书》记下了一个方士说的黄帝造鼎的经过，近于神话，自然不足信，但十分有趣——

黄帝采首山铜，铸鼎于荆山下。鼎既成，有龙垂胡髯下迎黄帝。黄帝上骑，群臣后宫从上者七十余人，龙乃上去。余小臣不得上，乃悉持龙髯，龙髯拔，堕，堕黄帝之弓。百姓仰望黄帝既上天，乃抱其弓与胡髯号，故后世因名其处曰鼎湖，其弓曰乌号。

看来究竟铸于哪个年代已无从确考，大概总是某个圣帝明君吧？其后即由夏传至商，再传而至周。

读古书，常常会碰到一个奇特的词汇："问鼎"。

语法常识告诉我们，这是一个动宾词组。意思无非是问一下鼎的形状、大小、重量等等，如此而已。

如果这是一个外语词汇，那么这样解释或许可以得到满分。但它却是一个在中国特定时代产生的特殊词汇，上述解释就完全错了，错了十万八千里。

"问鼎"曾经是一个极其可怕的罪名。在帝王制度——包括帝王封建制和帝王集权制存在的长达数千年这样一个漫长的历史阶段内，一个人或一群人，一旦被安上这个"问鼎"罪名，那么他或他们，就难逃被杀、剐、烹、磔以至诛灭九族的命运。

你问什么都可以，但就是不能问鼎。鼎是万万问不得的！

原因在于，此鼎非一般作为器皿用的鼎，而是宗庙重器，国家社稷之象征。国家乃"余一人"之国家，寡人之国家，朕之国家，岂容尔等普通臣民置喙！因而如果有谁胆敢问鼎，那不就是妄图犯上作乱、篡王夺位吗？不就要吞并天下、暴虐生灵吗？这就罪该万死！

载录于《左传》的第一次问鼎事件，也就是"问鼎"这一词汇的出典，发生在公元前606年，相当于秦国历史的共公时代。楚庄王因伐陆浑之戎而在周王室境内阅兵，周定王派王孙满去表示慰劳，庄王便乘机"问鼎之大小轻重焉"。那时王孙满回答的口气还是相当的强硬："周德虽衰，天命未改，鼎之轻重，未可问也！"

没有实力做后盾，单是嘴巴强硬似乎并不顶用。自从楚庄王开了这个口子，类似事件便不断发生。除了楚国，还有齐国和魏国，自然更少不了秦国。每当一国提出此种非分企图时，犹如平静的水面忽然投下一石，当即波翻浪涌，使节往来，策士游说，如此这般忙乎一阵子，然后复归平静，那些鼎也还是纹丝不动地珍藏于周室宗庙内。

但是一件令人惊恐的事终于发生，多种史籍均有郑重记录，叫作"九鼎震"，在当时引起人心的震动，该不下于天崩地裂。其事发生在周威烈王二十三年（公元前403年），秦国历史为简公时代。鼎为什么会震动？是怎么震动的？史书无确记，后人只好猜测：或者为雷电所击，或者因地震所致。但那时人们大都把它作为周朝国运将尽的征兆来看，最聪明的要算瓜分了晋国的韩、赵、魏三家，他们吃准东周小朝廷因"九鼎震"而越发心虚腰软的恐慌心理，抓住这个时机，纷纷上书要求承认他们为诸侯国。这时候的周威烈王早已既无威也不烈，只好照准不误。于是在这同一年，韩、赵、魏以正式诸侯国的身份加入群雄角逐的疆场，此后大部分史家便以此作为春秋、战国的分界线。

如果说"九鼎震"还只是大自然开的一次玩笑，那么如今有那么一个关西蛮子宣称要用双手把鼎举起来，那就切莫再以玩笑视之！

刚才由大力士孟说先作试举，现在，年轻气盛的秦武王，已摆开了举鼎的架势。

他的身前和左右担负护卫之责的，分别是孟说和任鄙、乌获，他们同样精赤着上身。四个猛夫结实、黑亮的肌肉，一起在九鼎前灼灼闪光。

周赧王则站在略微远一点的暗角处，脸上依旧媚态可掬，心却在暗暗哭泣——夏传立国宝器，祖宗太庙重地，居然遭到如此鲁莽亵渎，他这个无能的姬姓王族后代能不痛哭吗？

武王开始举鼎……

且慢！

我不由得停住了笔。

鼎究竟是个什么样子？多大？多重？我不敢问鼎，心里总得大致有个谱，才好落笔。我无缘亲见目睹，这是绝对肯定的；问题是古书上记载不一，且愈说愈玄，叫我如何写法！

首先是鼎的只数就没个准。

有的说，禹划地九州，一州一鼎，故有九鼎。

有的说，九州之牧，共同进献黄金，集而铸鼎，所以称九鼎，其实只有一鼎。

还有的说，到东周末年的周显王时代，其中一鼎沉于泗水，后来秦始皇巡游天下至泗水命人打捞，没有捞到。这是说先是九鼎，后来成了八鼎。

再有一说：黄帝铸一鼎，禹铸九鼎，又变成了十鼎。

更有一说，列鼎是有制度的，得按级别分配：天子九鼎，诸侯七鼎，大夫五鼎……据说周时有诸侯三千，照此算来，鼎的数目就该多到成千上万！

其次是它的重量，更叫我无所适从。

《战国策》中一个叫颜率的人说，从前周伐殷获得九鼎，一鼎要用九万人拖拉，九鼎共用九九八十一万人，就算每个人只用一百斤力气，那么一鼎就有九百万斤，九鼎共重八千一百万斤！不要说在夏禹时代，就是科学技术发展到今天，也还无法完整地把它们铸造出来吧？再说面对着如此庞然大物，除非疯子或白痴，还有谁会说要用双手把它举起来呢？

《左传》中一个叫王孙满的人却又说，九鼎的大小、轻重，完全决定于据有它们的人道德品质状况如何。若是道德高尚，鼎虽小也重；如果品性低下，鼎虽大也轻。这不又变成可大可小的洋泡泡了吗？……

这类玄妙莫测的说法还有很多，我不想再抄。

且看看近代学者对九鼎问题是怎么说的。下面是收录于《古史辨》的20世纪20年代胡适和顾颉刚在通信中谈到九鼎问题的一些看法的摘录：

"九鼎"，我认为是一种神话。铁固非夏朝所有，铜恐亦非那时代所能用。——胡适

九鼎的来源固是近于神话，但不可谓没有这件东西。看《左传》上楚子问鼎，《国策》上秦师求鼎，《史记》上秦迁九鼎，没于泗水，恐不见全假。九鼎不见于《诗》、《书》，兴国迁鼎的话自是靠不住。或者即是周朝铸的，置于东都，以为观耀；后人不知其所自来，震于其大，遂编造出许多说话耳。——顾颉刚

不过我倒认为"编造出许多说话"来的，主要的不是后人，而是当时人，特别是九鼎的拥有者，上面提到的王孙满便是其中一个。实在说来，也只有把九鼎说得玄妙莫测才能使原本极普通的物质器皿具有某种超物质的神秘力量，从而担负起象征国家社稷这样宏大的使命来。试想一下，如果像现在通行的产品说明书那样，把鼎的形状、尺寸、重量以至具体浇铸时间、地点一一开列出来，人们就会说：什么宝器不宝器，不就是烧煮青菜萝卜用的一只三脚锅子吗？有什么稀罕！果真出现这种情况，那么鼎的拥有者——天子或皇帝，还怎么能使万千臣民甘心情愿且又诚恐诚惶地匍匐在自己脚下呢？

所以鼎非但问不得，记载得清楚明白也将犯大忌！

请读者原谅，我只好自己用笨办法来一番大胆推测——

鼎的只数：按少数服从多数原则，古书记载以九鼎为多，故定为九鼎。

鼎的模样：《史记·赵世家》说，秦武王举的是其中一只"龙文赤鼎"。据此，鼎当为赤红色，上铸有龙纹。既名为鼎，当不至于离作为实用器具的鼎太远。所以以大致与我们能从博物馆或寺庙里看到的那种差不多：三脚两耳，中为圆鼓形。

鼎的重量：100—800公斤之间。根据是《史记·秦本纪》中一句话："王与孟说举鼎，绝膑。"膑者，膝盖骨也。武王既然可与大力士比武，力气当不会小，鼎倘在一百公斤以下，决不至于使他如此狼狈。但如果重量超过八百公斤，不借助工具，单用双手，即使挪动一下已极困难，那就连"绝膑"的可能性也不再存在。

好，允许我就依此勉强写下去——

刚才孟说试举时，是用双手握住三足中的两足往上举，因而重心稍有偏移，脚步踉跄，未及过顶就摔了下来，实际上不能算是成功之举。

武王看出了这种举法的弱点，提出改为握住双耳倒举。

——倒举！

当这两个音从武王嘴里说出时，站在一旁的周赧王立刻吓白了脸。他的几个侍臣有的浑身颤栗，有的一头趴倒在地，口中喃喃不已。

倒举——这是一个多么可怕的征兆啊！

——哈哈，倒举！寡人就是要倒着把它举起来！

武王说完这句话，顿时敛住笑，又开双腿，来一个骑马蹲裆式。吐气，吸气，然后缓缓伸出手去，稳稳抓住左右双耳。他一个示意，三位勇士各执一足同时小心翼翼地徐徐将鼎倒立起来，直到确认不偏不倚时再放手。

现在这闪着赤红色光亮的宝器就稳稳地倒立在武王的双握上。他屏息绝气，双唇绷成一线，两眼脱如铜铃。当他缓缓收腿，向上挺举时，鬓发根根直竖，毕毕剥剥地爆出串串火星，在场的人都大惊失色。直至看到铜鼎终于过顶，才暗暗、微微吐了口气，却谁也不敢欢呼出声来。可武王自己却先在心里笑了。他甚至贪心到想走一两步试试。就在这时，他身躯一斜，龙纹赤鼎轰然摔下，最先触地的那一足，入土竟有三尺来深！

倒在地上的国王，一阵胜利的大笑后，大口大口的鲜血从他嘴里涌出。这说明他不止是绝膑，还造成了内伤。

三个月以后，即秦武王四年（公元前307年）深秋，这位年仅二十三岁的国王含笑死去。

像希腊神话中的著名英雄阿喀琉斯一样，在"或者做一个庸人而长寿，或者做一个英雄而早死"的人生抉择面前，秦武王也坚定地选择了后者。他早就说过：只要一窥周室，死而无恨。

如此人生，不可无诗。可惜一时找不到前贤时俊的题咏，我只好勉为其难，姑以《举鼎赞》为题，草拟一绝，曰：

惊雷劈天落，
狂飙扫地空；
吾生求一逞，
万世倏忽同！

令人震惊的是，后来竟然把武王的死归罪于孟说，不仅杀了他本人，还灭了他九族。

武王死得过于年轻，没有留下儿子，继位的是他的同父异母的弟弟侧，又名稷，即昭襄王。

但昭襄王此时也还只有十九岁，这时候一个强有力的女人跻身进入了秦国朝堂，她就是昭襄王的母亲宣太后。

## 奇谋发生在禁宫深处

在秦国历史上，后宫女人介入朝政的共有三人，其余两人分别在宣太后之前和之后。

之前的是出子之母，史称小主夫人；之后的便是帝太后，即赵姬，秦始皇之母。但就影响的深度与强度来说，她们都不能与宣太后相比。宣太后，这个来自楚国宗室，姓芈（mǐ），号八子的女人，实在不简单！

说她不简单，是因为她运用手腕和裙带关系，几乎把整个朝政都控制到自己手心，上下左右，差不多都成了她的人。不像小主夫人和帝太后那样，哭哭啼啼，偷偷摸摸，昙花一现，后来又都弄得声名狼藉。宣太后是中国历史上第一个在秦这样的大封国临朝称制的女性，专权达二三十年之久，一直活得威风、快活，直到年过古稀临终前，还要耍出一段风流插曲来！

宣太后有两个弟弟，魏冉和芈戎，都成为秦国大臣。魏冉封为穰侯，五次任相，在相位时间共计二十五年之久，时间之长，在秦国所有任相人中间是创纪录的。芈戎封为华阳君，又号新城君，后来一度也担任过左丞相。除昭襄王外，宣太后还有两个儿子：芾和悝（kuī），分别封为泾阳君、高陵君。穰侯、华阳君、高陵君、泾阳君，时称"四贵"。还有那个与甘茂一起攻下宜阳后又坚守宜阳的向寿，也是宣太后的外族。太后从小把向寿带在身边，因而向寿与昭襄王"少与之同衣，长与之同车"（《史记·樗里子甘茂列传》），关系非同寻常。客卿甘茂，后来就因害怕向寿进谗，投奔了齐国。

武王举鼎，猝然长逝。他没有儿子继位，诸多兄弟便开始激烈争夺。宣太后依靠魏冉等众多亲族的权势，把自己儿子侧扶上王位，成为昭襄王。庶长壮及诸公子发动叛乱，魏冉动用秦国的强大武装力量，实行残酷镇压，凡参与叛乱的诸公子均被杀，连原为魏国人的武王的王后，也被逐回魏国。

宣太后的不简单，根据《后汉书·西羌传》记载，还有更出人意料的表现。

昭襄王即位的典礼终于隆重举行，各国都派出使节来祝贺。

庆典过后，各国使节都已踏上归程，唯独义渠国国君被挽留了下来。

义渠是西戎中较为强悍的一支。义渠君生得浓眉深目，是那种惯于弯硬弓、骑烈马的伟男子，他等待着昭襄王的召见。直到先被内侍引着来到甘泉宫，又被宫女引着进入懿和宫时，才知道召见他的竟是宣太后！

宣太后是惠文王王后，其时守寡已有四年多。根本用不着掩饰，她就这么堂而皇之地找了个男子汉气味十足的情夫。她是在楚王宫里长大的，楚王好细腰的时尚，使得楚宫女子个个特别袅娜妩媚。这时候她还只有三十多岁，想必风韵依旧，义渠君当也喜出望外。

此后，义渠君自然乐意常作出访秦之行，他们的这种关系保持近三十年之久，以至生有两个孩子，大模大样地就在秦宫内成长了起来。

作为一个大国国政的实际执掌者，宣太后的风流举止和毫无顾忌的言谈，确实出格到了令人难以置信的地步。她竟然在外交场合，以谈自己性生活的感受来要挟对方为秦国谋求更多实利。

那是昭襄王七年（公元前300年）的事。楚军围困韩国雍氏已有五个月，韩国接连派使者求救于秦，宣太后却还没有忘记自己的娘家，多少有些偏心于楚，就是不肯出兵。后来韩国又派了个名叫尚靳的使者，经过一番曲折，总算见到了昭襄王。尚靳说：鄢邑作为上国的屏障，这些年来，每逢上国有召，韩国的军队就像大雁那样立刻列队赶来应召。如今韩国有难，有道唇亡则齿寒，还望大王早救鄢邑于水火。

昭襄王禀报了宣太后，太后说道：韩国来了那么多使者，只有这个姓尚的还说得有点道理，传他进来吧！

尚靳战战兢兢地来到太后殿，宣太后劈头就说了这么一番话——

当年，我侍奉先王的时候，他总喜欢先把一条大腿搭在我身上，这使我常常疲乏到不能支撑。可当他把身体整个儿压到上面时，我反而感觉不到他的重量了。为什么呢？因为这时候我也得到了好处。同样的道理，如今要秦国去解救韩国，我们士兵不多，粮食也不足，每天得用千金去应付这巨大的消耗，就会感到支撑不起来。你们总得也给我得到一点好处才是呀！

用这种方式进行外交谈判，恐怕是外交史上绝无仅有的吧？

但宣太后绝不是通常的荡妇。她很懂得政治，懂得如何去攫取个人权势，扩大秦国基业。不错，她对感情的追求也很强烈，但当两者发生矛盾时，她会毫不犹豫地以抛弃感情需要而去追求前者。

事实上，宣太后所以要把义渠君引上自己床笫，更多的还是出于政治考虑。

原来西戎中义渠这一族，特别桀骜不驯。早在秦穆公时代，就与秦几经较量。后来穆公任用由余，使西戎包括义渠在内的八个戎国表示臣服。但以后义渠族多次反复，不断兴兵攻击秦境，秦躁公十三年（公元前430年），曾一度攻入秦国心腹地区渭阳。还有一个因素，就是与秦为敌的诸侯国，有时会利用这股不驯的势力怂恿他们到秦后方去骚扰。譬如弃秦奔魏后的公孙衍，就曾向义渠君提供过秦对义渠的策略秘密，说其中的奥秘是这样的：当秦国与中原诸国交好时，它就会来进攻掠夺义渠；当秦国自己受到别国威胁时，它就要送厚礼给义渠，以示笼络。义渠要进攻秦国，就要趁这个时候。不久，秦国因受到山东五国联合进攻，便向义渠君送去"文绣千纯，妇女百人"。义渠君记着公孙衍的话，乘机向秦后方发起进攻，果然大有收获。

现在好了，宣太后用她温暖的怀抱，硬是把一块百炼钢融化成了绕指柔，桀骜不驯的义渠君突然变得温文尔雅起来。在近三十年这样长的时间内，尽管秦国不断与山东各国轮番角逐较量，无暇西顾，但义渠君仿佛已忘记了公孙衍传授给他的策略秘诀，从未乘机向秦发起过进攻。

但真到了这一步，义渠君的价值也已所剩无多。

秦昭襄王三十五年（公元前272年），宣太后及其谋臣们觉得有余暇可以从东线抽出一部分力量来到西线做点事了。这天晚上，宣太后又把义渠君召进了甘泉宫。从此，义渠君便再也没能直着走出来。

随后，秦军轻而易举地消灭了已经没有国君的义渠国，设置了陇西郡、北地郡和上郡，巩固了对北部地区的统治。

这便是《史记·匈奴传》记下的这样两句话："宣太后诈而杀义渠戎王于甘泉，遂起兵伐残义渠。"至于这天晚上宣太后是如何杀死义渠君的，史书无录，我也不想来作任何虚构性的描述。

此刻，控制着我思绪的是这样一个问题：宣太后在伸出致情人于死命之手以前，是如何首先掐断自己的情丝的？无论如何他们是有过近三十年的姘居关系，还养育了两个孩子的呀！但为了权势，为了秦国的基业，她居然如此果断地伸出了她那只致命之手——首先致自己情感以死命，然后致一个男人以死命。这或许也有些可敬，但更多的却是可怕！

最后，我想用一个采自《战国策·秦策二》的简短的插曲来结束这一节。

秦昭襄王四十二年（公元前265年），享年七十有余的宣太后，在行将进入弥留之际，下达了她的最后一道指令：葬我的时候，一定要让魏丑夫为我殉葬！

魏丑夫是宣太后爱宠的面首。听到要他殉葬，非常害怕。近臣庸芮就帮他去说情。庸芮说：太后，你说人死后是有知觉呢，还是没有知觉？

宣太后说：没有知觉。

庸芮说：既然没有知觉，那么让一个太后所爱的人白白殉葬对太后又有什么意思呢？

宣太后说：或许有知觉吧？

庸芮说：那就更不妥。要是人死后有知觉，先王已在泉下等了几十年，太后去后侍奉先王还来不及，哪还顾得上魏丑夫呢？

宣太后先是一愣，继而终于说出了两个字：有理。

魏丑夫总算保住了一条性命。

# 从"累卵"险境中突围而出

## 被诱骗的怀王与被放逐的屈原

上节说了宣太后，这节和下一节着重说说与宣太后同时的秦昭襄王。

昭襄王在位五十六年（公元前306年～前251年），时间之长在秦国历史上首屈一指。在这段时期里，秦国主要与楚、齐、赵进行不断的外交较量和战场搏杀，最后终于初步赢得了一雄称霸天下的局面。

这五十六年可分为两个时期：前四十年和后十六年。前一个时期，尽管秦国进展颇大，但因宣太后依靠"四贵"干预国政，实权大部分都控制在太后和魏冉手里；昭襄王原入质于燕，是宣太后和魏冉把他扶上位的，初即位时尚年轻，而他们两人又分别是他的母亲和舅父：所有这些，都使得他很难有独创性的活动。后来到魏冉专权愈甚时，秦国军事上一度陷入策略性的错误，导致中原战场上的被动以致惨败。后十六年是昭襄王独立执政时期，他接受范雎（suī）[1]的策略，断然免去魏冉相位，终于彻底摆脱了宣太后集团对国政的控制。这一时期无论内政或外交都有较大突破，在东线取得了像长平战役这样的大胜利。失败自然也有，如邯郸之战等，但总的说来，到昭襄王去世时，秦国已大体具备了兼并六国的资格，中国复归大一统的条件也日趋成熟。

此下是第一个时期，即前四十年的简略介绍。

公平地说，魏冉在秦国历史上也是一个颇有作为的丞相。司马迁对他作过总体评价，认为"秦所以东益地，弱诸侯，尝称帝于天下，天下皆西向稽首者，穰侯（魏冉封号为穰侯）之功也。"（《史记》本传）魏冉秉政时期，开始是对楚、齐，后来主要是对赵国，展开了激烈而复杂的斗争，合纵、连横虽接近尾声，却也还波澜迭起。

在战国七雄中，楚国土地最大，人口和军队最多，一度被五国奉为抗秦的"纵约长"。

---

[1] 此据《史记》本传。他书也有记为"范雎（jū）"的。

但由于改革不彻底，内政不修，实际力量难与其大国地位相称，而到楚怀王时代，更加显得虚弱。楚齐联盟因秦惠文王采用张仪之计而瓦解，楚倒向了秦。但齐闵王亲自给楚怀王写信，指出了楚事秦将导致韩、魏、燕、赵都将"求合于秦"，而"四国争事秦，楚为郡县矣"（《史记·楚世家》）的严重危险，怀王在内部亲齐势力的怂恿下，很快又表示要联齐反秦。宣太后与魏冉都是楚人，在齐、楚之间，他们更愿意选择楚，于是便派出使节，向楚怀王及其左右送去厚礼，还要求怀王接纳秦女。财与色都是很有诱惑力的东西，动摇于齐秦之间的楚怀王，居然又宣称要结楚秦之好。齐王为此大为光火，策动韩、魏反楚，并于秦昭襄王四年（公元前303年）组织起齐、韩、魏三国联军，向楚国发起进攻。这一下楚怀王又吓坏了，迫于无奈，"使太子质于秦而请救"（《史记·楚世家》），就是只好把太子送到秦国去作为抵押品的人质，以此恳求秦国发派兵救援。秦派客卿通率兵赶到楚国，三国联军自认不是对手便主动撤退，楚国才得以转危为安。

这里顺便插说几句关于质、又称质子、也即人质这种起始于春秋战国的独特政治现象。

说到人质，如今的世界似乎此风特盛，传媒几乎三天两头有所报道。但那些与我们这里所说的人质还不是一回事。最大的区别在于，现今的人质是一方为着达到某种要挟目的，在未曾得到对方同意的情况下，用绑架、劫持等暴力手段加以扣押的；而我国春秋战国时代的质子，尽管也大多系武力逼迫的结果，但在形式上还是由双方通过协商，达成某种盟约，为表示诚信，或是双方相互入质，或是单由一方向另一方送去入质，到盟约规定的期限由受质国送还。充当质子的，大多为各诸侯的太子、世子等亲属，个别也有以大臣为质的。

以人为质这样的事，春秋以前未见有记载，只偶尔有人自质于鬼神以求祛灾去祸的。如据《史记·鲁周公世家》记载，当武王有病时，周公便曾以身作为供养的牺牲，质于鬼神，以求得武王的康复。最初的入质事件，出现于已进入春秋的周平王年间。平王因不满意郑庄公而想让虢公来代行政事，庄公一听这消息星夜入朝，以主动请求退位要挟平王。平王再三解释无效，无奈只好以王子狐入质于郑来缓解庄公的疑虑。堂堂天子，竟要拿儿子作抵押品来表示对自己属下诸侯的诚信，这事未免有点滑稽。大概郑庄公也觉得有些过分了，于是便把自己的儿子忽也入质于周作为交换，以预防诸侯的责难。谁料这个头一开，此后以人为质竟无形中渐渐成了制度，且有愈演愈烈之势。大略作一个统计，此类交质或单质事件，春秋时期共有六次，战国时期共有二十四次，后一时期为前一时期的四倍。这也从一个侧面说明，列国争雄已进入到白热化的地步，赤裸裸的攻城略地的现实利益追求，已使公信力丧失殆尽。只是人们依旧担心：加上质子这么一个砝码，难道真能换回往昔那架诚信天平吗？

楚入质于秦的太子名横，是楚怀王长子。质子的日子是不好过的，特别当两国发生冲突或爆发战争之时，质子就很有可能成为牺牲品。这位太子横，从锦衣美食的楚王宫来到寄人篱下的咸阳城，内心的怨愤可想而知。一年后，他与秦国一位大夫因细故发生争吵，一怒之下竟抽剑杀了这位大夫，逃回了楚国。以老大自居的秦王，岂容南国蛮子如此轻狂！咸阳宫立即遣使向齐、韩、魏示好，组成三国联军向楚国发起进攻，杀楚将，夺楚城，大胜而归。过了一年，秦又单独兴兵南下，大破楚军，斩首三万，杀楚将景缺，破楚国襄城。

在这种情况下，忍无可忍的楚怀王，索性将从秦国逃回的太子横转而入质于齐，一厢情愿地以为这样便可联齐抗秦了。秦国的对策是，一面遣使向齐晓以利害，稳住这个东方大国；一面又发兵攻楚，轻取了八城。

多次攻楚都取得胜利，使得秦国决策层看准楚国软弱可欺，决定设法以劫持楚王为要挟，攫取更多实利。秦昭襄王十年（公元前297年）[1]，昭襄王向楚怀王发出了一封亲笔约请信。信中先对楚太子横杀秦大夫逃回楚、而楚又送其入质于齐以示与齐结好提出质问，继而笔锋一转，摇起橄榄枝，主动向楚送去重修前好之意——

寡人与楚接境壤界，故为婚姻，所从相亲久矣。而今秦楚不欢，则无以令诸侯。寡人愿与君王会武关，面相约，结盟而去，寡人之愿也。敢以闻下执事。（《史记·楚世家》）

读罢来书，懦弱的楚怀王又一次坠入到进退两难的境地：赴约吧，怕再次受到欺骗；谢绝吧，担心秦王一怒而攻楚。召来群臣计议，又多持模棱两可态度。其中，竭力主张赴约的，为公子子兰；坚决反对前往的，则有两人：一为令尹（约等于相国）昭雎，另一个便是屈原。屈原一生先后曾遭两次放逐，此时他刚从第一次放逐地汉北被召回不久[2]。纵然"荃不察余之中情，反信谗而齌怒"，且自己已"老冉冉其将至"，但为"哀民生之多艰"，"虽九死其犹未悔"（《离骚》），继续坚持他的联齐抗秦、复兴楚国的主张。屈原对怀王说：秦，虎狼之国也！楚受欺于秦已一而再、再而三矣，岂可以一书而轻往！臣请大王固辞，并发兵自守，以防不测！

子兰说：《礼》云：往而不来，非礼也；来而不往，亦非礼也。今秦诚意向楚求好，岂可断然绝之，更何况楚秦已结翁婿之亲，大王当可无虞，如约成行！

子兰是怀王次子，太子横之弟；此时已与上官大夫靳尚等形成了一个排挤屈原的联盟。

现在就看楚怀王如何拿主意。

前人评论这位可笑复可怜的国王用了两个字：贪、愚："贪则可以利诱，愚则可以计取。"（林云铭《楚辞灯》）既贪又愚的楚怀王犹豫再三，终于决定成行。

武关在丹江北岸，依峻峭的山势而立。其故址在今陕西商南之东南。

看看已近武关，怀王凭轼远远望望，果然见关门外，黄屋左纛，卤簿俨然，想来定是秦昭襄王在那里亲自恭迎，不由大喜。谁知车乘刚驶入关门，两旁伏兵一声喊起，已将其后路截断。紧接着又是一阵隆隆巨响，回头望去，武关双门已赫然紧闭。

这时候，从秦王黄幄翠车里出来一个全身戎装的人，傲然一揖道：末将在此恭候多时了，楚王因何姗姗来迟耶？

---

【1】此据《史记·秦本纪》。《史记·楚世家》及《资治通鉴·周纪三》则分别记为楚怀王三十年、周赧王十六年，相当于秦昭襄王八年（公元前299年）。

【2】关于屈原第一次被放逐的时间，有楚怀王十六年至十八年（公元前313年～前311年）和二十四年至二十八年（公元前305年～前301年）两说，此处依后说。

原来那个什么"秦昭襄王"竟是一员武将假扮的!

傻乎乎的楚怀王,大概要到这时候,才懊悔没有听从屈原的谏阻吧?

楚怀王被带到咸阳秦王宫,秦昭襄王胁迫怀王必须献出巫郡与黔中郡之地,方可回国。怀王万般无奈只好答应,只是提出一个要求:先订立盟约,再割让土地。秦国连这点起码的要求也不准,定要先割地再签约。怀王忍无可忍,断然拒绝秦国的要挟,"秦因留之"(《史记·楚世家》)。这就是说,秦国因敲诈不成,便把怀王软禁了起来。唐朝诗人胡曾读史至此,不由作诗叹道:

战国相持竟不休,
武关才掩楚王忧。
出门若取灵均语,(灵均:屈原之字)
岂作咸阳一死囚。

为了尽可能保持对屈原这位伟大诗人叙述的完整性,我想提前在这里简略说一下他在怀王囚秦后的行事和令后人永远感慨、缅怀的结局。

怀王羁秦难归,楚国大臣便迎回入质于齐的太子横立为新君,是为顷襄王。顷襄王以其弟子兰为令尹。至于其余诸要职,史书虽无明确记载,想来也该会有一次大换班。楚国高层的这种新格局,就像屈原在《卜居》一诗中所说的那样:"黄钟毁弃,瓦釜雷鸣;谗人高张,贤士无名",自然更难有他的存身之地。在第一次遭放逐期间,屈原身虽处于汉北,心则依旧萦系着故国,眷念着怀王。在这个时期创作的众多诗作中,其存君兴国之意,一赋而再反复,一歌而三致志;对党人秉政导致凤凰锁笼、鸡鹜翔舞的颠倒混乱现象,则发出了痛心疾首的呐喊。新任令尹子兰以为这是对自己权位的极大威胁,不断命上官大夫在顷襄王面前说屈原的坏话;顷襄王怒而再次将屈原放逐到江南。当时江南指长江以南,约今沅、湘之间。不久,怀王客死于秦,屈原对楚国复兴的最后一线希望破灭,于是便有了司马迁在《史记》本传中这样一段令人掩卷长叹不已的记载——

屈原至于江滨,被发行吟泽畔。颜色憔悴,形容枯槁。渔父见而问之曰:"子非三闾大夫欤?何故而至此?"屈原曰:"举世混浊而我独清,众人皆醉而我独醒,是以见放。"渔父曰:"夫圣人者,不凝滞于物而能与世推移。举世混浊,何不随其流而扬其波?众人皆醉,何不铺其糟而啜其醨?何故怀瑾握瑜而自令见放为?"屈原曰:"吾闻之,新沐者必弹冠,新浴者必振衣,人又谁能以身之察察,受物之汶汶者乎!宁赴常流而葬乎江鱼腹中耳,又安能以皓皓之白而蒙世俗之温蠖乎!"[1]

---

[1] 引文中若干字句简释如下。见放:被放逐。铺:食;饮。醨:薄酒。怀瑾握瑜:瑾、瑜,皆为美玉,喻指拥有高尚品德。汶汶:犹昏昏,与"察察"相对,引申为蒙受污垢或屈辱。温蠖:犹惛愦。一说污辱。

秦昭襄王二十九年（公元前278年），秦将白起破楚郢都，顷襄王弃郢东逃，徙都于陈（今河南淮阳）。屈原泣血作《哀郢》，"鸟飞反故乡兮，狐死必首丘"，叫他如何忘得了那片承载着数百年繁华历史、散发着醉人的稻花清香和人情温馨的故土啊！很可能就在同年五月，"怀石遂自沉汨罗"（《史记》本传）。

伟大诗人就这样离开了他热爱的江南大地。

山河同悲，千古同哭。

从此每年农历五月五日就成了中华民族祭奠这位诗人的端午节。

诗人已逝，但他的《离骚》、《九歌》、《天问》、《招魂》等等雄伟瑰丽的诗作，却永留人间，成为礼赞和捍卫美好人性的绝唱，全人类的文化宝典。学者大多认为《怀沙》系屈原绝命之作。这首近百行的长诗，在历叙党人固陋、黑白颠倒，感叹玉石同糅、方枘圆凿，又自伤"异采"不被人知后，诗人向我们宣告了他何以必须选择死亡的理由——

万民之生，
各有所错兮！
定心广志，
余何畏惧兮？

曾伤爰哀，
永叹喟兮！
世溷浊莫吾知，
人心不可谓兮！

知死不可让，
愿勿爱兮！
明告君子，
吾将以为类兮！ [1]

让我们再回到楚怀王被骗入秦最初那些日子。

一个堂堂的国王竟然被另一国软禁了起来，这样颠倒常理的事即使发生在纲纪沦丧、法度毁圮的春秋战国也属罕见，因而它自然要引起列国，特别是当事国楚国和与此事有密切关系的齐国的震惊。不过就像上文已提到过的那样，战国末期是一个奉行实利至上的特殊年代，出了这样的事，包括楚、齐在内的列国，首先想到的不是从道义上谴责秦国，而

---

【1】这三节诗的大意为：万民的生存，各有安身立命之处啊；定下了心，放宽了怀，我还有什么可畏惧的呢！重重的悲伤，恨恨的哀泣，永远感叹不绝啊；世间如此混浊，没有人知道我，人心真是不可说呢！既已知死亡不可逃避，就该不贪生怕死啊；明白告诉君子，就让我来做视死如归的榜样吧！

是如何使自己从中获利。这一点准备放到后文去说。这里先要介绍的是，毕竟还是有人站出来想要帮一把怀王了，后来他果然有过一次援救活动，只是霸气十足的秦国不吃他那一套，结果只能以失败告终。

这个人是谁呢？

他就是以"养士"这样一种独特的社会活动而著闻于中国古代历史的齐国宗室孟尝君田文。

## 孟尝君：鸡鸣狗盗脱虎口

士，在我国古代是一个特殊阶层。在殷商、西周和春秋，多指低级贵族，至战国，则为以智慧、学识或技能供职于列国的吏员。所以《汉书·食货志》有一个关于士的简明的定义："学以居位曰士。"

群雄纷争的春秋战国，不仅为士这个知识群体准备了适宜的土壤和气候，还为他们各逞其能提供了广阔的空间和舞台。先秦诸子尽管政治主张各异，但在鼓吹得士的重要性这一点上，则大都不遗余力。如以众采百家之长自诩的《吕氏春秋》，就有多篇论述"得士则兴，失士则亡"的道理，并认为"帝也者，天下之适也；王也者，天下之往也"（《下贤》）。就是说你想称王称帝的前提条件，就是得让天下士人愿意归从，乐于归往。

正是在这样的历史背景下，列国高层养士成风，最负盛名的便是所谓战国四公子：赵国平原君赵胜，魏国信陵君无忌，楚国春申君黄歇；还有一位，就是我们这里要说的齐国孟尝君田文。贾谊《过秦论》称："齐有孟尝，赵有平原，楚有春申，魏有信陵，此四君者，皆明智而忠信，宽厚而爱人，尊贤而重士。"

孟尝君田文是封为薛公的齐相田婴四十多个儿子中的一个，出生于五月五日这个被流俗视为不吉利的日子，母亲又是不为父亲所爱的贱妾，因而田婴几次严命其生母抛弃这个据说会给父母带来灾祸的孩子，只是由于母亲实在不忍心割舍，才设法偷偷将孩子养大。因有这层缘故，田文自幼遭父亲轻视也可想而知。但田文还在少年时期就以出众的聪慧和对人事独到的见解几次让老父亲折服，渐渐地，田婴不得不对自己这个庶出子刮目相看了，就试着让他主持和接待门下所蓄养的宾客。田文对待宾客犹若昆弟，无论贵贱皆同食同住，饭菜必与自己相等。凡新来宾客初次接待，总要问及亲戚居处，让立于屏后的侍史一一记下，以便四时八节去慰问其亲戚故旧。四方宾客由是纷纷前来投奔，从此田氏声名大振。田婴临终前，破例立田文为太子，田文因而得以嗣封为薛公，号孟尝君，后任齐相。

《史记》本传和《战国策·齐策》载有孟尝君与他三千门客多个故事，其中流传最广的要算"冯谖弹剑"。

冯谖初来，脚上穿了双草鞋，说是贫穷无以自存，愿寄食门下。问他有何爱好，答曰无好。问他有何才能，答曰无能。过了几天，他一边弹剑一边唱："长铗归来乎，食无鱼！"孟尝君随即作了安排，让他有鱼吃。又过了几天，冯谖还是边弹剑边唱："长铗归来乎，出无车！"孟尝君又作了让他出入有车乘的安排，但冯谖的边弹边唱仍不肯歇，这回唱的是："长铗归来乎，无以为家！"孟尝君得知他还有老母无人供养，便派人送去食物，不使匮乏。看来此人是既一无所长，又贪得无厌了。但就是这位弹剑客，后来却为孟尝君做了两件关系到他一生功业的大事。一件是，冯驩为孟尝君到封地薛去收债，他把那些因贫苦而无力偿还的债券全都当众烧了。这件事当时无人理解，连孟尝君也颇为不满。后来孟尝君因齐王猜忌而被撤去了相职，遣返到他封邑薛地。这时出乎意料的事情发生了："未至百里，民扶老携幼，迎君道中。"（《战国策·齐策四》）还有一件便是孟尝君遭到贬斥后，冯驩为之昼夜兼程往来游说秦王和齐王，使两王争相重用孟尝君以图控制对方。这样当那边秦王将要以车十乘、黄金百镒迎接孟尝君时，这边齐王着急了，赶紧请回孟尝君，恢复相位，并益封千户。

孟尝君声望日高，秦国想借以自重，便向孟尝君发出邀请，希望他入秦任事。为表示诚意，还特地让秦昭襄王同母弟泾阳君嬴芾入齐为质。孟尝君大概也很想去亲眼看看这个正在迅猛崛起的关中之国，即命人筹划西行。但门客中却有不少人以为不该入秦。以合纵说游历于列国的苏代[1]，也闻讯特来求见，向孟尝君讲了一个"土偶与桃偶"的故事。他说臣今日从淄水那边来，看到土偶与桃偶在那里争论一件事。桃偶说：足下如今这副人的模样，原是人捏出来的，待到八月秋水一涨，足下还不被水冲成一摊烂泥了吗？土偶说：对呀，我本来就是西岸之土，变成了烂泥，再被水冲回西岸不是正好吗？倒是你老兄，原是东国的一根桃木，是别人把你削成人的模样的，待到八月秋水一涨，你就会不由自主地东漂西荡，还不知道会漂荡到哪里去呢！说完这故事，苏代又加一句：今秦为四塞之国，譬若虎口，入之易而出之难，公子难道不怕土偶笑话吗？

孟尝君听了细细一想，决定放弃入秦的打算。

秦昭襄王当然不肯就此罢休，再次派出使节以重礼相邀。据《史记·孟尝君列传》载录推算，孟尝君该是齐闵王的庶弟。热衷于称霸、却又常常显得怯懦无能的齐闵王，慑于秦威，不得不一面主动送还秦质泾阳君，一面再三催促他的庶弟孟尝君早日成行。这样，到秦昭襄王九年（公元前298年）[2]仲夏五月，孟尝君随带宾客，以车骑百乘，西赴咸阳。秦昭襄王降阶相迎，极道平生钦慕之意。孟尝君的晋见之礼是一袭白狐裘，毛深二寸，洁白如雪，价值千金。宾主晤谈，十分相得。昭襄王当即任孟尝君为秦相。

孟尝君此任，就像上文已提到过的原为秦相的张仪再赴魏国为相那样，是一种在战国末期屡见的政治现象。此种相职，通常并不执掌国政，主要是负责列国间的外交事务。

大约就在孟尝君任秦相不久，便发生了秦国诱骗楚怀王入秦，要挟献地不成又将他软禁起来这样一个严重的外交事件。史书没有记下身在咸阳的孟尝君对此事件持何种态度，但从以下两点来看，他应该是有所反应的：一、此事属于他作为外籍秦相的职掌范围；二、后来他离秦后，对楚怀王曾有过一次救援活动。我估计孟尝君的反对意见很可能还表达得相当激烈，因而《史记》本传会有这样的记载——

---

[1] 此据《史记·孟尝君列传》，《战国策·齐策三》则记为苏秦；近年出土的《战国纵横家书》又有别说。究竟为谁，很难确定。参见前三章一节注。
[2] 此据《史记·秦本纪》，《资治通鉴·周纪三》则记为周赧王十六年，相当于秦昭襄王八年（公元前299年）。

人或说秦昭王曰："孟尝君贤，而又齐族也，今相秦，必先齐而后秦，秦其危矣！"于是秦昭王乃止。囚孟尝君，谋欲杀之。

孟尝君是"齐族"，由此不难推论出他考虑问题"必先齐而后秦"，但这应是秦在向孟尝君发出邀请前就该想到了的，所以不可能成为突然要"谋欲杀之"的理由。从"任为秦相"到"谋欲杀之"是个一百八十度的大转变，总得有新发现的根据或至少得有个借口吧，《史记》的这段记载没有提供相应的材料。我的猜想是，正是在如何对待软禁楚怀王这件事情上，让秦国决策层不是推论、而是亲眼看到了孟尝君"先齐而后秦"的实际表现，使他们真切地感觉到了若再留任这个"齐族"那就"秦其危矣"，因而非杀不可。

苏代的预言果然应验了，现在孟尝君已身陷虎口，命悬一线。

后来使孟尝君虎口脱险的，是他门下的那些宾客们。

原来门客中什么奇杰怪才都有。善于探听的，已探得秦昭襄王有个最宠爱的燕姬，只要她肯开口求情，昭襄王没有不答应的。接着便是门客中惯于花言巧语的人物出场，怀揣着珠宝，第一步先去哄得这个女人开心。不料燕姬什么珠宝也不稀罕，偏偏看中了孟尝君已作为晋见礼献给了昭襄王的那袭白狐裘。这可难煞了孟尝君，因为那白狐裘可是天下无双的呀！门客中忽有一人说：臣能取回此裘。问他有什么办法，回答说：臣能作"狗盗"。果然，这日深夜，一条黑狗悄没声地蹿进了秦王库藏。次日凌晨，又由另一位门客将盗得的白狐裘献给了燕姬。不一会儿，传出了秦王下令释放孟尝君的消息。这边，门客们早已将车骑准备停当，待等孟尝君一乘上车，即刻连连加鞭，奋蹄疾驶，至夜半已赶到了函谷关。此时关门紧锁，依《关法》，得等到拂晓鸡鸣才开关放客。孟尝君却片刻不敢停留。因为他知道，昭襄王的释放令，是在燕姬娇嗔作态下仓促作出的，难保他不会后悔而派人来追捕。正惶恐焦急时，户外忽而传来一声鸡啼，随即众鸡齐鸣。关吏听得群鸡报晓，慌忙起身开关放客。逃出了虎口的孟尝君仰天一声长啸，命令他的车骑队伍昼夜兼程，风驰电掣般浩荡东进。

这一日日中，昭襄王派出的数十名武士，果然鞭打着汗湿淋淋的快马赶到了函谷关，只是孟尝君一行人早在那东去的层峦叠嶂间消失得无影无踪。

留下的一个疑问是：天还没有亮，那些公鸡怎么会提前打鸣的？

想必读者诸君已经猜到：那也是门客中惯于此种特技的人先学着叫起来的呀！一"鸡"先鸣，然后群鸡齐鸣。

尽管以上种种离奇情节可见于《史记》本传正式记载，但仔细想想，我还是怀疑其中是否含有小说成分。不过无论如何，孟尝君已逃出了秦宫，回到齐国，我们还是顺着他的行踪把故事说下去。当初孟尝君入秦，是在齐闵王再三催促下成行的，因而当孟尝君被囚的消息从关中传来时，齐闵王曾着实为之不安；这回庶弟能侥幸脱险、平安归来，他自然分外高兴，特地躬自郊迎，并当即任以为相。

现在让我们接上上一小节末的话头：楚、齐两国对怀王被囚于秦的反应。

怀王被囚，楚国成了无君之国。大臣们紧急磋商如何来应对这个楚国历史上从未出现过的局面，不意却发生了一场激烈的争论。

先出现两种对立的意见：一是与秦交涉，迎回怀王；二是放弃怀王，另立新君。由于第二种意见尽管对已经落井的怀王未免有下石之嫌，但它可以迫使秦国要挟落空，因而渐渐获得了多数人的赞同。

再商议立谁为新君时，又出现了两种对立意见：一、迎回入质于齐的太子横；二、在怀王诸子中另选一子。众口汹汹，莫衷一是。最后还是令尹昭雎做了决定。他说：君上困于他国而另立新君，已是迫于时势的无奈之举；若再弃太子而另立他子，徒为诸侯所笑，断不可为！

接下去的难题是：如何才能使入质于齐的太子横回到郢都来？

因为入质是有盟约规定的，中止入质将被视为违约。

商议的结果竟是说谎。措辞大意是这样的：敝邑国君已薨——就是死，故须迎回太子继位，乞上国允准。

楚使风尘仆仆赶到齐都临淄，心急慌忙地说出了这几句由大臣们议定的谎言，没有想到在齐王宫里引起的却是一片兴奋。

这是因为齐国君臣从楚使把一个明明还活着的国王说成已死这样一种拙劣的表演中看到，楚国想要回质子已到了不顾廉耻、不择手段的地步。而出质国的这种焦急，又恰好说明掌控在入质国手中的质子已陡然升值，奇货可居，齐国大获其利的机会不是就在眼前了吗？

齐闵王命新任国相孟尝君召集大臣们来讨论这件事。

群臣情绪激昂，心志勃发，一下子提出了用太子横这个质子做筹码为齐国谋取最大利益的四个方案——

第一，先扣住质子，迫使楚国用靠近齐国的那片肥美的淮北之地来换。

第二，如果楚国愿意献地，而太子横回国后肯定被立为新君，那齐国就得赶紧利用眼前这段时间善待这个质子，这样他在当上楚国国君后，定会以加倍丰厚的礼物来回报齐国。

第三，倘若楚国嫌要价太高，放弃太子横而另立怀王他子为君，那齐国就可暗中派出使节去对楚国新君说：让我来替你杀掉太子横吧，免得你日夜忧心忡忡，担心他会来抢你王位。不过来而不往非礼也，你将怎样来报答我呢？

第四，公开谴责楚国不立太子横违反礼法。你不要太子横，我要；你不立他，我来帮他立。联合韩、魏、秦三国，共立太子横为楚国新君，专给你唱对台戏，看你怎么办！

齐闵王听了心花怒放，当即选定了第一方案，想先捞到一片淮北之地再说。

孟尝君却提出了不同意见。他说：扣留太子横，就会促使楚国另立新君，那样太子横就将成会一个毫无价值的"空质子"。扣留质子已是不信，再抱住空质子以行要挟更是不义；以不信、不义示于诸侯，齐国将何以立足于天下？

所以他主张答应楚国所求，归还太子横。

群臣未免扫兴，最激昂的几个依旧坚持要趁机敲一笔，不敲白不敲。孟尝君只好请王上最后定夺。齐闵王开头也有些舍不得眼看就要到嘴的淮北那块大肥肉，后来细细想想，觉得还是他庶弟说得对，便认可了孟尝君的主意。

楚国迎回太子横，立以为君，便是楚顷襄王。新楚王一登位，就遣使向秦国发出一份通报：敝国赖社稷神灵佑护，已立有新王矣！这实际上就是宣布废去了他父亲楚怀王的王位，从而使得秦国手中那张用来要挟楚国的王牌顷刻之间化为废纸。

秦昭襄王闻报大怒，立即发兵出武关南下攻楚，大败楚军，斩首五万，夺得析县等十六城而还。

既遭秦王囚禁，又被儿子废黜的楚怀王，愤愤不平，度日如年。

大约就在这期间，孟尝君对怀王有过一次援救活动。据《史记》本传记载，援救之计是苏代提出来的，办法是：由齐国牵头，联合韩、魏发兵攻秦。但兵至函谷则止，由苏代以西周君的名义去向秦王说，齐并非真要攻秦，它只是要求：一、秦放还楚怀王；二、楚向齐割让徐夷之地以为酬谢。做到这两条，齐、秦、楚便可永结同好。孟尝君以为这是一举多得之事，禀明齐王照着做了。但这只能是他们的一厢情愿。原因是此时的秦国，已强大和霸道到了可以根本不把别人的反对或威吓放在眼里。三国之兵在函关外鼓噪了一通，结果只好无功而返。

这样过了两年多，秦昭襄王十一年（公元前296年）【1】，再也无法忍受的楚怀王，伺机逃脱了囚禁，准备潜回楚国。秦国发觉后，立即截断各条通楚的道路。怀王欲绕道赵国再去楚国，但新即位的赵惠文王害怕秦国威势，不敢接纳，怀王只好再转而向魏；就在奔魏途中被秦军截住，押回咸阳，不久便在身心交瘁中郁郁死去。秦国的如意算盘全部落空，无奈只得把楚怀王的尸体送回他的故国。楚国臣民看到怀王被逼死的惨状，一片悲愤。中原诸国也纷纷责难秦国。曾经累世联姻通好的秦楚两国关系，此时跌落到了冰点：断绝了邦交。

顺便说一下，就因怀王之死激起楚人的众怒和列国的同情，所以后来在秦末群雄蜂起的反秦战争中，其中以楚将后裔项梁为首的一路起义军，就找了个已流落在民间为人牧羊的楚怀王的一个名叫心的孙子来当王，仍称楚怀王，成为当时一面颇具号召力的反秦旗帜。

## 第一次称帝以闹剧收场

张狂跋扈的秦国，因诱骗楚怀王入秦最终导致其死一事，被列国推上了道德法庭，暂时它也不得不有所收敛。于是撤回南下攻楚的兵力，转向韩、魏，继续向东线推进。从秦昭襄王十三年到十八年（公元前294年～前289年），攻击屡屡得手，获取了韩、魏大片土地。其中伊阙一战（公元前293年），大胜韩、魏好不容易拼凑起来的联军，斩首二十四万，俘虏了韩军统帅公孙喜，连续攻占五座城邑。

秦军如此肆无忌惮地在黄河中下游北部长足挺进，纵然韩、魏无力抗衡，却引起了韩、魏两国的一个共同的历史性的盟友极大的不满，那就是赵国。

与韩、魏一起由分晋而立国的赵国，地处秦之东北。赵武灵王即位之初，也曾连结韩、

---

【1】此据《史记·秦本纪》，《资治通鉴·周纪三》则记为周赧王十八年，相当于秦昭襄王十年（公元前297年）。

魏共同击秦，但多为秦所败。后来赵武灵王锐意改革，发愤图强，他从赵国大部分边境受到东胡、林胡、楼烦等游牧部族包围这一实际情况出发，冲破中原传统观念的束缚，大力倡导并施行胡服骑射等革新措施，从而使赵国迅速强盛起来。不过在赵武灵王执政时期，秦、赵关系总体来说还是友好的。例如当年秦武王因举鼎而猝死，秦国急于让入质于燕的公子稷（即后来昭襄王）回归即位，赵武灵王便特意派代相赵固去燕国迎接，并一路护送。

当秦国大肆侵韩伐魏、耀武中原时，赵武灵王已经去世，继位的赵惠文王与奉阳君李兑一反赵武灵王的亲秦之策，执行强硬的抗秦路线，这样赵国便很自然地成了已经被秦国打得东躲西藏的韩、魏的靠山。经过紧张的合纵游说，终于组织起赵、韩、魏、楚、齐五国联军，以牵头的李兑为主帅，于秦昭襄王十九年（公元前288年）发兵讨秦[1]。但所谓五国联军只是表面声势浩大，实际却是同床异梦，彼此观望不前。尤其是齐闵王，出兵的真正目的是伐宋而不是攻秦。结果只是到成皋喧嚷一阵，便无功而散。

秦国看到齐国在五国联合反秦中的消极表现，认定有空子可钻；而此时的齐国，由于任用了孟尝君田文为相，面貌为之一变，在中原又有了举足轻重作用。为此，秦急需与齐求得联合。于是便由丞相魏冉亲自出使齐国，天花乱坠地把齐闵王吹捧了一番，相约秦、齐两国国君同时并称为帝。齐闵王喜出望外，立刻表示同意。秦昭襄王便在十九年（公元前288年）十月率先自称为西帝，同时尊齐闵王为东帝。想用这个办法，争取到齐闵王共同伐赵，以报复赵国策动五国伐秦之举。

秦国的决策层对称帝一事如果不是有意要作一次试探，那么就是对它的敏感性估计不足。称帝不就意味着要吞并其他诸国吗？不就要取代周室称王天下吗？这在当时人们观念中还是一个断然不容染指的禁区。合纵之说，乘时而起，策士说客忙得不亦乐乎。正当齐闵王喜笑颜开地筹备继秦称西帝而称东帝时，策士们便给他出了个极妙的主意，直白说出来，是三个字：等着瞧！先不忙去凑这个热闹，而把身旁那个因国君的昏庸而弄得天怒人怨的宋国消灭了再说。如果人家称帝有好处，你大王再称帝也不迟；倘若他们称帝捞不到什么实惠，那么大王既可得"辞称东帝"的声誉，又可得宋国土地、宝器的实利，天下人还会因此而憎恨秦国、宾服齐国，这不是一举多得的大好事吗？齐闵王以为有理，就照此办理。果然，列国的指责、咒骂声都涌向秦国，只过了一个多月，秦昭襄王便不得不放弃了帝号。而此后不久，齐国便与魏、楚一起瓜分了宋国土地。此时的齐国，扩疆千余里，声威大盛，就像《史记·田敬仲完世家》说的那样："泗上诸侯邹鲁之君皆称臣，诸侯恐惧"，虽"辞称东帝"却是一副实足的东帝派头，好不威风！

这真叫秦昭襄王活活气煞！他既恨齐闵王背约而不能实现秦齐联合伐赵，更恨他拒称东帝而使秦国陷于孤立。为摆脱这种被动局面，力争在短时间内压倒强齐，秦国使出了浑身解数，采取软硬兼施、打拉结合的办法，争取韩、赵、魏支持自己。秦昭襄王二十二年

---

【1】关于此次五国伐秦的时间，因《史记》无确记，后人所作诸书不尽一致。此处是根据杨宽先生的考订："李兑约五国伐秦，事在公元前二八八年，董淑与魏伐宋之后，在这年十月齐、秦称帝之前。"（《战国史》）又，参加伐秦的五国国名，林剑鸣《秦史稿》根据新出土帛书《战国纵横家书》，去一楚，增一燕。

(公元前285年),秦国派出名将蒙骜率劲旅越过韩、魏国境,远征齐国的河东地区,一举夺取九座城邑。这是秦国历史上第一次把兵力伸展到如此遥远的东土,并且获得了胜利。

以此胜利为开端,秦国开始酝酿更大规模的伐齐计划。秦国先后与魏、韩、楚会盟,又设法与存有芥蒂的赵国修好。赵惠文王出于自己利益考虑,又去联合了正在图谋报复齐国侵伐之仇的燕昭王。这样经过一段时间筹划,于秦昭襄王二十三年(公元前284年),秦、燕、赵、魏、韩、楚六国,共同派出部队向齐国发起强大的攻势。各路联军都取得了胜利。特别是著名大将乐毅统率的燕军,一路长驱直入攻克齐国七十余城,除聊、莒、即墨数城外,全都插上了燕国大旗。威赫一时的齐闵王,只好仓惶出逃。

秦国能组织和推动这次六国伐齐大战并取得大胜,标志着秦国的发展开始进入到了一雄独霸天下的新时期。此后不久,秦又南下大举伐楚,接连占领邓、鄢等五城,并一举攻下楚国国都郢,使楚国不得不临时仓促迁都于陈(今河南淮阳)。同时,秦国先后三次围攻大梁,企图灭亡魏国,以使秦国本土与攻齐所得的定陶等城邑连成一条东西长廊,把南方的楚、韩,与北方的赵、燕隔绝开来。这时候的秦国似乎可以狂傲地宣称战遍天下无敌手了。唯一还能差强与之对敌的,便是赵国。

古人有言:"不踬(zhì,绊倒)于山,而顿于垤(dié,小土堆)。"

狂傲的秦国,恐怕也只有在赵国面前狠狠摔一跤,然后才能清醒过来。

## 阏与惨败:一双窥测着时机的眼睛

这里说的秦国摔了一大跤,是指在阏与(约今山西和顺)的惨败。

强大的秦国败于赵国之手,也非偶然。只要看一看阏与之战前的渑池之会,就可知道,这时候的赵国可谓文臣武将,英才济济。

秦昭襄王二十八年(公元前279年)的渑池(今河南渑池西)之会,是秦在大举攻楚前夕为暂时稳住东线而向赵国发出邀请的。开头赵惠文王因楚怀王的教训记忆犹新,不想去,但蔺相如、廉颇、赵奢等大臣认为不能示弱于秦,力主赴会,并预先做好了周密的应变措施。渑池之会上果然有一场奇特的斗争,《史记·廉颇蔺相如列传》作了有声有色的描写。宴会饮酒至酣,秦昭襄王忽然说:寡人听说赵王爱好音乐,就请弹奏一曲瑟吧。

赵惠文王便不好辞谢,起而弹奏了一曲。

不料侍立在一旁的秦国的御史立刻作了这样记载:

某月某日,秦王与赵王会饮,令赵王鼓瑟。

赵惠文王感到这是秦王在有意羞辱他,却又不便说什么。

这时赵王身旁站出一个人来,手捧盆缶,施礼说道:敝国国君听说秦王善奏秦地乐曲。臣谨奉盆缶,请大王击奏,相与为乐。

秦昭襄王侧过头去看时,不由一惊。因为此刻不卑不亢站在他面前的正是赵国上大夫蔺相如。不久前因一块和氏璧两人曾交锋过一次，昭襄王有过领教。

和氏璧原产楚国，因为楚人卞和所献而有此名，后来传到了赵国。秦国一听到这个消息，便提出愿以十五座城邑换取此璧。为这件事赵惠文王与群臣计议多时也还拿不定主意：送去吧，怕得不到十五城邑的还报；不送吧，又怕秦国发兵来攻。后来有人推荐让蔺相如去执行这一艰难的出使任务，并认为他一定能做到不辱使命。这样蔺相如便受命持璧来到秦国。秦昭襄王一拿到和氏璧欣喜异常，只顾传与左右及美女把玩赞叹不已，丝毫没有要偿还赵国十五座城邑的样子。这时蔺相如便心生一计，说：璧上有点瑕疵，让臣来指给大王看！璧上自然没有什么瑕疵，无非要找个借口。待他一拿回和氏璧，立刻"持璧却立，倚柱，怒发冲上冠"，义正辞严地揭露了秦王欲以"空言求璧"的用心，并声言如果秦王硬要逼迫他，他就要与璧一起撞碎在廷柱上。昭襄王看到快要到手的宝贵璧玉就要毁于顷刻，马上命有司取出地图来，指明秦国将以哪十五座城邑换取赵国此璧。但蔺相如看出这仍然不过是一种欺骗手段，又想出一计，便说道：此璧之贵，非同寻常，赵王送璧时，曾斋戒五日。如今大王受璧，也应斋戒五日，并设九宾于廷，臣方敢献上。秦昭襄王知道不可强求，只好答应。其实这正是蔺相如的缓兵计。他争取到了这五天时间，便派人抄小路暗中护送和氏璧归国，留下孤身一人再与秦王周旋。这便是著名的"完璧归赵"故事。

这一回，蔺相如居然要这个以霸主自居的秦王为赵王击缶，叫他如何还忍受得了！只见他踞身睁目，脸色陡变，仿佛就要暴怒，只是还慑于上一回的教训，不便贸然发作。就在这时，蔺相如又不慌不忙逼近一步说道：臣请大王休得恃强辱人。如今大王与相如相距仅有五步，大王难道不怕相如以颈血溅污大王衣冠，落个同归于尽吗？

秦王左右同声怒喝，纷纷拔剑挺戈。蔺相如睁目喝住，须发直立。左右一时惊立，不敢近前。秦昭襄王只好挥手制止了武士，勉强敲击了几下盆缶。蔺相如立即请御史也记下这样一段话：

某月某日，赵王与秦王会饮渑池，令秦王击缶。

事后，秦宫上下群情激愤，纷纷进谏要把赵王和蔺相如拘押起来。秦昭襄王毕竟不失为一代明主，他早已得悉赵王出来赴会时国内已作了戒备，知道那样做只能弄巧成拙，徒然为天下所笑，因而反过来对赵王表现出越发敬重的样子。为表诚意，还主动提出送太子安国君之子异人入质于赵——请读者诸君特别留意：这位名叫"异人"的秦王孙，确有奇异之处，就因为他入质于赵，以后将演出一段曲折离奇而又对秦国以至秦帝国产生重大影响的故事来。

渑池之会后，秦国集中力量南下攻楚，取得攻下楚都郢那样的大胜后，再回过头来图谋继续东进。

渑池之会与阏与之战前后相隔九年。

阏与之战既是秦国整个东进战略中的组成部分，也是秦、赵多次较量积下仇怨的总爆发，具体起因于一次协议。

本属赵国之地的蔺、祁、离石被秦国占领后，赵惠文王送公子郚入秦为质，要求用赵国另外三座城邑换上述三地。秦国把蔺、祁、离石还给了赵国，赵国却突然反悔，不肯再把原来答应的三座城邑送给秦国。秦国便以赵国毁约为由，于秦昭襄王三十七年（公元前270年），派中更胡阳率军越过韩国上党，进攻赵国的阏与，以便攻克阏与后进而直下赵国国都邯郸，一举降服赵国。

但实际与想象距离极为遥远。秦军自咸阳来，长途跋涉近两千里，至此已疲劳不堪，如果遇到的对手是无能之辈或可侥幸取胜，偏偏正在等待着他们到来的却是赵国智勇双全的名将赵奢。

赵奢一出场就表现得深谋果决，气势非凡。秦军兵临阏与后，赵惠文王紧急召唤群臣商议，《史记·廉颇蔺相如列传》这样写道：

王召廉颇而问曰："可救不？"对曰："道远险狭，难救。"又召乐乘而问焉，乐乘对如廉颇言。

廉颇、乐乘都是赫赫名将，连他们都觉得"难救"，其艰难自不待言。当赵王召问赵奢时，赵奢也觉得有"道远险狭"的难处，但他正是从这难处看出了制胜之道：

其道远险狭，譬之犹两鼠斗于穴中，将勇者胜。

于是赵惠文王便将虎符授给了赵奢，命他将兵出击。

赵奢经过察看，别有深意地选择了离阏与尚有百余里、而离邯郸仅三十里的一个地形极有利的去处驻扎了下来，一住就是二十八天。求战心切的秦军哪里还按捺得住，大队人马蜂拥而出，包围了离邯郸不远的武安城，整天鼓噪呐喊，喧嚣声把武安的屋瓦都震动了。这时候赵奢仍然坚守不出，并下令：有谁胆敢以军事进谏者，斩！有名军侯建议急速援救武安，赵奢立即下令处死。而对潜入驻地来侦察的秦军间谍人员，则待以美酒丰食然后送回。这些情报一来到秦营，使中更胡阳喜出望外地作出了一个错误判断：以为赵军只顾增垒坚守，已放弃了阏与。可就在这时，赵奢已悄悄拔营起程，星夜急行军，以出人意料的速度直扑阏与，赶筑军垒，埋伏弓箭手，截断了秦军一切退路。秦军一探听到赵军这一新动向，急忙沿原路向阏与回撤，准备与赵军会战，但有利地形全被赵军占领，秦军犹如一匹困兽，纵然凶猛，也只是东窜西突，徒然挣扎而已。结果是赵军获得空前大胜。因此大功，赵奢被赵王封为马服君。

秦国的阏与惨败也并非偶然。它主要是相国魏冉长期以来执行远攻方针所造成。魏冉执掌秦国军政大权多年，也不乏建树，但接近晚年，一种竭力为自己经营产业与领地的思想支配了他的决策。他不仅在秦国本土拥有大片封地，而且多次调动秦军跨国远征东土，夺取堪称中原繁华之最、素来为各大国贵族垂涎的定陶（今山东定陶西北），以为将来自己养老之地。为了扩大定陶领地范围，到秦昭襄王三十七年（公元前270年），他又擅自指挥秦军跨过韩、魏远征齐国,企图夺取刚、寿等地。所以魏冉的远攻方针实质是四个字:损国肥私。

这一小节的标题是《阏与惨败:一双窥测着时机的眼睛》,现在这双眼睛在笑了。因为这个来自魏国的奇特人物,已在简陋的馆舍里苦苦等盼了一年多,现在他以为终于从阏与之败中逮住了一个机会。机不可失,时不我待,他立刻草拟了一封呈向秦昭襄王的奏书。

此时的昭襄王却一下坠入了痛苦与无奈的深渊。他在位已近四十年,却依然处于宣太后依靠"四贵"编织起来的权势之网笼罩中,苦于不能独立决断国事,以至遭到了像阏与这样的惨败却还不知道错失在哪里!

这一日,昭襄王在烦恼中随便翻检案头简册,看到了一封新呈上来的帛书,展开读来,不由一惊——

羁臣张禄,死罪、死罪!谨奏闻大王殿下:臣闻明主在政,无能者不敢滥职,有能者亦不得遗弃。今臣待命下舍于兹一年矣!如以臣为有用,乞借大王寸阴之暇,臣愿悉进所学。如以臣为无用,则臣留此又作何为?况臣所言,至密至要,不敢载之于帛书。若一语无效,愿伏斧锧![1]

这个敢于说出"一语无效,愿伏斧锧"这样绝话的"张禄"究竟是谁呢?昭襄王好一会沉思,终于记了起来。那还是一年前谒者王稽推荐了一个名叫张禄的魏国人,说是身怀治秦绝策,不肯书传,定要面谈。当时他问王稽那人说过点什么,王稽说他只说了一句话:秦王之国,危如累卵!一年前他还不怎么觉得,现在却不由也叫出了声:呵,我的王位,真是危如累卵了啊!

当即下令左右:用传车速速将张禄接来离宫!

本节开头说到,秦昭襄王在位五十六年可分为前后两个时期,这个"张禄"的到来,标志着第二个时期的开始。

## 从死人堆里捡来的丞相

其实"张禄"是个假名。

此人本姓范,名睢,字叔,魏国人。他本想成为辅佐魏王的大臣,因家贫无资以进,只好暂时在中大夫须贾门下做点事。一次跟随须贾出使齐国,齐王见他颇有辩才,一时高兴,赏他黄金十斤,并赐以酒食。范睢辞谢不敢接受。而在一旁的须贾已大为吃醋,他以为范睢作为他的舍人而单独享有齐王如此优遇,是对他这个主人的极大不恭。回国后,就在丞相魏齐面前诬告范睢,说他向齐王出卖了魏国机密。魏齐一听勃然大怒,派人把范睢狠狠一顿毒打,打落了牙齿,打断了肋骨。为了求生,范睢只好装死。但魏齐对死了的范睢还不肯放过,命人用破草席一卷,丢入厕所,让人对着"尸体"撒尿,以示污辱。待到

---

[1] 此书《史记·范睢列传》及《战国策·秦策三》皆有录。原文较长,我重新作了简括和组合。

更深人静，一直装着死的范雎微微睁眼看看近旁只有一个看守人，便悄悄对看守说：请长者把我抛到外面去，将来我一定厚谢长者！看守请示过魏齐后，就把范雎作为死人抛到了城外乱坟堆里。范雎改名张禄，得到好友郑安平的帮助，躲藏了起来。

这时候，秦国谒者王稽恰好以使节身份来到魏国。与当年秦穆公派公子絷出使晋国一样，这回秦昭襄王派王稽出使魏国同样有一个招揽人才的秘密使命。郑安平从住宿使节的公馆那里探听到这一信息，便把自己打扮成为驿卒，去侍候王稽，伺机把范雎推荐给他。这样范雎才得以暗藏于王稽车乘之内，混出大梁，渡过黄河，飞马直奔函谷关。

车乘刚进入秦境，就望到前面有个装饰华丽的庞大的车队急遽驶来。一直还在惶恐不安中的范雎，问王稽来者会是谁。王稽说大概是穰侯魏冉在巡行县邑吧？范雎不由大惊。他早听说秦相魏冉为了专政，最痛恨列国客卿到秦国来谋事。就对王稽说：罪臣还是藏匿一下吧。一边说一边已缩身于车厢角落。不一会，魏冉的车队已浩荡来到。王稽赶紧停车恭候在路旁。魏冉站在轼前，用国相的威严口气问道：你这回去关东，听到有什么变故吗？

王稽敷衍着说：小臣无闻。

魏冉又问：车中有关东那些游说之士吗？我再警告你一遍：那帮人只会乱国，断断不可放入！

王稽赶紧说：小臣不敢、小臣不敢！

多亏王稽冒死庇护，范雎总算又躲过了一劫。

范雎又想到，魏冉此人多智又多疑，很可能还会派人来搜查，索性就下车在道旁徒步跟随。这么赶了十几里，果然魏冉派出的十余虎贲之士又快马飞蹄赶了回来，把王稽的主车和副车兜底搜了个遍，这才两手空空怏怏而去。

途中的这一遭遇，使范雎感到咸阳宫已处于金虎之地，吉凶未卜，祸福难料，须设法早早立住脚跟才好。他请王稽为他向秦昭襄王转达了这样一番话——

魏有张禄先生，天下辩士也。谨进言于大王尊前曰：秦王之国，危于累卵，唯得臣则安。然臣之策，不可以书传，敢请面呈大王。[1]

但秦昭襄王却没有立即召见范雎，只让他住在简陋的馆舍，供应的也是粗鄙的食物。范雎又直接向昭襄王写了封急切要求进见的信，也犹如泥牛入海。他就这么在馆舍等盼了一年多，直到这一回因秦阏与之败，伺机再次上书，昭襄王也恰好因此役之败而急欲独立秉政，发愤图强，这才有了这次已延误了一年多的召见。

范雎乘着由昭襄王派出的传车，现在已来到离宫。

这是一次等盼了三百多个日日夜夜的召见，他必须紧紧抓住这个来之不易的机会。这一路来，他已经给自己设计好了一个独特的"亮相"。

听得宫外传来了抬举秦王乘辇的脚步声，他有意一下杂入人群，把自己"藏"了起来。

负责清道的宦官在那里大声吆喝：大王来了，众人回避！

---

[1] 见《史记·范雎列传》。原文用的是王稽转述语气，我稍稍作了点改动。

吆喝声刚落,人群中就有人大声嚷嚷起来:
——秦国只有太后、穰侯,哪有什么大王呀!
显然这是范雎。他之所以大声嚷嚷,就是存心要让乘辇内的秦王听到。
卫士循声前来干涉,范雎越发大声争辩。
昭襄王果然听到了。他撩开车帘,喝住武士休得无礼,谦恭地对范雎施以迎客之礼,缓颜说:寡人本当早来聆听先生赐教,只因为一些杂事所累,才迟至今日,还望先生鉴谅!说罢,请范雎同登王辇。
群臣看到王上初见范雎就给予如此破例的礼遇,一个个为之肃然易容。
这样,范雎一进秦宫,就给秦王和百官留下了一个非同寻常的印象。
接下去与昭襄王的第一次对话,范雎也是事先作了精心设计的。
左右已被屏退。
宫中空寂无人。
昭襄王从座上跽身,以示尊敬:先生西来,有何幸教于寡人?
范雎只"嗯嗯"了两声,随即默然。
昭襄王再次跽身拱手:请先生赐教,寡人在此洗耳恭听!
范雎又"嗯嗯"了两声,还是默然。
昭襄王说:难道先生终究不肯赐教于寡人吗?
范雎觉得戏已演到九分,这才说道:臣岂敢!从前,吕尚垂钓渭滨,文王竭诚访求,虽素昧平生,只听了一席话就拜为尚父,从其言而用其计,终于灭商而拥有天下。箕子、比干虽为宗亲,但纣王非但不听他们忠谏,还对他们或囚或杀,殷商就这样亡了天下。二者的区别就在于诚与不诚。如今臣身为羁旅,与大王原本疏远,而准备进献之言却关系到兴亡大计,牵涉到人情骨肉。王三问而臣所以不敢答者,就因为还不知道大王是否已立有诚意。臣并非怕做箕子、比干,只要大王诚信并采用臣所进献之计,那么斧锧在前臣不以为惧,驱逐逃亡臣不以为忧,披发为狂臣不以为耻。臣今日能尽言于大王之前,即使明日伏诛于后,臣也无所畏避。若是臣死而能使秦获得大治,则是死而贤于生,本臣之大愿也。臣请大王三思又三思!
昭襄王从"人情骨肉"这句话里已猜到了几分,便移席近前恭敬地说道:寡人慕先生大才,早已屏去一切闲人,专意候教。上及太后,下及大臣,先生尽可不必隐讳,说与寡人听来!
范雎恭谨拜谢,昭襄王回拜。
但范雎想了想,还是顾忌到秦王左右多有窃听之人,不敢把最关紧要的话说出来。他说:大王能屈尊下听,正是臣之三生大幸,且容臣先从秦国当前大势说起。秦地之险,天下莫及;秦兵之强,天下莫敌。承穆公之基业,继孝公之余烈,然而至今兼并之谋不就,王霸之业未成,闭关自守十五年,不敢窥兵于山东者,全在大臣为谋不忠,大王之计有失也!
昭襄王侧席问道:依先生之见,计失于何处?
范雎说:臣听说穰侯多次发兵越韩超魏,远道攻齐,便是一大失策。秦齐相距数千余里,其间又有韩、魏等国阻隔,大王若出兵少,何以加威于齐;若出兵多,则先已累乏了自己。从前魏国越过赵国去攻伐中山国，得到了土地不久反为赵国所有，原因就在于中山国离赵近而离魏远。如今秦远道伐齐，如若攻而不克，徒为天下所笑；即或攻而克之，也迟早将为赵、魏所有，对秦国又有什么好处呢？

昭襄王频频点头，连说有理、有理！

范雎说：所以为大王计，宜早废远攻之策，而代之以远交近攻之术。远攻徒为他人作伐，近攻则得寸为大王所有，得尺也为大王所有。舍此而欲成王霸之业，无异缘木求鱼，实为大谬！

昭襄王不由脱口赞了声：好一个远交近攻！又移席近前道：请先生备述其详。

范雎说：远交，以离东方之合纵；近攻，以广秦国之土地。以目前而论，就是远交齐、楚，近攻韩、魏。韩、魏，地处中原，为天下之枢纽。大王欲成王霸之业，非掌控此枢纽不可。故近攻，当先以韩、魏为鹄的。韩、魏既得，齐、楚还能存在下去吗？

昭襄王拊掌大喜。当即拜范雎为客卿，并停止伐齐之举而准备东攻韩、魏。

范雎骤然得宠，自然会引起魏冉等久已秉掌军政大权的朝臣的不满，而原先受制于魏冉的一些臣僚，看到王上对范雎宠遇日隆，便开始寻求依附。这样新旧两种势力矛盾便不断加深，范雎觉得彻底解决高层权力问题时机已经成熟。一天恰好与昭襄王单独相处，便乘机进言说：臣蒙大王厚爱，引为共事，虽粉身碎骨，无以为报。臣前次实并未尽言，今再进安秦之计，愿大王垂听。

昭襄王说：寡人早已托国于先生，先生既有安秦之策，此时不说，尚待何时！

范雎说：臣前居山东之时，逢人皆言：在齐国，只知有孟尝君，不知有齐王；在秦国，只知有太后、穰侯，不知有秦王。依理，制国之政谓之王，生杀予夺之权，岂容他人专擅！但如今太后恃国母之尊，擅行国政已四十年；穰侯长期为相，以远途攻齐为名，行损国肥私之实。又有华阳君辅佐，泾阳君、高陵君各立门户，形同诸侯。致使私家之富，十倍于公，大王虽享有其国，却徒具空名。所以臣曾斗胆告曰：秦王之国，危若累卵！从前，崔杼专擅齐国之政，后来杀了齐庄公；李兑专擅赵国之政，赵武灵王饿死沙丘。所谓殷鉴不远，在于夏后之世啊！如今，穰侯内仗太后之势，外窃大王之威，兴兵则诸侯震恐，班师则列国感恩。且于宫内广置耳目，大王左右也多为太后、穰侯之人。臣为大王担忧，只恐崔杼、李兑之祸近在咫尺！大王千秋万岁后，秦国已不再为大王子孙所有！

昭襄王一时听得毛骨悚然，跽身致谢说：先生所教，顿使寡人有拨云见日之感。天以先生赐寡人，实秦国之大幸啊！

经过严密部署，昭襄王收缴了魏冉的相印，命他回自己的封地去。魏冉搬家，需用牛车千乘，奇珍异宝不计其数。好在不久宣太后便死去，可以不作处理。接着，又驱逐华阳、泾阳、高陵三君去关外。昭襄王四十一年（公元前266年），任范雎为相，并封以应（今河南鲁山东）之地，号称应侯。

秦国高层的权力大变动，和紧接着范雎的跃登相位，引起了山东六国的极大关注。由于范雎此时用的仍是"张禄"这个假名，因而人们都用陌生、惊奇的目光看着咸阳上空这颗骤然升起的政治新星。

范雎的远交近攻之策首当其冲的是韩、魏，魏安釐王害怕了，赶紧向秦国派出使节，无非是想去给"张禄"打个招呼：请相国代为致意贵国大王，对敝邑还是手下留点情吧！

可他派出的不是别人，偏偏就是那个曾经借细故残酷迫害过范雎的中大夫须贾。

于是便发生了一个不妨名之为"敝衣戏须贾"的插曲，其中蕴含着耐人寻味的人情世态，值得在这里一说。

据《史记》本传说，范雎信奉的是"一饭之德必偿，睚眦之怨必报"的人生哲学。经他竭力推荐，他的恩人王稽、郑安平，一个拜为河东守，一个做了将军。他还散发大部分家产，用来接济那些处于困厄中的人。在这同时，他等待着报复仇雠的机会。就在这种情况下，须贾作为魏国使节来到秦国。范雎故意穿着褴褛粗鄙的衣衫，装成奴仆模样到入住列国使节的客邸去有事没事地闲逛，又故意让须贾看到。原以为范雎已死的须贾，开头不由大为吃惊，后来倒起了同情心，送给他一件粗绸饱子穿。须贾说他极钦佩决定着当今天下命运的大相国"张禄"，这回他的出使使命能否完成也全凭张丞相一句话，欲求拜谒，苦于无人引见；即使有人引见，他的车马坏了，没有高车驷马，如何进得了相府。范雎说他服务的主人或许可以引见，高车驷马他也有办法代为借到。这样，须贾就坐着范雎驾御的轺车进入了相府，范雎却趁机迅速转入后堂。正当须贾为驾车人的突然消失而疑惑不解时，范雎已换上相国盛装由左右众多侍臣簇拥着出来了！须贾吓得慌忙肉袒膝行，连连口称死罪。范雎怒不可遏，列数了须贾的罪行。盛大、丰盛的酒宴开始时，范雎又特意令须贾坐于廊下，把一盆料豆放在他面前，由两个黥刑犯像喂牲口似地喂他。席散时，范雎对须贾说：你过去的罪行，足够处以极刑。但这次见面足下赠我以绸袍，说明还有一点故人情谊，所以我放过你。请先生为我给魏王传去一句话：赶快把魏齐的头颅送来！要不然，我就要发兵进攻大梁，杀尽全城！

须贾一传话，魏齐吓得连夜亡奔赵国，在平原君赵胜家里躲了起来。

这时候，就像当年齐桓公把管仲称为"仲父"那样，秦昭襄王也把范雎看作自己"叔父"一般重要。他亲自写信给平原君，以假托愿与交友宴饮为名，把平原君骗到秦国，要挟他交出魏齐，但以好士仗义著称的平原君不肯依从。昭襄王又写信给赵王，以武力讨伐为威胁，要他务必杀死魏齐。魏齐只好再次出逃，走投无路，着实狼狈。最后逃到楚国，因受到冷遇而愤然饮剑自刭。

秦昭襄王在任用范雎为相、内政整顿大体就绪后，便开始一面根据范雎远交近攻策略，相继派出使节与齐、楚通好，一面接连向三晋之地发起进攻。以下是《史记·秦本纪》的简略记载——

昭襄王四十一年（公元前266年）：攻魏，取邢丘、怀；

昭襄王四十三年（公元前264年）：攻韩，拔九城，斩首五万；

昭襄王四十四年（公元前263年）：攻韩南阳，取之；

昭襄王四十五年（公元前262年）：攻韩，取十城；

昭襄王四十七年（公元前260年）：攻韩上党，上党降赵，秦因攻赵，赵发兵击秦，相距（通"拒"）。秦使武安君白起击。

接着，就爆发了一场震撼整个华夏大地的大战役：长平之战。

## 九鼎在握，称王天下还会远吗？

### "一将功成万骨枯"[1]

长平（今山西高平西北），这个如今地图上很难找到的小城邑，却因公元前260年秦、赵在此打过一次春秋战国时期规模最大的大仗而长留青史，它以堆叠如山的白骨向后人诉说着一个令人心惊胆颤的故事。

此前，秦军攻占了韩国的野王，从而截断了上党郡与韩国本土之间的联系。此时秦如再攻上党，犹若探囊取物。危亡在即，上党郡守令冯亭被迫在无奈中私自作出了一个决定：把该郡所属的十七座城邑让给赵国来接管，以为这样便可以把秦军的战火引向赵国，而当秦、赵开战时，韩国再去助赵，或许可以挡住秦国的进攻。这时候的赵国，惠文王已死，赵奢作古，廉颇已老，蔺相如病笃，赵孝成王新继位，正处于多事之秋。赵国内部对冯亭这个要求有两种对立看法。一种认为这是韩国企图"嫁祸于赵"，断不可受；另一种则认为过去东征西战累年也难得一城，如今不费一弓一箭唾手就可拿到十七座城邑，何乐而不为！赵孝成王听从了后一种意见，特派平原君赵胜去接管这片土地，同时命老将廉颇率师去镇守地势险要的长平，以防秦国出兵来夺取上党。

眼看就要到手的果子突然中途被人抢去，秦昭襄王岂会甘心！他马上派出左庶长王龁率领大军向上党进发，其势若疾风骤雨，无可阻挡。冯亭坚守不住，率吏民突围奔赵。原在上党的居民纷纷逃入赵国边境，赵军便把他们安置在长平，这样长平的住民便骤然增加了起来。一见这个新动向，王龁立刻挥师转向长平，连续不断发起猛烈挑战。老成持重的廉颇却任凭秦军如何鼓噪，就是固守不应。他是要用这个办法，进一步疲惫秦军，然后伺机出击。但轻视强秦而又求胜心切的赵孝成王，如何能理解老将军这一深思熟虑后得出的良策，几次谴责廉颇，催促他迅速对秦军发起攻势。

这一细微的裂隙，立刻被老谋深算的范雎抓住。他迅速派人携玉帛珠宝到赵国行反间

---

[1] 唐代曹松《己亥岁二首》其一云："泽国江山入战图，生民何计乐樵苏。凭君莫问封侯事，一将功成万骨枯。"

之计，制造出一种舆论，说廉颇坚守是怯敌；秦军怕的不是廉颇而是赵括，赵括父亲赵奢在阏与之战中曾杀得秦军丧魂落魄。赵孝成王果然信以为真，决定临时晋升赵括为上将去代替廉颇。对这一错误决定，不仅身患重病的蔺相如以为赵括只会背诵其父所传兵书教条、不懂得实战而持否定态度，极为难得的是，连赵括的母亲也坚决反对。赵王问她为什么，这位视国家利益、荣誉为至上的母亲说：括儿徒读父亲兵书，不知通变，实非将才。先夫临终曾告诫妾身：万不可令括儿为将；括儿若为将，赵军必败！但赵孝成王的回答竟是：寡人之意已决，汝等不必多言！

骄横自大，只会纸上谈兵的赵括，一到长平便改变了廉颇所有规定，急切欲求出战。秦军得悉这一情况，立即对统帅部人事作了重要的调整：暗中派出白起为上将，王龁为尉裨将。并严令官兵上下，不得泄露此消息，违者立斩！

原来这时候白起的威名，已足使中原六国将士闻之丧胆。

白起，郿（今陕西眉县）人，在昭襄王时期历任左庶长、左更、国尉和大良造等职，时间长达三十余年，是魏冉曾重用的一员大将，极善用兵，攻韩、击魏、伐赵、征楚，几乎无往而不胜。但他又以滥杀和残酷闻名，攻打楚国鄢城时，竟壅西山长谷之水为渠灌城，据《水经注》载录的材料说："水溃城东北角，百姓随水流，死于城东北者数十万，城东皆臭。"

白起已来到长平，赵括却蒙在鼓里。秦军有意让赵括取得一点小胜，佯装节节败退。赵括越发口出狂言，得意忘形，一直紧追到秦军的壁垒前。瞬间秦军打出了白起的帅旗。赵军正在疑惑时，一员大将大喝一声横戈立马奔跃而出，正是武安君白起！赵军官兵一见当即吓得撒腿便跑，但这时他们已进退无路了。秦军在白起的指挥下，早有两万五千兵马绕道插到赵军后方，隔绝了赵军军粮输送要道；另有五千兵封锁了赵军壁垒前沿阵地，切断了他们的退路。已经被分割成互不联系的两半的赵军，经过几天无效的挣扎，人困粮绝，奄奄一息，只得筑壁坚守，以待救兵。

秦昭襄王得到白起捷报，一面派人到前线鼓舞士气，务求全胜；一面亲自命驾至其时已为秦所占领的河内之地，火速征发当地年满十五岁以上的男丁，星夜开往长平堵截赵国援兵，防止赵军突围。

被围的赵军绝粮四十六天，饥饿至极，甚至到了出现相互杀食的地步。赵括曾经把军队分成四路组织多次突围，都没有成功，他自己则在最后一次突围中奋力作战，中箭落马被秦军杀死。赵国长平驻军有四十余万，至此群龙无首，土崩瓦解，全部投降。

缴获的戈戟甲胄，堆积成几座小山。

现在，已经手无寸铁的四十万条性命，就握在一个人手心，听凭他一声决断。

但愿人类永远不要再出现这样的时刻，但不能否认曾经出现过这样的时刻。

在决定如何处置这些俘虏时，据《史记·白起王翦列传》记载，主帅白起以上党曾为秦攻占，但后来又去归赵为据，认定赵人反复无常。就凭这一点，他说了这样一句话：

> 赵卒反复，非尽杀之，恐为乱。

这句话，共十一个字。这就是说，每一个字下系着近四万个冤魂！

赵国降卒四十万，只放走了其中年少的二百四十人，其余全部坑杀于长平。这在古今中外战史上，都属罕见！

长平之战共杀人四十五万，连同以前攻韩、魏于伊阙斩首二十四万，攻楚于鄢决水灌城淹死数十万，攻魏于华阳斩首十三万，与赵将贾偃战沉卒二万，攻韩于陉城斩首五万：以上共一百余万。这是白起的一张极不完全的杀人账单。这在古今中外战史上，同样也属罕见！

无论如何，长平之战是秦国取得的一次巨大胜利。

但胜利，尤其是大胜利，是一匹远比失败更加难以驾驭的烈马，历史上，从这匹烈马上摔下来的人，要比在艰难跋涉中跌跤的人多得多！

## 第二次称帝以悲剧结束

长平大胜的负面效应，很快从内外两个方面反映了出来。在外部，长平坑卒数十万，秦国在道义上不能不受到列国一致谴责，而赵国却获得众多同情。在内部，范雎与白起早在魏冉时期就有矛盾，长平之胜，激化了范雎对白起的妒忌，而白起却因此而益发骄横。这样，当白起准备以胜利之师乘势攻取邯郸时，范雎却奏禀昭襄王以士卒需要休整为由，在得到赵国割让六座城邑的允诺后，就命令白起班师。但后来赵国非但不肯如约割让六城，还派虞卿去齐国，意欲联齐以抗秦。昭襄王一怒之下再命白起率师伐赵，白起则以时机已过而不愿从命。昭襄王几次强请，白起都不答应，后来索性托病不出。昭襄王看出这员曾为魏冉所重用的大将有居功自傲之意，大为光火，单是为了维护王者的自尊，也非立即出兵伐赵不可。于是便另换大夫王陵，于秦昭襄王四十八年（公元前258年）十月率领大军数十万入赵围攻邯郸。

这内外两种负面效应，已预伏着失败的因素。

白起拒受王命，确有因前番范雎从中作梗而心怀不满之意；但同时也是基于他对长平之战后，秦赵两国不同形势、不同民情的分析。我们且来看看他是怎么说的——

> 长平之事，秦军大克，赵军大破，秦人欢喜，赵人畏惧。秦民之死者厚葬，伤者厚养，劳者相飨，饮食餔馈，以靡其财。赵人之死者不得收，伤者不得疗，涕泣相哀，戮力同忧，耕田疾作，以生其财。今王发军虽倍其前，臣料赵国守备，亦以十倍矣。赵自长平以来，君臣忧惧，早朝晏退，卑辞重币，四面出嫁，结亲燕、魏，连好齐、楚，积虑并心，备秦为务。其国内实，其外交成。当今之时，赵未可伐也！

从来骄兵必败，哀兵必胜。白起这一篇载录于《战国策·中山策》的进言，确有真知灼见，揭示了当时列国对待秦、赵的不同态度和两国君臣的不同心态。但是秦昭襄王听不进去。

昭襄王之所以听不进这些有点"煞风景"的话，是因为这时候他还陶醉在由长平大胜激起的兴奋中。这种兴奋还在不断膨胀、升温，以至经范雎怂恿，他准备再一次称帝。

而且第一次称的是"西帝"，此时齐闵王已死，秦国似乎已成了天下唯一霸主，因而要称一统天下的秦帝，列国都必须臣服于秦。

昭襄王根据范雎建议，以为此时已畏葸得犹如惊弓之鸟的魏国最有可能第一个臣服秦帝，于是便派许绾去大梁，首先说动魏安釐王入朝于秦。

从这个时候开始，中原大地上便展开了一场该不该"帝秦"（尊秦为帝），该不该救赵的大辩论。《史记》、《战国策》等对此都作了详细的记载。它是战国时期一次规模最大、涉及面最广的精神大震荡，是一次民族精神和人格精神的大昂扬。

范雎的眼光是尖锐的，魏安釐王果然正因慑于秦威而处于寝食难安中。

邯郸受围后，赵王数次写信向与有姻亲关系的魏安釐王及其弟信陵君无忌求救。魏安釐王无奈只得命将军晋鄙率兵十万救赵。可军队刚出发，秦国便向列国派出使节发来了通告，你看他那口气——

吾攻赵旦暮下，而诸侯敢救赵者，已拔赵，必移兵先击之！（《史记·魏公列传》）

魏王一听慌了神，赶紧派人飞马追赶晋鄙，命令他将十万大军驻扎在赵长城之南、离邯郸还有三十余里的邺地待命。名为救赵，实是持首鼠两端的观望态度。

下过这道命令，魏王犹是惊魂未定。偏在这时，带着"帝秦"特殊使命的许绾来到了大梁。魏王越发惶恐不安，担心的倒不是该不该尊秦为帝的问题，而是入秦朝拜后要是也像当年楚怀王那样不让回来怎么办？许绾说：大王倘若不信，臣绾甘愿对天立誓：若大王入而不出，绾将割下头来为大王殉葬！魏王这才稍稍放了点心，下令备驾，准备西行朝秦。

刚要起驾，有个大臣急急赶来进谏了，他叫魏敬[1]。

魏敬说：大王将行，臣未及先来侍奉，乞大王恕罪。臣有一事求大王赐教：如果拿河内之地与国都大梁比较，大王以为哪个重要？

魏王说：大梁重要。

魏敬说：倘若拿大梁与大王自身比较，哪个重要？

魏王说：自身重要。

魏敬说：假设秦王向大王索取河内土地，大王愿意给它吗？

魏王说：不给。

---

【1】此事《战国策·魏策三》和《吕氏春秋·应言》均有记载，内容则互有出入。前者记进谏人为周訢，后者则为魏敬。此处所记系酌取二者若干意思组合而成。

魏敬说：这就奇怪了：河内土地，在刚才所论的三个比较中是属于最下等的，而大王自身则是在这三者中最上等的；秦国索取最下等的大王尚且不肯，可它这回索取最上等的，大王非但一口答应，而且马上就要准备动身了。窃以为大王此行实在不可取！

魏王说：这么说来，你是担心寡人此一去不能回来吧？不用担心的，许绾已经为寡人立下誓言，若入而不出，他将以首级为寡人作殉。

魏敬说：像臣这样一个卑微的人，倘若有人来对我说：你到险恶莫测的深渊去走一趟，要是出不来就用一个老鼠脑袋来给你殉葬，臣也决不会答应的。如今秦国就是一个凶险莫测的深渊，而许绾的头颅就是一个老鼠脑袋，大王怎么可以因为有一颗老鼠脑袋担保就不惜以至尊至贵的身体去试验呢？

魏王想想觉得很对，就打消了西行朝秦。

可魏王还陷在两难中。来自北边邯郸的和来自西边咸阳的车辆，穿梭似地忙个不停，赵国使节请求他火速进兵救赵，秦国使节要挟他赶快"帝秦"。魏安釐王在这两难夹攻中苦苦挣扎了几昼夜，倒忽而想出一个"两全"办法来了，便迅速派出特使新垣衍，走间道冒险混入围困中的邯郸，向赵孝成王去转达他的"两全"之策。新垣衍对赵王说：邯郸其实是用不着救援就可以自解的，因为秦王围邯郸的真正目的，不是贪图邯郸这座城市，而是要求赵国"帝秦"。所以赵王如果能够真心表示臣事秦国，尊秦王为帝，秦王一定会高兴地罢兵，邯郸之围便可立解。

由新垣衍传达的魏王的这一番话，给正挣扎于死亡线上的邯郸人带来了极大的震荡。

邯郸被围已有四五个月。处于水火煎熬中的邯郸人，就像久旱望云霓那样盼望着列国援军的到来。但除了魏国，至今还没有第二个国家伸出援助之手。而魏国由晋鄙将军率领的十万援军，也还驻扎在城外的邺地可望而不可及。邯郸人因被饥饿、恐慌和死亡折磨得太久而开始走向绝望。在绝望中忽然有人指出了一条生路：是呀，能否以帝秦来换得自己的生存呢？这种情绪迅速在朝堂上下扩散、蔓延，以致赵王召集群臣来商议时，作为相国的平原君赵胜，家有门客三千，平日运筹国事从容若弈棋，此时也乱了方寸，不知如何应对才好。

这一天，平原君回到自己府第，犹是愁眉双结，面壁出神。忽有仆役来报：齐客鲁仲连求见！

这鲁仲连原为齐国人，以善辩著闻，年方十二，就曾驳倒齐国著名辩士田巴，因而名闻遐迩。及年长，不屑仕宦，专好远游，喜欢为人排难解纷。这回来游赵国，恰好也居于被围的邯郸城中。平原君早闻其名，自然盛情以待。鲁仲连却劈头一句问道：街头巷尾都在传说阁下将帝秦，难道真有此等事吗？

平原君连忙解释说这是魏国使者新垣衍将军提出来的，事情尚未议妥。鲁仲连抢过话头说：足下乃天下闻名贤公子，如何能把赵国命运委于一个大梁说客呢？这位新垣衍将军现在何处，能否请来，待我来与他当场一辩，让他服输回去吧！

于是鲁仲连与新垣衍便展开了一场历史上著名的关于"帝秦"问题的大辩论。

（两人对席。鲁仲连气宇轩昂，从容整冠舒袖，有意不先开口。新垣衍见对方如此气度，不由心生敬意）

新：邯郸已成围城，如今仍留此城者，皆因有求于平原君；今吾观先生玉树临风，当为天下高士，非有求于平原君之人，因何也久居而不离去？

鲁：连确实无求于平原君，只是在此专候将军到来，欲有求于将军。

新：衍只身自大梁来此，不知先生有何差使？

鲁：请将军助赵而勿帝秦。

新：不知先生将如何助赵？

鲁：中原五国，如今齐、楚已应允助赵。连不日即将出使魏、燕，劝其勿帝秦而联合助赵抗秦。

新：燕国之事衍不得而知，至于说到魏，衍才从大梁来，不知先生有何锦言妙语，能使魏王放弃帝秦而助赵抗秦？

鲁：魏王只是还没有看到尊秦为帝之害罢了。一旦看清帝秦之害，自然会立刻转而助赵抗秦。

新：但不知帝秦其害如何，请先生赐教。

鲁：秦是一个抛弃礼义而崇尚战功之国，恃强挟诈，涂炭生灵。做个诸侯尚且如此，一旦称帝，自然更加暴虐。果真那样，连宁愿蹈东海而死，也羞于做它的臣民。难道魏国真会心甘情愿做暴秦之下民吗？

新：倒也并非甘心如此。这就好比当仆人：十个仆人侍奉一个主人，难道十个人的智力还不如一个主人吗？实在是畏惧他的缘故。

鲁：如此说来，魏王居然愿意做秦王之仆人？

新：那也是出于无奈呀！

鲁：如果魏王真想当仆人，那就连仆人也当不成，必然落到被醢（hǎi，剁成肉酱）被烹的下场！

新：（怫然作色）先生说得太过分了吧，因何会出现此种结局呢？

鲁：（缓颜从容）连说的都是曾经发生过的事实，岂敢作过分之词。从前纣王属下有三公，就是九侯、鄂侯和文王。九侯有女甚美，献之于纣王。纣王未能逞意，盛怒之下，不仅杀其女，还把九侯醢成了肉酱。鄂侯为此强言直谏，纣王又油烹了他。文王闻此只是暗暗叹息了几声，纣王也要将他在羑（yǒu）里这个地方囚禁了起来。秦王如果称帝，其残暴当不在纣王之下。到那时候，秦王若是要对臣服于他的列国国王或醢或烹，还有谁敢说半个不字呢？

新：（沉思良久，默然不答）

鲁：不仅如此。秦王一旦肆然称帝，必定要更换众多原来的各诸侯大臣，把不顺他意的撤下来，换上他喜欢的人。他还要把他那些善于阿谀进谗的婢妾塞进魏国来，监视魏王的言行。在这种情况下，魏王还能有片刻安宁时光吗？就是您将军阁下，难道还能保住爵禄生命吗？

新：（霍然起座，深揖拜谢）先生诚天下高士也！衍谨奉所教，即回大梁，从此不敢再言帝秦之事。

鲁仲连说服新垣衍放弃"帝秦"，对后来中原事态的发展产生巨大影响，因而赵王和平原君曾以封侯赐爵和千金为谢，但鲁仲连一概拒受。他笑着说："所贵于天下者，为人排患释难解纷乱而无取也。即有取者，是商贾之事也，而连不忍为也。"说完这番话，便辞别平原君，扬长而去，"终身不复见"（《史记》本传）。

在历史上，鲁仲连"不帝秦"，一向被广为传颂，其中自然也含有人们怨愤后来秦帝国行暴政的因素，但鲁仲连作为布衣，能独自奋臂抗秦，功成而又拒受千金之谢，飘然出世，也确实具有古人所崇尚的那种高士气概。唐代大诗人李白曾引为"同调"，并赋诗颂道：

齐有倜傥生，鲁连特高妙。明月出海底，一朝开光耀。却秦振英声，后世仰末照。意轻千金赠，顾向平原笑。吾亦淡荡人，拂衣可同调。（《古风第十二》）

再说赵王虽说已放弃帝秦，但列国援军仍然未到。邯郸之围已逾半载，邯郸臣民犹若釜中之鱼。城内哄乱时起，饿殍如山，甚至发生了"炊骨易子而食"的惨剧。而更多的志士豪杰在此故国危难关头表现出大义凛然的英雄气概。"民困兵尽，或剡（yǎn，削）木为矛矢"，以抗强秦。有个传舍官吏的儿子名叫李谈的，当面指责平原君不该在故国如此艰难关头犹是"后宫以百数"，"被绮縠，余粱肉"。平原君非但不加罪，而且立刻散尽家产犒赏士卒，并让夫人和婢妾加入士卒行列，共同守城。李谈在平原君的支持下，招募三千义士试图突围，在战斗中全部壮烈牺牲。一时秦军震惊，特地为之后退三十里。

但是，列国援军还是没有来！

晋鄙所率的十万魏国救兵还驻扎在邺地观望！

平原君决心再作最后一次努力，做两件事：

一、精选文武随从二十名，设法冒死出邯郸赴楚求救；

二、再向魏国信陵君无忌写最后一封求援信。

平原君夫人是信陵君之姊，平原君与信陵君原是郎舅关系。这回的求援信已带有责备之意——

信陵君公子如面：邯郸之城危若垒卵，邯郸之民命悬一丝。胜（平原君名胜）所以自附为婚姻者，原是敬慕公子高义，以为能急人之困。今邯郸旦暮为秦所破而魏救迟迟不至，则公子救人于困之心何在？此与公子高义之名何副？令姊忧念城破，日夜悲切不止。公子纵不念胜，独不怜惜令姊耶？[1]

---

[1] 见《史记·魏公子列传》。原文较简略，我作了一点增补。

求援信是当天就命人以快马送出的。紧接着要做的便是一件事：赴楚求救。

## 道义与实力的大较量

上一节曾说到，战国时期有以养士闻名的四公子，现在我们面前这位赵国平原君，便是四公子之一。

《史记》本传说，平原君楼房临近的一个民户家里有个跛子，一次出来打水，恰好被住在楼上的平原君的一个小妾看到了。平日深居闺房的小妾看着那一瘸一拐的样子，不由朗声笑了起来。这个瘸子就来找平原君说：您先生是以贵贤士、贱妻妾而闻名于天下的，可您那小妾怎么能讥笑我这个跛子呢？我要你把她的头割下来给我！平原君当时笑着答应了一声，事后对人说：我的美人就笑了那么一声，他就来要我杀了她，这未免太过分了吧？过了一年，门下宾客散去近半。平原君很奇怪，一问，才知道是因为他不杀小妾，宾客们就以为他"爱色而贱士"，所以纷纷离去的。平原君于是就一刀杀了小妾，捧着她的头，登门去向那跛子谢罪致歉。果然，那些离去的门客很快又纷纷归来。

这个例子很极端，司马迁记此无非是想借以说明平原君爱士的真切。也正因为如此，他门下宾客多达数千，其中不乏犯白刃、冒流矢，甘愿死难之士。所谓养士千日，用士一时，如今已到了充分发挥这批门客作用的时候了！

这一日，平原君来到自己府第召集所有门客听命。他说：这次赴楚求援，务求必成。商谈不成，就用武力。所以我要求的人选必须智勇双全，文武兼备。人数不必过多，有二十人足矣！

偏是在数千门客中选来选去却只有十九人合格，其余均无可取。

这时候，有个门客站出来自我推荐道：还少一人，那就请公子把我作为备员带上吧！

平原君上上下下打量了一下，却不认识。便问道：敢问足下大名，来门下已有多少时日？

这人说：臣姓毛名遂，来公子门下已有三年。

平原君笑着说：大凡贤士处世，譬若锥子处于布囊中，锋芒必露。如今先生处胜门下已有三年而胜未有所闻，想必先生于文武一无所长吧？

毛遂立即应答说：这是因为臣至今方得有此机会。如果早让臣处于布囊之中，那就早已脱颖而出，岂止是略露锋芒呢！

平原君听他出言不凡，便准许他同往。

毛遂的这个举动，给后世留下了一个典故，就叫"毛遂自荐"。

这支队伍上路时，那十九人还时不时暗中讥笑毛遂，只是赵公子已作了决定，他们也不便再多说些什么。

待到楚国后，毛遂对在楚都看到的情况和感受到的气氛作了分析，得出结论说：臣料单用言辞，只怕难以奏效！

众人听了还是半信半疑。

但事情的发展，却正如毛遂所估计的那样，平原君与楚考烈王从日出谈到日中，盟约也还没有谈出个眉目。尽管平原君反复陈说联合抗秦的好处，无奈楚王慑于秦威，只是从道义上对邯郸深表同情，就是不敢答应出兵。这时候那十九人不能不对毛遂刮目相看了，就说：先生，还是您上去吧！

于是毛遂便带剑从容拾阶而上，对平原君说道：联合抗秦之利，明若观火，三言两语便可谈定。今日已过午，犹言未决，却是为何？

楚王问平原君：那位客人是谁？

平原君说：他是胜的门客毛遂。

楚王作色斥道：寡人与你家主人议事，如何敢来胡乱插嘴，还不快快下去！

毛遂却顾自又近前几步，按剑说道：大王所以敢怒斥我毛遂，大概是依仗楚国人多势众吧？可如今在十步之内，生死决于二人一搏，楚国的人多势众对大王已经没有任何意义。大王的命就在毛遂手中。在我主人面前大王如此叱咤少礼，又所为何来呢？

平原君笑着说：毛遂休得无理！又转而对楚王说道：此客秉性如此，大王莫怪。不过他明察事理，颇有见地，听他说说又何妨呢？

楚王只得缓下口气来说道：客人有什么要赐教寡人吗？

毛遂说：臣之君主，原是为楚国利害而来。楚国向为东方大国，地方五千里，持戟百万，号称盟主。以楚国之强，天下本无可挡。但自从西秦崛起，却屡屡受屈于秦。张仪本无赖之徒，一计而失地六百里，再计而囚死怀王。白起一小竖子罢了，一战而陷鄢郢，再战而烧夷陵。楚之先人垂泪于泉下，楚之百姓奋臂于旷野。此百世大怨，三尺童子尚且知羞，难道大王竟能怡然自适，不击案而起有所作为吗？

楚王情动神振，连连点头说：楚国之事，诚如先生所言。寡人情愿举社稷而联赵抗秦！

毛遂说：大王主意已定了吗？

楚王说：已定！

毛遂即呼左右取歃血盘来，接过血盘，跪进于楚王之前大声说道：大王为盟主，当先歃；然后是赵公子歃，最后是臣毛遂歃！

赵、楚联盟竟就这样瞬间合成。

楚王随即择将选兵，准备北上解邯郸之围。

魏国大梁。

魏公子信陵君府第。

平原君来信的木式封盒已被打开。也是战国四公子之一信陵君，正在一边捧读，一边吞声啜泣。帛书上滴满了他的泪水。"公子救人于困之心何在？此与公子高义之名何副？……公子纵不念胜，独不怜惜令姊耶？"信上的这些话深深刺痛了他的心。

信陵君名无忌，是魏安釐王异母兄弟，封为信陵君。《史记》本传称："公子为人仁而下士，士无贤不肖皆谦而礼交之，不敢以其富贵骄士。士以此方数千里争相归之，致食客三千人。"

信已收到三日,信陵君和他的一些门客轮番向魏安釐王进谏,再三说明邯郸危在旦夕,得赶快下令留驻于邺地的晋鄙率领大军急赴救援。魏王却只是软语拖延,担心惹怒强秦会大祸临头。

信陵君几乎已感到了绝望。

蓦地,他拔剑霍然站起,仰天长啸一声:故人有难不救,我无忌还有何面目存于人世啊!一挥手,身旁几案已被劈为两半。

——备驾!

他大声向仆人呼叫。

不一会,一百余辆车骑从公子府第飞驰而出。车上是信陵君从门客中选定的数百精壮,他自己就站在第一辆车乘上。别无选择。他觉得只剩下这最后一条路:亲自赴赵去与秦军搏杀,与挚友平原君和姊姊一起赴难而死!

车过夷门,突然慢了下来。

夷门为大梁城东门,因附近有夷山而得此名。

信陵君想到该与掌管夷门的侯嬴老人告个别。

他下了车,恭敬地走到老人跟前,说出了要去为赵国殉难的决心。一股难舍的激情涌上心头,意识到这已是永诀,他等待着老人说几句壮行的话。

侯嬴老人顾自执帚扫地,听完了淡淡说道:那就请公子自勉吧。老臣年迈,恕不远送。

车出夷门数里,信陵君不由生起疑来。他想起了几年前第一次去拜访这位老人的情形。侯嬴年老家贫,靠监管夷门为生。信陵君是带着金银去看望他的,想给老人一点接济。侯嬴坚辞不受,说:臣修身洁行数十年,怎么可以因困穷而无端接受公子恩惠呢?用车载回府时,信陵君特地让出尊位,老人倒也不谦让,大模大样地坐在左座,任由信陵君恭恭敬敬为他这个粗衣敝冠的老人执辔驾车。沿途行人看了非常奇怪,有的不禁骂了起来:这老匹夫,怎么可以对公子如此无礼呢!信陵君却觉得这可能是老年人情性孤介的缘故吧,也不以为意,且愈加尊敬。后来才知道老人是故意这样做的:他是要用这种失礼的举止让路人和宾客都讥笑他是小人,从而反衬信陵君的长者风度。这是一位多么可敬的老人啊!可这回明知我将一去不复返,老人却为何既不为我谋,又不阻我行,表现得如此冷淡呢?

这么想时,他猛然悟出了些什么,便命令车乘返回夷门。不一会已远远望到侯嬴老人站在城门口举手向这边致意,且笑着朗声说道:老臣已料到公子必定会回来的!

信陵君不由一惊,问道:长者何由得知?

侯嬴说:公子如此孟浪独闯秦虏,犹若以肉授饿虎,断无生还之理。公子往昔如此厚遇老臣,而老臣对公子此行却不谋、不阻、不送,公子必恨老臣无疑,恨则必返也!

信陵君大为吃惊,连连下拜:请长者恕无忌适才无知之罪,愿受明教!

于是老人把信陵君请至内室,屏绝闲人,说出了一条千古传颂的"窃符"之计。

古代君王授命将帅率兵出征,多以虎符为信。虎符形似虎,用铜铸成,背有铭文,分两半，一半君主收藏，一半授与将帅。调拨军队时，须合符为验，方可生效。魏安釐王原先命令晋鄙率领十万大军去救赵时，就将虎符之半授与晋鄙，另一半则藏在自己身边。因此，只要窃到魏王身边所藏这半只虎符，就可命令一直还驻扎在邺地的晋鄙率师北进去解邯郸之围。

谁能接近魏王窃到虎符呢？只有一个人，便是魏王的宠妃如姬。

谁能使如姬去做这样一件一旦事泄便有杀身灭族大祸的危险事呢？也只有一个人，便是信陵君。信陵君曾为如姬报过杀父之仇，如姬正欲以死报答信陵君，恨无其门。

信陵君按计实施，果然应验，虎符终于窃到。

信陵君第二次来到夷门向老人告别。

老人说：兵书有言，将在外，君命有所不受。纵然有了虎符，但如果合符为验后，晋鄙依然不从；或者他得便派人飞速报告了魏王……

信陵君不由陡然一惊：若果如此，如何是好？

老人说：老臣有一友，是个屠夫，名叫朱亥，力大无穷，可随公子一同前去。合符后，晋鄙若能听从最好；不从，即由朱亥击杀之！

信陵君沉默有顷，突然呜咽起来。

老人说：公子是有所畏惧吗？

信陵君说：晋鄙是一员叱咤风云的老将，真要发生那样的事，如何不叫人伤心呢！

老人一声喟叹，随即说道：请公子务必带上朱亥，赶快起程吧！

信陵君刚驱车走了十几步，听得老人在后边大声说道：公子自勉。老臣年迈无力远行，就以魂送公子吧！

信陵君不由大惊，赶紧回头望去，老人已饮剑自刭，血染白须，缓缓倒地。

夷门老人遽然死去，前人多有猜测，有的说是为了坚定信陵君的决心，有的说是为了不使计谋泄密。我则以为这是古人，特别是战国时代人们的一种信念，一种对人生价值的特殊的认识，当他认为自己已经完成了独特的人生使命时，便从容而又果断地为自己的生命划上一个句号。但古人的率尔与坦然，留给后人的却是苍茫的遐思和无穷的追怀。明代李濂写的五绝《夷门》，就传递了这样一种意境——

侠骨已成尘，
夷门草自春；
斜阳骑马过，
独倚抱关人。

信陵君来到邺地，与晋鄙合符核验。忠于职守的老将晋鄙果然起了疑心，拿着一对合验的虎符审视良久，遽然说道：臣受大王之命拥军屯此，乃国之重任。如今公子单车来代，这如何能……

话还没有说完，在一旁的朱亥已从袖中挥出四十斤重的铁椎重重击下，老将晋鄙立时倒地，当即毙命。

信陵君召集全军，发布了一道誓死决战的命令，其中说：

父子俱在军中，父归；兄弟俱在军中，兄归；独子无兄弟，归养。（《史记·魏公子列传》）

经过如此简选，十万大军还剩下八万。信陵君一身戎装，立马横刀，统领着这支敌忾同仇的军队，入赵击秦。

与此同时，楚王派出的援军也已来到。当魏师与楚师汇成洪流，怒潮般地向被围已八月有余的邯郸扑去的时候，中原振奋了！赵国怒吼了！已经精疲力尽的秦军哪还经得起赵、魏、楚三面夹攻，勉强支撑了几战，就彻底溃败。

## 历史的转折与期待

长平大胜与邯郸大败前后不过三年。秦昭襄王没有从中吸取应有的教训，加上范雎等人的进谗，反而因失败而迁怒于白起。先是下令白起离开咸阳，后又派人追到咸阳十里之外的杜邮赐死。白起在引剑自刭前仰天叹道：我何罪于天而落到这个地步呢？呵，长平之战，我用诈计尽坑赵卒四十万，我是应当死啊！

白起死，似乎证明在范、白争宠中范胜而白败，但同时却也预示着范雎自己厄运的到来。范雎曾向昭襄王竭力推荐他的两个恩人郑安平和王稽，此时分别以率众投降和暗通诸侯罪被处死。按秦法，被保举人犯罪，保举人得连坐。等待着范雎的，将会是怎样一个结局呢？

呵，人啊人，恩恩怨怨，荣辱沉浮，谁能识得透个中奥秘！怪不得罗马神话中的命运女神福耳图娜，她的形象是一个闭着双目的美女，站在一个不断转动的圆球之上，人的命运多么变幻莫测啊！

从这时起，范雎便突然在秦国政治舞台上消失了。是主动引退，还是暗中赐死，两千多年过去了，却还留下一个谜一般的悬案，有待学者们去解开。[1]

尽管为秦国建功立业的文臣武将大都没有善终，但秦国却已强大到不会再因一城一战的得失成败而改变称雄天下这样一个大局。

---

[1] 关于范雎的结局，《史记·范雎蔡泽列传》说是范雎因听了蔡泽"日中则移，月满则亏，物盛则衰"一席话，深感自己处境危险，便向秦昭襄王推荐蔡泽代替自己，从此称病不出而得以自保的。但云梦秦简《编年记》却有昭襄王五十二年"王稽、张禄死"一句。张禄即范雎。若据此，则范雎是与王稽一起被处死的。至于具体如何被处死的，《战国策·秦策三》有一段记载，说当昭襄王因王稽事怒而欲兼诛范雎时，范雎为了维护死后的好名声，又运用了他的巧智。他对昭襄王说，如果公开杀他，那么"是王过举显于天下，而为诸侯所议也。臣愿请药赐死，而恩以相葬臣，王必不失臣之罪而无过举之名。"如果后来确实照此行事，那么范雎便是以饮鸩之类方法自杀的。但《战国策》接下去还有一句话却是："王曰：有之。遂弗杀而善遇之。"据此，则范雎非但没有被杀，还受到了更好的待遇。

五百余年前，局促于雍州一隅的嬴秦先祖襄公，曾经做过一个充满理想的梦，梦见一对白颈雉从雍水之畔起飞。

白颈雉轻盈，秀丽，给人以诗意的想象。但它毕竟过于妩媚、柔弱，不能与帝王之象相称。且看到昭襄王之世，一个楚国人是怎么描述秦国的——

秦为大鸟，负海内而处，东面而立，左臂据赵之西南，右臂傅楚鄢、郢。膺击韩魏，垂头中国。处既形便，势有地利，奋翼鼓翅，方三千里。

这段由一个射鸟人以射鸟喻战国列强争雄之势的话，载录于《史记·楚世家》。秦的意象已由白颈雉变成了大鸟；还不是普通的大鸟，而是凶猛异常的鹰雕，张开垂天双翅，山东六国尽在它羽翼之下。

早先的数学公式6∶1，此时也已倒过来变成了1∶6，一国如何来吃掉六国。

于是从秦昭襄王五十一年（公元前256年）开始，便接连发生了这样几件事——

五十一年：强秦所向无敌，"小周"之一的西周君，居然还想螳臂挡车，号召诸侯反秦。秦王发兵大吼一声，这位"小周"便立刻屈膝投降，献出全部所属三十六座城邑，三万人口。

五十二年："大周"国君，即名义上的周王朝末代天子周赧王死去，周王朝至此寿终正寝。只是还有个小尾巴，即另一个"小周"东周。实际上已开始了连名义上的统一君主也不再存在的奇特时代。

同年，被称为传国宝器的九鼎，正式为秦所据有，从雒邑运至咸阳秦王宫。虽据《史记正义》说在运输途中，其中一鼎不知何故"飞入泗水"，但总还有着八鼎吧！

五十三年：各国诸侯纷纷来向秦国祝贺。

兼并六国，一统天下，已经不再是遥远的梦想，而是即将到来的现实。

历史发展到这一步，具有决定意义的是：上天能否赐予秦国一个无论胆略与才智都与这一历史使命相称的雄主？

一位西方哲人说：只要给我一个支点，我便能把地球举起来！

历经数百年奋斗的东方嬴秦说：只要给我一个雄主，我便能把天下统一起来！

秦昭襄王四十二年（公元前265年），本是平常的一年。由于两年前秦留在魏做人质的太子死了，因而这一年，昭襄王便在众多儿子中选了个名为柱、初封为安国君的儿子立为太子。这件事在当时也极为平常，但后来历史的发展却倒过来证明它实在太不平常了！由于昭襄王是秦国历史上在位时间最长的一个国君，所以安国君被立为太子时已年届四十，性格软弱而又悒郁多病。这不免使人未等他登上王位便去想这样一个问题：在安国君已有的二十几个儿子中，谁将成为他的太子呢？

就在这时候，有一个按当时社会地位甚至比寻常百姓还要低贱的商人，突然以非正常的渠道，向嬴氏宗室横插入巨大影响，在相当程度上改变了王位原来的承续次序。其结果便是，在秦国历史上出现了一个庄襄王；短短三年后，接着又出现了一个决定尔后中国千百年历史走向的秦始皇！

这个非嬴姓却给嬴姓氏族带来巨大影响、卑贱而又重要的人物，便是吕不韦——本书下一章主人公。

---

下一章，故事由一桩奇特的大买卖开始。

先出场的是两男一女。

不管他们之间有多少被人猜测不休的纠纠葛葛、恩恩怨怨，一个小男孩——即后来的秦始皇，毕竟还是因他们之中两个人的孕育而顽强地降生到了人间。

人之初，性本纯。

小男孩用他特别聪慧、刚烈的心灵，感知着这个奇特的时代和周围这片奇特的世界。他是早熟的。当他走完了流浪儿——王太子——国王这人生经历的最初三大步时，也还只是个十三岁的少年。

就在这时候，第三个男人也以他奇特的方式悄然登场了！

不仅秦国臣民，还有山东六国的决策者们都在密切关注着：这个已经陷入重围的年轻国王，将如何动作呢？

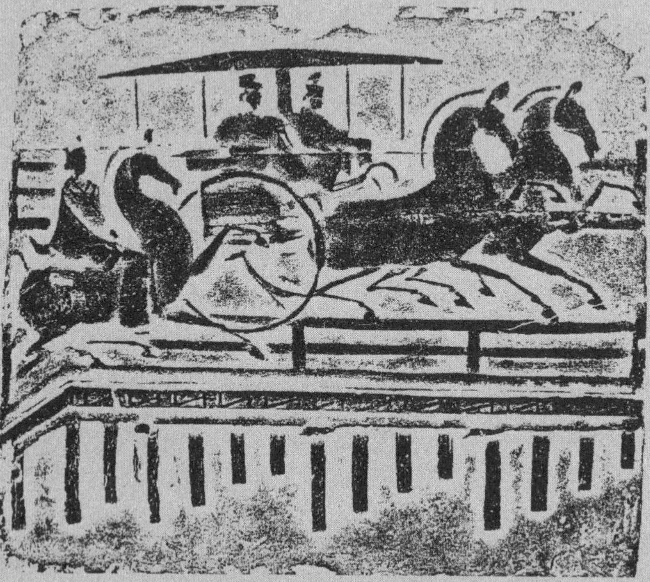

# 第 四 章
## 三个男人、一个女人与一个孩子

千古奇贾：他用千金买了一个国家
众说纷纭的赵姬妊娠之谜
"邯郸党"入主咸阳宫
从和弦走向变调的三重奏

# 千古奇贾：他用千金买了一个国家

## 一个爱好冒险的年轻富商

吕不韦是个商人，而且出身于商人世家。《史记》本传说他是"阳翟大贾"，《战国策》则记为濮阳人。或者他生于濮阳而行商于阳翟也说不定。阳翟（今河南禹县）属郑，濮阳（今河南濮阳西南）属卫；无论阳翟或濮阳，都是当时商业相当繁荣的著名城市。吕不韦"家累千金"，该是一个闻名于濮阳、阳翟一带的大富商。

吕不韦是个商人——这句我们现代人听来极平常的话，在吕不韦所生活的年代却等于说：这是一个不懂礼仪、毫无廉耻、惯使狡诈的人，是卑劣到近于罪犯、家奴的人。[1]

这便是商人在当时所处的社会地位。

在那时，商人连衣著式样，也有被视为卑贱的特别规定。

商人再富有，也不得乘坐高车驷马。

商业和商人，虽然在中国古代社会一向受到鄙视，但却是人类社会进入文明阶段、经济生活趋于繁荣的标志。最简单的物物交换，早在原始社会就已经存在，以货币为媒介的商业，当起始于奴隶制社会。在我国，商业至迟到周朝已相当普遍，根据是《诗经》里已有了"抱布贸丝"一类诗句。至春秋战国时期，随着商业的迅速发展，还有了转运商人称"商"、屯积商人称"贾"的区分，如郑玄在注《周礼·地官·司市》中就说："通物曰商，居卖物曰贾。"传说后来建立了商朝的殷商部族最善于经商，他们常到毗邻的周族地区做买卖。因而在周人心目中，做买卖的就是商人。后来周灭商，殷商遗民大都受到迁徙。他们退出了政治舞台，更多地投入到商业活动中去。日久成了习惯，人们就用"商人"去称呼做生意的人。如果这个传说不是没有根据的话，那么吕不韦很可能是殷商后裔。

---

[1]《战国策·赵策三》载录了希写与建信君的一次谈话，说到已做了秦国丞相的吕不韦如何没有礼仪。由吕不韦谈到了商人，希写说了句"臣以为今世事者，不如商贾"，建信君因希写居然把卑贱的商人与执政者相提并论而勃然大怒。又，《史记·秦始皇本纪》载，始皇三十三年（公元前214年），征发三类人去攻打和充实陆梁地区，把商人与"尝逋亡人、赘婿（因贫困典质不赎而配于人者，类家奴）"并列。这些都可以作为当时商人社会地位低下的证明。

说吕不韦可能是殷商后裔，并非像时下流行的硬是要为自己或自己所在地区寻找一个显赫的先祖以光耀门庭那样，也要为吕不韦续上一个帝王家谱；恰恰相反，在整个有周时代，包括春秋战国，殷商人是被征服的氏族，按照当时的道德观点，是"理所当然"应该受到歧视的。

因歧视被征服的商人，而商人大多经商，所以连累而及歧视所有做买卖的商人，这倒是一个合乎逻辑的解说。但这只是传说，我们还是只把它当作传说看。从根本上说，商业和商人之所以受到传统观念的歧视，还是应当到经济活动本身去寻找。

商业作为流通手段，它是生产——消费之间的桥梁，在整个社会经济活动中不可须臾或缺。但商业活动所创造并附加于产品的价值是无形的。一担谷子，经过商人之手，从生产者转换到了消费者，谷子仍然只有一担，只会有少量损耗，决不会多一粒，这使古代习惯于自然经济条件下生活的人们很容易形成一种错觉，以为商业和商人是多余的。偏是在交通落后、山河远隔的古代社会里，特别是战祸频仍、需要历险越阻的年代里，商业的利润又是很高的，有时一转手就可得利一倍，甚至几倍。以至出现了"万乘之国，必有万金之贾；千乘之国，必有千金之贾"（《管子·轻重》）的现象。这怎么也无法让那些不避风雨寒暑成年辛勤劳作于田野的农民获得心理平衡。他们从无数眼见的事实中获得了这样一条经验："用贫求富，农不如工，工不如商。"（《史记·货殖列传》）而这一经验对于以农业为根本的中国古代社会，却无疑是一种分解剂，具有极大的危险性。试想，如果那些胼手胝足的农民纷纷弃农而从商，这个社会的根本和基础不就要濒临崩溃了吗？商鞅曾经尖锐而又鲜明地指出了保证农业人口居于绝大多数的极端重要性，他说："百人农，一人居者，王；十人农，一人居者，强；半农、半居者，危。"（《商君书·农战》）因而那时的当政者，开头采取"工商食官"政策，由官府垄断主要工商业。待到这种保守政策被充满活力的社会经济发展潮流所冲破时，又转而运用行政手段把商业置于末位，以"重本抑末"作为国策，对商业和商人作出种种限制。最有趣的事实莫过于年轻时曾是"阳翟大贾"的吕不韦，后来真的做了秦国丞相，却也成了重农主义者。在他组织编撰的《吕氏春秋》里除了多处强调农业为本外，还有一篇专文，题目就叫《上农》！

这些情况说明：第一，重农抑商政策也有它客观必然性，是与当时社会发展阶段和社会经济结构基本相适应的，至于长期执行这类政策带来的弊病，那是后来的事；第二，提出这类政策本身，恰恰说明当时商业有了很大发展，即发展到了被当政者认为不可容忍的地步。从《史记·货殖列传》等文献中可以看出，春秋战国确实是商业、商人，还有商人地主[1]特别活跃的时代，商业城市和商业经济有了空前发展。只是在有关政策和传统思想的双重制约下，商人即使拥有大量财富，也不会享有相应的社会地位。就像战国时代有个

---

[1] "商人地主"是翦伯赞在《秦汉史》中使用的一个概念。书中认为，战国时代"从经济方面看，可以说就是商人地主与封建领主争夺土地所有权的时代，合纵连横的活剧，正是新旧土地所有者的经济斗争之政治的表现。这一斗争，直到秦代，才以商人地主之胜利而结束。"尽管赞同此说的学者似乎不多，但翦先生所以要创造这一概念，至少说明在春秋战国时代，商业确实有了较大发展。

叫顿弱的秦国人说的那样，商人是所谓无名有实者："有其实而无其名者，商人是也。无把铫椎耨之劳，而有积粟之实。"(《战国策·秦策四》)

如果说当时绝大多数商人，还能勉强接受这个虽无名声但有实利的现实的话，那么大概到二十岁左右就以自己出色的经商术获得了巨富的吕不韦，就再也不能容忍了！

为什么商人命该默默无闻？为什么千金之富不如一爵之贵？既然商人如此受人卑视，那么为什么不可以通过从政，在经世治国、折冲尊俎、驰骋疆场方面去充分显示自己的智慧、胆略和勇敢，以卓越的政绩获得宏大的声誉呢？——尽管史书没有记载，但从吕不韦后来的人生轨迹来看，我们大致可以推定他在年轻时一定这样不止一次地追问过自己。

历史上由商人进入仕途的凤毛麟角。据说吕尚贫困时，曾负贩于朝歌，管仲也曾与他的好友鲍叔牙合伙做过买卖，似乎都只是些小商小贩。有一个人《史记》称他"货累巨万"，官也做到大夫，不过他是先从政后经商的，那便是参与演出过"吴越春秋"那样悲壮一幕的范蠡，浮海经商而成为巨富，后改称陶朱公。

年轻的吕不韦，决心成为中国历史上以经商获巨富再进入仕途的第一人，而且要在政绩方面做出至少不亚于在商业方面已经获得的巨大成功！

他有理想，却更注重实际。他懂得成功的实现，既要看客观上有否这样的机遇，也要看主观上有否及时去把握这种机遇的准备。用他后来编撰的《吕氏春秋·遇合》中的话来说，就是："凡遇，合也。"要使机遇转化为现实，就得致力于主客观各种因素的投合。既要有敢为天下先的冒险精神，不可因循苟且；又要有艰苦细致的求实精神，不可心存侥幸。他把这些想法概括成一句话便是："不处幸，不为苟，必审诸己，然后任，任然后动。"

为此，他随时注意从各方面充实和磨砺自己。

吕不韦从小就爱读诗书，从这个时候开始，他更注意帝王之学的学习。后来，他还曾这样向人们谈起过自己的学习经历和学习心得——

*尝得学黄帝之所以诲颛顼矣，爰有大圜在上，大矩在下，汝能法之，为民父母。*[1]

吕不韦要到哪个诸侯国去从政，看来也是早已确定了的，那就是秦国。

他是一个绝顶聪明的人。到了他所生活的时代，凭他的智慧和阅历，完全可以看出，能够完成未来统一大业的，唯有秦国。他又是一个看重实利的商人，决不会基于对某种道义或人格的追求，傻乎乎地白白去做他的故国，即那个先由"公"降为"侯"，又由"侯"降为"君"，弱小得经不起一点风吹草动的卫国，或者都已是日薄西山、气息奄奄的中原六国中任何一国的殉葬品。

但是以商人身份介入政治，在秦国要比在其他诸侯国更加困难得多。地广人稀的秦国，一向把农业置于首位，自商鞅变法后，更把"农战"提高到无以复加的地步。在秦国历史

---

【1】见《吕氏春秋·序意》。大意谓：我曾经有机会学习黄帝用以教诲颛顼的话。黄帝说：有皇天在上，大地在下，你如果能效法天地，那就可以担当治理天下之任，成为庶民父母。

上，那时还没有一个商人介入过朝政。

必须运用自己超过常人的智慧和财富，想出一个奇特而巧妙的办法来。

看来，吕不韦一定设想过多种方案，直到有一天他因经商而羁留于赵国国都邯郸，偶尔在街头遇见了秦国在赵国的一个名叫异人的落难王孙。就在这一瞬间，那个已经在头脑中孕育多时却尚未成型的奇谋，突然鲜活地跳了出来！

吕不韦与异人的相遇，史书都记得很简单。或称"见"，或称"乃见"，但正是这一两个字，改变了他们各自的人生轨迹，从一定意义上也可说改变了秦国甚至影响到中国历史的走向。

吕不韦的奇谋由两个基因媾合而成：超常的智慧＋超常的财富。

怀着冒险去成就一桩大事业那种极度兴奋的心情，吕不韦兴冲冲地回到家里，与他父亲进行了记载于《战国策·秦策五》中的这样一次对话——

子：父亲，你说耕田种地能获利几倍？
父：最多十倍吧。
子：做珠宝生意呢？
父：那就多了，可以获百倍大利。
子：我现在要立起一个国君，买下一个国家，再由我来做丞相，你说能获利几倍？
父：（父亲不由一下从席上跽直上身，惊讶地望着年轻的儿子）那……可就说不清喽！
子：我就准备这样去做。不，我马上就去这样做！
父：可儿呀，为父已经为你留下这样大一片基业，凭你的经商才干，将来不难富甲天下，你拥有的财富将远远超过三个丞相以至一个国王。你还有什么不满足，要去冒这个险呢？
子：我就喜欢冒险！我无法容忍别人对商贾的贱视，无法容忍商贾不能进入仕途的旧法规。凭我的智慧、才干，偏要让人看看，我吕不韦不仅能立起一个国君，还能成为秉掌一国之政的宰相！当然，我的冒险也可能失败，但那样的失败也荣耀！

吕不韦说完这番话，便告诉父亲去实现他计划的第一步：说动异人。

## 以落难王孙为"奇货可居"

秦王孙异人，是作为质子羁留在邯郸的。

上章三节已说到，在质子问题上，相关国家可以玩出多种招数来，以制约对方、为自己谋利。从出质国一方来说，经常用的一个招数便是降低以至抽空该质子的价值，使对方抱个空壳子，再也要挟不到什么。这种情况当时有个专门称呼，叫"抱空质"。

如今的秦王孙异人，便是这样一个空质子。

异人是太子安国君二十几个儿子中的一个，既非居长，生母夏姬又没有得宠，按照古代说法叫作"庶子"或"庶孽"，就像树干上的旁枝侧桠，不仅断难有被立为太子的指望，而且按照秦国制度又极难得对王子封爵，即使有，也绝不会轮到他。再说，他的入质于赵，本身就是一个骗局。那是秦昭襄王二十八年（公元前279年），秦国为了集中力量攻楚，需要暂时稳住东线，才约赵惠文王同赴渑池会盟修好（见上章三节）。事后，昭襄王便从一大群孙子中间随便挑了这么个活该倒霉的异人送到邯郸去做了抵押品。等到攻楚大军凯旋而归，秦昭襄王早把渑池之会丢到脑后，立刻掉转刀锋，指向东线，特别是以赵国作为主攻方向。自昭襄王三十四年至四十七年（公元前273年～前260年），秦对赵的进攻见诸《史记》记载的，就有华阳之战、观津之战、阏与之战等多次，直到坑卒四十万那样的长平大战。异人入质于赵时间长达二十余年，在两国关系处于如此恶劣的背景下，被作为人质拘押在敌国的这位落难王孙，其处境之艰险，其生计之困厄，都不难想见。在这期间，赵国是否有过以人质的性命为威胁向秦国作出交涉，史书没有记载；很可能是赵国即使提出交涉，秦国也不予理睬。一个人质，到了被质一方根本不再把他放在心上，任你辱之、杀之的时候，也就失去人质的内涵，变成了徒具躯壳的废物！

可怜的异人，也许倒正因为徒具躯壳才得以苟活至今啊！

谁也看不出这个废躯壳还有什么用处，唯有吕不韦慧眼独具，一见面就想到了一句流传千古的话："奇货可居"！

据《史记》记载推算，吕不韦遇见异人当在秦昭襄王末年[1]。为了叙述方便，我把它定在秦始皇出生前两年，即昭襄王四十六年（公元前261年）。又假定异人入质时还是个少年，此时也早该步入青年[2]。这个身处异国他乡的关西侉子，身边没有女人，囊中没有金银，踯躅在灯红酒绿的邯郸街头，认识的人因他是来自敌国的质子而免不了予以蔑视，而不认识的人又因他形同乞丐而少不得加以贱视。好在他倒也习惯了，蔑视也好，贱视也好，他还闷头走他的路，还信口胡乱吟唱几句："关关雎鸠，在河之洲。窈窕淑女，君子好逑……"唉，女人，女人！他突然苦叹一声，摇摇头。是呀，到了这个年龄，身边怎么还能没有女人呢？特别是在这种无聊的日子里！

正是在这个时候，异人遇上了有意把自己打扮得一身光鲜华丽的吕不韦。

他们已见过一次面，这回吕不韦准备来作一次深谈。

作为赵国国都的邯郸，自然不难找到一家高雅的酒楼。美酒，丰馔，还有红唇粉面的侑酒女侍。几樽落肚，异人勾起久违了的宫廷生活的记忆，不由泪流满面，泣声吟诵道：

---

[1] 另据《战国策·秦策五》，吕不韦入秦游说已是孝文王之世，约比《史记》所记迟十年左右。孰是孰非，学者们说法甚多。郭沫若在《十批判书》中对此作了个调和，认为《史记》记的可能是初次入秦，而吕不韦"也可以再次或屡次入秦，《战国策》所记或许也就是最后一次定立异人为太子时的游说吧"？

[2] 按《史记·秦本纪·索隐》，异人即位为庄襄王时，是三十二岁。据此推算，则于此处与吕不韦第一次相遇时才二十岁。再向前追溯，因渑池之会而入赵为质时还是个仅二岁的幼儿，恐有误。马非百在《秦集史》中据《战国策·秦策五》记有安国君曾"轫车于赵（在赵居留）"一句，以为开始入质于赵的可能是安国君，安国君回国为王后，才由异人去代的。但同是马氏所引这段话的前一行，异人又有"少弃捐在外，尝无师傅所教学"的话，却又说明他确实是自小就入质在外的。此外，安国君即位为孝文王三天后即去世，如果异人真是此时才入赵为质，三天时间来回旅程也不够，就得赶回来即王位，似也有违常理。究竟如何，只好有待方家确考。

我心匪石，不可转也。
我心匪席，不可卷也。
威仪棣棣，不可选也……

对席的吕不韦为之击节，且应和道：

子有廷内，弗洒弗扫。
子有钟鼓，弗鼓弗考。
宛其死矣，他人是保……【1】

异人不由一惊，盯住吕不韦问道：先生不会是存心取笑我这个羁旅之人吧？如今我头顶无片瓦遮身，脚下无寸土立地，哪来什么"廷内"呀、"钟鼓"呀？

吕不韦说：这要看公子想不想有。

异人说：想有如何，不想有又如何？

吕不韦说：不想有，就如现在这样，我们还是朋友，过三天两天，不韦来邀公子喝杯闷酒。"宛其死矣，他人是保"，富贵荣华就让别人去享受吧！不过就连喝闷酒的日子，恐怕也不会太长了，一旦秦兵进攻邯郸，公子难免成为第一件牺牲品……

异人说：照此说来，我自然该想有。可像我现在这副样子，又如何去想有呢？

吕不韦说：想有很便当，公子尽可在邯郸继续过这种自在的日子，由在下为公子去奔走。不韦有办法让公子光大门庭，甚至当上秦国国君！

异人把吕不韦上上下下打量了一番，不由哈哈大笑起来，说：我看先生还是先光大光大自己的门庭吧，到那时再来说这个话也还不迟！

确实的，吕不韦头戴巾帻，身穿深衣，尽管质地精良，色泽艳丽，做工考究，但毕竟还属平民，连戴冠的资格也还没有。

吕不韦坦然而又极其认真地说：公子说得有理，不韦至今一介布衣而已。不过，公子有所不知：不韦的门庭，全靠公子的门庭光大后才能光大！

异人听出对方不是戏语，不由一震。

吕不韦一挥手，斥退了身边童仆及侑酒侍女。

两人进入了密谈。

谈话进行了不到半个时辰，吕不韦意犹未尽，异人已完全折服，眼前顿时升起了一片诱人的希望之光。

---

【1】宴饮时相互吟诗，是当时上流社会显示身份的雅事。此处对吟的诗句，分别见于今本《诗经》中的《柏舟》和《山有枢》。异人所吟，抒发了极度忧愁和痛苦的内心，最后两句透露了纵使落魄到这地步，仍然不愿抛弃作为王孙"威仪"的那种矛盾心理。吕不韦所吟，用的是"激将法"，大意是：你明明有"廷内"、"钟鼓"（都是贵族生活的象征），只是自己不想去占有罢了。当你一旦被人抛弃时，那些富贵荣华不就归他人所有了吗？

吕不韦首先指出的是这样一个事实：在秦国，由于地近戎、狄，不像中原诸国那样强调嫡长继承制。秦国历史上历代国君，非嫡长继位的远远多于嫡长继位。这话一下子激活了落难王孙那颗近于死灭的心。

接着，吕不韦谈到了如何协助异人去争取被立为太子的计谋。使异人感到大为吃惊的是，眼前这位阳翟大贾怎么会对咸阳宫里的情况了解得如此细密周详。上至国王，下至内侍，还有众多的嫔妃姬妾、王子王孙，听他娓娓道来，让你一个个如见其人，似闻其声。吕不韦不仅知道异人的父亲安国君如今最宠幸的是华阳夫人，还知道这位来自楚国的细腰美女最喜欢戴何地出产的珠宝，穿哪种颜色的衣裙。特别紧要的是，吕不韦居然还知道安国君的长子，即异人的大哥、按惯例将在安国君即位后被立为太子的公子傒，新近与华阳夫人产生了不和。当吕不韦解释他的计谋时，不由你会把他比作一个高明的棋手，他那决定全盘的一子，正是从华阳夫人与公子傒某些小龃龉这点微细隙缝里插进去的。下这一子的前前后后，以及这一子投下后上下左右的人们将会作出何种反应，应该采取哪些对策，他也都早已设想得周密妥帖，不由你不信他的必然成功！

异人激动地说：先生所言，正是异人此生大愿。但不知我现在该做些什么，请先生不吝再教。

吕不韦说：不韦能得公子如此信任，当倾己所有为公子西游咸阳，说动安国君和华阳夫人，立公子为嫡嗣。在此其间，公子最好能多结交些邯郸宾客、各国往来使节和名士闻人，藉以广博见闻，传播名声。所需资财，公子可不以为虑，不韦虽贫，当尽力相助。

异人离席后退深深一揖说：先生诚能如计，异人愿与先生共掌秦国！

史书记载，吕不韦为实现他的奇谋，动用了千金资财，即以五百金给异人，供他广交宾客；再以五百金购买天下奇珍异宝，随身携带，入秦游说。

## 西游咸阳谈妥了一桩特大买卖

在秦国历史上，已经有过一位来自楚国的女子，成为后宫之主后，对朝政产生了巨大影响，那便是昭襄王时期的宣太后。

现在又来了一位，就是安国君的爱姬，已经被立为正夫人的华阳夫人[1]。以后，当异人即位为庄襄王时，她也当上了太后。

华阳夫人虽然最受安国君宠幸，却偏偏自己没有子息。

在中国古代社会里，处于这种生存状态下的女人，尽管锦衣美食，媵臣侍女成群，生活是那样优越；但每当她们临镜梳妆时，莫名的愁怅便会从眉间生来：花鲜难久，容颜易老；待到色衰爱弛时，又将何以自保呢？

华阳夫人也不会例外。

---

[1] 据林剑鸣在《秦史稿》中考证，这位华阳夫人，华阳为其姓，其母家可能为华阳氏。而华阳氏的来源，就是宣太后擅权时的"四贵"之一华阳君芈戎。

色，是她们的全部价值所在，是她们生命的支撑点。

一旦从眉间嘴角发现这一支撑点开始倾斜时，她们会立刻从女性天赋特有的功能中寻找一件代替品来勉强作为弥补，那就是她们的儿子（注意：不是女儿！）。所谓"母以子荣"，便是她们"色衰爱弛"后唯一能祈求到的最佳的归宿。

开始依赖丈夫，后来依赖儿子——这便是这个霸道的男权世界里留给女人藉以度过终生的全部位置。

可是华阳夫人没有子息！

这位显贵的女人内心这一隐秘的痛苦，无人识得，且又无处诉说。

如果有一个人，非但懂得和同情她的这一隐秘的痛苦，而且还为她出主意去解除这种痛苦，她会怎么看待他呢？——他会成为她心目中的上帝！

现在这个上帝已从邯郸来到咸阳，身边还带着价值五百金的奇珍异宝。

财富加上智慧，一旦获得权力的支撑，奇迹便出现了；不会生育的女人，很快将有自己的"亲生"儿子！

吕不韦来到咸阳后，第一件事便是找一座梯子。他深知一位太子夫人与一个商人之间，高卑之别无异天壤，不借助梯子是无法把他的计谋打入禁宫的。

梯子很快找到了，是华阳夫人的姐姐，也是从楚国嫁到秦国来的，此时又恰好与华阳夫人同住在咸阳宫里。吕不韦先给她送上几件珠宝，这女人便欢喜不尽，成了他忠实的代言人。

吕不韦说：某是王孙异人的朋友。异人在赵国十分想念安国君和华阳夫人，有一点孝顺之礼托某奉上，有劳大姨代为转送。

满盘满盒的奇珍异宝，还有专为华阳夫人缝制的华丽的衣裙，看得这位姐姐眉花眼笑。随口问道：不知王孙在赵国还想着故土否？

吕不韦说：某与王孙公馆对居，知道得最清楚。他日夜思念父亲嫡母，也思念你这位好心的大姨。王孙说他虽然出自夏姬，但真正疼爱他的还是华阳夫人，所以他从小就把夫人视为生母，称她为嫡母。如今他最大的心愿便是能够回国来侍奉父亲、嫡母，克尽孝道。

姐姐听得感动了，说：难得他倒还有这片孝心。又问道：王孙向来可安好？

吕不韦趁热打铁说：这话王孙本是不让我说的，怕父亲、嫡母为他担心。不过大姨不是外人，我想还是说吧。由于秦兵屡屡伐赵，赵王多次下令捕杀王孙，每次都是臣民们竭力保奏，才幸存一命。正因为这样，他也越发思念双亲，怕再有什么意外，无缘再见双亲一面。每遇王上、太子和夫人寿诞，及元旦朔望之辰，王孙都要清斋沐浴，焚香西望虔诚祝拜呢！

毕竟女人心软，这位姐姐听着听着居然流出了眼泪，说道：还是赵国臣民有好心，多亏他们保了王孙。

吕不韦接下话茬说：倒不是赵国臣民有好心，是王孙声名远播的缘故。他广交贤达之士，宾客遍布天下。人们都说他才能超群，前程不可限量。

吕不韦的这些话，连同他的丰厚的礼仪，一起来到秦王宫，进入了华阳夫人的视听。

珠宝、衣裙，件件、样样竟都像自己精心挑选过似的合乎心意；那些以为当真出自异人之口的话，更为这位寂寞深宫的贵妇人带来了莫大的安慰。华阳夫人喜出望外地说：王孙真是这样想念我吗？

姐姐说：那还有假吗？异人这孩子，从小我就看出，是最有孝心的！

华阳夫人说：姐姐，你就代我去谢谢那位邯郸来的客人吧，再问问他还有什么话想说。

听到传来这个话，吕不韦掂出已到了说那几句最关紧要的话的火候了。便假装不知又小心翼翼地问：夫人跟前如今有几位公子，他们可都安好？

姐姐说：夫人没有亲子。

吕不韦惶恐地离席施礼说：失礼、失礼！下人不该如此唐突上问，还望大姨恕不韦无知之罪！

姐姐说：贵客不必如此。夫人说，你还想说什么尽管说吧！

吕不韦说：既然夫人不辱下问，不韦斗胆进言。古来有句箴言：以色事人者，色衰而爱弛。自然夫人如今依旧美艳绝世，且正得太子专宠，但有道流光易逝，似也应预为远虑。不如趁这时在诸公子中择一贤孝而可望成事者，立为嫡子。如此则王上百岁之后，所立之子得以嗣位为王，夫人便将终身成为后宫之主。不然，他日一旦如古箴所言，那就后悔莫及了呢！

姐姐频频点头说道：贵客说的真有道理！

吕不韦说：在下原系外人，本不该说这个话。但我既是王孙好友，似也不妨以亲见目睹者的身份说几句话。以不韦多年结交看来，王孙异人之贤孝，如今之世已极为难得。他又自小视夫人为生母，夫人若果能拔择立为嫡子，何愁不能永保宠幸于秦宫呢？

华阳夫人已完全为吕不韦所说动，于是便施出通常得宠中的女人那几种惯用手法，诸如或柔情脉脉，或哀哀泣诉之类，去征服身边的男人。软弱的安国君，据《史记·吕不韦列传》记载，未经三两个回合便被枕头风煽倒，竟至发誓赌咒，与华阳夫人刻符为信，立异人为嫡嗣。

但安国君虽早已年过四十，却还在做太子；此时秉掌国政的，仍然是他的父亲、已渐入暮年的昭襄王。安国君几次想乘机向父亲提一提立异人为嫡嗣的事，无奈此时的昭襄王满脑子装的全是如何进一步征服赵国，要派使节去与赵国交涉、从邯郸接回质子这一类话，他一句也听不进去。

吕不韦此时还留在咸阳。看看宫内没有传出大的动静来，又下了一子：去说动华阳夫人的弟弟、得到昭襄王重用的阳泉君[1]。

一见到阳泉君，吕不韦就来了个先声夺人：足下之罪已当死，足下知之否？

阳泉君不以为意：我有何罪！

吕不韦说：临深履薄而还不自知，这就更加危险。足下只要这样想一想便可明白：您

---

[1] 吕不韦入秦游说对象，《史记·吕不韦列传》记为华阳夫人，《战国策·秦策五》则为华阳夫人之弟阳泉君，两书所记时间相隔近十年，可能有误。此处只是为了叙述方便，才把它们连在一起的。

自己不用说，连您的门下，也一个个高位厚禄，骏马盈于外厩，美女充于内庭；而即将被立为太子的公子傒，却门庭冷落，几案生尘，至今无一人逞意。安国君春秋已高，且又多病；华阳夫人虽有宠，却无嫡嗣。一旦公子傒被立为太子而继位，又有像士仓那样的大臣在一旁辅佐，华阳夫人必然被弃之如敝屣。到那时，如今公子傒门下那些人对足下多年积下的妒忌和仇恨就会一并爆发出来，足下身无双翅，难道还能脱此杀身之祸吗？

阳泉君听着不由大惊，问：为今之计，当如何是好？

吕不韦说：不韦有一计，可保君长寿百岁，富贵永驻。足下愿意一听吗？

阳泉君跽身一揖说：领教！

吕不韦说：公子傒虽为长男，然庸碌而无贤名，且其母又不获宠幸。今有王孙异人，贤德闻于国中，声名远播诸侯。可惜王孙羁留赵国多年，日夜引颈思归。如今华阳夫人已有意立为嫡嗣，足下若能说动王后，转达王上，迎归王孙异人，便可使夫人无子而有子，异人无国而有国。若果如此，未来秦王和太后都将深记足下大恩，足下不仅可以永保无虞，还可长享富贵，世世无穷。

阳泉君缓颜颔首说了一个字：诺！

几天后，从王后那里传下话来说：王上已经恩准，但等赵国愿意请和，即派使节迎归异人。

就在这同一天，吕不韦奉召第一次以贵客身份踏进了巍峨的秦王宫。作为一个商贾世家出身的商人，他享受到了祖祖辈辈都没有享受过的荣耀。一见这位奇特的阳翟巨贾，安国君和华阳夫人都非常高兴。商谈结果都很满意。只是还有一点担心：赵国方面若是从中作梗，该如何是好？

吕不韦提出再以千金去赂贿赵国相关掌政者，当不会再有难处。华阳夫人再三感谢，一面捧出厚礼回赠吕不韦，一面说动安国君，预拜吕不韦为异人的太傅。临走时，又让吕不韦随带黄金三百镒，新制衣裳一箱，转送异人，并传语王孙：母子相见已指日可待，望不要过于忧伤。

吕不韦在咸阳做成了这桩生平最得意的特大买卖后，便启程回邯郸。

车马进入自己下榻的公馆，众僮仆便忙着前来卸驾、系马、搬运箱笼。吕不韦拍拍两袖旅尘，心头猛然涌起一阵难以抑制的兴奋，觉得自己未来的居住地将不再是这样低矮的公馆，而应是巍峨的宫阙；手下指挥的也不会只是这几个僮仆，而该是千军万马。正这么想时，随着几声佩环叮当，飘来阵阵馨香，袅娜走出一个丽人来，且启口娇声说道：良人一路可好，贱妾在此有礼了！

本章题目里有三个男人，一个女人，一个孩子。已经出场了两个男人——吕不韦和异人，现在又来了这么个女人。至于那孩子和第三个男人，还早着呢！

# 众说纷纭的赵姬妊娠之谜

## 一场从司马迁延续至今的争论

人类曾经在自己的一个发展阶段上,把同类中一部分称作奴隶的人当作了商品,拥有者可以自由买卖他们。尽管奴隶制度早已灭亡,但是人类永远不会忘记自己躯体上曾经有过这一耻辱的印记。

新兴的地主占有制在战胜古老的奴隶主占有制过程中,渐次兴盛起来的商品经济立下了不容忽视的功劳,这是它对人类历史发展作出的最初贡献。

但是商品经济发展到一定程度,在有些地方或有些时候,就会分泌出一种显影液来,人类躯体上那个老旧的耻辱印记多少作过一点变化或隐或现地再度显示出来。

春秋战国正是商品经济已发展到了这个程度的时代。

在当时诸侯国国都等著名大城市,大体都是"面朝后市"的格局,即南区为政治中心,北区则为商业中心。在酒楼茶肆林立、四方商贾云集的商业区里,自然少不了鼓瑟击筑、斗鸡走狗等等娱乐活动,同时也少不了一种半商品化的女性,那便是商女。

商女,就是人类最初那个耻辱印记的部分复现。

商女的命运,只要看一看加在她们头上的"商"这个修饰词,便不难品味出其中的辛酸来。

这类商女,在邯郸该是特别多的。邯郸自周安王十六年(公元前386年)赵敬侯建为赵国国都后,很快就成为中原地区著名的繁华城市。有个大家熟知的"邯郸学步"的故事说明,邯郸人的生活方式以至衣著打扮,在当时一定是很新潮的,以至连他们走路的样子也成了列国少年追慕的时尚。《汉书·地理志》说到邯郸之地民风时,有这样一段记载:"故丈夫相聚游戏,悲歌慷慨,起则椎剽掘冢,作奸巧,多弄物,为倡优。女子弹弦跕躧(diēxǐ 脚穿无跟之履小步走),游媚富贵,遍诸侯之后宫。"

当吕不韦回到自己下榻的公馆时,盛装迎候在门口的便是这样一个"游媚富贵"的商女。

这个卑贱的女人,此刻怎么也不会想到,若干年后她将对秦国历史施加那样大的影响。因为卑贱,甚至连像样的姓名也没有留下一个,史书都称她为"赵姬",那不过是说生于赵国的一个女子而已,算不得正式姓名。

不过说这个女人卑贱，是就当时她所处的社会地位说的。在女人世界里，她却分明是一个佼佼者，拥有别的女人可望而不可即的一切。特别在她自己心目中，很可能认为自己始终是一个强者，无论沦落陋巷被人贱视的时候，还是入主后宫被人敬慕的时候。她与男人不同自不必说，与别的女人也不同：她始终坚持以一个女性的眼光看待这个世界，并尽力追求女性最需要的一切。

吕不韦回到邯郸后，异人不再是过去的异人。他有资财，有理想，自然也不再无所事事。他忙得很了，除了广交宾客，还得去学习和熟悉做一个国君应该具备的知识、权谋以及礼仪等等。

吕不韦也不再是原先单是经商的吕不韦了。他现在已经是未来太子的太傅，未来国王的丞相。他所研读、思考的范围自然比过去广泛得多。此外，他还得身带重金，到赵国朝堂上下去游说、斡旋，为异人的回国创造条件。

与此同时，原先的"空质子"异人也陡然升值。先是邯郸上层，接着是贵族子弟以至国民，人们都知道这个曾经是"空质子"的异人，很快将被立为秦国太子的嫡嗣。这种身份的改变既使他受到了人们的尊敬和重视，却也为他带来了与此相应的危险。

这期间，他们两人肯定常常在一起，为着一个共同的目的而相互切磋琢磨，并随时警惕着猝然降临的意外。如果说他们之间有过友谊的话，那么正是在这种时候，而不是后来一个当上了国王、一个做了丞相的时候。

不知是幸还是不幸，这两个男人中间还夹着一个女人，她便是商女赵姬。

赵姬姿容姣美，能歌善舞，很快赢得年轻富商吕不韦的钟情，还在吕不韦结识异人以前，她就成了吕公馆的女主人。这在吕不韦方面，多少有点逢场作戏的味道。但在赵姬以及与她同命运的姐妹们看来，这或许还是赵姬的一个不小的成功。如果这真的可以称之为成功的话，那么她的更大的成功还在后头。此后不久，事情发生了极富戏剧性的变化：赵姬正式成了王孙异人的妻子，而且很快怀孕了，生下了一个小男孩。

赵姬既然与两个男人有过亲密接触，那么小男孩的父亲究竟是谁，局外人无从知晓。单是这一点，它就可能演化出多个有趣的民间故事来。但引人关注的远不止这一点。因为这个小男孩不是别人，他正是二十九年后那个手持太阿剑、削平关东六国，做了一统天下的始皇帝的嬴政！"母以子贵"，赵姬理所当然地成了中国历史上第一个帝太后。这便由民间故事而一跃成为被庄重地写入了正史的重大事件。一直停留在民间故事阶段的事情很好办：人们爱怎么说就怎么说；怎样说有趣就怎样说。一进入正史，事情就变得复杂起来。以严谨著闻的史学家们不要说字字句句，就连一个字中的点画撇捺都要从三坟五典那里找到足够根据才肯落笔的。此事后来倒真可说是事关重大，但起初实在属于两个男人与一个女人之间的感情纠葛，又如何能点画撇捺都有文献典籍为据呢？

于是沉寂的历史论坛便热闹起来：众说纷纭。

《史记·吕不韦列传》是这样说的——

吕不韦取邯郸诸姬绝好善舞者与居，知有身。子楚（即异人，被华阳夫人认为己子后，改此）从不韦饮，见而说（通"悦"）之，因起为寿，请之。吕不韦怒，念业已破家为子楚，欲以钓奇，乃遂献其姬。姬自匿有身，至大期时，生子政。子楚遂立姬为夫人。

《史记》的这段记载说明，吕不韦虽然事先知道赵姬已有身孕，但当异人一见钟情提出要娶她，开头他还颇有些恼火："吕不韦怒"；后来因为想到已经为异人立太子事弄得倾家荡产了，为着那个"钓奇"的目的，不想恶化双方关系，才把赵姬献给异人的，其中多少含着一点无奈。至东汉，第一个为《吕氏春秋》作注的高诱，仍依司马迁所说，并未节外生枝，枝上添花。

继司马迁之后又一位大史学家班固，在他写的《汉书》中索性把秦始皇由嬴姓改为吕姓，称吕政。宋代裴骃在《集解》中作了这样解释：

吕政者，始皇名政，是吕不韦幸姬有娠，献庄襄王（异人即位后称此）而生始皇，故云吕政。

《汉书·王商传》引太中大夫的一段话，更把这说成是吕不韦预设的一个阴谋——

秦丞相吕不韦见王无子，意欲有秦国，即求好女以为妻，阴知其有身而献之王，产始皇帝。

这样到了宋代，在《资治通鉴·周纪五》中，便出现了这样一段正式记载——

吕不韦娶邯郸诸姬绝美者与居，知其有娠。异人从不韦饮，见而请之。不韦佯怒，既而献之，孕期年而生子政。

司马光不愧为大手笔。他的记载，大体采自《史记》，只加了一个字，便使含义发生了质的变化。司马迁说"吕不韦怒"；司马光也说怒，但却是"佯怒"。佯者，假装也。正是这个"佯"字，活画了吕不韦的诡谲与奸诈。《史记》里吕不韦的某些无奈的成分不见了，一切出自他精巧的安排。这也就是说，转让有孕的赵姬是吕不韦的又一个、而且是比说动华阳夫人立异人为嫡嗣更大的计谋；不妨把这个计谋叫作"嫁接术"，就是说要使嬴姓的秦国变成他吕姓的秦国！

至近现代，这一观点仍然为不少学者所接受，有的还作了进一步发挥。如前些年出版的郭志坤的《秦始皇大传》，就有这样的描述——

当他（指吕不韦）知道赵姬有孕后，便拨动他的如意算盘："我要是把赵姬献给异人，如果生一个男孩，是我的亲生儿，继承王位，就是吕氏的后代。这也就不枉我倾家荡产下这个赌注。"于是吕不韦精心作了安排：他请异人喝酒，席间让赵姬歌舞，并命赵姬不断向异人敬酒，异人被弄得神魂颠倒。酒席散后，异人请求吕不韦送赵姬给他为妻。吕不韦假装发脾气，异人苦苦哀求，吕不韦"欲以钓奇，乃遂献其姬"。

至于上述情节一进入明清以来的演义一类小说，如冯梦龙的《东周列国志》，蔡东藩的《前汉演义》等等，那就更为自由地展开想象的翅膀，往往让吕不韦与赵姬合演"双簧"，引诱异人入套。一个是老谋深算，一个是长袖善舞，再加上一个初尝禁果时的乍惊乍喜，让人眼花缭乱，神荡魂摇。

但是，难道事情真是这样富有戏剧性吗？吕不韦真是如此这般设下圈套把身怀六甲的赵姬出让给异人的吗？嬴氏的天下真是通过这一奇谋变成吕姓的吗？

## 两位郭先生的论战

首先对此心存疑虑的似乎不是别人，正是司马迁自己。

《史记·秦始皇本纪》是专为秦始皇立传的，司马迁对秦始皇身世的说明，似应以本纪为准。

> 庄襄王为秦质子于赵，见吕不韦姬，悦而取之，生始皇。

如果没有同是出于司马迁手笔的上述《吕不韦列传》中那段引文，单读这一段文字，只能得出嬴政为异人亲生的结论。

到了《吕不韦列传》中那段文字流传一千多年后的明代，王世贞、汤聘尹等人也开始提出怀疑，认为这样的事吕不韦、赵姬不说，别人"乌知其（指始皇）非嬴出也"；并认定所谓"吕易嬴之说"系"战国好事者为之"（分别见各自所著《读书后记》、《史稗》）。至清代，先后问世的梁玉绳《史记志疑》和崔适《史记探源》，都以为《史记》所记赵姬已孕而嫁异人事不足凭信。梁玉绳并认为如果联系前后文来看，其实司马迁也是否定此说的，只是人们"自误读《史记》耳"。现代学者持否定观点的更多一些，且语气较为坚定，如郭沫若在《十批判书》中说："可以断言：秦始皇是吕不韦的儿子的话，确实是莫须有的事。"马非百在《秦集史》中说："不韦纳姬一事尤为诞妄。"

综观这些持否定观点的论述，大致可分为两类，一类为误记说，一类为篡改说。

关于误记说。

此说主要根据是《战国策》只记有吕不韦入秦游说事，未记其还有向异人让姬事。而且此书记吕入秦游说的时间是在安国君已即位为孝文王时期，其时嬴政早已长成一个十岁左右的大孩子，根本不可能再发生赵姬已孕而嫁异人那样的事。因而认为这类说法，可能是当时流传较广但并非实有其事的传说，司马迁误以为真而记入了列传。

至于当时那些传说的来源，说法也有多种。王世贞提出两种可能：一是吕不韦自己编造出来的，目的是想用以暗示秦始皇：我吕不韦才是你亲生父亲，应该让我长保富贵。二是吕不韦的那些门客编造出来的，目的是泄愤。他们借此骂秦始皇原是私生子，并使天下人都知道，秦国实际上比山东六国任何一国灭亡得更早——它早已由嬴姓变成了吕姓。郭沫若另辟一说，认为是西汉初年吕后称制时，吕氏之族那些人编造出来的，目的是抬高吕氏之族的身价。吕后的父亲吕公，原籍与吕不韦的封地为近邻，吕公还有可能是吕不韦的族人。当然，即使不是族人，他们也可以安上某种关系，认吕不韦为他们族祖，秦始皇为其族父。这样，他们便可以对刘氏党人说：天下原本是我们吕家的天下，你刘家还是从我们吕家夺去的呢！

关于篡改说。

此说认为《史记》曾经被人篡改过。如崔适就说：《史记》本属今文经学，由于刘歆的篡改，乃杂有古文之说[1]。梁玉绳并具体说到《史记·吕不韦列传》就可能被刘向"以己异闻改易彼书"。至于直指我们上面引过的那段文字是经人篡改的，则见于不久前出版的《剑桥中国秦汉史》第一章：《秦国和秦帝国》。文中说——

有充分理由认为，这一句描述不寻常的怀孕期的话（指前引《史记》原文中"至大期时"一句），是一个不知其名的人加在《史记》之中的，为的是诽谤秦始皇，说明他政治的和出生的非正统性。要做到这一点，难道还有什么更好的办法，即不但把他说成是私生子，而且把他说成是商人之子？这句插入的话——还有以后出现的其他相同的情况——取得了明显的效果，因为直到近期为止，关于秦始皇是私生子的说法几乎没有人怀疑过。

上述肯定、否定两种观点，有些学者在论述时是对立着提出来的。为使读者有一个大致了解，我选摘其中两家，巧的是两位先生都姓郭：郭沫若与郭志坤。

郭沫若在《十批判书》中说——

这传说虽然得到了久远而广泛的传播，但其本身实在是可疑的。第一，仅见《史记》而为《国策》所不载，没有其它的旁证。第二，和春申君与女环的故事[2]，如像一个刻板印出来的文章，情节大类小说。第三，《史记》的本文即互相矛盾而无法说通。它既说秦王政母为邯郸歌姬，然而在下文又说，"子楚夫人，赵豪家女也"，这怎么说得通呢？而且既是"大期生子"，那还有什么问题呢？"大期"据徐广说是大过十二月，据谯周说是大过十月，要说不足月还有问题，既是大过了十二月或十月，那还有什么问题呢？

郭志坤在《秦始皇大传》中认为，郭沫若的"三点疑点是可消除的"——

---

【1】这段文字中提到的"今文经学"与"古文经学"是汉代经学的两个学派，详见我写的《大汉帝国》引言和第六章第一节。刘歆为汉皇室成员、刘向之子，学术上属古文学派。

【2】事见《战国策·楚策四》。楚考烈王没有儿子，进献了好些明明能够生育的女子也无效。赵人李园想把他的妹妹献给楚王，但疑心楚王患不育症，便设法让她先去侍奉国相春申君直到怀孕后再献给楚王。后来李园妹妹做了王后，生下的儿子便成了楚幽王，李园之计完全成功。参见本节后文。

第一，《史记》的记载有不少为《战国策》所不载，没有旁证，照样保持《史记》的真实性。如《史记》记载的尉缭事迹为《战国策》所不载，于是有人认为"不足尽信"。近年在山东银雀山发掘的一号汉墓中，出土之竹简《尉缭子》一书，充分证明了《史记》记载是可信的。

第二，春申君与女环的故事出于《战国策·楚策》。《史记》所载的故事与此相类似，并不能否定《史记》记载的真实性，只能说明这种斗争手段在当时是被不少政治上的风云人物所运用的。

第三，并没有自相矛盾。司马迁说吕不韦"邯郸诸姬极好善舞者"，此"姬"即为"赵豪家女"，这完全说得通。钱大昕也解释说："不韦资助之，遂为豪家。"

某些学者们对秦王政为吕不韦私生子一事持否定态度，无非是想抬高秦始皇的声望，其实没有必要。说秦始皇是私生子，并不影响他统一中国的伟大形象。历史上常有这样的人物，出身卑贱的，而所干的事业是伟大的。伟大的人物是私生子不乏其人，如孔子是私生子，耶稣也是私生子，但并没有因此而损害他们的形象。

## 我的门外陋见

对这样的专门问题，我这个历史学的门外汉原本没有资格饶舌的。但既已写到这里，顺便也来说几句，只图凑个热闹。

我再三读解《史记·吕不韦列传》上面已经引过的那段文字，觉得司马迁落笔时是经过慎重考虑的，态度是严肃的、负责的，在没有得到有说服力的否定根据以前，我还是相信司马迁的记述。

不错，《史记》的这条记载没有从《战国策》找到根据，但《战国策》也并非是一部把战国时期发生的所有人和事都包罗无遗的书。司马迁在写作《史记》前，不仅有充分的案头准备，还南游江淮，北涉汶泗，做了大量的实地考察研究，《史记》中许多新鲜活泼的材料，正是通过他这样辛勤劳动得来的。此外，从《战国策》到《史记》还存在着一段将近一百年的时间距离。发生于其间的最重大的历史事件便是秦帝国的灭亡和汉帝国的建立。就像我在本书《引言》中提到过的那样，当一个王朝被推翻时，它的黑暗面便会被充分地揭露出来，有时会达到不惜夸大其词甚至无中生有的地步。像秦始皇是吕不韦私生子这样一类社会性极强的传闻，当时肯定会有很多，并有多种"版本"。它的原初来源绝不会是吕不韦本人，也不大可能是他的门客，吕后称制时的吕氏之族似乎更加勉强。可能性较大的，我觉得还是先后与异人、与嬴政争王位而相继失败了的那些王子们。当时范围大概还限于秦王宫之内，渐渐流入到民间，但还处于潜流状态。一到秦帝国灭亡，胜利者的汉帝国自然会很乐意地利用这种传说，于是潜流遂成洪流。

当司马迁为秦始皇、吕不韦立传时，他当然也可以单以文献如《战国策》为据加工写出，但他认为一个真正的史官是不能无视大量流散在朝野的各种传说的。只是此事起初原属两人世界中的隐私，除非当事人复活，也实在无法得到权威性的证实。但传说的可信度却又不容轻视：因为只要赵姬曾经与吕不韦有过同居关系属实，那么离怀孕也就只有微小一步了。写，还是不写？相信要使自己著作"藏之名山，副在京师，俟后世圣人君子"（《史记·太史公自序》）的司马迁，是经过了慎重考虑的。最后决定，只把它写进《吕不韦列传》而不入《秦始皇本纪》。这种处理不知是否可以作这样猜想：作者因无法获得实证而存有某些保留态度呢？

至于"至大期时"一句，首先是梁玉绳，接着是郭沫若，两位前贤似乎相继理解错了。梁氏、郭氏各自在上文已提到的著作中以略有差异的文句，提出了一个相同的诘问：月份不足才可疑，既然过了十月或十二月还有什么可疑呢？但我细读原文前后文，却觉得司马迁所以要加这一句话，恰恰不是在"生疑"，而是在"释疑"。因为如果嬴政像平常孩子那样怀胎十月即出世，那么扣去怀孕至让姬这段时间，不就变成早产了吗？真要是那样，当时就不可能再成为秘密。偏偏嬴政是"大期"生的，其超出常期的那段时间，恰好用来填补从怀孕到让姬所需的时耗，这样出生时似乎一切正常，这才得以暂时瞒过异人和世人。我猜想这大期生一说的发明权不是司马迁，而是传说作者。传说在流传过程中有人发觉了这个时间上的漏洞，于是便想出了这样一个修补的方法，司马迁也就照实录出。但大期不大期这样的事，除了赵姬本人谁能知道呢？而且也太巧了，巧得反而使人生疑。此说的实际效果确实有点出于原作者和实录者的意外：欲盖弥彰。

不过我相信的是司马迁记述原文的本意，即让姬之事并非出于吕不韦初衷；不连带后来人们据此引申、联想出来的那些说法，如像郭志坤君《秦始皇大传》中所说的那样，吕不韦"知道赵姬有孕后，便拨动他的如意算盘：我要是把赵姬献给异人，如果生一个男孩，是我的亲生儿，继承王位，就是吕氏的后代。这也就不枉我倾家荡产下这个赌注"，于是便设下圈套叫异人去钻，等等。后人当然有权引申和联想，但要尽可能符合当时的客观实际，符合生活于其时其地的人物心理，即要合情合理。看吕不韦的一生行迹和读他组织编撰的《吕氏春秋》，我觉得他固然有很高的智慧，有远大的胸襟，但同时又是一个极具实际感的人，从不作泛泛空想。在让姬前后这段时间里，吕不韦已经花去了千金以上的财资，而他所得到的，实际上还只有安国君与华阳夫人愿意立异人为嫡嗣这样一句口头承诺。因此，这期间他的主要心力都集中在如何使异人顺利回国并使口头承诺转化成为现实这样一件复杂、艰难的大事上。在这种情况下，怎么会忽然分出心力来去筹划那个虚茫而又遥远的"移花接木"之计呢？后来的人们因为已经看到嬴政当上了秦始皇这样一个事实，再返回去推想当时的吕不韦，就很容易凭主观臆测认定他一开头就"拨动过他的如意算盘"。但这种"倒果推因"思维方法，却往往难免违反实际。实际情况是，处于事件起端时的吕不韦，真要有那么一把如意算盘，拨起来却很不如意——其间横亘着多少个吉凶未卜的难关啊！首先是生男生女未卜；即使天幸而生下男孩，能否被当上秦王后的异人立为太子未卜；即使立为太子，能否即位为王也未卜。更何况，就连异人本人，能否回国，能否被立为嫡嗣并成为太子，能否继承王位，都还尚属未卜呢！此外，这时昭襄王虽已进入暮年却还健在，此老何时死，安国君即位后又何时死，更唯有天知道！可如果他们不死，异人的王位尚悬在天上荡秋千，又遑论那块男女未卜的腹中之肉呢？况且异人在争夺储君之位时还将会有多少凶险？在这种情况下居然有人便一厢情愿地拨起如意算盘来了，此人实在神乎其神到了令人不可思议，与通读《吕氏春秋》并稍稍作过一点研究后留在我脑海中的吕不韦相距实在遥远而又遥远！

写到这里，我才忽然想到是否对赵姬妊娠问题花的笔墨过多，惹得读者生厌了！果真如此，还请诸君鉴谅。不过我再想想，觉得此事在现代人看来，无非是茶余酒后的谈笑资料，但在人类历史发展的某个阶段却实在是一个极为庄重的大问题。这与郭志坤君说的秦始皇是不是私生子、他的形象伟大不伟大，恐怕是两码子事，那是把这个古老的命题进行了一番现代化改装的结果。这事的本质关联到整个宗法社会赖以为基础建立起来的血缘关系问题。血缘关系无疑会长期存在，可能将与人类共始终。但在人类社会发展的某一个相当漫长的时期内，它曾被提到至高无上的地位，高于人的其他任何属性。早在父系氏族社会，人们便以处于家长或族长地位的男子为中心，以与这个男子血缘关系的亲疏、尊卑为依据，确定该家族、宗族中其他成员的地位、身份，并以此为纽带，共同团结起来，去对付凶猛的野兽，抵御自然灾害和抗击外族入侵。进入夏、商、周后，统治者更把这种维护父权家长的"亲亲"、"尊尊"观念，与王位的继世承续紧密揉合在一起，形成了一整套被认为是天经地义的宗法制度，前人曾不无贬意地称这种制度为"家天下"。试想，后来当上了"始皇帝"的这个小男孩，真的不属嬴姓而是吕姓血统，那么这"天下"也就从嬴家变成了吕家，在"家天下"的语境下，这该是一个多么严重的事件啊！由此可见，血缘关系在人类历史上曾经起过极其重要的作用。不了解这种作用，倒过来讥笑古人对它的过分重视，那我们自己也难免要被历史笑为浅薄。当然，同时也应看到，随着社会的不断发展，血缘关系终究将逐步淡化并最后退出社会领域，特别是政治领域，而只存在于家庭及亲属关系之中。只是在本书所叙述的时空范围内还远没有发展到这样的阶段。有一出流传很广的元人根据《史记·赵世家》编撰的杂剧《赵氏孤儿》，其本事发生于春秋晋国景公三年（公元前597年）。大夫屠岸贾弄权将赵朔一家斩尽杀绝，唯有身怀六甲的赵朔之妻得以脱逃，并生下了一子。屠岸贾的阴险凶残之心正是受着血缘论支配的，即所谓斩草必须除根，务必杀死赵氏这唯一后裔，戏剧便围绕赵朔友人公孙杵臼、程婴如何保护住作为传承赵氏血脉的唯一根系——赵氏孤儿展开。他们费尽周折、历尽艰险，甚至不惜用自己孩子去代替被杀以瞒过屠岸贾，最后还赔上了他们两人自己的性命，才终于将这一孤儿保护了下来并抚养成人。在这里，运用现代人的价值观是怎么也解释不通的：一个刚刚出生的孩子，他的价值何以一定会高于另外一个孩子和两个成人呢？因而当《赵氏孤儿》传入欧洲，引起生活于18世纪的法国著名启蒙思想家伏尔泰的兴趣，将其改编成为戏剧《中国孤儿》的时候，就根据新的价值观作了若干重要的改动。譬如程婴将自己出生才半个月的儿子代替赵氏孤儿去受戮，是该剧的高潮所在，原剧程婴之妻并不反对，而改编后的《中国孤儿》却让她作为一个母亲发出了这样的抗议：为什么要用我的孩子的命去保别人孩子的命？这一声蕴含着近代人文精神的呐喊，耐人寻味，发人深省。但应当说，它完全是属于伏尔泰或经过启蒙运动后的法国妇女的，不属于中国古代。自汉至元一千余年读《史记·赵世家》的读者，元及元以后数百年坐在剧场里看《赵氏孤儿》的观众，都不可能发出这样的呐喊。

至于当事人公孙杵臼、程婴更连想也不会这样想。他们在整个事件过程中，自始至终被一种极其崇高的感情控制着。这种神奇的感情，使他们甘愿承受人世间一切痛苦和屈辱，而且至死无悔无怨。这种同样基于血缘论的感情使他们认为自己正在做着一项天地间最庄重的事业，这项事业便是：保护好赵氏一支血脉，使它不致断嗣绝祀。由此我们多少可以看出，春秋战国时期人们对血缘关系的认识，大致就处在这样一个阶段上。翦伯赞先生在《秦汉史》中说："秦始皇是不是吕不韦的儿子，这与秦代政权的性质，并无多大关系。"是的，这在我们现代人看来，它与秦帝国政权的性质的确可说毫无关系；但翦先生似乎忘了补充一句：它对嬴秦宗室或吕氏宗族来说，那关系可就太大啦！不仅如此，即使是非嬴非吕的人们，也有一个依据当时的是非观念重新判定这个政权是否属于篡夺，即是否属于正统、因而究竟是拥护还是反对这样一个大问题。在历史上，此事之所以终于没有引起轩然大波，我想大概主要是由于秦帝国过于短促的缘故。在人们来不及看清事实本相的倏忽之间，历史老人就突然宣布一切已成过去！

我啰嗦了这么些，丝毫没有想要从"赵姬妊娠"这类"秘闻"中发掘出对现代人还有什么重大意义的意思。这类事对于现代人，确实只能当作茶余酒后的谈资而已。这是好事，不是坏事。因为它恰好说明公孙杵臼、程婴的时代毕竟早成过去，社会已向前发展了好长一段进程。但我们都是"过来人"。人类社会就是这样发展过来的。认识人类童年时代、少年时代的某些外形、内在的特征，就会像翻阅自己童年、少年的照相簿或日记那样，获得某种特别的意味、情趣以至人生感悟。从这个意义上说，认识古代人类社会，也就是认识我们自己。不知读者诸君以为如何？

## 可惜听不到赵姬的声音

不过作为一个普通的现代人，我更为关注的是这个事件的真正的主人公赵姬，她究竟是怎么想的？

女人毕竟也是人呀！

但是遗憾得很，在男人统治的世界里，在男人写的史书中，赵姬成了一颗被人随意移来摆去的棋子，很难见到她的真实的自我。

崔适的《史记探源》对赵姬妊娠事也有考证，我读到他的结语："果为谁氏子，惟始皇母知之耳，后人焉知之？"不由大笑起来。真的，怎么不见赵姬出来说句话呢？

在《战国策·楚策四》中，我终于看到了一个在类似事件中有独立主张的女性，她就是上面引文中郭沫若提到的"春申君与女环的故事"中的女环。当她在哥哥的牵合下，与春申君同居而发觉已经怀孕时，便大模大样去向春申君献计，口气完全像一个说客。她先说了春申君相楚二十余年目前如何得到老楚王的信用，接着又说了一旦老王去世、新王继位后春申君将如何遭到杀身之祸，然后便转入正题——

今妾自知有身矣，而人莫知。妾之幸君未久，诚以君之重而进妾于楚王，王必幸妾。

妾赖天而有男，则是君之子为王也，楚国尽封可得，孰与其临不测之罪乎？[1]

关键是最后一句：一种做法您将遭到杀身之祸，一种做法您可以获得整个楚国：请您比较一个吧，哪一种做法好些呢？

结果是："春申君大然之"，完全被她说服。

由此，我觉得不妨尝试着代为赵姬设想一下，她会怎样做。如果考虑到她后来那些敢做敢为的行迹，她也似乎很有可能在其中显示自己的独立主见。譬如——

第一，她可以主动在吕不韦与异人之间进行选择。既然这个社会使她成了商女，那么作为这件商品的主人，她当然有权选择买主。也许，那个被认为是吕不韦设下令异人就范的圈套，正是赵姬自己设下的也说不定。

第二，她可以以自己已孕为由，以秦国将由嬴姓转向吕姓为饵，使吕不韦心甘情愿地让她从一个怀抱转向另一个怀抱。

第三，或者，实际上她根本就没有怀孕也可以照第二法做。而当后来生下孩子并非"早产"，吕不韦追问起来，她便可用"大期生"一说挡之。

没有根据说赵姬这样做过，但如果她真的这样做了呢？我以为她既然已经成了商女，这样做也未尝不可，既不违反法律，也合乎商女道德。

当然，这一切都属胡编乱造。我的用意无非是想对这个男人统治的世界稍稍提醒一下：不要太迷信于自己的霸道，实际上女人常常要比男人精明得多，只是你们傻乎乎的被蒙在鼓里罢了！诸君若还不信，请允许我亵渎一次先贤：如果司马迁是女性，这段记载还会是这样写吗？

无论如何，这个"不明其父，但知其母"的孩子终于出世了！

时间是秦昭襄王四十八年（公元前259年）正月，地点在赵国国都邯郸。以出生地为氏，姓赵氏；又因生于正月而取名为政。据此，这个小男孩应为赵政，但因我在本书《引言》脚注中已作过解释的原因，我们还是姑且按习惯叫他嬴政吧！

嬴政出生时，吕不韦、异人都还在邯郸，他们都该是高兴的。但一年前长平惨祸留给赵国人的悲痛还没有全消，飘浮在他们心灵上空的那片由秦国制造的可怕的阴云，还没有散尽；长平城郊，那巨大无比的土坑边上初次长出了青草，土坑内四十万赵国将士尸骨未寒。

因而当这个不寻常的小男孩呱呱坠地时，第一口呼吸到的空气，便是阴冷的，带有血腥气的。

更为不幸的是形势还在迅速地向险恶的方向发展。

一生杀人如麻的秦国名将白起，在尽坑长平降卒后还迟迟不肯班师，几次派人向咸阳

---

【1】这段引文的大意是：如今我知道自己已经怀孕，可别人谁都还没有看出来。我得到您的宠爱时间不长，在这种情况下，如果您能凭借自己高贵的地位将我献给楚王，楚王一定会宠爱我。倘若我能托庇上天之福生下一个男孩，那么等于说您的儿子将来要成为楚国国王，整个楚国都可以得到。这样做，与您将要面临的杀身之罪，究竟是哪个好呢？

飞报，请求昭襄王准许他继续率领胜利之师，一举荡平邯郸。邯郸数十万臣民，包括这个出世不久的小男孩，命悬一线。后来只是由于范雎与白起争宠而范雎得胜，白起才不得不应昭襄王之召班师回咸阳。邯郸上空终于云开日出了吗？不，要进攻邯郸，要征服赵国，这是昭襄王的既定策略。作为那个时代的男人和那个时代的政治家，昭襄王心胸中装的全是如何建功立业，从不计较为此而要付出多少人性命，更不会想到其中还有他的一个孙媳妇和一个曾孙子。果然不出半年，他先后派出由王陵、王龁率领的数十万秦军，犹如汹涌的怒潮滚滚北上，把邯郸围了个水泄不通！

这时候，小男孩才满二周岁，刚刚学会跌跌撞撞走路，咿咿呀呀说话。尽管他无法弄懂，他们家似乎与邻家不同，常常要东躲西藏，好像老虎单是要吃他们家人似的。但有一点还是叫他开心，那就是除了母亲，他们家还有两个大男人，也都非常喜欢他，一个叫父亲，一个叔父。

这一天，正当一家人玩得开心的时候，两个大男人忽然惊慌地逃走了，连大门也不敢走，是跳窗逃走的。小男孩待要问问，母亲一把把他纳进怀里，既不许他问，也不许他哭。

两个大男人这一走，竟再也没有回来。

他们到哪里去了呢？

《史记·吕不韦列传》有这样一段记载——

> 秦昭王五十年，使王龁围邯郸，急，赵欲杀子楚。子楚与吕不韦谋，行金六百斤予守者吏，得脱，亡赴秦军，遂以得归。[1]

这样，吕不韦是又一次运用了他的超过常人的财富和智慧，才使得异人和他自己避免了一次杀身之祸并逃出了赵国。好在此时离正围着邯郸的秦军只有一墙之隔，只要一逃出城门，就不难找到秦军的保护。

只是苦了剩下的一对孤儿寡母。

为求自保，赵姬在家里为异人设了个灵位，对左邻右舍说，异人是企图逃出城去时，被不明底细的秦、赵双方士兵用乱箭射死的。

邯郸被围困得越来越紧。城外，秦兵的喊杀声隐隐可闻。城内，赵兵结队成群地不时吆喝而过，有时破门而入，把仅有的铜铁利器或棍棒之类搜去，说是供守城之用；有时捉到人胡乱用绳子绑了，拖在马后，说是秦国的奸细。

更可怕的是饥饿。北城区的几家粮食店，开始是人们潮水般地拥去抢购，随后便是蝗群般争去抢劫，早已颗粒无存。家家户户都在翻箱倒柜寻找一切可以用来充填饥肠的东西。

---

[1] 另据《战国策·秦策五》记载，是经过吕不韦游说后，赵国主动将异人送归秦国的。其原文为："不韦说赵曰：'子异人，秦之宠子也，无母于中，王后欲取而子之。使秦而欲屠赵，不顾一子以留计，是抱空质也。若使子异人归而得立，赵厚送遣之，是不敢倍德畔施，是自为德讲。秦王老矣，一日晏驾，虽有子异人，不足以结秦。'赵乃遣之。"

一个骇人的消息像魔鬼黑影似地在前街后巷游荡着：最贫困的西城区已经有人家开始交换杀孩子充饥了！

邯郸城内的此种惨状，被司马迁通过当时一个目击者的口记入了《史记·平原君虞卿列传》：邯郸城内，"民困兵尽"，不得不"刻木为矛矢"；邯郸之民，饥饿已极，不得不"炊骨易子而食"！

我们故事中的那个小男孩，尽管天资过人，但他还是无法弄懂：那些在城外可怕地呼叫着要杀尽城内老幼的秦军，竟会是他的那个从未见过面的曾祖父派来的！但西城区有人家大人吃孩子的话他还是听懂了，三脚两步奔回家里，抓住母亲的手，瞪大眼睛急急地问：母亲，你会吃掉我吗？

赵姬只把小男孩紧紧揽进怀里，没有回答。她从走在街路上不时受到行人喷着怒火的目光的盯视中，产生了一个预感：更可怕的厄运很快将向他们母子袭来。

她甚至觉得这也完全可以理解。邯郸人对秦国的愤怒已经到了不点也会自燃的地步。既然只要稍稍与秦国有点沾亲带故的人，就会被拖在马后，直至皮开肉烂、露尸街头还要遭万人唾骂；那么他们这一对货真价实的秦王孙的妻子、儿子，还能指望有什么更好的结局呢？

唯一的希望，或许只有上天还能赐予他们母子俩以怜悯和庇护。

预料中的可怕的一幕终于发生。

那是一个月黑风高之夜，突然有人破门而入，几双粗野的男人的手，把这一对孤儿寡母塞进了黑咕隆咚的囚车。

但是不知为什么，三两天后，死神又突然松开了它的手掌。母子俩奇迹般地被放回到了故居。

《史记·吕不韦列传》是这样解说其中曲折的——

赵欲杀子楚妻、子，子楚夫人赵豪家女也，得匿，以故母子竟得活。

这么说来，那个黑夜的那些不速之客，倒并非赵兵；他们是受人之命，闻听这对孤儿寡母将有遭到捕杀的危险，便抢在赵军之前，把他们转移到了一个隐秘处匿藏起来，待危险过去，再送回家来安居。

是谁救护了他们母子呢？《史记》有"子楚夫人赵豪家女也，得匿"一句，清人钱大昕解释说："不韦资助之，遂为豪家。"据此，救护他们的，原是吕不韦用他巨富在邯郸结交下的那些社会关系。在那样一个人吃人的险恶环境中居然能够活下来，实在太不容易了！司马迁在记载时也特意加了个副词"竟"，以表示一种惊奇的语气："以故母子竟得活"！

邯郸在被困八九个月以后终因魏、楚两国数十万援军的来到而解围，但赵姬母子艰难的生计、屈辱的日子还得继续下去。一个左右无有靠傍的女人，生活在商业气味浓厚的城市里，她还能有什么别的生路养活儿子并养活自己呢？她是一个商女，此时也还不算老，于是便重操旧业。尽管人们可以因她前半生的堕落的职业和后半生的蓄养男妾而贱视她，咒骂她，但在这段最艰难的日子里，她能用自己的心血，用自己的屈辱和劳动，把一个孩子养活、养大，她就应当被称为是伟大的母亲。这与那孩子长大后将成为何等样人物无关。当然，因为长大后他居然成了秦始皇，于是赵姬便也有了资格跻身于秦国后宫比一比。那么我要说，在秦国历史上，还没有第二个王子像她那样，为王子付出那么多心血和艰辛，在嬴政整个童年时代的大部分岁月里，还得随时提防赵兵搜捕而担惊受怕，东躲西藏。在后妃行列中，赵姬可以无愧地说一句：她为秦国历史作出了最重大的贡献！

但留在秦始皇童年时代脑海中的母亲的形象，似乎并不佳。

随着岁月的推移，朦胧的男女之事在小嬴政的意识中渐渐苏醒。一种潜在的人性本能，使他强烈地排斥一切男性与他母亲接近。他的男子汉意识就是这个时候初次被他自己感觉到的。不难想象，他曾经不止一次地或是从外面玩耍突然回来，或者偶尔闯进母亲居室，撞见赵姬或自愿或勉强地被别的男人抚爱的尴尬场面。在男孩子心目中，这一切都被认为是母亲在受人欺侮，即使是自己父亲他也会这样认为，更何况是那些陌生的混账男人！小嬴政觉得自己是个男子汉，应当冲上去保护母亲。他肯定这样想过，但我没有根据不敢说他这样做过。当然，如果他真这样做了，在大人们眼里便是可笑和胡闹，也难逃母亲的一顿训教。

这样，小嬴政便不得不在双重的痛苦中煎熬：一是看到母亲在受人"欺侮"而痛苦；二是自己竟然无能保护母亲而更加痛苦。这种煎熬的滋味，就像有只头部长着两只利钳的蝎子不断啃啮着他的心。痛苦埋进心底，以为已经消逝，其实却在生长。终于有一天在某种外因的激发下，小小的蝎子变成张着血盆大口的猛虎，结果却使许多无辜的男人在莫明所由的情况下，无端丧生于这匹暴怒的猛虎的巨口之下。

这种惨酷的事件先后发生过两次。第一次在秦始皇十年（公元前237年），第二次在秦始皇十九年（公元前228年），分别将在后面相关章节中作较为详细的叙述。

当那些无辜男人的鲜血喷涌在已经成为秦王的嬴政面前时，也许他有过积怨顿消的畅快的瞬间，但他并没有最终解脱痛苦。他纵然不久便创立了千古帝业，却无法也难以说清楚对这样一位母亲是该爱还是该恨。但母亲毕竟是母亲。当她去世时，他停止了一切政务活动，手执铜杖，随同灵柩和庞大的葬礼队伍一起由咸阳到芷阳，将母亲与父亲庄襄王合葬于一墓，克尽他作为他们儿子的孝道。

嬴政要到后来进入秦王宫以后才知道，他在邯郸时期的生活虽然苦得还不如平民，可比成天呆在王宫里的那些王子王孙们却要自由得多。如果他一出生就在王宫，那么过了四五岁，就会有太师、太傅和随从等等一大帮大人，把他管束得严严实实。天一亮就得起来读那些总也读不完的诗书，还有什么礼、乐、射、御、书、数等等功课，没完没了！真要是那样，他还能到邯郸街头乱跑乱叫吗？还能钻进茶肆酒楼去看热闹、捡收残存的瓜果糖糕吃吗？还能跟那些小伙伴、野孩子笑闹、打斗吗？

大约五六岁时，他结识了一个略微比他大几岁的小伙伴，文质彬彬的样子，夸说已经读过不少诗书，知道的事情确实比他多得多。这人说他是燕国的太子，名叫丹，因而人们都叫他太子丹。但遇到与人打斗一类事，太子丹还不得不依赖嬴政的机敏和力气，所以两人也还算得上一对好朋友。但有一次，他们却闹翻了！先是太子丹说，他是作为燕王的质子到赵国来的，将来还要回去当燕王。嬴政听得很新奇，问他什么叫质子，太子丹说你那个死了的老子不也做过质子吗？不过是空质子。嬴政越发新奇，问他什么叫空质子，太子丹恰好在吃瓜子，便朝他吐来一个瓜子壳且说道：喏，你父亲就像这瓜子壳儿，是最没有用的东西！嬴政一听火了，三拳两脚就把太子丹打翻在地，然后急急奔回家来问母亲。母亲这才第一次极秘密地告诉他，他父亲还活着，那个叔父也还活着。父亲确实曾是秦国送到赵国来的质子，如今很可能已在秦国被安国君立为嫡嗣，将来是要当秦国国王的。父亲要是当了国王，那个叔父就会做丞相。母亲再三训诫他，这些事就是刀搁在脖子上也不许对任何人说。并紧紧搂着他悄声说：所以我的儿，你要学得懂事些，因为说不定，将来你也会当秦国国王呢！

　　嬴政听了很惊奇，也很兴奋。却又忽然悄声问道：那父亲、叔父为什么不早点来接我们去秦国呢？

　　这也正是赵姬心里想问的，她无法正面回答，只好说：他们会来的，一定会来的！

　　她哪里知道，这时候的吕不韦和异人，正忙着采办衣装，准备去演一出类似《老莱娱亲》的喜剧呢！

# "邯郸党"入主咸阳宫

## 一个老大男人忽而被再次怀胎生出

异人在吕不韦的帮助下,经过一番曲折才逃出被围的邯郸城,回到了阔别二十余年的故国。

《史记》只说向"守者吏"送了六百斤金子的贿赂,大概是城门官行了方便放出去的。小说家据此又有许多想象和创造,譬如有的说是先把赵王派来监视的官吏灌醉了,再扮作商人混出城去的。有的说是吕不韦装做行商,带着满载货物的车子,而异人就藏在货车里,就这样出了城。新近出版的一本小说想象尤为奇特,说是恰好那日有一批犯人要押到城外去斩首,便买通监斩官,让异人扮作一名死囚犯,跟着被押出城去,真犯人都被杀了头,他这个假犯人便获得了自由。

不管怎么说,在异国他乡度过了少年、青年的异人,当他第一脚踏进函谷关,第一眼看到故国景物,第一口呼吸到从渭水平原上吹来的清新的空气时,该是激动异常的!这时候童年的记忆会带着温柔的馨香、张开美丽的翅膀向他飞来。在所有记忆中最美好的莫过那张动人的笑脸,那双给过他最真挚的爱抚的手,那便是生他养他、一想起来就会不禁热泪盈眶的母亲。

异人的生母是安国君众多姬妾中的一个,叫夏姬。

按照据说是周公制定的礼制,凡是妾生的子女要称父的正妻为"嫡母",亲生母亲反而不能称嫡。

问题的严重性还不止此。

《史记·吕不韦列传》只用两个字便准确地判定了夏姬一生的命运:"毋爱"。毋,即"无"。一个生活在帝王后宫的女人,没有得到帝王的宠爱,就等于成了一具失去了生命的躯壳,许多使她肝肠寸断的事便会一件接一件发生。譬如说,早些日子里,她听说邯郸来了个大富商,给华阳夫人送了不少奇珍异宝,这么三说两说夫人被说动了,就要立异人为嫡嗣。事情还惊动到王后、王上,很快都同意,只待举行仪式。过去还只是口头上叫叫,此仪式一旦举行,那就从法律上承认异人成了华阳夫人的亲生儿子。异人不明明是她怀胎十月生的吗？可如今，他长成二三十岁的大男人以后，却忽然又钻进另一个女人的肚子再生了出来！这不是抢劫吗？作为生身母亲的她不应当奋起抗议吗？不，不，她必须高兴，也只能高兴，先去向王后谢恩，然后再去向那个明明自己不会生育却有了"嫡嗣"的女人祝贺和感谢！至于她心里是什么滋味，只有夜深人静时她那个被泪水浸透了的枕头知道！

再譬如说，处在她这种景况下，唯一能够给她带来安慰的是儿子，偏偏儿子一去二十余年，声息全无，而战争的阴云又始终笼罩在她最关注的那片土地的上空，这漫长的岁月是怎么熬过来的，只有她那颗滴着血的心知道！如今，终于听说儿子就要回来了，她想去看看他吗？她愿意他来看看她吗？当然想！当然愿意！但是……她不敢！

异人与吕不韦同坐于一车，在卫护部队的严密保护下，进入了巍峨的秦王宫。

他一下车，同样处在两种感情的旋涡中。如果要讲出自真心的感情，此刻他恨不得马上奔去跪倒在生身母亲夏姬跟前；但是为着满足一个作为男人的更大欲望，为着那个尚悬在半空却已那样诱人的王位，他不得不首先去拜见实在说来还相当陌生的华阳夫人，然后才能去见生身母亲。

这是一路来吕不韦教的。现在他对于这位阳翟巨贾真可谓言听计从，且出自真心的折服。

他们在馆舍安顿下来后，一面请人去通报安国君和华阳夫人，等待着他们安排出适当时间来接见；一面筹办礼物、衣装，异人还得精心作一番打扮。

不用说所有这一切花费，又都来自吕不韦的腰包。

在吕不韦的指导下，两名侍从帮助异人穿戴完毕，他临镜一照，不由惊叫起来：这还是我吗？

异人头戴高高的章甫，身穿博袍、长裙，竟然变成了一个楚人！

楚人奉祝融为先祖，祝融是火神，故楚人尚红。异人穿着绣有奇禽异兽的红袍红裙，全身像一团色彩斑斓的火。

这又是吕不韦教的：第一次见面最关紧要。华阳夫人是楚国人，到她这个年岁就会越发怀念起故土来，你这身打扮就会给她留下一个美好的第一印象，从而博得她的欢心。

一个大男人，做出此种儿女态，想来颇为不易。异人居然做得出，足见王位的诱惑力该有多大！

华阳夫人一见异人那情状，果然高兴得不得了，又是称赞他天资聪明，又是说他能讨人喜欢，且说道：我原本是楚国人，你真是我亲生儿子呢！我的儿，为娘索性把你名字也改一改，就叫楚儿吧！

异人连忙跪地拜谢，从此便改名为"子楚"。

刚才一番热闹，在一旁的安国君不免有些冷落。这时候他以一个父亲的严肃态度问道：我的儿，你能吟诵几篇诗书来给为父听听吗？

子楚陡然紧张起来，勉强吟诵了几篇，又说道：孩儿少小流离在外，缺少严师教授，不习于吟诵。以后当用心学习，还求父亲大人教诲。

安国君说：好吧。那你就在宫中住下来，去歇息吧！

但是子楚还不能就这样退下。他记着吕不韦的话，第一次见面是至关重要的，而刚才安国君对他的考试，显然只够个勉强及格。他还得设法补救一下。想来想去，终于想出安国君也是去过赵国的，便抓住这个题目再说几句奉承话：父亲大人，孩儿在赵国时逢到一些豪杰之士，他们都说曾经有幸结识过父亲的，对父亲的人品都十分敬慕，至今还常常西向仰望您呢！

安国君果然高兴了，说：哦，还有此等事吗？又问道：我儿这回从赵国来一路有些什么见闻？

子楚想了想说：赖王上圣威，如今我秦国疆土日趋广大，只是边境关塞似尚有疏漏之处，在此多事之秋，当以谨慎为好。所以依孩儿之见，不如每天早闭晚开，缩短开放时间，不使细作有隙可乘。

这一回安国君真的高兴了，大声称赞道：说得有理，难得我儿有此等心计！

吕不韦计谋第一步终于成为现实：子楚被安国君立为嫡嗣。

公元前251年，在位长达五十六年的秦昭襄王在病榻上安详离世。

已经五十三岁的太子安国君继承王位。他在主持隆重的国丧的同时，便同时考虑如何继承父志，进一步发展秦国。看来他是主张以宽厚治国的，《史记·秦本纪》记下了他这样一些最初举措："赦罪人，修先王功臣，褒厚亲戚，弛苑囿。"最后一项是倡导国王及王室人员生活要俭朴些，缩小苑囿，减少游猎一类事。

在这同时，立华阳夫人为王后，子楚为太子。

这年十月，安国君正式举行即位典礼，便是秦孝文王。

各国都按惯例派来使节祝贺。赵国也表示了和解之意，特派人送来了子楚夫人赵姬和她的儿子嬴政。

这时发生了一个惊人的事件：在王位上才坐了三天的孝文王突然去世了！

于是刚被立为太子的子楚便匆匆继位，这便是秦庄襄王。

这样，当快满十周岁的嬴政第一次踏进自己国家时，他竟要接连参加或目击两次丧礼和两次王位继承典礼。这在秦国历史上，实属绝无仅有。

对这样频繁、仓促的王位嬗替事件，史书在记载时仍然用了一如既往的平静语气，给人的印象是一切正常。但小说家们却无法按捺住跃跃欲试的想象力，认为其中必有蹊跷。他们对吕不韦其人似乎都没有好感，这一回他就被列为重点怀疑对象。这是明人冯梦龙在《东周列国志》中写下的一段话——

> 孝文王除丧之三日，大宴群臣，席散回宫而死。国人皆疑客卿吕不韦欲子楚速立为王，乃重贿左右，置毒药于酒中，秦王中毒而死。然心惮不韦，无敢言者。于是不韦同群臣奉子楚嗣位，是为庄襄王。

"国人皆疑"，就是说国都咸阳城里的人都怀疑是吕不韦害死了孝文王，我觉得这很可能是事实。这"疑"首先是从秦王宫里传出去的。谁呢？主要是孝文王的那二十几个公子，其中尤其是公子傒和太傅士仓。《战国策·秦策五》说："子傒有承国之业，士仓又辅之。"子傒是孝文王的长子，若按通常的嫡长继承原则，他是当然太子，事实上也大体作了这样的安排，因而派了士仓辅佐他。但是可恶的阳翟巨贾从中一捣鬼，却让一个既非嫡又非长、从小抛掷在邯郸的空质子，大摇大摆地坐上了太子位，这合理吗？公平吗？这口气能咽得下去吗？不仅如此，邯郸人不来犹可，一来就来了四个，是十足的邯郸党！如果真叫那个空质子当上太子，那么很快他就会当上国王，那个邯郸街头的臭婊子就成了王后，再叫小杂种当上太子，下贱的买卖人当上丞相，那我们嬴秦几百年祖宗创下的基业不是要付之东流了吗？所以很可能还在孝文王活着的时候，种种攻击邯郸党的言词，包括有事实根据的和无中生有的，便蜂拥而起。其中就可能有嬴政是吕不韦野种一类说法。恰在这时，只当了三天国君的孝文王死了，而且确实死得不明不白，于是文章便立刻转而集中做到"王上被害"这个最新鲜、最富有煽动性和号召力的题目上来，首先是秦宫皆疑，进而"国人皆疑"！

那么吕不韦毒死孝文王这件事是否实有呢？冯梦龙手法很高明，他就这么用一个"乃"字做连词一路这么写下来，既不作肯定，也不作否定。不过读完全文，还是会给你一个印象：此举很可能有的！

当然不能说绝对没有，但据当时实际情况看来，我以为这种可能性接近于零。吕不韦当时连一官半职都还没有捞到，在这种情况下，纵然他腰缠万贯，但要深入禁宫在短短一两天之内，贿赂国王亲近去干给国王下毒这样一件犯了十恶不赦大罪的事，绝非想象那么容易。更为重要的是，吕不韦是一个很有政治头脑的人，他懂得孝文王的暂时存在，对他计谋的实现只有好处，没有坏处。他早已看出孝文王性格软弱，多半要受华阳夫人操纵，而此时这个宣太后式的楚国女子，实际上成了所谓"邯郸党"的头子。在这种格局下，有孝文王这块牌子存在，对"邯郸党"赢得时间，站稳脚跟，扩大影响，发展势力，都极其有利；而敲掉这块牌子，那将是一次吉凶未卜的极大冒险。当然，这种格局如果凝固不变长此下去，那么总有一天"邯郸党"是会感到不可容忍的，而时已年过半百、且体弱多病的孝文王，几乎使他们用不着预先担心真会有那么一天。以吕不韦的智慧，而甘冒"弑君"之大不韪，心急慌忙地去做一桩无利而有害的蠢事，我觉得简直不可思议！

尽管吕不韦下毒实属子虚乌有，但既已出现"国人皆疑"这样的效果，这篇文章肯定做得有声有色。有此舆论为先导，便不难发动一次叛乱。所以即使史书没有记载，在孝文王猝然离世这段时间里，秦王宫内有过一次以公子傒和士仓为首的或大或小的叛乱事件，我想还是十有七八可以肯定的。

叛乱是被镇压下去了，而且没有留下痕迹，也不见有反复。

镇压叛乱的总指挥当然是吕不韦。他是在毫无准备的情况之下被迫临时举起指挥之剑的。在父亲面前他曾经说过喜欢冒险，但那是经过慎重考虑、周密调查以后的冒险。这种被逼出来的、瞬息之间就要作出应对的冒险，在他还是第一次。但此险非冒不可，不然就是为山九仞而功亏于一篑！居然又让他一举成功。这该是这位阳翟巨商在因国势日隆而变得愈来愈傲慢的嬴秦宗室面前的第一次亮相。无论他们是否愿意接受，这个出身卑贱的铁腕人物，他的机敏，他的果敢，还有他的老练，大概都给他们留下了深刻印象。

参加叛乱的公子傒结局如何呢？史书中自然找不到答案。毛丕震老先生用他多年心血写过一部小说叫《祭始皇》，说是被庄襄王处斩了的。此后史书中也确实再也见不到公子傒等人的影踪，我也只好这样相信。好在此事如果真的这样发生了，也还不能据此断定那个长期在邯郸街头被人蔑视、卑视的空质子，原来竟有如此凶残！不是你吃掉我，便是我吃掉你。人一进入宫廷，这类事就变得司空见惯。

公元前250年，太子子楚即位为庄襄王。他的养母华阳夫人成了华阳太后，他的生母夏姬终于也被尊为夏太后。

次年，吕不韦当上了丞相，封为文信侯，食河南雒阳十万户。他的千金买国的计谋到此已全部实现。

## 周朝王运至此彻底终结

秦国两代国王在短短数天之内相继死去，其间还可能有过一场不大不小的内乱。这些动向无疑会被山东六国的高层统治者及时、准确地获得，他们之中因屡受攻伐侵削而积聚下来的仇怨，终于等到了一次可以略微宣泄一下的机会。心活手痒一点的，不由会升起一种跃跃欲试的冲动：能不能趁这个难得的时机兴兵攻它一下呢？

各诸侯国有这种想法并不意外，使人感到有些新奇之处的是，这一行动的牵头者竟是个蕞尔小国：东周。"庄襄王元年……东周君与诸侯谋秦"，《史记·秦本纪》就是这样明明白白写着的！

我在前一章里，把周赧王和东、西周戏称为大、小周。"大周"和"小周"之一的西周已在那时灭亡了，如今孤零零的还剩下这么一个小东周。东周之君的自我感觉依然保持良好，一如既往地以大周王朝正统代表自居。他远远望到河西咸阳上空升起了淡淡的几丝不祥的云翳，立刻有了一种"天将降大任于斯人也"的使命感，火速派出使节去向各诸侯国联络，筹划联合讨秦事宜。

这一信息自然也立刻被新一代秦国决策者们获得。

吕不韦现在正处于踌躇满志之中。如果把秦国比作一艘艨艟巨舰，那么他实在还是一名新上任的舵手。接连几阵狂风骤雨，随后又是冲天巨浪和不测的暗礁，居然还是让他三下两下撑了过来。自己颇为得意不说，周围很快聚集了一大批追随者、崇拜者，自然也少不了阿谀奉承者。与当初一个人跑单帮似地入秦游说的景况比起来，不啻天壤之别。

但他自己心中有数，那些武将们对他绝不会心服。自商鞅变法以来，秦国就是一个最讲究以军功进爵的国家。纵然不是亲自挥戈跃马驰骋疆场，也至少得指挥或部署打赢一两回胜仗才能立住脚跟。特别像他吕不韦这样一个出身商贾的外籍客卿，没有赫赫军功就休想坐稳这把丞相交椅！

好了，机会很快来到。

吕不韦提出要亲自带兵去讨伐东周。庄襄王着实一惊，说：卿在一旁辅佐寡人不是好好的吗？带兵作战是那些武将的事。再说万一失败了就会有损卿如今的声威，倘有不测，更叫寡人如何是好？

吕不韦说：请王上放心。打仗难免有风险，但这一仗臣已有八九分把握。

庄襄王被说服了，拜吕不韦为大将，命其率领精兵五万，讨伐东周。

吕不韦毕竟与一般武将不同，他更懂得舆论攻势的作用。在将士们开始东渡黄河时，他发布了一篇檄文，先言大周王朝的赫赫功业，但自周都东迁以后，历世昏庸无道之主已将周国运丧尽，再历数东周之不义，竟欲乘秦国上下痛悼二王之时作祸为寇，实为天理人伦所不容；然后笔锋一转，面对广大民众及山东诸国公告道：义军之来也，攻伐无道而拯救生民也！义军之过也，秋毫无犯而市肆勿变也！诸侯列国若出兵相助，当为本军所欢迎；若助纣为虐，则同在歼灭之列，不谓言之不预也！吕不韦在后来组织编撰的《吕氏春秋·十二纪》里，收录了八篇洋洋洒洒的军事专文，想必就是根据自己经验和参照各种兵书写就的。

令吕不韦不无遗憾的是，这次讨伐东周的胜利得来未免太轻松了。也许是这篇檄文起了点作用，山东诸国竟没有一个敢出兵救助东周的。秦军刚踏上东周国都巩（今河南巩县西南），城门早已大开，臣子们各作鸟兽散，东周之君则匍匐在地，颈脖上自己套了绳索，但求能免一死。至此（公元前249年），周王朝的最后一根小尾巴也被割掉了。中华大地上从此开始了连象征性的统一君主也不复存在的真正"群龙无首"的时代，即中国历史上绝无仅有的所谓"无天子"时期。吕不韦下令把宫中器皿及东周所属那一小片土地，即偃师、谷城、平阳等总共七个县的图籍一起装上车乘，又把东周之君推上囚车，浩浩荡荡班师回朝。庄襄王很高兴，率领文武百官亲至城郊迎接。尽管这回轻易取得的胜利从战例上说算不上辉煌，但它使秦国连接了继续东进的战略通道，并从观念上取得了统一天下的合法地位。就是在看惯了多次凯旋归来的秦师的咸阳人看来，也因这一回囚车中押着的竟是大周王朝最后一个末代小国君而激起新的兴奋点，沿街观望的人群如潮，着实热闹了一番。

庄襄王还颇有点王者风度，认可了吕不韦的建议，非但不杀东周君，还赐号周君，封以阳人之地（今河南临汝西北），使其得以建立祖庙，不绝祭祀。

本章第一节里，提到有个吕不韦可能是殷商遗民后裔的传说，倘若传说有据，那么便在我们面前呈现了一个有趣的历史循环圈：八百多年前周人灭亡了商朝；八百多年后，正是一个殷人后代最终完全彻底地灭亡了周王朝。

如果可以把来自邯郸的三男一女称作"邯郸党"的话，那么从此开始便是邯郸党的黄金时代。庄襄王和丞相吕不韦威望日隆，稳固地扎下了根基。做了王后的赵姬，由于她的美貌、聪灵、贤淑，加上能歌善舞，深得生性开朗的华阳太后的欢心。小男孩赢政也在快活地渐渐走向少年。他一度处于潜伏状态的智能一经激发，便奇迹般喷涌出来，加上太师吕不韦悉心辅教，学业上也有了长足进步。他将被立为太子，几乎已成定局。

在这期间，秦国国势又迅速跋扈飞扬起来，不断向东推进它的疆域。请看《史记·秦本纪》的记载——

庄襄王元年，使蒙骜伐韩，韩献成皋、巩。秦界至大梁，初置三川郡。
二年，使蒙骜攻赵，定太原。
三年，蒙骜攻魏高都、汲，拔之。攻赵榆次、新城、狼孟，取三十七城。

秦国的国界已经扩展到黄河以东接近魏国大梁。屡战屡胜的蒙骜将军，这时又紧锣密鼓地筹划着向魏国发起更大规模的进攻。

大梁不已是魏国国都了吗？只要一登上大梁城楼，就可以清楚真切地望到，在猎猎鼓动的大纛下气势汹汹的秦国军队。

魏国的危亡近在旦夕。魏国的心脏在剧烈颤抖。大梁一片恐慌。

## 胜利在战场之外

十年前，在魏国与赵国的关系史上，曾经发生过一个轰动一时的事件，便是信陵君魏无忌的窃符救赵，解了邯郸之围。因此一举，信陵君在诸侯国间声望如日中天，但却因窃了他异母哥哥安釐王的虎符，又杀了大将晋鄙这两件事，兄弟俩从此反目成仇，信陵君一直居留在赵国，断绝往来已达十年之久。这时候，当年曾经暗中代为信陵君窃符的如姬对魏王说：事到如今，恐怕只有去把无忌公子请回来，请他去联合各国，合力抗秦，魏国才或有可救。

魏王叹息一声说：以前是我不让他回来，如今只怕我去请，他也不肯回来了呢！

如姬说：以前的事，大王认个错就是，你们总是骨肉兄弟吧。再说无忌是忠于故国的，眼看魏国危在旦夕，他是不会不顾念到社稷宗庙的。妾身以为只要大王去请，公子总能回来。

但是魏王派出的使节星夜赶到邯郸，信陵君却拒绝接见。这位魏公子心头仍然梗着那个十年前的芥蒂，担心会受到魏王冷遇而不想回国，但内心对故国的眷恋之情又无法平静。劝说的人多了，不胜其烦，索性下令守门人：有谁敢为魏王使节通报的，斩！

命令刚下达，偏有两位门客名叫毛公、薛公的，来见信陵君说：某等追随公子多年，原以为公子乃当今一大丈夫，今日之事，倒使我们认清以前的看法错了，故特来向公子告别！

信陵君大吃一惊，慌忙起身作揖挽留：请二位先生务必说个明白，无忌若有怠慢高士之处，当依先生所教立时改正！

毛公、薛公说：哪里是公子怠慢了门客，分明是公子怠慢了自己安身立命之根本！

信陵君说：恕无忌无知，求二位先生明教。

毛公、薛公说：公子所以能名重于赵国，誉满于天下，就因为您十年前率领魏国十万精兵力克强秦，救了赵国。如今眼看魏国已置于秦国砧案，大梁万千生灵命悬一丝，而公子尚在此耿耿于个人些微旧怨，此实为大丈夫所不取。若使大梁为强秦所破，先王宗庙将夷为平地，公子尚有何面目立足于天下！

《史记·魏公子列传》记述到这里，用急促的语气，写下了以下三个短句：

语未及卒，公子立变色，告车趣（通"促"）驾归救魏。

消息传到咸阳。

吕不韦和庄襄王都有些惊慌，他们估计魏国一旦打出信陵君这面旗帜，很快便能得到列国响应，形势就会变得十分严峻。正当他们召集大臣、谋士商议时，又得到情报说，果然赵、韩、楚、燕四国已接连发兵援魏。于是庄襄王便立刻下令已接近大梁的蒙骜退兵，并增兵严守函谷关，务必阻挡五国联军于关外。

秦庄襄王三年（公元前247年），信陵君魏无忌被魏安釐王任为上将军，率领五国联军从大梁出发，向秦军发起反攻。双方大战于河外。联军巧妙地切断了秦军的后路，接连取得胜利。秦将蒙骜战败逃走，秦兵退至函谷关坚守。联军对垒了一个多月后，胜利班师。

信陵君入魏境离大梁还有三十余里，魏安釐王已率领文武大臣在那里恭候。兄弟俩阔别十载，在凯旋的欢呼声中相会，可谓悲喜交集。大梁城里欢腾的人群如山似潮，争着一睹抗秦英雄、他们的魏公子的风采。魏王特拜信陵君为国相，又封给他五座城池。信陵君名扬天下，各诸侯国的宾客都来向他进献兵法，求得指教。信陵君都给予题名，汇集成一部书，便是《魏公子兵法》。

吕不韦生平遭到了第一次失败。

失败是痛苦的，但唯有从失败中学习才是最深刻的。从善后处理看来，吕不韦仍不失为一个大家。

第一，他没有处斩打了败仗的蒙骜，继续予以信用。蒙骜自然感恩不尽，立誓下次攻魏非死必胜。

第二，他已从魏国的这次胜利中，看到了潜伏于魏国最高层中的失败因素。这种因素虽然尚处于隐微状态，但只要恰当地给予一点外力激发，它便会很快膨胀起来而陷于不可自拔。

这一回他运用的又是财富的魔力。

身带巨金和厚礼的秦国使者彬彬有礼地出现在魏王宫里，同时又神秘地穿行在大梁城内的东街西巷。

最先被策动起来的是晋鄙的部属和门客。他们至今还怀念着自己的主将，因而对窃符杀晋鄙的信陵君依旧心存怨愤。于是魏王几乎天天都可以听到如下一类诋毁魏公子的话——

公子亡在外十年矣，今为魏将，诸侯将皆属。诸侯徒闻魏公子，不闻魏王。公子亦欲因此时定南面而王。诸侯畏公子之威，方欲共立之。（《史记·魏公子列传》）

魏公子信陵君名震诸侯，各国只知有公子，不知有魏王。诸侯都在争相拥立公子，公子也有意要想南面称王。魏安釐王听了这些话，自然要心生猜忌，进而开始戒备。

与此同时，耀眼的金银珠宝和措辞婉转的信札同时出现在信陵君的面前——

公子殿下：语云"百世一人，千载一时"，此诚殿下之谓也！两败秦军，连救赵魏，盖世实无第二人。是以功存魏室而名满天下，令诸侯宾客引领翘首以望。近闻上国大王已有让贤之意，此实天下人之公愿也。今奉上不腆之礼，聊以预布贺忱，专候登位佳音。【1】

此时的信陵君虽已有些陶醉在自己的声誉里，但凭他的智慧还是看出了其中叵测的居心。他拒绝接受礼物，同时把这封信送去给魏安釐王看，并说：人臣义无私交，秦王来书及珍宝，臣均不敢受，望大王明察！

魏安釐王原已心存猜疑，见信沉吟半晌，却忽而说道：秦人向为虎狼之心，寡人又何至于轻信秦人而不顾念棠棣情深呢！

其实他已经中计。

吕不韦不惜重金施行此计，是由于他早已看出魏安釐王心地偏窄，对信陵君存有畏忌，只要略施离间，便可奏效。

那还是多少年以前。一次这对异母兄弟在一起下棋时，忽从北部边境传来烽火警报，说是有赵军来犯，快要进入魏境。魏安釐王立刻停止下棋，准备马上召集大臣来议。信陵君却劝止说：大王别急，那是赵王在游猎，不是来进犯魏国的！一边说一边继续从容落子。不一会儿，果然有人来复报说，确实是赵王游猎，没有入魏境。魏安釐王不由大惊，问信陵君是怎么知道的，信陵君说，他的门客中有人连赵王最隐秘的事都能探得到，所以他知道。《史记·魏公子列传》在记述此事后，又写了这样一行字：

是后魏王畏公子之贤能，不敢任公子以国政。

几天后，魏王借个由头，让别人代替了信陵君的上将军之位，并收回了他的相印和兵符。信陵君自知不可能再为魏王所信用，便托病不朝，只顾与宾客通宵长饮，狎近女色，以消磨时日。这对异母兄弟，终于因各自性格上的弱点，以反目相向为结局。只有一点是相同的：他们都在三年后的同一个时间，离开了这个世界。

吕不韦听到信陵君已死，立刻起用蒙骜统兵伐魏，终获大胜，一下子掠得了二十座城邑。

经过失败再获得的胜利越发显得珍贵，吕不韦不免显出了几分得意。这一天，他在辅导嬴政阅读《尚书》中的《秦誓》时，讲到了当年崤山之败秦穆公不是诿过于孟明视等将领，而是素服罪己，因而后来能称霸西戎后，便把这回攻魏由败到胜的战例也说了说。他自然再三说明这是王上的决策，可内心少不得有几分骄矜。不料，少年嬴政听了却说道：太师，弟子却觉得这次伐魏还只能算个半胜。既然已经攻取二十座城邑，为什么不乘胜挺进大梁，一举灭了魏国呢？

吕不韦看了看面前正用奇亮的眼光逼视着自己的少年，缓缓说：还没有到这个时机。你要记住一句话：成事在天。

---

【1】《史记·魏公子列传》仅记"秦数使反间，伪贺公子得立为魏王未也"，未录贺信内容。此信系我代拟。

嬴政紧接一句：可上回弟子读《汤誓》时，太师讲到商汤被囚于夏台时就考虑了兴商大计，当时太师不是还特地教弟子要记住"谋事在人"吗？

吕不韦着实吃惊，一时语塞。

——要是我，我就要乘胜进兵大梁。城破之后，屠城三日，再班师！

少年显出惊人的自信。

吕不韦一听急了：不，不！兵为天下之凶器，务必慎用。你一定要记住：王者之师伐无道而救生民——这是用兵之道的要旨。

——可弟子不想做王者，只想做胜利者。胜利者有权惩罚失败者，这是公平的：谁叫他失败呢？

多少年后，大梁街头的道道血河证明了少年此时并非虚言。

## 流浪儿初为王太子

现在让我们腾出一点篇幅来，根据一些零星资料，稍作推想，时间倒回到两三年前，来简略描述一下少年嬴政进入秦王宫后的最初印象。

车子一到咸阳城郊，嬴政就远远望到在迎候他们母子的队伍中，有个中年男子微笑着冲着他招手。他穿戴着华贵的衣冠，最显眼的是一抹修剪得整整齐齐的胡须，像一只风菱搁在唇上。

他认了好半天，才从遥远的记忆里钩起几片淡淡的影子，勉强拼到一起，知道是他的叔父，就是吕不韦。

叔父抱起了他，粗硬的胡须扎得他的脸颊痒痒的，叫着他的小名说：小黑蛋蛋，你都长到这么高啦！

这感觉，这声音，在他记忆里保留了好些年。

成群的车乘一齐向秦王宫进发。他就坐在叔父身旁，在车轮和马蹄声的合奏中，听叔父讲述咸阳宫的来历。叔父说那还是多少年前有个大能人叫商鞅的设计监造的，由众多宫殿组合在一起，连成一个整体，居高临下，气势雄伟。这么说时，叔父指指前方，果然遥见那连绵起伏，像是山峦般的重重层楼，夕阳下，那楼脊和飞檐闪着金灿灿的光芒。城有南门、北门、西门，车队是从西门进入的。宽大的城门前，左右另有两座高大的建筑，他把后脑勺仰到了后背，也还没有望到它们的顶。叔父说那叫冀阙，是专门用来向臣民发布教令用的。有时王上举兵向别国发起征战，也在这里授予主将符节，下达战令。将士们一个个铁甲金戈，战马长啸，战旗猎猎，气势十分雄壮。

嬴政看着、听着，感到十分新奇、兴奋。而当他进入一群又一群的宫殿后，眼前满是五彩缤纷、金碧辉煌，反不知道看什么好了。单是那瓦当上的雕像，就让你看得眼花缭乱。呵，这是母子鹿瓦当，那小鹿仔正在吸吮妈妈的奶呢！呵，那是龙虎斗瓦当，一龙一虎，斗得可厉害呢！……

嬴政做梦也没有做到，自己竟会在这样一个叫作王宫的新奇世界里居住了下来！

不过，可以自由玩耍的时间只有三天，叔父便做了他的太师，开始了诵读诗书，进修礼、乐、射、御、书、数等等功课，日复一日的枯燥乏味的王子生活。这时候再看那一抹黑胡须，就觉得它像一张拉满弦的弓，硬绷绷的，从没有一点笑意。大约过了半年多后，才渐渐适应过来，学业有了长进，那弓上紧绷的弦也卸下了，常常可以听到太师满心喜欢的朗朗笑声。那抹黑胡须呢，这时变成飞鸟的一对翅膀，活泼泼地鼓动着，又让他记起了刚进宫时那个可亲可爱的叔父的样子。

这一天，已经做了王后的母亲说：今日我要带你去拜见华阳太后，你父亲能够坐上王位，全靠了太后的支撑。所以你一定要懂规矩，懂事理，让太后欢喜你。

这事太师预先给他说过的，还教他在功课方面做了好些准备，以应对太后的查问。不过他还是着实有些紧张，只顾小心翼翼跟在母亲长裙后走。不知走了多少时候，待到母亲立住脚就要跪拜的时候，他才偷偷张去一眼，果然窥见在高堂上端坐着一位锦衣浓妆的贵妇人。他连忙也拜伏在地，听到说"起——"才敢起来，恭恭敬敬侍立在一旁。母亲在向太后禀报，无非是说孩子从小在外，有失教养，望太后多多训教等等。许久听不到应声，他不由瞥去一眼，看到太后缓缓地从侍女端来的漆盘上接过香茗，微微啜了一口。忽而转来扫视的目光，他连忙低下头。听得太后在问：几岁啦？声音刚落，母亲已暗暗在牵他衣角。他先有些心慌，赶紧命令自己镇静，回答说：启禀王太后，十二岁。

——唔。生辰在哪个月？

——孟春之月。

——知道孟春之月的月令吗？

嬴政心中跃跃了，这一问恰好问到不久前太师教过他的功课上。便朗声背诵道：孟春之月的天象是：太阳的位置在营室宿；黄昏之时，参宿出现在南方中天；黎明之时，尾宿出现在南方中天。孟春三月的物候是：东风和畅，大地解冻，冬眠的动物开始苏醒活动，大雁由南向北飞行……

——唔，说得还可以。我再问你：孟春之月做天子的衣、食、住、行该是怎样呢？

——依据孟春之月月令，天子该穿青色的衣服，佩戴青色的玉器，吃的是麦食与羊肉。天子居住于明堂之东的青阳堂左侧室，乘坐饰有青凤銮铃的大车，车前驾着叫苍龙的青色的骏马，车上插着绘有龙纹的青色旗帜。[1]

华阳太后雍容端庄的脸上终于露出了笑意，说道：嗯，很好。你能再吟几首诗给我听听吗？

嬴政有了几分即将过关的松快，应答一声"是"，便边舞蹈边吟唱起来——

南山有台，北山有莱。
乐只君子，邦家之基。

---

【1】参见《吕氏春秋·十二纪》或《淮南子·时则训》。月令的内容，以现代科学观点看来，多数大体符合实际，有些则未免牵强附会。在当时被视为一般学子，特别是公子、王孙的必修课。

乐只君子，万寿无期。

南山有桑，北山有杨。
乐只君子，邦家之光。
乐只君子，万寿无疆……【1】

华阳夫人高兴得大笑起来，从座席上跪身一伸手，把还在舞蹈中的嬴政牵住，揽进怀里，亲了亲，说：呵，是我的小孙儿，好孙儿，将来定会成就大事业的！

不知为什么，嬴政觉得被拥在太后怀里，比在母后怀里要亲切得多，舒贴得多。这种感觉，他也保持了很久、很久。

嬴政在王宫里住久后，一待落课，有时又不免撒起野来。一次把一个男孩子打哭了，事后又很快忘了这件事。这一天他向太后请安出来，在后宫长长的甬道内走着，背后忽而有人连声叫着哥哥，他没有弟弟，自然也不去在意。可偏偏背后急速的脚步声正在向着他近来，不由回过头去看看，却正是那天被他打哭过的男孩子。那男孩子说：那天是小弟无礼，触犯了兄长，请兄长恕罪！说着怪别扭地行了个大礼。这倒反使嬴政不好意思起来了，赶紧还礼，说明是自己粗鲁，不该动手打人。只是他不明白，何时有了这么一个只比自己小一两岁的弟弟。那男孩子说，他叫成蟜，确实是他的异母弟弟。这使嬴政大感意外，而且有一种说不清、道不明的厌恶之情：父王怎么能这样呢，而且难保没有别的弟弟妹妹吧？正这么想时，站在远处的一个艳装美容年轻女子还在那边放声过来训教成蟜，说着要他对兄长尽礼的话。嬴政这才猜到成蟜的赔礼原是他那母亲——多半是父王的又一个姬妾吧？——指使来的，并非出于自愿，难怪刚才他说话的口气那样勉强。果然，当嬴政顾自离开那里时，还隐隐听到母子俩在那里争执，传来一句两句成蟜的话：哼，凭什么我要向他赔礼！……将来总有一天……看吧！

这种不愉快的感觉，也在嬴政心底壅塞了好些日子。

但不久，一个惊人的事件发生了：只当了三年国王的秦庄襄王又突然去世！

这是秦国历史上一个非常时期：在不到四年时间里，先后死了三个国王。

历史老人像是有点耐不住了，接连擂响三通急鼓，催促大秦帝国的主角赶快登场。

于是，王冠便落到了一个年方十三岁的少年头上。

---

【1】这是《南山有台》诗的前两节，全诗共五节，见今本《诗经·小雅》。此诗适合于颂德祝寿时吟唱，嬴政吟此自然有讨好华阳太后之意。诗中前两句都为起兴句，台、莱、桑、杨，都是长于山上的植物。第三句中的"只"犹"哉"，为语气词。邦家，即国家。

# 从和弦走向变调的三重奏

## 一颗政治童星的飞升

公元前246年,十三岁的嬴政即秦国王位。这一年,史称秦始皇元年。

嬴政的母亲赵姬,被尊为王太后。吕不韦仍为相,除已封为文信侯外,又尊为仲父。仲父原来的意思也是叔父,但因齐桓公曾尊称管仲为仲父,相沿成习,仲父成了君王对最亲近重臣的最崇敬的称号。

如今的吕不韦已有了一大堆炫目的头衔和称号,他自己又有门客数千,家僮成万,真可说已到了富列王侯、贵极人臣的地步,他的成功该是远远超过携重金初次游秦时的预想了。综观他一生行迹,从这时候开始,更为谨慎严谨一些。他有了更为远大的胸怀和广博的眼光,既考虑了如何兼并六国的现实问题,也预想到了统一后如何立国安民等等重大问题。这些思想集中体现在后来成书的《吕氏春秋》这部杰作中。《史记》本传说他是因为看到"魏有信陵君,楚有春申君,赵有平原君,齐有孟尝君,皆下士喜宾客以相倾",而强大的秦国反而没有这样做,"羞不如",于是便以优厚的待遇广招天下学士,而"至食客三千人"。《史记·秦始皇本纪》则记为"招致宾客游士"的目的在于"欲以并天下"。原初动机可能有"羞不如"的因素,但从后来吕不韦组织这些宾客集体撰写的《吕氏春秋》看来,更重要的目的似乎还在于统一大业,即为未来的大秦帝国设计一张蓝图,提供一个建国大纲。《吕氏春秋》预定的第一读者无疑是秦王嬴政。考虑到此时嬴政还处于少年时代,不妨说是专为他编写的一部启蒙课本。在起初一个阶段里,少年嬴政很可能为它那宏廓的气势、广博的内容和生动的故事所吸引,读得津津有味,从中汲取了许多有益的知识和经验。当然后来的情况发生了很大变化,后面我们还将谈到。

这时候的秦国,据《史记·秦始皇本纪》记载,已拥有相当广阔的疆域——

当是之时,秦地并巴、蜀、汉中,越宛有郢,置南郡矣;北收上郡以东,有河东、太原、上党郡；东至荥阳，灭二周，置三川郡。

嬴政年少，国事自然主要依赖太后和丞相秉掌，这样便出现了一男、一女、一少的三重奏。

开头一段时间，就像任何一个新君初立一样，当以稳定为主。但这位未来始皇帝的政治生涯一开始就不那么平静。其间时有雷鸣闪电和暴风骤雨，所以都能平稳度过，说明其时三重奏还处于协调和谐阶段。主要事件有——

第一，平定晋阳叛乱。晋阳原是晋国的一个重要城邑，故址在今山西太原市西南。在晋国六卿相互争战过程中，这里曾经发生过智伯率韩、魏攻赵，后来韩、魏反而与赵联合起来共同消灭了智氏那样富有戏剧性的著名战事，正是这场战事奠定了韩、赵、魏三家分晋的局面。三家正式成为诸侯国后，晋阳属于赵国。由于它的战略地位十分重要，秦、赵间曾经有过几次拉锯式的争夺。秦庄襄王三年（公元前247年），秦国派大将蒙骜率兵攻取晋阳后，将其与太原及狼孟等三十七城一起建立了太原郡。晋阳人似乎特别富有战斗传统，十分反感秦国的暴力统治。叛乱是乘着秦国王位交接之际民众自发组织起来的，声势盛大，甚至已影响到邻近榆次、阳曲等城邑。晋阳又离邯郸不远，赵国自然不会放过这个可以给秦国制造麻烦的机会，暗中为之接应。少年秦王和他的辅佐大臣都认为不可等闲视之，即派蒙骜率兵数万，渡河北上，迅速平定。

第二，度过蝗灾和瘟疫。晋阳叛乱平定后，秦国稳步地接连向赵、韩、魏三国发起进攻，先后攻取魏国的卷城、畼、有诡和韩国的十三座城邑。到嬴政即位第四年，秦国发生了严重的自然灾害。这一年秋天，"蝗虫从东方来，蔽天。天下疫"（《史记·秦始皇本纪》）。为了征集富室储粮以度过灾年，吕不韦想出了一个办法："百姓纳粟千石，拜爵一级。"这一举措无疑对解救燃眉之急是起了作用的，但从此开了卖官鬻爵之先河，流弊也不容忽视。

第三，击退五国联军。秦国经过上下努力，过了一年，灾情缓解，情况有所好转。秦将蒙骜开始向魏国大举进攻，接连攻占了酸枣、桃人、雍丘、山阴等二十城，并在这里设立了东郡。东郡之设，标志着秦国国土开始与齐国边境接壤，这就切断了楚、韩与燕、赵的南北联系，因而大大震惊了中原诸国。在基本生存权都已受到严重威胁的情况下，赵、楚、魏、韩、燕五国又一次、也是最后一次联合起来，在赵将庞煖的统率下，向秦国的蕞地发起进攻。但此时的五国联军已是惊弓之鸟，秦军稍一反击，他们就纷纷溃逃，反而对没有参加联军的齐国大打出手起来。秦军却正好利用他们相互残杀之机大举东进。此时秦国占有的土地，至少有十五个郡以上，已接近统一后全国总郡数的二分之一。

第四，镇压长安君反叛。长安君便是嬴政的同父异母弟成蟜。此事《史记·秦始皇本纪》有录，时间是秦始皇八年（公元前239年）。但这一仅见于《史记》的记载，文字可能颠倒脱漏，原意难以读通、读懂，专家们解释也很不一致，恕不一一抄录[1]。大致可以肯定的有这样一些内容：成蟜这一年已有十七八岁，他是受命率师去进攻赵国途中反叛的，他受到了镇压，死于屯留；追随他的军吏都被处死，还把屯留的民众也迁徙到遥远的临洮。为什么对民众也要作这样处理呢？《索隐》解释说，因为"屯留之民被成蟜略众共反，故迁之"。看来这是又一出为争夺王位而骨肉相残的悲剧。成蟜在秦宫时是否有过反叛迹象？嬴政究竟为什么要派他去进攻赵国？他到屯留后是如何反叛的，具体政治意图又是什么？他是如何受到镇压并最后被杀的？这些问题史书都没有留下明确答案，于是后人就有了自由想象的余地。譬如明代冯梦龙在《东周列国志》中就虚构了一个情节，说是老练狡猾的吕不韦有意派年少、狂傲而又想觊觎王位的成蟜带兵去攻打赵国的，即提供他反叛的条件以促使其反叛，然后"名正言顺"地歼而灭之。如果吕不韦确实曾作了这样谋划，那么我想嬴政是会乐意赞同的。《左传·隐公元年》不是早就记有这样的先例吗？郑庄公当了郑国国君（公元前 743 年～前 701 年在位，大致相当于秦国的文公、宁公时代），明知他的弟弟共叔段和母亲武姜有可能联合作乱，却有意答应分封他最大的城邑，看着他修城池、缮甲兵准备叛乱，还装作不知道。表面看来似乎是"养虎遗患"，实际却是别有用心地等待着对方的"多行不义必自毙"。不久，共叔段果然与武姜内应外合准备叛乱，早有戒备的郑庄公立刻派出强大武装力量一举平息。在这里血缘关系陷入了永远无法解脱的悖论：这个政权是以血缘亲疏为贵贱等第建立起来的，但是到了这种时候，最亲近的血缘反而成了最不可容忍的仇敌！

我们还是来说一件使一男、一女、一少都高兴的事吧。

此事《史记·甘茂列传》、《战国策·秦策五》皆有详录。主意首先是吕不韦提出来的。为了攻取赵国河间之地，须先拆散燕、赵联盟，于是派出使节去说动燕王喜。事情进行得很顺利，软弱而又无主见的燕王喜完全接受秦国提出的条件：送太子丹入秦为质，请秦国派一大臣入燕为相。秦、燕结好，共同对付赵国，秦国帮助燕国洗雪屡败于赵的耻辱。

燕太子丹已如约来秦为质，接下去该秦国派一大臣入燕为相，事情却碰到了麻烦。吕不韦确定的人选是曾屡建战功的老将军张唐，张唐却迟迟不肯成行，提出的理由是：他曾在昭襄王时奉命攻赵，杀掠甚众，赵人将他恨之入骨，正悬赏一百里封地在捉拿他，入燕必须途经赵国，所以不便赴任。事出有因，吕不韦也不好勉强，回到府第，还在为这事纳闷。这时偏有个孩子过来嘻嘻笑着问道：丞相因何闷闷不乐，大概是有什么心事吧？说出来弟子听听！

---

[1] 在众多解说中，杨宽的《战国史》自成一家，特予录出，以供读者一阅。其文称："公元前二三九年，秦国派了王弟长安君成蟜进攻赵的上党，但在战争中长安君成蟜在屯留叛变了，赵国接受了长安君的投降。把饶封给了长安君。"杨先生认为他的这一投降说可从《史记》找到根据：《赵世家》载赵悼襄王六年'封长安君以饶'，赵悼襄王六年正当秦始皇八年，可知长安君成蟜攻赵时确实反叛，接受了赵的封地。"

吕不韦没有好气地说：小孩子懂什么，别来瞎问！

那孩子正色道：弟子作为丞相的一名中庶子[1]，就得为丞相分担忧患。如今君侯明明有心事却不肯赐知，不是使小臣效忠无门了吗？

吕不韦不由细细打量了一下面前这个特别聪慧灵秀的孩子，问道：你叫什么名字？今年多大啦？

孩子说：弟子乃甘茂之孙甘罗，今年十二岁。

吕不韦听说是曾经在秦武王时担任过左相的甘茂的后代，自然要另眼看待面前这个孩子了。便把他想让张唐赴燕任相、张唐因故不肯成行的事说了说。甘罗轻快地说道：如此小事，丞相何不早说，待弟子代为去请就是！

吕不韦听得不高兴了，连声说：去、去、去！我亲自去请尚且无用，你一个小孩子去请得动吗？

甘罗说：从前项橐[2]才七岁就可以做孔子老师，弟子今年已十二岁，比他还大五岁呢，让弟子试过再下断语也不晚呀！怎么可以一开始就叫去、去、去，如此轻慢天下之士呢？

吕不韦不由肃然一惊，说：好，我就让你去试一试吧，事若有成，当以卿位相许。

甘罗说：丞相此话当真？

吕不韦说：自然当真。

这样，甘罗便策马来到张唐府邸。

张唐说：小孩子，你来做什么呀？

甘罗说：特来向阁下表示哀悼！

张唐大怒：竖子，怎能如此说话！

甘罗说：请阁下还是不要匆匆忙忙发火吧！请问阁下，您的功劳相比武安君白起如何？

张唐说：那怎么能比呢，我还不及他十分之一。

甘罗说：那么当年应侯范雎，与当今文信侯吕不韦相比，哪个更位高权重一些呢？

张唐说：那还用问吗？当然是如今的国相文信侯呀！

甘罗说：如此说来，阁下是明知将有没顶之灾却偏要往深潭里跳，实在使晚生感到惋惜！

张唐说：此话怎讲？

甘罗说：当年，应侯命武安君攻赵，武安君不从，应侯一怒，武安君不得不出咸阳而后死于杜邮。如今阁下明知自己功不及武安君，而文信侯又权重于应侯，却偏要抗命文信

---

[1] 中庶子：官名。战国时封国之君或封国丞相的亲近侍御臣属。
[2] 项橐：传说中的神童。《史记》、《战国策》、《新序》、《淮南子》等皆有录。东汉高诱注《淮南子》云：项橐"七岁，穷难孔子而为之师。小儿闻之，咸自矜大，是其证也"。一说项橐或指《列子·汤问》两小儿争日事。一小儿以日初出大、至正午而小为据，以为早晨距离日近；另一小儿则以日初出清凉、至正午而炎热为据，证明中午距离日近。两小儿以此请问孔子，"孔子不能决也"，于是"两小儿笑曰：孰为汝多知乎？"

侯，迟迟不作入燕之行，阁下离死期还能远吗？

张唐悚然惶恐，跽身而谢：孺子教我！

这个十二岁的孩子，就这样说服了一位身经百战的老将军。张唐请甘罗代为向吕不韦致意，他愿意即日治装，准备就道。

但甘罗却觉得自己还没有完成使命。在张唐出行前，他又去拜见吕不韦说：老将军此行，情色颇有勉强，实为畏惧赵国从中作梗。弟子愿轻车简装，赴邯郸说赵王，为张将军先驱！

吕不韦越发感到甘罗小小年纪，识见过人，实在难得，就引他去见秦王。恰好太后也在，三人一起接见，都惊喜不已。特别是秦王嬴政，平日总得装起一副大人腔，与那些至少超过自己一倍年岁的臣子们说话。现在终于看到一个居然比他还小好几岁而又那样出色的臣下，高兴得无拘无束地叫道：小甘罗，你见到赵王，准备怎么说动他呢？

甘罗从容回答道：有道说者，顺也。说的最高境界是一个"顺"字。所以说辞须随波而兴，随风而转，察其喜惧，相机而进，不可预定。可以预定的是，臣将不辱君命，满载而归！

一番话说得三人一齐大笑起来。

秦王嬴政特命良车十乘，仆从百人，跟随甘罗出使赵国。

赵悼襄王刚接到秦、燕通好的情报，正在为两国联合来犯发愁，忽报秦使来到，自然要破格接待，特亲自出郊二十里恭迎。但接到的竟是个孩子，不免既感意外，又觉扫兴。看到来函上姓名为甘罗，便问道：先前，曾为上国通三川之路的大将也是甘氏，不知为大使何人？

甘罗说：那是臣之祖父。

赵王说：上国莫非年长者尽已出使，不然，因何而要有劳足下呢？

甘罗说：敝邑寡君用人，各尽其材。年长者任以大事，年幼者任以小事。臣最年幼，故奉命来使上国。

赵王一听不得不刮目相看了。于是把盏请问道：先生辱临敝邑，当有以教寡人吧？

甘罗说：大王听说燕太子入质于秦了吗？

赵王点头说：已有所闻。

甘罗说：大王听说张唐将入燕为相了吗？

赵王说：也已听说。

甘罗说：这两件事说明秦、燕修好，互不相欺。秦、燕合谋，对赵国来说可就太危险啦！

赵王自然心知肚明，却明知故问道：上国如此仓促与燕国亲好，不知用意为何？

甘罗说：为的是联合攻赵而扩大河间之地。所以大王若能主动割让河间五城予秦，臣将请求敝国寡君，止张唐之行，绝燕国之好，转而与上国为欢。若果如此，凭着强大的赵国向弱小的燕国发起进攻，秦国则坐视不救，那么大王能够从燕国得到的，不是将远远超过赠与秦国五城之数吗？

此事的结果可谓皆大欢喜：赵攻燕，得三十城；秦坐地分赃，得十分之一；张唐也不用去燕国。特别是小甘罗，不仅真的受封为上卿，而且一夜之间成为名扬列国的风云人物。

唯一受害的是燕国，非但丧失了三十城，还白送一个太子丹被扣留在秦国当人质。正是这位燕国太子，多少年后逃回故国，以重金招募义士，演出了"荆轲刺秦王"那流传千古的悲壮一幕。

不过在此时，小甘罗的说赵攻燕，无论如何也还是吕不韦当政时期一大胜利。只是好景不常，这一男、一女、一少的三重奏也很快出现了变调，从这时开始，他们各自陷入了无法解脱的烦恼与痛苦。

## 第三个男人的登场

人的欲望是个奇怪的东西，有时连自己也无法理解。

譬如赵姬吧，当年在孤儿寡母身陷敌国的那些不堪回首的日子里，她的最现实的愿望自然只能是如何填饱母子俩肚子，如何躲过赵国的捕杀。现在呢？自己做了太后，儿子当了国王，金玉满堂，仆婢成群，什么都有了，难道还有不满足吗？

有的，而且似乎还很多。

首先是权力。三重奏里纵然每人都可以有自己的声音，但都觉得属于自己那一份不够响亮，不够强烈。

除此之外，她还是一个女人，一个年轻、美貌却偏偏活活守着寡的女人。

以她的情性和经历，每天当她退出朝堂独处宫闱时，就又几乎全部复原为从前那个女人了。这使她常常无端引起莫名的惆怅和痛苦，有时甚至会倒过去留恋那种"五陵年少争缠头，一曲红绡不知数；钿头银篦击节碎，血色罗裙翻酒污"（白居易《琵琶行》）的生活。她不像那些大家闺秀出身的嫔妃或自小入宫的宫女那样守得住寂寞。刚入宫时为求容身而勉力做出来的自我克制，已渐渐放松，开始仍然用一个寻常女人的眼光看待禁宫生活，好在她现在已经有了相当大的权力，因而就要用这种看法来改变自己的生存方式。

《史记·吕不韦列传》是这样记载的——

秦王年少，太后时时窃私通吕不韦。

始皇帝益壮,太后淫不止。吕不韦恐觉祸及己,乃私求大阴人嫪毐(lào ǎi)……得侍太后。

这就是说，赵姬先与吕不韦私通，后来索性养了一个男妾，他就是本章题目中提到的第三个男人、吕不韦引进后宫来的嫪毐。

吕不韦所以要引人代己，似乎并非感情破裂，而是担心秦王年岁渐长，被察觉而祸及自己。这倒有点像白居易《琵琶行》里说的情况："商人重利轻离别"了。吕不韦确实是一个实际主义者，当然他重的是大利，即他的相位、封禄、声誉以至性命。考虑到事实上他们早在邯郸时期就同居过，此时他却还要这样做，说明他下决心不让嬴政知道他与赵姬曾经有过那么一段特殊经历。如果嬴政真是他儿子，他也决不会在嬴政面前点破他们之间的血亲关系。这一事实是否可以回过头去证明我在上文提出的那个说法：《史记》记载的先孕后让姬一说可能属实，但不会是吕不韦事先设下的圈套。

嫪毐是怎么进入后宫去的？《史记》的记载充满着曲折和蹊跷。先是吕不韦暗中派人寻找，终于找到了这个生殖器特别壮大的嫪毐，暂时作为门客，让他放纵淫乐，甚至怂恿他像耍杂技似地用阴茎当作车轴让车轮子转着走，并有意使赵姬听到这桩奇闻，引诱她上钩。赵姬果然动了心，想要私自得到他。吕不韦再次献计，由赵姬用厚赐买通专管阉割的官吏，只是拔去嫪毐髭须，没有阉割，就作为阉人送进后宫来到王太后赵姬身旁。结果是，"太后私与通，绝爱之"。

这段记述，确实有点像郭沫若说的"完全像《金瓶梅》一样的小说"。大概，这也是秦亡汉兴集中揭露秦王暴政时期众多传说中的一种，司马迁加以著录的。但这一传说的编造痕迹十分明显，令人难以相信。赵姬曾是繁华的邯郸城的一流歌舞伎，此时又当上太后，她所喜爱的男性又何至于如此粗俗、下作，只要阳具强壮就什么无赖恶棍都可以拿来充数呢？吕不韦是个极有智谋的人，他真要为太后引进某个人，又何至于使出如此拙劣、且漏洞百出的所谓"奇计"来呢？倒霉的嫪毐，由于后来叛乱失败，任人说得再丑再怪，也都只好自认活该。但我想，如果真有嫪毐其人，撇开功过是非的道德评价，作为一个男人，他肯定是男性中的佼佼者，才能使既色艺双绝、又身居太后高位的赵姬动心！

近年来，已有马非百先生对此提出了怀疑，认为嫪毐不是吕不韦推荐入宫的。《史记索隐》提供了一条材料："按《汉书》嫪氏出邯郸。"因而嫪毐很可能也是邯郸人。据此，马先生认为："嫪毐与太后本有同乡关系。太后在邯郸时，必已识之。乃始皇归立为王，毐也与之偕来。因系太后旧人，故得亲幸，何待吕不韦之推荐！"这当然还缺少确据，多半出自推想，但比"私求大阴人"之类，恐怕还是要合乎情理些。

无论"引荐说"还是"旧人说"，对赵姬似乎区别不大：总之她又有了新情人，至少可以排遣长夜寂寞了。如果赵姬仍在邯郸，这不过是一个男欢女爱的寻常言情小说题材；但现在她已来到咸阳，已经参与了许多国政，这样的情爱就很容易与宫廷权力角逐媾合起来，并分娩出一个畸形儿——私党。

情势正是朝这个结局迅猛发展着，请看史书的这样一个连串记载——

太后所至，"嫪毐常从，赏赐甚厚"。嫪毐不仅侍从床笫，而且还伴随入朝，从介入生活到介入政务。这是第一步。

第二步："嫪毐封为长信侯，予之山阳地，毐居之。宫室车马衣服苑囿驰猎恣毐，事无大小皆决于嫪毐。又以太原郡更为毐国。"又封侯又封国，简直已是一个不小的独立王国了。可以想见，这些分封，都是由赵姬依仗自己特殊身份首先提出，嬴政和吕不韦不得不同意的。而嫪毐一旦抓到权柄，便"事无大小"都紧握在自己手心。可见此人也不是只有床上功夫的市井无赖，他极善钻营，且颇有心机。

"嫪毐家僮数千人，诸客求宦为嫪毐舍人千众人。"智囊团和武装力量也已齐备了。这是第三步。

最后，第四步："太后私与通，绝爱之。有身，太后恐人知之，诈卜当避时，徙宫居雍。"赵姬为了不让人看到她的再次怀孕，更有可能是为了便于私党活动，就诈称据占卜结果需要回避一段时间，迁居到了雍城。这个秦国的发祥地和故都，如今成了他们的大本营。至此，与咸阳分庭抗礼之势已经形成，一旦时机成熟，便可据以发难。

其实，说雍城与咸阳对峙也不很确切。因为咸阳宫内吕不韦与秦王嬴政的双重奏也出现了变调，他们之间的裂隙正在迅速扩大，且其势已很难两立。如果仍以演奏乐曲为喻，那么不妨用这样一句音乐术语来表达他们之间的对立——

## 要"大乐"，还是要"侈乐"？

《吕氏春秋》中有两篇论述音乐的专文：《大乐》与《侈乐》。文中将音乐分成完全对立的两大类，即"大乐"与"侈乐"。

关于"大乐"与"侈乐"的含义放到后文去说，这里先说说吕不韦与秦王嬴政分歧的由来。

从吕不韦的主观而言，大概不存在什么篡夺之心。不说嬴政有可能是他儿子，至少也是他一手扶植起来的。他既是丞相，又是国王的太傅。从他晚年的作为，特别是那样殚精竭虑地组织编撰《吕氏春秋》情况来看，很可能他是想做类似太上皇那样一个角色。在《吕氏春秋》这部书中，他不仅为嬴政规定好了如何去兼并六国的战略、策略，还预先制定了统一后如何治理天下的纲领和具体政策，甚至连将来作为统一君主的嬴政如何掌握南面术，如何颐养天年，如何适度地享受声色滋味乐处，都设计得细密周到。如果嬴政驯顺些，懒散些，或者学派倾向、政治主张与吕不韦较为接近些，他倒实在可以舒舒服服地做个现成儿皇帝。但逐渐成年的嬴政，不是驯顺，而是刚烈；不是懒散，而是奋激；两人的学派倾向和政治主张更几乎是南辕北辙。这样嬴政与吕不韦之间的对立和冲突甚至比与嫪毐之间的对立和冲突更要深刻全面得多！

严师门下出了个叛逆者，事情就很有点麻烦。

又偏偏这位严师大概也跟常人一样，几度寒暑、几多心血，一部力作终于完成，少不得有几分陶醉，很想找机会炫耀一番。

好在他既有权又有财，于是继吴起的"偾（fèn）木赐爵"和商鞅的"移木赏金"之后，又演出了一个著名的"一字千金"的故事。

秦始皇八年（公元前239年），《吕氏春秋》完稿。吕不韦命人把书稿全文十余万字公布于秦国国都咸阳城门上,延请各诸侯国的学士宾客都来观读、研析,宣布:有能增加或减少一字者,赏以千金。那诱人的巨额赏金就同时悬挂在城门之上。

一部篇幅如此庞大的书稿,果真精确严密到增加、减少一个字也不可能的程度了吗?

但是,竟没有一个人出来揭榜领赏。

这给人一个印象:它确实完美无缺。

事实当然不可能是这样。东汉著名学者王充早就在《论衡·自纪》中指出:"观读之者惶恐畏忌,虽见乖不合,焉敢谴一字!"对作为秦国国相吕不韦显赫权势的"惶恐畏忌",便是高额赏金也失去了诱惑力的原因。

如果说一般学士宾客还只是"惶恐畏忌"的话,那么另有一个人已愤怒到快要作狮子吼了!这个人便是秦王嬴政。

《吕氏春秋》起初是作为帝王学课程蒙读本出现在嬴政面前的。估计开头有一个阶段,他一定读得很有味。但随着年岁的增长,阅历的丰富,政治经验的积累,这位年轻、聪慧的国王很快形成自己的独特的世界观、历史观,乃至具体的处世、处事作风、方式。这期间,吕不韦作为太傅当不会放弃辅导的职责,两人之间很可能有过一些交锋,可惜史书没有著录。对于嬴政来说,不是什么增一字、减一字的问题,而是根本性的分歧与对立。这种分歧与对立自然同样无法从史书中直接读到,但我们只要将《吕氏春秋》所表述的主要内容,与嬴政作为秦国国王和秦帝国始皇帝期间的言行以及实际执行的政策作一番比较,就会大致有个轮廓印象。

《吕氏春秋》是那个时代的一部百科全书式的巨著。全书包括《十二纪》、《八览》、《六论》三个组成部分,共26卷,子篇160篇。《十二纪》每纪各5篇,《八览》每览各8篇(只有第一览是7篇),《六论》每论各6篇。书中《纪》、《览》、《论》各卷,大体都围绕一个总主题,每一子篇在这个总主题的统辖下,又各有自己的篇旨;而各个子篇之间,大都有相互联系或层次关系,总体规制以至篇章结构如此整齐划一,在先秦诸子中堪称独一无二。由此也可以看出,本书虽由吕不韦门客集体撰写,但作为组织者和总编辑的吕不韦,写作前曾经有过严密的构想和计划,写作后又精心地下过一番统一调整和文字修饰的功夫。

《吕氏春秋》瑰玮宏博,内容极为广泛。从浩瀚无垠的天体运行,到耕作垄沟各该多少尺寸;从蒙昧时代的初民生活,到未来社会的理想蓝图,一一网罗其中。要作全面比较是不可能的,我选择以政治主张为主,将《吕氏春秋》的表述与秦王嬴政在实践中表现出的思想认识,作如下简略对照——

【黄老学派与法家学派】战国末期,历经数百年分裂、争战之后,一种新的经济秩序和政治制度已经呈现,谋求新的统一的意向随之萌生,一个以道家为核心、力图兼容诸家之长、意欲为新的统一提供理论工具的新学派,也就这样应运而生。这个学派的一些著作常常托名黄帝、老子因而被后来汉人称为黄老学派。《吕氏春秋》虽没有托名黄老，但书中表述的以道家学说为核心的宇宙观，力图包容诸家之长的气度，特别是为未来统一后的君主提供治国方案的编撰宗旨，都说明它正是这个学派最初的也是最有代表性的著作[1]。在汉初出现的文景之治中，主张清静自定、与民休养的黄老思想起过较好的作用。由此大致也可以证明，《吕氏春秋》是能够担当起统一后的新政权的理论工具这一历史使命的。这个新政权若果能遵此，还不一定暴兴而暴亡。

嬴政不是思想家，没有留下较为系统的著作，但我们还是可以从他实际言行中大体推定他的学派倾向。《史记·老子韩非列传》记有嬴政初次读到法家后期主要代表韩非的著作时的一段话，颇能说明问题。推算起来，这正是他刚驱逐吕不韦不久。他显然对《吕氏春秋》已反感透了，该采用哪家学说来指导自己的王霸之业呢？这位年轻的国王可能正在探索中。他偶尔接触到韩非著作中的《五蠹》、《孤愤》，立刻惊喜地大叫起来："嗟乎，寡人得见此人与之游，死不恨矣！"只读了一两篇著作就说出只要能与作者交游便死而无恨这样的话，可见他心向往之已极。说这样的话多半未经周密的理性思索而单凭一时的直觉，但恰恰因为这样就更能表明他发自内心的倾向。韩非所著《五蠹》、《孤愤》，前者主要抨击儒家那种言必称"先王之道以籍仁义"的迂腐之论，主张当国者应"不期修古，不法常可"，依据新的时势采取新的治国之策；后者主要论君臣关系，着重揭露了臣属中一种被韩非称之为"重人"的权臣，他们"朋党比周以弊之"，致使"今有国者，虽地广人众，然而人主壅蔽，大臣专权"，成了一个无法掌控的国家。想必正是文中的这些话触发了嬴政的兴奋点，立刻把韩非视为知音。因为正是这位尚未谋面的作者，为他揭示了秦国严峻的现实：嫪毐、吕不韦不就是这样两个"重人"吗？不正是他们阻碍着那些法术之士为国尽力之路吗？"大臣执柄独断，而上弗知收，是人主不明也。"是啊，寡人要做个明主，就得把"重人"占据的权柄收回到自己手上来！从后来嬴政完成统一前后的行迹来看，就像《史记》本纪说的那样："刚毅戾深，事皆决于法，刻削无仁恩和义"，也属法家一类。当然，嬴政是一个注重实际的政治家，不会为某个学派所囿，只要认为有利于他的功业的，都可采用。郭沫若曾作过这样一个分析："秦始皇的精神从严刑峻法的一点说来是法家，从迷信鬼神的一点说来是神仙家，从强力疾作的一点说来是墨家。"（《十批判书》）

【主圜臣方与事必躬亲】《吕氏春秋》可说就是一部帝王学，它的核心内容就是为君主提供一种"南面术"。书中用了大量篇幅反复论述的这种南面术，概括起来就是两句话、六个字："主执圜（圜通"圆"），臣执方。""圜"和"方"是本书使用的一个特殊概念，

---

[1]《吕氏春秋》的学派归属问题，历来争论较多。《汉书·艺文志》首次把它归入"杂家"一类，多少带有点贬意。第一个为书作注的东汉高诱，则认定其为道家。以后也有认为它是儒家或墨家的，还有说它是阴阳家的。我在这里说它属黄老学派，其实也不是什么新鲜事，因为黄老思想也就是后期的道家，近来也有人称之为新道家的，可见此说之滥觞可以追溯到第一个为《吕氏春秋》作注的东汉高诱。

有一大套玄妙深奥的道理，通俗说来，也很简单，就是通常所说的"虚君实臣"：做君主的，只要给臣子定下明确职责，自己只管坐在大位上，把智慧、才能、作为全都隐藏起来，什么事情也不要做，而叫臣子把他们的智慧、才能、作为全部使出来，什么事情都放手让他们按各自职责去做，天下准能治好。用书中的语言来说，就是为君者唯有谨守"无智"、"无能"、"无为"，才能"使众智"、"使众能"、"使众为"（《分职》）。这也就是说，在国家权力运作过程中，必须把指挥职能与实施职能严格区分开来。君主只提出任务和选择方案，从收集情况、制定方案到贯彻实施的所有具体事务，全由所信用的臣子去做。书中把君"圜"、臣"方"关系作了一个通俗的比喻：君主是驾车的人，臣子是拉车的马；如果君主弃"圜"就"方"，越俎代庖地包揽了该是臣子做的事，那就等于驾车人跳下车去跟着马一起跑，非乱套不可！

可嬴政偏偏就是一个有车不坐，而要跳下车去跟着马一起跑的帝王！这一点上他确实接近墨子的主张，认为霸主是绝对不能虚位的，必须强力躬行。据《史记》和《汉书》记载，他在统一六国做了始皇帝后，依旧"躬操文墨，昼断狱，夜理书"。他还特地给自己作了个硬性规定：每日处理文件（当时还没有发明纸，用的是竹、木简）不满一石（一百二十斤）不得休息。即所谓"衡石量书，日夜有呈（通"程"），不中呈不得休息"。嬴政一人日夜操劳，独断专行，而臣子们反倒显得无事可干了："博士虽七十人，特备员弗用。丞相诸大臣皆受成事，倚辨于上。"这种情况用《吕氏春秋》的话来说，就是弃"圜"就"方"，违背了为君之道。

**【递级分封与设置郡县】**这是两人在政治主张上的又一个主要分歧。尽管在写作《吕氏春秋》时秦国实际上已建置了不少郡县，但本书还是主张统一后以实行分封制为好。吕不韦自己是获得庄襄王的封号（文信侯）和封地（雒阳十万户）的，他的分封主张也许与自己这种殊遇不无关系，但从行文来看也还言之成理。书中《慎势》篇认为，一个冠带文明之国，地方三千里，完全实行高度集中的郡县制，天子的权势很难贯彻周到，因而主张实行递级分封制。其具体设想是："择天下之中而立国，择国之中而立宫，择宫之中而立庙。"这个中央宗主国，以方圆千里为准，"非不能大也，其大不若小"。然后以此为中心，向四周辐射，"弥近弥大，弥远弥小"，管辖范围逐级缩小，以便使各级都能做到"以大使小，以重使轻，以众使寡"，形成一个层层隶属的全国管理网络。考虑到当时管理水平和交通通讯状况都还处于初始阶段，可能这倒是一个比较符合实际的构想。

嬴政彻底摈弃了《吕氏春秋》的这一主张，他后来建立的大秦帝国，实行的是高度集中、垂直领导的郡县制。

**【任贤顺民与严法峻刑】**吕不韦的理想就是贤人政治，即由智慧和品德都较高的贤士来辅佐君主，秉掌国政。此类论述在《吕氏春秋》中随处可见，单是以求贤、礼贤为主旨的专文就有《当染》、《知士》、《下士》、《察贤》、《期贤》、《求人》等多篇。君主以贤士为中介，去亲近和使用民众。本书吸收儒家的若干民本思想，认为"主之本在于宗庙，宗庙之本在于民"。强调要顺乎民心："先王先顺民心，故功名成。"使用民力必须适度，不可滥用。《用民》篇中用了宋人对马施威过度遭致马惨死的寓言故事，来说明"威不可无有，而不足专恃"的道理。国家的威慑力量（主要指对内施行惩罚的暴力）的使用，"譬之若盐之于味，凡盐之用有所托也，不适则败托而不可食。威也然，必有所托，然后可行。恶乎托？托于爱利"。在这里，"威"与"爱利"（对民众的爱护并使其获利）相比，后者才是根本的。频繁地使用威力和役使民力，结果就会出现"威愈多，民愈不用"的逆反现象，作者认为这正是一般亡国之主的通病。

在这方面，嬴政后来采取的也是与此对立的政策。秦帝国建立后，由于"事皆决于法"，有一种人得到了特别的重用，那就是狱吏："专任狱吏，狱吏得亲幸"。最突出的例子便是赵高，嬴政一听说他"通于狱法"，就立即举以为掌管帝王乘舆车辖的中车府令。秦国自商鞅变法以来直至帝国时期，公布了一系列远比山东六国完备的法令，不仅在治理秦国、秦帝国过程中起过重大作用，也在历史上产生过深远影响。但秦法又是以严酷峻刻闻名的；对"轻罪重刑"韩非还只是在理论上作一些阐述，秦法却作为一条原则予以普遍体现，难怪《汉书·刑法志》要用"赭衣塞路，囹圄成市"这样夸张的字句来形容秦国罪犯之众多。至于滥用民力那就更为突出。筑阿房，修长城，造骊山墓，动辄征发民工数万、数十万，结果倒真不幸而被吕不韦言中了："威愈多，民愈不用"，导致二世而亡。

综观上述几个方面的分歧和对立，如果仍以演奏乐曲为喻，那么恰如《吕氏春秋》两篇论述音乐的专文中提出的"大乐"与"侈乐"的对立。

所谓大乐，是"乐君臣，和远近，悦黔首，合宗亲"的音乐，是追求和谐宁静、陶冶情性的音乐。

所谓侈乐，是"为木革之声则若雷，为金石之声则若霆，为丝竹歌舞之声则若噪"的音乐，是追求强烈效果、振荡心气的音乐。

要大乐？还是要侈乐？

看来，吕不韦是执意要前者，嬴政则坚持要后者。在这种情况下，君臣之间的二重奏还能进行下去吗？

## 不是爆发，就是灭亡！

写到这里，我才发觉这种用后来的实际来推论当时的认识以形成对比的方法，只可姑妄一试，其实这对于秦王嬴政是不公正的。这样对比把当时的对立和冲突都理性化和抽象化了，即抽去了当时嬴政深深感受到的那种权力角逐的重压。如果设身处地从嬴政心感身受的角度想一想，那么当时他所面临的决不是什么理论问题，而是一种现实的、迫在眉睫的危险，被篡权甚至被杀身的危险。这一年（公元前239年）嬴政二十一岁，说明他已经成年，就应亲政。但事实是，就在这一年，王太后提出封嫪毐为长信侯，并把山阴、太原等地作为他的封国。同在这一年，吕不韦公布了《吕氏春秋》，悬赏咸阳门。雍城那边，嫪毐集团的磨刀霍霍，嬴政不会不知道；咸阳城下那一片阿谀奉承的赞美声，更使他芒刺在背。既然《吕氏春秋》的内容是嬴政根本无法赞同的，那么不管吕不韦有意或无意，那种"一字千金"的公开大悬赏，而且来自各诸侯国的宾客也在延请之列，那么就是无视他这个国王的存在，是对他的至上权力和至尊地位的一种示威和挑战。联系到吕不韦不仅自已身登相位，手秉国政，而且还有门客三千，这个示威和挑战就更显得严重和危险！

到了这时候，所谓的三重奏已临近崩溃边缘。

秦王宫内部的严重对峙已经不再是秘密。据《战国策·魏策四》说，当时的秦国，从文武大臣到挑担推车的平民，从王宫府第到寻常街市里巷，人们都在关切地谈论着："与嫪氏乎？与吕氏乎？"此处"与"意为与盟。就是说，不知年轻的国王嬴政，在嫪、吕严重对立中站在哪一边？

臣民的这种猜测，既有关切，也有担忧，还会滋生出一种可怕的后果：人心的离散。

更为严重的是，秦国高层的这种分裂或对立，是在山东六国正在急切寻找罅隙以报复秦国多年来四出攻略这样一个"国际"环境中发生的。秦国高层的分裂和对立不正是他们的可乘之机吗？

这里是大梁。你看，此刻魏景闵王就正在召集群臣讨论这个问题。屡遭秦国进犯、接连丢城失地的魏国，群臣都憋着一肚子仇恨。现在他们已提出了这样一个计策：与其被动地战败丧失土地，不如主动用土地或珠宝去贿赂人。那么在吕、嫪两个对立集团中，贿赂哪一个对魏更有利一些呢？讨论的结果是贿赂嫪毐更有利一些。魏国应当主动用珠宝去亲近嫪毐，通过他割地给秦国，使他据此以为自己功劳。嫪毐是秦国王太后爱幸的人，魏国这样做非但一定会得到太后的欢心，还能带动天下诸侯都跟着来亲嫪轻吕。这么一来吕不韦就会失势，嫪毐就会更加得志猖狂，秦国高层集团就会内讧，魏国翘首等盼中的报仇雪耻那一天，就会很快来到！

魏国的这个对付秦国的新决策确实是很厉害的一招。但秦王嬴政看到这一情报的第一个直觉印象却是：无论在国人的心目中或是各诸侯的论坛上，他这个国王都是形同虚设，没有一点地位！

——难道还能容忍这种情况继续下去吗？我还要沉默多久呢？！

沉默呵，沉默呵！

不是在沉默中爆发，

就是在沉默中灭亡！

很可能，当年这位年轻的国王就曾不断这样刺心捶骨地追问过自己。沉默的空气里此时已布满了易燃物的气雾，只要偶有一点火星落下，就会立刻爆炸。

这样的火星很快就将出现了！

---

每个人都会遇到决定一生命运的关键时刻，后来成为秦始皇的嬴政自然更不例外。

下一章读者将看到，当嬴政举行作为成年标志的冠礼时，包围着他的不仅是一片叛乱的干戈，还有强大而对立的政治派别和与生俱来的恩恩怨怨的情感罗网。

要么冲决、奋起，要么因循、归顺、灭亡！

他选择了前者。

于是手持太阿的嬴政便制造了一幕幕的惨剧、悲剧。在血的狂流中，兽性跋扈咆哮，人性在挣扎煎熬……一切被人世珍惜的感情，在冷冰冰的王权利益铁墙面前，都被击撞得粉碎。

当秦王嬴政经过艰难的心理跋涉终于完成了自我超越时，正在选择未来天下共主的历史老人，便向这位二十三岁的关西男子投出了决定性的一票。

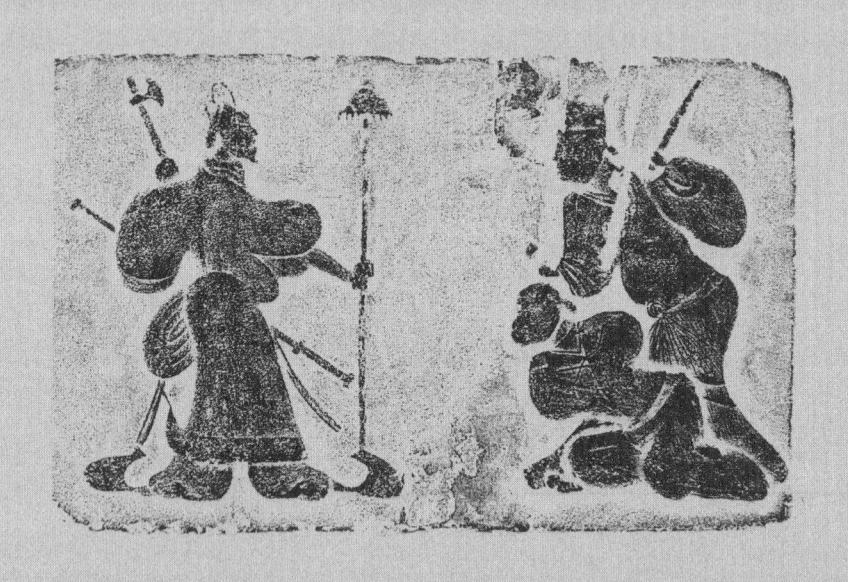

# 第 五 章
# 一个巨人性格的完成

挥剑杀出重重包围

血的疯狂与心的挣扎

艰难的超越：超越因袭，超越自我

# 挥剑杀出重重包围

## 秦始皇长相种种

公元前238年，嬴政二十二岁，已经完全长大成人，按古代礼制规定就要举行冠礼。我们且先来看看《太平御览》中引录的他长的模样——

秦始皇帝名政，虎口，日角，大目，隆准，长八尺六寸，大七围。

其中身高可能是按秦制计量的。据林剑鸣《秦史稿》，秦制一尺合23.1厘米，依此折算，嬴政身高为1.98米。腰宽"七大围"。围的长度有两解，一为两臂合抱，一为两手拇指和食指合圈，此处当是后者，即一围约旧尺五寸至一尺之间。依此折算，嬴政腰围为1.20米左右。近2米的身高，1米多的腰围，加上虎口、大目，如果《太平御览》提供的材料属实，那实在是一个罕见的矫健魁伟的大男子！

不久前，殷啸虎在《新民晚报》上著文说，历史上的嬴政其实并不像影视里所塑造的那样高大，他身高大致在1.60～1.70米之间，可说是个"矮子"。殷文的根据是先秦时一般到十九岁就举行冠礼，而嬴政要到二十二岁才举行冠礼，原因就是他迟迟没有达到成人的身高标准。文中说：

先秦时期在法律上判定是否成年，并不是按照年龄，而是按照身高，即所谓"七尺"为标准的(按照年龄判定，是汉朝才开始实行的)。《论语·泰伯》："可以托六尺之孤。"郑注："六尺之孤，谓年十五以下。"《周礼·地官》："国中自七尺以及六十，野自六尺以及六十有五皆征之。"贾公彦疏："七尺谓年二十，六尺谓年十五。"此外，在《云梦秦简》中，也以身高六尺五寸作为区别是否成年的标准。先秦时六尺五寸至七尺，大致相当于现在的1.60至1.70米，当时发育正常的男子，一般在十六岁至二十岁达到这个标准，而秦始皇……直到二十二岁才达到法定身高标准。

这自然也可以成为一家之言。不过即使依殷文所述，也还只是推测，并无确切的文献为据。据马非百先生考证，古代男子举行冠礼，年岁本无定例，一般为十九、二十岁，也有十五、十六岁的。而在秦国，惠文王、武王、昭襄王等等，都为二十二而冠。所以他认为："是秦制二十二岁而冠，自惠文王至二世百余年间未始有变矣。"（《秦始皇帝传》）

嬴政的貌相，按照《太平御览》引文的描绘，"虎口，日角，大目，隆准"，雍容轩昂，是相书中典型的帝王之相。所谓日角，就是额骨中央部分隆起，状如朝日，因而日角成了帝王之象征。唐代李商隐就写过这样的诗句："玉玺不缘归日角，锦帆应是到天涯。"（《隋宫》）

但据《史记》本纪，曾经受到嬴政重用的尉缭，对这位年轻国王的外貌和内心，都没有留下好印象——

秦王为人，蜂准，长目，挚鸟膺，豺声。少恩而虎狼心，居约易出人下，得志亦轻食人。

帝王之相不见了，畸形的鼻子，豺狼似的喉音，简直成了丑八怪！

年轻时代曾经专攻过医学的郭沫若，在《十批判书》书中对尉缭的话作了这样分析——

这所说的前四项都是生理上的残缺，特别是"挚鸟膺"，现今医学上所说的鸡胸，是软骨症的一种特征。"蜂准"应该就是马鞍鼻，"豺声"表明有气管炎。（"长目"疑当作"马目"，如此方与上下文的"蜂"、"挚鸟"、"豺"、"虎狼"等动物名汇为类。"马目"形容其眼球突出。——郭氏原注）软骨症患者，骨的发育反常，故尔胸形鼻形都成变异，而气管炎或气管枝炎是经常并发的。有这三种征候，可以下出软骨症的诊断。因为有这生理上的缺陷，秦始皇在幼时一定是一位可怜的孩子，相当受了人的轻视。

翦伯赞在《秦汉史》中则认为秦始皇应该是英俊漂亮的。他说——

[秦始皇]并不如后世所想象的他是生长着一幅严肃得可怕的面孔，假如他多少有些母亲的遗传，他应该是一位英俊而又漂亮的青年。即因他的英俊，所以他才能运用商人地主的力量，完成统一中国的伟业。

对同一个人的身高、长相，竟会得出如此不同的结论，不禁使我想起了《战国策》中那个著名的邹忌讽齐王纳谏的故事。邹忌的妻子、小妾、客人都说他的容貌比当时的一位美男子徐公还要美，待到与那徐公一比较，才深感自己"弗如远甚"。为什么明明邹忌的貌相远不如徐公，他的妻、妾、客却偏要说他比徐公还美呢？邹忌经彻夜思索终于弄明白了：妻子美我是因为私我，小妾美我是因为畏我，客人美我是因为有求于我。对客观事物的评价一旦介入个人的感情因素，往往就会与实际产生偏离。如果这个道理具有普遍意义，又如果对嬴政的长相的不同评价中确实杂有或爱或憎的感情因素，那么我们不妨来一个最高值加最低值然后除以二。这么一来,后来做了大秦帝国始皇帝的嬴政,也许是既不俊美,也不丑陋;说不上魁伟,也还不算矮矬,实在也是一个平平常常的男子:平平常常的身高,平平常常的面相。

人不可貌相。既有形似巨人的侏儒,也有形似侏儒的巨人。这个外貌平常的男子,却有一颗极不平常的心。这颗被别人视为"虎狼之心"的心,犹如狂飙怒涛,大有席卷天下,包举宇内,囊括四海之意。但这颗心,现在却感到自己处于感情、思想、政治以至武力等多重的强大压力之中。一边是太后,那是他的母亲,单从血缘关系说,其重就犹若泰山。叛逆父母,法律明确规定为十恶不赦之一。何况这个母亲蓄有男妾,经营多年,权重势盛,气焰炙人。一边是吕不韦,那是先王留下的重臣,老谋深算的国相,幼年时代的叔父,如今的仲父,内政、外交,包括他这个年轻国王,似乎都在这位长者的手掌心之中。他从对方的眼神中,分明感到自己总还被视为未成年的孩子,什么都得依赖他这位长者的训教、安排和保护。当年,身材矮小的斯巴达王阿革西拉乌斯曾对埃及法老怒吼道:"你们把我看作老鼠,但总有一天我会成为狮子的!"[1] 如今,这个来自邯郸、受尽凌辱的孩子,只要有类似的机会,他很可能也会作一声狮子吼:不,我已经不是孩子,我什么也不需要!甩掉你们,我可以跑得更快,做得更好!我不仅完全可以当好秦国国王,还要君临天下,成为整个华夏大地的大国王,你们懂吗?

## 李斯跳槽想当范雎

当秦王嬴政热血喷涌的心已经陷入狂躁不安的时候,有一个将在秦国、特别是秦帝国历史上扮演重要角色的人,来到了秦王嬴政身旁,并很快赢得了他的重视和重用。

这个人便是李斯。

李斯是楚国上蔡人,曾师事荀子学帝王之术。学已有成,觉得在楚国不能施展抱负,其他诸侯国又都日趋衰弱,便选择了秦国负笈西游,请求成为吕不韦的门客。吕不韦很快发现了他的才学,便提拔他为宫廷侍卫官,从而使他获得了接近秦王嬴政的机会。至于这样的安排是否出于吕不韦有意,史书无记。凭李斯的智慧,他当然早已察觉了秦国高层集团内部三足鼎立的详情。就像当初七国之中他选择了秦国那样,经过一段时间的观察和思考,这时他作了类似现今盛行的"跳槽"的第二次选择:离开他的老师吕不韦门下,直接去向秦王进说,以求取更大的发展。

他进说的题目选择得极妙:论时机。

他先论述了把握时机的重要,判断一个人是平庸凡俗还是能够成就宏图伟业,就看他是否能抓住时机逞意遂志。接着他回顾了秦国历史,指出一代雄主秦穆公所以没有能够完

---

[1] 这是古希腊作家阿泰纳奥斯著作《学者们的宴会》中的一个情节。埃及法老泰俄斯以隐喻讥笑带兵前来帮助他的斯巴达王阿革西拉乌斯的矮小身材说:"山怀孕了,宙斯很吃惊,但山生了个老鼠。"阿革西拉乌斯回答说:"你把我看作老鼠,但总有一天,你会把我看成狮子的!"

成王霸之业，就是因为其时还有个名义上的周天子存在，时机尚未成熟。如今周室已亡，中原诸国无不像秦国所属郡县那样甘愿臣服效命，秦国已强大到如此程度，您大王又英明贤德无比，倘要兼并六国，就变得如同拂拭灶上尘埃那样轻而易举。文末归结到题旨："万世之一时"，现在已到了"灭诸侯，成帝业，为天下一统"的最佳时刻，如果坐失良机，那么"诸侯复强，虽有黄帝之贤，不能并也！"（《史记》本传）

也许在李斯看来，历史竟是如此地相似，六十多年前宣太后、魏冉专权的局面又一次在秦王宫内重演，于是天赐良机，给了他一个来扮演范雎的机会。但他这篇说词没有像当年范雎那样把昭襄王的处境用耸人听闻的"危如累卵"的比喻说出，显得更策略、更高明。他甚至只字不谈嫪、吕对峙的现实，却提出了一个远大的目标，一个千载难逢的时机，意思很明白，就是要秦王嬴政跳过嫪、吕，直接去把握这个时机，单独去完成统一大业。谁来辅佐呢？——不是已站在您大王面前了吗？那就是我李斯！

果然，嬴政听了非常高兴。不言而喻，聪明的国王自然也会联想到六十多年前的那场宫廷斗争，把自己比作了他的曾祖父昭襄王。当年，太后、魏冉已形成庞大的势力，而昭襄王则是孤独一人；如今一边太后，一边仲父，也都各有门户，而他只有孤家寡人。这样，他会很自然地把李斯当作范雎来看待。当年，昭襄王听过范雎三说而后拜他为客卿；如今秦王嬴政一听李斯这篇说词，就拜他为长史。狂躁不安的国王终于有了自己的肱股之臣，心理感觉上该会踏实得多。李斯也受到了很大鼓舞，再次进献兼并六国的具体策略。秦王嬴政再拜李斯为客卿，并"听其计，阴遣谋士赍（jī）持金玉以游说诸侯。诸侯名士可下以财者，厚遗结之；不肯者，利剑刺之"（同上）。李斯之计用现代人的话来说就是实行胡萝卜加大棒的政策。

这一日，秦王嬴政正在夜读，偶尔在简策中读到了这样几段文字——

夫权势不可以借人，上失其一，臣以为百。

夫以王良、造父之巧，共辔而御，不能使马，人主安能与臣共权以为治？以田连、成窍之巧，共琴而不能成曲，人主又安能与臣共势以成功乎？[1]

读到这里，年轻的国王兴奋得击案而起，大声呼喊："快哉，快哉！寡人得见此人与之游，死无恨矣！"觉得久久郁积于内心的勃勃之气全被这几句话捅破、泄出，全身心感到从未有过的舒畅与痛快。他感到眼前豁然明亮，清楚地看到全部问题的焦点，就是两个字："独断"。独断，独断，独断！权势必须由君主一人独断，绝不能与臣下共享。不然，就是太阿倒持，难免自取灭亡！

他急切地渴望找到这位如此理解他内心的作者，倾听他的指教。偏偏这卷简策没有留下撰写者的姓名。他立刻召来李斯，李斯回答说，此文的作者是韩非，而且还是他的同学，

---

[1] 这两段引文分别见《韩非子》的《内储说下》和《外储说右下》。文中王良、造父均为著名善御者。王良，春秋时晋国赵襄子车夫；造父，见本书一章一节。田连、成窍，春秋著名善琴者，据说，伯牙也向他们学过琴。

他们曾一起师事于荀卿。

嬴政说：卿立即为寡人下令召见韩非！

李斯说：臣恐难以召到。韩非乃韩国公子，向为韩王所看重。

嬴政说：文不行，那就用武吧！先征服韩国，即命韩王送韩子来为寡人所用！

这样秦王嬴政在举行冠礼亲政前，实际已开始跳过嫪、吕集团着手实施他的兼并计划，并以韩国为第一进攻目标。同时他也在等待时机和寻找恰当的方法，如何像当年昭襄王一举端掉太后、魏冉集团那样，来解决嫪、吕集团的问题，以实现王权之"独断"。

公元前238年，也就是秦始皇九年，一个不寻常的年头来到了！

《史记·秦始皇本纪》记录本年度第一件大事便是：

彗星见，或竟天。

在古人看来，出现彗星已经够让人担忧的了，这回那诡异耀眼的光亮有时竟还横贯长空，自然更不会是好兆头。

果然，一桩意外的事情就在这一年的春天发生。这一回，秦王嬴政不仅再次勃然大怒，而且陷入了无处诉说的耻辱和痛苦。

## 忽然爆出了一个"假父"、两个"弟弟"

华阳太后已是高寿，这一天是她七十三岁华诞吉辰。

秦王嬴政对这位一向讲究衣著和养生，而今已是一副福态，显得越发雍容华贵的祖母格外敬重，特在咸阳宫大宴群臣以示庆贺。

仲春，丽日和风。隆重、丰盛的庆典就在兴乐宫进行。男欢女乐。

那件意外的事就是在这个时候发生的。

酒宴渐入阑珊，有人已开始起立伸腰，或在席间走动。侧厅的一角忽有好些人嚷嚷起来。随即许多人向那边围去，但很快被侍卫驱散。只是众人脸上的喜庆之色不见了，代之而起的是惶恐、惊讶或嘲弄。

秦王嬴政命人查问，侍卫官战战兢兢、支支吾吾回答说是太后宫里一个阉人酒醉失言，当不得真的。秦王严令从实禀报，侍卫官才不得不说出真相。原来是长信侯嫪毐，刚才在席间行酒令时因屡被罚酒，他竟仗着酒性破口骂人：我是当今王上的假父，你们这些绳床瓦灶的鄙陋小人，谁敢与我对抗！

——他是我假父？！

秦王嬴政几乎被自己勃然而起的暴怒击倒了！

待要发作，一个更可恼也更可怕的黑影迅速飞来向他提出了警告。那是童年时代在邯郸亲眼目睹的事实在提醒他：这样的事很可能会有；而如果真有其事，你一光火，不是更要在众人面前大丢其丑了吗？

被遏制的暴怒和无处诉说的羞辱、痛苦一齐折磨着他。为了镇静自己,他用尽了全身力气。回到寝宫时,已经累乏得几乎瘫倒。但他还是立刻召见李斯,命他暗中派人去查实此事,立即禀报。

调查结果很快出来了:嫪毐确实是个假阉人,常与太后私通。可能还生了两个孩子,不知藏匿于何处。

嬴政默默地、艰难地吞咽着这颗耻辱、痛苦的果子。几年前潜藏于心底的那只蝎子复活了,不时张开双钳啃啮着他的心。

他沉默着,就像一头暴怒前的狮子,暗暗磨砺着自己的爪牙。

他现在已经是一个称霸天下的强国的国王,他必须在自己的臣民和各诸侯国面前保住自己的凛然不可侵犯的尊严与声威,因而绝不能以与太后私通的罪名,而必须以叛乱的罪名将嫪毐及其同党一网打尽,并以最残酷因而也是最解恨的刑罚在咸阳街头将这个恶棍处死!

——为此,我要去搅动这头蠢猪,让它先嚎叫起来!

他在心里作出了决定。

秦始皇九年(公元前 238 年)孟夏四月。

良辰吉时已由奉常会同卜正择定。

秦王庄严宣告,他届时将往雍城蕲年宫举行冠礼,并提前三日预先住宿于雍城。

雍城不是嫪毐势力的大本营吗?

是的,这的确是一着险棋。但热血不断在年轻的国王胸口鼓荡着,不入虎穴焉得虎子,正因为雍城是一个险地,他才要亲自去而且提前去,以身为饵,诱使敌人从隐蔽处提前跳出来!他宁愿战死,决不背负着这样的耻辱当国王!

他估计到嫪毐十有八九将乘机作乱,因而预先作出了这样一个重要部署:

令相国昌平君、昌文君发卒攻毐。(《史记·秦始皇本纪》)

请读者诸君特别注意这十三个字。文中的职称、人名以至那个顿号,都是两千多年来史学界争论的热点。这里只先简单介绍一句昌平君、昌文君这两个人:他们都是楚人而仕于秦,并得到重用。至于其他情况,包括那"相国"二字究竟是职称,还是指另一个人,譬如说吕不韦,学界争论较多,准备放到后面去说。

听到秦王将驾临雍城这个出人意料的宣告,嫪毐果然兴奋得发狂了,急忙去找王太后说:看来王上死到临头了!杀死了他,以后就让我们的儿子来继任当国王!

嫪毐的这个主意见于《史记·吕不韦列传》,但没有说明王太后也即过去的赵姬对此态度如何。后来嫪毐在发动叛乱过程中动用了太后玉玺的,没有她反对这样做的记载,很可能得到她的默许。二十余年前,她在邯郸那样艰难的环境中生养了这个孩子,大概不会有人怀疑她也曾经与天下所有母亲一样有过那种无私的、纯正的、伟大的母爱。那时,孩子的寒暖痛痒无不牵挂到她的心肠,如果有人要杀这个孩子,她会毫不犹豫地以身相搏或以身为代的。但是现在？……呵，真正令人难以置信却又不得不信：权力对人的诱惑和对人性的作践是何等可怕啊！

刀光剑影在暗中闪动。叛乱已准备就绪。据《史记·秦始皇本纪》记载，叛乱骨干有："卫尉竭、内史肆、佐弋竭、中大夫令齐等二十人"。其具体部署是：嫪毐"矫王御玺及太后玺以发县卒及卫卒、官骑、戎狄君公、舍人，将欲攻蕲年宫为乱"。

蕲年宫外杀机四伏，蕲年宫内钟鼓齐鸣。

蕲年宫在雍城东南，为秦穆公所建，穆公陵墓就修在蕲年观之下。秦王嬴政先虔诚地祭祀了他最为崇敬的先祖穆公，发誓要继承列祖列宗遗志，完成统一大业。现在他的冠礼正在隆重地进行中。

充满着活力的、具有强烈节奏感的音乐在雄伟的宫殿里震响。

蕲年宫长长的廊沿上，一百零八名乐手分列两侧，正神情肃穆、指法灵活娴熟地演奏着。

革、木之声，金、石之音，还有专为这次盛典浇铸的编钟的奏鸣。编钟有三十六口，一口口悬挂在粗大的檀木架上。

一头白发皓然但精神矍铄的乐师正在敲击着，如癫似狂，如痴似醉。

这就是被《吕氏春秋》讥之为"以钜为美，以众为观"的侈乐吧？秦王嬴政听了心神激荡，吕不韦听了大概不免摇头叹息。

但是我们不知道吕不韦是否在场。由于上文已引的《史记》本纪那段十三个字的记载本身就扑朔迷离，加上历来史家对此的解释又众说纷纭，因而从这时起，吕不韦的去向便成了一个谜，后文我们将会谈到。

冠礼正式开始。

几案的托盘上，端端正正放着一顶金灿灿的王冠和一柄封在镶金嵌玉镂花剑鞘里的太阿宝剑。

冠礼可说是中国古代的成年礼，但按当时的礼制，只有贵族男子才有资格举行此礼，女子和平民皆被排斥在外。而此刻正在进行冠礼的是一位国王，因而同时也就成了通常所说的加冕礼。

尚冠令丞的手在发抖，是兴奋得发抖。

因为他比任何一个前任都荣幸，而且可说是千载难逢的荣幸。

今天他将要代戴的不是诸侯王王冠，而分明是一顶天子之冠！

一个纯金精制的小圆筒，上面镶嵌着一块一尺二寸长的冕版，前后分别垂着称之为"旒"的玉串。

《周礼·夏官·弁师》规定："天子十二旒，诸侯九旒，上大夫七旒，下大夫五旒。"

秦僻于戎狄，初封时不过是一个小小的"附庸"；后来是秦侯，最后才是秦王。

这个"王"仍是封国之王，即诸侯，按规定当为九旒。

但秦王嬴政给自己的王冕加了三旒：十二旒。

尚冠令丞替嬴政最后一次整理了一下头顶的发髻，然后双手小心翼翼地捧起了那顶不寻常的王冠。现在这十二旒的天子之冕终于戴到了终将成为千古一帝的秦王嬴政头上。

司礼高声吟唱着祝词：

令月吉日，始加元服。
弃尔幼志，顺尔成德。
寿考惟祺，介尔景福。[1]

乐声大作。

殿堂内外，台阶上下，人们山呼万岁之声震耳欲聋。

就在这个时候，嫪毐下令向蕲年宫发起了进攻。

嬴政疾步登上高台，大声喝问：寡人在此，有哪个乱臣贼子胆敢谋反，格杀勿论！

太阿剑出鞘，寒光逼人。

这声犹如晴空霹雳的喝问，吓得七零八落临时拼凑起来的叛军威势顿消，乱作一团。昌平君和昌文君指挥早已布置好的三千精兵内外夹攻，叛军抱头鼠窜，纷纷败退，当场被砍杀数百，血流满地。嫪毐指挥残部孤注一掷，转而快马飞驰近百里去攻打咸阳宫。谁知咸阳宫也早有预防，而昌平君、昌文君的追兵又瞬间赶到，又是一个内外夹攻，叛军被一网打尽。但在清点俘虏时，发现嫪毐在逃。于是秦王下令国中悬赏捉拿：有生擒嫪毐者，赐钱百万；有杀死此贼者，赐钱五十万！

咸阳街头热闹了，有的议论着这桩宫廷的最新奇闻，有的挡不住高额赏金的诱惑，东奔西跑寻觅着线索。

这时候头戴金冠、腰挂太阿的秦王嬴政，带着随从急急冲进了雍城棫阳宫。

棫阳宫里住着王太后。难道他要去杀母亲？

是的，依照此刻他内心的愤怒，很可能。

但来到宫门口，他突然站住了。

母亲毕竟是母亲。

他命令一名侍卫官带领兵卒先入宫去将赵姬转移至萯（fù）阳宫看守起来，然后自己再进去。

跨进母亲卧室，他大概不难想起每年来雍城祭祀祖庙时，总要来这里向母亲请安，滚动在胸口的怒火可能会有所消退。但当他一眼瞥到内室那张宽大的龙凤雕花红木床时，眼前又闪过了嫪毐那丑恶的嘴脸，手起剑落，龙凤床被一劈为二。

仿佛从地缝里钻出来似的，被劈开的龙凤床那一端出现了两个孩子，是两个分别约为三岁、五岁的男孩子，像一对刚被收入笼子的小鹿崽，相互依偎着，畏怯地偷偷瞥来他们惊恐不安的眼光，着实令人怜悯。

---

[1] 见《仪礼·士冠礼》。大意谓：在这良月吉日，第一次给你加冠。望你从此抛弃童心，谨慎地修养成人之德。这样你就可以高寿吉祥，大增洪福。

也许嬴政已经从那两对特别聪灵、秀丽的眼睛里看出他们是谁了,慢慢地插剑入鞘。但他大概又很快从他们嘴角或什么地方看出了嫪毐的痕迹,转而狠狠吐出了两个字:扑杀!

随从立刻拿来一只大皮囊,将两个嘶声号哭着的小男孩塞进皮囊,扎紧囊口,重重向砖地砸去——叭!

一下,又一下,只需三下,再没有任何动静和声息。

皮囊静静地躺在砖地上,殷红的血从囊口隙缝汩汩流出,还冒着热气。

这个残忍的国王,狠毒的哥哥,铁板着脸,望着,不说一句话。不知他有否想到:那从皮囊口流出来的血,与流在他血管里的血,有一半基因是相同的?

秦王嬴政回到咸阳,嫪毐已被捉到。据《史记》本纪记载,对这个已被镇压下去的叛乱集团成员是这样处理的——

(一)对嫪毐,"车裂以徇,灭其宗"。车裂,俗称五马分尸,秦律死刑中第一酷刑。"车裂以徇",即车裂后再暴尸示众。"灭其宗",嫪毐的家族也全都斩尽杀绝。

(二)对卫尉竭等二十余名叛乱骨干,全部处斩,割头示众。

(三)对嫪毐的门客,"轻者为鬼薪",即罚做苦役,为宗庙砍柴,一般役期是三年。重者"夺爵迁蜀",削去爵禄,迁徙也即流放至蜀地。受到这种惩罚的多达"四千余家";迁徙之时恰好碰上"是月寒冻",途"有死者"。

这就是嬴政亲政后,第一次对他的政敌所作出的处理。残酷吗?可他早在儿童时代就说过:胜利者有权惩罚失败者,这是公平的:谁叫你失败呢?

还留下一个实际上是嫪毐集团最重要的人物,便是当年的赵姬,如今的王太后。

这位王太后当初是因怀孕怕被人觉察才假托占卜住到雍城棫阳宫去的,咸阳城里仍保留着她原住的那座宫殿,就是甘泉宫。这回嫪毐叛乱是冒用了太后玺印的,而她却没有公开反对,这就难逃也参与其谋的干系。但母亲毕竟是母亲。秦王对赵姬作了这样处理:着令迁出咸阳,长住雍城萯阳宫。

这个曾经风流过、风光过的女人,当她乘着辂车,被警卫森严地押解着由咸阳向雍城驶去的时候,内心该会是五味俱全的吧?她生了三个儿子,这一回是她的长子既杀了她的情人,又杀了她另外两个幼小的儿子,现在又把她押向一座冷宫,逼她孤独地老死在那西陲之地,这人世间怎么会是这样的呢?

## 吕不韦行踪之谜

现在我们才等到一个机会来说说吕不韦。

作为太师和"仲父",他理该在嬴政举行冠礼那种场合出现,但是史书无录。

作为国相,秦国历来的传统是既管文又管武,在嫪毐集团发动叛乱、国王生命受到严重威胁的时候,他必须亲率武士,奋力搏杀,不然还算什么国相!对此,史书也缺少明确记载。

吕不韦到哪里去了？

嫪毐集团平息后，秦王嬴政论功行赏。据《史记》本纪记载，凡斩敌首的，"皆拜爵，及宦者皆在战中，亦拜爵一级"。其中首功，当然昌平君和昌文君。

昌平君，司马贞《史记索隐》说他是楚国公子，在秦国任职。至于任什么职，这就牵涉到上一小节引的《史记》本纪那十三个字的记载该如何句读标点的问题：若是标点为"令相国昌平君、昌文君……"，那么昌平君任的便是丞相，已是最高行政长官。当秦王嬴政发起兼并大战，楚国濒临灭亡的时候，这位昌平君又回到楚国，并被楚人推为荆王，奋力抗秦，演出了悲壮的一幕。

还有一个"昌文君"是谁呢？"昌文君"显然只是一个封号。《史记索隐》说：不知其名。

非但不知姓名，他的职务也不明确。若按上一小节那十三字记载，因"昌平君、昌文君"平列而推定他也为丞相，那么此时吕不韦相位尚未免去，加到一起不是有三个丞相了吗？这在秦国历史上无此先例。

基于这些疑问，郭沫若在《十批判书》中认为"昌文君"就是吕不韦。根据是金文"吕不韦"与"昌文君"这三个字形近易错讹。这个假设，现在已大致可以否定。前些年出土的云梦秦简中的《编年记》，在秦始皇二十三年下记有"四月，□文君死"一句，这"□"当为"昌"字（见《睡虎地秦墓竹简》释文）。此时吕不韦已死了十余年，断不会再死一次，证明"昌文君"确实另有其人。

吕不韦究竟去了哪里？这就要说到那段十三字的记载该如何句读标点的问题了。

杨宽先生的《战国史》认为，吕不韦很可能就藏在一个被漏点的顿号里。这就是说，《史记》本纪中那段十三个字的记载句读和标点应该是这样的：

令相国、昌平君、昌文君发卒攻毐。

加上一个"、"号，这"相国"便不是昌平君的职务，而是代指吕不韦。据此，不仅吕不韦的行踪有了着落，还说明这样一点：直至嫪毐叛乱发生前夕，秦王对吕不韦即使不是仍信任，至少还是要用他的。要到叛乱平息后，在清查过程中因"事连相国吕不韦"（《史记》本传），吕不韦才开始受到查究。

近年来，学者胡正明、田余庆等先后就此发表文章，也认为"相国"与"昌平君"间应加一顿号，而"相国"正是指吕不韦（参见《历史研究》1989年第二期）。我也觉得此说较为合理、可信。不过，疑问还是有。《史记》对吕不韦的记载或称姓名，或称"文信侯"，或职名加姓名称"相国吕不韦"；仅有一处，因承前句已说到"相国吕不韦"而略称"相国"。但《史记》的这段记载前并没有出现"相国吕不韦"一类字样，所以这个单独的"相国"如果真是指吕不韦，那此句就很可能有脱漏。还有，如果吕不韦真是平息这场叛乱的主要组织者与指挥者，他是本该受到重赏的，这样，以后秦王对他非但没有任何赏赐，反而不断升级的惩罚，就显得越发有悖常理。

看来此中之谜，有待人们进一步去探索求解。

尽管嫪毐叛乱期间吕不韦的去向还难以确考，但有一点却是肯定的，那就是吕不韦此后就从巅峰跌入低谷，他的人生开始走向坎坷悲怆的黄昏。

秦王嬴政在车裂嫪毐、迁走太后后，就转过身来，抽出太阿剑，将剑锋指向他的"仲父"吕不韦。这是《史记·吕不韦列传》的一段记载——

> 王欲诛相国，为其奉先王功大，及宾客辩士为游说者众，王不忍致法。

这段文字行文很微妙，恰好反映了此时同样微妙的秦王嬴政的内心。国王要诛杀一个丞相，也总得有相当理由。嬴政有没有非杀吕不韦不可的理由呢？肚子里是有的，但却不便明白说出来。偏偏"宾客辩士游说者众"，于是便以"不忍致法"这样冠冕堂皇的话暂时放过。其实，说情者众多表面看来可以是"不忍致法"的原由，仔细想来却正是非杀不可的一个重要依据。有那么多人为吕不韦说情不正好说明他在群臣中影响巨大吗？在群臣中影响巨大就意味着对君权侵蚀已相当严重，这难道还不该杀吗？

《史记》记载的说情者多为"宾客辩士"，即主要是吕不韦门下那三千门客。秦王嬴政自然不能无视这些能言善辩之辈的舆论力量，但他们是否真能说动这位性格刚烈的年轻国王，还难免令人起疑。因而在一些演义类著作中又增加了一个人物，就是华阳太后。小说家们认为是太后以祖母身份说出一番义正辞严的训教，才使嬴政不得不暂时将诛杀吕不韦的利剑抽回入鞘。尽管史书无录，我倒觉得颇有几分可信。一是这位楚国女子也如宣太后那样是爱好"干政"的，想当年吕不韦买国之计的主要支持者和实施者就正是这位太后。因而像镇压嫪毐集团叛乱及其善后处理这样的大事，估计她也不会无动于衷、置若罔闻。二是她对吕不韦是心存感激的，她所以能接连当上王后、太后，从某种意义上说还是由这位阳翟大贾促成。如今平白无故要砍他脑袋，于情于理她都不会答应。三是嬴政进宫后就受到华阳太后喜欢和爱护。由于赵姬的商女身世，嬴政从小就是一个没有享受到纯正的母爱、心灵受到创伤的孩子，因而他对这位身份高贵的老祖母的爱，很可能要超过对亲生母亲的爱。找遍文武百官、前宫后院，对桀骜不驯的秦王嬴政说话多少还管点用的，大概也就这么一位华阳太后吧？

总之是有赖这样那样的原因，吕不韦总算在相位上又摇摇晃晃坐了一年多，到秦始皇十年（公元前237年）十月，可以明白说出的惩罚他的理由终于找到，《史记·秦始皇本纪》记了这样一笔：

> 相国吕不韦坐嫪毐免。

到这时候才忽然发现吕不韦是与嫪毐集团有牵连的，是个漏网余党，于是一声令下把他从相位上撤了下来。嫪毐、吕不韦，政治上原是对立的两派，说有牵连，无非是据《史记》所载，当初嫪毐系由吕不韦引进的。这"理由"倒也还说得过去，因为按秦法，被荐举人犯罪荐举人得同坐。

这样，吕不韦便被幽禁了起来。

幽禁在狭小的天地里，一天的时间会被拉得无限地长，一生的经历却被缩得比瞬息还短，全都历历来到眼前。但这片狭小天地却实在是人世间最难得的课堂。它会使人变得纯净和坦荡；对自己会有深刻的自责，对别人则充满友爱和谅解。人在这种情况下，会油然怀念起心心相通的故人和古人，对吕不韦来说，最先想到的，大概就是在《吕氏春秋》中他曾经一再用崇敬的语气记述过的那些古圣先贤吧？

第一位该是管仲。因为吕不韦曾被秦王尊为"仲父"，而此前历史上被尊为仲父的第一人便是管仲。管仲辅佐齐桓公"九合诸侯，壹匡天下"，吕不韦觉得自己的功业还难与管仲相比；特别是管仲是善终的，弥留之际还为齐桓公留下了"远易牙、竖刁"等小人的忠告，只是齐桓公没有坚持照着做，才落到身死国乱、"三月不葬"、"虫流出于户"的悲惨结局。吕不韦联想到自己，心上不由一阵悲凉。显然，他已不可能再有管仲那样的好运了。

第二位可能就是周公。周公"一沐三捉发，一饭三吐哺"，悉心辅佐武王、成王两代君主，昼夜勤于王事。但开始由于成王年少，周公不得不代行政事，于是谣诼蜂起，以为周公有篡夺之心。后来事实粉碎了这些诽谤，同样得到了善终。吕不韦觉得自己实难与周公相比，秦王嬴政也不可能有成年后的周成王的气度。

吕不韦想到的第三个古人，该是他在《当染》和《勿躬》中提到的伯益吧？这回让他着实一惊。伯益很有可能就是秦人的先祖（详一章一节），他原是舜的臣子，后来又辅佐禹，禹曾想把天下禅让给他。禹死后，禹的儿子启与伯益争位，最后是启杀了伯益而登位，建立了中国历史第一个正式的王朝——夏。吕不韦觉得嬴政果真有点像夏启，那么自己是不是真的要做伯益第二呢？想到这里，不由一声苦笑，仰天长叹起来。

这时候，秦王嬴政确实要准备大量杀人了，其中就包括吕不韦。

# 血的疯狂与心的挣扎

## 第二十八颗将被割下的头颅

想象一下吧：社会给了一个人以至高无上的权力，却还没有成熟到能够产生出相应的制约机制，在这种情况下，这个手执太阿剑的人一旦暴怒起来时，他将会如何动作呢？

这就是这些天来在咸阳宫里发生的事情。

巍峨、庄严的秦王宫前，血淋淋地挂着一排人头，人头之下是一大堆人的手和脚，截去四肢的身躯，还被蒺藜刺得血肉模糊，堆叠在一起，竟已有小山般高！

数一数，头颅共二十七颗，手和脚是相等的：都是五十四只。

这就是说，已有二十七位大臣，在秦王嬴政冲冠一怒之下死去。

但他仍处在狂怒中，很可能还要杀人。那血淋淋的残躯堆上插着这样一块牌子：

有为太后事敢再谏者，定斩勿赦！

所谓太后事，是指王太后赵姬因与嫪毐叛乱有牵连，被秦王嬴政逐出咸阳甘泉宫，送到雍城萯阳宫幽禁了起来。此事已经过去了数月，臣子们觉得一个王太后，居然还被自己王儿隔离在僻远的冷宫，过着凄凉孤寂的日子，实在有违人伦，因而接二连三地提出了及早迎回太后的谏言。臣子们都是些饱学之士，以为他们的进谏是以经书为据的，就是孔子编撰的《春秋》上隐公元年那段记载："夏五月郑伯克段于鄢。"郑庄公用武力平息了他弟弟共叔段的叛乱，由于牵连到他母亲武姜，在处理善后时就把武姜送到城颍幽禁了起来，临行还对武姜发誓说：不到黄泉，此生不再与你相见！后来有位叫颍考叔的大夫，想了个巧妙的办法去说动郑庄公。他拿了礼物去拜见庄公，当庄公请他吃饭时，有意把肉拣出舍不得吃，说是要带回去孝敬母亲。庄公一听受了感动，说：你有母亲可以孝敬，偏我就没有！经过一番对话，颍考叔听出庄公已有后悔之意，只是还碍着那个"不到黄泉不相见"的誓言，便说：那有什么难处呢？只要掘地三尺，在地道中相见，不就是誓言中所说的"黄泉相见"了吗？郑庄公照着这样做了，于是母子俩便在地道中重新相会，和好如初，并即兴赋诗，儿子唱："大隧之中，其乐也融融！"母亲应和："大隧之外，其乐也泄泄！"

但是咸阳宫里的臣子们想错了！他们错就错在没有看到这两件相隔五百余年的事有两点不同：秦王嬴政不同于郑庄公；赵姬不同于武姜。

于是头颅便从他们颈上一颗接一颗地被割了下来。

最先出来想学一学颍考叔的是一位掌管文书图籍并负有监察责任的御史官，他在一次上朝时跪奏了这件事，恳请秦王允许把太后迎回咸阳内宫来。

嬴政一听，胸口那团好不容易勉强覆盖住的怒火又被撩了起来。他表情冷漠地对着左右两班文武官员问道：尔等有谁赞同他的禀奏吗？

好几个臣子齐声回答：臣等都赞同。臣等以为迎太后回宫，上应天理，下合人情，请大王恩准。

——赞同者站出来！

包括御史官在内，一下站出了十三位大臣。

秦王的怒火上又浇了一勺油。他亲政不久，如今竟有这么多人敢于一下站出来，他觉得简直是向他示威，是对他的至高无上权力的挑战。他击案一吼：推出去断肢枭首！

眨眼间，十三颗头颅和二十六对手和脚示众在殿前的台阶上。

但竟还有不怕死的，接二连三又有几批大臣为太后事来进谏，也都被当场杀死，现在已杀了二十七个。

血越流越多，越流越红。

秦王下令去插上那么一块诫牌，说：看有谁胆敢再来送死！

话音刚落，宫外闯进一个人来，从从容容拾级而上，吟唱似地呼喊道：齐客茅焦进谏！

宫殿两旁胆战心惊地鹄立着的文武百官，听得这声叫唤，不由侧过头去看，只见来人年纪不过二十有余，头戴破旧的进贤冠，身穿粗鄙的缊袍，一个来自齐国尚未受到聘用的宾客，分明还只是一介寒士，越发使他们惊愕不已。

秦王嬴政按剑而坐，厉声吼道：大胆儒生，你没有看到立在阶前的诫牌吗？

齐客说：茅焦正为此而来。大王不听说天上有星辰二十八宿吗？如今才死了二十七人，还差一个。不才茅焦，若能进入诸位贤臣之列，实为三生有幸。为此特来进谏，以便凑足那二十八宿之数。

秦王说：敝国朝堂之事与你一个齐客何干？

茅焦说：事关天理人情，谁人都该冒死进谏。

秦王冷笑说：区区一介寒士，也胆敢来违抗寡人，定杀不赦。但寡人不会成全你的，不让你去凑足二十八之数。寡人要叫你尸骨无存，化作一缕青烟而去。来人哪，架起鼎镬来！

左右立刻应命。朝堂阶下的尸首堆旁又架起了巨大的鼎镬，不一会儿便冲起了炙人的烈火和呛鼻的油烟。

齐客茅焦整冠拂衣，缓步来到鼎镬前，望了望翻腾不息的滚油，再拜而起，从容说道：臣闻之，有生者不讳死，有国者不讳亡；讳死者不可以得生，讳亡者不可以得存。臣之死，已在眼前，自然不必再讳死。只是臣死之前，敢请为大王生死存亡进一言，不知大王是否愿意一听？

秦王说：有道鸟之将死，其鸣也哀。就让你哀鸣一下吧！

茅焦说：臣听说大王还想统一天下，有这回事吗？

秦王说：有又如何？

茅焦说：但不知大王用什么来统一天下？用幽禁生母、杀戮直言进谏之臣的办法吗？用这口正在烧着的鼎镬，对付一个不远千里而来愿为秦国兴盛献出忠诚的宾客的办法吗？不才稍读史书，单知夏桀、商纣以鼎镬之威、炮烙之刑先后把好端端的夏朝、商朝葬送了，却从未看到过有哪一个国君以如此狂悖之举而能安国兴邦！文王、武王是这样做的吗？春秋五霸是这样做的吗？大王的列祖列宗是这样做的吗？这样的事，一旦为中原各国所知，谁还肯来臣事秦国呢？如此下去，大王莫说欲统一天下，就连秦国也断难幸存，大王自身也无法安保。古语云：狂暴之极，败亡在即。不信，且拭目以待吧！臣言已毕，请大王施刑吧！

茅焦脱冠解袍，高视阔步向鼎镬走去。

两班文武百官听得无不为之动容，秦王嬴政的暴怒也稍有缓解。有那么短暂的一息，他甚至觉得齐客的这些话正是从自己胸口呐喊出来的。他不正是以成就帝王之业自许、以有宏阔气度自励吗？不是也懂得统一天下需要有众多大臣的佐助吗？但自从嫪毐之案发生以来，他自己也无法理解的某种可怕的狂躁情绪，不时在心头勃然拱起。当他用了极大克制力把它压抑下去后，就小心翼翼绕开它，不敢再回头看一眼，更害怕别人提起，几个月的日子就是这样过来的。岂料那些可恶的臣子们，却有心与他过不去，一而再、再而三地老揭他这块心病，狂怒之潮冲破了他好不容易堆叠起来的堤防，只好一任它吞没自己的理智，做出一件接一件的狂悖事情来。茅焦的这番话虽也平常，但在他头脑已处于躁热状态的此时此刻，倒也不失为一帖清凉剂，使他突然记起了自己还有着那样一个大目标。但他又觉得作为一个国王，说出的每一句都必须赋予至高无上的权威，绝不许别人违抗，自己也不应轻易收回成命。因而他虽没有下令施刑，却也没有宣布恕罪，只是冷冷望着那个来自齐国的宾客一步一步走向鼎镬。

现在离鼎镬只有三五丈了，茅焦却越走越快。他正要纵身跳去……

我忽然停住笔，倒并非故作玄虚，制造悬念，实在有几句话得赶紧说明一下。

关于向秦王进谏迎回太后事，《史记》有录，但只提到茅焦，既没有提到二十七位大臣进谏并被杀的事，也没有说秦王要烹茅焦；所载茅焦说辞也很简略，仅谓："秦方以天下为事，而大王有迁母太后之名，恐诸侯闻之，由此倍（通背）秦也。"刘向《说苑》的记载则要详尽得多，且有近似小说的细节描写。我的上述描述主要取材于《说苑》。但原文茅焦的说辞似有明显不合情理处，他是这样说的——

陛下车裂假父，有嫉妒之心；囊扑两弟，有不慈之名；迁母萯阳宫，有不孝之行；从（通"纵"）蒺藜于谏士，有桀纣之治。今天下闻之，尽瓦解无向秦者，臣窃恐秦亡，为陛下危之。所言已毕,乞行就质(通"锧",刑具)。

茅焦是个说客,不是谏臣。谏臣中颇有一些不惜以生命殉他所信奉的某种道义的,说客却不是这样。说客并非没有自己信念,但他们主要目的毕竟还是为了自己的功名利禄。尤其是这位茅焦,他是在用自己性命作孤注一掷式的赌博。《资治通鉴·秦纪一》记到茅焦决定入宫进谏时,有这样一句话:"茅焦邑子同食者,尽负其衣物而逃。"可见那是一次多大的冒险啊!头颅可不能当儿戏。茅焦在陛见秦王之前,对自己的说辞肯定是费尽了心计的,他必须使这篇说辞有相当大的把握说动对方,才敢于把一生就这么一次的赌注押上去。他又肯定是个极顶聪明的人,不至于会说出"假父"、"两弟"这类只会激怒对方而又远离主题的傻话来。要知道说客面对的是握有生杀予夺极权的人。说客无权谴责,尤其不应谩骂。他的成功要诀只能建立在两个字上:迎合,即摸准对方心思,然后因势利导进说。这就是对游说之术作过最深刻研究的韩非说的那句话:"凡说之难,在知所说之心,可以吾说当之。"(《韩非子·说难》)

根据韩非指出的"要诀",我对茅焦的说辞作了像上文那样的改动。

即使这样,依照秦王嬴政那刚愎自用的性格,特别是在他这种狂怒未息的情况下,只怕茅焦还是难逃被油炸的命运。

纵然历史上暴君杀人的事数不胜数,但像这样一颗一颗接连割下二十七颗人头,眼看还要生烹一个人的事,毕竟罕见。嬴政是在一种怎样的心理状态下做出这种惨无人道的蠢事来的呢?

## 挣脱樊笼的兽性

现在我们就来作点尝试性的分析。

他还只有二十三岁,童年的记忆对他并不遥远。

事情是由臣子们向他进谏迎回母亲引发的。

一提到母亲,他便会在内心发出痛苦的呼喊:呵,母亲,你是一个多么使孩儿难堪和羞耻的母亲啊!……

本世纪初,奥地利著名心理学家弗洛伊德创立的精神分析法曾引起人们极大的兴趣。弗氏根据自己研究所得,从古希腊悲剧《俄狄浦斯王》中提取了主人公"杀父娶母"这个主要情节,然后加以普遍化,从而为一切乱伦欲望创造了"俄狄浦斯情结"又称"恋母情结"这样一个用语。在弗洛伊德看来,这个"恋母情结"几乎可以用来解释人世间的一切。譬如他解释莎士比亚的《哈姆雷特》时,就以"恋母情结"作为主人公丹麦王子哈姆雷特性格和心理的核心。父王被叔父杀死,母亲被叔父占有,哈姆雷特的整个复仇过程,正是在"恋母情结"支配下进行的。同样,在弗氏看来,人们在剧场里所以深深被哈姆雷特所吸引,也是由于观众在无意识中也有此"恋母情结",因而引起了强烈的共鸣。于是我想,如果让弗洛伊德来分析秦王嬴政此时的心理状态,十有八九他也会安上一个万能的"恋母情结"。不是吗？正是由于触怒了他潜意识中的这一情结，才使他对嫪毐产生了如此超常的仇恨，非车裂灭族而后快！甚至对两个世事未谙的孩子、他的同母弟弟也不肯放过，用残酷的囊扑之刑将他们处死！对赵姬仅作迁出咸阳处理，还照顾到她毕竟是他母亲。但此恨未消，此怒未灭。如今，臣子们的进谏，无意间又将他的这块好不容易按捺下去的心病翻将出来，于是便以十倍的疯狂索要报复，一颗接一颗地割下了那些胆敢触犯他隐痛的人的头颅！

这样解释，似乎确实可以在相当程度上说明问题。

不过，正如有些学者早已提出过批评的那样，用"恋母情结"说明一切，未免有泛性论的弊病。事实上，历史事实和生活常识告诉我们，幼辈对于长辈，特别是对女性长辈过分放荡的性行为，都会激起强烈的并带有本能性的反感。这似乎并不一定牵涉到所谓原始的性冲动。可以为此作出证明的事实是：女儿对母亲的爱显然扯不到性上头去，但女儿一旦发现母亲有所谓"不轨之举"，同样会引起强烈反感。所以如果一定要使用"情结"这一范畴，我以为还不如说存在一种"血清情结"更为确切些。子女都希望自己血管里流的是属于父母的纯净的血，即要求这一对父母只属于他们，决不让别人沾染。这种感情人类大致到接近进入文明社会就开始有了，由于年代的久远，几乎已积淀融化为一种本能。当这种本能遭到无理侵犯时，所属的个体通常都会引起某种说不清道不明，且又是全身心的憎恶，以至狂怒，有时甚至还会酿成意想不到的悲剧。最典型的事件发生在春秋陈国的灵公时代，其事载于《左传·宣公十年》，要比秦王嬴政这个二十七颗人头惨案约早三百六十年。

陈国有个夏姬，是个被小说家们称为"有骊姬、息妫之容貌，兼妲己、文姜之妖淫"的女人，刘向的《列女传》说她"三为王后，七为夫人，公侯争之，莫不迷惑失意"。其中陈灵公与大夫孔宁、仪行父更成为夏姬的常客，他们甚至无耻到各以在与夏姬交媾后再能得到她的亵衣为最大荣耀，还拿到朝堂来相互争看夸说。不少人都以此嬉戏为乐，唯有一个人被深深激怒了，他就是夏姬的儿子徵舒。

徵舒也是大夫，该已有二十余岁。这一天徵舒回家，恰好碰上陈灵公与两个大夫又在与夏姬一起饮酒。灵公嬉戏着说：徵舒身躯魁伟，长得很像是你们两位呢！孔宁、仪行父赶紧说：臣等不敢。你看他两眼炯炯，极像主公，大概正是主公的血肉吧？三人拍手大笑。据《史记·陈杞世家》记载，悲剧便从笑声中开始——

徵舒怒。灵公罢酒出，徵舒伏弩厩门射杀灵公。孔宁、仪行父皆奔楚。灵公太子午奔晋。

悲剧造成了陈国的灭亡，国君的丧生，两个大夫、一个公子的逃亡。其他随从之类被杀的肯定还有好些。徵舒索性自立为陈侯，结果又引来楚国的干涉，大军压境，杀了徵舒，又不知道有多少无辜的人跟着掉了脑袋。楚国原想把陈国据为己有的，只是后来因为有人反对，才不得不让太子午继位，总算恢复了陈的祭祀。

徵舒的杀机就是起始于那种本能的勃发，那种无法容忍的耻辱感，那种说不清、道不明，且又是全身心的憎恶，当它发作时，只图一泄，既无明确目的，也不考虑后果。他自立为陈侯，那是后来的事，不会是他原初动机。

对徵舒，别人可能因他的弑君篡位而觉得无法原谅，秦王嬴政却肯定对他怀有深深的同情，因为他自己现在也浸没在类似的恨海里。只是他比徵舒更甚，因为他还有一种姑且名之为"望族心理"的特殊心理。与那些自幼生活于帝王世家的孩子不同，他的"望族心理"要到十岁那年才开始萌生并勃发。在这之前只是听母亲训教时想起过，但那毕竟是虚幻的。这一年，他结束了在邯郸的近似流浪的生活，一脚踏进巍巍皇皇的秦王宫，才突然真切地感到原来自己确实是如此辉煌家族中的一员，流在他血管里的血该是多么显贵和崇高！但在内心深处，由邯郸时期那种饥寒岁月与眼前王宫生活形成强烈反差所产生的自卑感，肯定要潜藏相当长一个时期才会渐渐淡去。他努力争取这个王族对他的承认，不仅名义上，还有感情上。他终于赢得了这一步，其标志便是他获得了华阳太后的欢心。这样每当他跪拜在功绩著于秦土、声名远播于列国的列祖列宗神位前时，便会涌起阵阵强烈的自豪感。他从秦襄公到昭襄王这一长串声威赫赫的名字中汲取到无穷的精神力量，正是从这里，奠定了他极高的自负和自许，立誓不仅要成为秦国的雄主，而且要成为天下的共主！【1】

正由于嬴政的"望族心理"是后起的，因而也特别敏感，也可说特别脆弱，特别具有排他性。有一种隐忧，不时会冒出来折磨他。他不愿想到，却又不可能不想到：他竟会是那样一个母亲孕育出来的男人！

邯郸时期偶尔在母亲房里撞见的那些男人的嘴脸，雍城棫阳宫里那龙凤床上可以想见的情景，还有两个肉滚滚的被称之为他弟弟的形象，甚至那个真假难辨的他是吕不韦私生子的传说也可能有所耳闻……就是这些汇成了一只不祥之鸟展开黑色的大翅膀一直紧跟着他，像长有一对大钳的蝎子不时啃啮着他的心。当那种无处诉说又无法诉说的憎恶感向他袭来的时候，他会突然跳出一个可怕的念头：这么说，流在我身上的血是污秽的?！呵，上天啊，你为什么要这样惩罚我呢？

但这样的自问，只许由他自己暗暗想到；绝对不准许任何人窥测，自然更不容许别人说起，即使暗示也是罪该万死。在这里，经由至高无上权位的催化，自卑感与自大狂混合成了一种可怕的变态心理。作为参照，不妨提一下朱元璋。这位明朝开国皇帝年轻时曾做过和尚和强盗，从现代观点看来，这根本算不得什么。但朱元璋却神经兮兮地因此而制造了大量令人毛骨悚然的惨案。譬如，福州府学训导林伯璟为按察使作贺冬表，其中有一句"仪则天下"；澧州学正孟清为本府作贺冬表，用了"圣德作则"一语，都是歌颂性的，却万万没有想到大祸临头，竟被处以极刑。还有，祥符县学教谕贾翥为本县作正旦贺表，其中有一句"取法象魏"；尉氏县教谕许元为本府作万寿贺表，用了"体乾法坤"一语，两人也复因此成了钦定要犯，立刻处斩。这样的案例还可以抄出长长一大串，这些人真叫做

---

【1】秦王嬴政完成统一大业的精神力量，似乎主要来自他对秦族列祖列宗的崇拜。在尽灭六国时，他曾有一篇总结性的讲话，其中说："寡人以眇眇之身，兴兵诛暴乱，赖宗庙之灵，六王咸伏其辜，天下大定。"

脑袋掉了还不知是怎么掉的呢！

朱元璋因何而龙颜大怒呢？原来他以为他们都在暗示隐藏在他心底的忌讳。"仪则"、"作则"中的"则"不是与盗贼的"贼"读音相近吗？"取法"的谐音是"去发"；"法坤"的谐音是"发髡"，那意思不都是剃了光头吗？大胆刁民，竟敢如此亵渎本皇，还不罪该万死！

如此奇特的联想，只有自己存有心病，而又时时处处在设法掩蔽、绝不容别人窥测的人，才会有！

秦王嬴政的狂怒，也是由于在他看来别人是在有意揭发他的心病引起的。

弗洛伊德认为人格是由"本我"、"自我"、"超我"三部分构成。秦王嬴政此时这种近于疯狂的变态心理，也可说是与生俱来的依然保留着兽性原质的本我，从潜伏状态中奋起挣脱自我的樊笼而控制了全身。它渴望宣泄，渴望涤荡，因为他手握王权和利剑，便肆无忌惮地用别人的血来宣泄、涤荡自己，这样就制造了一幕接一幕的惨剧。[1]

写到这里，不由感慨系之矣！我国古代曾经创造过令世人瞩目的灿烂的文明，其中也包括政治文明。但这种政治文明有一个很大的缺陷，就是对握有国家最高权力的帝王，没有创造出一种相应的制约机制。要知道人是需要他律和自律的。一个失去他律和自律的人，残存于人性中的兽性便会挣脱樊笼为害他人；而如果这个人还是手中握有生杀予夺大权的帝王，更将酿成巨大的灾难，就像后来做了秦始皇的嬴政炫耀自己手中权力时说的那样：天子一怒，那可就是"伏尸百万，流血千里"（刘向《新序》佚文）啊！

## 在仲父"换班"背后

让我们赶快接上被打断已久的话头：茅焦会不会被油烹？

依照《说苑》的记载，茅焦非但没有下油锅，而且获得了空前的成功。就在前面已引起那段文字之后，接下去便是——

皇帝（指嬴政）下殿，左手接之，右手麾左右曰："赦之！先生就衣，今愿受事。"

---

[1] 对秦始皇的论述，或褒或贬，千百年来可谓多矣。但要剖析这一代雄主的内心世界，却苦于找不到可资依凭或参照的先例。我的尝试性的描述，自然难免粗疏且不尽允当。近读林剑鸣《秦始皇的悲恨》（《人文杂志》1994年第3期），文章是就《会稽刻石》中提出的"禁止淫佚"问题，与范文澜和郭志坤先后分别在《中国通史简编》、《秦始皇大传》中表述的观点进行商榷的。范、郭认为专为会稽地区而发，林君则以为当就全国而言。使我感兴趣的是，林文还进而指出，嬴政生母赵姬与祖母华阳夫人都在"淫"字上有过种种艳闻，而他一生的得失成败又与这两个女人有着不可分离的关系，以至使他在胸中积累了"极深的悲恨"，《会稽刻石》不过是借题发挥，"喷发的是他几十年潜藏于意识中对'淫'的怒火。"可惜文章到此戛然而止，未及展开。正如林文所言："这必定是历史学者感兴趣的题目"。我还以为这当不限于秦始皇，也应包括对其他重要历史人物。如果我们能深入其内心，不仅写出他们行为的结果，同时揭示出其行为的心理依据，那将会使历史变得鲜活而有人情味，为历史写作开辟一片新天地。不知林先生还有兴趣对此作专题研究否？我等待着拜读他的新作。

> 乃立焦为仲父，爵之为上卿。

转眼之间，阶下囚跃升到"上卿"的高位，并被尊崇为"仲父"，这只能说是出现了奇迹。接下去便是一个热烈、隆重的大团圆的结局：

> 皇帝立驾千乘万骑，空左方，自行迎太后萯阳宫，归于咸阳。太后大喜，乃大置酒待茅焦，及饮，太后曰："抗枉令直，使败更成，安秦之社稷，使妾母子复得相会者，尽茅君之力也。"

顺便说一下，《史记·秦始皇本纪》只说是"秦王乃迎太后于雍而入咸阳，复居甘泉宫"，没有提到加爵尊号于茅焦。

刘向是西汉人，离秦还不太远，他的记载该是可信的。但秦王嬴政对茅焦态度瞬息之间如此大转变，恐怕不会单是茅焦那样一篇并不高明的说辞之功。如果允许想象的话，我以为其中可能还有这样一个插曲——

茅焦已经到鼎镬跟前，正要纵身跳去，从宫殿后面传出了一个苍老的女人的声音：先生莫跳，先生莫跳啊！……

一位穿着尊贵的绛服的老妇人，在两名太监的搀扶下，从后宫跌跌撞撞赶来。

她就是华阳太后。

正是这位如今在秦王宫里要算最为德高望重的王太后，几个月前救过吕不韦一命，这回又使茅焦免遭鼎镬之灾。

秦王嬴政没有料到已经惊动了后宫，急急下殿迎向王太后请安。太后气得全身颤抖，点着嬴政的鼻子"你、你、你"了好一会也没有说成一句话，却激起了一阵咳嗽。两名太监连忙把她扶到座上，为她轻轻捶背。嬴政恭敬地侍立在一旁。太后缓过气来时，挥挥手说：都退下吧！

当人们都退去时，华阳太后猛然推开为他捶背的太监，神情激愤地对着嬴政厉声斥道：你、你、你如今好大的胆啊！你刚亲政，就接连杀了先王二十七位忠义大臣，还要把齐国来的客人油烹！你以为你亲政就无人管得了你了吗？可只要我活着一天，我就可以代表三世先君来惩治你！刚才我真是想要命令刀斧手把你这个无道昏君推出去斩了去祭祖庙的，你以为我做不到吗？不信你就试试！我只是想到先王驾崩得早，你毕竟还年轻，才没有那样做。现在我问你：你知罪不知罪？

嬴政慌忙跪下说：孙儿知罪了，求老太后饶孙儿这一次。

两个太监跟着同时跪下。

太后说：当初，你刚从邯郸来的时候，给我吟诵《南山有台》，一个多么知书懂礼的孩子，真叫我欢喜不尽。那时候你为我祝寿，祝我万寿无疆。可如今当上国王，就做出此等残暴事来活活气我，你是存心咒我早死不成！算我白疼了你，早知这样，当初就不该让先王立你，早早废了省得我如今看着呕气！

嬴政一听，连连呜咽着说：孙儿不敢、孙儿不敢！老太后要打我要罚我都可以，只求祖母大人一定要保重玉体，千万不要生气……

一边说一边不住地磕头，已经止不住眼泪的滚落。

他是真心的。在这一瞬间，他的正常的人性重新控制了全身，恢复了自我。作为人，他是孤独的。他早已没有了父亲，有一个母亲，但他却觉得无法爱与被爱。众多臣子和嫔妃见他都诚惶诚恐，没有真正的感情交流。唯一能作为长辈来爱他的，只有这位太后。他实在太需要太后的爱了，除了感情需要，他这个来自邯郸的孩子，只有被纳入这位太后的怀抱以后，才最终消除了卑怯的阴影，真切地感受到自己是秦国显赫的列祖列宗的后裔，这个辉煌的王室当中最可骄傲的成员。此外，华阳太后高贵的门庭，大家闺秀的气度，都使他沐浴到一种荣耀。

华阳太后见他这样，倒又不忍了，便说：起来吧，你能听我的话，我还是高兴的。我已经老了，疼你也好，骂你也好，都不会有多少日子了。你有空，还像过去那样，常来看看我吧！说着就要回后宫去的样子。

嬴政刚起身，听到太后最后几句话，不由一阵心酸，又不由扑倒在太后面前，伏在她膝上呜呜哭了起来。华阳太后抚摸着他起伏不停的肩头说：我的儿，你倘有为难之处，讲给祖母听听也好。

嬴政抬起头来说：我就是……恨母亲……

——为什么要恨自己亲生母亲呢？

——就因为她……她不该让那么多男人喜欢她！

——呵，我的儿，你怎么会这样想呢？一个女人，能得到许多男人喜欢，或者容貌美，或者有才干，总有她特别引人之处，应该是荣耀的事。我头一回看到你母亲，她那惊人的艳丽就使我心里有说不出的羡慕甚至嫉妒，可你做儿子的怎么反而要恨她呢？

——就因为这样，我就觉得我身上的血不干净。

——哈哈，你真还是个孩子呢！那么我倒要问问你：你一个男人，如今有了王后，还有嫔妃、侍女、才女一大堆，难道将来生下的太子、公主，血就不干净了吗？

——可我是男人！

——女人不也同样吗？

——但是……

——听话。我得去歇息了，你明天就去把母亲接回来吧！

华阳太后出场调停自然纯属虚构，我这样做的用意并非妄想为《说苑》补阙，也不存在要揭露秦王嬴政或为他开脱的动机。我只是尝试着把以暴君面目出现的嬴政仍然当作一个寻常的人来看待，然后寻找一下他此时此刻的心理轨迹。

那么加上华阳太后这么一个因素以后，疑问是否就没有了呢？

还是有。

华阳太后固然可以"软化"处于暴怒中的秦王嬴政，但嬴政还是不大可能在顷刻之间就如此信任和重用一个齐国客卿，要知道"仲父"在当时是一个极崇高的荣誉称号，在整个春秋战国五百余年间，能够享受到此种殊荣的大臣也只有屈指可数寥寥几位。

原来的仲父吕不韦失势了，一夜之间突然又冒出了一个新仲父，这种仓促的"换班"是否意味着背后另有蹊跷呢？

郭沫若对此作了研究，他在《十批判书》有这样一段评论——

> 茅焦所以解说于秦始皇的，一定是替太后与嫪氏洗刷，而对于吕氏加以中伤。这是很容易的，便是要说吕氏才有篡夺的野心，而太后与嫪氏是忠于王室的人。要这样说，才能够转得过始皇的意念，而始皇的意念也就真转了。……特惜茅焦之说，内容失传，谅也无法传于外，太史公只是信笔敷衍而已。

此说相当可信。当时游说于列国之间的说客，都是些极有头脑和眼力的人，他们的拿手好戏便是精于窥测尚处于潜在状态的国际、人际矛盾，并以种种巧妙手法组合起来为我所用。当秦王嬴政怒气冲冲地在那里一个接一个杀人时，茅焦就在一旁作精细的观察和研究。他自然早已看出秦王此时真正的对手不是已经镇压下去的嫪氏，而是基本上尚未触动的吕氏，因而此时秦王杀性之起分明出于感情用事。他又很懂得心理学，知道像嬴政这样性格刚烈的人，需要等他积郁在胸口的怒气释放到相当程度才可进说。这"相当程度"是极难掌握的：过早白白赔上一条命，过迟就显不出"说"的功绩。秦王嬴政已经杀了二十七人，茅焦出场了。他那篇早有准备的说辞其核心内容，就是劝说秦王将惩治重点从嫪氏转向吕氏，或者不妨归结为这样一句话：大王，你不是要完成统一大业吗？那就请赶快校正一下您的靶心吧！

至于郭氏所说的"为太后与嫪氏洗刷"的话，我还是觉得茅焦是不会说的。对太后，他只及母子之情；对嫪毐则只字不提。因为他深知那是一个感情危险区，其下有陷阱，他不会那么傻！

这样，处于盛怒中的秦王嬴政，听茅焦一说，突然记起了早已自许的那个宏大目标，又看清了实现那个宏大目标眼前急需清除的真正对手。茅焦的说辞只有以转换箭靶为核心，才会对秦王产生振聋发聩的作用，茅焦自己也才会有立刻爵为上卿、尊为仲父之可能。

后来秦王嬴政对嫪毐集团的处理接连降温，而对吕不韦的处理则日益升级，这一成反比例发展的事实也证明了茅焦很可能起过这一类作用。

秦始皇十年（公元前237年），同是一条开始封冻的渭河，在它北岸东西向的驰道上，有两队车驾正在行进着。那气势宏大、人情欢畅的一支是从雍城向咸阳过来的，居中的那辆金碧辉煌的乘辇上坐着一对母子，右边是秦王嬴政，左边是太后赵姬。那仅有三五辆车乘、人情沮丧的一支，是由咸阳向东出关去河南的。已被撤去丞相职位的吕不韦就坐在中间那辆前后用荆条遮蔽起来的轵车上。他与他年轻时代相爱过的情人，与他悉心教导和辅佐过的秦王，就这样擦肩而过，未能见到一面，而且此生永无相逢之日。

如前文所述，对吕不韦的惩处已有过两次：第一次是欲杀而侥幸未杀；第二次是免去相位，幽禁起来。

接下去作出的是第三次：逐出咸阳，"就国河南"，即回到他的封地河南。

这河南不是现在的河南省，系古邑名，指如今河南省境内洛阳西郊涧水东岸之地。吕不韦的这片封地是异人（后更名子楚）立为庄襄王时封给他的："封为文信侯，食河南雒阳十万户。"据《史记志疑》引金耀辰语谓："河南即周王城，雒阳即成周，并为东、西周之地。"据此则其地当在昭襄王、庄襄王分别灭西周、东周后，才为秦所有。

车乘缓缓通过了函谷关，吕不韦不免会回忆起二十余年前身带重金第一次入关为异人游说咸阳宫的情景吧？人生如戏剧，从入关到出关就演完了全剧的主要内容而走向黯淡的尾声。

历史上，人们对吕不韦颇多微辞，唯有一位先贤认为他的尾声别具辉煌和深意，那就留到下一节去说吧。

## 艰难的超越：超越因袭，超越自我

### 比"莫须有"更荒唐的罪名

秦王嬴政迎回了太后，仍让她居甘泉宫，自然不再与问朝事。驱逐了吕不韦，吕氏门下的那些宾客也同时遭散。现在他终于实现了独断国政的第一步。

但吕不韦还活着，辅佐两世君主的影响还存在，总是叫他不放心。

他派出一批又一批的探子，快马来回飞驰于咸阳——洛阳道，决不放过吕不韦及其门客们的任何一点动向。

接连传来的消息都是令人不安的：吕不韦封地的百姓如何欢迎他的回归；吕不韦原先的门客和慕名求访的天下儒生纷纷拥向三川郡；特别使秦王嬴政感到可畏的是，山东各国也正在向这位秦国的下台丞相伸去他们的触角，《史记》本传中就有这样一段记载——

> 岁余，诸侯宾客使者相望于道，请文信侯。

秦王嬴政当不会忘记先祖惠文王时代那个苏秦的故事吧？苏秦是东周雒阳人，四处鼓吹合纵说，先后在燕国、齐国做事，说动六国联合起来抗秦，给秦国造成了极大的威胁。但苏秦毕竟只是一个外敌，而吕不韦却在秦国做过多年丞相，对秦国内政外交、山川人情一概了若指掌，倘若他也像苏秦那样佩起六国相印来抗秦，既是外敌也是内奸，其危害程度，绝非昔日苏秦可比！

不能再犹豫了，他决定除掉吕不韦，才能放心大胆地"独断"。

但秦王嬴政要杀掉这个儿童时代的叔父，当上国王后的仲父，他得首先战胜自己。就是说，首先得一剑砍断与生俱来的恩恩怨怨，抽空自己的血肉感情，换上一副单知道权力至上、不明白感情为何物的铁石心肠。

设想一下，如果嬴政一直是个寻常百姓，那么他只要具备起码的人生常识，便会把吕不韦认作恩人。他会杀恩人吗？这是绝对不可思议的事！

但他现在已是国王，坐在芸芸众生之上的王位上。

当一个人坐上这个特殊的位子时，便立刻有了专属于他的特殊逻辑，这种逻辑恰好与平常人的逻辑倒了个个儿：越是亲近越不可信。可以称之为"帝王术大全"的《韩非子》，在《奸劫弑臣》篇里认为有八种情况对君主最危险，列在前面的三种便是："一曰同床，二曰在旁，三曰父兄。"真的，如果吕不韦与寡人素不相识，那又与寡人何干呢？正因为他与寡人太亲密了，所以寡人必须杀了他！

　　倒也不能说嬴政特别残忍，特别的忘恩负义。因为在他之前和之后，不知有多多少少与他地位、处境类似的人，叫帝王也好，叫别的什么也好，已经这样做过，或者正在这样做和准备这样做！

　　好在现在他要做这件事，已经比两年前方便了好些。至少用不着担心再有宾客辩士说情。华阳太后那里也不会惊动了，吕不韦已在远离咸阳的三川郡，他只要派使者送去一道谕旨就可以了！

　　这是秦王嬴政对吕不韦作出的第四次处理，谕旨主要内容录于《史记·吕不韦列传》——

　　君何功于秦？秦封君河南，食十万户。君何亲于秦？号称仲父。其与家属徙处蜀！

　　这是比"莫须有"更荒唐的罪名。

　　"莫须有"只是不须有，它却把黑白是非全颠倒了过来。

　　"封君河南，食十万户"，是谁封的呢？那不就是你父亲庄襄王吗？他居然不问青红皂白地骂起了爷老子！

　　"号称仲父"是谁尊称的呢？不就是你自己即位时尊称的吗？他居然可以翻脸不认账！

　　平心静气地说嬴政写出这样的东西来，也该是一件很不容易的事。他毕竟也是一个人，正常的人都是有记忆的，此时他自然不会健忘到已经不知道这封地、这尊号的真实来历。但他居然还能这样写！可以想见，当时他肯定有一个强大信念控制了他的情绪：我必须独自享用这至高无上的权力，独自去创造我的盖世功业。凡是妨碍我这样做的，就得灭亡！于是便写出了这样一段奇文。

　　撇开道德人性，如果站在嬴政的地位上想一想，他若是不趁这刚刚成年之际，一发而上，冲破和挣脱无论资历、声望、影响都远远超过他的吕不韦和太后的控制，那么历史就不会在此后短短十余年后就出现一个秦始皇！

　　秦始皇十二年（公元前235年），这道索命的谕旨下达到了雒阳。

　　这时，吕不韦在他自己封地这座仍然相当豪华的府第里，已经住了将近两年。除了《史记》记载的有"诸侯宾客使者相望于道"，他可能得花一点时间接待以外，再也不能找到文献可据在这近两年时间里他还做了点什么。

　　但我猜想，有一件事他正是在这段时间里做成的，那就是最后润色、校定并设法秘密保存《吕氏春秋》。

　　这部恰好与秦王嬴政思想对立的著作由秦国保存下来的可能性几乎等于零，中原诸国也不可能，何况它们不久便相继沦亡。十有八九是吕不韦自己和若干个始终忠实于他的门客，做了这件对中国文化史具有重要意义的好事。不妨说，这件事的意义远远超过了吕不韦的那个买国奇计和全部政绩。运筹帷幄也好，叱咤疆场也好，毕竟都已随着时光流水远逝而去，但由这部著作记录下的整整一个时代的智慧、道义以至世态、人情，将万世永存。

读过秦王谕旨，吕不韦知道自己已到了人生的终点。

以老迈之身，携带全家老幼，踏上比登天还难的蜀道，说是"徙处蜀"，实际上是送他入坟墓。

他读懂了，王上正是要他自己去死。

于是他举起了满斟鸩酒之爵。

鸩是传说中的一种毒鸟，雄的叫运日，雌的叫阴谐，以蝮蛇为食。若是将它美丽的羽毛置于酒中，则饮之立毙。历史上，君王对臣下"赐死"，好多就用这个高雅而残忍的办法。

审知生，圣人之要也；审知死，圣人之极也。

吕不韦饮下鸩酒前，不知是否再一次思考了他在《吕氏春秋·节丧》中亲自写下的这个充满着生死哲理的命题？

顺便提一句：秦王谕旨是要吕不韦"其与家属徙处蜀"的，吕不韦饮鸩而亡，他的家属们能否幸免呢？《史记》没有说明，《水经·江水注》上有这么一条材料：汉时蜀地有"永平郡，治不韦县，盖秦始皇徙吕不韦子孙于此，故以不韦名县"。

若依此说，吕不韦饮鸩自绝后，嬴政对他的家属依旧不肯放过，仍令遵旨徙蜀。所幸的是到迁徙地后，其中部分后裔还是存活了下来。

## 变化中的历史评价

有句成语叫盖棺论定，对吕不韦可不怎么适用。他死后，人们对他的评价一直分歧很大。

自汉代至清代，大多取不屑一顾的态度。有的讥之为"小人"（《四库全书总目提要》），有的斥之为"乱民"（梁玉绳：《史记志疑》）；还有骂他为"梁上君子"一类人物的，即所谓"穿窬之雄"（扬雄《法言·渊骞》）。明代的方孝孺具体列出了吕不韦的三条过错，即："以大贾乘势市奇货，致富贵而行不谨，其功业无足道者。"（《逊志斋集》）

吕氏其人既然如此卑劣，吕氏之书自然就跟着倒霉。因而自从东汉高诱首次对《吕氏春秋》作了注解，而后数百年此书身价日趋低落，训诂家们也大多表示冷淡，因而长期只有高氏一部注本传世。以至到了宋代，有人不禁要发出"愈久无传，恐天下无有识此书者"（黄震《黄氏日抄》引韩彦直语）的感叹了。但书毕竟还是与人有点区别，如何做到废人而不废书，学者们颇费斟酌地提出了两说。一是区别说，主张把人与书区别开来。如清代《四库全书总目提要》就说："论者鄙其为人，因不甚重其书，非公论也。"清人徐时栋更以蜜蜂毒而蜂蜜可食用、衣工贱而衣服可暖身为喻，说明不能因人废书的道理："恶蜂而倾其蜜，贱工而裂其服，则岂不悖矣。"(《烟屿楼文集》)二是无与说，即认为吕不韦没有参加编撰《吕氏春秋》，他与此书无关。如宋代蔡伯尹(《黄氏日抄》引)、清代卢文弨的《抱经堂文集》等均持此论，但对"无与"的根据则无说。徐时栋的《杂记序》中有一句话勉强可作此说的依据："其书瑰玮宏博，幽怪奇艳，上下钜细事理名物之故，粲然皆具……岂阳翟大贾与奔走于其门下者之所能为哉？"这种推理方法是先已肯定自己假设的大前提，然后推出结论：既然吕不韦是那样一个丑媳妇，他如何生得出像《吕氏春秋》这样的俊孩子来呢？

问题是：吕不韦是丑媳妇是否已成铁案？

就以方孝孺列出的他的三条过错来说吧。第一，"以大贾乘势市奇货"。"市奇货"自然是指吕不韦以异人进行政治投机。但运用智慧、计谋以至阴谋而得跃居高位的在当时以至后来都大有人在，为何独独对吕不韦要提出这样苛刻的指责呢？看来，问题还是出在他的"大贾"这个身份上。既做过媵臣，又当过庖人，而后成为商汤贤佐的伊尹，几千年来一直为人们所传颂，而唯一以"大贾"出身而同样成为相国的吕不韦却被视为不齿。这个对比说明，商贾地位远比媵臣、庖人低贱，此中原因只能从我国古代社会长期实行重农抑商政策中去寻找。至于第二条"致富贵而行不谨"，我们如果把《史记·吕不韦列传》仔细读一遍，实在挑剔不出他有多少"行不谨"的地方。唯一可以作为诟病的大概就是与赵姬私通了一段时间后来又推荐嫪毐自代。这类事在貌似堂皇的宫廷生活中原也不足为怪，而且吕不韦后来所以要那样做，原初的动机倒还是出于自我克制，至于后来嫪毐的叛乱，实在扯不到吕不韦头上去。古人讲究"不以一眚(shěng，过失)掩大德"(《左传·僖公三十三年》载秦穆公语)，总不至于因此一事就判定吕不韦终生"行不谨"吧？恐怕主要还在第三条："其功业无足道者"。确实，吕不韦是个失败者。在嬴政成为一统天下的"始皇帝"前十余年，他便被迫饮鸩死去。任何失败者当然都有其个人原因，但若仅仅据此而否定他曾经有过的成就，未免有失公允。然而千百年来以成败论英雄的偏见，却不知冷落、抹煞了多少本有成就的古人，"出身不好"的吕不韦自然更难幸免。

自汉至清，历经两千余年，但对吕不韦及《吕氏春秋》真正能作出持平公正评价的，恰恰还是历史上第一个评价人，多么难能可贵啊！他就是伟大的历史学家司马迁！

太史公为吕不韦立传，确实做到了像班固所赞颂的那样"不虚美，不隐恶"(《汉书》本传)，结语中他对吕不韦的评价是："孔子之所谓闻者，其吕子乎？"孔子的所谓"闻者"，是次于"达者"的一种人生境界。《论语·颜渊》对二者作了如下比照与解释——

夫达也者，质直而好义，察言而观色，虑以下人，在邦必达，在家必达。夫闻也者，色取仁而行违，居之不疑，在邦必闻，在家必闻。

确实，吕不韦是十分注重功利的，特别在他年轻时代。他没能做到"达者"，却也不至于就是"小人"、"乱民"、"穿窬之雄"吧？

历史常常喜欢导演巧合。突然有一天，司马迁因李陵案的牵连而陷落到与吕不韦暮年类似的境地。他身受被他认为最可耻的宫刑，并被幽禁于粪土之中，但心连广宇，思游古今，那些在文化史上作出过卓越贡献的古人，一个个向他迎面走来，于是他用沉甸甸的、生命的和历史的体验，写下了一段流传千古的话——

　　盖文王拘而演《周易》；仲尼厄而作《春秋》；屈原放逐，乃赋《离骚》；左丘失明，厥有《国语》；孙子膑脚，兵法修列；不韦迁蜀，世传《吕览》；韩非囚秦，《说难》、《孤愤》；《诗》三百篇，大抵圣贤发愤之所为作也。（《报任少卿书》，并录《太史公自序》，字句稍异）

　　在这里，司马迁已把吕不韦及其《吕氏春秋》与文王、孔子等圣贤和他们的《周易》、《春秋》等经典，视为同列。并认为这些前圣先贤，正由于拘、厄、囚、逐等坎坷遭遇，才使他们彻底摆脱了往昔怎么也无法完全摆脱的权位威势的笼罩，功名利禄的羁绊，终于回归到本真的人生，以一颗赤子般的纯正之心去接近、拥抱真理，从而使他们的人生，也使历史焕发出永恒的光辉。

　　耐人寻味的是，有《史记·吕不韦列传》为证，司马迁明知吕不韦是在"迁蜀"之前就完成了《吕氏春秋》，但在这里他却说"不韦迁蜀，世传《吕览》"。这就是说，在司马迁看来，"迁蜀"非但不影响吕不韦的人品，反使他的作品得以"世传"。这种"世传"当然绝不可能是秦王的权力使然，只能是人心使然。当年，吕不韦能以他拥有的权位和声威招来众多门客编撰此书，自然也是一件好事；然而每每读到本传中"书布咸阳城，一字赏千金"那段文字，那种急于炫耀权势和才智的神态跃然纸上，总不免会使人有多少带点滑稽意味的感觉。设想一下：如果秦王嬴政能略示宽容，在下令吕不韦"就国河南"后，还让他有一个宁静的环境和足够的时间，重新修订《吕氏春秋》，使其得以从容地将自己兴衰荣辱的人生体验纯净地倾注于中，那我们今天读到的将会是怎样一部《吕氏春秋》啊！

　　20世纪以来，随着时代的变迁和社会的发展，商贾之讥、饮鸩之嫌逐渐为论者所摒弃，因而对吕不韦及《吕氏春秋》研究有所深入，评价也有所提高。20世纪40年代中期问世的郭沫若的《十批判书·吕不韦与秦王政的批判》，第一次提出吕不韦"在中国历史上应该是一位有数的大政治家"；《吕氏春秋》"含有极大的政治上的意义，也含有极高的文化史上的价值"。在"文革"期间，因有高层领导"《十批》不是好文章"一语广为流传，连及学术界对吕不韦的历史评价也跌入了低谷。这种有失公允之论是在不正常的政治背景下作出的，1976年后很快有了改变。近几年来可作为代表的是任继愈主编的《中国哲学发展史·秦汉卷》，在肯定吕不韦是一位重要的政治家、思想家的同时，对《吕氏春秋》也作了新的评价，认为它是先秦思想文化的一次重要总结，具有继往开来的意义；不仅是汉初黄老之学的先声，还对有汉一代的学术哲学，乃至实际政治，都产生过重大影响。

　　当然，历史发展无有止境，每个时代都会依据受制于该时代的观念对历史现象作出新的评价。也许将来有一天，人们又会认为吕不韦的行迹属于卑劣，或《吕氏春秋》内容并无多少意义，只要不是外界因素强加于学术，仍应视为正常。从这个意义上说，可以盖棺，但永无定论。

　　吕不韦"饮鸩而死"，是《史记》本传作了明确记载的。遥想当年丞相在洧水之畔毕命，不由胸中郁勃，因填《浪淘沙》一阕，为这位千古奇贾送行——

> 举鸩蓦回首，虎啸狮吼，千金一掷定国谋。莫问行人当年事，尽付东流。　涧水长悠悠，谪相小楼，秉烛捻髯著春秋。帝业祖龙仓促去，吕览永留。

## 从"逐客"到"追客"

秦王嬴政已对吕不韦接连作出四次处理，如今人已死去，该了结了吧？不，还没有，因为影响还在。

秦始皇十二年（公元前235年），《史记》本纪记了这样一件事："文信侯不韦死，窃葬。"《史记索隐》："按：不韦饮鸩死，其宾客数千人窃共葬于洛阳北芒山。"《史记集解》："按：《皇览》曰：吕不韦冢在河南洛阳北邙道两大冢是也。民传言吕母冢。不韦妻先葬，故其名曰吕母也。"

吕不韦分明还活着，他就活在数以千计为他"窃葬"的宾客心中。要知道这数千宾客，不是由权力机关组织来的，而是自发地冒着生命危险参加进来的，这对当权者就越发显得可怕。

于是，据《史记》本纪记载，秦王嬴政便对吕不韦一案作出了第五次处理——

> 其舍人临者，晋人也，逐出之；秦人，六百石以上夺爵，迁；五百石以下不临，迁，勿夺爵。

所谓"临"，便是临丧哭吊。初看这种处理似乎作了细致区别，实际是只要是吕不韦的门客，一律逐出咸阳。区别只在于，如果是韩、赵、魏三晋之人，全部赶回原籍去；如果是秦国人，则一概处以迁徙，只是官秩在六百石以上的，还要撤去爵位；五百石以下的，尚可保留。迁徙到哪里去呢？据《史记正义》："迁移于房陵。"房陵为蜀地，即今湖北省西北部之房县。三年前嫪毐集团四千余家就是迁到房陵去的；这一回吕不韦门下凡是秦国籍的门客，也全都迁到那里去。

一件耐人寻味的事情发生了。同是这一年的同一个秋天，原嫪毐集团被迁到蜀地去的四千余家，受到秦王赦免而被允许返回他们故乡；而吕不韦的门客及其家属则被押送流放到那里去。这一来一往、一喜一悲两支队伍，又像两年前从雍城迎回的赵姬与被逐出咸阳的吕不韦那样，双双擦肩而过。

事情到此还没有完。秦始皇十年（公元前237年），《史记》本纪用极简练的文字记了一件大事："大索，逐客"，即大肆搜索非秦国籍的士人，并一律驱逐出境。

任用列国客卿，是秦国自穆公以来保持了四百多年的优良传统，百里傒、商鞅、张仪、范雎、吕不韦等等都来自山东六国，一部秦国发展史，如果离开了客卿的作用就会黯然失色。嬴政不是最崇拜他的先祖穆公、孝公吗？当年孝公下过一个《求贤令》，如今嬴政却下了个恰好相反的《逐客令》，这是怎么一回事呢？《史记·李斯列传》说，因为有个韩国人叫郑国的，被派到秦国来作间谍，事情察觉后，"秦宗室大臣皆进言秦王曰：诸侯人来事秦者，大抵为其主游间于秦耳，请一切逐客"。

秦宗室大臣有人反对客卿是可以理解的，因为从狭隘的宗室观点看来，任用客卿就是触犯了他们的利益。但说郑国是韩国派来的间谍，却未免牵强。据《史记·河渠书》记载，郑国是个"水工"，相当于现在的水利工程师，韩国派他来秦国正是帮助秦国修一条长达三百里的大水渠。修水渠怎么能说是进行间谍活动呢？原来据说韩国的初始动机，是为了以此消耗秦国大量人力物力，使它无力再去攻打韩国。渠修到一半，秦国发觉了韩国这个计谋，就要处死郑国。郑国说，我刚来时是个间谍，但这个渠修好，对秦国是大为有利的。秦王一听有理，就没有杀他，让他继续修渠。工程竣工后，称为郑国渠。此渠给关中平原带来了巨大经济利益，《汉书·沟洫志》称其"为秦建万代之功"。

妄图以加强敌国经济力量的办法来制止敌国对自己的进攻，如此愚蠢的决策，简直使人难以相信。那么在修渠这段时间内，秦国是否因人力物力的拮据而停止对外进攻了呢？也没有。秦国从未停止过对山东诸国的扩张战争，其中直接向韩国发起的进攻就有两次。这些情况说明，"修渠行间"本身就难以成立；再以一个韩国人借"修渠行间"为据就要把来自列国的所有客卿都赶出去，更有悖常情。合理的解释是："郑国行间"只是公开宣布的一种说法，逐客另有不便明言的原因。分析当时历史背景，所谓逐客很可能就是镇压吕不韦势力的政策的延伸，是意欲彻底清除其影响的一项措施。吕不韦为相之时，该是列国人才涌入秦国的高潮期。《史记·太史公自序》称："诸侯之士，斐然争入事秦。"可以想见，不仅是吕氏属下三千门客，一定还有更多的列国学士任职于秦国的各个部门。现在，他们都成了被驱逐的对象。

但是这样做未免太扩大化了，其中又夹杂了秦王嬴政的个人情绪。

就像秦王嬴政在接连杀戮谏臣时，茅焦在一旁冷静观察、思索，寻找楔入口、等待时机进谏那样，现在也有一个人在观察和思索，苦苦谋划着如何向秦王进谏，这个人就是李斯。

李斯的胆子要比茅焦小多了，因而他选择进谏的时机和进谏的方式远比茅焦策略和巧妙。

李斯是楚国上蔡人，自然也在被驱逐之列。据刘向《新序》记载："斯在逐中，道上上谏书。"当时李斯颇得秦王嬴政信用，先后被拜为长史和客卿，他要进见秦王估计不会有多大困难。但他没有采用直面进谏那种激烈的方式，不去直接触犯"君主喉下"那片"逆鳞"；而是采取写成书面，又选择在离开咸阳不远不近约莫五十余里外的骊邑寄呈这样一种缓冲的方式，既给听言者有一个回旋思考的余地，不至于形成当面对立；又给自己增加了许多保险系数，即或有不测也还不难脱逃。

李斯的谏书，就是那篇因被收入《古文观止》而流传极广的《谏逐客书》。

谏书开宗明义第一句便是："臣闻吏议逐客，窃以为过矣！"说的是"吏议"，似乎还不是秦王本意，这就预先给了对方一个下台之阶。全篇就以揭示逐客之过为中心，层层道来。首论以秦国自穆公以来四世君主皆以任用客卿致强为据，次论以昆玉随珠、赵女郑声均为列国所出而秦王享用为喻,合而说明重珠玉色乐而轻列国人材,实在不是一种"跨海内、制诸侯之术"。接着以逐客令一下,天下士人裹足不敢入秦,纷纷退而转向各诸侯国的事实,指出逐客之举必将导致"资敌损我"的恶果。最后要求秦王以"泰山不让土壤故能成其大,河海不择细流故能就其深"的胸怀吸纳四方之士,并以"夫物不产于秦可宝者多,士不产于秦而愿忠者众"这样巧妙的词句,委婉地表示了自己继续忠实于秦王的愿望。

谏书文笔清朗有致,铺叙色彩斑斓,论说淋漓酣畅,确实不失为一篇流传千古的名文。细读之下,有几点值得注意——

第一,全文立论在这样一点上:若要完成帝王之业,必须吸纳四方之士。这与茅焦说辞的论旨完全一致。

第二,全文没有提到"吏议"所以要逐客的原因。原因李斯不会不知道,之所以只字未及,说明他在有意回避,来一个彼此心照不宣。

第三,更可注意的是,文中提到四世君主皆以任用客卿致强,却"忘"了提一句吕不韦也是客卿,他对秦国的作用不会亚于百里傒、商鞅、张仪、范雎诸子。李斯原是吕不韦的门客,于情于理他都不应有这个疏忽。很可能他是在经过一番深思熟虑后,小心翼翼地绕过这个忌讳,以取媚于秦王。若果如此,那么"此时无声胜有声",其中是否恰好隐含着一个引起逐客的真正原因呢?

谏书被呈到了秦王嬴政面前。

史书没有记下他读过谏书后的心态。从《新序》记载后来秦王派人一直追到骊邑把李斯请回,同时宣布撤销《逐客令》这些事实看来,不妨推测秦王读后的感觉是恍然大悟。

他悟在哪一点上呢?悟在秦国四世君主皆因任用客卿而强吗?悟在自己享用的珠玉声色都来自列国吗?恐怕都不是。尽管秦王在下达《逐客令》时仍然带有余怒未消的感情因素,但与茅焦进谏前那种近乎疯狂的变态心理还是不一样,此时应已大致恢复到正常状态。在正常心理状态下,凭嬴政的才智和已经具有的政治经验,谏书中所陈述的那些基本道理,对他来说应不会再有新鲜之处,因而也无从悟到什么。我猜想真正触动秦王内心机枢的还是最后李斯表明心迹的那句话:"士不产于秦而愿忠者众。"开头有那么多宾客为吕不韦说情,后来又有数千宾客为死去的吕不韦哭吊,这些恼人的现象很容易使年轻气盛的秦王得出一个以偏概全的结论:所有客卿都不会忠实于他。于是便在怒气冲冲的情况之下作出并实施了这个《逐客令》。此刻,呈现在秦王面前的,与其说是一卷用黑漆写着洋洋千余言的帛书,还不如说就是活生生的李斯本人:大王,臣李斯不就是一个实例吗?臣原为吕不韦门客,可是后来就转而事奉大王,如今更愿忠实于大王。一个曾经是吕不韦门客的学士尚且为大王的大德所感化而誓愿永远忠实于大王,更何况那些原本就怀着臣事大王的心愿西来归秦的客卿呢?所以臣斗胆以为"士不产于秦而愿忠者众"!

但秦王嬴政悟到这一点后,真要撤回《逐客令》,还得跋涉一段艰难的历程,超越一座无形但却险峻的高山。

这段艰难的历程是他自己的心路历程,这座险峻的高山是他自己用帝王的威势堆叠起来的高山。

有句古训叫"天子无戏言"。天子一开口，就要"史书之，礼成之，乐歌之"（《史记·晋世家》）。如今已是天下霸主的秦王，他的每一句话也都被视为具有至高无上的权威，更何况是他正式下达的命令呢！很难设想他下达的命令再由他自己下令撤销。从悟到《逐客令》有以偏概全的错误，到想要撤销直至实施撤销，此中艰难，除了他自己，无人能够领会。因为他是国王，而且是一个性格特别刚烈的国王。一个国王竟要撤回自己刚下达的重要命令，不要说秦国历史上没有，就是秦之前的中国历史上也绝无仅有！

但秦王嬴政居然做到了这一点。这就是说，他否定了一次自我，否定了一次自己的权威，完成了一次自我超越。

这需要付出多大的勇气啊！

他的勇气从何而来？史书同样无录。本章一节引了尉缭对秦王嬴政印象的一段话，最后两句是："居约易出人下，得志亦轻食人"，细细发掘一下，似乎不难从中找出一个合乎情理的回答。尚处于不得志的时候，可以对人表示谦恭，做到所谓"礼贤下士"；一旦实现了志向，就会骄横不可一世，转过头来大杀功臣。这两句话，不仅深刻地揭示了秦王嬴政的性格特征，也在相当程度上概括了中国历代帝王，特别是开国帝王的共性。因为当他们还处于相对劣势时，如果没有那种"易出人下"所谓王者气度，那么他们就会失去众人佐助，就根本不可能成就帝王之业。至于帝王本性的另一面："亦轻食人"，那是要到他们"得志"也即功成业就的时候才充分表现出来。就因了这个缘故，那些带着血泪的古老遗训，例如"狡兔死良狗烹"、"敌国破谋臣亡"等等，不是一次又一次地在中华大地上重演着吗？

现在我们看到了秦王嬴政勇气的由来：他刚刚亲政，远没有到"得志"的时候。他的志向是兼并六国、一统天下，但山东列国虽已屡遭挫败，却都还顽强地存在着，并随时有可能复兴。这就是说敌国未灭，正当用人之时，还没有到杀功臣之秋。"居约易出人下"，为着那个宏大的志向，他低下了高傲的头，宣布："除逐客之令！"于是装饰华丽的车乘从咸阳宫急速驶出，追至骊山脚下，以秦王之命迎回李斯。就这样，李斯以不同于茅焦的方式进谏却同样获得了巨大的成功："复李斯官，卒用其计谋。官至廷尉。"（《史记》本传）廷尉在后来秦帝国时已是九卿之一的高官，职掌刑法，即最高司法长官。

但应当说更大的成功属于秦王嬴政。他终于从一个勇悍的匹夫跃升成为具有帝王气度的非常人物。在即将到来的与中原诸国作最后决战的残酷岁月中，正由于他除了有过人的胆识、宏大的气魄，还另有在眼前这次自我超越中获得的"易出人下"这样一种襟怀，才使他拥有足够数量的当时第一流的文臣武将；他统御着他们去逐一吞灭六国，同时也造就自己成为一代巨人。从这个意义上说，如果没有这一次从下《逐客令》到撤除《逐客令》这个大超越，秦王嬴政就不可能成为后来的秦始皇。

撤销《逐客令》、追回李斯并委以重任的消息，不胫而走，对于列国宾客不啻是东山再起，阳春重回，他们纷纷再度西游入秦，载于《战国策》的就有多例。譬如有个魏国人叫姚贾，出身微贱，父亲是看管城门的，自己还在大梁做过盗贼。先到赵国游说，赵王看不起他，把他逐出了邯郸。他来到秦国，秦王嬴政没有嫌弃，照样信用。一次秦王获得了楚、燕等国正在联合起来将要对秦有所动作的情报，召集群臣和宾客商议对策，众人一时莫对，姚贾站出来说：臣愿出使诸国，破坏他们的计谋，阻止他们出兵！秦王当即采纳他的意见，给了他一百辆车，一千斤金子，作为他出使行计之用。临行时，还脱下自己衣服披到姚贾身上，又送给他冠带和宝剑。后来姚贾游说列国，果然阻止了他们发兵，拆散了他们的联盟，并转而与秦交好。秦王很高兴，封赐姚贾城邑千户，并任命他为上卿。

主动来投奔的也有秦国人，如顿弱就是其中一个。秦王嬴政准备召见他，顿弱却故意搭起架子说：臣有一个做人的原则，就是不想参拜人。大王若是允许不参拜，臣愿意去见一见；要不，就算了吧！在如此傲慢无视君臣之仪的情况下，秦王嬴政居然还能与他见面。顿弱直言不讳，甚至当面指斥秦王"立为万乘，无孝之名；以千里之养，无孝之实"；秦王虽曾一度勃然大怒，但最后还是克制住了自己，耐心听完顿弱的话，并采纳他的计策，先后派他到韩、魏、燕、赵去游说。其中顿弱在赵施行的反间计获得成功，赵王中计错杀大将李牧，秦国才得以最后攻灭了赵国。

尤为重要的是著名军事家尉缭的到来，为秦王歼灭六国提供了一位难得的帅材。

尉缭原称缭，魏国大梁人。他给秦王献计说：大王若要成就大业，就得趁如今各诸侯国不得不像秦国所属郡县那样臣服大王的时候，逐个攻灭它们。一旦它们联合起来了，就丧失了时机，甚至还会像历史上的吴王夫差、齐闵王那样，从优势转向劣势，最后反而分别被自己征服过的越国、燕国战败。所以希望大王不要吝惜财物，最多不过三十万金吧，用来贿赂各国有权势的人物，进一步促使他们分崩离析，那样六国便可唾手可得！

当时，李斯已颇受重用，他也主张对列国行贿赂之计，此前曾向秦王进谏过，秦王也已同意施行，只是因为嫪毐案发，才耽误了一段时间。所以这回李斯劝秦王一并采纳尉缭的计策。秦王此时对这两位客卿可谓言听计从，立即暗中派出谋士，携重金去列国游说。秦王对尉缭更是恩遇有加，甚至自己的穿著和饮食也特意降格以与尉缭相同，这样做显然全是受了自己胸中那个大志的驱使，并非出自真心，多少带有点做戏的味道。迷恋于禄位的李斯对此已受宠若惊，但还保留着一点学士傲骨的尉缭，却反而由此对秦王真实的品性作出了深刻思考。他对秦王得出了本章一节引过的那个印象，感到秦王"少恩而虎狼心，居约易出人下，得志亦轻食人"，不是他理想中甘愿终生事奉的明主。他说："诚使秦王得志于天下，天下人皆为虏矣。不可与久游。"（《史记·秦始皇本纪》）于是便准备不辞而别离去。秦王嬴政发觉后，盛情地执意挽留，并委以"国尉"的重职，请他掌握军队，这也是人们称他为"尉缭"的由来。尉缭对秦国兼并六国该是有功之人，但史书此后几乎再也没有提到他。秦帝国建立后，他的去向和结局更成了一个谜。对此该作如何评论，我想放到后面九章三节去作交待吧。

本章所述，可说是秦王嬴政的"炼狱"时期。无论性格和心理，他都受到了严重的考验或煎熬。正如举行冠礼时祝辞所期望的那样："弃尔幼志，顺尔成德"，在肉体和心灵的双重搏杀中，他抛弃了单纯的生猛血气，炼就了较为宽广的胸怀，有了承受失败和成功两种不同重负的心理准备，具备了成就帝王事业的素养和素质。与此同时，有赖历世先君业绩,秦国拥有关中、巴蜀两大农业基地,财富总数在全中国已"什居其六"(《史记·货殖列传》)。拥有兵力百万以上,车、骑、步等兵种齐全,而且全国适龄男子均已登记在册(云梦秦简《编年记》:"始皇十六年'令男子书年'"),只要一声令下,就可征集到足够的补充兵员。此时的秦国,真可谓谋臣如林,将士如潮,民心一体,国库充足,主客观条件全都齐备。于是,一场在规模上、酷烈的程度上都属空前的大决战,就这样在中华大地上拉开!

---

历史大决战的时刻终于来到。令人不免扼腕三叹的是,为这场大决战祭旗的竟是一位旷世奇才!

在下一章里,读者将依次看到,从《按上祭坛的第一只羔羊》到《中原树上的最后一片黄叶》,韩、赵、燕、楚、齐各国,是如何被秦国一口口吞灭的。中原大地在颤抖,在流血,在燃烧!但正是经过这场血与火的洗礼,宣告了延续五个世纪的春秋战国时代的终结。

是战争结束了战争。

成功有成功的原因,失败有失败的必然性:都不会是偶然的。但成功也罢,失败也罢,都不过是历史发展中的一环。历史将继续向前发展,我们还得看下去。

帝国时代

萧然 ◎ 著

# 大秦帝国 下

上海社会科学院出版社
SHANGHAI ACADEMY OF SOCIAL SCIENCES PRESS

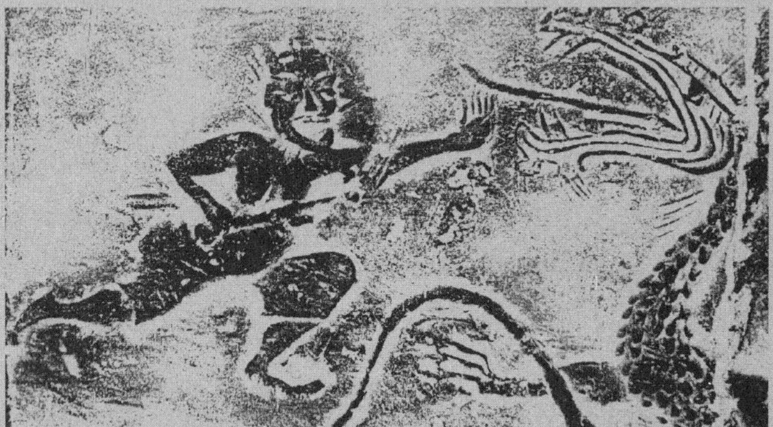

# 第 六 章
## 秦王扫六合,虎视何雄哉!

按上祭坛的第一只羔羊

被玩弄于手掌之上的和氏璧

易水悲歌壮千古

王门父子威震南北

中原列国之树上的最后一片黄叶

# 按上祭坛的第一只羔羊

## 韩非进谏与卞和献玉

公元前234年,二十六岁的秦王嬴政手持太阿剑,跨上战车,揭开了直接实施攻灭六国的战幕。

在这之前,根据李斯、尉缭建议,由姚贾、顿弱等人具体执行贿赂列国权臣之计,早已在实施之中。他们高车驷马,腰缠巨资,凭着三寸不烂之舌,软硬兼施,威胁利诱并用,而专以破坏列国联盟、收买亲秦人物作内奸为务。这支专门行间的队伍,就是现在人们所说的"第五纵队"[1]。他们以秦军的强大实力为后盾,而秦军则以他们为前驱。

现在秦王嬴政的太阿剑开始挥动,剑锋所向的第一个目标是早已确定了的韩国。之所以要先拿韩国开刀,是范雎远交近攻政策的继续。由于连年来秦国节节向东进击,此时的韩国已近在秦国大门口,攻灭韩国就可以敞开大门,大踏步地向东推进。还有一个目的,便是上章一节秦王在与李斯对话中已提出过的:胁迫韩国送韩非入秦。只是此时的韩国已孱弱到根本不能成为强秦的对手,而要攻占赵国则将有一场艰苦的攻坚战,因而秦王嬴政果断地作出决定:兵分两路,在攻韩的同时,另一主力部队由大将桓齮统率向东挺进,对赵国平阳发起猛烈攻势。

攻赵伐韩两支雄师浩荡东进。秦王一身戎装,亲自来到离两大战场不远的三川郡巡视和指挥战斗。

捷报不断从前线传来。下面是《史记·秦始皇本纪》及《韩世家》的记载——

攻赵前线:"桓齮攻赵平阳,杀赵将扈辄,斩首十万……取宜安,破之,杀其将军……定平阳、武城。"

---

[1] 第五纵队:第二次世界大战期间,当西班牙叛军和德、意法西斯军队联合进攻西班牙首都马德里时,叛军将领拉诺在广播中声称,他的四个纵队正在进攻马德里,而第五纵队(指间谍、叛徒等)已早在首都等待。以后相沿成习,称从事间谍活动的一些人为"第五纵队"。

伐韩前线："秦攻韩，韩急，使韩非使秦。"

大军压境，兵不血刃，韩王安就软了腰杆，答应把秦国要的韩非送去。

但是首先吞并韩国是秦王嬴政的既定方针，任何迁就割让都已无济于事。

韩国亡在旦夕，我们且趁这机会来简略介绍几句它的历史。

韩的先祖与周族同姓，也姓姬氏。它的后裔臣事于晋，至韩武子万得封于韩原之地，称韩武子，从此以封姓为韩氏。武子三世而至献子韩厥，晋国内乱，即四章二节中提到过的作为著名戏剧《赵氏孤儿》历史背景的那个时期。在司寇屠岸贾杀害赵盾全家，又四处搜捕赵氏孤儿赵武时，程婴、公孙杵臼挺身而出，不惜牺牲生命藏匿和卫护赵武。这个过程当时韩厥是知道的，他敢担风险，保护了赵氏后代，从而使他在历史上也享有美誉。韩厥三传至康子虎，韩、赵、魏三家共灭智氏。韩虎再传至景侯虔，开始成为诸侯国。韩虔六传至宣惠王，开始称王。据苏秦说韩王时称，当时韩国"北有巩、成皋之固，西有宜阳、商阪之塞；东有宛、穰、洧水，南有泾山。地方九百余里，带甲数十万，天下之强弓劲弩皆从韩出"（《史记·苏秦列传》）。宣惠王四传至现在的韩王安，即将为秦所灭。这样，自韩虎六年至宣惠王九年秋，凡为侯共八十年；自宣惠王十年至韩王安九年国灭，凡为王九十四年。两者相加，共一百七十四年。

在所谓战国七雄中，比较起来韩国最为微弱。韩国唯一值得自豪的，恐怕只有韩昭侯在位时（公元前362年~前333年）任用著名法家申不害为相那段时间："内修政教，外应诸侯，十五年。终申子之身，国治兵强，无侵韩者。"（《史记·韩非列传》）从那以后，韩国不断受到强秦的侵伐，软弱无能的韩王，除了割地退让，还想出一些愚蠢而又无功的所谓计策来，徒然贻笑诸侯。除了上章末节已提到过的派郑国"修渠行间"，还有所谓"卖女送金"计。此事载于《战国策·韩策三》。开头是用黄金去讨好秦国。待到国库再也拿不出黄金来时，就挑选韩国美女去卖。美女价钱极其昂贵，山东列国谁也买不起，唯有秦王可以出到三千金的高价买下韩国美女。韩国拿到这些金子，倒过来又去侍奉秦国。这样秦王用金子买了韩国美女，一转身又把付出去的金子收了回来。不仅如此，那些美女是了解韩国内情的，她们受了韩王的骗，心有不满，到秦国后就说韩国的坏话，其结果真叫作弄巧成拙。在这种情况下，经人劝谏，韩王才停止了这种既失利又辱国的做法。

但就在这样一个风雨飘摇的年代里，韩国却出了一位杰出的人物，他就是战国末期法家主要代表人物韩非。

据《史记》本传记载，韩非是韩国宗室公子，对韩国的日受强秦侵削，韩王的颠顶怯懦，自有切肤之感。他因有口吃的生理缺陷，不长言辞，却极善著书。作为一个后期法家的代表，韩非主张法、术、势三者结合起来。据此，他认为韩国当时的症结在于"治国不务修明其法制，执势以御其下，富国强兵而以求人任贤，反举浮淫之蠹而加之于功实之上"。他多次书谏韩王，力主外抗强秦，内锄权奸，使韩国迅速富强起来，但都没有被采用。

所谓"浮淫之蠹"中的"蠹"，原意是蛀虫，在韩非著作中则取比喻义，是指儒家、纵横家以及游侠、商贾一类像蛀虫一样危害国家的人物。把儒家等等都斥之为国之害虫自然有失偏颇，但如果联系韩非所生活年代的社会现实，不能不承认这正是他独到而锐利的识见。当时各诸侯国之间的兼并战已进入到接近摊牌的白热化阶段，无论国内君臣之间，还是诸侯列国之间，完全受制于一种赤裸裸的功利至上的强权政治，一切决定于实力，就像韩非在《五蠹》说的那样："上古竞于道德，中世逐于智谋，当今争于气力。"在"争于气力"的新形势下，无论儒家的礼乐教化，墨家的兼爱非攻，道家的返朴归真，都在血与火的现实面前显得软弱无力。唯有法家的学说，特别是以韩非为代表的后期法家综合了商鞅的"法"、申不害的"术"、慎到的"势"，形成了一套完整的法治学说，显示了强大的实用威力。正在雄心勃勃图谋并吞八荒的秦王嬴政，一读到韩非著作就发出若得见此人与之游"死不恨矣"的感叹，决非偶然。由此推论，韩王如果真能按照韩非的谏策来一个发愤图强、革故鼎新，韩国不难出现另一番局面。

但韩国自釐王、桓惠王至韩王安，都既无相应才具，也无此种胆识。

多次进谏无用，韩非怀着满腔忠心与愤激之情，又写了篇题为《和氏》的谏书进献给韩王。谏书以著名的卞和献玉故事为喻，韩非捧出的是自己一颗赤诚而泣血的心。楚人卞和先后向三世楚王献玉，前两次都被误认为石块而先后被砍去左右脚，到第三代楚王才确认为玉并赐名为"和氏之璧"。韩非以卞和自比，祈求韩王能够识宝。但昏庸的韩王仍然没有被感动。当时有位叫堂谿公的长者，看到韩非屡屡以自己的政治主张强言极谏，担心他会带来杀身之祸，便列举历史上吴起被肢解、商鞅被车裂等血的教训，劝他还是多说些揖让进退有关礼制一类既能保全自身、又可成就功名的话，不要再去鼓吹那些会使自己处于"危身殆躯"境地的什么法、术、势之类东西。韩非感谢堂谿公的好意；对他的劝，却作了这样坚定的回答——

夫治天下之柄，齐民萌之度，甚未易处也。然所以废先王之教而行贱臣之所取者，窃以为立法术、设度数，所以利民萌、便众庶之道也。故不惮乱主暗上之患祸，而必思以齐民萌之资利者，仁智之行也；惮乱主暗上之患祸，而避乎死亡之害，知明而不见民萌之资利者，贪鄙之为也。臣不忍向贪鄙之为，不敢伤仁智之行！【1】

这可以看作韩非的宣言书，字字金石。由此可以看出，韩非是早已确立了以生命殉自己的学说和信念的！

既然无法作用于朝政，韩非不得不退入书斋，发愤著述。短短几年功夫，就写成了《孤愤》、《五蠹》、《内外储》、《说林》、《说难》等篇章，共达十余万字，即如今我们还能读

---

【1】见《韩非子·问田》。大意谓：掌权治理天下，立法整治民众，的确很不容易。敝人之所以要进谏废除先王的礼制而施行本人建立法治、设置法度的政治主张，是因为我个人以为这些政治主张是利众便民的有效途径。做臣下的可以有两种选择：一种是不怕被扣上"乱主暗上"的罪名，坚定地为治民的利益着想，那是仁爱明智的行为；另一种是害怕被加上那种罪名，只是为了逃避一己的杀身之祸，明明有足够的智力却看不到民众的利益，那是卑鄙可耻的行为。我选择的是前一种，不会照后一种做的！

到的《韩非子》。韩非思想博大精深，涉及到政法、哲学、社会、财经、军事、教育、文艺多种领域，但他殚精竭虑集中研究的则是一种政治思想，即研究君主如何在当时社会条件下，运用法、术、势兼治的手段去达到巩固统治、富国强兵的目的。所以《韩非子》的主体就是以君主为本位的政治学，即古人所说的帝王之学。

韩国的末代国君韩王安，是公元前238年即位的。第二年，即秦始皇十年，吕不韦被免相，而李斯因谏《逐客令》而重新受到秦王重用。《史记》始皇本纪在记到"李斯因说秦王，请先取韩，以恐他国，于是使斯下韩"后，还有这样两句："韩王患之，与韩非谋弱秦。"这说明到了韩王安之世，韩国已到了濒临危亡之秋，就像当年到了第三代楚王才确认卞和所献为真玉那样，韩非也身经了三世，才终于被韩王安多多少少看到了一点他的远比"和氏之璧"更为可贵的价值，第一次被宣上朝堂，共谋"弱秦"之策。

但是宝贵的时间流走了，复兴的机会丧失了，面对一个病入膏肓的患者，纵使扁鹊再世也将束手无策。

不过韩非还是竭尽所能，企图以一封谏书来挽救韩国的危局。信是写给秦王的，就是后来被人收入《韩非子》集子中的《存韩》篇。全文的主旨是希望秦国首先灭赵，暂时保存韩国。谏书陈述委婉，用词恳切，有别于集子中论述帝王之术诸篇那种凌厉恣肆的风格，反映了一个弱者处于强暴压力下无奈的呼喊。由此我们可以猜想作者撰写此篇时内心是极其痛苦的。

谏书首先说到三十多年来，韩国是如何卑屈恭谨臣事秦国的：在外事方面，韩国甘心做秦国的屏障，为它阻挡山东列国的进攻；在内政方面，韩国情愿成为秦国的草席和垫子，随意供它使用。韩国这样做，得罪了天下诸侯，而功劳却属于强大的秦国。接着便论述了伐韩之策的不当。谏书这里用了"臣窃闻贵臣"有伐韩之计这样的措辞，这"贵臣"当是指李斯。书中指出伐韩之计不当有二：一是如今赵国正在"聚士卒，养从徒，欲赘（通"缀"，连也）天下之兵"以攻秦，放过赵国而进攻韩国实在是大失策；二是韩国虽弱，但"主辱臣苦，上下相与同忧久矣"，因而早有戒备，即使用一年时间也不见得攻得灭，若是仅得一城而退，则徒然为天下所轻。而且如果韩国背秦而去，魏国也会跟着走，这是把韩、魏推向赵国，赵国再联合上齐国，那就将对秦国带来莫大的祸患。谏书最后向秦王所献的计策是——

今贱臣之愚计：使人使荆（即楚国），重币用事之人，明赵之所以欺秦者；与魏质（送去质子）以安其心，从韩而伐赵，赵虽与齐为一，不足患也。二国事毕，则韩可以移书定也。

在秦国攻灭赵、齐以后，再"移书定韩"，就是说只要秦国发一道檄文之类的文书，就可以把韩国平定了。这就是韩非为自己实在太不争气的故国希望能够争取到的最好的命运：一，不要"开头刀"，恳求能排在赵、齐灭亡之后；二，不要用暴力，请求能准许其"和平投降"。

但是韩国连这样稍微保留一点体面的结局也不可能有了！

谏书呈送到秦王面前，考虑到首先攻韩之计是李斯提出来的，秦王便把它交给了李斯。李斯立刻提出反驳，同样以谏书的形式呈送给秦王，再申韩必伐之义。这是两位昔日的同窗好友第一次书面交锋。李斯的快刀直入、咄咄逼人，恰好与韩非的委婉恳切形成对照。李斯认为"秦之有韩，若人之有腹心之病也"，断然轻忽不得。如今韩国之所以表示愿意臣服，并非诚服于秦国的道义，而是屈服于秦国的实力；一旦秦国集结主要力量去对付赵、齐而减弱了对韩国的压力，"则韩必为腹心之病而发矣"！

李斯与韩非一起师事于荀子，"斯自以为不如非"（见《史记·韩非列传》）。但李斯的这篇对韩非的驳文却敏锐峻刻、酣畅淋漓，恐怕连韩非也不能不承认是被击中了要害的。这是因为这对老同学毕竟不是在课堂上做文章，而是在打仗，打仗得靠实力。一只已被按到砧案的羔羊，再好的歌喉也变成了微弱的哀鸣。

李斯的谏书在辩驳韩非的"存韩"论后，向秦王进献了一个居心叵测的灭韩之计：一，只是加紧筹划兴兵攻伐，却不宣布要攻伐哪一个国家，这样使韩国不得不始终提心吊胆地以事奉秦国为国策；二，派李斯出使韩国，以秦王名义请韩王入秦，实际上是把他拘留起来；三，然后以韩王作为交易筹码，与韩国执政大臣进行谈判。这样秦国便可随意割取韩国的土地了！

秦王嬴政认可了李斯的计策，李斯便受命出使韩国。也许韩王安多少窥到了李斯这种叵测的用心，却又不敢正面对抗，于是便采取了一个弱者常常会采取的对策：避而不见。

李斯只好空手回到咸阳。

秦王发怒了，立刻发兵，直扑韩国国都新郑（今河南郑州市南部）。于是便出现了上文提到的"秦攻韩，韩急，使韩非使秦"这件事。

公元前233年（韩王安六年，秦始皇十四年），数万气势汹汹的秦兵逼到韩国国都新郑城下。韩非怀着满腹郁愤踏上了已预感到凶多吉少的出使秦国的行程。

## 《说难》作者因说而遭难

韩非来到秦国，倾慕已久的秦王嬴政自然很高兴。

但是事情忽而出现变故，且情势急转直下，读着《史记·老子韩非列传》下面这段文字，直觉风刀霜戟，令人有一种窒息之感——

非使秦，秦王悦之，未信用。李斯、姚贾害之，毁之曰："韩非，韩之诸公子也。今王欲并诸侯，非终为韩不为秦，此人之情也。今王不用，久留而归之，此自遗患也，不如以过法诛之。"秦王以为然，下吏治非。李斯使人遗非药，使自杀。韩非欲自陈，不得见。秦王后悔之，使人赦之，非已死矣！

一个旷世奇才就这样死了，死在他故国灭亡的前夕，死在孤单寂寞的异国他乡，死在甘泉宫就近的云阳监狱之内。

关于韩非的死因，根据《史记》上述记载，是由李斯、姚贾共同毁谗造成，但没有说明他们毁谗的动机。上面引文中有一句"李斯使人遗非药，使自杀"；《史记》本传中还提到韩非"与李斯俱事荀卿，斯自以为不如非"。这样两厢一联系，加上李斯此人品性和行迹确有不少劣点，致使人们很容易想到是他出于嫉妒心理，唯恐韩非超过自己，故既进以谗言，又施以阴谋，杀死了韩非。此说古来有之。例如早在东汉时代，王充就在《论衡·祸虚》中说："传书：李斯妒同才（疑为"同门"之误），幽杀韩非于秦，后被车裂之罪。"

本书分别在前二章三节和三章一节中提到了战国时期两对极为著名的同学：庞涓与孙膑、苏秦与张仪，他们之间的恩恩怨怨已略有介绍，现在要说的李斯与韩非已是第三对了。如果忌才之说有据，那么李斯便是又一个庞涓。但王充也就是这么说，并无提供所说之据。而如果我们把先秦文献中有关此事的记载放到一起做一番综合分析，就不难看到李斯所以要建议秦王若不用韩非，"不如诛之"，并非单纯出于嫉妒心理。

从上文已经提到《韩非子》中的《存韩》篇保留了韩、李双方就存韩与攻韩问题展开争论的详细材料，因此李斯、姚贾在秦王面前说的韩非"终为韩不为秦"，这应是实际情况，连毁谗也谈不上。李斯的内心深处隐藏有忌才这种卑劣情绪完全可能，但他不能不有所克制。此时的李斯刚因《谏逐客书》而重新获得秦王信用，他自然要做得特别小心。李斯又最善揣度和迎合秦王嬴政的意向，如果秦王还像初次读到《孤愤》、《说难》时那样对韩非心存敬慕之情，李斯是决不会冒险去触犯秦王说韩非坏话的。一定是秦王本人对韩非从渴望到失望甚至愤怒了，李斯、姚贾才从旁加以煽动，说如果不用韩非而又让他归去，那就是自留祸患，从而促使秦王做出了"下吏治非"的决定。在那样一个敌我壁垒分明而人才又可以自由流动的特殊社会阶段里，这也只好被认为是正常的。譬如当年公孙痤向魏惠王进荐商鞅时也这样说过："王即不听用鞅，必杀之，无令出境。"（《史记·商君列传》）总不能说公孙痤也是出于"忌才"动机吧？只是到了韩非被囚禁起来以后，乖巧的李斯才很可能夹带上内心私货："使人遗非药，使自杀。"

那么秦王嬴政对韩非怎么会从渴望到失望甚至愤怒的呢？

首先该是韩非谏书表述的那个"攻赵存韩"论引起了秦王的反感。要拿韩国开头刀这是秦王早已定下了的主张，如果是别人还只是一般意义上的冒犯，作为韩国宗室公子的韩非而持此论，那就是明显地出于对故国的偏袒。秦王要求所有客卿必须百分之百地忠实于他和他的秦国，才可任用。几年前之所以要下《逐客令》的原因之一，就是因为秦宗室大臣进谏诸侯宾客来秦者"大抵为其主游间于秦"（《史记·李斯列传》），而韩非竟然公开扬言要"存韩"，当然是绝对不能容许的！

此外，就是《战国策·秦策五》著录的韩非就姚贾问题一次进说，使秦王嬴政尤为不快。

韩非入秦时，出身微贱的魏国人姚贾已受到秦王信用，正以重金游说于列国。韩非对此向秦王作了进谏，认为：一，姚贾身带珍珠重宝游说楚、燕等国，历时三年，这些国家仍然没有臣事秦国，可见姚贾是在用秦王之权，秦国之宝，私自结交诸侯；二，姚贾其人原是魏国强盗，赵国逐臣，秦王与这样的人共同治理国家大事，会对群臣带来很坏的影响。秦王召见姚贾就此提出责问，姚贾以洋洋洒洒的驳词阐述了自己的观点。对韩非指责的第一点，他承认自己确实在结交诸侯，但这样做不正是为了使他们来归服秦王吗？至于说到各诸侯国与他交好，他运用种种巧妙的比喻：曾参孝敬双亲，所以天下父母都愿意有这样的人做儿子；伍子胥忠于君主，所以天下的君主都希望有这样的人做臣子；一个贤淑而心灵手巧的女子，天下的男子都想要这样的女子做妻子——从而说明：正因为自己忠于秦王，所以各诸侯国都愿与他交好。对韩非指责的第二点，姚贾举出了姜太公吕尚、管仲、百里侯等历史上著名贤佐，出身都很低贱，但周文王、齐桓公、秦穆公等明主，"知其可与立功"而加以信用，后来果然都各为其主建立了大功业。并由此得此结论："故可以存社稷者，虽有外诽者不听；虽有高世之名，无咫尺之功者不赏。"最后姚贾提出忠告："桀听谗而诛其良将，纣闻谗而杀其忠臣，至身死国亡。今王听谗则无忠臣矣！"

结果是："秦王曰：然。乃复使姚贾而诛韩非。"姚贾照旧受命去列国游说了，而韩非却被杀于云阳。

上文提到两封针锋相对的谏书，韩非的不如李斯；这里韩非、姚贾又唱了一场对台戏，韩非的说词同样相形见绌。这种脱出通常意料的现象，颇为耐人寻味。

韩非可说是历史上对"说"（shui）这种政治行为作过最深刻、精细研究的一位大师，至今《韩非子》里还留有《说难》、《难言》两篇专文。但是他乍到秦国，便就姚贾问题向秦王所作的这篇说词，实在不敢恭维。就姚贾游说活动的诘难，是在不了解内情的情况下作出的，缺乏事实根据，纯属主观妄测，因而不堪对方一击。至于对姚贾出身微贱的讥刺，更充满着贵族傲气，明显落后于战国末期的时代精神，更有违秦国的传统习惯和秦王嬴政的性格。这样他的通篇说辞格调既不高，目的又浅露，就难逃姚贾的一字之评："谗"。说词落到了谗言的地步，是很难有不失败的。

其实，韩非在著作里，早已把自己这次进说的弊病和必然会带来的可怕结局，揭示得清清楚楚了。如他在《说难》中，一口气列出了臣下对君主进说可能遇到的七种危险。这回他自己所犯的属第四种危险："周泽未渥也，而语极知。"对秦王嬴政来说，韩非是新来乍到，自然不可能有深厚的恩宠，而他对已经受到秦王信用的姚贾的指责，却又那样直露无遗，结果不能不是"说不行而有败，则见疑"。怀疑什么呢？怀疑在"间己"，就是说，韩非被秦王怀疑在离间他们君臣关系。"如此者身危"——你看，韩非不是早在进说前就已清楚明白地指出了自己这次进说必然"身危"的结局了吗？

正是他，早已向别人指出此处埋着"身危"的陷阱，可他自己却偏偏要往下跳，这种有违常情的情况，应该怎样来理解呢？我的尝试性的回答是——

第一，不仅由于韩非有口吃的生理缺陷，更主要的是他的性格和学养，都决定了他不是一个好说客，却是一位大学者。我们读他《孤愤》等著述，不由不惊叹他对自己的时代和人们的生存状态竟是那样的敏感，那些酷烈险恶的现实他都深深地感受到了，并被他极其犀利和精细地描述了出来。他痛苦，他激愤，强烈地要求对这个时代作出反应，要凭他的智慧去制服强权者而成为更强的强权者。这就是他的学说。但他正与孔子所要求的"君子欲讷于言而敏于行"（《论语·里仁》）相反，他敏于为文而拙于行事。他长于"纸上谈兵"，把朝堂和樽俎间那种明枪暗箭、勾心斗角刻画得入木三分，使每个谙熟个中三味的人都不得不佩服他观察的精到和对策的精妙；但当他真正亲自置身其间时，却立刻暴露了他的弱点，因为他毕竟是一位学者。正是这一由性格悲剧导致的人生悲剧，使得司马迁也不由在韩非本传里为之深深惋叹："余独悲韩子为《说难》而不能自脱耳！"

第二，更主要的是，姑且借用弗洛伊德的用语，他有一种"故国情结"。他是韩国的宗室公子，对自己的故国、故土，怀有极深厚的感情，这种感情是与生俱来，而且越是在故国因微弱而备受侵凌之际表现得越是强烈。所以李斯、姚贾说他"终为韩不为名"，非但不是毁谤，倒是对他这种感情的赞美。不妨说韩非写书也完全是为了故国。他急切地盼望着韩国的当政者终于有一天能发现他所进献的真是强国之计。从由他原创的那个《卞和献玉》的故事里，你可以触摸到他那颗不惜以身殉国的心是何等热烈和真挚！读着这些用生命写成的文字，会令人很自然地想起一个人，那就是楚国大诗人屈原。屈原与韩非大约恰好相隔一代。屈原死于公元前278年；韩非的生年有两说，一为公元前280年（钱穆说），一为公元前295年（陈千钧说）。这样，屈原离世时，韩非或是已经接近成年，或是出生不久，他们感受到的同是战国末期差别不是很大的时代气氛。两人同样出自王室宗族，同样对备受侵凌的故国怀有极深厚的感情；同样痛苦和激愤，同样敏于为文，只是喷发而出的，一个是火一样的诗句，另一个是可用之于朝堂樽俎间的利器；最后他们同样怀着千古长恨以自杀的方式离开了人世。我有意不用多数学者使用的"爱国主义"这个现代概念而代之以我杜撰的"故国情结"来称谓他们的思想精神，决无贬低之意，而是因为这是两个不同的范畴。国家观念是人类社会发展到一定阶段才有的，没有必要勉强古人穿戴他们所陌生的现代服饰。两位先贤，他们热爱生养自己的大地、文化，忠诚于按传承已久的方式建立起来的故国，对强权和奸佞疾恶如仇，对美好的社会生活充满着向往之情，对自己所认定的信念不惜以身为殉，这种人格和感情，同样崇高和可敬。试看韩非在出使秦国前后，明知韩国以及其余山东五国将被秦国吞并已成大河滔滔东流之势，不可逆转，但他还是要勉为其难，始而竭诚上书，继而冒险进说，都是因为他的"故国情结"催促着他，他必须这样去做。上书主旨是反李斯的攻韩之计，目的是为了"存韩"；进说的主旨是反姚贾的贿赂之术，目的是为了"弱秦"。"弱秦"为了"存韩"，"存韩"必须"弱秦"，在他看来这是形二而实一的事。至于这样做能否获得成功，在此时此地，这位对进说的时机、方法、效果做过鞭辟入里分析的大师，却都只好不作计较了。想到这些，再回过头去看他那两篇甚至还不如李斯、姚贾的谏书和谏言，就不仅不会奇怪，而且会有一种悲壮之气迎面扑来。韩非的秦国之行是赴难，他的死是殉难，即是为他的故国，为他的信念和学说而死。在我看来，不仅是他的学说，他的人格也与屈原一样伟大，永远值得我们后人纪念。

秦王嬴政杀了他曾经那样钦慕的韩非，是否意味着他摒弃了韩非的帝王之学了呢？不，恰恰相反。从嬴政往后的一系列实践中我们将会看到，如果说韩非学说有一个忠实信徒，曾将他学说中的许多重要内容付之实际行动的话，那么这个忠实信徒不是别人，正是杀了他的秦王嬴政！

## 一个从虎口脱生的年轻人

韩非名义上还是韩国派出的使节，就这样不明不白死于出使国的监狱。韩王安非但不敢有任何抗议的表示，居然又做出一个媚秦姿态："韩王请为臣。"（《史记·秦始皇本纪》）此事发生在韩非死后不久，即韩王安六年、秦始皇十四年（公元前233年）。所谓"请为臣"，实际上就是韩国宣布它自己已经名存实亡。

秦始皇十五年至十七年（公元前232年～前230年），《史记》特地连续标出"地动"、"民大饥"，而秦王则继续"大兴兵"。大地在隆隆不断地震动，顷刻之间，成片的房屋、无数的人畜全被埋葬在废墟之中。饥饿的灾民蝗群似地在黄河两岸游弋。而剽悍的西域烈马，勇猛的关中侉子肆意驰骋在各个中原战场上。天灾、人祸，血雨、腥风，苦苦折磨着处于末世中的我们那时的祖先。

但秦国军队也并非无敌于天下，它很快遇到了强劲的对手，那便是赵国。

赵国一向以拥有众多英勇善战的大将如赵奢、廉颇、李牧等等，而扬威于中原战场，并使秦军也常受其挫。此时虽然赵奢已死，廉颇已老，且因不满于赵王的起用乐乘以代，赌气奔了魏国；但李牧犹在，余威尚存。在这期间，秦军就有两次败于李牧马前。第一次是秦始皇十四年（公元前233年），秦将桓齮率兵出上党向赵国发起进攻，占赤丽、取宜安，一路节节胜利。此时秦军已深入到赵国后方，形成了对赵国国都邯郸的大包围之势。正在这万分危急的情况下，赵王下令急速从北方边防上调回正驻守在那里防御匈奴的大将李牧。双方军队在宜安展开激战。赵国已到了生死存亡关头。赵军将士在李牧指挥下，个个表现出为故国死难的决心，战斗进行得非常酷烈。结果是赵军大胜，秦军惨败。李牧因此大功而被封为武安君，秦将桓齮则由于败绩而畏罪逃奔燕国。第二次是在秦始皇十五年（公元前232年），秦军兵分两路，一军攻太原，一军袭邺，对邯郸形成一个南北包抄的蟹钳之势。秦军很快占据狼孟，气势越发凶猛。李牧率军静候于狼孟东北处的番吾，以逸待劳，早已磨砺以待。及至秦军长途苦战疲劳不堪，又因狼孟之胜而有所懈怠时，赵军突然发起攻击，再次大破秦军。李牧挥戈西进，直到把秦军逐出韩、魏两国边境。

但赵军的局部性胜利，已无法动摇秦军在整个中原战场上的强势。秦军所到之处，杀声冲天，瓦檐为之震裂，鸡犬闻之飞逃。其间，大地的震动，饥民的呼号，似乎更造成了慑人心魂的恐怖氛围。蜷缩于深宫之内的魏、韩两国国王，日夜心惊胆颤地思谋着如何苟活自保。他们觉得面对利爪坚牙的虎狼，除了一块一块地割下自身之肉进奉对方以外，似乎已别无他法。于是在同一年（秦始皇十六年，公元前231年）的几乎相同的时日里，《史记》记下了这样两笔——

第一笔：魏献地于秦，秦置丽邑。

魏景闵王献出的这片土地，据《史记正义》引《括地志》是在雍州新丰县，原为骊戎所有。后来晋献公伐骊戎而易为晋属，三家分晋后成了魏地，如今又拱手献给了秦国，被设置为丽邑。十余年后，当嬴政成为统制宇内的始皇帝时，这里被选定为皇陵墓地，动员七十余万人开始日夜兴建这座人类历史上罕见的宏大工程。

第二笔：[秦]发卒受地韩南阳，假守腾。[1]

这段文字可能有脱漏，意思仍大致可懂。《史记志疑》引方氏《补正》认为原句似应为：秦"发卒受韩南阳地，而使内史腾为假守也"。韩王献南阳之地，秦发兵去接收，并派"内史腾"去做"假守"。内史是秦国官名，掌管京师；其人名"腾"。假守是代理郡守。就是这位秦国派驻在南阳的代理郡守内史腾，做郡守是假，伺机灭韩是真。过了不到一年，他就率领大军，轻而易举地攻破了新郑。新郑原来是郑国国都。韩原都平阳，后迁至阳翟，公元前375年，韩哀侯灭郑后，又迁都至新郑。所以这是新郑第二次作为诸侯国都被灭亡。从此它永远结束了被作为国都的历史，成了秦国所属颍川郡的一个组成部分。韩王安做了俘虏，韩国成了关东六国中第一件被进献到秦国祖庙供案上的祭品，正式宣告灭亡。

做了俘虏后的韩王安结局如何，《史记》没有明确记载。前些年出土的云梦秦简中的《编年纪》则在秦始皇二十年下记有"韩王居□山"五字。根据《编年纪》提供的资料推断，这"□山"就在南郡境内。而《史记》在秦始皇二十年下则记着"新郑反"一句。把这两则史料联系到一起，大致可以推断出韩王安及韩国残余贵族还策动过一次叛乱，那当然不过是螳臂挡车式的举动，肯定是很快就被辗成了齑粉。

韩国灭亡是在公元前230年（秦始皇十七年）。《史记》在这一年下又特地记了一笔："地动。"大地还在隆隆震动。

胜利者在掠夺，在狂欢；失败者在哭泣，在呼号。

大街上，时不时有骑着快马的秦军搜捕队呼啸而过，长戟上挑着血淋淋的人头。新郑王宫上空烈焰腾腾，已经有几昼夜未熄。这个先后成为两姓诸侯国国都历经数百年积聚起来的繁华富豪，在熊熊的烈火中化作青烟而去。

一个年轻人机警地从转眼夷为平地的丞相府第逃出。

狂欢中的秦军将士没有注意到他，哭泣中的韩国臣民也没有注意到他。除了年轻，还因为他把自己化装成了一个里巷无赖，没事似地闲逛着，突然伺机钻出了城门……

这个此刻没有引起任何人注意的年轻人，不久便接连演出了博浪击秦王、垓下困霸王等等历史壮剧，不仅震撼了当世，也博得了后代人恒久的崇敬。这位年轻人便是后来的大汉帝国开国功臣、被封为留侯的张良。

《史记·留侯世家》是这样介绍的——

留侯张良者，其先韩人也。大父开地，相韩昭侯、宣惠王、襄哀王。父平，相釐王、悼惠王。悼惠王二十三年，平卒。卒二十年，秦灭韩。良年少，未宦事韩。韩破，良家僮三百人，弟死不葬，悉以家财求客刺秦王，为韩报仇，以大父、父五世相韩故。

---

[1] 由于这段文字表述不够明确，也有学者认为这个名叫"腾"的人可能原为韩官，后叛韩投秦的。如何汉《秦史述评》称："韩国南阳郡假守腾，向秦献出他所辖的属地"。并由此推论出："长期以来，韩统治集团依赖秦国支持，秦王政利用这种关系，在韩国政权内部加紧扶植亲秦势力，作为实行兼并的重要步骤。"这样，腾便成了韩国的叛臣，由于献地于秦有功而"被秦王政任为内史"。又，高敏《云梦秦简初探》也持此说，认为是秦国"发兵从韩国的南阳郡假守腾手里接受了韩国的南阳郡"。

这个韩国五世相门之后，是怀着满腔仇恨逃出新郑的。他尽散家僮，弟死不葬，倾家荡产，后来又浪迹天涯，出生入死，全为着一个目的：为韩国复仇！

这是大秦帝国在诞生前夕用它暴力之锄为自己种下的无数仇恨的种子中最引人注目的一颗。这也就是说，秦帝国在孕育自身的同时，已孕育了它的掘墓人。

这是多么无情、多么残忍的历史"轮回"啊！

在历史上，秦人曾经多次坠入低谷，陷入逆境。最长久、最艰难的一次是周人为他们制造的。那时周人是胜利者，击溃了商族，同时也狠狠惩罚了被视为"助纣为虐"的秦人，迫使他们远离故土，经过艰难的长途跋涉，迁徙到人迹稀罕、戎狄杂处、被中原视为化外的西陲之地，开始了在风刀霜剑中的生存挣扎。但出乎常情意料的是，正是这种逆境磨砺了一代又一代的秦人，铸就了他们剽悍矫健的体魄，勇猛不屈的性格，机敏诡谲的智慧和务大求实的进取精神。他们不断从低谷攀登，如今终于一跃而成为天下之霸主。设想一下，当时作为胜利者的周人，如果能对依附于商族的秦人稍示宽容，允许他们在故土东海之滨生存下来，很可能"秦"人之中的大多数将成为忠顺驯服、媚态可掬的一群。在那种情况下，还能出现秦襄公、秦穆公、秦孝公和秦昭襄王吗？还能有后来的秦始皇和大秦帝国吗？

但是，这些曾经多次陷入逆境的秦人，现在却转过身来给别人制造逆境了。他们对自己那些曾经在屈辱和艰难的生存环境中苦苦挣扎过来的祖先，只能空慕其名，未必再能理解那种痛苦而能熬受痛苦、屈辱而又不甘于屈辱的内心。现在他们已是胜利者。作为胜利者似乎有权恣心狂欢，有权任意报复。因而此时他们绝对不可能想到，这样做实际上在成全未来的敌人。如果说，是昔日周人的迫害造就了今日秦人的话，那么正是今日秦人的残暴将造就明日的陈胜、吴广、刘邦、项羽……这不由使人又一次想起本书《引言》已引录过的阿诺德·汤因比的那个作为历史发展动力的挑战与应战的著名原理。设想一下，如果秦国不是那样霸道地随意处死被韩国视为骄傲的韩非，不是在接受韩国献地后派出内史腾用这种突然袭击的办法攻灭了韩国，或者在占领新郑后不是那样残酷地屠杀和焚烧，那么张良也就不一定会出逃，因而当然也就无需经受那么多艰险和苦难，想必也不再会遇到那个传说中的授予他《太公兵法》的黄石老人；果真如此，张良还能成为历史上那个倾覆大秦帝国的出色谋士、创建大汉帝国的功臣张子房吗？

呵，玄妙无穷的历史啊，到什么时候，人类才能真正参透深藏于您腹中的奥秘呢？

不过无论如何，到现在为止，嬴秦氏族和他们的代表人物秦王嬴政还没有达到自己事业的顶峰。新郑街头的屠杀是残忍的，新郑王宫的烈火是罪恶的，但是如果一个社会母腹内的新制度已经足月，因为怕看到血和污秽而人为地阻止其临产，那么将要付出的代价不知还会比这高出多少倍！从这个意义上说，秦王和他的秦军在兼并六国过程中无论造下多少罪孽，他们总是在履行历史赋予他们的使命。不错，接下去我们还将看到，中原大地上的白骨将越垒越高，但在此基础上将要建立起来的，毕竟是一座属于我们民族共有的丰碑。

此刻，咸阳宫内文臣武将们正围坐着共商下一个决战部署。秦王嬴政用他太阿剑的剑锋点了一下位于漳河南岸的一座都城标记：邯郸。这就是说下一个该轮到赵国了！

## 被玩弄于手掌之上的和氏璧

### "第五纵队"在行动

魏国国都大梁。

一家公馆内，年逾七旬老将军廉颇，正在设宴款待来自邯郸的赵王使者。

两人对席。

只见老将军一拂胸前银髯，以洪钟般的嗓音大吼一声：进餐！

侍从不敢怠慢，立刻穿梭上下。不一会，主客几案上都已摆满了酒食菜肴。不同的是摆在客人面前的都是些精巧的器皿，食物的切割、制作也十分精细；而堆叠在廉颇几案上的都是大桶大盘，那些流着浓油的肥肉块块有巴掌大小。老将军说声请，就畅怀狼吞虎咽起来，不一会面前的饭食已一扫而光。这一餐老将军究竟吃了多少？《史记》本传记了一笔账："一饭斗米，肉十斤。"

这当然不会是正常进餐了，它实在暗藏着老将军一番颇为悲壮的苦心。

廉颇是赵国负有盛名的大将。他伐齐、攻魏、败秦，屡建奇功，被拜为上卿。他曾一度居功自傲，不甘心位于丞相蔺相如之下；一旦认识了错误，又主动登门"负荆请罪"，演出了一出"将相和"的千古佳话。但人总是要老的。在他年过七旬后，赵王起用年富力强的乐乘来代替他，他却一怒之下攻打了乐乘，后又赌气投奔了魏国。实际上他身居大梁，梦绕邯郸，那颗牵系着故国的心又如何割舍得下！在这种情况下，魏王自然也不会信用他。老将军终日无所事事地住在公馆内，赵国受到秦国侵伐的消息又一个接一个传来，这种日子实在太难熬啦！忽听得赵王派来了使者，他立刻想到很可能赵王迫于强秦威势有了重新起用他的意向，一时欣喜若狂，于是便来了这么一番表演，希望给使者留下一个印象：廉颇虽老，勇猛不减当年呢！

吃饱喝足，廉颇又带客人来到广场，跃马横戈，驰骋如飞，随后又表演了一套精湛的武艺，这才跳下马来，心不慌，气不喘，笑声朗朗说道：某在先生面前献丑了。还望先生代某多多拜上大王，臣廉颇尚有余勇，亟待报效疆场！

老将军说着这些话时，流下了老泪。作过这番表演，他实在已力竭心衰，自知毕竟已老。但他无法忍受在安闲中享尽天年，只要一息尚存，宁愿把血洒在搏杀强秦的战场上。

这时候，秦军对邯郸的威逼正在日益迫近。赵王派出使者去大梁看望廉颇的用意，确实是想去了解一下老将军的健康状况，是否尚有可能骑马出阵。廉颇的这一番表演，留给使者的该是一个忠心烈烈、余勇尚存的老将军印象吧？但他在回报赵王时却说：廉将军年事虽高，饭量倒还不小，只是与臣同坐了不一会儿，就上了三次厕所！

赵王居然就这么相信了，再也不想召用廉颇。

使者为什么要说谎？因为他受了赵王宠臣郭开给的一点金子。

郭开为什么要收买使者说谎？因为他收受了秦王嬴政派出的顿弱等人的大量金子。他从大量的贿赂中分出一点碎金来给使者，就断绝了廉颇最后一次报效故国的机会，不用戈戟弓箭，却实际上替秦国消灭了一员曾使秦军屡屡受挫的大将。

这就是秦王嬴政指挥下另一支地下部队——"第五纵队"的威力。

但廉颇毕竟是一员名震华夏的老将，你赵王不用，中原诸王谁不想拥有他呢？这时候捷足先登者楚王便立刻暗中派出使者以隆重的礼遇迎接廉颇入楚。老将军开头还在等待邯郸方面的消息，后来得知已被奸佞出卖，不由仰天长叹一声，无奈中接受了楚国的邀请。廉颇一入楚，楚王立刻拜为上将，但老将军却犹是浑身不自在，看着楚国军旗和那些穿着楚国军服的士卒，觉得那样陌生，自然也谈不上建功立业。不久便在悒郁中死去。临终前，说了一句很伤感的话："我思用赵人。"——我连做梦都还在想着指挥赵国将士呀！

廉颇一死，赵国将领中能够抵挡秦军的只剩下一个人，那就是李牧。

李牧因镇守北边和攻燕、却秦屡建战功，已深得赵悼襄王信用，赵王把他视为当年秦国的白起，因而也封他为武安君。要剪除这样一员得宠的爱将，自然要比除掉已经失宠的廉颇困难得多。

于是"第五纵队"便把它的无形而可怕的手插进赵国后宫，出现在赵悼襄王的枕头边。

这个接受了秦国贿赂，开始在赵王耳边中伤李牧的便是赵悼襄王的王后。

据《史记》和《列女传》记载，悼襄王后原是邯郸街头的一名倡女，曾经嫁过男人，可能是出了偷情一类风流事，整个宗族都被她闹得一团糟。后来就做了寡妇。偏是因她长得艳丽娇媚，被赵王一眼看中娶进了后宫。这件事朝堂上下都不赞成，其中尤以李牧反对最烈，而大夫郭开却百般迎合，并因此而得宠。后来寡妇生了儿子迁，便很快被立为王后。她原已对李牧怀着仇恨的，现在又受了秦国珠宝，一举两得，自然更要卖力地告枕头状了。但当时赵王还离不开李牧这得力大将，所以新王后的谗言效果不大。以后公子迁渐渐长大，原已立的太子嘉自然要倍受新王后的冷落。一幕废立太子的宫廷传统闹剧便由此开场。赵王拗不过新王后的日夜纠缠和郭开在一旁的再三怂恿，终于废了太子嘉而立迁为太子，并由郭开做太傅。公元前236年（秦始皇十一年，赵悼襄王九年），秦军对赵一战，赵国就丢失了阏与、邺等九座城市。病倒在床的赵王一听这消息，就在忧愤交集中突然死去。太子迁即位，这便是赵幽缪王。新王后成了王太后，郭开也被封为丞相。

赵幽缪王五年（秦始皇十六年，公元前231年），也就是魏、韩两国同时向秦国分别献出丽邑、南阳之地以求宽容的那一年，赵国也接连不断受到秦国的进攻。偏在这时，赵国境内发生了大地震。震中在代地,据《史记·赵世家》记载:"自乐徐以西,北至平阴,台屋墙垣大半坏,地坼东西百三十步。"处于天灾人祸双重苦难中的赵国臣民,用他们的观察力和想象力唱出了这样的歌谣——

赵为号,秦为笑。
以为不信,视地之生毛。

但这歌谣在传唱过程中渐渐起了变化,变成了这样——

赵国何号?秦国何笑?
有木生子,盗国盗宝。[1]

邯郸城内无论白发老翁、黄口小儿,都在这样传唱。茶楼酒肆,往来客商都在谈论和猜测:这个将要出卖赵国的、姓李的国贼究竟是谁呢?

这自然又是秦王的"第五纵队"在行动。歌谣首先是从赵王宫里传播出来的,制造者便是郭开和王太后。

已经登上了丞相、王太后这样的极位,按一般常情,似乎应当致力于与李牧这样的武将合作,以抵御外敌巩固自己的地位才是。但他们不这样想。在他们心目中,李牧是比秦国更可怕的敌人。因为他们以为,前者的危险是直接的、经常的、眼前就感受到的;而后者则还隔着一定的时空距离,他们并没有直接感受到。这便是当国家处于存亡绝续生死关头,有些佞臣甚至君主会取"宁与外寇,不与内贼"态度的心理基础。更何况在郭开和王太后看来,秦国哪像是外寇呢?它已经为他们送来了那么多奇珍异宝,还许诺他们更加稳固可靠的尊位,那不正是自己的恩人吗?

于是若明若暗的歌谣,很快又变成了指名道姓的谗言,有关李牧叛赵、秦将要封李牧为相的话,便在邯郸大街小巷沸沸扬扬地流传开来。

## 将军与到处飞舞的青蝇

李牧不仅英勇善战,而且精于谋略,他曾多年镇守在赵国的北方边境代地雁门郡,防御匈奴。他治军有一套特别的方法。练兵时,每天都要宰牛给士卒吃,直到他吃饱喝足浑身是劲时,才开始正式操练,且要求极其严格,非达到规定标准决不罢休。他极注意侦察敌情,充分发挥烽火台的作用,所以匈奴稍有一点风吹草动他都能及时掌握。而对匈奴的骚扰活动,他的处理更是与众不同。他下令说:"匈奴即入盗,急入收保,有敢捕虏者斩!"

---

[1] 这两首民谣,前一首见《史记·赵世家》,末句"视地之生毛",似指因灾荒而遍地长野草。第二首是我依据情节草拟。"有木生子",暗指李牧。

（见《史记·廉颇蔺相如列传》）就是若有匈奴来犯，应立即坚壁清野，严禁捕虏匈奴士卒，违者定斩勿赦！这样多少年来，还从未与匈奴交过锋，百姓财物倒也没有受损失。只是时间一长，给了匈奴、也包括赵国边境士卒一个印象：以为李牧胆小怕打仗。这件事传到邯郸，赵王很为不满，下令斥责李牧说：身为守边大将，如何能如此怯敌。以后凡遇匈奴来犯，必须出战！

李牧对王命竟敢不予理睬，照旧固守他的不出战策略。赵王大怒，下令撤回李牧，另派别的将领去镇守。在以后的一年多里，与匈奴的大小战争不断，且又每战必败，百姓生命、财物损失惨重，边境又不得安宁。赵王这才只好再命李牧去守边。李牧却来个杜门不出，推托说有病不便应命。赵王再三强令李牧率兵前往，李牧说：大王如果一定要启用罪臣，则请大王允许臣仍依前法，才敢奉命。

赵王不得不答应了他的请求。

这样李牧再度出守雁门，果然还照老样子，从不与匈奴兵戈相见。这么过了几年，匈奴一无所得，更以为李牧只会自守，不会打仗，就准备大规模来犯。再说守边赵国将士，每日只是领受犒赏，严格操练，也都愿有一战，以显身手。到这时，李牧才宣布不日即将与匈奴作一决战，但严命不许走漏任何消息，一切务必听将令行事。他亲自选定战车一千三百乘，骏马一万三千匹，弓箭手十万，能够攻坚执锐的精兵五万，日夜加紧训练。与此同时又命人大出放牧，满山遍野尽是牛羊，以引诱匈奴来抢掠。

果然匈奴眼红了，接连出动几小股人马来劫夺，李牧下令只许败逃，不准还击。匈奴士卒满载而归，把喜讯报告了单于王。单于王非常高兴，亲率大批士卒，汹涌来犯。但这一回他要大倒其霉了，《史记·廉颇蔺相如列传》是这样记载的："李牧多为奇陈（通"阵"），张左右翼击之，大破杀匈奴十万余骑。灭襜褴，破东胡，降林胡，单于奔走。"

从此，李牧的威名远震北边，匈奴闻之丧胆，十几年之内不敢接近赵国边境一步。

当秦国在中原拉开大决战序幕后，赵国每每在遭到秦军猛烈进攻的紧急关头，便从北边火速调来李牧率军抵抗，李牧也屡屡得胜。一时间，李牧的名字不仅成了赵国的荣誉和骄傲，对已被秦军强大攻势威吓得惶恐不安的其他诸侯国，也是一种慰藉和鼓舞。

秦始皇十八年（公元前229年），秦王宫内文武大臣齐集，经过商议，最后由秦王嬴政作出了大规模兴兵立即攻灭赵国的决定。

其实所谓大规模兴兵只是为了营造一种声势，要灭亡赵国只需割下一个人的脑袋就行，这个人就是李牧。

杀李牧不是在战场上，而是在宫廷内；也不是秦国派人去杀，而是由赵王自己来杀。这就要看"第五纵队"的工作成熟程度而定。现在秦王认为条件已经成熟了，于是便拿太阿剑的剑锋在地图上那么点了一下。

说起来，赵氏与嬴秦还是同祖。在周穆王时代，善于驾车的造父为穆王御而有功，因而赐造父以赵城，世代为周大夫。幽王后周室衰落，叔带奔晋，事晋文侯。晋文公称霸，赵氏世为霸佐。四传至赵襄，赵、韩、魏三家分晋而有赵国，开国君主为赵烈侯。开始建都晋阳（今山西太原市西南），后迁都邯郸。据苏秦说赵王时称：赵"西有常山，南有河漳，东有清河，北有燕国"；"山东之建国莫强于赵。赵地方三千余里，带甲数十万，车千乘，骑万匹，粟支数年"（《史记·苏秦列传》）。自赵烈侯至赵幽缪王（赵王迁），历经九世、一百七十六年。赵为三晋中的强国。其间，锐意改革的赵武灵王，实施胡服骑射，攻灭中山，打败林胡、楼烦，建立云中、雁门、代郡，国势大盛。以后不断与秦较量，互有胜负。自长平一役惨败于秦后，赵国渐次落入低谷。到了末代赵王迁，庸弱无能，奸佞专权，唯一能够抗击秦军的就剩下李牧，真所谓社稷存亡系于一将了。

战幕是这一年的冬季拉开的，且看在司马迁笔下，两国是如何调兵遣将的——

秦国：大兴兵攻赵，王翦将上地，下井陉。端和将河内；羌瘣伐赵，端和围邯郸城。（《史记·秦始皇本纪》）[1]

赵国：秦使王翦攻赵，赵使李牧、司马尚御之。（《史记·廉颇蔺相如列传》）

王翦，这位秦王吞并六国的扛鼎大将，现在出场了。这是他在中原战场上第二次亮相。第一次就是前面已经提到过的，他与桓齮攻赵国之阏与，一战而拔阏与、邺等九城，气得重病中的赵悼襄王一命呜呼。这一回，他将与赵国现存最负盛名的大将李牧对阵，真可谓棋逢敌手，将遇良才，该是有一番好杀的。但是按照谋臣们的计议和秦王的决定，王翦不得不暂时放一放他最擅长的刀剑，而去演一出戏。

再说李牧。

李牧已是第三次被从驻防的雁门火速调回与秦军交战。与前两次不同，这回一踏进邯郸，就发觉周围忽隐忽现的一片嗡嗡声。他惊疑地细细一辨认，竟都是些红头绿翅的青蝇！

青蝇就是谗言，就是像青蝇那样到处飞叮而最终将致人以死命的谗言。

在激愤中，他记起了一首诗——

营营青蝇，止于樊。
岂弟君子，无信谗言。

营营青蝇，止于棘。
谗人罔极，交乱四国。[2]

李牧陷入了极大的郁闷和痛苦。

在战场上，他手持长矛能杀退千军万马；在宫廷里，他面对这群嗡嗡营营的青蝇，却无可奈何。

---

[1] 这段文字疑有脱漏和错简，梁玉绳《史记志疑》已提出疑问。大意为：由王翦统率，兵分三路，向赵国发起总攻。

[2]《青蝇》诗原为三节，此系前两节，见《诗经·小雅》。营营：往来貌。樊：篱笆。岂弟：即恺悌，和易近人。棘：小枣树一类。罔极：罔，无也；极，读为则。意为违法乱纪。

他明知放出谣言说他要反赵降秦的人，恰恰正是那些收受秦国贿赂、卖力为秦国行反间计的人，但他无法去辩白。只有"岂弟君子"，才能"无信谗言"，可如今赵王幽缪左右已被奸佞小人包围，又有谁能听信他的辩白呢？他是一员守边武将，纵有满腹文韬武略，却不明宫廷内部那些暗藏机关，只要一脚踏进，便会落入陷阱。

由王翦统帅的秦军已攻下井陉（今河北井陉西北）。军情火急。李牧不得不含恨立即与将军司马尚一起应命奔赴前线。

两军对峙，各扎下长营。战马长啸，旌旗劲舞，一派大决战前的威壮气势。

由王翦导演的戏就这样开场。

李牧正要下令出击，秦营忽而飞出一匹快马，向赵营送来了以大将王翦名义写出的要求和解的信函。

这使李牧大出意料。但王翦之名，他早已如雷贯耳，且钦慕其为人。何况对方信函陈辞又委婉恳切，自然也不便拒绝。古人有言：来而不往非礼也。李牧当即修书一封，感谢秦方美意，并提出：贵军若能退避三舍，则敝军将遵此行事，并约定地点双方晤谈。王翦立即又复来一信，李牧也随之再致一信。

够了，有这两来两往的书信，便足可致李牧于死命。

李牧并没有因王翦的两次来信而放松斗志，他仍然严命将士作好作战准备，特别要警惕秦军的袭击。

只是他万万没有料到，袭击不是来自正面，而是来自背后；不是来自秦营，而是来自赵王宫。

一队快马，飞速自邯郸奔来，进入了赵军营帐。为首的是宗室公子赵葱与原为齐将的颜聚，他们向李牧宣读了赵幽缪王的一道谕旨。

郭开禀奏赵王说，他已得到密报：李牧临阵叛赵，与王翦信使往来，情况十分危急。赵王一听大惊，立刻派人去暗暗窥察，果然得到"证实"。于是便下达了这道谕旨：撤去李牧和司马尚将军职务，由赵葱与颜聚接替此职。

君主一言定九鼎，全军自然没有一个敢不拥护的。曾经叱咤南北疆场、横扫匈奴和强秦的大将军，顷刻之间已成孤身一人。古人有言：谗言恶似虎。李牧终于看到青蝇变成了猛虎。

《史记·廉颇蔺相如列传》说李牧对赵王如此荒唐的谕旨曾经有过反抗，但是没有成功——

赵王乃使赵葱及齐将颜聚代李牧。李牧不受命，赵使人微捕得李牧，斩之。废司马尚。[1]

---

[1]《战国策·秦策五》也记有李牧为谗言所害事，但情节与此大异，诬陷人也不是郭开、王后，而是韩仓。赵王听信了韩仓的话，任命别人取代了李牧。李放回到朝廷，韩仓宣布他的罪行是：一次凯旋而归，大王给你赐酒，你向大王祝寿时，手里拿着匕首。李牧辩解说：那不是匕首。我右臂有病伸不直，而身躯又特别高大，因恐拜见大王时右手触不到地面有违礼制，所以特地请人削了截假手接上。大王若是不信，请允许我拿出来呈示。说时便把这截缠着布片的木头假手拿出来给韩仓看，希望他向赵王禀明实情。但韩仓却说：我受命于大王赐你一死，不能赦免，我也不能替你去说话。李牧自杀时，因右臂弯曲够不到脖子，只好口衔宝剑尖锋顶着柱子自刺而亡。

"微捕"就是秘密逮捕。一代名将，就这样被谗言之虎吞没了！后人为纪念这位将军，曾立庙以祀。元代大都间过此庙时，以《武安君庙》为题赋诗咏叹曰——

策马行行过土门，
特来祠下吊将军。
断碑冷落埋秋草，
遗址荒凉锁暮云。
籍甚名声天地久，
凛然生气古今存。
歇鞍几度伤怀抱，
衰柳寒蝉噪夕曛。

赵王迁自毁长城。失去了主将李牧的赵军，乱作一团，溃不成军。王翦统率秦军，长驱直入，不到三个月的时间，便占领了邯郸，扫平了赵国全境，时为秦始皇十九年（赵幽缪王八年，公元前228年）。

王翦屯兵于邯郸之北的中山，向咸阳发去捷报，并请示秦王：能否以灭赵之师，乘胜北进，一举攻灭燕国？秦王嬴政得报大喜，却突然作出一个决定：他要亲自去看一看已经匍匐在自己脚下的赵国！

**苦难而美丽的童年呵，你在哪里？**

庞大的军队，威严的卤簿，出咸阳，越函关，在中原大地上隆隆行进。
端坐在装饰华丽的乘舆里的是秦王嬴政。
这一年他三十二岁，一别邯郸已有二十二个年头。
他突然决定要去硝烟未尽、血流未止的邯郸，首先自然为了炫耀秦国的威势，为了享受作为胜利者看到战败国的土地在他脚下颤抖、臣民们在他马前哀号时的快感。但是否也会有那么一瞬间，油然而起一种游子重归故土的脉脉柔情呢？
我想会有的。
无论童年的生活有多么艰难困苦，一旦被纳入回忆之库，照例要涂上一层玫瑰的色彩，这种色彩还将随着年华的渐次流逝而不断加深。此情此意，人所共有。何况对当时的嬴政来说，并不全都是苦难。此生最难忘的美味，不正是一年一度迎春时节母亲为他做的那碗羹汤吗？最好看的戏，不正是邯郸街头那些不知来自何方的精赤条条的汉子们的角力和杂耍吗？还有，他那最初朦胧的青春意识，不正是从卖唱于邯郸酒楼的那些特别妩媚的女子脸颊上获得的吗？
人生都只有一个真正的黄金时代，那就是一去不再的童年。
这样，当他坐在乘舆里，随着车厢轻微的晃动不断向东行进时，他会看到微风拂过漳河水面那粼粼的清波，听到每年春水旺发时河水向东南流去的哗哗声。纵然他如今已是威震中原的霸主，但他毕竟也是喝着怀抱邯郸城的漳河之水长大的呀！

四周突然响起了狂潮般的欢呼声。

两名一直持戟挺立在乘舆左右的侍卫，小心翼翼地揭开遮蔽在车前的用虎皮精制的鞎茀。

眼前漳河的水波消失了，乘舆已来到邯郸之郊。出现在秦王面前的是一片狂呼着万岁的人群。他们都是秦国将士。

秦王屹立在车台上，俯视着这欢腾的人潮，徐徐进入了邯郸城。欢呼声轰走了童年的所有记忆。他感到自己是那样的崇高和强大，古往今来无人可与匹敌。当他这样想时，便以胜利者的目光，睥睨着这片被降伏的国土，以及国土上蝼蚁般的人群。

秦王嬴政就这样进入了赵王宫。

王翦拜见秦王嬴政后，说赵王迁已做了俘虏，等待发落。

随着阵阵喝斥声和锁链磕撞的声响，赵王迁已跪伏在阶前。他只是牲畜似地唔唔呜呜了几声，说不成一句话。王翦命人把顶在赵王迁头上的一张帛书呈上来，侍者代为念道：

罪臣赵迁，万死难赦；
衔璧舆榇，乞赐就木。

秦王突然爆发出一阵得意的大笑，大声说道：将璧玉呈上来，待寡人一观！

所谓"衔璧舆榇"，是上古曾行过的一种投降重礼。投降者背负棺木，意为等待处死；口衔璧玉以为进见之礼。不用手持而用嘴衔，是因为双手已自行反剪着。赵王迁刚才唔唔呜呜说不成一句话，就是由于嘴里衔着璧玉的缘故。

璧玉把玩在秦王手心。他看出来了，这正是那件价值连城的稀世之宝。不由朗声大笑着说道：这不正是先王欲以十五城相换而不可得的那块和氏之璧吗？

众人听说，也都投去惊奇、兴奋的目光，啧啧赞叹不绝。

在这块璧玉上已经演出过楚国卞和"三献璧玉"、张仪"失璧受辱"和赵国蔺相如"完璧归赵"三个故事，分别表现出坚定执著、不甘屈辱的昂扬的人格精神。现在正在表演的已是第四个故事，那是一种卑微的生存欲望，姑名之曰"以璧赎命"吧！赵王迁虽在投降书中"乞赐就木"，但此刻控制他全身的却是一种求生本能。他渴望能够用这样一种作践自己的方式让胜利者去享受狂傲，而自己得以获准苟活下去。

还跪在阶下的赵王迁，惶恐而又焦急地等待着那位胜利者能够掷出一句恩准不杀的诏谕来，而秦王嬴政却几乎已经把这个阶下囚给忘了，顾自把玩着掌上宝玉，连连惊叹不已。此时此刻，受着这种等待的折磨和煎熬的赵王迁，不知是否在忏悔：怎么能那样稀里糊涂下令杀了李牧呢？

在赵王迁的感觉中，几乎是等待了一百年，秦王嬴政这才想到还跪着一个阶下囚。他淡淡一笑，手一挥说：念尔有代为寡人诛杀李牧之功，下去吧！

赵王迁连连山呼万岁，磕头谢恩。

据《淮南子》记载，赵王迁后来被迁徙到了蜀地房陵，羁居于一石室之中。夜深人静时，闻有淙淙流水之声传来。问了侍从，才知房山之下为沮水，沮水东流而达于汉水。不由凄然长叹，作诗一首道：

房山为宫兮，沮水为浆；
不为调琴奏瑟兮，惟闻流水之汤汤。
水之无情兮，犹能自至汉江；
嗟余万乘之主兮，唯有梦魂绕故乡！

不久，他便在忧愤中死去。

秦王嬴政在邯郸期间，是否去看了他童年时代的居处，史书没有记载，我猜想他是去过的。

这该是一个激动人心的时刻。这里的每一件旧物都是一柄钥匙，打开了他一扇又一扇的记忆之门。闻着旧居的那些气味，开头或许已有点陌生，但很快就感到是那样亲切和温馨。于是那些宫廷搏击、疆场杀伐的情景便渐渐隐去，而久违的童年纯情便扑面而来。他看到众多熟悉的身影和听到絮絮的日常细语。这其中，有他最先死去的父亲，有被他威逼着死去的叔父吕不韦，还有已经进入老年的母亲，此外就是父母的朋友和他自己的那些小伙伴。他会真诚地忏悔自己曾经有过的过失，而谅解别人所有的错处。这时候，他最大的心愿便是能与他们之中任何人说些话，来证明他记忆中的这一切都是真实的，都曾经那样发生过……

这当然都是我的猜测。不过我相信，当一个人真情投入于童年回忆时，他会重新拥有一颗赤子之心的。

据《史记》本纪记载，偏在这时从咸阳传来的一个噩耗给了秦王嬴政重重一击，使他的感情突然起了个大变化："始皇帝母太后崩。"他陷入了巨大的痛苦。这痛苦不是由于他爱母亲，而是因为他曾经恨过母亲。而今人一死，所有的恨都转化为双倍的爱，汹涌地向他袭来，而他却被抛掷到了一片无可诉说的空旷之地。呵，母亲，你怎么不让孩儿有一个当着你的面狠狠责备、惩罚自己的机会就匆匆走了呢？

出人意料的是，这个刚烈的国王内心的这种痛苦，突然又化为一种残忍的暴力，挥起了他的屠刀。这是《史记》本纪所作的记载——

秦王之邯郸，诸尝与王生赵时母家有仇怨，皆坑之。

这些被活埋的人的罪名是所谓"仇怨"，而判定"仇怨"的依据，是嬴政还保留着的童年时代的某些记忆。但我们知道，他的那些记忆是被他自己以为母亲"不贞"而引起的激愤情绪扭曲了的,因而所谓"仇怨"者,其中有一些却正是赵姬当年的友人以至情人,现在都被他这个儿子统统活埋了!作为母亲的王太后赵姬若泉下有知,不知对此将作何感想?

## 两个欲挽狂澜于既倒的太子

就像韩国灭亡时,张良从虎口逃出力图为韩报仇那样,赵国灭亡时,也有一个青年人从已经沦陷的邯郸逃出,力图恢复赵国,他就是赵悼襄王原立的太子嘉。

太子嘉与王室残余势力数百人,一起逃到赵国北部边境代地(今河北蔚县东北),在诸大夫拥立下称为代王。代地已与燕国接邻。赵、燕两国在历史上也曾不断相互攻战。战国初期,主张合纵的纵横家苏秦一次对赵王讲了一个"鹬蚌相争"的故事。他说我今天经过易水边时,看到一只河蚌在晒太阳,有只鹬就来啄蚌肉,相互咬住不放,结果让渔翁一抓而得了利。故事里把鹬、蚌比作燕、赵,渔翁比作秦国,告诫两国不要自相残杀,最后让秦国得利。故事虽然说得很有道理,但却往往不及实际利益更具有引诱力,两国还是常常为眼前的一丁点小利而交战不休。如今赵国已只剩下一个尾巴,燕国也处于岌岌可危之中,这才终于想到了有联合起来的必要,只可惜落花流水春去也,为时已晚。此后不久,便爆发了荆轲刺秦王事件,秦王冲冠大怒,一声号令,数十万秦军以掀天揭地之势扑向居于最北面的燕国。燕王喜早已吓得丧魂落魄,又遑论联合抗秦;太子嘉所能提供的兵力只是杯水车薪,要对付强大的秦军无异以卵击石。这样到燕国被秦军攻灭时,胜利者略施余勇,跃马横戈一挥,同时也就将"代国"这个小朝廷夷为平地。公元前222年(秦始皇二十五年),太子嘉被迫自杀,赵国的这条小尾巴也不复存在。

上文提到,此后不久便爆发了荆轲刺秦王事件,下面我们就来谈谈这个事件。

荆轲是受人指派入咸阳刺秦王的,这个指派人便是燕国太子丹。

太子丹一生下来似乎就注定要成为政治牺牲品。他的祖父,也就是燕孝王只坐了三年王位就死去,他的父亲燕王喜尚未成年就当上了国王。这种情况的出现,就活该做太子的倒霉了:不是在宫廷内百无聊赖地忍受那漫长的等待,就是得到异国他乡去当质子。太子丹的命运是后者。他的质子生涯还在儿童时代就已开始,第一次是赵国。在富庶奢华的赵国国都邯郸,他认识了如今已显出一副要吞并六国威势的秦王、那时还是个邋里邋遢的流浪儿嬴政。他比嬴政要大六七岁,倒还是成了好伙伴,一起在邯郸街头、漳河边上玩耍,用来排遣那些无聊、寂寞的时光。后来总算回到了燕国,以为可以过几天舒服日子了,谁知一场政治游戏,又给他带来了厄运。那便是秦国在吕不韦为相期间,起用年仅十二的甘罗,经那小娃娃一番游说,赵悼襄王居然乖乖地言听计从,暗中与秦合谋讹诈燕国。燕国不仅丧城失土,还不得不第二次把他这个燕太子作为质子发送到更为遥远的关外之地去做政治抵押品。他在秦国咸阳一待就是七年。这时他已经四十余岁了,质子生涯几乎囊括了他从童年到壮年的全部岁月。这其中的辛酸滋味,世上又有谁人能体会得到!

但更使太子丹痛苦的是故国的羸弱和衰落。他的先祖燕昭王所营造的那个招徕四方贤士、破齐七十余城的辉煌时代，已经一去不复返。如今的燕国已落到欲求自存而不可得的地步，而父亲燕王喜却还只知游乐和苟且偷安。作为一个生活在异国他乡的质子，对故国的荣辱强弱有最灵敏的感受。他与嬴政那种曾经有过的伙伴友谊自然早已烟消云散。如今他们一个是强大的霸主，一个则是类似附属国的臣仆，再也没有任何平等可言。他曾经上书秦王及早终止这种实际上是由一个政治骗局造成的出质与受质的关系，让他回到燕国去。秦王的回答竟是那样蛮横和霸道：放你回去可以，但得等到天雨粟，马生角！从秦王说出这句话时那倨傲睥睨的眼光里，他一下子学懂了人生最宝贵的一课：作为一个人，与其跪着生，不如站着死！作为一个国家，与其成为附庸，不如在轰轰烈烈一战中灭亡！

公元前233年（*秦始皇十四年，燕王喜二十二年*），当怒潮似的秦军东渡黄河向三晋之地发起猛烈攻战的时候，被羁留在秦王宫之侧公馆内的燕太子丹，便开始实施他的突围计划。

他知道这已是最后时刻，无论对于他的人生，还是他的故国，都不能再有任何犹豫。

但是他突然病倒了，整整三日三夜都处于狂乱和昏迷状态中。

公馆里专为宾客和质子治病的医官，进进出出，忙作一团。尽管质子在这里常常受到贱视，但如果作为质子而死去，难免引起没完没了的外交纠纷，所以也不可等闲视之。

奇怪的是，到第四天凌晨，太子丹不翼而飞。秦王立刻命人紧急搜索，找遍咸阳城的每个角落，也不见有丝毫影踪。

于是便下令全国所有城关要塞，图形度牒缉拿逃亡质子太子丹。

三天后的傍晚，当夕阳落上崤山，函谷关守吏正要锁闭关门的时候，有一支送葬队伍还要出关。队伍后面还跟随着三五个死皮赖脸要丧家行善的乞丐，一个个蓬发垢面，浑身散发着冲鼻的酸臭。守吏也懒得查问，就让他们一起出了关，随即关上了沉重的石门。

没想到，这乞丐之中的一个，却正是与周室同姓、贵列王侯的燕国太子丹！

这位才智、品德都属平平的太子，却将以他最后一次人格闪光而名留千古。

# 易水悲歌壮千古

## 一位以自刎激励刺客的长者

太子丹回到故国,很快进入了一种忘我状态。

燕、赵自古多慷慨悲歌之士。起初,太子丹也许还只是出于个人的复仇动机,最多也只是为了维护王国的生存。但在与众多高士的秘密接触、交谈中,他的思想和感情得到了净化和升华。他认识到,他们将要采取的行动是为了维护人的尊严,而且这行动本身就是人格精神的一次大昂扬。

这样,看来只是一次暗杀活动,在当事人心目中却有了崇高、宏大和近乎神圣的意义。

面对如此崇高、宏大的共同使命,个人的生死荣辱就显得微不足道。

下面将要出现的一个个热血飞扬的人物和情景,由于时代已相隔得那么遥远,有些可能是我们现代人很难理解的,或者觉得如此轻生并没有多少意义,更何况"刺秦"之举也并不可取。不过若就人性和人格力量而言,那一瞬间所放射出来的如此率直、真挚、瑰丽夺目的闪光,反倒因它已随着时代远离,永远不可能在人世复现而显得弥足珍贵,从而不能不令人屏息慑惕,肃然起敬。

太子丹沐浴更衣,手捧扫帚恭候在门前,等待着一位长者的到来。

这位长者名叫田光,是太子丹的太傅鞠武推举的。

太子丹逃回到燕国国都蓟(今北京城西南),他父亲燕王喜开头倒是喜出望外,但后来得知他是逃跑出来的,立刻吓得惶恐不安,提出要去向秦王认罪,再把他送回秦国去。父子俩一谈就崩,太子丹就索性从东宫搬出,避开燕王喜,独自暗中实施他的抗秦计划。据《史记·刺客列传》记载,在这期间太子丹一面结交和招募四方豪杰之士,一面寻求贤士的指教。他先拜访了他的太傅鞠武。鞠武洞悉时势,精细地分析了秦国山川地理、文臣武将种种有利因素,认为秦国东进中原之势已不可逆转,而且只要秦王有意,那么"长城之南,易水以北",即燕国辖境,也将很难保住。因而他劝太子丹尽可对此取达观态度,不要因个人受到欺凌,而"欲批其逆鳞",去做螳臂挡车那一类事。太子丹跪地不起,说明欲抗强秦并非单是出于个人私怨，务求恩师指点。鞠武说：容老臣三思。过了三天，太子丹再去拜见太傅，鞠武已作过一番深谋远虑，向太子丹展示了他的抗秦计划。他认为关东诸国如今已丧失了历史上曾经有过的时机，再也没有一个国家可以单独与秦国抗衡，唯一的出路便是联合起来。因而他建议太子丹派出使者西面去结交三晋，南面去联合齐、楚，北面再去和匈奴单于通好，如此方可捆缚秦国这只凶猛的雕鹫。太子丹一听说：呵，太傅！您这计划花费时间太多了，可我此刻心如焚炙，片刻也无法等待下去。有道成事在天，谋事在人。上天难道就不能容我一逞其意吗？还求恩师另外再给弟子指一条路！

鞠武沉吟良久，仰天一声长叹，说道：罢、罢、罢，就算老臣多事，为你引出一个人来。有道一时之强弱在力，千古之胜负在理。我燕国纵然力不胜秦，且为后世留下一条千古之理吧！

太子丹连连叩头致谢，询问高士姓氏。鞠武说：此人就是田光先生，身居陋巷的燕国名士。其人秉性耿介，纤尘不染。知深而谋远，勇猛而沉着。遇事可与共谋，有难可堪托身。

院门启开，现在这位须眉皆白的田光先生，正策杖曲腰缓步走来。

太子丹没有想到田光竟已如此老迈，却也不敢怠慢，连忙躬身迎上前去，一边为客人扫径，一面后退着为老人引路。请入内室后，亲自为客人拂拭座席，待老先生安席后，才敢在一旁侍坐。

仆婢退避，门窗都已关严。

太子丹离席长揖恳请道：燕国与秦国势不两立，丹与嬴政不能共存。祈求先生赐教弟子。

田光说：太子错爱了。你没听说骐骥在盛壮之时日行千里，而待它衰老连驽马也可以占先的故事吗？太子听太傅说起的大概是盛壮之时那个田光吧，如今你看我已衰老到这个地步，还能派什么用处呢？

太子丹说：可弟子也知有一个关于马的故事：当年管仲跟随桓公伐孤竹，春往冬返，迷失中途。管仲说，老马之智可以识途。乃放老马于前而随之，果然得通。如今丹也迷失走道，老先生难道不能为弟子指引一条道路吗？

老人朗声笑着说：如此说来，我这匹老马还有一点用处呢！只是老朽终生一布衣平民，不敢与闻宗庙社稷之事。既然太子如此抬举，我就为太子择一智勇而少壮之士以自代吧。但不知太子门下如今可用者已有几人，容老朽一一相过，再作商量。

太子丹立即命人把他门人新近招纳的几位勇士夏扶、宋意、秦舞阳等一齐请来与田光相见，略作交谈，勇士退走。太子丹忙问道：先生观感如何？

田光默然。因为在他看来，夏扶为血勇之人，怒则面赤。宋意为脉勇之人，怒则面青。秦舞阳为骨勇之人，怒则面白。这类怒形于色之人，见不得场面，如何成得了事！

太子丹不免有些焦急，又问：在先生看来，他们之中谁个堪当此任？

田光说：恕老朽直言，此辈人等，只宜为太子府上守门饲马。

太子丹不由一惊，说：那是否请先生为弟子推荐一人？

田光略为沉吟，说：老朽有一好友，新从邯郸来游，名唤荆轲，实为神勇之人，喜怒不形于色，或可当此重任。

太子丹大为惊喜，慌忙一揖说：弟子愿与荆卿结交，烦请先生代为引见，不知可以沾光否？

田光说：敬遵台命！

太子丹恭敬地送田光到门口。一种即将面临一搏的巨大兴奋使他心颤不已。荆轲之名他已有所闻，那是一位侠骨冰心、艺胆双绝的烈士，若得与之结交，何愁大事不成！

老人回身一揖就要出门了，太子丹突然想起了什么，赶上两步，四顾无人，悄声说道：弟子适才所言，乃燕国存亡绝续大事，望先生勿泄于外人。

田光淡然一笑说道：老朽不敢。

田光上车，路过市巷，恰好见到荆轲与他新近结交的好友高渐离从一家酒肆出来。两人已有几分酒意，步履踉跄，相互倚持着，高渐离击筑，荆轲相和歌，唱的是《易水谣》。两人仰面流涕，旁若无人。

岁已暮矣，
而禾不获，
忽忽兮若之何？

岁已寒矣，
而役不罢，
惙惙兮如之何？[1]

荆轲先祖为齐国人，后来迁居到卫国。他自幼喜好读书和击剑，及长，负笈仗剑，游历四方。先后到过魏、赵等国，曾以剑术游说君主，终因他的孤傲而不被信用。他游历到榆次地方时，曾与当地著名剑客盖聂讨论剑术，两人十分投缘。但有一次因对某一剑术见解不同，盖聂瞪了他一眼，他竟因此不辞而别。但后来荆轲却又常常怀念盖聂，认为此生尚未见到过如此艺胆相合的人。

来到燕国，他结识了田光、高渐离等人。高渐离善击筑，筑声悲壮，催人泪下。荆轲或依声舞剑，或引吭高歌。两人常常忽而畅怀大笑，忽而痛哭不已。大醉时，曾仰天而问：值此末世，人生天地间，当何以自处，何以自命？

田光把荆轲请回家里，然后说道：荆卿平生常恨天下无知己，如今若有智伯登门相求，荆卿愿意做豫让否？[2]

荆轲长叹一声说：只恨智伯尚未复生啊！

---

[1] 此为先秦古歌，录于《晏子春秋》。忽忽：失意貌。惙惙：音 chuòchuò，忧愁貌。

[2] 豫让、智伯故事，《史记》及先秦典籍多有载录。豫让为智伯家臣，受到厚遇。春秋末年，韩、赵、魏共灭智氏，而赵襄子最恨智伯，因漆其头颅骨为饮器。豫让说："士为知己者死，女为悦己者容。今智伯知我，我必为报仇而死。"于是改名换姓，用漆涂身，吞炭使哑，多次谋杀赵襄子未遂。后被捕，求得赵襄子衣服，拔剑击衣后自杀。

田光说：如今燕太子丹，礼贤下士，折节重客，十倍当年智伯。不知荆卿愿意一试胸中之奇志否？接着便把太子丹急切要求结交的话说了说。

荆轲说：既如此，太子何不自来呢？

田光说：太子说他唯恐壮士不肯屈就，所以先使老朽代为引见，此刻他正在家门口恭候呢！

荆轲猝然起立一揖说：请先生就道，轲愿随从！

田光却没有起座，缓缓抚着长剑说道：古训有云："长者为行，不使人疑。"这回太子丹以燕国存亡之事有谋于田某，且嘱咐道：勿泄于外人。这便是对田某尚存疑虑。荆卿尔且自行吧，请代为转达太子尽可放心，老朽此生再也不会泄于外人！

说完，淡淡一笑，竟饮剑自刎而死。

田光说他的死是为了让太子丹放心，从此不会再有第三个人知道此事；《史记·刺客列传》记此事时还有一句话："欲自杀以激荆卿。"

荆轲出神地看着老人的热血沿剑刃喷出，突然似乎意会到了什么，头也不回，立刻登车去拜访太子丹。

## 一个以头颅献给刺客的叛臣

荆轲进见太子丹。

宾主就座，默对良久。

荆轲这才说到田光已死。神色漠然，竟无一丝悲切之意。

太子丹一听，裂眦瞿视有顷，忽而不能自制，扑地跪拜，膝行流涕，吞声饮泣。

荆轲依旧肃然跽身于座，面冷似铁。

太子丹再次就座，转为平静地问道：老先生临行之时，可有什么嘱咐？

荆轲冷不丁说：轲以为，老先生并没有死，他仍然侍从于太子之侧。

太子丹陡然一惊，拱手谢过上天：天帝以荆卿赐丹，这不仅是燕国之大幸，也是中原之大幸！

接着，太子丹便向荆轲说出了他将派荆轲去执行的破秦计划。据《史记·刺客列传》记载，这计划的要点是利用秦王的贪欲，身带重利去接近秦王，或是劫持，或是刺杀。劫持是上策，劫持不成则刺杀。所谓劫持，是仿效春秋时代鲁国勇士曹沫的做法。公元前681年，曹沫随鲁庄公至柯地与齐桓公会盟。这之前，鲁国屡受齐国侵伐，失地颇多。会上曹沫突然挟持桓公，以剑相胁，要求归还被侵夺的鲁国土地，不然立刻同归于尽。桓公不得不同意这项要求，后来如约归还了鲁国失地。这一回，太子丹的如意算盘便是在劫持秦王后，不仅要胁迫他交出侵燕之地，还要他交出对诸侯列国所有的侵地，并认为这样做是"大善"。如果秦王不肯答应，就当场刺杀。秦王一死，据太子丹的估计，秦国统治集团特别是握有重兵在外作战的大将，会因为互相猜疑而发生内讧；而关东列国则正好利用这个机会合纵起来，如此内外一夹攻，则"破秦必矣"！

荆轲静静听完了太子丹的计划，却依旧表情漠然，竟不说一句话。

太子丹屏息绝气等待了好一会，才小声问道：不知壮士以为可行否？

荆轲似乎没有听见，顾自一手抚摸着剑柄，双目直视窗外。突兀自语一句：只有他！随即又加大声音说：就是他！

原来，荆轲以为要劫持或刺杀秦王绝非易事，必须得有一个非凡人物做副手，想来想去，觉得只有一人，便是在游历榆次时结识的盖聂，非他莫属！

太子丹知道荆轲已经许诺，欣喜异常，立刻尊荆轲为上卿，选择最好的官舍来让他住。这以后，太子丹每日来官舍问候荆轲，以全牛、全羊、全猪供餐，还有奇珍异宝、高车驷马、侍姬美女，供他恣意享用。太子丹有一匹心爱的千里马，一次荆轲偶尔说了声：千里马的肝特别肥，味道一定很美吧？这一天侍女端来的餐盘上就多了一道美味，便是那匹千里马的肝。一次太子丹陪荆轲在华阳台饮酒，令美女一旁鼓琴助兴。荆轲不由称赞道：好一双灵巧的手！不一会侍女便来向荆轲跪献一盘血淋淋的东西，竟是那美人之手！

就在这期间，秦将王翦率领数十万大军，以迅雷不及掩耳之势，转眼间便席卷赵国全境，做了俘虏的赵王迁被押向房陵。王翦兵屯中山，其前锋已触到燕国南部，仅以易水一线之隔，连鼓角声也已隐约可闻。

燕国颤抖了！蓟城恐慌了！

太子丹急急赶到荆轲官舍说：纵然丹诚意永远奉陪壮士，无奈易水就要遭秦军玷污，那是燕国万千臣民母亲之河啊！

荆轲说：这轲也已经知道。太子不来，轲也正要前去拜见。只是还得带上一两件足以使秦王相信的礼物，不然就休想去接近他！

太子丹说：是否可以带上督亢地图？秦王对燕国这片富饶的土地可是垂涎已久了啊！

督亢是古地名，在今河北涿州市东南，其处向以肥沃著称。清代阎尔有诗云："上古膏腴环督亢，中山意气感壶餐。"

荆轲说：以督亢为礼，只怕还不够分量。轲以为，至少还须带上一个人的头颅，方可使秦王深信不疑。

太子丹不由一惊，说：那是谁的头呢？

荆轲于是便说出了这个人名字：樊於期。

樊於期其人，仅见于《史记·刺客列传·荆轲》，说他"得罪于秦王，亡之燕"，"秦王购之金千金，邑万家"。但樊於期究竟犯了什么大罪，致使秦王嬴政要用黄金千斤、封邑万户这样巨额赏赐捉拿这位逃亡者，文中没有说。《汉书·邹阳传》提到樊於期这个人名时，有个注："於期为秦将，被谗，走之燕。"被谗什么呢？也没有说。从那以后的两千多年来，樊於期的行迹一直成为悬案，引起人们猜测。明代冯梦龙的《东周列国志》，说秦王嬴政之所以要悬赏追杀樊於期，是由于樊在嬴政即位初期，不仅策动长安君成蟜叛乱，还为他草拟了以揭露嬴政系吕不韦私生子为主要内容的檄文。从秦王嬴政对樊於期如此深恶痛绝来看，此说似也能言之成理。但毕竟属小说家言，缺少依据。近代杨宽先生著《战国史》，在说到赵将李牧大败秦将桓齮时，作了一注，认为"樊於期即是桓齮，音同通假，犹如田忌或作田期、田匠思。桓齮于秦王十四年败走，燕太子于秦王十五年由秦归国，时代也正相当"。若据此，樊於期是因打了败仗逃亡的，这当然也可成一说。但嬴政一生，出如此高额赏格捉拿国内叛臣，仅此一次；后来还将樊的父母宗族全都杀绝，也属罕见。从这些情况看来，樊於期应犯有比一次战败更让嬴政无法容忍的罪，才能得到合理的解释。不过那已是一个专业性很强的问题了，且让历史学家们去研究吧，我们还是赶快回到荆轲与太子丹的对话上来。

太子丹一听要带上樊於期的人头，迟疑再三，说：樊将军是因遭到困厄才来投奔丹的，丹又如何能忍心呢？

荆轲默然。

太子丹又说：请壮士费神再思，能否另选别的礼物？譬如奇珍异宝，只要燕国有。

荆轲依旧默然。

荆轲在沉默中已作出了决定：不为难太子了，由他自己去找樊於期。

这该是一次古往今来罕见的谈判了吧？——谈判的内容为割下一方头颅的问题。

荆轲是这样开头的：秦国对樊将军何其狠毒啊！将军的父母和族人，不是被杀就是被收为奴仆，如今还在用千斤黄金和万户封邑的赏格索要将军的首级。将军意欲奈何？

樊於期仰天叹息，涕泣良久，说：樊某每念及此，痛入骨髓，只恨报仇无门啊！

荆轲说：如今轲有一法，既可报将军之仇，又可解太子丹之患，将军以为何如？

樊於期听了立刻移席向前说：请快说吧，於期该如何行事？

荆轲说：轲已定下愚计，欲入咸阳刺秦王，只恐无缘得以接近秦王。若能携将军首级入宫进献，秦王定然愿意传见。到那时，轲将左手抓住秦王之衣袖，右手以匕首刺其胸膛，如此便可一举而得两功：既可使将军报仇雪恨，又为燕国涤除耻辱。不知将军以为可否？

樊於期一听，爆目裂眦，偏袒搥胸大呼道：这正是樊某日夜切齿咬牙、痛心疾首的一件大事啊，今日万幸而得足下明教，在下就此拜别吧！

当即离席拱手一揖，在大声欢笑中抽剑一挥，他那颗喷着热血的头颅便随剑滚落了下来。

太子丹匆匆赶来，伏尸痛哭。但事已如此，也只好将樊於期的头颅封入木函，随即隆重安葬其残体。

在这之前，太子丹已秘密派人四出寻求最锐利的凶器，最后从一个姓徐的赵国人那里以百金高价购得一柄长一尺八寸的匕首，再命人在毒液里淬砺，用来试人，只要见到一丝血星便立刻倒毙。又给荆轲配了一名副手，叫秦舞阳，是燕国名将秦开的孙子，著名勇士。他十三岁就开始杀人，悍勇激烈，没有一个人敢于正眼看他。但荆轲仍不满意。他还等待着游历榆次时相识的盖聂。他早就派人去暗中求访过，只是这位最能获得心艺默契的剑友，至今仍未有回音。

在等待中，他还亲自为盖聂准备了一份行装。

但心急如焚的太子丹却不能再等了，他急急跑来对荆轲说：出发的时间已经到了，是否能允许我派遣秦舞阳先起程？

荆轲立眉嗔目怒斥道：先派遣人去，这是什么意思？有去无回的无能之辈派一万个也没有用!

说罢把已为盖聂准备好的行装狠狠一摔,就飞身上鞍,策马急驰……

## 一个血写的典故:图穷匕首见

眼前这条宽不过十丈的易水河,却要因即将发生的一幕而留名青史了。

易水位于今河北省西部,易县境内。在战国时代,易水之北为燕,易水之南属赵。如今赵已为秦所灭,易水便成了燕秦界河。燕国臣民日夜为之惴惴不安的是,秦军那些高脚宽腰的关中烈马,只要一发起性来,便可轻而易举地从南岸跃身到北岸。在万般无奈之中,他们最后只好把生存的希望寄托在一柄其长尺八的匕首锋刃上!

现在,一支近百人的队伍正面南背北走着。他们穿戴着白衣白冠,一个个表情肃穆。

走在队伍中间的太子丹牵着马,马上骑着危冠雄发的荆轲。

没有一丝杂响,除了沉重的脚步声和马蹄声。

已经入冬了,稀疏的败草在寒风中颤抖。漫天彤云,正预示着一场即将到来的暴风雪。

望到了缎带似的易水,听到了它低沉的呜咽,人们渐渐缓下步来。

一个同样是白衣白冠的勇士急急追赶而来,怀抱着一张筑,他是高渐离。

席地而坐,设宴饯行。

高渐离击筑,荆轲倚声和歌。

筑声蓦地变调,进入悲怆的清商音域。荆轲散发舞剑,仰天号歌——

风萧萧兮易水寒,
壮士一去兮不复还!

行云为之停留,易水为之哭泣,宾客随从无不流涕太息。荆轲仰面长吁,气冲霄汉。彤云渐散,似有白虹微露。筑声又变为慷慨悲壮的羽调。竹尺急风骤雨般击打于弦上,声似金戈铁马,刀枪齐鸣。众人莫不瞋目奋励,发尽上指冠。荆轲再次引吭高歌——

探虎穴兮入蛟宫,
仰天嘘气兮成白虹!……

《史记·刺客列传》描画的这些易水壮别场面,悲恸千古,震撼了多少人的灵魂!

行笔至此,我却忽而闪过一个有违两千多年来几成定说的的念头,说出来可能有点"煞风景",想了想,还是说出来吧。

在我看来,这样宏大的送行队伍和如此慷慨悲歌的场景,在已成为燕、秦边界的的易水之畔是不大可能出现的。理由很简单:这不是公开宣战,而是一次极端秘密的刺杀活动。为筹划这次暗杀,太子丹已暗中苦心经营了四五年,一直慎之又慎,即使对田光老人也要特地关照一句"愿先生勿泄",以至使得老人甘愿为此自灭其口。很难设想,竟会在临行时公然来这么一番大张旗鼓的壮别,特别是送行的人还一个个"白衣白冠",那不等于在向咸阳公开发布将去进行一次决死刺杀的消息吗?但《史记》又确实是这样写的,这该有一个合理的解释。我猜想太史公为荆轲作传时的心态是这样的:他可能并不赞成荆轲刺秦王这一具体行动,但对荆轲那种执着于自己心志,不惜以生命一搏的昂扬精神,却又深为感动。那是在这位伟大的历史学家南游江淮、北涉汶泗期间,一次他来到易水之畔,但觉秋风萧瑟,清波凝寒,斯人已逝,古今同哭。不由胸臆勃勃,文思喷涌,便信笔勾勒了这么一幅寄托着作者无限情思的画图。所以纵然"壮别"的具体情节并非实有,但就概括那个特殊时代的精神风貌这一点来说,却又具有高度的真实性。

蓦地,高渐离挥手用力在弦心一划,声如裂帛,随即戛然而止。

人人敛声屏息,穆然肃立。唯有易水在寒风中轻声呜咽。

太子丹复引卮酒,跪进荆轲。荆轲一饮而尽,与秦舞阳一起腾跃登车,劲鞭疾驰,竟然没有回头看一眼!

咸阳,威震中原的咸阳。

但即使是秦王宫内,也同样有可以用金子征服的人。

这是事先买通好了的。有个得宠于秦王的中庶子,名叫蒙嘉,在得到荆轲千金巨贿后,便在秦王嬴政面前说了一番极有利于荆轲实施计划的话。他是这样说的:大王,燕王确实已经屈服于大王的声威,再也不敢抵抗大王派去的军队;他只希望全国上下都能成为大王的臣民,就像秦国的一个郡县那样按时交纳贡物和赋税。但燕王由于内心恐惧,自己不敢贸然来拜见大王,特地派出使节,还在朝堂上举行隆重仪式,随带叛臣樊於期的首级和燕国督亢之地的图籍,远道来咸阳进献给大王。如今燕使上卿荆轲已在馆驿候旨,一切唯大王之命是从!

秦王嬴政听了很高兴,对樊於期已经就戮尤为称快。于是命侍臣准备朝服,设九宾之礼,传谕使者到咸阳宫进见。

荆轲捧着樊於期的头颅函前行,秦舞阳双手托着督亢地图匣紧随而进。巍峨的秦王宫已在面前,手执斧钺戈戟的虎贲三步一岗,威严地分列两旁。

侍卫官一声传宣,声震瓦檐。随后又寂静下去,静得只有自己的心跳声。

两人开始升阶。足下的乌舄踏在石阶上,犹如空谷传响。跟随在后面的秦舞阳听着听着,脸色忽而煞白,浑身颤抖不已,脚步也慢了下来。一旁侍卫官立刻逼问:使者因何如此慌张?

荆轲回头望了秦舞阳一眼,笑着从容答道:此人原系北番蛮夷粗鄙之徒,才进燕宫不久,生平从未见过皇都天颜,故而悚惧恐惶。还请上国宽宥其罪,以顺利完成此次使命!

终于登上了大殿。

按朝制规定,再一次接受身上有否携带武器的检查;并脱下乌舄,恭立等候下旨。

秦王传下谕旨:只许正使一人上殿。

左右便喝令秦舞阳下阶。

荆轲一人捧着头函拾级而上。来到殿前,双手过额呈进,侍者接过,献给秦王。秦王命侍者开函核验,证实确系樊於期首级。秦王挥手令侍者持下,忽而侧过脸来冷不丁问道:何不早杀叛贼来献?

荆轲回答说:樊贼畏罪叛逃,窜伏北漠,敝国寡君悬千金之赏,才得以获致。原想生擒而来,唯恐远涉数千里之遥途中生变,故断其首级来献,愿以此略纾大王天怒。

秦王听了颜色转和,不再有疑。

此时秦舞阳仍捧着地图俯首跪于阶下。

秦王下旨道:取督亢地图来,与寡人一观!

荆轲迅即下阶从秦舞阳手中接过地图,再双手捧着历阶上殿,亲呈秦王。秦王将图卷缓缓展开,细细观看……忽而眼前一亮,司马迁记下了这样六个字:"图穷而匕首见。"(《史记·刺客列传》)在这同一瞬间,那把雪亮的匕首已被荆轲抢先抓住。他迅即跃前一步,左手趁势抓住秦王衣衫,右手就用那把匕首直刺秦王前胸。秦王大惊侧身一躲闪,避开了匕首的尖锋;再奋身一跃,衣袖已被扯断。荆轲抛去断袖,直扑秦王再次奋力刺去。秦王边逃边拔佩剑。他这一日的佩剑名鹿卢,长八尺,在奔逃中手难以往下提,一时无法拔出来,而荆轲的匕首不断在他身前飞刺。朝堂群臣面对这突发事变却手无寸铁,已是慌作一团。有几个勇敢的徒手扑上前去,也先后被荆轲击倒。

原来秦法规定,百官上殿,无论文武,概不许持尺寸利器。凡平日所佩刀剑都必须解脱陈列于殿下,且非奉宣召任何人都严禁擅自上殿。因而在禁卫森严的咸阳宫里,出现了荆轲一人持匕首追逐挂着长剑慌乱逃躲的秦王,众侍从却仅有几人敢于徒手近前与之搏斗这样一个奇异而惊险的场面。

秦王座旁有一屏风,其高八尺。眼看要被荆轲执持,秦王尽力一跳,撞倒屏风,慌忙躬身冲出,又差点撞在巨大的铜柱上。荆轲一跃而过倒地的屏风,紧追不放。秦王只得绕柱躲避,已有气喘慌乱之色。这时候近旁有个名叫夏无且的侍医忽而想到捧在手上的药箱,便用力向荆轲掷去。荆轲奋臂一挡,药箱碎裂落地。秦王趁这时机再次拔剑,但还是没有拔出。不知谁大声嚷道:大王,从背后拔剑,快拔呀!秦王受到启示,迅速将剑鞘推到背后,果然拔出。一剑在手,胆气大壮,立刻转身向荆轲砍去。荆轲几番腾跃,不意为铜柱所挡,秦王一剑,击中荆轲左腿。荆轲一跃而起,奋力将匕首向秦王咽喉掷去。秦王猛一闪身,匕首从他耳边擦过,铿铿一声,钉在殿侧铜柱之上,火星迸出。秦王再次举剑进击。荆轲被连创八剑,倚柱而笑、大声骂道:暴君,你还能享国多久呢?我所以没有成功,是因为想生擒你,逼你交出侵占诸侯之地,以此报效太子。我死后,还会有人继我此行的,你等着吧!

这时候众多侍臣一拥而上,将荆轲击杀。秦舞阳也同时毙命于阶下。后来荆轲还被灭了七族。

燕太子丹长达五年的刺秦之谋,至此以彻底失败告终。

秦王嬴政也不能算是这一事件的胜利者。他是在极偶然的情况下侥幸脱险的。这沉重的一击使他有好几天神情恍惚，抑郁寡欢。但从后来的行迹看，他还是一如既往地奋力于他的统一大业，不受丝毫影响。事后他赏赐和惩罚了在这事件中有功或有过的官员。侍医夏无且赏赐最多，获得黄金二百镒。镒为重量单位，二十两或二十四两为一镒。秦王说：无且最爱护我，所以用药箱投击荆轲。

在历史上，持正统观点的历史学家对荆轲刺秦之举大多取贬责态度。如宋代司马光就说："燕丹不胜一朝之愤，以犯虎狼之秦，轻虑浅谋，挑怨速祸，使召公（燕先祖为召公奭）之庙，不祀忽诸（意谓忽然而亡），罪孰大焉！"对荆轲，更认为他："怀其豢养之私，不顾七族，欲以尺八匕首强燕而弱秦，不亦愚乎！"（《资治通鉴·秦纪二》）但司马迁却总是别具慧眼，不以成败论人事，而以人的心志，即以人应当执著自己的信念为视角，对此事作出了独特的评价。他认为荆轲等人"以其义或成或不成，然其立意较（通"皎"，明亮）然，不欺其志，名垂后世，岂妄也哉"（《史记·刺客列传》）！有点出人意料的是被钟嵘《诗品》称之为"隐逸诗人之宗"的陶渊明，读了荆轲事迹后，竟也不由为之意气奋然，一反宁静淡泊的田园风格，写出了《咏荆轲》那样激昂悲壮的诗篇，使千余年后的我们读时还能感受到诗人那颗不平静的心——

燕丹善养士，志在报强嬴；
招集百夫良，岁暮得荆卿。
君子死知己，提剑出燕京；
素骥鸣广陌，慷慨送我行。
雄发指危冠，猛气冲长缨；
饮饯易水上，四座列群英。
渐离击悲筑，宋意唱高声；
萧萧哀风逝，淡淡寒波生。
商音更流涕，羽奏壮士惊；
心知去不归，且有后世名。
登车何时顾，飞盖入秦庭；
凌厉越万里，逶迤过千城。
图穷事自至，豪主正怔营；
惜哉剑术疏，奇功遂不成。
其人虽已殁，千载有余情。

## 想以儿子首级换取王位的父亲

秦王嬴政被燕国刺秦之举激怒了！

秦始皇二十年（公元前227年），秦王火速发兵急赴已被攻灭的赵国，与屯兵在中山之地待命的王翦之师会合，计四十万之众，统由王翦率领，跨过易水，讨伐燕国。沿途破关克城犹若摧枯拉朽，无可阻挡。太子丹和代王嘉虽在易水之西有过几次抗击，但都迅速被粉碎。到第二年十月，秦军包围了燕国国都蓟城。

孤城内的燕王喜恐惧万状，想要开城投降，仿效赵王迁行"衔璧舆榇"之礼，太子丹则力主突围出去，另谋生存发展之路。终于组织到几千精兵，突围获得成功。父子俩依靠这点力量，迤逦东进。经过长途跋涉，来到辽东襄平（今辽宁辽阳市），以为此处负山阻河，犹可据守，便安顿了下来。仍自称燕王。

王翦攻下蓟城，实际上已灭了燕国。便班师回朝，告捷咸阳。

此时王翦已年近花甲，长年风餐露宿搏杀于疆场，如今又接连攻灭赵、燕两国，积劳成疾，已有不胜之感，请求告老。秦王虽有不舍，却也不便强留，便厚加赏赐，准其荣归频阳。王翦回到故里，清静无为，每日忘情于介子河、南葱山之间。一代名将，归老居然能以山水自娱，倒也着实难得。

关东六国，到这时已灭了一半。秦王嬴政命令三军将士稍作休整，再以胜利之师，集中主力攻楚，同时准备进军大梁。燕国尚未最后灭亡，他余怒难消。因而又派大将李信，率领一部分王翦之师，进军辽东，务必全歼。

流亡在辽东苟延残喘的燕王喜，命悬一丝。

燕的先祖召公奭与周同姓，也姓姬。周武王灭纣后，封召公于北燕，因而有了燕之名。召公曾治西陲之地，政绩卓著。因他常常议决政事于一棵棠树之下，他死后人们怀念他，便作了一首《甘棠》诗，一唱三叹，情深义重，收入今本《诗经》，传为千古佳话，以致"甘棠"一词成为德政的典故。召公九传至惠侯，周室开始衰落，发生了厉王逃亡到彘地那样的事件。八传至庄公，齐桓公称霸，攻伐山戎，为燕辟地五百里，燕国由此强大。又十九传至文公，而苏秦说以"合纵"之术，文公之子始称王，即燕易王，并列于战国七雄。据苏秦说燕王时称："燕东有朝鲜、辽东，北有林胡、楼烦；西有云中、九原，南有滹沱、易水。地方二千余里，带甲数十万，车六百乘，骑六千匹，粟支数年。"（《史记·苏秦列传》）易王传至哙，为齐国所灭。哙子燕昭王复国，用乐毅为将，联合五国一战而得齐七十余城，成为燕国最强盛时期。昭王四传，便是到了眼前这位穷途末路的燕王喜。

燕王喜离开繁华的蓟城，来到这荒僻寒冷的辽东之地已有不胜凄凉之感，又听到秦王发兵来攻，更是雪上加霜。想来想去，只有一个自称代国的小朝廷，或许还能伸过手来帮他一把。于是便火速向太子嘉发去一封求救书。辽东与代地相距千余里，来去一月有余。回书到之日，襄平尽在秦军包围之中，燕王喜已成了瓮中之鳖，釜中之鱼。但求救书终于有了回音，还是燃起了他一线希望，急急拆封。回书是这样写的——

晚辈嘉拜于燕国大王尊前：嘉以为虏秦犹然穷追上国不舍者，唯因太子丹使荆轲行刺故也。大王若杀丹以献秦王，则秦师必退，而上国宗庙社稷得以永存。值此存亡危急之秋，嘉不揣愚陋，竭诚上达，望贤者三思而择焉。[1]

---

[1] 此信《史记·刺客列传》有录，原文较简略，我稍稍作了点增补和修饰。

这太出燕王喜意料了！用杀死儿子以求得仇敌宽恕的办法来保存自己，有违于人伦常情。老国王不免在心中狠狠骂起了太子嘉。想当初你这个赵国流亡太子从邯郸一片血海火山中逃出，仓皇如丧家之犬，竟然要到我燕国廊檐边来建立一个什么代国。如果我当时还记着燕、赵世仇的话，趁机一口吞灭你这个小朝廷还不是轻而易举的事！但我非但没有那样做，还答应了你联合抗秦的要求，才使得你这个流亡小朝廷苟存至今。不幸的是我这个堂堂召公奭之后如今也成了流亡国王。我看得起你写信要你伸手帮一把，你小子不发一兵一卒却出了这么个馊主意！

可骂完了转而一想：不照这小子的馊主意做又能怎么办呢？燕王喜是不到二十岁就接他短命的父亲王位的，到这时候已做了近三十年国王，虽说不是屡败于赵，就是受辱于秦，无一建树可言，但想想当国王的味道还是不错。只要不是在屈膝向外国强敌求和的场合，而是面对着匍匐在地山呼万岁的万千本国臣民，他自觉还是够威风的。无论如何流亡国王也总还是个国王吧，能够多当一天也好，不，半天也好！

于是老国王秘密召见嬖幸之臣，流着眼泪商议如何实施杀子求存之计。

太子丹察觉了父王的密谋，急忙设法从襄平逃出，在辽东一个叫衍水的地方（今辽宁太子河）藏匿了起来。

太子丹第一次从秦国逃亡，是秦王嬴政要杀他；这一回从襄平逃亡，竟是自己的父亲要杀他。更叫他难以相信的是，这一回先后要追杀他的两股力量居然联合起来了："其后［秦将］李信追丹，丹匿衍水中；燕王乃使使斩太子丹。"（《史记·刺客列传》）你看，他们一个以大军追捕，一个派出使者逼杀，配合得何等好啊！

当太子丹的首级被装进木匣，燕王喜老泪纵横地大恸不已时，一件奇事发生了：明明还在夏季，却忽而漫天白雪飞舞。民间文学创作者们自然又要据此生出"冤气感天，天怒而降雪"一类话头来了。不过《史记·秦始皇本纪》倒正是这样记着的："大雨雪，深二尺五寸。"

秦王嬴政在得到燕太子丹首级后，不是出于仁慈或宽宥，只是为了集中兵力攻打庞大的楚国，才下令李信暂时班师。这样，燕王喜才得以在流亡王座上又摇摇晃晃坐了五个年头，大概味道还是不错吧，只是不知道这些年月里他是否常常梦见失去了头颅的儿子？

待到秦王一攻灭楚国，便立即派出年轻的战将王贲率军轻骑飞袭辽东。小将军英姿勃发，手到擒来，老国王终于也做了俘虏。时为秦始皇二十五年（公元前222年），燕国至此终于彻底灭亡。

# 王门父子威震南北

## 大梁：死亡之城

秦军是在歼灭韩国，又接连攻破赵、燕后，才转过头来把它锐不可挡的锋芒指向魏国大梁的，这或许正是秦王嬴政及其谋士们战略决策的高明所在。

打开战国地图，你可以看到，主要疆域偏倚于黄河北岸的魏国，南有韩、楚，北有赵、燕，东邻齐国，它就处于中原之中。如果由南、北、东画一条弧线，再把这条弧线视为一条盘曲的蛇，那么魏就在蛇的腰腹部位。俗话说打蛇要打在七寸上，误打于腰腹之处那是极其危险的。这种危险早就被人看出，《战国策·魏策四》就有一篇策士写给秦王的谏书，劝阻秦王不要首先谋魏，而应南进攻楚。书中说——

梁（即魏）者，山东之要（通"腰"）也。有蛇于此，击其尾，其首救；击其首，其尾救；击其中身，首尾皆救。今梁王，天下之中身也。秦攻梁者，是示天下要断山东之脊也，是山东首尾皆救中身之时也。山东见亡必恐，恐必大合，山东尚强，臣见秦之必大忧可立而待也。

《孙子兵法》对这种可以相互迅速作出反应的地形态势，在《九地》篇中作了这样的理论概括——

率然者，常山之蛇也。击其首则尾至，击其尾则首至；击其中则首尾俱至。

有鉴于此，秦王嬴政在拉开兼并六国大决战帷幕前夕，先投下了颇为高明的一子，那就是见诸于《史记·六国年表》秦始皇十二年、魏景闵王八年（公元前235年）中的这样两段记载：

秦：发四郡兵助魏击楚。

魏：秦助我击楚。

这就是说，当魏国受到楚国进攻时，秦国一改以往趁机袭取被攻国的策略，立刻分出四郡兵力来去救援魏国，与它结成了暂时的联盟。这一着既稳住了魏这个近邻，又对中原其他诸国起到一种麻痹作用。在秦国逐个消灭六国过程中，列国竟没有一点要求联合反抗的表示，这自然有它们自身衰弱和腐败等方面原因，但从主战国秦国来说，则是正确的战略策略起了重要作用。

现在中原这条蛇已被肢解了，昔日"击其中身，首尾皆救"的态势早已不复存在，所谓秦魏联盟自然也随之烟消云散。在这种情势下，孤立无援的魏国还能存在多久呢？

就在荆轲刺秦王事发的同年，魏景闵王死了，太子假即位。他登上大梁城楼，回望中原大地，处处烽焰炙天，大河南北已尽为强秦势力所笼罩。在这种形势下，魏王假想来想去，觉得唯一能走的似乎只有一条路：固守。于是尽发国中精壮，加固大梁城墙，内外俱疏浚环沟，城头高筑雉堞，简选精良，并配以强弩硬弓，日夜巡守。以为这样一直躲在蜗牛壳里，外面再大的惊天骇浪也奈何他不得，关起门来照样过他美美的王者生活。岂料有位英雄年少的小将军一扬手中的长戟，就把这位末代国王好不容易修筑起来的蜗牛壳击得粉碎了！

这位小将军就是王贲。

王贲是大将军王翦之子，此时尚未及冠，智勇却已不让老父。秦始皇二十二年（公元前225年），王贲奉命攻魏。他看到大梁城坚河深，确实可称固若金汤，就暂不发起强攻，而是先对周围地形作了仔细踏勘。其时恰逢连日大雨，浊水横流，这便发现了这座坚固城池的一个大弱点：地势特别低下。而近在城西的黄河堤防高筑，一触即溃；从荥阳发源而来的汴河，又恰好也在城西经过。于是便决定采用水攻，组织士卒开渠引灌。王贲冒雨催督，不到一月，两条沟渠便告竣工。随即破堤引灌，汹涌的洪流怒潮般扑向西城。如此连灌三日，城墙已有多处毁颓。王贲更下令两河同决，万条水龙破墙而入，咆哮过处，周围已成泽国，满城慌作一团。王贲立刻趁势发起进攻，魏王假和他的臣子们就这样一起做了俘虏。其实，早在四五十年前，信陵君魏无忌就向魏安釐王也就是魏王假的祖父，提出过特别要谨防秦国用水攻的警告。他说秦军如果"决荥泽水灌大梁，大梁必亡"（《史记·魏世家》）。可惜用尽心计想要固守的魏王假，偏偏就忘了这一点！

魏氏的先祖为毕公高，原来与周也是同姓，后来周武王封高于毕地，因而有了毕姓。其后绝封，沦为庶人。到春秋时代，毕氏后裔毕万，臣事晋献公而被封为魏大夫，魏氏由此得名。魏大夫万生芒季，芒季生孙武子犨，犨佐晋文公成霸。犨再五传至文侯斯，与韩、赵三家共分晋国。魏文侯之世，任用李悝为相，革故鼎新，奋力图强，成为战国初期强国。魏惠王立，首自称王，都会由安邑迁至大梁。据苏秦说魏襄王时称：魏之地南有鸿沟，东有淮、颍，西至长城，北界河外，"地方千里，地名虽小，然而田舍庐庑之数曾无所刍牧；人民之众，车马之多，日夜行不绝，輷輷（hōnghōng）殷殷，若有三军之众"（《史记·苏秦列传》）。但自马陵之战被齐击败后，一蹶不振，国土连连被秦攻占。惠王五传而至魏王假，在位不到三年就做了阶下囚，据刘向《列女传》说不久便为秦所杀。

秦军攻入大梁后，在《史记·魏公子列传》中记下了触目惊心三个字："屠大梁"。这三个字下面不知埋葬着多少白骨和骸髅！想象一下吧，当时大梁城内万千老少已被围困在一片汪洋中呼号，而这时候胜利者又挥起了屠刀，那是真正的血流成河啊！

万幸逃过这场劫难的人，据《史记·高祖本纪》记载，后来又被迁徙到了丰地（今江苏丰县）。

大梁，这座自魏惠王以来，历经五世、一百余年繁华的著名都城，就这样成了一座死亡之城！

但秦王嬴政对此该是高兴的，因为还在儿童时代，他就向他的启蒙太傅吕不韦说过：一旦攻破大梁，他就要用胜利之剑狠狠惩罚那些敢于反抗他的人。这还被他认为是胜利者的"权利"！

不仅如此，据《韩诗外传》和《史记》记载，凡逃出大梁而被秦王列为要犯的，又下令悬赏通缉。见之于记载的有三人。一是漏网的魏公子，"得公子者，赐千金"。还有两个，一为曾是信陵君魏无忌门下客的张耳，一为与张耳结成刎颈交的陈余。"购求有得张耳千金，陈余五百金。"张耳、陈余与前面提到的张良一样，秦王的加害迫使他们不得不隐姓埋名，颠沛流离，过了一段非人生活；但正是这样的逆境，却使他们学会了如何忍受眼前屈辱去实现自己的远大志向，而当后来陈胜、吴广揭竿发难之时，张、陈二人便一跃而起，在反秦大潮中各自成了雄踞一方的豪杰。

秦王嬴政的性格，似乎也是多侧面的。同样是魏王宗室的安陵君，秦王对他的处理就大不一样。

那时魏国已被灭亡了一些日子，秦王忽然想到魏国之中还有一片地名叫安陵（今河南鄢陵西北）的小封地，方圆不过五十里，还让魏襄王的弟弟安陵君守在那里。魏襄王与魏王假中间隔着三代，如果安陵君还活着，此时该早已是耄耋之年。以秦国之强大，如果要取安陵，何需用武力，只要轻轻吹口气即可。但这回秦王却郑重其事地派出使节，说是愿以五百里之地，交换安陵五十里这么个小封邑。偏是安陵老人的回答出人意料。他说以十换一，这是您大王的大恩典；但安陵之地虽小却是受先王所赐，所以我情愿这么终生守着，不敢交换。秦王觉得老人有点不识抬举，再次发使致意。于是安陵君便派出他的同样已是年高老迈的使节叫唐且的，策杖躬身，一步一颠来到了秦王宫。

两人的对话十分精彩——

秦王说：寡人灭韩、亡赵、平燕、屠魏，不知长者听说过没有？

唐且说：已经听说，而且刚才又听说了一遍。

秦王说：安陵比之韩、赵、燕、魏如何？

唐且说：不好比。若勉强作比，则犹如抔土之于泰山。

秦王说：既然如此，寡人视安陵君为长者，以十倍之地欲求换，安陵君因何竟敢如此轻慢寡人？

唐且说：敝邑寡君岂敢轻慢大王。只是安陵乃先王所赐之地，寡君更不敢因屈于大王之威而有负于先王在天之灵。

秦王怫然而怒，说道：长者听说过天子发怒的情景吗？

唐且说：臣未有所闻。

秦王说：天子一怒，就会造成伏尸百万，流血千里！

唐且说：臣已谨闻天子之怒。臣也有一问：请问大王有否听说过一介平民发怒的情景吗？

秦王说：平民发怒，还不就是脱帽光脚，呼天抢天罢了，还能怎么样呢？

唐且说：那是庸夫发怒，不是壮士发怒。壮士的发怒，就该像专诸、聂政、要离[1]那样。他们分别受命刺杀王僚、侠累、庆忌时，彗星奔袭月宫，苍鹰搏击长空，天地山川都为之动容。这三位勇士都是布衣平民，他们尚未行动，那冲天怒气就直干上苍。如今臣就该是第四位了。大王如果一定要看到臣发怒的情景，那么眼前就可看到：伏尸只有两具，流血不过五步，但天下人将为此缟素！

唐且这么说时，已挺剑而起，双目圆睁，须发尽张。

秦王不由大惊，长揖而谢说：请长者息怒就座。寡人已经明白了，韩、魏相继灭亡，而安陵所以能凭借五十里之地存留至今，就因为有长者这样的贤士啊！

此事见之于《战国策·魏策四》，《说苑》也有录，《资治通鉴》则把它作为信史载入《秦纪二》。但其情节有类小说，唐且带剑见秦王也很难有这种可能。又，这位唐且，如果就是在魏安釐王时代就出使过秦国的那个唐雎（且、雎均读jū，可通），那么当时唐雎已是"年九十余矣"，到魏灭时该已有一百二三十岁，再出使秦国，还面对秦王说出那样一番慷慨激昂的话，也很难想象。据此有些学者认为这是策士们因游说需要敷衍出来的故事，不大可能是史实。不过，秦王嬴政也并非只是个一味杀人的人，特别在统一六国过程中，无论对内对外他还是很有战略、策略头脑的。考虑到这一侧面，我还是把这段故事录出，聊供读者参照一阅。

## 秦军第一次败下阵来

就在年轻骁将王贲攻灭魏国凯旋回到咸阳不久，一场以消灭楚国为目标的攻坚战已摆开阵势了。这是兼并六国中规模最大、打得最艰苦的一仗。在这一仗里，秦军终于遇到了真正的对手。

秦国要向楚国发动如此大规模的进攻，总得有个理由，即得师出有名，所谓"名不正，则言不顺"。理由不难找到，没有不妨制造一个，这在战争史上司空见惯。不过这一回秦国还真是找到了一个的，就是：讨伐叛秦的昌平君。昌平君此人，前五章一节中已有所提

---

【1】专诸、聂政、要离：三人为春秋战国时期著名勇士。专诸，春秋吴国堂邑人，曾为吴公子光（即后来吴王阖闾）刺杀吴王僚。聂政，战国时韩国轵地人。韩列侯时，严遂与韩相侠累积怨，聂政为其刺杀了侠累。要离，春秋末年吴国人，为吴王阖闾刺杀了在卫国的吴公子庆忌。

及，他原是楚国公子，后来入秦任左相，在帮助秦王平息嫪毐之乱中，立有大功。也许是秦国在逐个歼灭三晋的同时已不断向楚国发起侵伐这种咄咄逼人的形势拨动了他的怀恋故国的情弦，在挽救故国危亡与保持个人高官厚禄之间，他选择了前者，于是便有了叛秦之举。事发后被迁徙到了楚国旧都、此时已早为秦占领的郢城。这个昌平君到秦楚决战末期，还被楚将项燕拥立为王，继续与秦对抗[1]。

要吞并楚国这样一个虽已衰落但庞大骨架犹在的大国，秦王深知是不可草率从事的，无论战略战术，他都作了颇为慎重的考虑。发起总攻的时间，他特意安排在三晋和燕已灭之后。但事实上，在此前逐个攻灭四国过程中，对楚国的军事行动始终没有间断过。这种打击与其说是军事的不如说是政治性的，即主要目的不是为了占城掠地，而是为了警告楚国：你就老老实实呆在南方吧，休要来对我秦老子在中原的动作说三道四，更不许来插一脚！在这同时，又通过"第五纵队"的活动，用收买大臣的方式，稳住在历史上曾与楚国有长期联盟关系的齐国：你们不是喜欢黄金珠宝吗？寡人有的是,尽管开口。只是有一点：你们就顾自在东海之滨过你们的逍遥日子吧，别人家的闲事绝对不许你们来管！

现在这两条已全部做到，楚国已陷于彻底孤立。

临战前，秦王又召集群臣作了仔细研讨，还特地把告老在故里频阳休养的大将军王翦也请了来。

秦王问已经任命为伐楚大将的李信：卿以为此次讨伐荆楚，需要多少兵力？

李信回答说：有二十万足够！

李信是一位年轻而骁勇且也颇有识见的战将。据《太平御览》引录的材料说，几年前，当秦王问他攻楚、攻齐应何者为先时，他回答说："楚地广，齐地狭；楚人勇，齐人怯。请先从事于易。"这说明当时他对攻楚的艰难处是有足够认识的。但近些年来，他曾作为副将跟随王翦攻赵，并单独率精兵出太原、云中大破赵军，在攻克燕国蓟都战役中也立有大功；燕王父子逃奔辽东后，他还率领轻骑数千紧追不舍，终于取得太子丹首级来向秦王献上。也许正是这些经历，使得年轻气盛的李信未免有些轻敌了,因而作了这样轻松的回答。

秦王又问王翦，老将军的回答却是：非有六十万兵力不可！

秦王笑着说：王将军果然老了，因何胆怯如此！就照李将军的意见，发兵二十万吧！

秦始皇二十三年(公元前224年)，由李信、蒙武率领的二十万大军浩荡南下，合力攻楚。

---

【1】关于昌平君叛秦及立王事,《史记·秦始皇本纪》在始皇二十一年和二十三年（公元前226年、前224年）分别有记："昌平君徙于郢"；"荆将项燕立昌平君为荆王"。以前学者多据此说。如杨宽《战国史》："被徙于鄢郢的秦国大臣昌平君原是楚国公子"，楚将项燕在南郡击破秦将李信后，"就拥昌平君为楚王"。近年来出土的云梦秦简中的《编年纪》则于秦始皇二十一年下，有昌平君曾被徙居于囚禁韩王安同一地方、不久便死去的记载。若据此，则所谓项燕立昌平君为荆王事自然不再可能发生。因而学者们有的认为叛秦立王的是昌文君，不是昌平君（林剑鸣）；有的认为是利用已死的昌平君的社会影响而伪托其名立王以抗秦（马非百）；还有的认为可能有两个昌平君，被项燕立为荆王的是活着的一个（高敏）。本书所述姑仍以《史记》为据。顺便提一下：《编年纪》于秦始皇二十三年下还记有"昌文君死"字样，因而林说似也难以成立。

楚国地处南方，在历史上曾长期被中原列国视为蛮夷之族，实际上楚之先祖一直可以追溯到传说中的五帝之一高阳氏颛顼帝，与中原该属同宗。周文王之时，高阳氏后裔的一支鬻熊，臣事文王，成为楚国的始祖。传至熊绎，被封于楚蛮，姓芈氏，居丹阳（今湖北秭归东北）。至周桓王十六年（公元前704年），楚传至熊通，日益强盛而自称武王，从此开始，不断地兼并周围小国。武王卒，子文王立，建都于郢（今湖北江陵西北纪南城）。四传至庄王旅，成为春秋五霸之一，疆域迅速扩展。又四传至平王，因听信谗言错杀伍奢，致使奢之子子胥奔吴，至昭王时，伍子胥佐吴王，楚国几为吴国所灭。又六传至威王商，先后兼并吴、越后，江、淮之地尽属于楚。这样到战国初期，楚为七雄中土地最广、人口最多、兵力最强的国家。苏秦说楚王时称楚为"天下强国"，其地"西有黔中、巫郡，东有夏州、海阳，南有洞庭、苍梧，北有陉塞、郇阳；地方五千余里，带甲百万，车千乘，骑万匹，粟支十年"（《史记·苏秦列传》）。所以当秦国渐次崛起，纵横之说大行之时，便有了"横成则秦帝，纵成则楚王"的说法，楚国被视为最有资格与秦争夺天下的劲敌，因而一度被中原诸国奉为联合抗秦的"纵约长"。但自楚怀王以后，屡屡为秦所败，国势日弱。楚顷襄王二十一年（秦昭襄王二十九年，公元前278年），郢都为秦所破，迁都陈（今河南淮阳）。楚考烈王二十二年（公元前241年）再迁至寿春（今安徽寿县）。这一年，秦王嬴政已当了六年国王。

历史有时确实会出现惊人的相似之处。就在秦王嬴政平定嫪毐之乱的同一年（公元前238年），楚王宫内也出现了一桩颇为类似的动乱，那便是李园杀春申君事件。

本书四章二节已提到，吕不韦曾被怀疑为以"妊娠献姬"之计，欲使秦国社稷由嬴氏转向吕氏；差不多与此同时，在楚国王室内，倒确确实实上演了一场移花接木的活剧。赵人李园携妹欲进于楚考烈王，听说这位楚王患有不育症，便先让妹妹与春申君相好，知道她怀了孕再献给楚王。这个春申君便是被后人列为战国时期以养士著闻的四公子之一的黄歇，有门客三千余，与齐国孟尝君田文、赵国平原君赵胜、魏国信陵君无忌齐名。后来李园的妹妹果然做了王后，她与春申君生下的儿子悍也被楚考烈王承认并立为太子。在这种情况下，对李园集团来说，春申君的继续存在不仅多余，而且是一种危险。就在这时，楚考烈王溘然长逝。于是当那边西陲之地的雍城嫪毐在策划如何袭击蕲年宫的时候，这边在长江北岸的寿春楚王宫里，李园也在春申君必经的棘门埋伏了刀斧手。不同的是嫪毐叛乱失败了，而李园却一举成功。春申君的头颅被视同废物抛掷于棘门之外，他的一家老小也全被斩尽杀绝。而实际出自春申君血亲的那位太子悍，却正是在这个布满血腥气的日子里在李园的扶持下登上了王位，他就是楚幽王。

楚幽王在位十年死去，由他的同母弟犹代立，便是楚哀王。哀王即位才两个多月，他的庶兄负刍就指使党徒杀死哀王，自己当上了末代国王。

楚王负刍四年，即秦始皇二十三年（公元前224年），秦楚决战开始。

楚王请出了老将项燕，征发全国兵力迎战秦军。战幕拉开，二十万秦军兵分两路，一路由李信率领，直迫平与；一路由蒙武率领，进攻寝地。其势汹汹，兵锐械利，虽险阻危塞也无可阻挡。平与、寝地很快被攻克。这时蒙武又去攻城父。李信在轻得鄢、郢后，越发轻敌，长驱千里，孤军深入。不料深于谋略的项燕早已看出了李信急于求胜的心理，预先埋下伏兵，诱敌深入。李信原想引兵西进与蒙武会师城父的，当项燕突然出现在秦军面前时，他已是前进不得、后退无路了。经过一场激烈的拼搏，李信仓皇败下阵来。项燕尾追三日三夜，秦军七都尉被杀，丢盔卸甲，溃不成军，只好退出楚境。与此同时，蒙武也因败阵而被迫退入赵境。

这是秦军自兼并六国大决战开始以来第一次失败，而且是惨败。

大败而归的李信、蒙武，披着破烂的战袍，满脸污垢地回到了咸阳。

他们散发肉袒跪伏在秦王面前，唯求一死。

秦王嬴政蓦地击案而起，怒目圆睁，右手三次抽动他的佩剑。但他居然奇迹般地缓缓复座，挥挥手，平静地吐出了三个音：下去吧。

两人捡了一条性命，慌忙谢恩退出。事实上，秦王非但没有杀他们，而且仍予信用，两人分别在以后破楚、齐和掳代王嘉、燕王喜等战役中，立有战功。

但对秦王嬴政来说，要像刚才那样遏制住自己勃发而上的怒气也不是件容易的事。待两员败将退走，他用一声震摇朝堂的吼叫来发泄他郁积于胸的余怒：备驾！

一眨眼工夫，秦王庞大的车驾便飞驰在渭北平原上，沿着洛河直向频阳进发。频阳秦置为县，其故治在今陕西富平东北美原镇西南。县城东郊有一弯清粼粼的介子河，此刻，有位告老还乡的大将军正懒洋洋地在夕阳下垂钓呢！

## 进军途中的特别婚礼

秦王急赴频阳，是为了敦请老将军王翦复出。

秦王深深知道，此时此刻，老将军能否复出，成了统一大业最终能否实现的关键。此行不成，将功亏一篑，遗恨终生。因而他在辂车里就已做出决定，无论老将军要多高的代价，他将一概予以满足。

《史记·王翦列传》记载了两人的这次会见。

秦王说：寡人没有听从大将军的计谋，这一回李信果然辱没了秦军的声威。如今楚军正乘胜大踏步向西推进，寡人只好来敦请大将军复出。大将军虽贵体欠和，难道能看着寡人面临危殆而忍心不管吗？

王翦推辞说：老臣体弱多病，心志昏愦，还是请大王另择贤将吧！

秦王却说：就这样定了，请大将军不要再推辞。

王翦说：大王如果一定要起用老臣，老臣还是那句话：非六十万兵力不可。

秦王说：一切都听从大将军的计划行事吧！

秦王于是就以自己乘辇载王翦入朝，立即动员起六十万大军，授王翦以符节、佩剑和帅印，并亲自送到数十里外的灞上，设宴为老将军壮行。

秦军前已因李信、蒙武之败而损折二十万，这回又出兵六十万，估计国内已所剩无几。如此重兵全握于一将之手，一旦生变，后果不堪设想！

此时的秦王嬴政既有一个霸主的大气魄，同时也像一个亡命赌徒那样在作孤注一掷式的冒险。

他并不是没有担心的，他对王翦越是纡尊降贵、全权授命，越是反映出他内心深处的虚怯。老将军敏锐地觉察到了这一点。这样，当君臣二人在灞上饯别时，便出现了一次极微妙的心理撞击。

先是王翦举爵为秦王祝寿，然后说：请大王满饮此爵，老臣有一事相求。

秦王一饮而尽，说道：大将还有何事，尽请明教！

王翦从袖中取出一简，上面开列着良田美宅数处，说道：老臣老矣，请以此赐予老臣。

秦王不由一怔，说：大将军若功成而归，寡人将与大将军共享富贵，又何需预先作此区区之请？

王翦说：臣为大王将，按秦制，有功也不得封侯。所以趁大王还信用老臣之时，作此请求，无非为子孙留点基业罢了，人生更有何图呢？

秦王粲然大笑，立刻明白了老将军的心曲。

后来在军队将要出函谷关时，王翦又特地派使者回咸阳再一次作了要求增加几处良田美宅的请求。

据《史记》本传记载，王翦后来对人说他所以要这样做，正是由于深知秦王为人"怛（通"粗"）而不信人。今空秦国甲士而专委于我，我不多请田宅为子孙业以自坚，顾令秦王坐而疑我邪？"老将军一心为国事之心，可谓昭然如同日月。

秦王嬴政在领悟到王翦的这番心曲以后作何反应呢？马非百先生的《秦集史》从《陕西通志》和《富平县志》引录了一则有趣且颇为耐人咀嚼的材料。今富平县即古频阳所在地，是王翦的故乡，因而材料该有一定的可信度。这则材料说，就在王翦答应复出，即将率军伐楚的行军途中，秦王突然决定将他的女儿华阳公主嫁给王翦，同时还在宫中挑选了一百名美女作为媵臣陪嫁。刚才还无忧无虑地在宫中嬉戏的华阳公主忽而被一群宫女七手八脚地打扮起来，匆匆忙忙地准备做新娘。一支拥着新娘的吹吹打打的队伍就这样急如星火去追赶已在行军途中的该已年逾花甲的老新郎。秦王居然还下了这样一道诏令：哪里追上就在哪里成婚！

这该是婚姻史上最奇特的一次婚礼了吧？新郎是一位身经百战的老将军，他现在正率领着六十万大军去进行一场空前规模的大搏杀；新娘则是一个娇小的公主，比新郎要小两辈，她此刻就乘在翠车里昼夜兼程追赶着，直到此时也还无法预料他们的洞房之夜究竟是在某个通都大邑呢，还是在哪一片荒山野林？

终于追赶上了，于是"列兵为城，中间设锦幄，行合卺礼"。

这就是说，大将军与小公主的婚礼竟是在露天举行的！

如果真有这么一桩奇特的婚事，那么秦王看中的当然不是那个至少比他自己还要大三分之一年龄的乘龙快婿，而是那片辽阔广大的楚国土地。这是一次典型的政治婚姻。秦王这样做，可能也有回报老将军一片忠心之意，但更主要的恐怕还是为了进一步笼络这位手握重兵的大将，使他决绝任何反叛之意，并竭尽忠诚效命于疆场。

只是不知道作为新娘的华阳公主心里是怎么想的?

也许,她根本就没有把它看作是自己的婚事,只是觉得在为父王的事业作出牺牲。父王的事业也就是秦国和嬴氏宗族的事业。能够为这个宏大事业奉献自己的青春和贞操,她感到无比荣耀。在古代那样一种家族教养和社会风尚的熏陶下,是很有可能孕育出这样一些刚强的女子来的。譬如《吴越春秋》和《越绝书》中记载的美女西施,就是这样一位女性。为了越国,她甘愿把珍贵的贞操献给越国的仇敌吴王夫差,不是为了爱他,而是为了消灭他。

也许,华阳公主是古代常见的那种战场英雄的极端崇拜者。人类处于英雄时代时,英雄便是人间的太阳。古希腊时代凯旋而归的将帅都要举行入城式,当那些战斗英雄身骑骏马、枪挑敌酋首级扬鞭奔驰而过时,在两旁围观的少女们便会一个个心旌摇摇,倾慕不已。秦国一向尚武,特别是商鞅变法、推行以军功授爵制后,尚武精神更大为昂扬。今本《诗经》收有《秦风》十篇。王照圆在《诗说》中评论说,秦诗最为"猛厉"、"雄大"。究其原因是秦"为一新兴民族,于诸国中最为后起。故秦风中便无厌世观念,随处皆有犷野意味"。华阳公主正是在这种"秦风"的吹拂下长大的,因而很可能王翦正是她心目中最崇拜的英雄。在这种情况下,年岁的悬殊,恰好证明他已百战疆场、天下无敌,因而越发增加了她对他的仰慕。至于奔马赶婚、以军营为洞房,那不正是她渴求已久的"犷野意味"吗?

当然,更大的可能是华阳公主并非出于自愿。大概她还进行过反抗,但作为一个在宫廷中长大的少女,她既无法抗拒父王的意志,也无力突破身边一大群唯王命是从的侍臣的包围。如果真是这样,那么她被强行塞进翠车去追赶新郎之日,便是她杜鹃泣血、斑竹千点之时。在马队隆隆犹若雷鸣般行进中,一个少女痛苦的呐喊声是无人能够听闻的。婚礼在将士们粗野的狂欢声中进行,随后便是她在一个可以做她祖父的男人怀中度过这个她终生难忘的耻辱之夜。不是宫中鸡人的啼唱,而是惊心动魄的鼓角声迎来了黎明。六十万热血男儿汇成的洪流,此刻却庄严肃穆地恭候于闸门之前。昨夜的新郎、此时的统帅,只见他将帐门一掀,竟连头也不回便飞身上马,抽出国王亲赐的长剑向前一挥,于是闸门大开,洪流咆哮着,奔腾着,一直向南、向南⋯⋯冲去!

一夜恩爱已随同晨风飘去。战场上容不得半点柔情,需要的只有金属与血肉的撞击和搏杀。留下一个已经变成了少妇的少女,柔肠百结且又无处倾诉,也许只有将满腹心事付与一张空有冰弦七根的瑶琴⋯⋯

## 扫平江南人未老

搏杀的战场,唯有血与火。它不需要瑶琴,更容不得半点柔情。

这支由六十万人组成的、迅速奔腾的洪流,所过之处飞沙走石,地动山摇。

这一日太阳西斜,看看来到一傍山近水之所,老将军立马横刀,一声令下,这支洪流就停息了下来。一时人呼马啸,声震天地。

这地方叫汝阳。早已成竹在胸的王翦老将军,选择在县城附近的天中山下留驻,连营十余里，命令坚壁固守。这时候，楚国已集结起凡是能够作战的兵丁，也不下六十万，由项燕统帅，与秦军对阵。项燕不时派人挑战，秦军只是不应。王翦注意到北方士兵来到被称为"南蛮"之地的楚境，一时难以适应，因而十分注意他们洗澡、睡眠、饮食一类生活之事，并杀牛宰羊，保证他们有足够的体能。在这同时，又把每日的军事操练改为带有游戏式的"投石超距"，相互角力竞技，以准备即将到来的恶战。其间，有将士奋臂请缨，欲求出战，他一律严令禁止。一连几个月，都是这样。

项燕多次挑战未得应战，又听几个派出去而被秦军捉住再放回来的探子说，王翦每日除了饮酒，就是让几个侍从轮番捶背，自己则闭目养神而已。因而以为王翦确已衰老，名为伐楚，实为自保，也就不以为意，便准备拔营引兵东归。王翦最注意敌情侦察，探子无孔不入，楚营的一举一动，他都能及时获得。一看到楚军有东归迹象，立即大享将士，下达密令：大破楚军之时已到，一切务必听从将令！

项燕刚拔营起程，却听得背后喊声如雷，秦军蜂拥追来。楚军待要加速前行，又被预先埋伏的秦兵迎头截住。秦军这么前后一夹攻，楚军只恨上天无路、入地无门。项燕率领余部仓皇东逃，王翦统兵紧追。两军再战于永安城，楚军再败。项燕急走淮上，想临时再招募一些青壮，以求再战。王翦分出一部兵力来，由蒙武率领，屯于鄂渚，袭取周围诸郡；自己则率领主力部队迅速挺进淮南，直捣楚国新都寿春，俘获了楚王负刍。捷报飞驰到咸阳。秦王嬴政大喜，立即下令起驾，亲自到楚国旧都郢、陈巡视。王翦押解着楚王负刍晋见秦王。秦王对老将军大大褒扬了一番，命他再以余勇平定楚国全境。王翦于是与蒙武合兵鄂渚，湖湘一带郡县望风披靡，尽为秦国所有。

秦王责负刍以弑君篡位之罪，将他废为庶人。楚国至此灭亡，时为秦始皇二十四年（公元前223年）。

楚国虽亡，楚将项燕犹在！这位世世为楚将的项门之后，岂肯轻易言败！从永安退却后，项燕率领残部，急走淮上，又募得数万兵力，来到徐城，欲图发展。恰好昌平君从被囚禁的郢城逃亡而来，两人一见面不由欷嘘不已。昌平君说：寿春已破，楚王被掳，不想我芈氏先王数百年基业竟毁于一旦！

项燕说：公子不可作如此泄气语。如今湖湘之郡虽尽入秦虏之手，但此处古吴、越之地有长江为天堑，地方千余里，尚可立国，重振大楚基业！

于是率众渡江，来到兰陵（今江苏武进县西北），广收各地纷纷来投奔的原楚国文武群臣，共立昌平君为楚王，缮兵修城，以作固守。

再说老将军王翦在收得湖湘后，得报项燕已立昌平君为楚王，又挥戈东进，一面平定淮北、淮南，一面命蒙武督众造船于鹦鹉洲。不到一年，数十条大船造成，秦军顺流而下，沿江楚军如何抵御得住！于是集十万大军，进围兰陵，四面立营，杀声震天。项燕看看如此声势只好固守不出。王翦命人日夜筑垒，高几与城齐。万众一心奋力而上，终于将城一角攻破，城内大乱。昌平君亲自巡城，为流矢所中而亡。项燕抚尸大恸，痛心疾首，哭着说：臣所以尽心竭力，转战南北，就为的是芈氏还有一脉未绝。如今王上已薨，臣还有何面目苟活于人世呢？

当即抽剑出鞘，仰天长叹三声，自刎身亡。

王翦平定楚国全境，胜利回到咸阳。秦王郊迎三十里，称赞道：老将军宝刀未老，小将军英雄年少；王门父子，功于秦无双！

说罢，亲自扶王翦上乘辇，以国王卤簿入城。秦王赐王翦黄金千镒，老将军却恳请将出征前书简收回，所求良田美宅一处也不要，仍归故里频阳，终老天年。

在秦王兼并六国的大决战中，唯有楚国抗击得最激烈，又以大将军项燕死得最为壮烈。

楚国的抗击，楚将的壮烈，似乎与赵王迁等的"衔璧舆榇"之类并无多少差别，因为他们最后都是以彻底失败告终。

但是历史不会这样绝情。

历史老人做得很公平：凡是历史上出现过的有生命力的事物，他将让它们永远存在下去，有时只不过需要转换一下形式。

楚国的抗击，楚将的壮烈，转化成了一种精神，在南中国的山山水水间存在了下来，并在过了多少年后，由一位皓首广袖的智者，用预言的形式把它说出：

楚虽三户，亡秦必楚。[1]

又过了多少年后，当嬴政已经成为大统一的秦帝国的始皇帝，南渡浙江到会稽郡巡行的时候，有个挤在人群中远远观望的年轻人，突然脱口说了这么一声：

彼可取而代也！

此人姓项，名籍，字羽，正是项燕的侄孙，即后来威名赫赫的西楚霸王。

王翦老将军跃马横刀，在不到两年时间里平定了整个南中国，功勋盖世。但他也未免有点小疏忽，那就是他在攻破楚都寿春时，却让一个小男孩从王宫里逃了出去。小男孩流落到一个荒僻的山村，做起了牧羊少年。他日日与放羊娃和羊群为伍，饿了就采山野果子吃，渴了就捧起山泉来喝，几乎已经忘记了自己曾经是公子王孙。

突然有一天，牧羊少年被人不由分说地"请"进了黑咕隆咚的车厢，秘密送到一个叫盱台的地方。当他又被供上大殿时，所有的人都跪在他脚底下山呼万岁。原来他已被人拥立为楚怀王。

牧羊少年大吃一惊。他记得清清楚楚，老奶奶曾经告诉过他的，他的那个被秦昭襄王骗到秦国、后来就死在那里的祖父才叫楚怀王，他怎么敢让人随随便便也称为楚怀王呢？

一点不错，这个牧羊少年正是前三章三节中提到过的那个被骗入秦、后来就死在咸阳

---

【1】见《史记·项羽本纪》。说话人为楚南公。关于三户，有二说，《史记集解》解为三户人家，而《史记正义》则引《括地志》认为是地名："浊漳水又东经葛公亭北，经三户峡，为三户津，在相州滏阳县界。"

的老楚怀王的孙子，名叫心。这件奇事发生在秦始皇去世才两年的秦二世二年（公元前208年）。

那正是一个一夫发难、群雄奋起的大动荡时代，才建立了不到十五年的秦帝国已处于风雨飘摇之中。当时已成为一方豪杰之首的项羽的叔父项梁，派人四处寻访了不知多少日子，才终于把这个落难王孙找到并供上大殿拥立为王。项梁为什么要这样做？为的是所谓"顺应民心"。这就是说，他看中的不是牧羊少年这个人，而是他这块牌子。人们还在怀念楚国，怀念楚怀王。打出这块牌子去就有号召力。

的确，这小楚怀王与他的祖父老楚怀王一样，才与德都属平平，很难有所作为。但有了他这块牌子，在一段时期内，果真可以把众多英雄豪杰聚集于一面旗帜之下。在这面旗帜之下后来有两位扛鼎人物，一是西楚霸王项羽，一是汉王刘邦。在秦帝国大厦轰然一声倾覆以后，又加演了激烈、悲壮的一幕——楚汉争帝。然后，刘邦以最后胜利者的身份，在大秦帝国的废墟上建立了大汉帝国。

这就是历史。

# 中原列国之树上的最后一片黄叶

## 来自民间的末世贤后

中原六国,还剩下一个齐国。

在历史上,齐国前后有姜齐与田齐之分。始祖吕尚,姜姓,就是因演义小说《封神榜》而在民间流传极广的姜太公。周武王封吕尚于齐,建都营丘(后称临淄)。春秋初期齐桓公任用管仲,厉行改革,国力富强,成为第一个霸主。春秋末年,君权逐渐为专以小斗入、大斗出收揽民心的大臣田氏所夺。传至齐简公,田成子杀简公立平公,齐国之政已几乎全为田氏所有。田成子数传至田和,公元前386年,周安王承认田和为齐侯。又过六年,齐康公死去,姜齐终为田齐所代。田和三传到齐威王,国势大盛,径称王号,成为战国七雄之一,从此便开始了与秦、楚形成东、西、南三强鼎立的局面。苏秦说齐宣王时称:"齐南有泰山,东有琅邪,西有清河,北有渤海,此所谓四塞之国也。齐地方二千余里,带甲数十万,粟如丘山。三军之良,五家之兵,进如锋矢,战如雷霆,解如风雨。"(《史记·苏秦列传》)公元前284年燕昭王任用乐毅为将,与秦、楚、韩、赵、魏五国联合伐齐,齐国大败。乐毅率军攻破齐都临淄,尽取珍宝,并焚烧宫室宗庙。齐国城邑只剩下莒、即墨,其余皆为燕国所有。颇有讽刺意味的是做了流亡国王的齐闵王,居然还要大摆其曾经想自称为"东帝"的天子架子,在先后奔卫、邹、鲁过程中,竟还要人家按照天子巡行的礼节来迎候他,结果自然遭到拒绝,弄得狼狈不堪,最后只好退到莒即今山东莒县这个地方。在这里,又发生了一桩奇案,插进一个具有戏剧性的人物来,叫淖(zhuō)齿,是楚人。据《史记》记载,楚原先也是与燕联合伐齐国之一[1],但此时它却又派出将军淖齿率领楚军来救齐,居然还得到了齐闵王的信任,让这个楚人做了齐国之相。但就是这个淖齿,忽而转过身来,捉住齐闵王,煞有介事地先来一番批斗,随即一刀将他杀了。淖齿这样做的

---

[1] 周赧王三十一年(公元前284年),由燕发起,联合多国攻齐。燕究竟联合了哪几国,记载稍异。《史记》之《燕召公世家》、《田敬仲世家》、《楚世家》均记有秦、楚、韩、赵、魏五国,《资治通鉴·周纪四》则记为秦、韩、赵、魏四国,无楚。

目的，竟然是为了"与燕共分齐之侵地、卤器（即宝器）"（《史记·田敬仲完世家》）！

齐闵王被杀，他的儿子法章侥幸得以逃脱，改名换姓，乔装打扮，开始在莒城（今山东莒县）街头流浪。

这位昨日的王太子，成天无所事事地踯躅在沭河边，看看那些渔夫、纤夫日夜都在辛勤地劳作不息，开头还有些弄不明白：作为一个庶民，单是为了生计因何竟如此艰难！但很快，饥饿和寒冷迫使他懂得了这一切。

几天后，法章不得不也穿着破衣烂衫走向佣仆市场。

他出卖了自己，被带到一座府第，做了奴仆。

太子与奴仆，相隔不啻天壤，其中辛酸可想而知。总算是不幸中之大幸，他的主人还是当地颇有学问和声望的太史敫，为人耿直厚道，待下人也不薄。法章每天只是奉箕执帚，担水灌园，克尽作为一个奴仆的职守，日子一长，倒也渐渐习惯起来。

作为奴仆，他暂时栖身于一间狭小的柴房。

忽然有一天，一位美丽而贤淑的女子从天而降，于是简陋的柴房成了充满温馨的伊甸园。这位女子便是太史敫的千金。她开始还只是出于同情，偷偷拿点衣食来接济这个眉清目秀的仆人；渐渐便产生了感情，直至真心相爱。

多少年后，当法章回忆起当奴仆的这段经历来时，都还抑制不住激动。作为太子或者将来作为国王，他将拥有成群的嫔妃侍女，原也不足为奇，但那只不过是权力在性方面的炫耀，绝无半点真情可言。不是在王宫里，而是在柴房里，他享受到了人世间如此宝贵的真情，说起来倒还得感谢那场导致他流浪的灾难呢！

自然更其难得的还是那位太史的女儿。她从小生长在优越的生活环境里，并有很高的文化素养，但她却能摒弃世俗偏见，以千金贵体选择一个奴仆为终身伴侣。在他们相识的那些日子里，淖齿还居留在莒邑，法章决不会以生命为儿戏暴露自己的真实身份。因而太史公女儿看到的只是法章这个"人"，一个纯粹的人，绝不附带任何齐王贵胄的观念；相反，她自己倒真是书香门第之后。这样，她从闺阁走向柴房的每一步不仅需要眼力，还得有极大的勇气。《史记·田敬仲完世家》正是这样记载的："太史敫女奇法章状貌，以为非恒人（常人），怜而常窃衣食之，而与私通焉。"这是发生在古代社会里的一个真挚的爱情故事，弥足珍贵。

这期间，齐人的复国运动已在各地迅猛展开，其中十五岁少年王孙贾杀淖齿的故事，最为人称道。王孙贾原是齐闵王家臣。齐闵王逃亡，后又被杀，他不知如何是好。他的母亲责备他说："汝早出而晚来，则吾倚门而望；汝暮出而不还，则吾倚闾而望。汝事王，王走，汝不知其处，汝尚何归焉？"（《资治通鉴·周纪四》）王孙贾受到极大激励，赴市中振臂高呼：贼人淖齿，乱我国，杀我王。诸父老有愿与我去杀此贼者，请袒右！当场用袒露右臂这种方式表示相从者，就有四百余人。后来果然杀了淖齿。

淖齿既除，莒城民众纷纷额手相庆，流亡在各处的齐国王室和大臣也相继到莒城来寻找太子的下落。满城老少都在争说太子的年岁长相，渐渐地自然有人把眼光落到太史敫府上这个来历不明偏又长相不凡的奴仆身上。法章余悸未消，怕有不测，犹是百般隐蔽，直到有一天王室中相识的人突然找到了他，他才敢承认自己的真实身份。

这位做过奴仆的太子，就这样在莒城被众人拥立为王，他便是齐襄王。太史敫的女儿被尊为王后，就是君王后。

太史敫一夜之间当上了国丈，按说该是喜出望外了。可老人生性奇特，这时他却说：女子不经媒人作伐私自嫁人，玷污了家族的门风，她不配做我的女儿！竟然发誓不肯再见女儿一面。贤淑的君王后，没有因为父亲的绝情而忘记子女应遵奉的礼制，还是恪守自己的孝道。

不仅如此，她还能很好地佐助襄王，使齐国迅速走出困境，渐渐又强盛起来。齐襄王五年（公元前279年），燕昭王死。齐国运用反间计，使继位的燕惠王对乐毅产生猜忌而改任骑劫。接着齐将田单运用著名的"火牛阵"战术，大败燕军，杀死骑劫，很快收复了被乐毅攻取的七十余城，襄王回到了临淄，齐国又大致恢复到原来的大国地位。

齐襄王在位十九年后死去，儿子齐王建继位。建年少，暂时由太后管事。这样，又给这位来自民间的王后一个机会，让她更能充分发挥自己在治国经世方面的智慧和才干，《史记·田敬仲完世家》曾作过这样的评述——

> 君王后贤，事秦谨，与诸侯信，齐亦东边海上，秦日夜攻三晋、燕、楚，五国各自救于秦，以故王建立四十余年不受兵。

关于君王后谨慎地与秦国交往，保持了不卑不亢的大国气度，《战国策·齐策六》记下了一件小事可以作为例证。有一次秦昭襄王派专使给齐国送来一只玉连环，使者说：我们大王听说上国多智能之士，所以特地送此玉连环，不知上国有人能解得否？君王后看出这实际上是一个无法解开的玉连环，秦王特派使节送来，显然带有作难、挑衅之意。她不动声色地将玉连环交与左右群臣试解，自然一个也无法解开。于是她便拿起锤子当场把玉连环击得粉碎，然后对秦国使者说：很抱歉，只有用这个办法解得开！

齐王建十六年（公元前249年），秦庄襄王即位，吕不韦率军攻灭东周，周室彻底灭亡。就在这一年，君王后病倒了。她在弥留之际，对软弱无能的儿子齐王建似乎很有些不放心，她把他叫到病榻前，训诫说：我儿万万要慎于用人。群臣中可用的……

话还没有说完，就已气竭力衰，听不清她说的名字。

齐王建说：能请母后写下名字来吗？

君王后微微颔首说：好。

齐王建立刻命人取来笔和木简，但这时候君王后头已垂了下来，再也说不出一句话，也写不成一个字。

## 临淄成了不设防的都城

从君王后去世，到齐国灭亡，还有二十八年时间。

这段时间，无论在齐国本身历史上，或是其他六国历史上，都很难找到类似的时期。它集中表现了一个没落阶级、一种没落制度临终前夕那种令人难以忍受的腐朽和颓废。众多附着于这艘孤舟之上的人们，以醉生梦死为常态，以追求瞬间的感官刺激为时尚。他们没有看到、也不愿看到这艘孤舟已在下沉。广阔的周边正在经受着血与火的煎熬，而他们却庆幸自己的双脚总算还踏在一片似乎和平安宁的乐土上。

在如此颓堕萎靡的氛围中，再也产生不出韩非、荆轲，产生不出项燕、李牧，也不会有太子丹、太子嘉，甚至连魏王假都不可能有！

产生这种奇特的现象自然有它深刻的历史和社会原因，其中一个直接的外部原因，则是秦国在这个特殊时期所采取的一种特殊对策。

在秦国筹划和发起兼并六国大决战这个时期内，秦对齐的战略基点便是要设法稳住这个东方大国。

在这一点上，燕昭王任乐毅为将，联合五国把齐国打得几乎趴倒在地，龟缩在即墨、莒这两个海边小邑苟延残喘，这件事实在帮了秦国大忙。以后是原为临淄掾吏的田单，以反间计使燕王怀疑乐毅而将其撤了下来、又用"火牛阵"大败燕军收复七十余城，总算给奄奄一息中的齐国冲出了一条生路。但无奈齐国元气已伤，致使秦国此后威胁利诱并用的对策每每奏效。最明显的例子是，赵国在长平之战和邯郸被围那样危急关头，曾经向齐国请求借粮，齐国的谋臣周子也认为在这种情况下救赵抗秦，可以获得"高义"和"显名"，应该借给赵国粮食，但齐王就是不听。

接着发生了淖齿杀齐闵王的事件。一个名义上还是来救齐的楚国人，竟然就这么不明不白地把齐王杀了，这件事自然激起齐人对楚的无比愤恨。秦国立刻巧妙地利用了这种情绪，派出两名使节，一至楚，一至齐，都表示要修好。而其实对楚国的修好是假的，是特为做给齐国看的，那意思是：你齐国如果不乖乖听我秦老子的话，我就跟你的死对头楚国联合起来，看你以后还怎么过日子！从此拒楚亲秦便成了齐国的一条基本国策。

在这同时，秦国又充分发挥"第五纵队"作用，以黄金和珠宝收买齐国新上任的相国后胜。《史记·田敬仲完世家》是这样记载的："君王后死，后胜相齐，多受秦间金，多使宾客入秦，秦又多予金，客皆为反间，劝王去从（通"纵"，指合纵）朝秦。"齐王建已被后胜及从秦国"游历"回来的宾客，即一大群秦国间谍所包围，齐国朝廷几乎已成了秦国的一个派出机构。齐国在最后二十八年里执行的可说是一条"双不"方针：不修攻战之备，不助五国抗秦。

于是，临淄便成了一座不设防的都城。

这自然是醉生梦死中的齐王室及后胜等辈所需要的，只要眼前能够获得充分的感官享受，管它明天是个什么样子！但更为需要它的还是秦国：让你们在末日来临之前去极乐逍遥吧，老子就可以无所顾忌地逐个吞并其余五国啦！

一座不设防而又似乎置中原大战于局外的都城，对那些正不断从死亡线上挣扎、脱逃出来的五国残余贵族来说，更无疑是最好的避难所和天堂。

于是历史出现了一次逆向轮回：两百多年前，当中原诸国由"三晋"首倡其声，纷纷掀起改革热潮的时候，一些旧的奴隶主贵族慑于新兴地主阶级威势纷纷西逃投秦；当时政权还暂时控制在守旧势力手里因而顽固地抵制改革的秦国，成了他们心目中的避难所和安乐乡。历史前进了两百多年，昔日关西那个童头豁齿的垂暮老人，忽然变成了一头撒野中原的猛虎，而在春秋第一霸主齐桓公的故土齐国，却奇迹般地出现了一个"太平乐世"，这样逃亡的方向便由西转向了东。

这些前前后后来自五国的流亡者，该是一个为数不小的群体，只是史书上无法找到确切的记载。《战国策·齐策六》记录了即墨大夫一次对齐王的谏言，其中提到了这样两笔数字：

夫三晋大夫，皆不便秦，而在阿、鄄之间者，百数；
鄢、郢大夫，不欲为秦，而在城南下者，百数。

"三晋"，指韩、赵、魏；"鄢、郢"为楚。"阿、鄄"、"城南"都是齐国地名。

单是这两笔数字加起来，就有两百左右。他们都是中原诸国的一些所谓簪缨袍笏之族，先后逃亡到齐国来避难的。估计有两种情况。一是从已经破灭的废墟中挣扎着逃亡出来，可说已是赤条条一无所有，成了十足的亡命之徒。另一种是预先逃亡的，那肯定是身携巨额黄金珠宝，以至成群的姬妾美女，专门来寻找享受的。无论哪一种情况，他们带给临淄的，都只能是没落和腐朽！

临淄是一个由齐太公吕尚开辟、营建起来的古老城市，它在战国诸国国都中规模最大，也最繁华。临淄同时又是中原文化的一个圣地，在桓公、威王、宣王之世，在城区的稷门先后聚集过当时第一流的饱学之士，从淳于髡、驺衍，到鲁仲连、荀况等等，形成后人所称的"稷下之学"而名闻天下。据史书载，战国时期，临淄城中共有七万户人家，如以每家五口计算，就有人口三十五万。市民比各国都要富裕。当时的纵横家苏秦曾经作过这样的描画："临淄之涂（通"途"），车毂击，人肩摩，连衽成帷，举袂成幕，挥汗成雨，家殷人足，志高气扬。"尽管运用了文学手法，不无夸张之处，但一个精神高扬、文化繁荣、百业兴旺的都市形象还是跃然纸上。这不仅是齐国的骄傲，也是中原的骄傲！

但是，那个充满着健康向上的进取精神的临淄，已一去不复返了！

如今的临淄已成了一个畸形发展的病态都市。最热闹的场所是斗鸡、走狗、六博、蹴鞠等处；最时行的职业是娼妓和歌舞伎；最受崇拜的人，既不是国王也不是英雄，而是出入高楼深院、能够随心所欲地窃到珠宝的盗贼！东城门外，便是都城因以得名的淄水。水面常常漂浮着一些无名尸体，不是因谋财而被害的人，就是因厌世或愤世的自尽者，随同污垢和败草一起默默地由南向北流去……

临淄，你这个不设防的都市，还能苟存多久呢？

秦始皇二十五年（公元前222年），以疾风扫残云之势接连取得攻灭五国大胜的秦王嬴政，却还从容不迫，事情办得有章有法。他决定这一年的重点是做扫尾工作。于是就像《史记》本纪所记载的那样："大兴兵，使王贲将，攻燕辽东，得燕王喜。还攻代，虏代王嘉。王翦遂定荆江南北,降越君，置会稽郡。"一切都进行得非常顺利。到这一年五月，十几年来，这位不知下达过多少个杀人毁城命令的国王，第一次有了一道欢快的诏谕："天下大酺。"

大酺三日，与民同乐，这已经摆出了一副天下共主的气派。

这"天下"，自然也包括临淄和齐国在内，因而想必齐王建和他的臣子们也是一起畅怀大饮了的。很可能要到酒过三巡之后，才渐渐品尝出这酒的味道不对头：他齐王建是作为一国之王与秦王平起平坐的资格祝贺他取得削平五国大胜呢，还是作为一个大统一国家的臣民恭贺圣王的丰功伟绩呢？这么一想才如梦初醒，感到事情已发展到非常严重的地步，一时慌了手脚，赶紧召集群臣来商议对策。臣子中后胜之类都是被秦王用金银珠宝喂饱了的，自然力劝齐王建作为属臣赶快西行朝秦。齐王建明知长途跋涉两千余里，跪在人家脚下称臣磕头，那滋味并不好受，但事出无奈，只好硬硬头皮跨上了乘车。

车驾刚驶出临淄城雍门，据《战国策·齐策六》记载，这时候掌管雍门兵马的官吏急急跑来跪在马前进谏说：劳大王留驾，臣有一事相请！

齐王建说：你说吧。

雍门司马说：臣愚陋，请大王晓谕：臣民所以要拥立国王，只是单单为了立王而立王呢，还是为了卫护国家社稷？

齐王建说：当然是为了国家社稷！

雍门司马说：既然立王是为了卫护国家社稷，大王怎么可以置国家社稷于不顾，自己一个人去朝秦称臣呢？

齐王建不由一震，想想又觉得他说得有理，便下令返车回宫。[1]

数十年来，齐国执行的都是那个"双不"方针，这时候却忽又手忙脚乱地采取了一个更蠢的措施："齐王建与其相后胜，发兵守其西边，不通秦。"（《史记·秦始皇本纪》）一个人长期沉溺在腐朽的淫乐生活之中，会使他的智能退化到何等地步，齐王建倒是典型一例。"发兵守其西边"，你守得住吗？就是让你守住了西边，如今中原大地几乎全成了秦王天下，他不走"西边"，南边、北边不都随他走了吗？

事实上，此时秦王嬴政早已不把齐国放在眼里。请看他下给王贲的命令何等轻松："将军平定辽东后，可乘破竹之势，便可取代，无烦再举。自代至齐，归途南北便道也。愿以将军之余威，触电及之，遂成大业。"

听听，"触电及之"，这是何等口气！

事实也正是如此。

英俊少年王贲，在生擒代王嘉后，马头一拨，率领数万之众，扬鞭南下，过高阳，越河间，跨黄河，一路如入无人之境，眨眼间破城入临淄。齐王建"守其西边"策略顿成泡影，仓促间只得跪地求降。于是几天后，便出现了本书《引言》中写到过的那一幕——

---

[1]《战国策·齐策六》的另一则记载则说，齐王建是被秦指使一个叫陈驰的内奸，用"约以五百里之地"那样的谎话骗到秦国去的，随后便"处之共松柏之间，饿而死"。

清晨，几匹疲惫的老马拖着几辆破旧的乘辇，驶出了已从国都降为郡邑的临淄。乘辇里坐着满脸沮丧的齐国末代国王田建和他的嫔妃、亲从。乘辇前后数十匹关中高头大马上，是负责押送的秦国将士，咄咄逼人。他们的行程终点，将是距此数百里太行山下一个叫作共的小山城，那里便是这位亡国之君的流放地。

发生这一幕的时间是，秦始皇二十六年即公元前221年。

中原树上的最后一片黄叶也已经凋落[1]；但是，只要另一个春天到来，它仍然会长出繁茂的绿荫。

## 六国之亡的历史评说

胜利有胜利的来由，失败有失败的原因，历史最终归结为必然。

对六国之亡，历代都有所论及，我选摘较为系统的三家，都是宋代的，以概一般，并略作点评。

司马光是生活于11世纪的著名史学家，他在《资治通鉴·秦纪二》中作了这样评论——

从（通"纵"）横之说，虽反复百端，然大要合从者六国之利也。昔先王建万国，亲诸侯，使之朝聘以相交，飨宴以相乐，会盟以相结者，无他，欲其同心戮力以保国也。向使六国能以信义相亲，则秦虽强暴，安得亡之哉！夫三晋者，齐楚之藩蔽；齐楚者，三晋之根柢，形势相资，表里相依。故以三晋而攻齐楚，自绝其根柢也；以齐楚而攻三晋，自掘其藩蔽也。安有撤其藩蔽以媚盗曰：盗将爱我而不攻，岂不悖哉！

六国若能以信义相亲，即使秦国再强大，也不会灭亡。这是司马光的中心论点。文中追溯了历史，认为先王分建列国的宗旨，就是为了诸侯间相交、相乐、相结，共同保护国家。可是六国却偏偏违反了先王的宗旨，不是自撤藩蔽，就是自绝根柢，致使秦国有机可乘而遂行其志。最后一句是讥讽齐王建的："盗将爱我而不攻"，活画出他那副傻乎乎的昏庸相。

与司马光大致生活于同一时代的苏洵，就是大文学家苏轼（号东坡居士）的父亲，写过一篇专论六国之亡的名文《六国论》，论点鲜明，笔锋犀利，剖析透辟。全文近八百字，为节省篇幅，只好摘录其要。文章一开头就点出了全文要旨——

六国破灭，非兵不利，战不善，弊在赂秦。赂秦而力亏，破灭之道也。或曰："六国互丧，率赂秦耶？"曰："不赂者以赂者丧。盖失强援，不能独完。故曰弊在赂秦也。"

---

[1] 秦王嬴政统一六国后，仍让卫君保留着一片野王之地（今河南沁阳），直到秦二世时才废卫君为庶人。这样，由周武王的同母弟卫康叔建立的卫，在诸侯中要算存留时间最长的，共历四十世、九百年。

所谓"赂",指列国割让土地,贿赂秦国,求得苟安。文章接着算了这样一笔账——

> 秦以攻取之外,小则获邑,大则得城。较秦之所得,与战胜而得者,其实百倍。诸侯之所亡,与战败而亡者,其实亦百倍。则秦之所大欲,诸侯之所大患,固不在战矣!

说各国因赂所失的土地百倍于因败所失,自然是一种夸张的修辞手法,用意无非是强调"赂"所造成的严重后果。文章接着以充满感情的文字,说明列国先祖创业维艰,尺寸之地也得来非易,如何可以如此轻易予人,而且嬴秦贪得无厌,你"奉之弥繁",它反而"侵之愈急"。最后说——

> 呜呼!以赂秦之地,封天下之谋臣;以事秦之心,礼天下之奇才,并力西向,则吾恐秦人食之不得下咽也。悲夫!有如此之势,而为秦人积威所劫,日削月割,以趋于亡!

苏洵此文,原是有感于当时赵宋王朝一味向契丹输银退让而发的,这一点与本书无关,可以略而不论。就六国之亡而言,赂地也确实是一个重要原因。这原是一道简单的算术题:弱国若以赂地予强国求得自保,必然导致敌我强弱之势以反比例的形式迅速向前发展,结果只能是加速自己灭亡。

第三家是苏辙,即苏洵之子,苏轼之弟。通常所说的唐宋八大家,苏氏一门竟占了三席,实在是文学史上的千古佳话。苏辙似乎有意要与父亲比试个高下,同以《六国论》为题成篇,果然同样成了广为流传的名文。苏辙的文章着重做在一个"势"字上。与苏洵的一开篇就揭示全篇要旨不同,他却是从容道来,层递设问:何以有"五倍之地、十倍之众"的六国,反而会败亡于秦呢?然后就势托出一句道:"不知天下之势也!"那么什么是当时的"天下之势"呢?——

> 夫秦之所与争天下者,不在齐、楚、燕、赵也,而在韩、魏之郊。诸侯之所与争天下者,不在齐、楚、燕、赵也,而在韩、魏之野。秦之有韩、魏,譬如人之有腹心之疾也。韩、魏塞秦之冲,而蔽山东之诸侯,故夫天下之所重者,莫如韩、魏也!

这就是作者心目中的战国之时的天下大势。韩、魏是中原与秦国之间的一道屏障,双方争夺的焦点就表现在一个要破屏东进,一个要护屏自卫上。文章接着回顾了秦国历史,以范雎、商鞅致力于攻取韩、魏获得成功,魏冉远涉千里袭取刚寿遭致失败为据,证明秦国如果越过韩、魏而远攻他国,便是秦国的"危道"。由此得出结论,中原诸国是否采取支持和保护韩、魏的策略,便成了存亡续绝的关键——

> 夫韩、魏不能独当秦,而天下之诸侯藉之以蔽其西,故莫如厚韩亲魏以摈秦。秦人不敢逾韩、魏以窥齐、楚、燕、赵之国,而齐、楚、燕、赵之国因得以自完于其间矣!以四

无事之国佐当寇之韩、魏，使韩、魏无东顾之忧，而为天下出身以当秦兵。以二国委秦，而四国休息于内以阴助其急，若此可以应夫无穷，彼秦将何为哉？不知出此，而乃贪疆场尺寸之利，背盟败约，以自相屠灭，秦兵未出而天下诸侯已自困矣！至于秦人得伺其隙，以取其国，可不悲哉！

三家都是大手笔，各有侧重地剖析六国灭亡的原因。苏辙从当时天下大势出发，论述了是否厚韩亲魏是列国存亡的关键；苏洵和司马光则分别从六国与秦国关系和六国相互关系上揭示了导致灭亡的弊病。综合三家文章，大体可以较为全面地看出六国在战略策略上的失误。

但我还是想把问题引申一下：如果六国采取了三家文章中所说的正确的战略策略是否就不会亡了呢？那种七雄纷争的局面是否就会永世长存了呢？恐怕也不见得。当然历史的发展都是单线的，都是已然，不存在或然。我这样提出问题本身即非历史观点。我只是想说明，六国之亡是由物质因素，即主要由生产关系构成的经济基础和由此派生的政治制度的变革所决定的，因而是客观必然的，并非单是由于主观上的失策。战略策略上的正确或错误，可以延缓或加速灭亡的到来，但终究要灭亡，这却是必然，不以任何人的意志为转移。

这些早已成为常识性的话，本书《引言》里已说过一些，不再重复。使我感兴趣的是由此细想下去引出的另一个话题。三家文章都力透纸背，经他们犀利的笔触一剖发，赂秦一类策略的危害便洞若观火。那么是否当时六国的决策层都那么低能，连割地赂秦，只能使秦国愈强、自己愈弱这样一些道理都一点不懂呢？恐怕还不至于。春秋战国是我们民族智能大昂扬的时代，中原六国都有自己第一流的智囊团。这里确实有一个智能问题，但首要的却不是智能问题。再高的智慧，有时却会受拘于眼前一点实际利益而变得苍白无力。列国因何要赂秦？苏洵文章中有一句话：为求"一夕安寝"。列国为什么不能厚韩亲魏？苏辙文章也已点明："贪疆场尺寸之利"。一叶有时可以障目。就因了这"一夕安寝"和"尺寸之利"，使他们在空间和时间上都得了近视症：既看不到"天下之势"，也看不到"日削月割，以趋于亡"即将降临的必然结果，从而采取了这类饮鸩止渴的慢性自杀对策。

那么六国君主又为什么大都会患这种近视症呢？这恐怕也并非与生俱来，而是后天所得。是一个没落的群体、一种没落的制度，长期养成他们这样的。苏洵文章中有这样一段话——

思厥先祖父，暴霜露，斩荆棘，以有尺寸之地。子孙视之不甚惜，举以予人，如弃草芥。

这就是问题的症结所在！

在历史上，开国君主，或中兴君主，特别在他们创业之时，都是有胆有识，能够面对艰难困苦而坚毅不拔、发愤有为，表现出一种可贵的性格优势和人格力量。具有这种性格优势和人格力量的人，才敢于"暴霜露，斩荆棘"，而这种艰苦创业的过程，又冶炼和发展了他们的这种优势和力量。这就是后人读他们传记时，常常会感受到一种激励奋发之气的原因。坐享其成的君主就大多不是这样，而一旦进入没落时期，多数王室成员更是沉溺在无休止的感官享受之中。他们根本不知道艰苦创业为何物，因而一旦战祸临头，首先想到的决不会是如何去迎战，而只能是如何去逃避这场战祸。既然人家喜欢土地，那就"今日割五城，明日割十城"地割吧，只要它能换到"一夕安寝"又何乐而不为哉！

如此说来，六国采取那些饮鸩止渴的对策，也并非由于一时疏忽，而是事物发展之必然。

历史老人安排得很周到：他为了埋葬一种制度，同时必然使守护这种制度的人，将奋发进取的心志消磨殆尽，一个个变得鼠目寸光，蝇营狗苟。所以不是别人，首先由他们自己，刨土掘坑来埋葬这种制度。杜牧《阿房宫赋》的结语是闪烁着历史真理光辉的名句："灭六国者，六国也，非秦也！"

所以，秦王嬴政吞并六国的大决战，既是实力、智力的一次大较量，也是人性、人格的一次大搏杀。失败者和胜利者最后都可以从性格和人格上找到依据。

从感情上说，我实在无法接受嬴政还在儿童时期就说过的"胜利者有权惩罚失败者"那句话，但在理智上却又不能不承认，因为其实历史正是这样发展过来的。在多数场合下对失败者的惩罚也是对人性弱点的惩罚。失败而不受惩罚并不是一件好事。广义的失败，人的一生不知要经受多少次。人们正是在不断接受因失败而遭致的惩罚中，逐渐成熟起来；人性，也正是在不断接受惩罚的洗礼中逐渐走向完美。

但无论如何，六国灭亡了，多少无辜的人也为此丧失了生命，还是不能不令人同情。最后就让我们来听一曲挽歌吧。这曲挽歌是一个音乐家用筑这种乐器演奏出来的，20世纪40年代诗人郭沫若曾将它写成史剧，题目就叫《筑》。

## 六国之亡的尾声：挽歌

中原六国都有数百年根基，一朝倾覆，对于当时当地的人们，无疑是一件惊天动地的大事。他们要经受长久的痛苦煎熬之后，才不得不逐渐接受这一现实。

其间，肯定有不少以血肉之躯写出的挽歌，只是没有记载下来罢了。仅有的一曲，是司马迁在《史记·刺客列传》中因为荆轲立传而顺便记录下来的，它的主人公就是高渐离。

高渐离是"筑"这种古老乐器的演奏家。筑似筝而小于筝，颈细肩圆，有十三根弦，以竹尺击弦发音。在邯郸街头，在易水河边，我们已经听到过他时而悲风泣雨，时而金戈铁马的演奏。当荆轲"登车何时顾，飞盖入秦庭"而去时，他一定还在易水边伫立很久。他们是好友，他知道他这一去永无回返之日。

果然，不久便是荆轲被杀，太子丹被斩；接着便开始搜捕太子丹和荆轲的宾客亲友。高渐离不得不收藏起心爱的筑，隐姓埋名，四处逃亡。

他流浪到原属赵地的巨鹿郡一个叫宋子的地方，大约就在如今河北赵县东北侧的一个小地方，总算找到了雇主，在一家酒馆里当酒保，便暂时居留了下来。

他无法不怀念荆轲，无法排遣国破家亡的哀愁，更使他痛苦的是，他现在已不能借助筑来抒发自己的满腹郁愤了。

一次，正当他劳作时，蓦地不知从哪里传来了悠扬的筑声，立刻兴奋得心都颤抖起来。他情不自禁地循声走去。

是主人家的堂上有位客人在击筑。

那特具魅力的乐音，勾起了他往昔生活的一个个画面，使他如醉似迷。两脚在堂下缓慢地来回徘徊着，不肯离去。间或自言自语地评点一两句：哪里演奏得恰到好处，哪里有所不足。有人把这些情况去报告了主人。主人出于好奇，就把他找去要当场试一试。开头，他还有些犹豫，怕暴露真实身份会带来危险；但筑是他的第二生命，它在向他招手，他不应抗拒它的召唤。他激动地抱起了筑。一串乐音从竹尺与筑弦的连续击撞间倾泻而出，像满把珍珠撒到了宁静的水面，围听的人众立刻一个个显露出惊奇的神色。他演奏了一曲《易水谣》，便是在蓟城街头多次为荆轲伴奏过的那一首。全曲终了时，人们才从屏息静气中突然鹊起，纷纷争相赞叹。酒馆东家十分高兴，特地开筵赏酒，尽兴才散。

高渐离回到自己住处，却再也无法平静。他觉得与其这样隐居着在担惊受怕中度过余生，不如索性回返真我，重新抱起心爱的筑，用它来替代自己内心，或痛苦地呻吟，或亢奋地呐喊，那样即使死去，至少还能与音乐同在。于是他翻拣行囊，找出过去穿的学士衣服；又从箱底捧出珍藏着的那张筑，穿戴整齐了，屏息凝神，准备全身心地投入到十三弦中去，演奏一曲近日来他在腹中已经谱好了的《载驰》。没有想到就在这时，他的前后左右已立满了闻讯赶来的听客。不是由于"同是天涯沦落人"，而是因为同有羁旅亡国恨，使他们顷刻间成了相知。酒馆主人再一次作东，恭恭敬敬把他请到堂上，相互施礼后，正式请他演奏。

《载驰》就这样第一次由诗句化作了筑声。

高渐离是根据四百多年前许穆公夫人的诗谱的曲[1]。穆公夫人是听到她的故国卫国已被狄国攻破，骑着快马回去吊问的路上写就此诗的。高渐离长叹一声，理弦，拊筑，庄重地开始演奏。"载驰、载驱……"女诗人的诗句在他心上流过，急鼓似的马蹄声从弦上跳出。他忽而感到手里拿的已不是竹尺，而是马鞭。马在奋蹄急奔，挟带着浓郁的山野气息的风迎面扑来。渐渐地，出现在他面前的已不是卫国的国土，分明是燕国的山山水水；他就驰骋在燕山脚下，不远处，那条飘曳不停的银色带子，正是他们的母亲河易水……

音乐带着激越、跳跃的旋律，不断推向高潮。

听客们都感染到了一种置身马背的感觉，情不自禁地颠簸起来。

不知谁追着节奏轻声哼了句"载驰、载驱"，众人跟着相和，很快汇成了大合唱——

载驰载驱，归唁卫侯。

---

[1]《载驰》诗见于今本《诗经·鄘风》。许穆公夫人为卫宣姜与公子顽所生，嫁于许穆公。狄破卫及穆公夫人作此诗事，见《左传·闵公二年》。据杜预注，穆公夫人急欲回归吊问，但穆公不许，"故作此诗以言志"。因而可能实际上她并未成行，诗是通过想象创作出来的。全诗共四节。下文所录为一、四两节。为适应演奏节奏，我在文字上作了点删节和调整。诗的大意是：马儿马儿快跑快跑，我要去吊问卫侯。驱赶着马儿远行，很快来到故国漕丘。大夫君子不要来劝阻，我心里有多么忧愁。诸位长途跋涉而来，请谅解我的过错。你们纵有千万条理由，不如让我去走一走！

驱马悠悠，言至于漕。
大夫跋涉，我心则忧……

众人一个个泪流满面，跟着筑声尽情地倾泻着各自胸中的怨愤。高渐离双手忘情地按弦和击打着，突然一仰头，两行泪泉滚流而下。他边奏边随着众人引吭高歌——

载驰载驱，归唁卫侯。
大夫君子，无我有尤。
百尔所思，不如我所之……

从这天开始，宋子城里的人纷纷来邀请高渐离去作客，每次又照例要请他击筑。高超的演奏技艺使他名声远播，甚至传到了咸阳。偏偏秦王嬴政也很喜欢听击筑，于是他又被召进了秦王宫。

高渐离走在当年荆轲走过的台阶上，一步一步去接近秦王。他自然想到了好友被惨杀的情景，他已经做好了准备。

刚要上殿，侍卫官却突然前来阻止，命令他跪在殿下接旨。

秦王问了他姓名，他以改换过的姓名作答，秦王就命令他演奏。

他原已做好一旦获得接近机会，就奋起完成好友没有完成的使命的准备。如今非但没有接近的可能，又要被迫为故国和故人的仇敌演奏，这却是他此前没有想到的。但在这种情况下，若是奋起反抗，那是一种愚蠢的无谓牺牲。仓促间，他演奏了一首秦诗《蒹葭》。苍翠的芦荻，叶片上结着薄薄的初霜。一个男子在河边徘徊，望着清凉的水波，寻觅着他梦寐以求中的情人。他尽量演奏得清丽委婉些，希望能赢得秦王好感，或许能有机会接近。果然秦王怡然箕踞于大殿之上，一手在几案上轻点节拍，仿佛正沉浸于一个美好的世界中。但就在这时，近旁有个侍臣对秦王说了几句什么，并向殿下的高渐离指了指。秦王霍然仰起，双目怒睁，大喝一声：推出去，斩首！

高渐离还没有来得及从幽美的音乐境界中脱出就猛然被几个武士拖起，知道自己就要被拉出去砍头，待要大骂几句时，离秦王已经很远。他很后悔自己刚才演奏过于全神贯注了，以至失去了此生唯一可以当面痛骂暴君的机会。

但是后来高渐离竟没有死，而是被押到了一个陈设高雅只是周围布满了卫士的公馆。到这时他才知道，是那个侍臣认出他是荆轲好友秦王才勃然大怒的，而他之所以终于没有被杀，是秦王已忘不了他的演奏。

秦国国君爱好音乐是有传统的，秦穆公、秦昭襄王都有很高的音乐修养，对中原音乐尤为倾慕。秦王嬴政能歌善啸，而筑这种最擅长营造激昂、悲壮之气的乐器，特别使他心醉。正因为一个国王要听一个罪犯击筑，这个罪犯就侥幸地保留了一条性命和一双手。当然，事情并没有到此为止：还得设法除去他可能危害自己的其他器官。

不过，高渐离还蒙在鼓里。他倒好，索性在公馆悠悠扬扬击起筑来。反正主意早已拿定了的：如果秦王还要他击筑，只要有机会，他决不会放弃使用早已准备好了的武器！

但是，就在这天晚上，他被带至一间漆黑的小屋，先是闻到一股冲鼻的秽臭，接着是一阵剧痛后便昏厥了过去。醒来时，眼前已是一片无穷无尽的黑暗，而且是永远的黑暗。

据《史记·刺客列传》记载，秦王嬴政认出高渐离后，便下令"矐（huò）其目"。矐，意为失明。在这里用作动词：使失明。就是说把高渐离的眼睛给弄瞎了。用的是什么方法呢？《史记索隐》说："以马屎熏令失明。"

痛苦和黑暗只能愈益加深高渐离的仇恨。这仇恨在他心中不断积聚，渴望爆发。每当他应召去为秦王击筑时，那种从胸口燃起的复仇的渴望，几乎要把心肺都炸裂。但他深知爆发已只有最后一次了，因而必须十分珍惜，决不可轻易使用。为此他得忍受双倍的痛苦来克制自己，一有机会便向秦王跪谢不杀之恩。他知道秦王所以要把他推入黑暗的深渊，是要使他永远看不清袭击的方向，从一个危险的仇敌变为一具只会击筑的躯体。为此，他以最大的毅力暗暗磨砺自己的方位感，很快做到在三丈之内择取其中任何一点犹如在十三根弦上按捺任何一个音阶一样准确。但在秦王面前，他有意装出东西南北莫辨的傻样，有时甚至故意在台阶上跌得头破血流。与此同时，他的演奏也越来越精妙。

他的韬晦之计收到了成效：武士们渐渐放松了警戒，秦王听演奏时离他也越来越近。

这一天，高渐离要向秦王献奏他的一首新曲：《凤鸣》。

他所以要谱写和演奏此曲，自然煞费苦心。此曲所据为秦氏宗族的一个美丽的传说故事。秦王嬴政最为崇拜的先祖穆公有女名弄玉，善吹箫，与当时一位同样善吹箫名叫萧史的学子结为夫妇。穆公专为他们筑一华台，这对少男少女常常在台上吹箫，并作凤声，雌雄唱和，引得有凤来栖，晨昏长鸣，因名其台为凤鸣台。

演奏前，高渐离特地焚香跪拜，以示对秦氏先祖的崇敬和对音乐的虔诚。真正的目的自然为了麻痹秦王。

他在香烟袅袅中落座，双目微闭，两手缓缓按几，在静穆中调整着微微的呼吸。

但他的心却在愤怒地狂跳。因为他分明感到那暴君已在移席向他近来，甚至那粗大的呼吸声也已隐隐听到。

他还得遏制自己，且用筑弦声把一对少男少女的倩影引上凤鸣台来。

箫声悠悠，有五色祥云从天空飘来。

"凤兮，凤兮……"早已恭立在两廊的宫女低声和唱。

他的按在弦上的手在微微颤抖。他的感觉，准确地告诉他：秦王就在他左侧，近在咫尺。筑声殷勤地向凤凰发出呼唤——

凤兮，凤兮，
泰山之巅风凄；
凤兮，凤兮，
岐山之竹日稀……

当人们都陶醉在音乐的梦幻中时，他的拂弦的左手趁机拨开了筑腹的共鸣箱，那里早就准备着一块沉重且有棱角的铅块，现在已随时可以向仇敌掷去。

凤兮，凤兮，
有女伯益之裔；
凤兮，凤兮，
凤鸣台上可栖……[1]

突然响起了呼喊和混乱。铅块飞向秦王额头，在猝不及防间，却被左旁一个武士扑来用身体挡住。武士倒在血泊中，铅块滚落在台阶上。

高渐离知道没有击中仇敌，又用尽全身力气将手中的筑向目标掷去。筑在秦王胸前撞得粉碎，但它无法造成致命。

当高渐离被推出去斩首时，他已无筑可击，只好仰头高歌。他唱的还是那首《载驰》。头颅已从肩上滚落，嘴唇却还在张合，周围的人分明都清晰地听到了他那生命的绝唱——

载驰载驱，归唁卫侯。
大夫君子，无我有尤。
百尔所思，不如我所之……

---

下一章读者将看到大秦帝国的一个轮廓风貌。

这个新生的帝国，如果把它比作一个人，他是那样矫健强悍；比作一座建筑，它是那样嵯峨辉煌。它集中了当时第一流知识精英，进行了一系列政治、经济、文化大改革，并运用帝国权威强力推行。又动员起数百万即超过帝国十分之一的人力，一面南征北伐，一面进行筑宫殿、辟驰道直到造长城、辟"地上天国"等众多宏大工程。它何来如此巨大的创造活力？何以一时间拥有如此宏富的财力物力？简直令我们后人难以置信！

在短时间内如此强力运作，如果是一个人就会耗尽精血，如果是一座建筑，也会不胜重负。这样当你切近地去细察这个轮廓画像时，不难从中发现一个悖论：由它的成功可以推出它的灭亡；或者说，正是它的成功导致了它的灭亡。

不过无论如何，秦帝国纵然短命，由它创始的帝王集权专制制度及与之相适应的一系列政治、经济、文化举措，都大体为后世所继承，在中华大地上延续了两千余年。

---

[1]《凤鸣》之曲，史书无录，系我根据情节草拟。

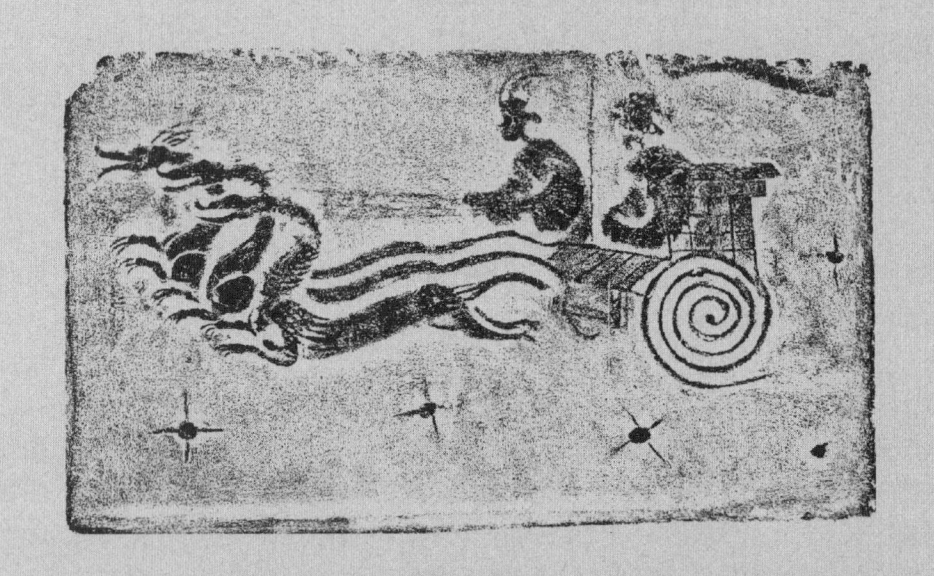

# 第 七 章
# 帝国风貌：开天辟地，流韵百代

第一个集三皇五帝之尊于一身的人
　接过盘古氏的巨斧（上）
　接过盘古氏的巨斧（下）

# 第一个集三皇五帝之尊于一身的人

## "皇"与"帝"的结合

公元前221年,中原六国灭亡,华夏大地归于一统,大秦帝国成立。

这是中国历史上第一个用帝王集权专制制度建立起来的国家[1],因而可称是中华第一帝国。

这一年,嬴政三十九岁,即秦国王位已有二十六个年头,现在他终于成了天下共主。从公元前249年(秦庄襄王元年)开始,中国历史上仅有的连名义上的统一君主也不再存在的特殊时期,被《吕氏春秋·振乱》称之为"浊甚矣,黔首之苦不可以加矣"的"无天子"年代,共经历了二十八度寒暑,至此终于结束。

在秦国历史上,曾经有过两次称帝活动,都因列国反对而先后以闹场和悲剧收场。只有这一次,才到了瓜熟蒂落、水到渠成的时候,演的是一出堂皇庄严的正剧。

大秦帝国成立后的第一件大事便是议立帝号。

据《史记·秦始皇本纪》记载,对议立帝号一事,嬴政作了这样诏谕——

*今名号不更,无以称成功,传后世。其议帝号。*

要点有二:一、"称成功",就是说尊号要与他前无古人的功业相称;二、"传后世",这尊号又要能一世、二世传下去。

这个指示已经相当明确,这说明嬴政自己当时已有成竹在胸。只是臣僚们或者没有看出,或者即使看出了,还是装作一无所知。他们迅即以绝对的忠诚和无限的热忱冥思苦想、搜肚索肠起来。其时已被任命为廷尉(九卿之一,掌管刑法)的李斯,还特地召集他的"智囊团"——七十位博士先生一议再议,终于找到了一个众口一致认为最崇高的称号。朝议开始时,李斯有意让别的大臣先说,自然没有一个能让秦王中意的,他这才跪拜进献。先

---

[1] 参见本书《引言》一节注。

以美词颂扬了一番秦王诛暴伐乱、平定天下无与伦比的宏大功业，然后说道：

臣等谨与博士议曰：古有天皇，有地皇，有泰皇，泰皇最贵。臣等昧死上尊号，王为"泰皇"。

什么是"泰皇"呢？《史记索隐》说："天皇、地皇之下即云泰皇，当人皇也。"泰皇就是人皇。另据《国语·齐语下》，泰皇也就是民皇："三事者何也？对曰：天事武，地事文，民事忠信。"李斯等以为，"三皇"该是尊贵之极，而三皇之中又以"泰皇"为最，献上这样一个从古以来最尊最贵的称号，总可以与秦王的功业相称了吧？

但是他们全都错了！"泰皇"的尊号远远低于秦王嬴政的自我评价。他的回答是：

去"泰"著"皇"。采上古"帝"位号，号曰"皇帝"。

正如《史记》本纪所言："始皇自以为功过五帝，地广三王，而羞与之侔。"一个"羞"字，确切地揭示出嬴政当时的心态。在他看来，他的功业已经远远超过了三皇五帝中的任何一人，因而若是让他与他们并列到一起，简直是羞辱了他！就是把天、地、人三皇加到一起，他也认为只能勉强及得上他一半。因而去"泰"著"皇"，二取其一。还有唐尧、虞舜等五帝，当然也是不能与他相提并论的，也取其一半，留一个"帝"。把两个一半合到一起，便成了"皇帝"。只有这样集"三皇五帝"之尊于一身，才得以"称成功"。

李斯及七十博士，他们当然都是当时智能超群的人中之杰。但若就议立尊号这一件事与秦始皇相比，那么不能不承认，前者只不过是栖息于树荫间啁啾觅食的小鸟，后者才是扶摇直上九万里的大鹏！

"皇帝"一词虽曾在《尚书》中出现过，《诗经》里也有过"皇矣上帝"这样的词句，但那都不是具有特定内涵的专门概念。撇开功过是非的道德评价，单就政治学的角度来看，集三皇五帝之尊融合而成"皇帝"这样一个新概念、新名号，实在是由秦始皇一个人作出的空前启后的大创造！

嬴政创造这一尊号，主观上可能只是为了满足他那迅速膨胀起来的极端自大的欲望，客观上却是对那时长期以来潜藏于人们内心的一种美好愿望的巧妙利用。

人们愈是生于乱世，愈是期盼有神人降世出来救世。翻开产生于春秋战国的百家著作，那一声声对圣君明主的呼唤，便会扑面而来。但是坐着老牛破车、用了长长十三年时间几乎把列国游遍的孔子，也没有找到一个像样的圣君明主。渐渐地，人们只好把希望寄托于传说中的三皇五帝，用最美好的赞词称颂他们，把天地人间所可能有的一切优美品德都附丽到他们身上。这样，三皇五帝在那个时代的人们心目中，不仅是完美的统治者的化身，也是完美的修养、道德和人格、人性的象征。

天地大矣，生而弗子，成而弗有，万物皆被其泽，得其利，而莫知其所由始，此三皇

五帝之德也。（《吕氏春秋·贵公》）

这便是百家著作对三皇五帝的一段有代表性的论述。

如今，纷战的七国已归于一统。但是收拾这个局面的不是神话传说中的三皇五帝，而是生于中原、长于关西的嬴政；褒者称他长得"虎口、日角、隆鼻"，贬者说他"蜂准、长目、挚鸟膺、豺声"，不管怎么说，他总之是一个十足的凡人。

三皇五帝消失了吗？不，他们还存在着，存在于万千人们的心目中。这是一笔巨大的精神财富和精神力量，且看谁个能够识得并张开口袋去收获。嬴政的智慧和识见，可能首先只表现在满足自己强烈的超人欲望上，但他既已创造了"皇帝"这样一个名号，就能在拥有物质的大秦帝国的同时，再占据一个精神王国。

"皇帝"这一尊号既源于三皇五帝，又高于三皇五帝。整体大于部分之和。铜加锡可以冶炼出具有完全不同于两者旧质的新质的青铜。"皇"和"帝"一旦合而成一，就有了全新的意义：它既使人们想起三皇五帝的美好形象，又仿佛面对着强大无比、至高无上的现实权威力量。

也许有人会说，不具相应的内容，一个空洞的名号能有多少实际意义呢？这就忘记了我们这个民族和国家是有着极端重视名号的传统的。"名不正则言不顺，言不顺则事不成"（《论语·子路》），更何况是一国之主的名号。名号一旦被普遍接受便积淀成为一种社会意义，转化为不言而喻的事实，毋庸置疑的前提，就会形成无条件的崇拜，产生一种宗教式的效应。由此不难理解，何以这一尊号会被袭用两千余年，成了全部《二十五史》真正主人公，以至到民国时代还先后演出了袁世凯、张勋想要称皇称帝的滑稽剧！

不过说到这里，还只及议立尊号宗旨的一半。

还有一半，即如何"传后世"的问题，包括李斯在内的满朝文武，连一个字也说不出来。秦始皇只好自己来说了——

朕为始皇帝。后世以计数，二世、三世至于万世，传之无穷。

这样，嬴政便为自己定下了一个古今中外、独一无二的尊号：秦始皇帝。又因"罪"古文原作"辠"、"辠"与"皇"形近，故又下令改"辠"字为"罪"。

## 一个法定的"超人"

现在这个秦始皇帝与当年流浪在邯郸街头的那个小男孩已经遥远得几乎不再有任何联系了。但从生理上说，他确确实实还是由那个受尽欺凌的小嬴政发育成长而来，如今他身上的每一个细胞，都还是那时经由歌舞伎赵姬奶水喂养的那些细胞不断分裂、繁孳而成。

这就是说，他仍然是当时中国千百万人口中的普通一口，一个有血有肉的凡人。

但这个凡人既然羞于与三皇五帝并列,不用说自然更羞于与常人为伍。他要做"超人",做凌驾一切众人之上的人上人。在这之前,早已有许多或称天子或称国王的人,认为自己是远远高于众人之上;秦始皇的不同之处在于,他是主张"事皆决于法"(《史记》本纪)的,因而要用法律的形式,间隔出他与千百万常人之间绝对不可逾越的高下尊卑距离来,给自己确立起一个超人的地位。

【特制专门称谓】

(一)皇帝自称"朕"。君主的自称,在秦之前已有多种。如殷商时代天子自称"余一人"。《国语·周语》中就有:"《汤誓》曰:余一人有罪,无以万夫;万夫有罪,在余一人。"还有"不穀",意为不善;"寡人",即寡德之人,原都有自谦之意,实际上成为君主专门自称后,就演变成了一种居高临下的代称。但即使这样,秦始皇还是照例羞于并列,非得为自己规定个专一的称谓不可。他下令群臣议定,李斯等上奏:"天子自称曰'朕'。"秦始皇诏谕:"可。"

"朕"原来的意思就是"我"。据《尔雅·释诂》,朕与卬、吾、台、予等一样,都只取其音,不取其义,代表"我"。在金文和先秦文献中,除君王外,其他身份的人也可自称朕。如《尚书·禹谟》:"朕德罔克";屈原《离骚》:"朕皇考曰伯庸"。但自从秦始皇作此规定后,"朕"便成了历代帝王的专用自称,以至两千余年来,人们一听到"zhèn"这个音,立刻会不由而起一种诚惶诚恐的感觉。

(二)皇帝所下的"命"称为"制";所下的"令"称作"诏"。

(三)臣下向皇帝进言或上书称"奏"。作为固定格式,在书、言前加一句话:"臣昧死言。"——是冒着死罪说话的。

(四)"更名民曰黔首"。对平民的称谓,夏、商、周以来,有称为民、氓、庶民、黎民的,也有称为黔首的。秦始皇下令一律以"黔首"称呼平民,似乎并无特别要贬低或尊重民众的意思,主要目的是为了体现帝国规整划一的尊卑秩序。[1]

【制定尊君朝仪】

皇帝的衣冠、起居、朝仪和巡游、乘舆、驻跸,都有一套极为庄重威严的规定,其主旨是"尊君抑臣",目的就是要使万千臣民感到皇帝的住所在"天廷",皇帝的面孔是"天颜",自己则等同蝼蚁尘埃而已。

秦帝国制定的这套制度应该是相当完备的,只是史书大多缺载。这里只简略介绍其中一项载录于《史记·叔孙通列传》的汉帝国初期朝岁之礼。由于汉制大多承袭秦制,秦汉之制大同小异,或可参阅。朝岁之礼的程序是——

第一步,天将拂晓,掌管接待宾客的谒者开始引导百官依次进入殿门。此时殿廷中车

---

[1] 学界对秦称民为"黔首"也有认为具有特别意义的。如郭志坤《秦始皇大传》以为这一更改与秦宣布以水德受命有关:水德尚黑,"黔"也为黑。还说这与"逐步认识到了民众的力量"多少有点关系。而李解民的《民和黔首》一文,则又认为改称"黔首"是一种"贬民手法"。似乎都较牵强,不一定符合原意。

骑、步卒和卫士已依次肃立，并按规定陈设了兵器，张挂了旗帜。（原文："先平明，谒者治礼，引以次入殿门，廷中陈车骑步卒卫宫，设兵张旗志。"）

第二步，传出命令："趋"，意为：小步快走！负责护卫的郎官迅速夹列于殿阶两旁，每个殿阶有几百人。参加朝岁的百官快速分列东西两班：功臣、列侯和各级武官，依次列队于西班，面向东；文职官员从丞相以下则依次列队于东班，面向西。在这段时间里，掌管礼仪的大行官要设置九个傧相，负责上下传令。（原文："传言：'趋'。殿下郎中侠陛，陛数百人。功臣列侯诸将军军吏以次陈西方，东乡；文官丞相以下陈东方，西乡。大行设九宾，胪传。"）

第三步，主角出场了！至尊至贵的皇帝，乘着由人挽行的车辇从寝宫缓缓而来，众执礼官高擎旗帜传呼警戒，全场肃然。接着由谒者导引从诸侯王到各级文武官员一个个以官阶高低为次诚恐诚惶地向皇帝朝拜。（原文："皇帝辇出房，百官执职传警，引诸侯王以下至吏六百石以次奉贺。自诸侯以下莫不肃敬。"）

第四步，朝拜礼毕，再举行正式酒宴。获得在殿上陪侍皇帝殊荣的若干官员，全都俯伏低头，以官阶尊卑为次逐一向皇帝祝酒。（原文："礼毕，复置法酒。诸侍坐殿上皆伏抑首，以尊卑次起上寿。"）

第五步，酒宴行过九巡，谒者宣布结束。（原文："觞九行，谒者言：'罢酒！'"）

以上便是整套朝仪中的一项——朝岁礼的大略。

由秦帝国创始的这一大套礼制，不仅为历代所沿袭，有的还弄出些新花样来。至唐代，据杜佑《通典》载录，全套礼制分吉、嘉、宾、军、凶五大类，多达一百卷，种种繁文缛节，多到我们现代人无法想象的地步。在古代，礼制具有法律效用。在实施过程中，若谁稍有疏忽差错，则"御史执法，举不如仪者辄引去"（《史记·叔孙通列传》）。"引去"当然不是请客吃饭，等待他们的将是轻重不等的惩罚。

【严格避讳制】

避讳制古代就有，一般认为始于周初，秦始皇则以法律形式加以严格推行。如因他的名叫"政"，正与政同音，正月就得改为"端月"。他的父亲庄襄王名子楚，连已经灭亡的楚国也得改称"荆国"。其他必须避讳的，自然很多。但上面两例，却实在避得有点滑稽。想当初，秦始皇所以取名为政，恰恰是由于他出生在正月；庄襄王所以要把原名异人改为子楚，也恰恰是为了讨好娘家在楚国的华阳夫人。如今正月改成了端月，楚国改成了荆国，嬴政之"政"，子楚之"楚"，不是反而变得没有来由了吗？秦以后避讳制一直沿袭了下来，且有愈演愈烈之势。什么国讳、庙讳、宪讳、圣讳、家讳一大套，不仅给人们相互交往带来许多不便，流风所及，还给我们现在读懂古书留下了不少障碍。譬如《孙子兵法·九地》有一句话："常山之蛇"，如果你翻开地图去找"常山"，那就上当了。"常山"原文为"恒山"，因避汉文帝刘恒名讳而改此。有句成语叫"皮里春秋"，原是望文生义便可懂得的：意谓表面上虽不作评论，内心却有褒贬。有些古书却偏要写成"皮里阳秋"，叫人摸不着头脑。但他实在也出于无奈，因为晋简文帝的母亲名"春"，只好以"阳"代"春"。更有甚者，因避讳而葬送了一位奇才的前程。中唐著名诗人李贺，就因父名晋肃，"晋"与"进"音近，考进士就被认为犯了父讳，使他无法应试。李贺因而终身只做了个奉礼郎的九品微职，还只有二十七岁，就在难以摆脱的悒郁中含恨死去。

【废除谥法】

秦始皇甚至还想到即使在自己死后，这个超人地位也不容动摇。他说："朕闻太古有号毋（通"无"）谥，中古有号，死而以行为谥。如此，则子议父，臣议君也，甚无谓，朕弗取焉。"于是下令："自今已来，除谥法。"（《史记》本纪）这就是要永远剥夺子孙和臣子们对他的一生功过是非作出评论的权利。

从周初开始实行的谥法，主要适用于帝王、后妃和重要大臣。所谓谥，就是以朝廷的名义对死者作出的"终生鉴定"。按照唐朝人王彦威的说法："古之圣王立谥法之意，所以彰善恶、垂劝戒，使一字之褒宠，逾绂冕之赐；片言之凌辱，过市朝之刑。"谥有美谥、平谥、恶谥之分，历史上极大多数帝王都是美谥，只有少数例外。如史称因残暴而曾遭到国人驱逐的那个周天子为周厉王，"厉"这个谥号就是恶谥，《周书·谥法》的解释是："杀戮无辜曰厉"。秦国自庄公至秦始皇父亲庄襄王历经五六百年，除在位仅二年的出子（公元前386年～前385年）外，共三十世君主都有谥号。其中，悼公（公元前490年～前479年）、躁公（公元前442年～前429年）等谥号，也带有贬意（"恐惧从处曰悼"；"好变动民曰躁"）。秦始皇废除谥法后，自周以来的中国谥号史便出现了一个空缺：秦始皇和二世胡亥都没有谥号。

但空缺是那样短暂，秦亡汉兴，又复行谥法，汉代自开国皇帝刘邦起共十一帝，全都有了谥号。不仅如此，在其后的发展中，谥号又渐次失去了原初"大行受大名，细行受细名"的公正性，往往成了一种竞相阿谀献媚的陋习。在周初，谥号的议定是颇为庄重严肃的，即使到春秋时代，也还相当认真。《国语·楚语上》就记载着楚恭王临终有关给他加谥号的嘱咐。他认为自己缺乏德行，特别是在鄢陵一仗大败于晋，丧失了霸业，愧对先君。因而请求谥他"灵"（"不勤成名曰灵"）或"厉"。恭王死后，令尹子囊召集大夫们经过郑重商议，认为应着重看到恭王安抚征讨南海、教令施及诸夏方面的功绩，而且对过错又有自知之明，因而决定追谥中性偏褒的"恭"（"敬事供上、既过能改曰恭"）。但汉唐以后，恶谥几乎绝迹，连遭到废弑的帝王甚至亡国暴君，也得了中性谥甚至美谥。谥号字数起初一般只有一个字，后来加到两个字。其后越加越多，到唐代就有了七个字、九个字的，至宋已多到十七个字，到清代，更增加到二十四字。美誉赞词叠床架屋，且又几乎千篇一律、千人一面，谁还能看出他们一点真面目来呢？与其这样，倒真还不如秦帝国时代的不著一字好！

## 天命与几百年前的黑龙

秦始皇既已用法律确定了自己至高无上的地位，按说由他来主宰大秦帝国及所属千百万生灵，本也是顺理成章的事。但他觉得还不够，还要使他的权威更具有神圣的意义，是人间任何力量都无权侵犯的。办法便是向天国发出求援，把他手中至高无上的权力说成是受命于上天。好在这样的理论现成就有，那就是所谓"五德终始"说。

这个由战国齐人邹衍首倡的"五德终始"说，一般认为起源于《尚书·洪范》中的五行思想："五行：一曰水，二曰火，三曰木，四曰金，五曰土。水曰润下，火曰炎上，木曰曲直，金曰从革，土爰（曰）稼穑。"后来，阴阳家们把五行与神祇、天象、时令、五方、五祀以至五色、五音、五味等等结合起来，构成了一个庞大到无所不包的循环系统，在《吕氏春秋·十二纪》和《礼记·月令》、《淮南子·时则训》中，我们都可以读到对这个总的循环系统分别表现在一年十二个月即一个循环周期的具体描绘。它既是阴阳家们的宇宙观，也是他们提供给帝王的从治理国家到个人修身养性的操作规程。在他们看来，这个循环系统周而复始，永远不变，所以他们开列的这张操作规程表可以包用万世。

邹衍的"五德终始"说，就是这种宇宙观在王朝兴衰方面的应用和发展。

《史记》把邹衍归入《孟子荀卿列传》，似乎不单是因为邹衍、孟子都是邹地人，思想上也可能有些渊源关系。在邹衍之前，孟子也确实说到过帝王兴衰具有循环性一类话："由尧舜至于汤五百有余岁"、"由汤至于文王五百有余岁"、"由文王至于孔子五百有余岁"（《孟子·尽心下》），结论是："五百年必有王者兴"（《孟子·公孙丑下》）。邹衍则附会以阴阳五行之说，把这一套说得既颇有理论色彩，又具有某种神秘意味。由于邹衍所处的时代已是战国末期，要求统一的愿望日益成为社会潮流，他的"五德终始"说恰好顺应了此种潮流，正中当时列国君主争当未来天下共主的下怀，因而受到了他们的分外青睐。《史记》本传记下了邹衍所到之处的受欢迎盛况："驺子重于齐。适梁，惠王郊迎，执宾主之礼。适赵，平原君侧行撇（拂）席。如燕，昭王拥彗（扫帚）先驱，请列弟子之座而受业，筑碣石宫，身亲往师之。"文中"侧行撇席"、"拥彗先驱"，都是对来客表示极尊重的礼节。司马迁行文至此，不由得想起了当年孔子、孟子周游列国时受到的冷遇，不胜感慨地接着写道："其游诸侯见尊礼如此，岂与仲尼菜色（饥饿之色）陈蔡，孟轲困于齐梁同乎哉！"

但邹衍既没有到过秦国，也不与秦始皇同时。秦始皇是根据谁的建议采用"五德终始"说的，现在已无从查考，猜想可能又是李斯等人。有一点大致可以肯定：秦始皇还在启蒙阶段就接触过这个学说，因为曾经作为他启蒙读本的《吕氏春秋》里的《应同》篇就专门论述了这个"五德终始"说。吕不韦当年是被秦王嬴政视为政敌的，但正是他，把这种学说从中原齐地引进到了秦国。对我们后人来说，邹衍的著述早已失传，无从读到；被学者们认为比较完整地保留了邹衍"五德终始"说原意的，就只有《吕氏春秋》中的这篇《应同》。

下面便是从《应同》篇摘录的有关"五德终始"说的主要内容。为便于阅读，我把它分成五段，亦即所谓土、木、金、火、水五德。

凡帝王者之将兴也，天必先见祥（征兆）乎下民。黄帝之时，天先见大螾（同"蚓"）、大蝼，黄帝曰："土气胜。"土气胜，故其色尚黄，其事则（效法）土。

及禹之时，天先见草木秋冬不杀（凋落），禹曰："木气胜。"木气胜，故其色尚青，其事则木。

及汤之时，天先见金刃生于水，汤曰："金气胜。"金气胜，故其色尚白，其事则金。

及文王之时，天先见火，赤鸟衔丹书，集于周社，文王曰："火气胜。"火气胜，故其色尚赤，其事则火。

代火者必将水，天且先见水气胜。水气胜，故其色尚黑，其事则水。水气至而不知，数备（气数已尽），将徙于土。

这就是说，凡是一代君王将兴起，上天必然先显示属于土、木、金、火、水五德中某一德的祥瑞于下民，只有获得与此相应一德的君主，才能得到上天的授命而统治天下。其具体内容大致可概括为——

（一）一个王朝存在时间的长短，决定于它所属德的兴衰，所属德一旦衰落，就将依次由五德循环圈中的另一德代之而兴；

（二）代之而兴的君主能否统治天下，决定于他是否获得五德中的相应一德，而他是否获得该德的证明，便是上天有否显示与该德相应的祥瑞；

（三）代之而兴的王朝建立后，必须依据其所获之德采取一系列相应措施。例如属土德，则依五行中土所属那个循环系统，应规定：祭祀之神为黄帝，色尚黄，数尚五，等等。余类推。

（四）前德已衰，应该代之而起的某一德若是不被人觉察，那么它的气数将自行散尽，并转移到另一德上去，这便意味着有一代本可统治天下的君主，错过了大好时机。

在整体上，秦始皇思想与《吕氏春秋》是对立的，但这并不妨碍他对它某些具体内容的吸取。而且很明显，《应同》篇中"代火者必将水"，"水气至而不知，数备，将徙于土"这类话，当时吕不韦正是专门讲给嬴政听的：你可千万别坐失这千载难逢的良机呀！如今六国已灭，《应同》篇中所表述的这些思想，再好不过地为大秦帝国提供了立国依据：周的火德早已衰落，秦帝国将以水克火嬗代而兴。

但是，上天竟然迟迟没有显示水德将兴的祥瑞！

这件事当时一定使急于登临极位的秦始皇非常焦急，并召集李斯等大臣来紧急磋商，只是史书没有留下记录。据说后来祥瑞终于还是找到了，而且早在四五百年前上天就显示过了，《史记·封禅书》记下了这样一笔："昔秦文公出猎，获黑龙，此为水德之瑞。"

可细一想，此事着实蹊跷。

蹊跷之一，《应同》篇中说的上天显示祥瑞，都是应于黄帝、禹、汤、文王等受命君主本身的，这回的黑龙怎么偏偏绕过了焦急地等待着受命的秦始皇，而应到他的先祖秦文公身上去了呢？

蹊跷之二，秦文公是由秦始皇上溯二十九世的秦先祖，已离世四百九十五年。按照《应同》篇所揭示的五德运行规律："水气至而不知，数备，将徙于土"。已经错过了将近四五百年老得掉了牙的水德，不是早该气数丧尽让位于土德了吗？

蹊跷之三，根据《史记·秦本纪》记载，秦文公是个极尊奉天意的人，他梦见一条黄蛇就要造"鄘畤"，拾到一块异样的石头又要造"陈宝祠"，并举行隆重的祭祀仪式；而对猎获黑龙这样的大事，怎么反而没有留下他的任何遗迹，史书在他名下也没有作出此类记载呢？由此可见，所谓"猎获黑龙"这个祥瑞究竟是上天显示，还是臣子们根据政治需要编造出来的，这只有当事人自己心中有数了。至于一向明察秋毫的秦始皇，对这桩蹊跷事却不是提出异议，而是欣然接受，此中奥妙自然也只有他自己知道。不管怎么说，有了这条四五百年前的黑龙为祥瑞，大秦帝国终于可以宣布以水德受命于天，并立即采取了一系列与此相应的措施——

（一）更名黄河为"德水"，并在黄河岸畔举行隆重的祭祀仪式。

（二）五行与时令相结合，冬季属水，因而以冬季之始为一岁之首，即采用《颛顼历》[1]，相对于《夏历》而言，便是以十月作为正月；为避嬴政名讳，又改正月为端月。

（三）五行与五色对应，水属黑，因而色尚黑，礼服和旌旗等均以黑色为主。

（四）五行与数相对应，水属六，所以数尚六，如把全国分为三十六郡，后又增至四十八郡。三十六、四十八，分别为六之六倍和八倍数。各种器物也多以六为度，如符信、法冠为六寸，辇舆为六尺，车乘为六马，就连写字作文，也要与六相符。如秦始皇在巡游全国各地过程中，共立碑六块，碑上镌刻铭文多以三句为一韵，一句四字，共十二字，为六的倍数。铭文略有长短，但其总字数均为六的若干倍数等等。

（五）五行与音律相应，律上大吕。古代音律共十二：太蔟、夹钟、姑洗、仲吕、蕤宾、林钟、夷则、南吕、无射、应钟、黄钟、大吕。十二律六阴六阳，大吕属其中的阴律。东汉高诱在注《吕氏春秋·季冬纪》中说："吕，旅也。所以旅去阴即阳，助其成功，故曰大吕也。"

（六）诏制传国玉玺。用攻灭赵国所得之和氏璧为坯料，由李斯篆文，良工精刻，其文为"受命于天，既寿永昌"[2]。

从科学的观点说，五行与国运实在毫不相干，这些具体规定并无多少实际意义，有的还需要投入大量人力物力，有的可能对实际生活反而带来不便。但它作为一个系统的学说，一旦与强大的权力机器结合到一起，就给这种统治方式安上一个凡人莫测的神秘光环，使人产生一种凛然不可侵犯的神圣的尊严感。何况这样四海八方整齐划一的规定本身，就是帝国统一、强大、庄严的象征。

但秦始皇却也为此付出了代价。从平息嫪毐之乱开始，他一直注重务实，卓厉风发，强力疾行，有所不足，则求助于人事，特别是对尉缭的挽留，对王翦的请出，确实表现了一个古代帝王的气度。宣布以水德受命，是他第一次向虚幻的天国寻求支援力量；认定以

---

[1] 据《汉书·律历志》，我国古代有《黄帝》、《颛顼》、《夏》、《殷》、《周》、《鲁》六种历法。其所规定之正、即每年岁首之月，各不相同。蔡邕《独断》称："夏以十三月为正"，"殷以十二月为正"，"周以十一月为正"。秦所采用的《颛顼历》，则以十月为正，即以十月为一岁之首月。

[2] 此依《太平御览》卷六八二引《玉玺谱》。另《汉书》其文为："昊天之命，皇帝寿昌"；《晋书》则为"受命之天，皇帝寿昌"。又，有关这块和氏璧，本书前已写到过四个故事，现在它又成了传国玉玺，与国运兴衰连到了一起，自然更要接连不断地演出众多的历史活剧来。《史记·秦始皇本纪》注引《集解》、《正义》有详录，我的老友王绍玺先生更有专著《传国玉玺》已在2000年由上海书店出版，对此有兴趣的读者不妨找来一读。

黑龙为祥瑞，则更是他第一次为臣下以谎言阿顺上旨开了方便之门。这两件事都开了不好的头，对他晚年的行迹，以至对整个大秦帝国，都带来了很大的负面影响。

## 地帝下令天国大改组

受命于天，具体说来就是受命于天帝。

那不就是周王朝存在时，周天子每年要祭祀的那个天帝吗？

不一定。由于大秦帝国的建立，天国系统的"神事"也还得相应作一番"改革"以后再看呢！

读者诸君大概还记得本书一章首节说到的那一对神奇的白颈雉吧？嬴秦先祖借它们的出现建立了西畤，祭祀了白帝，却招来了中原列国的一片责难声。这就是说，那时候嬴秦连祭祀四方诸帝之一的白帝的资格也还没有！

今非昔比。如今嬴秦氏族出了一个一统天下的"地帝"秦始皇，如果他要祭祀上天最高之神"天帝"，有谁还胆敢再说一个"不"字呢？

但事情的发展，远比这样简单的逻辑推论要复杂、也生动有趣得多。

想当初，秦人的先祖能够争取到祭祀五方天帝之一的西方之帝已是感到非常的荣耀。他们第一次祭礼白帝时，就是把它作为"上帝"来尊奉的。因而白帝一直是他们心目中的最高主宰者，虔诚地祭祀了数百年之久。《史记·天官书·索隐》说："西宫白帝，其精白虎"，秦人就是以勇猛精进的白虎精神不断激励自己，从谷底一步步挣扎上来的。在那时，他们还祭祀过多种神灵，如雉神、蛇神、牛神、青龙之神等等[1]。当然这众多的诸神，都被他们认为是白帝王国里的群臣，之所以要祭祀它们，就因为它们有时也会带来白帝的神旨，或者说它们就是白帝的使者。每年在六月"初伏"那一天，就要到鄜畤的广场上举行盛大的祭祀，祭告白帝，有时也连及诸神，最多一次竟用了三百条肥牛做牺牲。那时候他们还没有像中原诸侯那样有自己堂皇庄严的宗庙，祭祀时既不见俎豆之具，也听不到钟鼓之音；而且是在露天进行的，因而只好称是"野祭"，难怪要被中原诸国讥为"化外"之民。但正是这种"野祭"成了他们一年之中最忘情的狂欢节。在自己最敬仰的白帝神面前，他们大块大块饱餐牛羊肉，大碗大碗喝土制甜酒。通红的篝火舔着他们被风沙打熬得粗黑的脸，醉得东倒西歪的青年男女，相互搂抱着狂热地歌舞不休。这样直到东方升起第一道斑斓的霞光，他们一齐张开双手仰天高呼，向离别他们而去的白帝，向拖着彩虹似的长尾同时飞去的神雉，虔诚地表示他们的敬意和谢意。

那时候他们从没有想过"白帝之上是否还存在更高的天帝"这样一个问题。说得好听

---

[1] 雉神、蛇神，见前一章一节及注。牛神：《史记·秦本纪》秦文公二十七年（公元前739年）："伐南山大梓，丰大特。"据《正义》引徐广语，这丰水中的大怪兽就是后来秦人祭祀的牛神："今武都古道有怒特祠，图大牛，上生树木，有牛从木中出。后见于丰水之中。"青龙之神：《史记·秦本纪》秦宣公四年（公元前672年）："作密畤。"《史记·封禅书》说："秦宣公作密畤于渭南，祭青帝。"这青帝据《史记·天官书·索隐》称："其精为龙。"

一点是顾不上那样想,说得真实一点是根本没有资格那样想。这个白帝距离他们已经够遥远了,还侈谈什么那个更遥远的在九重天之外的天帝!但是天帝确实是存在的,就因为"地帝"确实存在着。他是谁呢?他就是那个虽已衰落但仍然有权号令诸侯的周王朝,就是那个据有宏大的宗庙和神秘的九鼎的周天子!

周天子不仅作为实实在在的肉身端居于中原雒邑,也作为一种精神高悬于他们心灵之上。

有一次这个"天帝"与"地帝"的组合物,突然枉驾来到这片"化外"之地,不过是在秦人先祖的梦里。

《史记·封禅书》记下了这次奇遇——

秦缪(穆)公立,卧病五日不寤。寤乃言梦见上帝。上帝命缪公平晋乱。史书而记,藏之府。而后世皆曰秦缪公上天。

多么荣幸啊!仅仅在梦中被"召见"了一次,又是史官记,又是藏之府,甚至后来还因此而被认为上了天。这是一段极真实的"心理"记录:它记录了到秦穆公时代为止,秦人对"天帝"的信仰程度,实际上也就是对"地帝"的忠诚程度。这也就是说在此之前,秦人深藏于内心的"宏愿",便是德公占卜可否以雍城作为国都时,白帝显示过的那句认可的预言:"后子孙饮马于河。"呵,后代子孙如果真能骑马东进到黄河之岸,那不等于走到"天国"了吗?所以这一回居然不但在梦中被周天子亲自召见,还垂恩指派他们跨过黄河到东岸去干点什么,怎么能不受宠若惊、感激涕零呢!怎么,你说我们想"取周而代之"?呵,实在冤枉啊!苍天在上,此等罪该万死的事,我关西小民确确实实连做梦都不敢想的呀!

不错,那时他们的确做梦也不敢想到要成为天下共主。但是,真所谓彼一时也,此一时也!

曾几何时,名义上代表周王朝的那个"大周"及东西两"小周"的君主,先后做了秦王阶下囚;象征国家社稷的所有宝器,包括那神秘的九鼎,除了其中一鼎据说在迁徙途中"飞入"泗水以外,也全被收进了咸阳秦王宫。

地国发生了如此巨变,天国还是原封不动能行吗?当然不行!

最明显的一点是地国的州域和领空扩大了好几倍,这就意味着天国的范围和政务也该相应地扩展好几倍。因而非但权力必须立即越等越级地提高,"神"员也须赶快补充。

办法有两条:

一,"提拔"和"重用"原属秦国上空的神灵系统,命令它们迅速到更广阔的新占领的天区去就任更重要的新职务;

二,以玄玄之气和冥冥之法,火速赶制出一批新神来,以应天国最新形势的急需。

司马迁用他一管神笔,在《史记·封禅书》记下了这次天国大改组的详细情况。限于篇幅,择要简摘如下——

与最基层的乡、亭、里一级相应之神，为"社神"和"最小鬼之神"；

与遍布全国的郡县一级相应之神，为各名山大川之神，如"自崤以东，名山五，大川祠二"；"自华以西，名山七，名川四"，还有渊、泽以至小山、小川等诸神；

与帝国中央机构相应之神，共有八位：天主、地主、兵主、阴主、阳主、月主、日主、四时主。其所享受祭祀之地，多在原来的齐地，即取其"当天中央齐"的意思；

雍城原是秦国的发祥地，应称"特区"，享受特区之内陈宝祠祭祀之神，祭品必须特别优待："故加车一乘，骝驹四"。

以上便是大秦帝国上空的天国的新的神祇系统。

但还有最后也是最重要的一个问题是：天国的最高统治者，即与地国秦始皇相应之神，该是谁？

说起来这问题该是早已解决的了：秦始皇不是已经宣布以水德受命于天帝了吗？那位天帝居然能够向地国一个集三皇五帝之尊的人授命，那当然就是天国的最高统治者啰！

但是以秦始皇为代表的嬴秦氏族的人们却觉得不能这么推论。

他们还怀念着自己那位由白虎精变的敬爱的白帝之神。

这一点上，秦始皇表现得很有哥们义气。

想当初，俺们先祖在苦水中泡着那会儿，白帝大哥为朋友两肋插刀，帮了不少忙的。这会儿，兄弟我总算捞了个地帝当当，说啥也得给白帝大哥当上个天帝，也不枉咱俩朋友一场呀！

于是在一旁的司马迁本着史官以实录为第一要务的精神，在《史记·封禅书》中作了以下记载：

唯雍四畤，上帝为尊。

这位秦人心目中的"上帝"不是别神，正是白帝。同书对秦人几百年前第一次祭祀白帝有这样一段记载——

文公梦黄蛇自天下属地，其口止于鄜衍。文公问史敦，敦曰："此上帝之征，君其祠之。"于是作鄜畤，用三牲郊祭白帝焉。

但这样一次大改组，无疑会在天国引起极大的震动。首先是原来与白帝平起平坐的青帝、炎帝、黄帝等其他方位之神，如今都被降为白帝的臣属，他们咽得下这口气吗？更为严重的是，这一来，原先真正的天帝不是等于被宣布"靠边站"了吗？它会说：这是篡权夺位，朕抗议！

高兴的大概只有白帝，靠了地国秦家兄弟的提携，让它一夜暴发，顺顺当当坐上了天国大帝的宝座。[1]

不过白帝呀，你也不要高兴得太早。过不了几年，戍徒陈胜、吴广揭竿而起，泗水亭长刘邦仗剑响应，到那时，你就将为这次僭越行为付出血的代价！

## 阳宫与阴宫：全都举世无双

这里要简略介绍一下秦始皇为自己建造的宫殿与陵墓。

他既然已把自己尊为古往今来独一无二至尊至贵的人，为自己修造无论从规模的宏大到设施的豪华都必须天下第一的宫殿与陵墓，使自己在阴阳两个世界里都古今无双，这倒也是一个合乎逻辑的思想发展。

秦在统一过程中，每破灭一国，便把这个诸侯国国都那些宫殿，照式照样在自己国都复制修造起来，致使咸阳简直成了一座各种不同建筑风格的宫殿展览城。《史记正义》引录《庙记》材料描写了这种盛况："北至九嵕（zōng）、甘泉，南至长杨、五柞，东至河，西至汧（qiān）、渭之交，东西八百里，离宫别馆相望属也。木衣绨绣，土被朱紫，宫人不徙，穷年忘归，犹不能遍也。"

但对秦始皇来说，这些可能还只是小摆设，真正能显示他地位的，应是阿房宫。

阿房宫始建时间，《史记》年表记在秦始皇二十八年，本纪则记于三十五年（分别为公元前219年、前212年）。由于规模宏大，直到秦亡时也还没有最后落成，所谓阿房宫也只是个暂名。兴修的动因，据《史记》本纪记载是"始皇以为咸阳人多,先王之宫廷小"。这倒也是事实：无论秦国原有的宫殿，或是依照六国式样新造的宫殿，都还是诸侯国时代的产物。如今他已是一统天下的始皇帝，怎么能不嫌它们小呢！于是，他亲自选定了新宫殿的建造地址："吾闻周文王都丰（今陕西长安西南沣河以西），武王都镐（今陕西长安县西北），帝王之都也。"

这所选址于"帝王之都"的帝王宫殿，即使尚未最后完成，其规模已经无与伦比。史书记载不一。描写得较为具体的是阿房宫正殿，据说东西宽五百步，南北长五十丈。殿上可以同时坐一万人，殿下可容纳十万人。四周环绕着回廊阁道，从殿下直抵南山峰顶的宫阙。又修造天桥，从阿房宫跨越渭水，连接到咸阳，以象征上天的阁道横渡银河抵达营星座。宫殿的建筑和宫内陈设自然都极尽富丽豪华之能事。其中，"阿房前殿，以木兰为梁，以磁石为门"（《三辅旧事》），"令四夷朝者，有隐甲怀刃入门而胁之以示神"（《水经·渭水志》）。如此先进的保安措施，不要说在秦以前，即使秦以后两千年间，也很难有与之匹敌的！

在宫殿里，集中了天下奇珍异宝、稀世佳丽，供秦始皇个人尽情玩弄享用。史书上这类记载举不胜举。如——

---

[1] 秦帝国时期，西方之神白帝被当作了统治整个天国的上帝这一极具宗教、哲学深意的发现，是翦伯赞先生作出的，详见他的《秦汉史》。

《史记·秦始皇本纪》：秦灭六国，"所得诸侯美人钟鼓，以充入之"；

《史记正义》引《三辅旧事》："后宫列女万余人，气上冲于天"；

《中华古今注》："秦始皇好神仙，常令宫人梳仙髻，帖五色花子，画为云凤虎飞升。"夏暑时又令宫人"戴黄罗髻，蝉冠子，五花朵子，披浅黄银泥飞云帔，把五色罗小扇子，靸金泥飞头鞋"；

《绎史》引《琴苑甄录》："宫女侍者千余人"，"作戏倡优"，日夜为秦始皇歌舞弹唱……

唐代擅长驾驭历史题材的诗人杜牧，曾写过一篇著名的《阿房宫赋》，诗人丰富的想象力，将使你犹如置身于这片人间奇观之中——

六王毕，四海一。蜀山兀，阿房出。覆压三百余里，隔离天日。骊山北构而西折，直走咸阳。二川溶溶，流入宫墙。五步一楼，十步一阁。廊腰缦回，檐牙高啄。各抱地势，钩心斗角。盘盘焉，囷囷焉，蜂房水涡，矗不知其几千万落。长桥卧波，未云何龙？复道行空，不霁何虹？高低冥迷，不知西东。歌台暖响，春光融融；舞殿冷袖，风雨凄凄。一日之内，一宫之间，而气候不齐。妃嫔媵嫱，王子皇孙，辞楼下殿，辇来于秦，朝歌夜弦，为秦宫人。明星荧荧，开妆镜也；绿云扰扰，梳晓鬟也；渭流涨腻，弃脂水也；烟斜雾横，焚椒兰也；雷霆乍惊，宫车过也，辘辘远听，杳不知其所之也。一肌一容，尽态极妍，缦立远视，而望幸焉，有不得见者，三十六年！燕赵之收藏，韩魏之经营，齐楚之精英，几世几年，剽掠其人，倚叠如山。一旦不能有，输来其间。鼎铛玉石，金块珠砾。弃掷逦迤，秦人视之，亦不甚惜。嗟乎，一人之心，千万人之心也。秦爱纷奢，人亦念其家，奈何取之尽锱铢，用之如泥沙！……

这是一片人造仙境，是一座集造化和人工创造出来的至珍至宝的府库，是一个奢侈到糜烂的世界！

这座恢宏、瑰丽，迅速拔地而起，又忽而轰然倾覆的庞大宫殿，从一定意义上说，正可以作为大秦帝国的象征。它既没有最后落成，又只存在了不到十年时间。"楚人一炬，可怜焦土！"在秦末千百万人大起义洪流之中，西楚霸王项羽点燃了焚烧阿房宫的怒火，留给后人的是一片焦土和沉甸甸的感叹和思索。[1]

---

【1】说尚未全部完成的阿房宫也被项羽烧毁，是沿用传统的说法。《史记·秦始皇本记》称：始皇三十五年（公元前212年）"作阿房，故天下谓之阿房宫"。又云："阿房宫未成。"同书《项羽本纪》谓：项羽"烧秦宫室，火三月不灭"。又云："项王见秦宫室皆以烧破残"，因有一"皆"字，当可理解为包括阿房宫。《汉书·刘向传》还载有项羽焚烧秦"宫室、营宇"，一牧羊儿持火进入寻羊，"失火烧其藏椁"的传说。唐代杜牧《阿房宫赋》说得更明确："蜀山兀，阿房出"，"楚人一炬，可怜焦土"。因而在历史上项羽烧阿房几成定论。2007年12月12日《文汇报》的一篇报道则否定了这一说法。文中说：中国社科院考古队历经五年勘探，"在阿房宫前殿遗址20万平方米的勘探面内，只发现了几处红烧土遗迹。专家认为，这意味着阿房宫前殿遗址在秦末战乱中并未遭到大火的焚烧，表明历史上有关项羽放火焚烧阿房宫的记载是不准确的"。谨录以备考。

生与死，是古人认为人的价值体现的两种不同存在形式。秦始皇曾经求仙觅药，企图超越短暂的生命，求得永生。在平日，秦始皇恶言死，群臣都不敢提到死字。但他毕竟还是知道了生命规律的不可抗拒，事实上他之所以要求长生和"恶言死"，正因为已经想到了死。既然他在阳间有个阿房宫，到了阴间自然也得有个地下"阿房宫"，《礼记·中庸》所谓"事死如事生，事亡如事存"，就是要修造空前宏大秦始皇陵的心理原由。

古代君主一般都是在即位后就开始营造陵墓，称为"起寿陵"，带有祝祷长寿的含义。秦始皇也是十三岁即位后不久就开始筹划的，正式投入大量人力物力全面动工，当在统一全国以后，即大致与修造阿房宫差不多同时。前文提到的《史记》本纪秦始皇三十五年下记着："隐宫[1]徒刑者七十余万人，乃分作阿房宫，或作丽山。"丽山，又作郦山或骊山，便是秦始皇陵所在地。秦在咸阳的墓葬，分毕陌陵区和芷阳陵区两个区域，骊山始皇陵属芷阳区域。据说此处曾是三皇旧居，女娲氏还在这里演出过那些用泥土造人、用五彩石补天的神奇故事。其地有苍翠如碧的骊山横陈东西，屏障于南；有清流如练的渭川蜿蜒而东，绕行于此。不但景色独秀，而且蕴藏有被古人视为崇高人格象征的金玉。《水经·渭水注》称："秦始皇大兴厚葬，营建冢圹于郦戎之山，其阴多金，其阳多玉。始皇贪其美名，因而葬焉。"

始皇陵的规模，汉代刘向就惊叹："自古至今，葬未有盛如始皇者也！"（《汉书·楚元王传》）整个皇陵是由高大的陵冢，肃穆庄严的寝殿，雄伟巍峨的重城垣墙和宽大的骊山园组合而成。它们各具特色而又彼此协调所构成的宏阔雄壮的整体美，足以体现秦始皇的性格和大秦帝国的气魄。

骊山园纵横各为7500米，占地约56平方公里。雄踞于骊山园中山的便是陵冢，历经两千多年的风雨销蚀，至今我们仍然还能领略到它那嵯峨壮伟的风貌。陵冢现高46米，呈覆斗状。冢底东西宽350米，南北长355米，周长1410米。顶部为长方形，长24米，宽10.4米。当年的规模自然还要超过此数。

《史记集解》引《皇览》称："坟高五十余丈，周围五里余。"折合成现行度制，当年墓冢高120米以上，底边周长也要超过两公里。陵墓封圹完毕后，又遍植草木。墓高已在120米以上，再加上草木兴盛后，参天蔽日，确实犹如在骊山之麓又增加了一座人造青山。

陵冢前侧为寝殿。在秦始皇之前，"寝"（供放先君的衣冠几杖、象生之具）和"庙"（供放先君神主牌位）都是设在京师的，以便于祭祀。秦始皇陵则把"寝"从"庙"那里分离出来，附之于陵，从而正式开创了中国古代的"陵寝"之制，这就是《续汉书·祭祀志》所说的："秦始出寝，起于墓侧。"在寝殿里，摆着衣冠几杖等日常生活用具，并由守陵人随时供奉食品，表示君主还在临朝听政；在陵下地宫里，安放着棺椁，伴随有珠玉珍宝，像是他刚刚入睡，梦游在另一个世界里。这种安排似乎是为了给后人一种生命还在持续的慰藉。

---

【1】隐宫：疑为"隐官"之误。隐官，收容已赦免的罪犯的机构，详后十章二节。

至于整座地下宫殿的宏伟风貌，由于当时知悉内情的大批能工巧匠，在秦始皇落葬后全被封死在地宫之内（详后九章一节），所以无一亲身经历者的口头或文字资料遗留下来，遂成千古之谜。岁月悠悠，沧桑数变，世人在无缘获知真情的情况下，只好张开想象的翅膀写出种种猜测性文字来以获得某种满足。公历1974年，临潼骊山脚下农民杨老汉，为了掘井无意间一锄头下去，想不到轰动了全世界——锄头下竟是一座秦始皇陵兵马俑坑！后经考古工作者发掘，一支活生生复现当年秦军雄姿的兵马俑队伍踏着整齐的步伐再次来到人间，全世界都不能不为之震惊。但兵马俑坑的发掘，仅仅只是揭开了整座地宫的外围一角。从此大概无人再敢写那些想象性的文字了，因为在这座神秘的地下宫殿面前，再大的想象力也会显得苍白。那就等待吧，总会有那么一天，经过我国考古工作者的科学发掘，整座地下宫殿的惊人奇观将呈现在全人类面前。国外学者也是在这样期待中的，卜德教授在《剑桥中国秦汉史》中说："当陵墓本身将来最后发掘时，观察一下墓内的所藏是否与《史记》描述的一样，那将是极为有趣的。"我的猜想是那时人们很可能会对秦帝国有一个出于我们现在意料的新认识。顺便提一句，在本书五章一节里，我摘录了一些对秦始皇形象的猜测性的描写，都是尚待证实的。据《汉书·贾山传》载录，安睡于铜棺内的秦始皇"被以珠玉，饰以翡翠"，就像《吕氏春秋·节丧》和《淮南子·齐俗训》所说的那样，口噙"玉晗"，身穿"玉匣"（玉衣），很可能他的尸骨还被保存得相当完好。真到了地宫全部获得发掘的那一天，经过现代"复原"术的巧为打扮，两千多年来的众多猜测终于有了公认的定论：世人将看到一个与真人无异的秦始皇！

　　无论阿房宫还是始皇陵，都堪称人类历史的奇迹。只有大秦帝国，才能创造出这样的奇迹。在这之前，任何一个王朝都无法做到把如此众多的人力动员并组织起来，根据统一的构思，从总体来说是如此精确地完成了这两件庞大无比的艺术品。帝国把人的创造力发挥到了极致，同时却把人的个体权利剥夺到了近于零。参加修造阿房宫和始皇陵的人数史书记载不一，有为数十万，有为七十万或七十余万，记载得最具体的是《汉旧仪》："徒吏七十二万人。"据王学理《秦始皇陵研究》分析，这支庞大的队伍由四部分人组成：（一）被强制征集来服徭役的农民、手工业者和商人；（二）以劳役抵偿赀赎债务的所谓"居赀赎债"人；（三）奴隶，包括官奴和私奴（帝国时期奴隶制残余依然存在）；（四）刑徒，这是数量最大的一部分。秦法苛酷，人民动辄获罪，《汉书·刑法志》所谓"赭衣塞路，囹圄成市"，刑徒遍天下。这些刑徒服劳役时，不但要穿上土红色的囚服，有的还要戴上刑具。天寒地冻，饥肠辘辘，而沉重的石块和木枷同时压在他们背上和脖子上，身旁还不时有皮鞭狠狠抽下。这境遇，这痛楚，是我们现代人很难想象得到的。更可怕的是《秦律》中没有刑期条文，也未见有刑满释放的规定。实际上也就是一为刑徒，便沦为终身官奴。这七十余万为创造人类历史奇迹而付出了智慧和血汗的劳动者，除了中途逃亡，几乎很少有人能幸存下来。他们不是被活活折磨而死，便是因劳累、饥寒、疾病而死去，至今我们还可以从始皇陵附近姚池头村南一个乱葬坟场里约略看到当年的惨状。那横七竖八堆叠得厚厚的朽骨，已认不出一具完整的骨架，旁边残留着铁锈、锸一类工具，说明他们死前瞬间还没有停止劳动。我们无法想象这许多一代能工巧匠死时的惨状，自然更无从知道他们生前的风姿。值得庆幸的是，近些年来，秦始皇陵的考古工作者们，从众多残破的文物上细心地发现了一些契刻或戳印的文字材料，其中有些可能就是制作者的名字。

《秦始皇陵研究》列出了到现在为止已经发现的一张百余人的名单，如——

制作陶俑者有：强、戎、欶、衣、危、赐、木、秸、庆、诩、处、敬、颇、魏、朝……等共六十八人。

铸造兵器者有：詟、周、义、可、成、鲛、邦、黑……等十余人。

烧制砖瓦者有：仓、昌、高、涓、婴、禹、午、昧、尚、御、角、章、甲、丁、苍、利、乌……等共七十六人。

让我们记住这些永远值得敬仰的名字吧，他们所创造的奇迹已被全人类引为骄傲，他们的英名将与世长存！

# 接过盘古氏的巨斧（上）

帝国建立之初的秦始皇，奋吞并六国之余烈，依然充满着创造活力和勃勃生气，利用帝国强大权威力量，开始了大刀阔斧的一系列前无古人的改革。明人张居正把这场改革喻之为"浑沌之再辟者也"（《张居正全集·杂著》）。传说中的手执巨斧的盘古氏还只是把混沌一片的天地分离开来，如今这个现实中的巨人，却要在华夏大地上把一个实实在在的新世界开辟出来。其中确有他个人炫耀唯我独尊和好大喜功的强烈欲望，但更为可贵的似乎还是他那种敢冒天下之大不韪的过人胆识和勇于探索、独创的精神。

下列几件大事，都记载于《史记》本纪秦始皇二十六年，也即帝国元年（公元前221年）同时宣布开始实施的，足见帝国具有何等自信，何等气概！

## 化干戈为礼器

收天下兵（指兵器），聚之咸阳，销以为钟镰（jù），金人十二，重各千石（dàn），置廷宫中。

历史上的开国君主，大多要做一番"马放青山，刀枪入库"的表示，以宣称太平盛世的到来。如周武王在灭纣后，《史记·周本纪》就有这样记载："纵马于华山之阳，放牛于桃林之虚；偃干戈、振兵释旅，示天下不复用也。"秦始皇做得比任何一个王朝更为彻底，其规模之宏大又无有可与匹敌，铸成若干大钟和十二个各重千石的铜人，更是空前绝后之举。顺便提一句，这还是中国历史上金属铸像的第一次。

尽管从宣传意义上说，所谓"示天下不复用"是指握有最大量兵器的统治者而言的，但实际上帝国采取这项措施的主要收缴对象，还是流落在民间，特别是还掌握在六国残余势力和散兵游勇一类人手里的兵器。司马迁记载得很准确，是"收天下兵"，不单是帝国武库里的兵器。春秋战国战乱数百年，流落到民间的，或是人们"土造"的兵器、利器，肯定有一个庞大的数目。这的确是构成社会不安定的严重因素。在战乱频仍的年代，没有一个诸侯国能够做到的事，现在终于具备了条件，新建立的帝国及时地担负起了这个历史性的使命。收缴过程中，自然还发布过一些严厉的法令，如规定士兵拥有武器有严格责任制，解甲归田时必须将武器上缴，不得据为己有等等。即使这样，也还不可避免地要经过严重的斗争。从后来果然铸成了若干大钟和十二尊铜像来看，收缴是基本成功的。影响所及，有汉一代也作了类似规定。如清人俞正燮在《癸巳存稿》中说："汉因其法，乃始有家不藏甲，兵器不鬻于市之说，著于礼记。"

收缴的兵器中数量最大的当是攻伐六国所得的那部分战利品。山东诸国究竟有多少兵力，很难有确切统计。据当时著名纵横家苏秦估计，燕有带甲数十万，车六百乘，骑六千匹；赵带甲数十万，车千乘，骑万匹；魏武士二十万，苍头二十万，奋击二十万，厮徒十万，车六百乘，骑五千匹；楚带甲百万，车千乘，骑万匹（见《史记·苏秦列传》）。六国既灭，这么多兵力的武器装备自然大部分为秦国所缴获，那该是一个多大的数量！此外，还有一个兵器自身的更新问题。早于秦帝国一百余年的荀子就说过"宛钜铁釶（shī，矛），惨如蜂虿（chài，蝎类毒虫）"这样的话，说明铁兵器不但那时就已经出现，它的远胜铜兵器的杀伤力也已为人们所认识。从河北、河南、湖南等地的考古发掘来看，也证明至秦帝国建立前后，铁兵器在总兵器中已占有颇大比重。如1965年河北易县燕下都四十四号墓出土文物中，有大量兵器，其中铁制的要占到百分之六十五。上文提到的，阿房宫前殿以磁石为门作为保安措施，也是铁兵器已较为普遍使用的一个佐证。此外，秦帝国专有"铁官"之设，也说明了冶铁事业已相当发达。铁官之一，便是司马迁的高祖司马昌。当然，秦帝国初期兵器的总体构成，恐怕还是以青铜为主，而在一些重点地区、重点兵种，例如守卫咸阳及秦宫的禁军一类，已经装备了铁制武器，则大致可以肯定。这样就有相当一部分青铜兵器要被淘汰，它们很可能也被投进了熊熊的冶炼炉。

剩下一个问题是：为什么要把这些兵器化铸成十二尊如此巨大的铜像？

十二之数是六的两倍，这自然又是出于那个因以水德受命而数尚六的考虑。

铜像每尊"重各千石"，如果《史记》的这一记载可信，那么秦代一石约合今37.5公斤，千石约为37.5吨，相等于一个小型火车龙头那么大。依据当时的技术设备条件，却要作如此大胆设想，这恰好是秦始皇的性格特征。但不管怎么说，这个大胆的设想居然付之实施，而且获得成功，这又只有大秦帝国才能做得到！

之所以要铸成人像而不是别的什么，据说是因了一个传说，《汉书·五行志》作了这样记载——

秦始皇帝二十六年，有大人长五丈，足履六尺，皆夷狄服，凡十二人，见于临洮。天戒若曰：勿大为夷狄之行，将受其祸。是岁，始皇初并六国，反喜以为瑞，销天下兵器，作金人十二以像之。

即使把五丈和六尺都看作是秦制，那么折合成今制，也有11.5米的身高和1.38米的大脚。很难设想地球上曾经有过如此巨大的人类或两脚直立动物。二者必居其一：或者真出现过十二个穿着夷狄服装而又相当高大的人，传说或记载时至少夸大了三四倍；或者又像文公猎获黑龙那样是迎合某种政治需要特意编造出来的神话。

传说虽多半虚假，但十二铜人正是利用并仿照此类传说中的所谓"祥瑞"铸成，则相当可信。利用某些异常或罕见的自然、社会现象，加以神化，称之为祥瑞或凶兆，把它们附会于国运或人事，然后借此以顺应天命自命采取这样那样的举措和行动，原是我国政治舞台上不知演出过多少遍的传统节目，本不足为奇。你能说周文王时有凤凰衔书，汉高祖夜遇白帝化蛇，还有什么"伊雒竭而夏亡，[黄]河竭而商亡"等等一类故事，究竟有多少真实性或必然联系可言呢？但是只要运用得巧妙，虚假的故事反而更能产生意想不到效果，这却又是非常真实的。如果说十二铜人的浇铸确实是仿效了那个并非真实的传说，那也只不过是又复演了一次这个传统节目而已。秦始皇的不同之点也是他的高明之处，在于他能充分发挥帝国惊人的创造力，把这个显系有意夸大或竟是子虚乌有的"祥瑞"物化成一整打伟岸的金属形象，作为帝国的象征矗立于秦皇宫之前，由此产生的震撼力和威慑力，又是在中国历史上很难找出第二个帝王可堪与之比试高下的！

但是，正如再宏大的铜人也是众多长满老茧的卑贱的"隶徒"之手创造出来的一样，秦始皇之所以成为"超人"，那是由于他站在千百万被他称之为"黔首"的民众肩膀之上的缘故。一旦到了他们忍无可忍而作狮子吼的时候，那么收销兵器也好，铸成铜人也好，都是不管用的："秦兼天下，销甲兵，折锋刃，其后民以耰锄棰梃相挞击。"（《汉书·吾丘寿王传》）没有甲兵、镰刀、木棍总有吧，于是创造了一种最原始却也是最强大的反抗方式，叫作"斩木为兵，揭竿为旗"。到那时，一个如今已成为常识的真理便转化成了波澜壮阔的现实：推动历史前进的真正动力毕竟不是个别英雄，而是千百万奴隶！

秦亡汉兴后，这十二铜人的下落，想必是读者诸君感兴趣的，我且从《史记正义》里抄录有关文字如下——

《三辅旧事》："天下兵器，铸铜人十二，各重二十四万斤，汉世在长乐宫门。"
《魏志·董卓传》："椎破铜人十及钟镰，以铸小钱。"
《关中记》："董卓坏铜人，余二枚，徙清门里。魏明帝欲将诣洛，载到霸城，重不可致。后石季龙徙之邺，苻坚又徙入长安而销之。"
《英雄记》："昔大人见临洮而铜人铸，至董卓而铜人毁也。"

## 废分封，立集权

自平息嫪毐之乱以来，秦始皇在权力上的追求就是"独断"。正是在这一点上，他与韩非著作所表述的思想一拍即合；而君主权力独断，也确实可说是韩非帝王之学的精髓。

现在，帝国已经诞生，秦始皇就要求这"独断"的特征从制度和组织形式上予以充分保证。

为此，他建立了一个以三公九卿为框架的强有力的中央集权官僚机构。

所谓三公就是：文官之长丞相，武官之长国尉，监察总长御史大夫。

在此三巨头之下的九卿及其职责是——

奉常：掌管宗庙礼仪、祭祀大典；

郎中令：掌管皇帝谕旨的下达和王宫事务；

卫尉：掌管王宫警卫和屯兵；

太仆：掌管皇帝车马，是皇帝的仆从长官；

廷尉：主掌执法，管理监狱；

典客：主管帝国属下少数民族；

宗正：主管皇室属籍事务；

治粟内史：掌谷货；

少府：掌管山海、池泽的税收和宫中所需手工业品的制造，是皇家财务总管。

古代"九"意为多，不一定限于九。因而还有掌治京师的内史和博通古今以备顾问的博士等等。

这套大体上为后来历代王朝所仿效的宏大而严密的统治机构，它的全部政务活动都是以绝对遵照秦始皇的个人意志为依归的。丞相、国尉、御史大夫互不隶属，且相互有一定制约作用，他们都直接对皇帝负责。对有关政务他们可以发表议论、提出方案，但一律须由秦始皇裁决后方可付诸实行。如此独断专行，确实旷古未闻。这就难怪有人背后要指斥他"天性刚戾自用，起诸侯，并天下，意得欲从，以为自古不及己"；"博士虽七十人，特备员弗用，丞相诸大臣皆受成事，倚辨于上"（《史记》本纪）。但秦始皇却乐此不疲，日夜操劳，以至每天批阅大多写在竹、木简上的奏章要用"石"（担）来计算，不达到他自己规定的指标，就不让自己休息。秦始皇似乎特别喜好极端。他在追求极端的个人享受的同时，又是那样迷恋和执著权势，甚至可说是一个不惜以健康和生命殉他功业的极端专制主义者！

在建立中央集权官僚机构的同时，秦始皇又基于集权要求来创建地方政权组织。

同是在这一年，《史记》本纪又记：

分天下以为三十六郡，郡置守、尉、监。

设置郡县，就意味着废除了封建制。这段记载尽管只有十几个字，却是大秦帝国一项带有根本性的体制大改革。

封建制我国在商代已经出现。周灭商和东征胜利后，大规模地将土地连同居民分封给王室子弟和功臣，形成所谓"诸侯八百"的局面。诸侯在其封国内有世袭统治权，对天子则有服从命令、定期朝贡和提供军赋、力役等责任。到战国时期，各大封国先后出现了郡县制，原来的封建制也起了一些变化，通常是以"食邑"的形式分封给贵族子弟或功臣，君侯在他的食邑内有征收田赋和工商业税之权，一般不再有世袭统治之权。商鞅在秦变法时制定的二十等爵[1]，最高第二十等爵"列侯"，就带有这种封君性质。

---

[1] 参见前二章二节注。

郡、县两级政权组织的出现，开始都是先在边境地区，后来才逐步推行到内地。县的原意为"悬"，意思是"系而有所属"，以区别于实行封建的封国和食邑。秦最早出现的县是在秦武公十年（公元前688年），征服了邽、冀戎，并在那里设立了县。郡、县是直属君主的，郡守、县令均由君主直接任免，因而可以成为专制主义中央集权政权的构成部分。

秦帝国建立后，究竟是承袭周代的裂土分封制度好，还是推行集中统一的垂直郡县制更有利，这个带有根本性的问题，不仅后人为之论辩了千百年，就在当时新建立的帝国朝堂上，也曾展开过激烈的争论。丞相王绾等人说：诸侯新近被消灭，燕、齐、楚这些地方离咸阳都很远，如果不设立王国，就很难镇守。请求皇上分封各位皇子去管辖这些地区，希望皇上恩准。王绾等人的这个想法，有点接近于前四章四节介绍秦始皇与吕不韦思想对立时约略提到过的吕不韦主张的递级分封设想。群臣经过商议，都认为这样做更便于治理，当即形成了一个多数派。

独有李斯不赞成。

李斯以周朝文武二王分封了子弟和那么多同姓诸侯，后来反而相互如同仇敌诛杀征伐了数百年为据，说明封建制只能带来祸害。接着他说——

今海内赖陛下神灵一统，皆为郡县，诸子功臣以公赋税重赏赐之，甚足易制。天下无异意，则安宁之术也。置诸侯不便。

李斯这番话的要旨是一种"安宁之术"。他认为要使国家长治久安，就得"天下无异意"；一旦出现"异意"时，要能做到"易制"。为此需要进行两项改革——

第一，废除带有相当程度独立性的诸侯封国，建立直属中央，长官由中央任免的郡、县两级地方政权组织；

第二，废除按血缘亲疏的封侯制，建立以功绩论赏的进爵制。实行前一种制度，封爵同时得封土，并终身享有，子孙世袭；实行后一种制度，即使皇帝宗室，无功也不可以封爵。因功进爵，不同时授予封邑，因而无寸土可私，无子民可役。爵号只及自身，不及子孙，获罪就得夺爵。

李斯原是吕不韦门客，还很可能参加过《吕氏春秋》的编撰，吕不韦赏识他的才学，才把他推荐给了秦始皇。这说明李、吕二人当时的思想是比较接近的，包括《吕氏春秋·慎势》中主张的递级分封制，李斯也可能是同意的，至少不会太相左。李斯后来出现的这种大转变，有两种可能：一是他从参与兼并六国决战的过程中，认识到了封建制是一种祸害，未来的帝国必须采用郡县制；二是他从日常与秦始皇的接触中，已经揣摩到了始皇意图，完全是为了"迎合上意"才这样说的，并非出自独立主见。或者这两种可能兼而有之。从李斯的性格来看，他居然敢于在秦始皇面前独树一帜，反对职位高于他而又拥有最大多数支持的丞相王绾，我以为在兼有两种可能性之中，后一种可能性的成分更多一些；他是因为"有恃"，所以"无恐"。

在这一点上，秦始皇的思想，特别是他勇于大胆创造的精神，的确很值得研究。

通常的人们，只能就已经展现过的事物去附丽或寄托自己的理想。在春秋战国战乱频仍的数百年里，百家鼓吹和人们企盼的主要是两种理想中的社会制度。一种源于对传说中的远古公有制社会的神往，集中表现为《礼记·礼运》篇中那段关于"天下为公"的著名论述。以为在那个社会里能做到"老有所终，壮有所用，幼有所长，鳏寡孤独废疾皆有所养"，并呈现一派"谋闭而不兴，盗窃乱贼而不作，故外户而不闭"的太平祥和景象。另一种则是对记忆犹存的周朝鼎盛时期那种以封建制为特点的经济、政治和礼乐制度的追慕，较多表现在儒家著述中，孔子就说过："周监于二代，郁郁乎文者，吾从周。"（《论语·八佾》）

始皇帝嬴政，却完全脱出了通常人们的思维模式。他的帝王集权专制的大一统的帝国构想，无法从三坟五典或悠远的传说中汲取精神营养，除了参照秦国主要是孝公时代的变革经验，更多的是着眼于已经变化了的现实，和他自己的权势独擅的强烈欲望。于是面对一与极大多数之比的两种对立意见，秦始皇作了这样决断——

天下共苦战斗不休，以有侯王。赖宗庙，天下初定，又复立国，是树兵（种下战祸）也，而求其宁息，岂不难哉！廷尉议是。

"廷尉议是"，秦始皇肯定了李斯的意见。这是李斯在廷议中的第一次胜利。以后他还将多次获得这样的胜利，他的官位也很快将被擢升到丞相，并被封为彻侯。在整个秦始皇之世，李斯是咸阳宫上空一颗最惹人注目的政治明星。

秦始皇一言定九鼎。于是下令全国划分为三十六郡（后又增至四十八郡，一说四十六郡）。郡下设若干县。郡置守，县设令，直接向在皇帝绝对控制下的中央机构负责。县以下的基层组织为乡、亭、里。这样便彻底改变了商周以来的块块分割状态，形成了一个垂直领导的宝塔式体系，至尊至贵的皇帝高踞于宝塔之巅。此后，这种体系历代虽不时有所变更，但其总体格局一直延续了两千余年。

不过由于秦以二世速亡，后人在探究它何以存在如此短暂时，就像本书《引言》中略有提及的那样，还是要一再追述到封建制与郡县制究竟孰优孰劣的问题。公平地说，封建制与郡县制都曾经是合理的存在，分别适应于两个不同的社会发展阶段。纵然从大趋势来说郡县优于分封，但要在一个幅员广阔、人事地理条件各异的国度内普遍实行郡县制，也并非单是决定于主观意愿，除了中央国家机关的控制能力和行政管理水平，还要考虑到整个社会发展的成熟程度。有鉴于此，近人李源澄先生提出了一个看法："吾以为秦之亡由废分封建之太骤，而统一天下之制未具也。"（1947年商务版《秦汉史》）不是不要废封建、立郡县，而是不要一刀切，太骤然。但秦始皇的性格却正是追求急骤猛进，喜好矫枉过正。秦始皇如若作瞻前顾后多方考虑，那他就不再是秦始皇！

## 重农本，兴工商

郡县制的普遍推行，不仅是一项重大的政治体制改革，也对经济制度的改革产生了重大影响。它最终废止了封国、采邑领主对土地的支配权,从而大踏步地推进了土地私有制的最后确立。

秦国一向突出农战,强调农业为治国之本。按照曹操记载于《三国志·魏书》的说法,秦所以能兼并六国也得益于重农:"秦人以急农兼天下。"秦帝国建立后,继续执行重农方针,如秦始皇巡游各地时宣布的新政中就有:"皇帝之功,勤劳本事,上农除末,黔首是富。"(《琅琊台刻石》)

秦始皇三十一年(公元前216年),帝国根据新的形势颁布了一道新法令:"令黔首自实田以定赋。"(《文献通考》及《史记集解》引徐广语)[1] 这道法令表明:帝国正式以法律形式确认土地私有制为帝国国策,凡是如实申报自己土地占有数并据此上缴赋税的地主、自耕农,他们的土地私有权将受到帝国法律保护。

如果说,集权制和郡县制的建立是列国纷战数百年从政治制度上做出了结论的话,那么《自实田令》的发布便是那场纷战最后在经济制度上结出的胜利之果。

这实在是我国经济发展史上一件大事。

在历史上,土地私有制的出现,是生产力和社会发展已到了一定高度的标志。在上古时代,土地就像现今的阳光空气一样,人们虽然需要它,却不会有要去占有它的动机。大概到了传说中的唐尧、虞舜之后,渐渐地一些地域,或因山水丰美,或因草原肥沃,而为当时的各个民族所占领,但那也属全体成员所公有,尽管氏族之间可能会因争夺地域而发生暴力冲突,却没有一个个人会产生想要去私自占有大片土地的欲望。进入奴隶制的夏、商社会后,土地属于奴隶主贵族全体所公有,他们之中自然不存在产生私有土地观念的土壤;至于奴隶,他们连自己的身体都成了奴隶主的财富的一部分,更遑论去据有身外之物的土地了!土地私有观念的萌生,随后是土地私有制的萌芽,都只能出现在奴隶制开始崩溃的时候。正是从那些奴隶主城堡败落的开裂处,冒出了土地私有制的幼芽,同时跳出一个此后将在中国历史舞台上主演两千余年的新角色——地主阶级。此时大约已到了春秋末期。战国时代,七雄之间固然纷战不已,七国内部又何尝平静过!由三晋首倡其声的改革,实际上就是一场经济战争,说到底也就是土地私有制及其主张者们也即地主阶级,要求冲破旧樊笼奔突而出。但改革规模最大、程度最烈、收效最显著的,既非三晋,也非齐楚,而是后来居上的秦国。"至秦人尽废井田,任民所耕,不计多少,而随其所占之田以制赋。"(《文献通考》)土地私有制这个婴儿,终于从层层厚实的胎盘里艰难但却顽强地冲决而出,在关中大地上正式呱呱坠地。

《自实田令》的发布,表明当年那个初生婴儿如今已成长到了可以作为成人"申报户口"的年龄。

从此开始,土地有了交换价值,它就以商品身份进入了自由买卖市场,这就同时拉开了持续两千余年的土地兼并战的序幕。愈演愈烈的兼并土地的结果,必然导致大部分农民

---

[1] 近年来,已有李福泉、李大生和徐了然等学者,先后发表文章或在著作中对秦代是否实行过"自实田"一事提出了商榷意见,拓展了对这一重要历史问题的思路。但似还不足以否定前人之说。

丧失原有土地而沦为别的土地所有者的佃农。于是便出现了那种千百年来人们哀叹不已的极端不平等现象："富者田连阡陌，贫者无立锥之地。"(《汉书·董仲舒传》)尽管这会激起我们现代人的义愤，但却是一种不可避免的历史现象。

无论如何，佃耕制较之奴隶制时代的领主庄园制还是一个很大的进步。在通常情况下，佃农与土地所有者的人格依附关系已经十分稀薄。田租一般是固定的，佃农只要奋力劳动并善于经营，由此产生的过量价值，将归他自己所有，比之以往的土地制度，这就更能刺激劳动者的积极性。在这同时，秦帝国还采取了众多发展农业的措施，如兴修水利，保护山林，改进农具，推行用牛耕田，甚至还为保护耕牛制定了专门法律。所有这些，都推动农业生产有了较大的发展。

农业的发展，既为手工业、作坊工业和商业的发展提供了基础，又扩大了市场。

帝国时代手工业和作坊工业的特点是，冲破了以往相互隔绝状态，如铸造十二铜像、修造阿房宫和始皇陵等，都需要有巨大规模和众多工种的通力合作才能成功，这种大合作又反过来促进了管理能力和制作技艺的迅猛发展。帝国不仅设有统一管理手工业和作坊工业的机构，还设有中央和地方的官府手工业品统一制作部门。这可以从秦始皇陵已经出土的那些精美绝伦的金、银、玉、石、陶等制品上铭刻或书写的印记得到证明。如书写有"寺工"字样的秦俑坑兵器、车马器，和刻有"乐府"字样的编钟，都是中央官府手工业产品。由于修造皇陵需要大量水银，秦始皇甚至还破例下达了一道诏旨：为经营祖传汞矿致富的巴蜀寡妇清建造一座"女怀清台"。新兴的冶铁业是农、工业工具更新，特别是军事装备更新的来源，自然得到了帝国的充分重视，以至在中央一级专门设有历史上第一次出现的职官——铁官。从《史记·货殖列传》的一些记载中可以推知，秦国在兼并六国时，每征服一国，就要把该国的冶铁设施及相关人员强行迁徙到秦国大后方或统治力强固的地方，如巴蜀、南阳等，此后这些地方便成了秦帝国冶铁业基地。

帝国时期的商业同样由于流通范围的空前扩展而蓬勃发展。临淄、邯郸等列国旧都作为政治中心虽成过去，但商业经济还是很快得到恢复和繁荣。此外，一些新兴经济都市迅速崛起，如郦邑（今陕西临潼县东）、云阳（今陕西淳化县西北）、琅邪（今山东胶南县琅邪台）、临邛（今四川临邛）等等。至于咸阳，不仅是帝国政治中心，同时也是全国经济和文化中心。帝国建立当年，"徙天下豪富于咸阳十二万户"(《史记·秦始皇本纪》)，单此一项，就不难看到当时咸阳具有何等繁华，何等经济实力！乌氏县有个名叫倮（luǒ）的贩卖牲畜和丝织品的商人，其财富（牛羊）多到要用山谷为单位来计量。秦始皇为此下特别诏令，让倮的地位与封君相当，并赐予定时与列臣一起入朝陛见的殊荣。在南征百越、北伐匈奴大军中，也有一些商贾参加。商贾之所以被征集，起先可能带有对其某些"不轨"行为惩处之意，但这些古代的冒险家们有些就在南疆北国居留并经营起来，从而使帝国的商业网络延伸到所谓"日月所照，舟舆所载"的一切去处。翦伯赞先生甚至认为："秦代的商人，不仅打通了西北西南及东南的大陆交通，并且也曾致力于海洋商路的开辟"；"徐市（fú）等人入海寻求三神山。正是当时滨海一带的商人，企图打通与日本诸岛之商业通路"(《秦汉史》)。

帝国时代，还以磅礴的气势，几乎同时兴举了几项宏大工程，主要目的自然是为了巩固和发展整个帝国，促使其高效运作；同时对加强农战、发展工商也起了重要作用。

譬如开辟大道。秦始皇二十八年、三十五年（公元前219年、前212年）先后下令"治驰道"、"为直道"。驰道和直道都以咸阳为中心，宽阔坦荡，气势雄伟。此外还修筑了西南栈道、杨越新道等，构成了四通八达的道路网络。《汉书·贾邹枚路传》中贾山写的《至言》对秦驰道作了生动描绘："东穷齐、燕，南极吴、楚，江湖之上，濒海之观毕至。道广五十步，三丈而树，厚筑其墙，隐以金椎，树以青松，为驰道之丽至于此。"秦帝国开辟的大道其总长度究竟有多少？宾夕法尼亚大学荣誉教授卜德在《剑桥中国秦汉史》中写道："一个必定是非常粗略的估计得出秦帝国公路的总长度约为6800公里（4250英里）。据吉本的估计，约公元150年，从苏格兰的安东尼努斯城墙至罗马，再至耶路撒冷的罗马道路系统的总长度为3740英里（5984公里），两者可以互相对照。"

再如设置大仓。由官家设立农仓，古代可能就有。据《尚书·周书·武成》，武王灭纣后有"散鹿台之财，发钜桥之粟"之举，如果记载可靠，那么至迟到商末就设有像钜桥粟仓这样的大粮仓了。战国时期，各国基于备战、备荒需要，粮仓制度可能有了新的发展。如李悝为魏文侯相，实施平籴之策，需要有相当的粮食储存，这就必然要设置相应规模的粮仓。秦国也有。如在秦穆公时代，为了援救晋国饥馑之急，动用大批船只输粟于晋，被称之为"泛舟之役"。短时间内能调拨出如此数量粮食来，就该有相当的粮仓储备。只是从不到一年，秦国自己遇到灾荒，又要倒过来"请粟于晋"的情况看，储存的规模似乎还是不大的。秦帝国建立后，不仅有了更大规模的发展，而且作了全国通盘布局。散见于史书记载的，有陈留仓、敖仓、霸上仓、栎阳仓、咸阳仓、琅邪仓、黄腄仓、北河仓、督道仓、成都仓和宛仓等等。这些官府粮仓，大多设立于水陆交通之口，调运方便，使之能及时发挥作用。同时还专门制定了二十五条《仓律》，以法律形式来加强仓廪的日常养护和管理。

还有就是修造被称为"地上天国"的星台群。此项浩大的工程，尽管史书并无确切记载，但我国考古工作者历经九年的调查考证，不久前已大体弄清了它的构成和分布状况。修造的时间，估计就在北伐匈奴基本结束前后。奉命主其事者，很可能就是督造长城的蒙恬将军。星台大多设于山顶，用山土夯实筑成，呈圆形或椭圆形。总数多至1424座，分布面积达2.8万平方公里。遗址分布的区域，包括今陕西榆林市的清涧、绥德、吴堡、米脂、佳县、靖边、横山、子洲、榆阳、神木、府谷等县、区，延安市的子长县；以及内蒙古鄂尔多斯市的准格尔旗和伊金霍洛旗。秦时，这些地区属上郡的中部和北部。星台群的实际功能应是观察天象，并据以制定历法，这在古代农耕社会是一件关系到国计民生的头等大事。但在古人心目中，更为看重的，似乎还是它的附加功能。据考证，这1424座星台，不仅分别与天空的332个星宿和星官一一对应，同时与秦帝国疆域内的山川、郡县、城障、宫殿、苑囿以至文武百官、社会百业，也仿佛有着某种联系。一些专家经研究认为，星台群遗址的总体轮廓线，呈女娲补天状。"女娲"头北足南，昂首侧身，挺胸鼓腹，两腿分立，臂曲平举，作补天之势。从这些带有神秘色彩的布局、造型来看，大致可以推定，星台群似乎还承担着天人交流的使命，包括祭星、占星，用以预卜吉凶、议决军国大事等等。因而媒体在报道这一考古发现时,用了一个象征性的名称:"地上天国"。

## 推行三大统一

应当承认,各诸侯国在"各自为政"的情况下,经过长期经营,无论经济、政治、文化和社会生活各个方面还是有不同程度发展的;但"各自为政"的某些后果,却阻碍帝国集中统一地实施政事。尤为突出的是当时的货币、度量衡和文字四方各异,情况相当复杂和混乱。这不仅与大统一的帝国形象很不相称,也极不利于人们相互交往和社会发展。这当然是秦始皇无法容忍的。于是三大统一这项巨大的变革,便于帝国元年同时在华夏大地上全面展开。

【统一货币】

战国时期各国流行的货币,有布币(又称镈币)、刀币、郢爰和圆钱四大类。布币呈铲形,原由农业生产工具演变而来,起始于周人居住的陕、洛一带,后来流行于韩、赵、魏等国。它的出现时间较早,在流行过程中,又有空首布、平首布、方足布、圆足布及三孔布等等变形。刀币形似日常用的刀,可能是商周时期的铜削演变而来,在齐、燕、赵等一些地区流行。细分还有尖首刀、圆首刀、针首刀等,同属此类。郢爰又称印子金,流行于楚国。它用金铸成两端凹入的长方形,正面用铜印钤成小方格,格内通常印有"郢爰"二字。

比以上几类货币出现都晚的是圆钱。《史记·六国年表》在秦惠文王二年(公元前336年)记有"行钱"二字,这是我国出现圆钱的最初记载。这种圆形、圆孔的铜铸货币,起初可能是受到纺轮或玉璧的启示创制的。后来又渐渐改成了圆形方孔,并赋予"天圆地方"的哲学含义,首先在秦国广泛流行起来。秦帝国建立后,经过研究,在多种货币中选择了圆钱这一种易于规范铸造、便于携带贮藏的货币,下令向全国推广,同时废止了其他种类货币。货币的铸造权属国家。地方政权机构也可铸造,但须在钱币上铸上地方名称,以便查验。严禁私人铸造,云梦秦简《法律问答》有专门规定,违者将严加惩处。

币制改革后,秦帝国的货币情况《史记·平准书》作了这样记载——

及至秦,中一国之币为三等:黄金以镒名,为上币;铜钱识曰"半两",重如其文,为下币。而珠玉、龟贝、银锡之类为器饰宝藏,不为币。

这其中第三类珠玉银锡之类为宝藏,不作流通用。第一类"上币"黄金,主要是供皇帝赏赐臣下用,并未真正作为交换媒介。这样大量在民间流通的货币便是"下币"圆钱。这种后来被人们戏称为"孔方兄"[1]的钱币,不仅自秦至清在我国流行了两千余年,据

---

【1】《晋书·鲁褒传》:"钱之为体,有乾坤之象,内则其方,外则其圆……亲之如兄,字曰孔方。"宋代黄庭坚《戏呈孔毅父》诗:"管城子无食肉相,孔方兄有绝交书。"

彭信威《中国货币史》的记述，还流传到亚洲、东非后，它那美观、轻便而又具有东方文化意韵的造型，曾被一些国家和地区加以模仿用来铸造他们自己的货币。

**【统一度量衡】**

人们在生产生活过程中产生了制定度量衡的需要，而人们在生产生活中积累的经验又为这种制定提供了依据。《说苑·辨物》生动形象地叙述了最初度量衡的产生过程——

度量权衡，以黍生之，[一黍]为一分，十分为一寸，十寸为一尺，十尺为一丈。十六黍为一豆，六豆为一铢，二十四铢为一两，十六两为一斤，三十斤为一钧，四钧重一石（dàn）。千二百黍为一龠（yuè），十龠为一合（gě），十合为一升，十升为一斗，十斗为一石。

度量衡制度直接关系到千百万人日常的生产和生活。我国社会发展到了战国末期，在新型的生产关系的促进下，生产力有了较大发展，商品流通范围日益扩大，人们的生活需要也变得繁复起来，而秦帝国的建立，更把相互交往的领域和地域扩大到前所未有的广度和深度。在这种情况下，度量衡的混乱状况使得人们更加难以容忍。帝国建立后，统一度量衡这件大事已显得刻不容缓。

当时度量衡的混乱，比之货币的混乱尤甚。略举其例——

度：洛阳金村古墓出土的战国东周铜尺长23.1厘米，而长沙现存的两件楚国铜尺分别为22.7和22.3厘米。

量：非但单位名称、进位制度各地多不相同，就是相同的名称，如斗，其量值也大相径庭：秦国一斗约合2010毫升，赵国一斗约合2114毫升，而魏国一斗约合7140毫升。

衡：斤以下单位，秦国有两、铢；楚、魏则是锊（镪）。斤以上单位，秦国有钧、石，楚、魏则有镒。

秦帝国统一度量衡制度是在充分吸取商鞅变法成果的基础上进行的。秦孝公任用商鞅为大良造时就进行过一次"平斗桶、权衡、丈尺"的改革，并监制了标准计量器具发至各地遵行。作为文物流传至今的商鞅方升，就是当时的一件标准量具。上面刻有铭文："大良造鞅。爰积十六尊（寸）五分尊壹为升"，即十六又五分之一立方寸为一升。近年来，从陕西的西安、咸阳、礼泉、宝鸡，甘肃的泰安，山东的邹县、诸城，以及江苏、山西、辽宁、吉林等省的不少地方，都出土了秦代的标准量器和衡器，用现代手段重校它们的精确度，误差也不过百分之二三。

为统一度量衡，秦帝国在秦始皇二十六年（公元前221年）还郑重地发了特别诏书。诏书全文是——

二十六年，皇帝尽并兼诸侯，黔首大安，立号为皇帝。乃诏丞相[隗]状、[王]绾，法度量则不一，歉疑者，皆明壹之。

这篇诏书就镌刻在官府监制的度量衡器具上，现在我们还可以从商鞅方升及著名的"高奴禾石铜权"等文物上读到。

从近年来出土的云梦秦简看来，为确保统一度量衡诏谕的实施，秦帝国还制定了专门法令。如秦简中的《秦律·效律》就有这样规定——

衡石不正，十六两以上，赀（罚缴）官啬夫一甲；不盈十六两到八两，赀一盾。甬（桶）不正，二升以上，赀一甲；不盈二升到一升，赀一盾。斗不正，半升以上，赀一甲；不盈半升到少半升，赀一盾。半石不正，八两以上；钧不正，四两以上；斤不正，三铢以上；半斗不正，少半升以上；参不正，六分升一以上；升不正，二十分升一以上；黄金衡赢（累）不正，半铢以上，赀各一盾。

这些惩处规定都是针对官吏作出的，说明秦始皇对执行度量衡制度的各级官吏要求十分严格，影响所及，自然对广大民众也是一种有力约束。由此也可看出，帝国政令是讲究实效的，不尚空文，说到做到。

【统一文字】

秦始皇二十六年（公元前221年），帝国下令实行"书同文字"，这是我国历史上第一次规模宏大、成效卓著的文字规范化工作。

我国文字，即通常所说的汉字起源于遥远的年代，并与一个神话故事联系在一起。据说在黄帝时代，有个名叫仓颉的人，貌相特异，并长有四只特具灵光的眼睛，一生下来就能作书作画。后来黄帝就让他做史官，命他创制文字。仓颉受神启示后，仰观日月星辰运行之势，俯察山川龟文鸟羽之迹，博采众美，终于创造了这套文字。功成之时，上天也大为感动，因而"天雨粟，夜鬼哭"，这当然已属神话。像我国汉字这样庞大复杂的符号体系，绝不可能只是一人之功，也不可能在一个时代里就创造完备。但汉字的创造又确实表现出我们祖先对宇宙和人世精细而独到的观察，充满着神奇与睿智，因而不妨把上述神话看作是对我们民族先辈中那些精英人物集体智慧的歌颂。

上述神话大约产生于原始氏族社会末期。从那时以后，迭经夏、商、周三世，我国文字已发展得相当完备，能够书写出像流传至今的《诗经》那样优美的诗集，便是当时汉字已经具有丰富表现力的最好证明。但春秋以前，文字的使用范围大多局限于官方，这种过分贵族化的倾向对文字的发展很为不利。孔子提倡私学，不仅给教育的发展，同时也给文字的发展带来了春天。战国时期，文字的流播范围和使用人群空前扩展，为文字的进一步发展与完善开拓了广阔的天地。但由于诸侯割据，战乱频仍，当时非但不可能有统一的权力机构来进行规范，列国之间的隔绝状态又人为地加重了相互间的混乱。在这种背景下，出现了大量非规范的新字和不同方音的假借字、不同字形的简体字以及其他种种一字多体现象。这样，当秦帝国诞生时，文字的不统一便成了一大障碍。

当时究竟出现了多少新字，无从稽考。一字多体情况，马非百老先生在《秦始皇帝传》

里作了一点辑录，这里选择"马"、"乘"二字，以见一斑。

"马"的书写结构——

齐国为：　　　楚国为：　　　燕国为：　　　三晋为：

"乘"的书写结构——

齐国为：　　　楚国为：　　　燕国为：　　　三晋为：

我的想法可能与有些论著通常的说法不一样。我认为大量新字和一字多体现象的出现，似乎不应被视为坏事，它可能正是我国文字具有旺盛生命力的表现。我们的观察力如果能透过表面的混乱现象，还是不难发掘出蕴藏其中的许多来自无名作者的创造，正是这些创造为文字的发展与完善提供了广泛的基础。

文字的发展与完善，大致包含两个方面：一是随着社会的发展和人们生活的日趋丰富，需要不断创造新的字和新的词汇，扩展整个文字系统以求适应新的形势；二是每个个体的字、词，在使用过程中不断丰富其表现力，在书写过程中不断改进其结构，使之更科学、更合理，并在易写、易认的前提下，力求美观。新字和一字多体的出现，正反映了这两个方面的要求。

古人分析汉字的构成法有六种，即所谓象形、指事、会意、形声、转注、假借。在当时，其中的形声字却是一枝独秀。形声字表义的形符与标音的声符组合而成，较易识读，各地出现的新字最大量的便是这类字。这个特点十分重要，它预示着汉字继续发展的一个方向。在此后的汉字体系中形声字便成了最庞大的家族。一字多体现象不管多么混乱，其主流也是明显的，就是要求简化。要求简化，这正是社会向前发展，文化逐步向平民普及，对作为交流工具的文字提出的一个历史性课题。

秦帝国对文字的统一，做法上与统一货币和度量衡有所不同。货币和度量衡的统一，都是以秦制为基础,适当吸收六国某些长处形成的新方案。尽管帝国拥有强大的权威力量，完全可以像前两项统一那样，下令以"秦字"为基础向全国推行，但它却没有那样做。秦始皇和他的助手们对统一文字的复杂性显然有足够的认识，因而选择了一条远为艰巨的道路，即创造一种新的规范字体以替代原来包括秦国在内的七国旧字体。这种新字体称为小篆，亦称秦篆，主要由李斯依据秦始皇谕旨，以古代大篆为底本，吸收秦国和中原六国流行文字的合理之处，融会贯通后创造出来的。小篆是既不同于秦字或其他六国文字，又与大篆有别的一种全新的字体。小篆的问世，标志着篆字系统的终结和楷隶系统的即将开始，它是其间的一座桥梁，在我国文字发展史上具有承前启后的划时代意义。下面这片《秦诏版》所书即为小篆，读者于此可大体一窥这种新型文字的风貌。

释文：二十六年，皇帝尽并兼天下诸侯，黔首大安，立号为皇帝。乃诏丞相状、绾，法度量则不壹，歉疑者，皆明壹之。

在谈到如何创造这套新字体时，李斯说过这样一段话——

上古作大篆，颇行于世，但为古远，人多不能详。今删略繁者，取其合体，参为小篆。（《太平广记》引《蒙氏笔经》）

引文提到的大篆，是指籀（zhòu）文，是由更古的文字脱胎而来已经比较规整的一种古代文字，因著录于《史籀篇》而得名。我们现在还能够看到的"石鼓文"[1]，一般认为属籀文，也即大篆。李斯创制小篆以大篆为依据，这就有继承的一面，以便把历经多少世代积累下来的长处保存下来。"删略繁者，取其合体"，则是他的创新。这中间就包含了对当时流行文字某些合理因素的借鉴，和对大量形声新字制作经验的吸取。李斯所说的"取其合体"，主要也是指形声字。合体字一般由两个或两个以上形体组成，其中一个便是偏旁。如果拿小篆与大篆比较，除了结体更加简洁匀称规整划一以外，最显著的一个特点便是字体构成中强化了偏旁的使用。我国最古的文字多数是"象形"的，一个字就是一幅小图画，制作时还没有偏旁意识，字与字之间缺乏构成联系。发展到大篆已经有了明显的偏旁意识，小篆则进一步把更多的文字或文字的一部分改制成为具有固定造型的偏旁，偏旁的位置也

---

【1】石鼓文：我国现存最早的刻石文字。文字刻于唐初天兴（今陕西宝鸡市）三畤原出土的十块鼓形石上，为十首一组的四言诗，内容记述秦国国君游猎情形，故也称"猎碣"。字体一般断定为籀文，笔势雄浑，结构严谨，有极高艺术、史料价值。十鼓现存故宫博物院。

各有合理的安排。小篆由于运用了这些原则，最终使文字脱离了象形化的阶段，开始成为一种更具有表达力的符号化的文字。

小篆创造成功后，秦帝国立即发布政令，向全国推行——

（一）宣布小篆为统一字体，废止与此不合的字体。

（二）由李斯、赵高、胡毋敬三人，用小篆书体分别编写了《仓颉篇》、《爰历篇》和《博学篇》，发向全国，既作为推行小篆书体的范本，又可作为儿童启蒙的识字课本。

（三）命令各级官吏带头推行小篆。《蒙恬笔经》载有一段李斯讲述的书写小篆要诀[1]，据此推测，当时很可能还对有关官吏作过一点培训。此外，秦始皇自己也身体力行，他在巡游各地时所立碑石上的铭文，均由李斯统一用小篆书写。

值得一提的是，秦帝国在把小篆作为规范字体向全国推行的同时，还支持了一种更新的字体——隶书的创制和作为非官方正式文字流行。

隶书最初是由所谓"草篆"，即在秦帝国初创时期，由于公务烦冗，官吏隶役为求快速而草率写成的篆书演变而成。隶书的创始人，古书记载不一。有的说是下杜人程邈（张怀瓘《书断》），有的说是王次仲（《水经·漯水注》）；还有的说是他们两人先后合作创造的：王次仲"更为隶法，简略径直，急速即可成章。时秦方燔书，废古训，官狱多事。始皇得次仲书，大喜，遣使三召，次仲皆辞不至。始皇怒，因令下杜程邈增损其书行之。以为可施诸徒隶最便者也，名曰隶书"（《古今图书集成·职方典》引《镇志》）。

比之于小篆，隶书是汉字进一步向符号化方向发展的一种新型字体。隶书结体更加简单，书写时由圆转改为方折，更大为便捷。由隶书而草书，而行书，而正书，不仅使我国文字最后定型并日臻完美，而且正是由于隶书在结体上第一次出现了波磔这一灵动飞秀的新颖笔法，它像一只报春的燕子，突然向世人预示了潜藏于其中的一座神奇的艺术宫殿，于是汉字除了实用性，很快又发展成了一门具有独特魅力的艺术——书法。由此，世人便荣幸地看到了汉、魏、晋、唐一个接一个的书法艺术的辉煌时代。

上述三大统一的成功，最终清除了由长期分裂割据时代遗留下来的社会相互交流沟通方面的障碍，从而为帝国大厦画出了一幅整体风貌。在如此短暂的时间内，同时展开如此众多复杂内容的改革，又进行得如此顺利；而且当时所确定的新体制、新规定的主要方面，后来竟然还能被历世认可，千年百代延续下来，这不能不说是秦帝国创造的奇迹。三大统一，功惠千秋。如今，当我们回过头去探索它的成功经验时，有一点非常突出，那就是：当时帝国所动用的不只是它那强大的权力机器和严厉的法制力量，同时还有它严格的科学态度和求实精神。无论统一货币、度量衡，或是统一文字，都经过反复慎重比较，选择和制定了合乎事物本身发展规律的方案后才宣布实施的。这一点，特别值得后人深深思索。

---

【1】《蒙恬笔经》："李斯曰：'夫用笔之法，先急回，后疾下。如鹰望鹏逝，信之自然，不得重改。送脚若游鱼得水，舞笔如景山兴云，或卷或舒，乍轻乍重。善深思之，理当自然矣。'"如果这一记载可信，那么李斯不仅创制了小篆，还是书法理论的始祖。

# 接过盘古氏的巨斧（下）

## 撒下严密的法网

秦帝国仿佛所向披靡的强大权威力量，是依靠严峻的法制支撑起来的。当帝国之车威严地在华夏大地上转动起来时，它的轨道就是法制。当然也可以说这种法制是帝国统治阶级即新兴地主阶级的意志的集中表现，但事实上通常却正是秦始皇个人意志的表现。

秦帝国的法制，不妨用两句话来概括：比以前任何时期完备，比以前任何时期严酷。

秦国自商鞅变法后，就建立了一套较为完备而严峻的法制。商鞅以李悝《法经》为基础，"改法为律"，成为"《盗律》、《贼律》、《囚律》、《捕律》、《杂律》、《具律》"等六律（见《唐律疏义·序》）。此后一百多年根据需要又陆续制定了一些新的法律条文，到秦帝国建立后更作了全面的扩充和修订，以至完备周密到可以实现"事皆决于法"（《史记》本纪）的地步。

但是过去由于文献和资料不足，对帝国法制具体情况往往语焉不详。可喜的是1975年湖北云梦睡虎地第十一号墓出土了一千余支秦代法律的竹简，在相当程度上解决了这个使学者们长期困扰的问题。日本学者大庭修说他一看到新闻报道就"翘首盼望"着这批秦简内容的发表。发表后他作了这样的评价："这次发掘的结果，使大量秦律内容得到理解，其数量远远超过汉律令的佚文"；"而且在这些条文中可以见到与汉律和汉代官制非常接近的内容，不仅是单纯地对秦代研究有用的史料，而且对汉代法律的理解和研究也极为有益"（《秦汉法制史研究》）。

云梦《秦律》出土后，大致可以为秦帝国的成文法典勾勒出以下概貌——

第一，属于刑书、民事和诉讼法方面的，除了商鞅变法时颁布的"六律"，出土《秦律》中还有一篇《法律答问》，是一种解释性律文，共一百八十七条。内容涉及到刑事方面的犯罪构成、量刑标准、刑事责任、共同犯罪、犯罪未遂、犯罪中止、数罪并罚；和民事方面的婚姻的成立与解除，财产的继承以及损害的赔偿等等。其中还有一些牵涉到诉讼权利、案件复查、自首、诬告、失刑、不直、纵囚等诉讼法的理论原则问题，都是秦以前文献记载所未见的。此外，散见于《史记》、《汉书》等史书中的还有不少，如"舍人法"、"什伍令"、"禁父子兄弟同室内息令"等等。

第二，属于行政法方面的，有《置吏律》、《行书律》、《内史杂》、《尉杂》等。秦帝国在建立庞大的中央集权官僚机构的同时，还因实行郡县制而委任了众多的地方官吏，这种情况是过去实行封建制时代从未有过的。在这种历史背景下，一套管理官吏的法律便应运而生。从这些律文中可以看出，帝国对官吏的要求颇为严格，对在职官吏，规定有名目繁多的考课法，从基层评比到政府机构"上计"，实施严格的奖惩制度。《史记·蔡泽列传》中还提到："秦之法任人而所任不善者，各以其罪罪之。"这就是说，官吏犯法不仅本人要受到惩处，他的保举人也要连坐。云梦秦简中有一篇长达近两千字的《为吏之道》，对官吏从执行政务到个人修养提出了全面要求。其中提到："临财见利，不敢苟富；临难见死，不敢苟免。"特别严禁"非上"，即对秦始皇必须绝对忠诚："非上，身及于死！"

第三，属于经济法和军事法方面的，内容更为完备，有些规定得十分具体、细致。如《田律》、《厩苑律》、《仓律》、《金布律》、《均工律》等经济类法律，固然表明了帝国"以农为本"的策略思想，同时对手工业和商业也相当关注。其中不仅有所有制关系、农田水利、山林保护和工商管理等条文，包括种子保管、防风防涝、除虫灭害等等都有明细规定。《仓律》中还有这样的条文："县遗麦以为种，用者殽禾以臧（藏）之。"这是要求留作种子的麦子，应像收藏谷子一样注意收藏好。下面这条有关种子使用量的规定更具体得有点类似经验介绍："种：稻、麻，亩用二斗大半斗；禾、麦，亩一斗；黍、荅（dá，小豆），亩大半斗；叔（菽），亩半斗。"《均工律》中规定："隶臣有巧可以为工者，勿以为人仆养。"这说明帝国对手工业方面的技术力量是注意保护并尽量发挥其专长的。属于军事类的有《军爵律》、《除吏律》、《中劳律》、《屯表律》、《戍律》、《公车司马猎律》和《秦律杂草》中的有关条文。秦国自商鞅变法后就以"农战"为兴国之道，经过兼并六国之战，对军队自然更加重视。这些律法条文中，对服兵役年龄、士吏简练、军伍纪律、战斗指挥、功过奖惩、爵位予夺以至军马饲养等，都有明细规定，目的都是为了使帝国始终握有强大的军事力量。

为了强化法，秦帝国强调"以吏为师"、"以法为教"，因而狱吏特别受到重用，这就是《史记·秦始皇本纪》说的："专任狱吏，狱吏得亲幸。"曾任主管刑法的廷尉的李斯后来做了丞相，精于狱法的赵高不仅被举为掌管皇帝乘舆路车的中车府令，还当了王子胡亥的老师。与此同时，在全国范围内展开了强大的普法宣传声势，规定官吏要定期向平民宣讲法律。秦始皇四出巡游每至一地的勒碑刻石，也多以宏扬帝国法制为主题。如——

《琅琊台刻石》："端平法度，万物之纪……"
《芝罘刻石》："普施明法，经纬天下，永为仪则……"
《会稽刻石》："秦圣临国，始定刑名，显陈旧章……"

秦帝国所以要这样做，原是由秦始皇那样推崇以韩非为代表的法治思想所决定的，但为了强化权威，却再一次把"五德终始"说中所谓以水德受命抬了出来："刚毅戾深，事皆决于法。刻削，毋仁恩和义，然后合五德之数。"对《史记》本纪中的这段话，《索隐》作了这样解释："水主阴，阴刑杀，故急法刻削，以合五德之数。"这就赋予"事皆决于法"

以"受命于天"的至上意义,包括种种酷烈的刑罚也变得神圣不可侵犯。其突出表现在——

【"轻罪重罚"成了指导思想】

说起来,这又是从韩非那里学来的。韩非的"重刑论"是建立在人的本性都是自私这样一个基本认识上的。他在《六反》中说:"所谓重刑者,奸之所利者细,而上之所加焉者大也;民不以小利蒙大罪,故奸必止者也。所谓轻刑者,奸之所利者大,上之所加焉者小也;民慕其利而傲(轻视)其罪,故奸不止也。"轻罪重罚人们觉得不合算,就不会去犯罪;重罪轻罚则有利可图,于是作奸不止。由此推出的结论是:"故曰重一奸之罪而止境内之邪,此所以为治也。重罚者,盗贼也;而悼惧者,良民也。欲治者奚疑于重刑?"

秦帝国法制中许多地方充分体现了"轻罪重罚"的特点。以《法律问答》为例:

同父异母相与奸,可(何)论?弃市——弃市就是在闹市区执行死刑,并抛尸示众。

誉适(敌)以恐众心者,戮(戮)。戮者可如?生戮,戮之已乃斩之之谓也。——士兵为敌人说几句赞誉的话,就被认为动摇军心,先刑辱示众,再杀死。

女子甲去夫亡,……论可也当黥城旦舂。——妻子背夫逃亡,就得被在额上刺上字,涂上墨,再罚去服筑城、舂米等劳役。

隶臣将城旦,亡之,收其外妻、子,子小未可别。——罚做筑城劳役的刑徒逃亡,就要罚他妻子、儿子做奴隶,儿子即使尚年幼,也不得赦免。

甲盗,臧(赃)直(值)千钱,乙智(知)其盗,受分臧不盈一钱,同乙可论?同论。——连相差一千倍也不作区别,一律同罪!

【刑罚酷烈、繁多】

秦法刑罚之烈、刑名之多,也是旷古未闻。总的可分徒刑、肉刑、死刑、族刑和杂刑等五大类。单以死刑为例,散见于《史记》等文献记载的就有——

腰斩——商鞅变法令规定:"民不告奸者腰斩。"(《史记·商君列传》)后来李斯就是被腰斩于咸阳市的。

枭首——斩下首级高悬示众。嫪毐集团中卫尉竭等二十人,皆处枭首之刑。

弃市——在闹市处死,并露尸街头。如"有敢偶语《诗》、《书》者,弃市。"(《史记·秦始皇本纪》)

戮刑——见前《法律问答》摘录。秦始皇弟长安君反,死屯留,军吏皆斩并戮其尸。

磔刑——破裂罪犯的肢体至死。车裂,即五马分尸,也是磔刑的一种。商鞅和嫪毐先后被车裂。

坑刑——也就是活埋。秦始皇"焚书坑儒","坑"了四百六十余名儒生,即用此刑。

定杀——投入水中活活淹死。《法律问答》:"疠者有罪,定杀。定杀何如?生定杀水中之谓也。"

镬烹——即油烹。前五章二节说到的齐客茅焦即险遭此刑。

具五刑——《汉书·刑法志》对"具五刑"的解释是:"先黥、劓(yì),斩左右趾,笞杀之,枭其首，菹（zū）其骨肉于市。其诽谤詈诅者，又先断舌。故谓之具五刑。"李斯就是具受五刑并被灭三族的。

此外还有"凿颠"、"抽筋"和绞刑等等。这些大多属奴隶制时代的野蛮刑罚，秦始皇却把它们继承了过来，有的更变本加厉，可说达到了登峰造极的地步。法制完备本是一个进步，但如此酷刑，却又是一大倒退，这大概是自以为集三皇五帝之尊的秦始皇没有想到的吧？

【行赏告奸，扩大株连】

这是秦律"刻削，毋仁恩和义"（《史记·秦始皇本纪》）的又一突出表现。

《法律问答》中有不少条文是鼓励同里、同伍以至父子、兄弟、夫妇之间相互告发和惩罚相互庇护的。如"夫有罪，妻先告，不收母妻媵臣妾、衣器当收不当？不当收。"这就是说夫妇之间一方犯罪，另一方有履行自告即告发的义务，这样做了以后不但可以自免，还可保住属于自己的那部分财产和婢仆；不然就将受到同样惩处。这种规定与儒家的主张"为尊者讳，为亲者讳，为贤者讳"（《春秋公羊传·闵公元年》）大相径庭。如儒家思想吸收较多的《唐律》有这样规定："诸同居，若大功以上亲，及外祖父母、外孙、若孙之父、夫之兄弟及兄弟妻有罪相为隐，部曲、奴婢为主隐，皆勿论。"尽管实际上唐代对平民百姓并不见得就那么仁慈宽厚，但从理论上说毕竟还是不一样。

《史记·商君列传》载录的秦孝公变法令中还有这样规定："不告奸者腰斩，告奸者与斩敌首同赏，匿奸者与降敌同罚。"赏罚之间相距天壤。据《史记索隐》："告奸一人则得爵一级"。"爵一级"是一个什么样的官职呢？《韩非子·定法》称："商君之法：斩一首者爵一级，欲为官者为五十石之官。""爵一级"大致等于多少价值呢？秦国曾实行过鬻爵制："令百姓纳粟千石，拜爵一级。"一爵之价，竟是十二万斤粟子！一个普通农民可能一辈子也种不出这么多粮食来，而告奸一人便可"得爵一级"，这是多大的诱惑啊！这样比算可能不一定准确，但至少说明赏格是很高的。如此重罚与重赏双管齐下，当时告密之类的事一定发生过很多。纵使仍会有不为威胁利诱所动，甘愿以生命去殉道义的人，但他们却往往显得那样孤立。这种法令，我以为甚至比"具五刑"之类更野蛮，它要肢解的是人的灵魂。当然不能一概反对告发，但也不能否认这类极端规定对一个民族品性曾经起过的销蚀作用。它制造了一批犹大式的小人。鲁迅先生的小说《药》便是以一个告密事件作为背景材料的，读小说，谁还能忘记那几个血淋淋的人血馒头呢！

又是轻罪重罚，又是行赏告奸，被认定为"罪犯"的面已经够宽的了，但秦帝国似乎觉得还不够，再加上一条措施来延伸它的网络面：扩大株连。"连坐法"是早在秦孝公时期就实行了的，有所谓家属连坐、邻里连坐、职务连坐或部门连坐等等。这样一人犯罪，或亲属，或邻里，或同伍、同事都要受到惩罚。在秦代灭家、灭宗、灭族的屡见不鲜，还有灭三族、七族、九族甚至有灭十族的：秦破魏时，有一公子逃亡，于是通令全国：告者赐金千斤，匿者罪至十族。这一切，正是秦帝国被后人斥为"暴秦"的一个重要原因。后世帝王们对此，则往往采取既暗中摘取山栗子，又公开骂它多刺的做法。例如据《汉书·刑法志》记载,汉代的法律就是"相国萧何捃摭(jùn zhí,摘录)秦法,取其宜于时者"编纂而成。正如清代学者孙楷《秦会要序》中指出的:秦法固峻刻,但"自汉以来递向沿袭,群以为治天下之具,无外于此"!

## 棋枰与棋子

古代人的生活,远没有现代人这样安定。由于地理或气候条件的变化,为着生存和繁衍,集体长途迁徙是常见的。《史记·殷本纪》:"自契至汤八迁。"《尚书·盘庚》:"盘庚五迁"。周的先祖初居于邰,传至公刘迁到豳,到古公亶父时才定居于周原。只是这类迁徙都是由当时各该部族领袖自己作出决定的。周灭商而君临天下,接着又严厉镇压了商纣之子武庚发动的反周叛乱,这才出现了有一定规模的强迫性的迁徙,《尚书·周书》中的《多士》、《君陈》、《毕命》等篇,便留有周对殷商旧臣、遗民先后几次实施惩罚性强制迁徙的记载。就像本书一章一节所记述过的那样,嬴秦的先祖当时也是受到此种惩处的一个群体。他们离开了世代相依为命的东方故土,历尽长途跋涉的艰辛,来到关外这片陌生的西陲之地。八百多年过去了,历史倒过来了,如今轮到他们来对别人作出类似处理了!

实施迁徙,这是秦在帝国建立前就执行的一项政策。如秦孝公任用商鞅变法时,在京城有数以千计的人反对新法,就下令把他们迁到边疆去。秦昭襄王时每攻占新地,就迁徙秦民去充实。秦始皇自己在初亲政时,也先后将与嫪毐、吕不韦两个集团有牵连的数千户迁至蜀地房陵。当然所有这些都远远不能与帝国时代相比。从帝国建立开始的近十年时间里,迁徙达二十余次之多,规模之大,延续时间之长,在历史上都是空前的。迁徙地域既有通都大邑,也包括南北边陲。迁徙对象除了六国后裔、各地豪富,还有罪犯、渎职官吏和商贾、赘婿以及一般平民。手握至高权力的秦始皇,视帝国疆域为棋枰,随意调动枰上的棋子。有数字记载迁徙万户以上的就有:秦始皇二十六年(公元前221年)将各地豪富十二万户迁移到咸阳;二十八年(公元前219年)徙"黔首"三万户至琅邪台下;三十五年(公元前212年)迁徙三万家到丽邑,五万家到云阳;三十六年(公元前211年)迁徙三万民户到北河、榆中定居。设想一下,在当时的交通条件下,或同时,或先后,有几支成千上万扶老携幼的人群,艰难地跋涉在或是南疆、或是北国动辄千百里之遥的迁徙路途上,那是一种多么惨烈却又壮观的景象啊!痛苦、怨愤、病残以至死亡自不待言,但那一行行交错纵横于华夏大地上的脚印,尽管深深浅浅、凌乱不一,却已是南北东西无所阻隔,列国疆界只是作为历史陈迹还存在着,从而向世人宣告了这样一个事实:帝国确实已实现了空前大统一!

说秦始皇是在随意调动枰上的棋子,是就他根本不考虑被调动者的意愿和艰辛而言的;在他自己,却还是有经过深谋远虑而形成的以巩固发展帝国为目的的总体构想。在这一点,他又不愧为一位具有远大战略眼光的政治家。

总的看来,大体出于以下几种考虑,文中所举实例,均引自《史记》或《汉书》、《后汉书》。

一是为了惩罚。对象多为六国王室贵族及部分罪犯。如秦灭齐,迁齐王建于共;灭赵,迁赵王迁于房陵等,本书前已提到。此外还有:"秦灭魏,迁于湖阳,为郡族姓";"秦既灭韩,徙天下不轨之民于南阳"。以至到了后世,列国之后往往各地可见:"定理、云中、五原、本戎狄地,颇有赵、齐、卫、楚之徒。"

二是为了实边。也有些并非属于边陲之地,只是秦始皇觉得需要进行移民加以充实的地区。此类迁徙人数最多。如充实南疆的:秦始皇三十三年(公元前214年),"发诸尝逋亡人、赘婿、贾人,略取陆梁地,为桂林、象郡、南海,以谪遣戍"。还有充实北边的:"秦遣蒙恬攘却匈奴,得其河南造阳之北千里,地甚好,于是为筑城郭,徙各充之,名曰新秦。"为着充实的目的而作的迁徙,如果对象并非需作惩罚的罪犯,后期帝国还采取了一些奖励措施,见于《史记·秦始皇本纪》记载的有三次:秦始皇二十八年(公元前219年)"乃徙黔首三万户琅邪台下,复十二岁",即免除迁徙者十二年徭役;三十五年(公元前212年)"徙三万家丽邑,五万家云阳,皆复不事十年";三十六年(公元前211年)"徙北河、榆中三万家,拜爵一级"。

三是为了工程。主要是修筑阿房宫和始皇陵。"始皇初即位,穿治郦山,及并天下,天下徒送诣七十余万人","乃分作阿房宫,或作丽山"。还有就是造长城:秦始皇三十三年(公元前214年)"以适戍西北取戎为三十四县,筑长城河上。蒙恬将三十万"。秦始皇三十四年(公元前213年),"适治狱吏不直者,筑长城,及南方越地"。所谓"不直",指官吏断案违反了法律规定,也带有一定的惩罚性。

第四,姑名之为"特种考虑"。这主要指发生于秦始皇二十六年(公元前221年)那一次:"徙天下豪富于咸阳十二万户。"既称豪富,显然非指一般的富裕人家,而是那些既有经济实力又有政治影响的豪门望族。在帝国诞生之初,一下子把如此众多的天下豪富都集中到帝国京都咸阳来,究竟为了什么呢?在这期间,秦始皇做的每一件事都有强烈的政治性和目的性,迁徙豪富这样大的事自然也是经过他和他的谋士们的慎重考虑,但留给后人的却只有猜测。学者们或从政治着眼,或从经济立说,分析了当时所以要这样做的原因。如林剑鸣认为"迁徙豪富,其目的是打击他们势力"(《秦史稿》);田昌五说是"进一步加强了对他们的控制"(《秦汉史》);郭志坤则认为有两个目的:"第一,在政治上对他们进行打击";"第二,促进首都咸阳经济的发展"(《秦始皇大传》)。笔者不才,再也想不出别的可能来,以为三位所论大抵总是对的。可供参照的是汉高祖刘邦在灭秦兴汉初期,也曾进行过一次类似的迁徙,不妨看看此策之建议人建信侯刘敬是怎么说的——

[刘敬曰]:"秦中新破,少民,地肥饶,可益实。夫诸侯初起时,非齐诸田,楚昭、屈、景(田氏和昭、屈、景三姓,分别为原齐、楚王室)莫能兴。今陛下虽都关中,实少人。北近胡寇,东有六国之族,宗强,一日有变,陛下亦未得高枕而卧也。臣愿陛下徙齐诸田,楚昭、屈、景、燕、赵、韩、魏后,及豪杰名家居关中。无事可以备胡;诸侯有变,亦足率以东伐。此强本弱末之术也。"

上（指汉高祖刘邦）曰："善。"乃使刘敬徙所言关中十万余口。（《史记》本传）

刘敬说的好处有二：一是平时可借以防备匈奴；二是一旦天下有变，可率领他们向东征伐。总起来便是"强本弱末"。

值得注意的是，汉初迁徙六国之后及豪杰名家的安置地为整个关中；总人数是"十万余口"。

秦始皇迁徙天下豪富总数多达"十二万户"，而又全都安置在咸阳。

这使我不免起了疑问。

一是当时中国人口总数，据唐代杜佑在《通典·食货志》中估计也只有一千五百余万（《帝王世纪》、《文献通考》同此），是否真能产生如此众多"豪富"？

二是如果数字属实，事情就有点麻烦。

"十二万户"，会有多少人口呢？他们都是"豪富"，大概打光棍的不会太多，更多的则是妻妾子女成群，媵臣婢仆如林。像吕不韦那样的豪富，《史记》本传是有明确记载的，叫作"家僮万人"。即使前呼后拥、左跟右随之类强令他们统统不许随带，那么每户五口总是不能再少了吧？那就是六十万！咸阳原有多少人口，无从稽考。不妨做个比较。杨宽《战国史》认为战国时期"各国的国都中，以齐国临淄规模为最大，也最繁华"。临淄的人口据《战国策·齐策一》说当时的纵横家苏秦有过一个估计："临淄之中七万户"。如果也以五口一户计算那就是三十五万。后起且居于关中的咸阳显然不可能有这么多。以一个不到三十五万人口的城市，能一下子吸纳六十万人口吗？即使出现了奇迹，那么一个外来人口占绝对优势的咸阳，还可能是原来的咸阳吗？此路不通，再换个方式试试。就算帝国建立后，咸阳人口暴增了一倍多，也达到了六十万，怎么样呢？麻烦还是不小：第一，那样公元前三世纪的咸阳，居然有了一百二十万人口，这是否有点近乎天方夜谭了呢？第二，即使这样，咸阳居民与外来豪富也还只有一比一。既称"豪富"，必然是那些既有智谋又有经济实力和社会影响的人，一比一，"控制"、"打击"得了吗？更何况豪富们是敌忾同仇、一致抗秦，而咸阳市民们则各有打算、形同散沙呢！所以如果真有那么多豪富，为帝国安全计，还不如散居在原址的好。一声号令统统迁徙集中，那无异于太阿倒持，开门揖盗，在帝国京城安置了一颗威力无比的定时炸弹。不错，秦始皇一向以喜好极端、善走险棋著称，但也不至于险到如此可怕程度呀！

我怀疑"十二万户"这个数字至少夸大了一百倍。但我疑而无据，所以只好打个过门，叫做"特种考虑"。特种考虑者，我回答不出也！

## 南征与北伐

统一六国战争的硝烟虽已止熄，但秦始皇并没有停止挥动他南征北伐的长剑。他的方针是：以减免赋税、减轻刑罚、奖励工商等怀柔政策，安定作为后方基地的巴蜀，同时南征百越、北伐匈奴，以继续扩展和巩固边疆。

南征与北伐究竟何者为先，当时秦始皇可能与群臣有过商议，并产生了不同意见。此事在《史记·平津侯主父列传》似有端倪可察。话是传主主父偃在奏文中说的。他说秦始皇在并吞六国、海内为一后，仍然"务胜不休，欲攻匈奴"，李斯进谏以为"不可"。理由一是，"匈奴无城郭之居，委积之守，迁徙鸟举，难得而制"；二是"轻兵深入，粮食必绝"，难于成功；三是即使胜利，"得其地不足以为利也，遇其民不可为役守也"。结果是"秦皇帝不听，遂使蒙恬将兵攻胡，辟地千里，以河为境"。

但实际上，下令蒙恬北伐匈奴的事，《史记·秦始皇本纪》有明确记载，发生在帝国建立后的第六年。这是否可以这样理解：秦始皇虽然不同意李斯进言，但行动上还是先采取了南征方案；主父偃只是为了叙述方便，略去了中间一段曲折。如果真是这样，那么一向"持爵禄之重，阿顺苟合"的李斯居然能正面顶撞"上意"，秦始皇居然还能多少听从一点与自己相反的意见，这在帝国时期都是要算极为稀罕难得的事了。

南征时间可能在帝国建立之初，发兵五十万，统率大将为国尉屠睢（suī），目的是要平定百越。

百越也称百粤，是古代我国东南滨海诸少数民族，如瓯越、闽越、于越等的总称。百越之地，被古代中原人视为"文身断发"的蛮夷之族，传说中舜曾为南方"巡狩"，禹也曾"南抚交趾"，在当时人们意念中似乎已到了南天尽头。但随着社会的发展，华夏民族诸支族便渐次日益接近，并相互渗透。百越中最著名的一支于越，便在春秋时建立越国，与隔江相望的吴国演出了一部雄烈悲壮的"吴越春秋"。至战国，越国为楚国所征服。秦在灭楚的同时，也降伏了越君，置其地为会稽郡。这样秦帝国一建立，平定和统一大多居于岭南之地的百越，便成了题中应有之义。

但这一带有横亘于湘、桂、赣、粤间的南岭山脉，山高林密，峰峦峡谷重叠，沟渠川壑交错，不仅车行无路，连士卒也难以通行。岭南诸越凭借着险峻的地势进行了顽强的抵抗，战斗进行得异常艰苦、激烈。《淮南子·人间训》记下了这次战役的全过程——

乃使尉屠睢发卒五十万为五军。一军塞镡城之岭，一军守九疑之塞，一军处番禺之都，一军守南野之界，一军结余干之水。三年不解甲弛弩。使监禄（即史禄，秦御史）无以转饷，又以卒凿渠而通粮道，以与越人战。杀西呕（百越中一支）君译吁宋，而越人皆入丛薄中，与禽兽处，莫肯为秦虏。相置桀骏（勇猛之人）以为将，而夜攻秦人，大破之，杀尉屠睢，伏尸流血数十万。乃发谪戍以备之。

五十万大军，兵分五路，苦战三年，结果却是主将屠睢被杀，又"伏尸流血数十万"，遭到了严重挫折。原因除了地形险恶以外，还有越人的骁勇、机智和顽强。你杀了他们的君主，他们就迅速推选出一个勇猛之人来当头，再跟你干。打了败仗，他们退入丛林，宁肯与禽兽相处，也不当你的俘虏。他们还充分发挥自己善于爬山越岭和划船荡舟的特长，利用深山林密河流纵横的特殊地形，不断跟你神出鬼没"打游击"，致使人地生疏兼不惯水土的秦军"屯守空地，旷日持久，士卒劳倦。越乃出击之，秦兵大破"（《汉书·严助传》）。

从秦军主观方面来说，遭致失败还有一个原因，由于地形复杂，运输艰难，后勤供应不上。

这些困难自然是吓不倒秦始皇的。据《史记》及《汉书》等记载，他立即采取了两条措施：一是增加兵力。命令任嚣、赵佗率领大批"楼船之士"赶赴岭南增援；同时，"发诸尝逋亡人、赘婿、贾人略取陆梁地（即岭南地）"。赵佗吸取屠睢教训，采取了一些缓和做法，如鼓励士卒与越民杂处等。为了稳定军心，又特地上书秦始皇"求女无夫家者三万人，以为士卒衣补"。秦始皇批准了他的请求，从内地派去了一万五千名"无夫家者"妇女。

二是派遣史禄凿渠通航。史禄凿通的这条渠就是著名的灵渠。灵渠又称湘桂运河或兴安运河，在今广西兴安县境内，长三十余公里。整个工程由铧堤、大小天平、南北渠道和秦堤、泄水天斗门等组成。兴安地势极高，地貌复杂多变，灵渠开凿后，原来互不相涉的湘漓二水竟在此汇流，从而出现了北水南合、北舟越岭的奇观，真可谓巧夺天工。宋人范成大在《桂海虞衡志》中有这样介绍——

其作渠之法，于湘流砂磕中垒石作铧嘴，锐其前，逆分湘流为两，激之六十里，立渠中，以入漓江与俱南。渠从兴安界，深不过数尺，广丈余。六十里间，置斗门三十六，土人谓之斗。舟入一斗，则复开一斗。俟水积渐进，故能循岩而上，建瓴而下。千斛之舟，亦可往来。治水之妙，无如灵渠者。

灵渠与帝国建立前分别由李冰、郑国修建的蜀地都江堰、关中郑国渠一样，是秦代创造而遗泽千秋的巨大水利工程，史禄的名字与李冰、郑国一样永远为后人所传颂。但在当时，灵渠的主要目的还是为了军事。灵渠通航后，帝国威力得以顺利施及岭南，军事上取得节节胜利，很快实现了全面占领。接着在那里设置了南海、桂林、象三郡，并征发五十万罪徒去戍边开垦。从此，长江以南广阔土地尽入秦帝国版图。

就在南征即将告成的秦始皇三十二年（公元前215年），始皇帝又一道诏令，急命"蒙恬发兵三十万人北击胡，略取河南地"（《史记》本纪）。

这里所说的"胡"，主要是指匈奴。

匈奴之名在古书上记载不一，《史记索隐》记有"尧时曰荤粥，周曰猃狁，秦曰匈奴"的说法。战国时期，七国之中有秦、燕、赵三国的北部边境与匈奴为界。大致说来，当时居住于东北和北方的匈奴等少数民族，要比中原地区落后一个社会发展阶段，至战国末期才开始进入奴隶制社会。匈奴奴隶主贵族利用骑兵的优势，经常南下深入中原，进行骚扰和掠夺，还为此制定了特别奖励措施。如《史记·匈奴列传》中就有这样记载："斩首虏，赐一卮酒，而所得卤（虏）获，因以予之，得人以为奴婢。故其战，人人自为趣（趋）利。"赵武灵王锐意革新，改胡服习骑射，北破林胡、楼烦，而置云中、雁门、代郡。后赵将李牧守边时，匈奴不敢南窥十余年。秦灭赵决战一拉开，赵急调李牧及驻边赵军回师援救，匈奴又趁机纷纷南下。因而秦始皇在统一六国后就准备乘势北伐，上面已经提到，可能由于李斯的进谏才暂时搁置了下来。

促使秦始皇突然作出决定北伐的,是因为这一年他在巡视北边时,有个燕地人叫卢生的,呈奏了一件神秘的"录图书",上面有这样一句话:"亡秦者,胡也。"[1] 由此触发,秦始皇毅然下决心立刻平定东北及北方地区的东胡、匈奴,以绝后患。

蒙恬是秦昭襄王时代著名将领蒙骜之孙,秦始皇灭楚主将蒙武之子,蒙门三代,都为秦将。蒙恬还有弟蒙毅。在兼并六国中,王翦父子是扛鼎大将;在帝国时期,蒙氏兄弟,恬任外战,毅为内谋,皆为栋梁重臣。蒙恬的勇猛和智谋,在灭齐之战中已锋芒初试。这次他受命率领三十万大军北逐匈奴,被后人形容为"若鸷鸟之追群雀,匈奴势慑,不敢南面而望十余年"(《盐铁论·伐功》)。这次北伐胜利,不仅收回了在秦与中原决战期间被匈奴乘机夺去的河套以南地区和原为赵地的九原郡,还扩大到河套以北阴山一带地区,共立三十四县,并重新设置了九原郡。随即秦帝国对这些设立的郡县采取了记载于《史记·匈奴列传》的这样两项措施——

因[黄]河为塞,筑四十四县城临河,徙适戍以充之。
——即征发数以万计的中原内地人到这些新地区去充实户籍和开垦土地。

通直道,自九原至云阳。因边山险堑溪谷,可缮者缮之,起临洮至辽东,万余里。
——这样,就使历史上这些一向被视为化外"荒服"之地,也与帝国京都和中原诸地连接了起来。

## 修造帝国围墙

现在就要说到造长城。

修造诏令是在北伐第二年,即匈奴基本平定,大批戍边人员正在纷纷被征发而来的秦始皇三十三年(公元前214年)下达的。督造长城的人正是在北伐匈奴中建立了大功的蒙恬。《史记》本传称:

秦已并天下,乃使蒙恬将三十万众北逐戎狄,收河南,筑长城,因地形,用制险塞。起临洮,至辽东。延袤万余里。

从此,以龙的传人自称的华夏民族,有了一个永恒的物化象征:一条体长万余里的石龙。这条巍峨、苍莽的石龙,由白水之畔起身,沿着奔腾的黄河,越过苍凉的阴山,然后

---

[1] 见《史记·秦始皇本纪》。《集解》引郑玄语对"胡"作了另一种解释:"胡,胡亥,秦二世也。秦见图书,不知此为人名,反备北胡。"此说流传甚广,但多半为后人根据后来秦二世胡亥亡秦事实倒回去附会而成。古书上此类图谶式预言甚多,仿佛是"神示",其实往往为"人示"。

蜿蜒东行；跨过崇山峻岭，穿过茫茫风沙，至辽水又蓦地探身南下，最后在渤海湾舒坦地横躺了下来。也许它要畅饮东海之水，用以滋润华夏大地上它的万千子民？或者它要用自身的这个形象，向世人昭示一个真理：人与山、与水，原本就属一体吧？

站在这古老的长城之前，我们只有仰视，只有惊叹。

无法想象，我们民族为何在那历史的一瞬间竟会焕发出如此宏大的创造伟力！无法想象当时数十万人劳作在绵延千万里高山大河间的造城工地上，那是一种何等艰巨、又何等壮观的景象！无法想象如此众多的每块重达两千余斤的长方石，如何被肩扛手举运上连飞鸟也难以止栖的峭壁上去的！无法想象那时来自北国南疆操着各地方言的数十万先人，他们为此付出多少智慧和血汗，忍受了多少个霜晨和雪夜？他们熬尽精力的体躯有多少就长眠在他们自己修造成起来的这长城之下？尽管孟姜女属于传说，但既然有数十万征夫必然有数十万孟姜女，无法想象这数十万"怨女"和"弃妇"又如何在孤灯下度过她们凄凉的一生？

我们无法想象，只有仰视和惊叹。

如今，中国长城已作为全人类的骄傲，由联合国教科文组织列入了世界遗产保护目录，全世界不同肤色的人们都向它投来了惊奇的目光。长城作为蕴含着巨大而深邃的文化意义的历史遗迹，无疑将与世长存；但它同时又作为秦帝国和秦始皇暴政的象征，千百年来被人们论说不休。唐代诗人汪遵以《长城》为题赋诗咏叹道：

秦筑长城比铁牢，
番戎不敢过临洮；
虽然万里连云际，
争及尧阶三尺高。

这是讥讽秦帝国纵有长城似钢铁，终因暴虐二世而亡；不如像传说中的帝尧那样，所居之处俭朴到"土阶三尺"、"茅茨不剪"，却能修盛德以感化四夷，舞干戚而有苗来服。

讥讽是辛辣而深刻的：万里钢城竟不敌三尺土阶。的确，历史一再正告世人：不可一世的暴力，最终总要在朴素的真理面前败下阵来。

不过我却想暂时放过对长城的功过评价，由这首诗生发开来谈点想法。

诗人是在做诗，不应从科学史观上去作苛求。事实上如果要求秦始皇也实行土阶三尺，就如同要求帝尧去造长城一样不合事理。

仔细想来，帝尧时代也实在只可能有土阶三尺。在远古时代，非但不可能造长城，也根本不可能有"长城"这个概念。从产生造长城的构想到实施造长城，都是要到春秋战国以后才有可能的事。而像绵延万余里这样大统一的长城，也唯有秦始皇和秦帝国才想得出，并做得到。

这是因为战争是发展的，战争中使用的进攻和防御的工具、设施也是发展的；战争的进行固然会对生产力带来强有力的刺激，但战争中使用何种武器装备和防御设施，归根结底还是决定于社会生产力发展到何种程度。

帝尧时代如果发生战争，只能有一些木、石武器。可能还使用过猛兽。如《吕氏春秋·行论》说到鲧因为尧没有让他做"三公"，就"怒其猛兽，欲以为乱"。猛兽还不止一匹两匹，而是一大群："比兽之角，能以为城；举其尾，能以为旌"。《尚书·甘誓》是夏启讨伐有扈氏的一篇动员令，其中有命令"车左"如何、"车右"如何的话，可能那时已有了兵车。但兵车和青铜武器的盛行，该是已到了商、周时代。那时，兵车多寡便成了实力强弱的主要标志，在先秦典籍中，我们经常可以读到"千乘之国"、"万乘之君"一类话。乘，就是一车四马。"万乘"甚至成了君主的代称。周代贵族子弟的必修课有六门，即所谓"六艺"：礼、乐、射、御、书、数。其中"御"，就是要学会驾车。但一进入战国，特别到战国后期，随着铁制武器的出现，步、骑兵迅猛崛起，例如在秦国吞并诸侯大决战的各个战役中，只有兴发多少万兵卒的记载，似乎再也见不到兵车的影子。原来曾经逞雄一时的兵车渐次成为明日黄花，纷纷从前线退伍下来做了后勤运输辎重工具或防御障碍物。

　　在骑兵崛起过程中，应当看到当时居于我国北方那些惯擅骑射的少数民族作出的贡献，同时还不要忘记提到一个人，就是赵武灵王。

　　战国中期，赵国在与北邻中山国，特别是与善于骑射的东胡、林胡、楼烦等部族的交战中，屡战屡败。惨痛的教训使赵武灵王认识到了中原诸国仍以兵车为主的作战格局的落后性。但要学骑射，首先得从改变服式做起。于是赵武灵王不顾"大中原"传统思想的强烈反对，身体力行，带头脱下宽袍大袖、上衣下裳的中原服装，穿起了便于骑马驰骋的胡服短衣长裤，并且就这样上朝议事。这就是历史上有名的赵武灵王"胡服骑射以教百姓"（《史记·赵世家》）的首创性举动。在赵武灵王倡导下，赵国很快建立起强大的骑兵，并在战争中屡屡得胜。各国奋起仿效，骑兵这种奔驰如闪电、进击似霹雳的新型兵种，就这样跃上了七雄纷争的战场。在当时苏秦、张仪这两位纵横家的说词中，我们可以看到这样一些统计数字：秦、楚、赵各有"车千乘，骑万匹"，燕"车七百乘，骑六千匹"，魏"车六百乘，骑五千匹"（见《史记》、《战国策》）。这些数字虽难免有夸大不实之处，但至少说明短短几年工夫骑兵已取得了与兵车平起平坐的地位，它预示兵车为主的战争历史行将结束，以步骑兵结合的格局主宰战场的时代就要到来。

　　但就像既已出现"矛"必然会造出"盾"来一样，世界上的事情总是一物降一物，相互制约着的。大规模步骑兵结合对抗作战方式很快产生了它的对立物——长城。

　　战国时期，赵、齐、楚、魏、燕、秦和中山，都先后在自己边境的某一段造过长城。秦始皇造的万里长城，其中有些区段就是利用了原来秦、赵、燕的旧长城修缮、扩展、连接而成。

　　长城可说是城堡构想的延伸，是古代防御体系的极顶。

　　长城只产生在东方的中国，是有其独特的时空条件决定的。除了由帝王封建制转入帝王集权制这样一个特定的时代，还因为有大致以黄河南北为界，以农耕为主的中原和以游牧为主的北疆这样一种特殊的地理环境和一部双方争战不休的历史。所有这些一旦进入手握着至高至上权力、一声令下便能集结起人世间所有能量的秦始皇的头脑，便促使他产生了要为帝国西北部建造一道弯弓形的大围墙的构想。但如果我们深层地想想，就不难发现这一构想其实是个奇特的矛盾统一体：它一方面表现了秦始皇以为自己"无所不能"，可以凭意志创造人间任何奇迹；另一方面则又反映了他已认识到自己"有所不能"，不能勉强去做那些永远做不到的事。因为很显然，不惜以沉重代价强力南征北战所张扬的是一种积极进取的精神，而修筑长城，把已竭尽努力扩展了的家国围护起来，所透露的则是一种消极的防守思想。这一点前人早有指出。如汉代桓谭在《新论》中说："夫以秦始皇之强，带甲四十万，不能窥河西，乃筑长城以分之。"把秦始皇当时的心态揭示得更为清晰的则是中国现代民主革命先驱孙中山先生，他在《建国方略》中说："秦始皇虽以一世之雄，并吞六国，统一中原，然彼自度扫大漠而灭匈奴，有所未能也，而设边戍以防飘忽无定之游骑，又有不胜其烦也，为一劳永逸之计，莫善于设长城以御之。"一个"有所未能"，又一个"不胜其烦"，为"一劳永逸"计，不如造长城吧！在这里，我们终于极难得地看到了秦始皇毕竟还是一个现实的人，他不能不正视现实。

有大量的文献记载和孟姜女哭长城一类传说可以证明，秦帝国民众当时是反对造长城的。那正是战乱频仍的分裂局面结束不久，就像《史记·蒙恬列传》所揭示的那样："天下之心未定，痍伤者未瘳"，民众多么需要有一个休养生息的时期啊！偏偏秦帝国却几乎在同一个时间内，又是南征北伐，又是筑阿房、穿郦山、修直道、造长城，无论人力、物力、财力，都远远超过了可以承受的程度。如此繁重的负担，帝国又总是以暴力强制民众接受的。"当此之时，男子不能修农田，妇人不得剡麻考缕（剥麻纺线），羸弱服格于道，大夫箕会（苛敛民财）于衢，病者不得养，死者不得葬"（《淮南子·人间训》），平民百姓实在无法忍受了！

但无论如何，长城还是造了起来。对古代底层民众曾经做出的如此巨大的牺牲，我们只能表示深深的敬意。

造了长城，自然不可能真的"一劳永逸"地终止长城内外的争战，但长城的存在，在古代生产力和科学技术都还处于初始阶段的条件下，对北部边疆的来犯者多少会有一种制约作用，从而给生活于华夏大地的我们先人增加了一点安全感。

长城又是以帝国围墙的形式出现在世人面前的，因而在围墙怀抱之内，又有了一种大家庭的亲和感。翦伯赞先生在《秦汉史》中把秦人比作"历史的酵母"，他认为后来的所谓汉族，原是由殷族、周族、北狄、西戎等不同的种族亲和而成的，这中间秦族起了很好的催化作用。秦人原由东海之滨来到西陲，后来又由西而东，"他冲决了中原诸国之封建地方区划的堤防，打通了一切阻碍经济文化和血统交流的障碍，使中原诸文化种族，在他的冲刷与激荡之中，融化混合而凝结为一个整个的种族，即后来的所谓汉族"。秦族"冲刷与激荡"中之最烈者，便是秦始皇的兼并战争和帝国建立后的设置郡县、三大统一、实边迁徙、南征北伐等等，以及最后这个休止符：造长城。

当然，如果打开今天我国的地图，那么就会清楚地看到当年秦帝国这道围墙所怀抱的地区还不到整个疆域的三分之一。而事实上今天生活在这片九百六十万平方公里土地上的所有男女都属于一个和睦的民族大家庭。这最好不过地说明了长城的军事意义早已消失得无影无踪，但它留下的历史的意义、文化的意义和审美的意义，将不老长青。夕阳西落，长城内外一片金黄。蜿蜒裸露的城墙上长满着兴荞的荒草，残缺的烽火台边点缀着不知名的野花。岁月悠悠，人世沧桑。任何人，面对着这道横亘于天幕间的古老的大围墙，都会不由在脑海里复活起那一整部邈远、恢宏而苍凉的历史来，遥想、追怀、咏叹不休。

　　本章给大秦帝国勾勒了一幅轮廓，很难说有几分像。

　　末了还得补写一笔的是，在修造长城过程中，突然有一天从咸阳来了一支车队，从一辆装饰着金玉的乘辇上走下一个戴着远游冠的少年来。少年携带着秦始皇的诏旨，他是被派来监督蒙恬将军建造长城的。

　　这少年的到来，引起了人们极大的震动。因为他不是别人，而是公子扶苏，秦始皇的长子，人们按习惯已经认定的皇太子。

　　没有人会想到，扶苏自然也不会想到，从此他永远不可能回咸阳，永远不可能再见到他的父亲秦始皇。

　　扶苏离开京城被派到黄沙漫天的北疆来督造长城，该带有被贬斥的意思。他因何而被父亲秦始皇贬斥，这在后面八章二节还将谈到；这里先要说的是，就因他这一失宠而离开咸阳，便给了他弟弟、秦始皇的第十八子胡亥造成了可乘之机，以至当秦始皇在第五次巡游途中溘然离世时，赵高矫旨与李斯合谋让胡亥即了皇帝之位。于是，千百年来人们在对秦二世而亡发出感叹的同时，又一再惋惜起扶苏的长城之行来了！

　　明代李贽甚至认为派扶苏去北监蒙恬这正是"灭秦的大机栝"(《史纲评要·后秦记》)；近代章炳麟还说："借令秦皇长世，易代以后，扶苏嗣之，虽四三皇、六五帝曾不足比隆也！"(《秦政记》)

　　这当然只是旁人的一种猜测或假设，秦始皇自有他自己独特的想法。这位始皇帝和他所创建的秦帝国，还有着一段辉煌与暴虐并存、文明与野蛮迭现的历史要走，让我们还是循着主要由伟大历史学家司马迁记下的轨迹再来作一番最后的探访吧！

---

　　**庄严、宏大的仪仗，雄壮、森严的卫队**，秦始皇开始了五次全国性大巡游。

　　他站到泰山之巅，万木肃立，众山低头；芸芸众生似乎都成了蝼蚁，整个华夏大地仿佛在他一握之中。

　　他终于登上了功业和人生的顶峰，但他和他的帝国的悲剧却也就这样开始。

　　他狂躁不安，动辄暴怒，并在狂躁、暴怒中杀人，焚书、坑儒……直到最后实际上是自己戕杀了自己。

　　以上便是下一章的主要内容。

　　作为一个已经失去理智的暴君，秦始皇似应受到人们鄙弃；但作为一个特殊的人，一种特殊的心理，我想我们还是应该去接近、研究和理解他。为此，我尝试着进入他的内心，去感受他那种特有的狂傲、孤独和恐惧；直到在那个悲怆的沙丘之夜，静候在一旁观察他弥留之际的种种反应，目送他带着遗憾和隐忧孤单地向另一个世界走去……

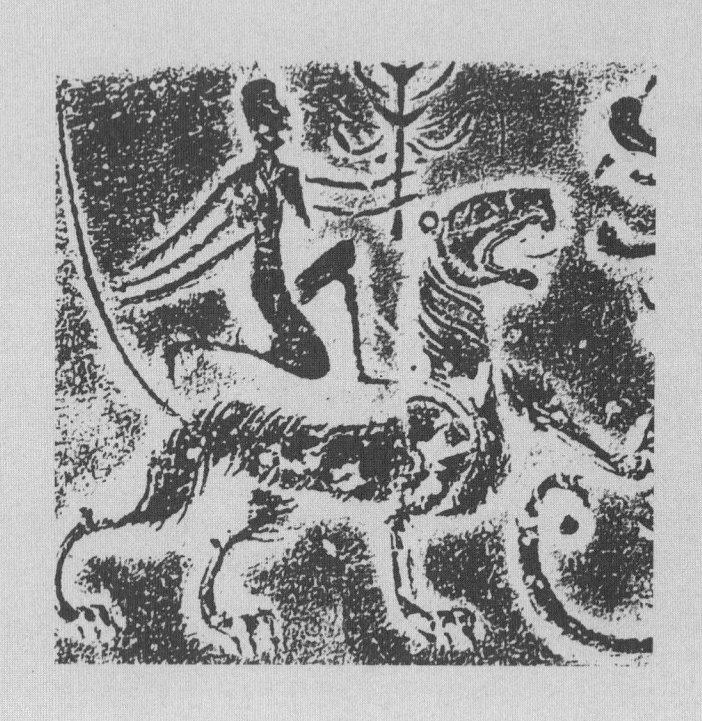

# 第 八 章
# 顶峰与"顶峰心理"

"秦王骑虎游八极……"
由绝对权力点燃的愚昧之火
始皇大帝之死

# "秦王骑虎游八极……"[1]

## 封禅大礼中的小插曲

秦帝国没有像通常新建立的王朝那样给它的子民一段"休养生息"时间，帝国机器始终在昼夜全速转动。群臣不敢怠慢，官府文书往来似雪片，驿卒驱赶着快马奋蹄奔驰。"黔首"们更要为应付国家各种徭役而忙碌。成年壮丁，不是被征发去南征北伐，就是应召修筑宫殿或长城。剩下不多的男人则带着老幼和妇女在垄亩上胼手胝足地耕作。

帝国几乎没有一个闲人，秦始皇本人也不例外。

从建立帝国直到死于巡游途中前后共十一年时间里，秦始皇除了日夜亲自处理帝国浩繁的政务以外，还进行了五次全国性的大巡游。据徐了然在《人与神》一书中估计："五次巡游的行程，合计约三万公里，时间约占统一后的一多半。"

第一次巡游是在帝国建立后的第二年，即秦始皇二十七年（公元前220年），据《史记》记载其路线为："巡陇西、北地，出鸡头山，过回中焉。"行程近千里，在五次巡游中行程和时间最短，可说是序幕。其沿途属原秦国本土和秦穆公开拓的西戎之地，可能带有不忘根基的意思。

相隔不到一年，第二次大巡游便出发了！

此刻，如果你站在咸阳城东门外远处，就会亲自感受到那宏大的气势。

随着阵阵闷雷滚动般的隆隆声，高大的城门忽而被一丛丛色彩斑斓的旌旗所壅塞。城外宽大的直道上车马行人立刻回避。气势磅礴的卤簿仪仗和车骑队列缓缓从城门驶出，足有四五里路长。

长长的属车队列，总共有九九八十一乘。车上的旌、旗、斿（yóu）、旒，猎猎飞动。前面的随从属车蒙以虎皮，最后两乘则高悬着豹尾。头里是五十对鲸皮大鼓的鼓车，百面大鼓犹如惊雷隆隆。中间的车乘有安车（坐车），有立车，都配有青、赤、黄、白、黑五色，以合阴阳五行之数。精制的车盖都为黑表赤里，围以木制幡幛。身披甲胄的卫士们持挂着戈、

---

[1] 李贺诗句，见《李贺诗歌集注·秦皇饮酒》。全诗共十五句，前两句为："秦王骑虎游八极，剑光照空天自碧。"

矛、弩、箙，高擎着凤凰阖戟，挺立在车乘两侧。接着是骑马执戟的侍从郎官，随后是挂着桃弓和苇竿矢以辟邪驱鬼的"辟恶车"。负责护卫的太仆令屹立在辟恶车上，手执弓箭，警视四方。然后是护驾开道的"警跸车"，孔武英伟的虎贲勇士，手执戈、矛、剑、戟排列车上。最后是五百名轻骑兵和两百名骑马护舆的刀斧手，威势赫赫地簇拥着一乘气派宏大、镶金嵌银的豪华玉辂，身穿衮龙袍、头戴十二旒紫金冠的秦始皇便端坐其中。紧随御驾之后的是一辆供皇帝备用的能保持适体温度的"辒辌车"。辒辌车之后还有一长列属车，坐在车内的除了随驾巡游的文武大臣以外，还有近侍宠臣和皇后嫔妃……

读者如果单看文字还不满足，那就不妨对照一下近年来秦始皇陵出土的彩绘铜车马图片，若能参观实物自然更好。呈现在你面前的就是一辆类似当年秦始皇巡游时用的那种安车的铜制雕像。看那宫殿似的车盖和那绘有夔龙卷云纹饰的舆轖（sè）是何等豪华！再配上四匹膘肥体壮、佩带着鲜艳的金银络头的河曲健马，一个头戴切云冠、腰佩长剑的御手，该有何等气势！这还只是一辆供一般大臣乘坐的安车，如果这样的属车共有八十一辆，再加上皇帝的车辂和一大批卤簿和虎贲卫士，那将构成一派多么宏大的场面和威势啊！

秦始皇为什么要在躬操繁忙的政务之际，又如此兴师动众地多次去全国各地巡游？历来论者众说不一。有的说是为了宣扬皇威，有的说是为了游乐山水，还有的用了一个近代化的新词：为了调查研究。这些因素都可能有吧。《史记·高祖本纪》还提供了一个说法："秦始皇帝常曰'东南有天子气'，于是因东游以厌（yā，镇）之。"这是有根据的，五次巡游，到东南的就有三次，时间也最长。《宋书·符瑞志》也有类似记载："始皇东巡，济江。望气者云：五百年后，江东有天子气，出于吴；而金陵之地有王者之势。于是始皇乃改金陵曰秣陵，凿北山以绝其势。"

我则根据本书的写作宗旨，想从秦始皇的心理作些窥测，以为他正在进行着一种追求，一种随着追求过程本身不断强化、不断深入又不断转移的追求。那是一种什么样的追求呢？不仅笔者一时说不清，就连秦始皇本人当初恐怕也不甚明确。我们还是随着他那威武恢宏的车骑队列一起行进吧！

现在这支庞大的车骑队列已经驶出咸阳，沿着渭水南岸宽大的驰道向东行进。过黄河，入函谷，穿越原来的韩、魏疆域，继续向齐、鲁之地奔驰。

第二次巡游的时间是秦始皇二十八年（公元前219年），其路线据《史记》记载为"东行郡县，上邹峄山"。

邹峄山，在今山东邹县南部。相传这山是由女娲补天遗下的石块堆积而成，因而一座并不高峻的山（今测海拔为550米）便有了异乎寻常的崇高和神秘的含义。山多奇峰怪石，山路崎岖，御驾无法行进。正是那种内心的追求鼓舞着秦始皇，他情愿屈尊降贵，跨下玉辂，改乘羊车，终于登上了峰顶。他命令李斯等随从，就采用据说是女娲补天之余的石块，立碑"刻石颂秦德"。《峄山刻石》是秦始皇巡游途中的第一次刻石，据《金石萃编》载录，其全文为——

皇帝立国，维初在昔，嗣世称王。

讨伐乱逆，威动四极，武义直方。
戎臣奉诏，经时不久，灭六暴强。
廿有六年，上荐高号，孝道显明。
既献泰成，乃降专惠，亲巡远方。
登于峄山，群臣从者，咸思攸长。
追念乱世，分土建邦，以开争理。
攻战日作，流血于野，自泰古始。
世无万数，陀及五帝，莫能禁止。
乃今皇帝，壹家天下，兵不复起。
灾害灭除，黔首康定，利泽长久。
群臣诵略，刻此乐石，以著经纪。

这篇144字的刻辞，是以"群臣"的口吻写出的，集中歌颂秦始皇旷古未有的武德。在这里，兼并六国的意义不仅在于结束了列国纷战的局面，而且还被说成是无数万年以来，连三皇五帝也无法禁止的流血战争，从此永不复起。

但登峄山和立石，对第二次巡游来说还只是序幕。这次巡游的高潮是到泰山进行封禅之礼。所谓"封禅"，单从字面解释很好懂：登泰山筑坛祭天称"封"，在山南梁父山上辟基祭地称"禅"；但在中国古代帝王制度的语境下，真要把这项被视为与国运攸关的根本大礼解说清楚，恐怕就得写一本厚厚的《封禅学》。我们不妨来一个简单化，把它归结为一句话：封禅就是地国帝王向天国上帝的朝请或对话。

在今山东省中部的泰山，据《现代人报》报道的最新测定数据，其高度为海拔1532.8米，还不到珠穆朗玛峰的1/5。但在当时中原地区人们的视野中，泰山之高，已无与伦比，因而被推为"五岳之尊"。杜甫著名的《望岳》诗，这样描画了进入他视线的泰山："造化钟神秀，阴阳割昏晓；荡胸生层云，决眦入归鸟。"你远远望去，但见山腰云雾缭绕，峰巅若隐若现，日月星辰举手可及，这便使得古代齐、鲁人对它有了一种神奇以至神秘的感觉。以为泰山之顶是大地最高之处，临此极顶，该是有了与天对话的资格——或许这就是泰山被选中为封禅之礼举行地的由来吧？

传说上古圣帝明君即位之时都要到泰山去进行"封禅"，以示受命于天。但并无有确据，因而司马迁在《史记·封禅书》中也只好用了"其详不可得而记闻"这样的模糊措辞。史书作出记载的第一个想要去争得这项殊荣的是齐桓公。公元前651年（周襄王元年、齐桓公三十五年、秦穆公九年），春秋第一个霸主齐桓公大会诸侯于葵丘，以为自己"九合诸侯，一匡天下"，功绩与三代无异，因而提出要去泰山封禅。毕竟是他的贤佐管仲老成持重，以为那样做有僭越周天子之嫌，非但无功反会带来极大麻烦，因而巧妙地向桓公作了进谏。他不是正面顶撞桓公，而是先说古代封禅时，除了祭品采自天南地北如何难以得到，还得有十五种珍奇异物"不召而自至"，可眼前的情况是："凤皇麒麟不来，嘉谷不生，而蓬蒿藜莠茂，鸱枭数至，而欲封禅，毋乃不可乎？"经他这么一说，"于是桓公乃止"（《史记·封禅书》）。

这也就是说，古籍上说得玄妙莫测的封禅之礼，其实都还属于传说，直到秦帝国建立以前，并没有一个帝王真正这样做过。

按秦始皇的性格，这恰好击中了他的兴奋点：没有一个帝王做过，这正是朕非做不可的事！他就是要通过封禅活动，使自己成为直接与上天对话、正式受命于天帝的第一个人间帝王！

尽管封禅之说鼓吹最力的是儒家，这与厉行严刑峻法的秦帝国似乎颇为不谐；但秦始皇考虑的不是学派，而是功利。他请来了鲁地精通封禅之学的儒生七十人，暂时放下至尊至贵架子，询问他们封禅之礼具体如何进行。恪守古礼的儒生们说了两条：第一要虔诚俭朴，祭祀时先要清扫地面，再铺上草垫或秸席；第二切勿损伤山上的草木土石，所以上山时车轮子要用蒲草包裹起来，缓缓行进。

这真叫圆枘碰到了方凿，一向讲究气派、爱好大刀阔斧的秦始皇如何听得进去！结果是"始皇闻此议各乖异，难施用，由此而绌（通"黜"，斥退）儒生"（同上）。随即，按照他的一贯风格，命令士卒斩木除草，开山辟路，让他安坐在由浩浩荡荡卤簿簇拥着的銮车内，登上了泰山之顶。在筑坛祭天举行"封礼"并刻石颂秦德之后，又由泰山北侧而下，到梁父山下进行了辟基祭地的"禅礼"。

中国历史上有文献记载的第一次封禅大礼，到此宣告完成。

如果这首次封禅之礼是由周代或汉代帝王完成的，那么传统历史学家定会把它说成是经天纬地的皇皇大典，千秋万代的圣君大业。偏偏秦帝国既行暴政，又二世而亡，事情就变得尴尬起来。《史记·封禅书》明确记着："每世之隆，封禅答焉，及衰而息。"谁不想做盛世明君呢？所以秦以后的历代帝王通常的做法是，口头上竭力否认秦始皇曾经完成过此项大礼，行动上却个个跃跃欲试，最好自己也能风风光光登上那五岳之尊去与天帝套个近乎。最典型的是刘汉诸帝。他们一方面为自己能灭掉暴秦而自豪，另一方面对短命的秦帝国竟能有包括封禅大礼在内的如此完备的典制而内心暗暗羡慕不已。从高帝、文帝到景帝，都曾汲汲于改制及封禅之举，结果皆因诸项条件未能全备而无法成行。岁月蹉跎，一晃就过去了近百年，直到汉武帝，才终于成为继秦始皇之后登上泰山筑坛祭天的第二人，并宣布汉家天子从此获得了上天授命。

不过如果我们细读《史记·封禅书》的记载，也确实可以发现秦始皇的封禅之举进行得不怎么顺遂，其礼仪也似乎还不够标准。有这么两件事——

一件是在登顶中途，忽而乌云翻滚，大雨倾盆。山腰又无房舍，不得不暂时躲避于几棵大松树之下。此事发生在鲁地儒生提出虔诚俭朴、毋伤草木的建议而秦始皇不听之后，因而，不仅儒生们理所当然地要幸灾乐祸，说这是上天的报应；就是随从之中的一些人，纵然嘴上不敢说，心里也难免会有些悚惧惶恐。那么秦始皇本人又是如何呢？有两种可能：或者多少也有些狐疑，或者根本不予理睬。不管怎么说，有一点可以肯定：这个刚烈的关西汉子是决不会在人或神之前表露自己内心的虚怯的。他不仅雨后硬是攀登泥泞的山路继续登顶终于完成了封礼，居然还特意对大自然也显示了一下他的至尊至上的皇权：封那几棵遮雨有功的松树为"五大夫"（秦二十等爵中第九等爵爵名）。因而惹得唐代李涉以《五松驿》为题作诗讥讽道：

> 云木苍苍数万株，
> 此中言命亦应无。
> 人生不得如松树，
> 却遇秦封作大夫。

曾几何时，当秦帝国大厦焚毁于陈胜、吴广点燃起来的全国规模的怒火时，这些鲁地儒生终于欣喜若狂地看到了他们预言的应验，以目击者的身份向人们证明：上天根本没有批准秦始皇的封禅："始皇上泰山，为风雨所击，不得封禅。"

第二件事是，由于鲁地诸儒生已被斥退，当秦始皇"封"泰山和"禅"梁父时，竟不知如何实际操作。结果只好"其礼颇采太祝之祀雍上帝所用"。这就是说，作为堂堂的天下共主的秦始皇，在泰山祭天用的礼仪，竟然还是作为周王朝"附庸"的嬴秦先祖在雍地祭祀白帝时那一套原始落后的东西。此事秦始皇自然同样不会在人或神面前泄露他的内心的，但某种羞耻和无奈的感觉肯定要在他心底缠绕好久。他又极爱虚荣，于是下令把这次封禅礼仪作为最高机密封藏起来。既已秘藏，世人自然不得而知。偏是善于窥探人生奥秘的司马迁却把秘藏这件事也记了下来："封藏皆秘之，世不得而记也。"此处无记胜有记，秦始皇的内心隐秘不还是裸裎于世了吗？

我之所以要不厌其烦地向诸位描述这两件小事，是因为在我看来，已经达到功业和人生顶峰的秦始皇，他的自我感觉似乎还在强烈往上攀升，而事实上却将迅速滑向下坡并坠向深渊。一出辉煌中深藏着悲哀、宏大中又显出渺小的人性活剧已经启幕，这两件小事便是它的前奏。

## 登临极顶以后

孟子赞颂说："孔子登东山而小鲁，登泰山而小天下。"（《孟子·尽心上》）

杜甫吟诵道："会当凌绝顶，一览众山小。"（《望岳》）

这是古人记下的登上泰山之顶以后的感受。

秦始皇也终于登临了泰山极顶。

他该会有怎样的感受呢？

请允许我作一些揣摩性的描述。

他俯视着。

泰山之北，黄河如弓；泰山之南，长江似带。眼底这一大片在云海缭绕中忽隐忽现的锦绣山河，便是曾经使嬴秦历世先祖日夜东望钦羡不已的齐鲁之邦。作为嬴秦历世先祖事业的继承者，他用他的青春和热血，为之帷幄筹划，为之疆场跃马，既为之暴怒过，也为之兴奋过的这片中原之地，现在终于匍匐在他脚下。尽管他高高登临于中原大地之上，还是分明能够感受到它在他脚下屏息绝气地颤抖。呵，他油然升起了一种征服者的快感，同时涌起了《北山》诗中那著名的四句诗，只需将其中的"王"字改为"朕"字，那诗简直就是专为他而作的："溥天之下，莫非朕土，率土之滨，莫非朕臣！"【1】他伸出他的正在转动乾坤的巨掌，仿佛只要轻轻一握，便可将整片华夏大地全都攫起来。他真切而又具体地享受到了那种作为始皇大帝至高无上的感受。

蓦地响起了呜呜松涛声，随即掠过几阵凛冽的寒风。

风过林静，四顾茫茫。忽而听到一阵切切的讥笑声。他立刻扫视四周，侍臣们一个个惕息鹄立着，显然不可能有谁敢如此大胆，他很快想到这是自己的一种幻觉，是那两件小事引起的隐恨在捣鬼。当他这么想时，一种异样的感觉从心上浮起，同时还带起了作为秦人曾经有过的那种自卑心理的残余积淀。现在他在清醒中也仿佛听到了那些皓首长髯的鲁地学究们躲在暗角处发出的讥笑声，而且那讥笑声里像是还带着有恃无恐的意味，似乎倒真是他们凭着自己的饱学早已领会了神秘的天意。他下意识地猛然举首仰天，却不料天竟低得近在眉间，不由大吃一惊。待到仔细看清了，才知那只不过是恰巧飘过的几片缠绕在顶峰周围的浮云；浮云过后，才真正见到了深远而湛蓝的天。

当屹立于顶峰的秦始皇神情完全清醒过来时，又一下子恢复了那种作为一个直接、正式受命于天的帝王神威和气魄。他的性格决定了他永远无法在平静中度过他剩余的岁月，即使这种岁月是由天下最稀世的奇珍异宝、美女佳肴装点起来也罢。他必须不停顿地追求和进击才会有真正的享受。现在他仿佛隐隐看到未来进击的目标便是：超越自己，超越人世，超越天命。于是便向依旧惕息鹄立于左右的侍从大喝一声：

启驾！下山！

成山，位于今山东半岛最东端濒临东海的一座小山。

现在，秦始皇就站在这座小山上。

这便是《史记·秦始皇本纪》在记叙秦始皇第二次巡游时的中程路线："于是乃并勃海以东，过黄腄，穷成山，登之罘，立石颂秦德焉而去。"

生长于内地的秦始皇，这是他生平到达的最东点，也该是他第一次看到大海。

呵，大海，汹涌咆哮的大海，浩淼无垠的大海！近处雪浪争高，犹如万马奔腾；远处微波涌动，梦幻般变换着金银珠玉种种色彩；而更远处则是一片澄净和透明，仿佛那里正隐藏着一个极乐的彼岸……

秦始皇觉得突然被置身到了一个气势磅礴而又充满魅力的神奇世界。这个世界他从未经历过，自然更谈不上为他所征服。如果说，登临泰山曾经使他享受到高踞于千万人之上

---

【1】《北山》诗，见今本《诗经·小雅》。所引诗句原文为："溥天之下，莫非王土，率土之滨，莫非王臣。"秦始皇登临泰山时曾经涌动过与这四句诗类似的感情，还可以从他巡游时所立碑石的刻辞中得到证明。如《琅邪刻石》中就有："六合之内，皇帝之土，……人迹所至，无不臣者。"

那种快感的同时，又不无茫然之感的话，那么此刻，他的感受却只有一种，那就是大海的宏大和自己的渺小，大海的永恒和自己的短暂，大海的无限和自己的有限。但，这是他的性格，他的已成定势的狂傲心理绝对无法接受的！

正当这个巨人为自己的渺小、短暂和有限狂躁不安时，奇迹出现了：就在那极乐的彼岸，重重叠叠琼楼玉宇缓缓升起，无数娇娥佳丽婀娜起舞。忽而旗幡飘扬，仙乐大作。随即霞光万道，祥云朵朵，万千公卿簇拥着一位王者端步走来[1]……秦始皇不由大惊，以为自己看花了眼，有意擦了一下眼睛，岂料却看得越发真切。待要再看个仔细，却又若隐若现，倏忽不见。

秦始皇之所以在第二次巡游中特地安排这么一个观海的节目，很可能原本就想要通过亲自观察验证一下海上存在所谓蓬莱、方丈、瀛洲三神山的说法。这种说法估计相当古老。早在一百多年前，齐威王、齐宣王和燕昭王就先后分别派人去探访过。听回来的人说，那是一个多么诱人又多么神奇的所在啊！"诸仙人及不死之药皆在焉。其物禽兽皆白，而黄金银为宫阙。未至，望之如云；及到，三神山反居水下。临之，风辄引去。终莫能至云。"（《史记·封禅书》）

在成行之前，秦始皇大概就有过要派人去探访三神山的酝酿。他有足够的自信。因为在他看来，齐威、燕昭之流的功业怎么能跟他比呢！因而他们的失败是必然，而他的成功则有十之八九把握。现在他果真作了亲眼验证后，却忽而失去了原先的自信。由他与大海之间那个悬殊的对比所带起的阴影还笼罩在他心灵的上空。纵然在众多的侍臣面前他依然不会表露他的惊讶和惶恐，但在内心深处却不得不承认刚才是神在向他显示它那无可匹敌的威势和力量。他要超越现世，去接近并进而征服那个神奇的世界，但在永恒的神面前突然显出了无奈。人生苦短，想到自己已经四十一岁了，心底不由升起一阵悲凉。

秦始皇就是带着这样一种隐隐悲凉的心情，回到了他的驻跸地。

丘琼山在《纲鉴合编》中有一段话说得很对："始皇既平六国，凡平生志欲无不遂，唯不可必得志者，寿耳。"的确，秦始皇晚年心理矛盾的集中点，就是这个他无法征服的"寿"字。这是人生的永恒矛盾，是与生俱来永远诉说喟叹不尽的悲哀。说白了，无非就是想多活几年，最好长生不老。但需补充说明的是，这是别人的说法，他始皇大帝却不是这样想，更不会这样说。他必须用宏大的命题类似超越自己，超越人世，超越天命等等，来表达这个卑微的动机，而且此中绝无虚妄之意，这才能满足他那种不断追求、勇猛精进的心理。从某种意义上说，秦始皇便是那位要用自己双脚追赶太阳的夸父[2]的拙劣的模仿者。接下去我们将看到秦始皇以狂傲的姿态祈求长生而做出的种种悖理行为，最终导致内外各种矛

---

[1] 这就是所谓"海市蜃楼"景象。此种奇特的自然现象，常发生在海边，有时沙漠地区也有。其原理是，光线经密度分布异常的空气层而发生显著折射时，就会把远处景物显示在空中或地面，形成种种奇幻的景象。古人误以为是由蜃这种想象中的动物吐气而成，故称"蜃楼"。

[2] 夸父追日系神话故事，见《山海经·海外北经》及《山海经·大荒北经》。夸父立志追赶太阳，追到太阳入口处，感到焦渴，喝完了黄、渭两河之水仍感不足，终于渴死。所遗木杖，化为"邓林"。

盾同时爆发，自己又陷入病态心理，结果反而缩短了本来很可能享有的天年。

现在让我们再回到驻跸在海滨行宫里的秦始皇身边来吧。

悲凉还在心底扩展，消解着他的伟岸之躯的英雄之气。他烦躁地安躺了下来。

巨人一旦躺下，随即也就失去了高度，寻常人也不难逾越。

周围出现了几个善于钻营的人，为首一个叫徐市（fú，一作福）。

很可能是善于察颜观色的李斯看出了秦始皇的意向，然后把徐市等人引来晋见的。

接下去司马迁作了这样记载——

齐人徐市等上书，言海中有三神山，名曰蓬莱、方丈、瀛洲，仙人居之。请得斋戒……求之。（《史记·秦始皇本纪》）

这位昔日囊括四海、席卷天下的一代雄主，突然，一下子丧失了才智和明断，居然听从了徐市等人的请求，自然少不得赐予相当数量奇珍异宝，以为访求三神山仙人之礼。

已经变得傻乎乎的秦始皇，居留在琅琊，眼巴巴等待求仙的佳音。

徐市等人果然回来了，不过是空着双手回来的。他们觉得秦始皇已经完全上钩，乐得再来多诈骗些财物。不过这些人本事还是不小，据《史记·淮南衡山列传》记载，他们能无中生有地把故事编造得活灵活现而又充满诱惑——

臣见海中大神。言曰："汝西皇之使耶？"

臣答曰："然。"

"汝何求？"

曰："愿请延年益寿药。"

神曰："汝秦王之礼薄，得观而不得取。"

即从臣（意谓带领臣）东南至蓬莱山，见芝成宫阙，有使者铜色而龙形，光上照天。于是臣再拜曰："宜何资以献？"

曰："以令名男子若振女（即童男童女），与百工之事，即得之矣！"

"秦始皇大说（通"悦"），遣振男女三千人，资之五谷种种百工而行。"

已经骗得满船满舱的徐市等人，这一去就是多少年不复再见。

还在等待中的秦始皇，怒气在与日俱增。

这一日他登琅琊山望海时，偶而看到山上有座大半毁圯的古台，便问左右此台的来历。随行的李斯与几个博士经过一番考证，说是叫望海台，为两百多年前越王勾践所建。当年越王灭吴后，为称霸诸侯，把国都从会稽迁到琅琊，筑此高台，以望东海，并曾号召秦、晋、齐、楚等国来此台上，歃血与盟，共辅周室。

秦始皇一听，勃然大怒：小小南蛮之国，竟然也称王称霸！今朕来此，又不立刻回避，岂可容得！

当即下令夷平旧台，另建新台，规模和高度必须远远超过旧台，限短时间内完成。左右火速召来当地郡县守令，广招夫役，鸠工赶建。开头以为如此大台，非有数月时间不成。秦始皇说：朕留此亲自督造，三旬之内必须完成！左右侍臣不敢怠慢，众夫役更是风雨无阻，不分昼夜拼命劳作，果然一月完成。台基三层，层高三丈，巍峨壮观。秦始皇这才消了怒气，登台观东海，颇为怡乐。赐名为琅琊台。并下令从全国各地迁徙三万户居住台下，免除他们十二年徭役。

秦始皇在琅琊住了三个月，仍然没有等到徐市等人的音信，不免又怒从心起，只好命令启驾，踏上绕道南向的归程。

才沿海滨向南行进四百余里到达泗水之畔的彭城时，秦始皇又下令驻跸，并特意"斋戒祷祠"，虔诚恭敬地准备做一件事："欲出周鼎泗水。"

"周鼎"，便是前三章四节说到的秦昭襄王五十一年（公元前256年）灭西周，获周之九鼎。但九鼎在运输途中其中一鼎不知何故"飞入"泗水，如今咸阳宫里存放的实际只有八鼎。秦始皇自认功盖三皇五帝，小小的周天子自然更不在话下。可偏偏周天子曾经拥有九鼎，而他却只有八鼎，此等不平事叫他如何容忍得了！因徐市之事余恨未消，加上历经数月外出巡游，此时该已颇为疲惫。但为了求得这一鼎以补足九鼎，至少做到与周天子相等，他还是沐浴斋戒，这显然是一种有条件也是有限度的屈尊与忍耐。他下令"千人没水求之"。当他站在泗水岸畔督看时，肯定是颇为自信的：他既然已是受命于天帝的始皇帝，上天怎么会不成全他呢？谁知闹腾了好几日，却是空无所得！他当时很可能发过火，骂过人，甚或杀过人。但即使那样，也无法化解郁积于内心那种无法向人或神诉说的忿恨于万一：上天为何总是与朕作对呢？

秦灭汉兴，"秦王捞鼎"成了与"竹篮打水"同义的一个讥讽谈笑的话题。譬如早些年山东嘉祥出土的汉墓砖刻，就有好些《泗水出鼎图》。画面刻着的鼎已大半出水，鼎中却伸出一条张大嘴巴的龙来，咬断了系鼎的绳，鼎再次沉入泗水。很显然那咬绳的龙，正是汉人意念外化的产物。

现在，这支庞大的卤簿车骑队伍继续行进在回程之路上。渡过淮水，沿江西上，想要继续向湘山祠方向前行而为大风大浪所阻时，郁积于秦始皇内心的狂怒终于爆发了！《史记》本纪寥寥数笔，就把潜藏于这位巨人体躯内那种渺小的心理因子揭示得淋漓尽致——

上（指秦始皇）问博士曰："湘君何神？"
博士对曰："闻之，尧女，舜之妻，而葬此。"
于是始皇大怒……

耐人寻味的是秦始皇并不是一开始就大光其火的。不妨设想一下，如果博士回答说是舜本人葬于此，这位始皇大帝还会"大怒"吗？

从下文将要叙述到的他对舜的态度来看，估计不会，最多在心里嘀咕几句，或者借个别的由头发泄一下。偏巧博士回答的却是尧之女、舜之妻。秦始皇一听心里的潜台词是：

哼，一个小女子，也竟敢来挡朕之驾！于是雷霆大怒，并立刻用他地国强大的男性权力向天国一位女性之神发起了毁灭性的进攻——

使刑徒三千人皆伐湘山树，赭其山！

赭，红色。湘山之地为红壤。赭其山，就是砍尽苍翠树木，满山仅留一片红色。这也就是说，给满头青丝的湘君夫人剃了个大光头！

报复得好痛快啊！

但报复过后，却又在他内心深处郁结起一层新的隐恨和不安，而且还可能多次暗中折磨过他，以至九年后当他作第五次也即最后一次巡游再次路过湘山时，忽又记起了第二次巡游时自己在这里干下的那桩蠢事，不由心生惶恐，做了个颇有点滑稽意味的举动。不过那还是放到下一小节去说吧！

接下去要介绍的是第三次巡游。因途中发生了一个袭击秦始皇车驾的刺杀事件，使得那个原本冷僻的小地方，从此登上了历史殿堂：博浪沙。

## 博浪沙给帝国敲响了警钟

黄河在两岸干枯的沙丘间叹息。

狂风卷着黄尘在漫天呼啸。太阳先是显出它的惨淡和苍白，随即尘垢满面，最后索性消失不见。于是这里便成了一个风沙世界。

在黄河南岸逶迤起伏的沙丘之间，奇迹般地有着一条东西向的宽大的直道，两旁还种着一些树。不过此刻也都笼罩在一片灰黄的沙雾中。

这里便是东距咸阳近千里、原为韩地的博浪沙（今河南原阳县东南）。[1]

一切都是出人意料地出现的——

忽而响起阵阵急骤的马蹄声，飞来数百匹矫健的关西烈马，半数继续向前急驶而去，半数留了下来，各自相隔数十步站定。马鞍上挺立着威武的虎贲卫士，手执明晃晃的戈、戟、斧、钺，警视着四周。

风沙依旧在逞威，武士们却像雕像似地屹立不动。

响起了惊雷似的鲸皮大鼓的声音。庞大的卤簿仪仗和车骑行列，犹如一条凶猛的长龙，吼叫着，张扬着，滚动着急速游来。

秦始皇安坐在封闭严密的銮车内。

---

【1】马非百先生在《秦集史》中说，他原以为博浪沙其地必为深山大泽、茂林曲涧一类，便于隐匿和遁逃，张良才会选择此处作为袭击点。及至1934年12月他到博浪沙故址游观后，方知此处全无山涧或草木，实为一大平原。惟多处积沙如山，大风起时，黄尘迷漫，白昼如夜，对面不见景象。当年张良可能就是利用这种特殊自然条件在此实施他的袭击计划的。我的描写即以此为据。

这是他第三次巡游,时间是秦始皇二十九年(公元前218年)仲春之月。

据《史记》本纪记载,这次巡游的终点站大致与第二次相同,也是东海之滨的芝罘、成山和琅琊;回程则比第二次要径直得多,没有再绕东南去兜一圈。既然再临东海,少不得重登成山和琅琊台。据此推测,第三次巡游的主要目的大概就是为了探访三神山和寻求长生仙药。

如果真是这样,那么此刻坐在銮车内的秦始皇,很可能正沉湎于那个神秘的诱惑中。眼前是一片连绵起伏的琼楼玉宇,幽雅的仙乐隐隐传来。尽管他已经拥有的咸阳宫殿同样众多和辉煌,但那毕竟是短暂的,有限的,而他如今想要追求的则是永恒和无限……

突然爆出一声巨响,就在近旁。随即似乎是金属或木料被砸裂、倾覆、倒地的声响。然后是马的嘶叫声,人的喝问和脚步声,混成一片。

秦始皇感到他座下的銮车在经过一阵剧烈的颠簸和疾驰以后,戛然停了下来。他大声喝问出了什么事。几个侍卫慌忙进来禀奏,说是有盗贼图谋不轨。没有听完,秦始皇就霍然站起,拔出佩剑要去厮杀。左右和侍卫赶紧劝住,说是丞相等已在追捕,待捉到盗贼后再由圣上亲自审问不迟。

这时候,除了李斯率领一队卫士在这茫茫风沙中四周搜捕以外,所有车骑虎贲、卤簿仪仗全部护卫在銮车周围,倒真成了一个"众星捧月"之势。

李斯等人搜捕了好半日,一个个疲惫不堪空手而归。风沙依旧在呼啸作势。直道周围杂乱的脚印差不多已被积沙填平。路旁倒着一乘被砸得四分五裂的属车,还有一个少说有百余斤的大铁椎,上面也已盖满了厚厚的沙尘。

这乘属车是紧随在銮车之后的,那大铁椎飞出时的倾角只要前移一二度,同样的命运就会落到秦始皇头上。

这就是著名的张良袭击博浪沙的故事。

秦始皇大怒,命人四出捕捉张良,又下令天下大索十日,却是一无所获。

原来,十二年前,张良机智勇敢地逃出了毁于秦火的韩国国都后,弟死不葬,散尽家财,四处寻求刺杀秦始皇的英雄豪杰。后来他"尝学礼淮阳,东见仓海君,得力士,为铁椎重百二十斤。秦皇帝东游,良与客狙击秦皇帝博浪沙中,误中副车"(《史记·留侯世家》)。

张良博浪沙袭击是继荆轲秦宫行刺后又一次不成功的谋杀活动。那大铁椎狠狠一击,无论对秦始皇或秦帝国都是一声响亮的警钟,至少说明秦始皇的统治绝非像巡游中立石刻铭所歌颂的那样什么"大圣作治"、"泽及牛马";帝国范围之内更不是什么"人乐同则","嘉保太平"。一击而不中,对张良同样是一次警告,历史等待着这位已经经历了颇多坎坷的年轻人,能否从中省悟和吸取一点什么而走向成熟。由于张良的一生经历充满着人生启示的蕴含,即使有点游离本章主题,我还是想把他此次失败后的一段经历在这里简略说一说。

秦始皇下令全国通缉,张良不得不易名改姓再度逃亡。他来到下邳。这下邳,在今江苏睢宁西北古邳镇东,此前原是无名小邑,因张良等人的到来,后来成了历史名城。在这里,张良结识了项羽的叔父项伯。项伯因杀人而受到追捕时,张良把他藏匿起来,保护了他。由于这段缘故,后来在楚汉相争中,项羽在范增谋划下设下鸿门宴要杀刘邦时,项伯当夜暗中去通报张良,从而也救了刘邦。

也是在下邳,张良遇到了一位神秘的黄石老人,演出了一段千古流传的神奇故事,从而也完成了他的一次人生转折。

故事见于《史记·留侯世家》。司马迁点石成金,使故事充满着人生哲理,摘录或转述都会有损原意,特将原文照录如下——

良尝闲从容步游下邳圮(yí,桥)上。有一老父,衣褐,直堕其履圮下,顾谓良曰:"孺子,下取履!"良鄂(通"愕")然,欲殴之。为其老,强忍,下取履。父曰:"履我(把鞋给我穿上)!"良业为取履,乃长跪履之。父以足受,笑而去。良殊大惊,随目之。父去里所,复还,曰:"孺子可教矣。后五日平明,与我会此。"良因怪之,跪曰:"诺。"

五日平明良往。父已先在,怒曰:"与老人期(约会),后,何也?"去,曰:"后五日早会!"五日鸡鸣,良往。父又先在,复怒曰:"后,何也?"去,曰:"后五日复早来!"五日,良夜未半往。有顷,父亦来,喜曰:"当如是。"出一编书,曰:"读此则为王者师矣。后十年兴。十三年孺子见我济北,穀城山下黄石即我矣。"遂去,无他言,不复见。旦日视其书,乃《太公兵法》也。良因异之,常习诵读之。

宋代苏轼在《留侯论》中谈到这个故事时,不同意把黄石老人说成是鬼神的流行看法,认为老人可能是当时一位"隐君子",特地用这样一种傲慢的态度来试探和激励张良的:"夫老人者,以为子房(张良字)才有余而忧其度量之不足,故深折其少年刚锐之气,使之忍小忿而就大谋。"这自然很有见地。不过从我自己读后的感受来说,黄石老人是否实有其人,张良是否真的在下邳圮上遇到过这么一位老人,都无关紧要。这个故事自然难免有所虚构,在我看来即使纯属虚构也是真实的:他真实地反映了张良在艰难的人生跋涉中的一次转折,从此终于懂得了怎样去接近、拥有人生和历史的真谛。

在这里司马迁主要已不是在记载历史事实,而是在写一个有关真理、有关人生、有关历史的寓言。黄石老人就是真理和历史的象征。人要接近并拥有真理进而创造历史,就必须永远保持一颗赤子般纯正之心和一个老实诚恳的态度,来不得半点傲慢和浮躁,也不应当稍有所得便沾沾自喜。这就是作者借张良经历对我们后人作出的启示。

所以我认为,张良从黄石老人那里得到的远不止是一部兵书。诸君后面还将看到,张良后来达到的人生境界是很高的,至少在我们这部书里写到的所有人物中,只有屈指可数的人能够达到。这是否与他在下邳以赤子般真诚接受圮上老人教诲,从而完成了一次人生转折有关呢?

但是,秦始皇却没有从博浪沙敲起的警钟中领悟到一点什么。他依然在炫耀他手中的绝对权力。下令天下大索十天照例捕捉不到,自然更加怒不可遏。隔了一年,即秦始皇三十年(公元前217年)的一个夜晚,他换了便服,由四名武士护卫着,在咸阳附近的兰池游观,再次遇到多名刺客行刺。刺客当场被武士击杀,但秦始皇还是下令关中大索二十日,自然又是什么也没有"索"到。他甚至连这个近在眼前的问题也不肯想一想:建立强大的帝国后，他可以动辄征集十万、数十万人力来建造陵墓、修筑长城，可他要捉的人却为何总是捉不到呢？

## 离开了大地的安泰

不仅如此，秦始皇还在企图超越人世、追求长生的路上往下滑。徐市的一去不返非但没有使他清醒过来，反而因无法得到而越发强化了想要得到的欲望，不断向只存在于他幻想中的神仙发出荒唐的请求。

《史记》本纪在秦始皇三十一年（公元前216年），特地记了这样一笔：原称十二月为"腊"，下令改称为"嘉平"。

这是怎么一回事呢？据《史记集解》引《太原真人茅盈内纪》说，同年九月，有个姓茅名濛的人，"乘云驾龙，白日升天"做"神仙"去了，由此而流传出一首童谣来——

茅濛得道成仙人，
腾云驾龙太清升。
有时乘风回人间，
赤城山上说道经。
继世升仙有谁人？
茅濛曾孙称茅盈。
皇帝若有寻仙志，
腊祭更名为嘉平。[1]

最后两句正是对着秦始皇说的。秦始皇一听"欣然，乃有寻仙之志，因改腊曰'嘉平'"此说多半属后人附会，像这类七言韵句似也不大可能产生于秦始皇所生活的年代。但秦帝国曾改称腊为嘉平却又是事实。

第二年，秦始皇作第四次大巡游。这回取道北线，可能是在孟津过黄河，北上邯郸、恒山、蓟县，最后到达辽西郡碣石，以望渤海。在这里，他又下了两道诏令：一，派燕人卢生去访求传说中的仙人羡门、高誓；二，派韩终、侯公、石生去寻求不死之药。

秦始皇三十五年（公元前212年），派出去已有三年的卢生等人终于回来了，手照例是空的，却玩了个新花样，把所谓"真人"如何神通广大吹了个天花乱坠。

真人，也就是所谓"修真得道"的人，最先见于《庄子·天下》，称"关尹、老聃乎，古之博大真人哉"，也即后来所称的仙人，大概在战国末期已经成为一种流行的说法。据《史记·秦始皇本纪》记载，卢生是这样说的："真人者，入水不濡，入火不爇（rè，燃），陵云气，

---

[1] 童谣原文为："神仙得者茅初成（茅濛字初成），驾龙上升入泰清，时下玄洲戏赤城，继世而往在我盈，皇帝学之腊嘉平。"为便于诵读，我依据情节对原文作了点增补和调整。

与天地久长。"

具有敏锐的观察力，并曾经那样追求功利的秦始皇，这时作出的回答是惊人的——

吾慕真人，自谓"真人"，不称"朕"。

于是下令让博士制作《仙真人诗》，传令乐工排练，在庄严的咸阳宫里，或是在巡游的一路之上，热热闹闹吹打起来。

这标志着这位显赫一时的始皇大帝，轻易地自我否定了历尽艰险创建起来的大秦基业。他在率领千军万马扫荡六国的时候，显出何等气势，何等魄力！但就像希腊神话中具有神力的安泰[1]一旦离开大地就立刻软弱无力那样，当秦始皇在狂傲心理支配下，妄图超越人世向"虚空"发起进攻的时候，他就变得那样无力和可笑，几经挣扎，全都碰壁后，只好屈膝归降了！在帝国建立之初，他曾经要以地国的面貌改造天国，以地帝的权力封赐天帝，那自然表现为一种狂傲，但却正是出于对人生的自信和对现世的执着；现在连这种自信和执着也丧失了！不是别人，正是秦始皇自己的过分自大，最终倒过来泯灭了自我。

如果秦始皇单是做一个云游四海的"真人"，那倒也与世无涉，但他却依然坐在始皇大帝这个位置上。从这个时候开始，这个不再称"朕"而自称"真人"的秦始皇，已经不是一般意义上的暴君，同时又是一个丧失了理性的昏君。这不仅是秦始皇个人的悲剧，也是秦帝国的悲剧，是刚诞生不久的"帝王集权制"这种政治制度的悲剧。国家的最高权力都集中于一人之手却无任何有力的制约机制，在这种情况下，国家机器就很有可能变成一匹脱缰的野马。这匹野马还在狂奔，于是此类悲剧就一幕接一幕地相继发生。以下是见之于《史记》的一些摘录——

秦始皇三十四年（公元前213年），发生了严重的暴虐事件："焚书"（详后）。

秦始皇三十五年（公元前212年），发生了又一次严重暴虐事件："坑儒"（详后）。

同年，卢生等人谎称仙药求之不得，是由于皇帝居处不够隐蔽的缘故，秦始皇竟然又深信不疑："乃令咸阳之旁二百里内宫观二百七十复道甬道相连，帷帐钟鼓美人充之，各案署不移徙。行所幸，有言其处者，罪死。"一次，秦始皇在梁山宫上望到丞相李斯出行车骑队列庞大，说了句不应当这么多的话，有人暗中去报告了李斯，后来秦始皇再望到李斯出行的车骑已大为减少，他为此勃然大怒："此中人泄吾语！"命廷尉逐个审问，又无人招供，结果竟是："诏捕诸时在旁者，皆杀之！"

秦始皇三十六年（公元前211年），有颗流星坠落在东郡，到地面结为一块陨石。据告发，后来有人在陨石上刻了"始皇帝死而地分"这样一些字。秦始皇派御史到当地去逐一查问，

---

【1】安泰：希腊神话中海神波塞冬和地神盖亚所生之巨神。他总是力大无比，所向无敌。但他不能离开大地。只有两脚一直踏在大地上，他的母亲地神才能不断赋予他新的力量。在一次与赫剌克勒斯战斗中，后者看出了他这一弱点，便把他举到空中，使他无法再从大地母亲那里汲取力量，终于战胜了他。

没有一个人供服。结果竟又是:"尽取石旁居人诛之,因燔销其石。"

同年,有个使者从关东来,说是在途中夜遇一人托他带来一块璧玉,要送给"滈池君"。滈池君何许人也?《集解》说是原居镐地、已经死去八九百年的周武王;《索隐》说是咸阳附近滈池的水神,总之是神鬼一类。那人同时还捎上一句话:"今年祖龙死。"使者待要问问其中缘故,那人却倏忽不见。这里,"祖龙"显然是暗示"始皇"。与陨石刻字一样,这些都可视为民众在暴政下不得不采用此类神秘方式发出的呐喊。但秦始皇仍然没有从他陷落的虚妄世界中惊醒过来。开头,听使者说是路过华阴山时遇到那人的,便断定那是个小鬼,说:"山鬼固不过知一岁事也!"(山鬼有什么能耐,最多只能知道一年以内的事!)以为根本没有资格来危害他这个始皇帝,不予理睬,当即将玉璧交与御府。谁知御府守吏却认得此璧,说就是皇上第二次巡游渡江时投水祀神的那一块。这一下秦始皇着慌了,又去求助于卜卦,"卦得游徙吉":卜卦的结果认为一是巡游,二是迁徙,便可转危为安,逢凶化吉。于是秦始皇再次运用他现世的绝对权力去向虚妄的神灵世界献媚:"迁北河榆中三万家,拜爵一级";同时下令筹备第五次全国大巡游……

## 走向黄昏的颠狂

公元前210年,秦始皇作第五次也是最后一次全国大巡游。这次并未走完全程的巡游,却正是他生命的终点。

五次巡游,前三次一年一次;第四次隔了三年,最后一次相隔时间最长,有五年。在这五年中,秦始皇愈益狂暴,秦帝国暴政连连,内外矛盾日趋激化,民众怨声载道,秦始皇本人也在心力交瘁中快步走向黄昏。

这次巡游方向主要是在东南方。出咸阳南下,过武关,渡汉水,进入南郡,来到云梦。站在云梦泽北端,举头便可以望到湘山和湘山祠。

九年前,秦始皇曾在此发过一通雷霆大怒,给葱茏郁秀的湘山剃了个大光头。

没有根据说巡游到这一站是秦始皇有意安排。总之是当他看到一头秀发尚未长齐的湘君夫人那种红绿斑驳的惨状时,内心不由大为惶恐了!很可能他想到了这些年来的种种不如意说不定正是这位女神对他的惩罚。那就趁此机会当面向她做个检讨认个错吧?他又不干。此时这位皇帝的内心大概就像后世有些通俗唱本常写的那样:"男儿膝下有黄金",如何能向一个女人——即便是女神下跪呢?但看来检讨还得做,于是便舍近求远,根据《史记》的记载是"望祀虞舜于九疑山",就是说远远望着做了祭祀的样子。上古帝王也曾有用"望祀"形式祭祀无法登临的山川的,用来祭祀一位古代圣君,这倒又是秦始皇的"创造"。我猜想这位今古独一无二的始皇帝在遥遥向虞舜拱手作揖时,心里可能说着这样一句话:老哥,上回小弟对嫂夫人无礼了,不过咱俩都是大男人,总好说话吧?

出云梦后,过丹阳,临浙江,到达了历次巡游中东南方向的最远点越国故都会稽(今浙江绍兴市)。于是"上会稽,祭大禹,望于南海,而立刻石颂秦德"。再折道北上,渡浙江来到吴国故都吴(今江苏苏州市)。

这时正是初夏天气。杂花生树、群莺乱飞的虎丘山，苍翠灵秀。山下安睡着当年称霸诸侯的吴王阖闾。

秦始皇此次之所以特地绕道要来吴越故地巡游，是为了前面已经提到过的所谓"厌东南天子气"。除此之外，还有一个充满诱惑力的传说，促使他又来到吴王墓前。据汉代赵晔写的《吴越春秋》记载，吴国所产的干将、莫邪宝剑名闻天下。干将、莫邪原是一对夫妻。吴王阖闾欲兴吴国，命干将铸名剑两把。干将"采五山之铁精，六合之金英，候天伺地，阴阳同光，百神临观，天气下降……"但等待多时，"铁精"、"金英"还是不肯熔化。两人苦苦探求多时，干将忽而想起他先师的故事，便说：先师最后一次铸剑，也是烧炼了多少昼夜不肯熔化，后来先师夫妻二人双双跳进了熔炉，才终于铸成了著名的宝剑。这回我们是不是也遇到了这种情况了呢？莫邪一听很快想出了办法，"于是干将妻乃断发剪爪投于炉中。使童女童男三百人鼓橐（tuó，皮囊）装炭，金铁乃濡，遂以成剑，阳曰干将，阴曰莫邪"。吴王阖闾称霸诸侯，功成名遂，死时还不忘干将、莫邪所铸名剑，特命精选三千宝剑殉葬。过了三天，忽见一匹金睛白额猛虎高踞于吴王陵墓之上，人们说，那是那些宝剑的精气化成的——这也正是山名"虎丘"的来历。

秦始皇自然认为吴王阖闾是根本无法与他相比的，那些宝剑的真正主人只能是他！

于是下令凿山，破墓取剑。

就在这时，冲起一道白光，眨眼间，一头白毛猛虎临墓踞坐，怒吼一声，山林树叶暴雨般抖落。

士卒们一个个惊恐莫名，纷纷后退。

秦始皇大怒，抽出佩剑向猛虎奋力砍去，不料误中山石，轰然一声，石陷成池。据说那就是至今尚存于虎丘山下的剑池的来历。

以上自然都属传说，不可为信。但秦始皇在第五次巡游中到过吴都，《史记》有确记，那就很有可能曾求过吴王剑，结果却又是一无所获，这对他的狂傲心理，不能不又是一次沉重的打击。

离开故吴都，过长江，继续北上，秦始皇第三次来到琅琊。这一回，终于获知了徐市的下落，立即派人召见。

徐市入海求神药，历时九年，耗资累万，却依然一无所获。这回奉召按照秦始皇一贯脾性，该是死多活少。偏他有舌似簧，煞有介事说道：陛下，臣等正欲进咸阳昧死禀奏呢！蓬莱仙药臣等明明已经见到，只是常为大鲛鱼阻挠所苦，几次接近，都无法采摘。所以臣等请求陛下恩准，选善射者随带连弩与臣等一起出海，射杀鲛鱼，仙药便可立得！

这当然又是一个骗局。只是秦始皇此时已"仙迷心窍"，加上恰好这些天夜晚，他刚做了个与海神交战的梦，因而又信以为真，并召令占梦师来占梦。占梦师说：海神平常是看不见的，而以大鱼和蛟龙作为征候。海神又有善恶之分。如今圣上祈祷祭祀都非常虔诚，它却还敢出来阻挡，定然是恶神无疑，必须除去。除去恶神，善神就会来到！

很显然，占梦师的这番话正是为徐市圆谎说的，秦始皇也没有想一想其中缘由，反而更加深信不疑。接下去《史记》本纪记了这样一段话——

乃令入海者赍（jī，携带）捕巨鱼具，而自以连弩候大鱼出射之。自琅邪北至荣成山，弗见。至之罘，见巨鱼，射杀一鱼。遂并海西。

这简直是在玩命！

这一年秦始皇已经整五十，由于一直强力疾作，又动辄暴怒，心神经常处于狂躁状态，他大概早已未老先衰。为了射杀这么一条鱼，他亲掌连弩，站在剧烈颠簸的船头上，顶风斩浪，追赶了多少路程呢？琅琊——成山——芝罘，少说也有近千里，按照当时仅靠风力或人力的船行速度，最快也得三四昼夜。如果他是在兼并六国大决战中追逐一支逃遁的敌兵，那倒真是表现了令人敬佩的意志和毅力；可这回追逐的却是一条鱼，是一个幻想中的恶神，那就未免显出几分荒唐和滑稽。

追日的夸父，是因焦渴而死的；这位夸父的模仿者，却是在与怒浪搏击中，提前招来了死神。本纪紧接着便记了这样一句：

至平原津而病。

按行程推算，从射鱼到得病不会超过三天。死神已经跨进了门槛。不过关于这位始皇大帝的死，疑团迭起，机巧丛生，还是放到本章最后一节去叙述吧！

这里，顺便说几句关于徐巿的话。

徐巿的行径实在像个骗子。但千百年来，随着人们对海外探求、考察的加深和阅历、视野的扩展，至后汉特别是宋明以后，便有人将徐巿出海与日本国联系了起来；到了近代，中日两国学者对此事的一些考古和研究专文的相继发表，更有相当多的材料可以证明：徐巿很可能正是在历史上有明确文字记载的、以较大规模对外航海探险并打通了中日航道的第一人。在日本，不仅史籍文献记有徐巿一行人东渡日本的事迹，甚至还有好些人自认是徐巿及其一行人的后裔，每年八月要举行隆重的"徐福祭"。因而当时徐巿等人所说的三神山，很可能正是现今的日本三岛。至于对外探险为什么要采取诈骗秦始皇这样一种特殊的方式，翦伯赞先生在《秦汉史》中是这样解说的：徐巿等人"是当时滨海一带的商人，企图打通与日本诸岛之商业的通路"，"但是海洋航行，需要巨大的船舶和其他的费用，而这用私人的力量很难办到。求仙之说，只是一种烟幕而已"。如果事情真是这样，那么徐巿便是又一个吕不韦式的商人。吕不韦运用他的智慧和财富买下了一个国家，徐巿则是运用自己的智慧和勇气，并巧妙地借用秦始皇的权力和财富，打通了一条通向"三神山"的航路。秦始皇的求仙之举无论对他自己还是对秦帝国带来的都只有无穷的祸害，唯独他无意中对徐巿等人的资助，却为人类的文明与进步作出了意义深远的贡献。这或者就叫作历史的歪打正着吧？

## 刻石：永存的诫碑

秦始皇五次大巡游，如果把他那乘豪华的銮车的车辙连接起来，那么不仅环绕了秦帝国整个疆域，还纵横交错了好几个来回，这确实又是一次旷古未闻的壮举。

时间延续长达近十年，南北东西沿途数万里，秦始皇受到他的臣民们的颂扬、欢呼，时间之长，规模之大，都是以往任何一个帝王无法比拟的。

除了口头，还有金石。

金石可以永存，这就是要使对秦始皇的颂扬千秋万代广为流传。

五次巡游，共立石八块，其中七块有刻辞，《峄山刻石》全文前面已录。此外六石刻辞均载于《史记·秦始皇本纪》。刻辞长短不一，最长的为《琅琊刻石》，共四百九十七字；最短的为《碣石门刻石》，仅一百零八字。其余的大都在一百五十字左右。各篇刻辞，内容大同小异，一个共同主题，便是歌颂秦始皇前无古人的伟功盛德。为了突出这个主题，运用了各种最高级的形容词和夸张、虚饰等修辞手法。于是——

秦始皇用武力兼并六国成了"皇帝奋威，德并诸侯"；不仅结束了列国战乱，而且终止了三皇五帝也无法禁止的"攻战日作，流血于野"的灾祸，从此永远灾害绝息，永偃戎兵，因而兼并之业"功盖五帝"；

秦始皇这个人成了"大圣"："大圣作治"，"兼听万事，远近毕清"；"圣德广密，六合之中，被泽无疆"；不仅凡是"日月所照，舟舆所载"的地方都蒙受恩泽，甚至还"泽及牛马"；

秦帝国这片土地成了人间乐园："男乐其畴，女修其业"，"大治濯俗，天下承风"，"后嗣循业，长承圣治"，"人乐同则，嘉保泰平"。

这些相传由李斯书丹的刻辞，不仅用的是标准的小篆字体，就其歌颂的内容来说也是一种"标准"，即一种舆论导向，引导全帝国千百万臣民众口一辞地来欢呼他们大圣大德的始皇帝。在如此宏大的造势下，秦始皇崇高到头顶云端，而万千臣民则卑下到近似尘埃。生活在尘埃中的人们日子一久，也会习惯于用神圣的眼光来看待他们的皇帝。于是秦始皇五次巡游所到之处，凡是他登临过的山，系过船的石，饮过马的泉，磨过剑的池，汲过水的井……都被赋予神秘的意义，并不断被编制出种种同样具有神秘意义的故事来。马非百先生从多种古籍和地方志中经过多年细心采集，辑录于《秦始皇帝传》中的分布在全国各地的秦始皇巡游遗迹，竟达一百十三处之多！这每一处在当时都曾经是秦始皇功德的宣传站，秦始皇这个有血有肉的凡人，就这样便渐渐塑造成了无处不在、无时不在而高踞于众人之上的神！

歌颂君主，崇拜帝王，在我国有悠远的传统，不仅源渊而且流长，至今依然随处可以让人感受到。事实上所谓三皇五帝，即使真有其人，那种崇高的形象，也多半是当时或后来人为的宣传声势制造出来的。需要这种宣传的是帝王本人，带头制作这种宣传的往往总是与帝王最亲近并受到信用的大臣。《吕氏春秋·古乐》就分别记载了禹、汤、文、武，在他们"功成"后，如何各自让皋陶、伊尹和周公旦作乐或作诗歌颂自己，目的就是"以昭其功"，"以嘉其德"。

只是秦始皇在这一点上，又得了个空前和第一！

在享受全帝国范围内的、如此宏大的赞颂的时候，秦始皇该是志满意得的吧？借用刘邦当上皇帝，看到群臣躬身低头诚恐诚惶依次向他祝寿时说的一句话，便是："吾乃今日

知为皇帝之贵也！"(《史记·叔孙通列传》)

不错，秦始皇确实有过满足，但满足却是那样短暂。

一方面，在自我膨胀和周围的颂扬下，他自我感觉确实以为功德盖世，无可匹敌，无所不能；另一方面，他的实际感受却又常常处于困惑和烦躁中。非但那个幻想中的天国无法超越，动辄受挫，就是现实中的秦帝国，也是弊端丛生，乱祸时起，原想随意转动乾坤的手总感到力不胜任。

这样，自我膨胀和周围颂扬在日趋升级上涨，实际感受却在不断往下跌落，两者距离越拉越大，使他一次接一次从高高的期望值上摔下跟斗来，严重地折磨和撕裂着他的心灵，直至走向狂暴和昏庸。

若问是谁最先起来戕害秦始皇、颠覆秦帝国的，我以为正是那个全国规模的狂热的颂扬活动，特别是那些带有导向性的施之金石、以期永存的石碑刻辞。

秦二世即位后，又特地在每块刻辞末尾补刻了"金石刻尽始皇帝所为也"等几句话，意在不致使后人误认为是后世皇帝树立的。这实在是帮倒忙。在秦国历史上，秦穆公著有沉郁深邃的《秦誓》，秦孝公留下了一篇感情真挚、胸襟博大的《求贤令》，文采风流，都为秦人增添了荣耀。如果那七篇但有谀词堆砌、极无文采可言的刻辞真是"始皇帝所为"用来自我吹嘘的话，那决不是他的荣耀，而是羞耻！

鉴于颂扬和神化帝王在中国远没有因为秦帝国的灭亡而终止，可谓薪尽火传，源远流长，所以不妨把这七块刻石视为永存的诫碑，每碑一字，组成一句诫言，曰：

盈必毁，天之道也！[1]

---

[1]《左传·哀公十一年》载伍子胥语。

# 由绝对权力点燃的愚昧之火

## 一位智者的忠告

在说焚书坑儒前,我想先介绍几句这两个暴虐事件的历史由来。

春秋战国实际上有两大战场,一个是军事的,另一个是思想的。特别是到了春秋末期和战国时期出现的那种"处士横议,百家争鸣"的盛况,各种学派间相互争战的激烈程度,丝毫不逊色于军事战场,而其广泛性和深刻性则远胜前一战场。

思想战场的近期目标,大体与军事战场相同,即为了治理好本国,战胜对手,并最后使中国复归统一。正是基于这一点,诸侯列国中一些有作为的君主,都清醒地认识到了战争的胜利,不仅需要有一支强大的军事力量,更需要拥有一批奇才异智的谋臣策士。"七国虎争,天下莫不招致四方游士"(《容斋随笔》卷二)。礼贤下士成为时尚,养士之风大盛。魏文侯、齐宣王、燕昭王等,都以好士著称。此外,被称为战国四公子的齐孟尝君、魏信陵君、楚春申君、赵平原君,和秦国的孝公,以及秦国后来的丞相吕不韦,都喜好宾客,以优厚的待遇广招天下学士而著闻于当时。这样"士"这个阶层便从列国纷争中游离了出来。他们通常很少、甚至没有故国观念,不再受地域限制,一旦学有所成,便负笈四游,巧妙地利用诸侯对智力的重视和列国异政所造成的统治空隙,自由地鼓吹或辩驳各种学说。在那样一个战乱频仍的年代里,反而奇迹般地为士这个阶层提供了一个充分表现和施展他们才智、抱负的空间舞台。

但思想战场与军事战场毕竟还是不一样。如果说,军事作为达到某个政治目标的一种手段,随着该目标的实现它的使命也就终结的话,那么在思想战场上所展现出来的那些宏廓的主题和具有恒久生命力的内容,却决不会因为一个短期的目标而停下步来。像道家、儒家、墨家等等学说,是我们民族发展到那个时代的最高智慧结晶。对于这些学说来说,实现统一只是其中一小部分内容,它们不仅探讨了统一后的如何安邦定国、经世济民,更深入思考了人生、社会以及宇宙诸多问题。许多重要认识或发现,超越时空局限而闪烁出具有永恒含义的真理光芒。

偏在七国纷战到接近最后冲刺阶段,历史却进入到一道特殊港湾。在这道可说是相互作最后生存肉搏的港湾里，稍微离开鼻尖远一点的思考都成为奢侈或迂腐，急功近利成了共同追求的时尚。就像前三章一节描述合纵连横之说应运而兴时所说的那样："合纵、连横都是就当时列国现实利害关系成说，学术的理性含量似乎并不多。但你千万别轻视它们。当它们狂飙似地席卷华夏大地之时，其余诸家学说骤然变得黯淡无光，什么老子贵柔，孔子贵仁，墨子贵廉，似乎一下子变得毫无意义。"

现在我补充一句：只是在那个短暂的特殊时期里，道、儒、墨等学说才"似乎一下子变得毫无意义"。其实它们的意义始终存在着，是真理总要发出闪光来。

就在当时，一位智者郑重地说出了他的不无忧虑的忠告。

这位智者便是以孔学继承者自任，吸取了道、法、墨、名等学派若干思想的先秦最后一位儒学大师荀子。

大约在秦昭襄王五十年（公元前257年）前后这段时间里，荀子曾到已经称雄一时的秦国作过一番游历，并与昭襄王和丞相范雎各有一次对话。

对话内容，现在我们可以从《荀子》的《强国篇》和《儒效篇》读到。

范雎请问荀子，对秦国有何观感。荀子根据自己的亲见亲闻，认为秦国山川险固，百姓纯朴，百吏肃然，士大夫"不比周、不朋党"，朝廷"听决百事不留，恬然如无治者"，因而可说已接近"至治"。但他接着说这种"至治"是以一个诸侯国的要求而言的，如果比之"以王者之功名"，那么"其不及远矣"。他指出了"不及"之所在——

是何也，则其殆无儒耶？故曰：粹而王，驳而霸，无一焉而亡。此亦秦之所短也。

荀子作为一个儒家，把儒家之于国家的兴亡关系作了突出的强调：如果全用儒学，便可称王；如果参杂用儒，则可称霸；要是排斥儒家，国家就会灭亡。

也许是问题的尖锐引起了秦昭襄王的注意，于是便亲自召见荀子，询问他儒学究竟有无益于人之国。荀子作了长篇回答。他从儒处于"人之上"和"人之下"两个方面作了论述。他似乎是有意先从"人之下"谈起。说儒即使处于"人之下"的情况下，也能做到如何不顾个人"穷困冻馁"，仍然"明于持社稷之大义"等等。昭襄王更关心的当然是儒处于"人之上"如何，他急不可待作了插问，于是荀子便回答说——

其为人上也，广大矣！志意定乎内，礼节修乎朝，法则度量正乎官，忠信爱利形乎下。行一不义，杀一无罪而得天下，不为也。此君义信乎人矣，通于四海，则天下应之如讙（齐声相应）。

这次对话的结果是："昭王曰善"。

后来的事实说明，秦昭襄王的这声"善"，不是无辞辩对，便是出于礼貌。实际上终昭襄王一生，都没有采纳荀子的忠告。后继的孝文、庄襄二世都匆匆而过，便传到了秦始皇；而秦始皇可谓独尊法家，非但忠实信奉和推行韩非学说中的法、术、势那一套，而且往往把它们引向极端，因而离荀子的忠告更加遥远。不过，昭襄王也好，秦始皇也罢，之所以把荀子的忠告置于脑后，固然有他们性格和学养的因素，但更为主要的还是他们所处的特殊的时代使然。试想一下，如果真要照着"行一不义，杀一无罪而得天下，不为也"去办，昭襄王还能称雄诸侯吗？秦始皇还能兼并六国吗？应当承认，他们是被时代推选出来的雄主，特别是秦始皇，他是如此善于发现和抓住机遇，全不顾旁人如何劝说，即便是智者的忠告也罢，断然作出对策，采取一切能够采取的手段，去摘取那颗分明已经成熟的果子。在这方面，荀子显然望尘莫及。

秦始皇干脆利索地获得了全胜。但这只是军事战场的全胜。当时或至少事后他应当认识到：如何同时获取思想战场的胜利呢？

很可惜，他没有。

在秦国有一个人，倒是早就这样思索过了的，他就是吕不韦。

如果说，荀子的忠告突出了对儒学的强调多少还带有门户之见的话，那么吕不韦以他的《吕氏春秋》表明，他已经在相当程度上具备了大统一共主的胸襟。思想不可能用暴力去消灭，论战的胜利并不意味着一种思想消灭了另一种思想，而只能是在更高层次上兼容了诸家之长。《吕氏春秋》正是力图在执守根本道义，即所谓"执一"的前提下，采取一种较为宽容的政策，尽可能使诸家之长都能为未来的统一国家所用。[1] 近些年来已有越来越多的学者发表了类似这样的看法："如采用《吕氏春秋》作为施政方案的话，秦王朝断然不至于这样短促灭亡。"（杨宽：《吕不韦和吕氏春秋新评》）纵然历史不能假设，但从理论上这样推断，还是相当可信的。

可惜的是，秦始皇在无情地清除了吕不韦集团的同时，又如同弃掷敝屣似地抛弃了曾经作为他启蒙课本的《吕氏春秋》，非但当时和事后都没有去想一想秦国历来偏重法家路线的传统有何不足之处，帝国建立后反因暂时的成功而更加执迷于严刑峻法和穷兵黩武，超负荷地使用还处于初创时期的帝国机器。在这种情况下，兼并时期因迫于大势而处于潜伏状态的种种矛盾便日趋表面化和激烈化，秦帝国的最后崩溃已是指日可待的事。

能够较为清醒地预见到这种危险的，不是别人，又是那些多智、饱学而又颇有政治斗争经验的"士"这个阶层。

曾经在群雄纷争年代扮演过那样重要角色的各派学士，经过血与火的洗礼，如今已发生了重大变化。大致说来，有这样几种情况——

一是隐姓埋名，浪迹天涯，寻找机会作反秦之举。如前面已提到张良、张耳、陈余等

---

【1】《吕氏春秋》对道、儒、法、墨、阴阳、兵、农等诸家都有较多吸取，对其代表人物一般多取赞颂态度，即或有所批评（如对墨家"非攻"说）也不直接指名。唯一的例外是对名家。虽然在《正名》、《审分》等篇中对名家的若干主张也有所肯定，但整体上却持否定态度，并激烈地指名抨击了邓析、公孙龙、惠施等代表人物。这种例外情况是否可以这样来理解：除了吕不韦毕竟是一位注重功利的政治家，还可能与我国古代整个思想界偏重直觉思维而忽视严密的逻辑论证这种特殊传统有关。他们往往较多地看到名家因专攻名实关系有时不免有脱离实际的现象，而抹杀了他们在发展逻辑推理方面作出的可贵贡献。这种偏颇不仅是《吕氏春秋》，其他论著也多有。每读此类文字，让我们后人不由深感遗憾。

等都是，已被杀害的高渐离也属这一类。

再一种情况是与帝国采取不合作态度，因慑于高压，有的归隐山林，与世无争；有的潜心学术，闭门著述。前一类最著名的有所谓"四皓"：东园公、甪（lù）里先生、绮里季和夏黄公。他们退入商雒，隐居肺山，作歌唱道："莫莫高山，深居逶迤。晔晔紫芝，可以疗饥。唐虞世远，吾将安归？驷马高盖，其忧甚大。富贵之畏人，不如贫贱之肆志。"（《高士传》）后一类，如汉初传《诗》的浮丘伯、申公、穆生、白生，传《易》的田何，传《礼》的高唐生，传《春秋》的公羊等等。

第三种情况是归顺了秦帝国，成了帝国中央或地方政权机构官吏。《史记·秦始皇本纪》中多次提列"博士七十人"，原来当系为各派学士，其中可能又以来自原六国的居多。在地方政权机构担任职务，总数自然要超过此数。譬如孔子的八世孙孔鲋，在帝国时期就曾做过原鲁国地区的"文通君"[1]。

这第三类学士，要算是对秦帝国虽驯顺的一类。秦始皇看中他们的，可能也正是这一点。帝国任用他们自然是有条件的，那就是必须绝对忠实于始皇帝和秦帝国，不允许把原有学派的主张带进来。

可以想见，他们之中多数人为了保持生存和禄位，是不能不阿曲以取容的。但他们是历经数百年百家争鸣的最后一代传人，自由辩说几乎已成了他们生命的组成部分。而深厚的学养和丰富的历史知识，又使他们很容易看到荀子当年忠告中预言的那些可能出现的恶果，如今不幸而正在成为现实。他们常常有一种骨鲠在喉的感觉。不管他们将要说出来的见解是否带有学派偏见，从主观上说，他们之中多数实在是忠实于帝国、忠实于秦始皇的啊！

但此时的秦始皇，已经变得连这样的不同见解也无法忍受了。

一旦发觉那个思想战场还隐蔽地存在着时，他便使出了在军事战场获得过一次次全胜的老办法：血与火！

## 李斯的三级跳

第一个暴虐事件，却是由一个喜庆场面开始的。

据《史记》始皇本纪记载，秦始皇三十四年（公元前213年）："始皇置酒咸阳宫，博士七十人前寿。"

有个博士仆射[2]周青臣，先向秦始皇祝寿进颂，颂词内容与巡游碑石刻辞一个调调，无非是"日月所照，莫不宾服"，"自上古不及陛下威德"等等。

---

[1] 据《史记·儒林列传》及《汉书·孙光传》等记载，孔鲋听到秦始皇下令焚书的消息后，就离职逃回孔府，将《论语》、《尚书》、《孝经》等封藏于墙，随后便隐于崇阳。待陈涉起义为王时，鲁诸儒及孔鲋持孔氏礼器，往归陈王。孔鲋做了陈涉博士，不久与陈涉一起为士卒所杀。其藏书至汉为鲁恭王刘余所得。

[2] 博士仆射：仆射，意为"其长"。博士仆射即博士之长。秦汉时，除博士外，他官如侍中、尚书、郎等也设有仆射。

秦始皇听了很高兴。

就在这时候，出现了一个异样的声音。博士齐人淳于越说了这样一番话——

> 臣闻殷周之王千余岁，封子弟功臣，自为枝辅。今陛下有海内，而子弟为匹夫，卒（通"猝"）有田常、六卿之臣，无辅拂，何以相救哉？事不师古而能长久者，非所闻也。今青臣又面谀以重陛下之过，非忠臣。

这篇直犯"龙颜"的强谏，使喜庆气氛顿消，朝堂空气立刻紧张得凝结起来。

这位淳于越，便是太子扶苏之太傅。他的进言包含两层意思：第一，认为像周青臣那样当面阿谀皇帝只会加重皇帝的过错，不能算是忠臣。这表明淳于越依旧保持着一个学士的风骨，且确实出自一片忠心，但他所面对的阻力却无比强大。因为这样当面阿谀秦始皇，既不是周青臣一个人，也不止是这一次。从帝国建立开始，它实际上已形成为一项法定的制度。

第二，认为应当"师古"，即效法古代，实行封建制。他举出实例以史为鉴：齐有田常，姜齐终为田齐所代；晋有六卿，六卿之中的韩、赵、魏后来瓜分了晋国。秦帝国如果不分封子弟，一旦出现像田常、六卿那样重臣起事作乱，没有子弟封国的"辅拂"，帝国又"何以相救"呢？

关于究竟是实行封建制还是郡县制的争论，早在八年前就有过一次。因何而旧案重提，史书没有提供答案。事实上，此时郡县制早在全国推行。不久随着南征北伐的胜利，又在岭南增设了三郡，在北方新置了四十四县。说是淳于越想再来翻个个儿，主张重新全面推行封建制，未免距离现实太过遥远。一种可能是，八年来，鉴于强力全面实施郡县制而引起的一些矛盾，尤其是不安定因素已不断有所暴露，他希望局部实行一点分封以为辅助。进言中特别提到田常、六卿那样的潜在危险，想必也是有所指的。如果真有所指，那肯定是指李斯。八年前的那场争论，正是以主张郡县制的李斯驳倒主张封建制的王绾为结局的。当时王绾为相；两年后，王绾的名字在秦始皇东巡的随从名单中又出现过一次，从此再无影踪。而与此同时，李斯受到秦始皇的更多的重用，不久便接替了王绾的相位。[1] 相传巡游中所立碑石刻辞均出自李斯之手，那些恰恰正是淳于越最反感的标准"面谀"。

秦始皇大概已是怒不可遏了，但他却还强忍着，与八年的的那场争论一样，又下谕旨让群臣讨论。

李斯是个极机敏的人，即使淳于越纯属无意，他也能听出那弦外之音来。他立刻作出了长篇驳词。不能说他起来反驳全是因为对方暗指了他，但有了这么点因素他的驳词就更加咄咄逼人。他的战术是跳跃式的：淳于越在进言中对"面谀"的指责和对重臣的忧虑，

---

[1] 李斯晋升为相时间，《史记》没有确记。本传说嬴政称始皇帝时"以李斯为丞相"，似乎就在秦始皇二十六年（公元前221年）帝国建立之时；但始皇本纪在秦始皇二十六年、二十八年分别称李斯为"廷尉"、"卿"，要到秦始皇三十四年（公元前213年）始皇置酒咸阳宫，才出现"丞相李斯"这样称谓。

他一概置之不论，一跳，由实跳到虚：从该不该"师古"的高度立论。这一招，确实颇为高明，这使他的讲话听起来有一种前无古人，独领风骚，不断奋击进取的气势，很合秦始皇的胃口。他是这样说的——

*五帝不相复，三代不相袭，各以治，非其相反，时变异也。今陛下创大业，建万世之功，固非愚儒所知。且越言乃三代之事，何足法也？*

两点结论："师古"之路不通；淳于越是个"愚儒"。

事情到此本该了结了。李斯忽而话锋一转，又一跳，从淳于越这一个别"士"，进而对帝国整个"士"阶层发起责难——

*异时诸侯并争，厚招游学。今天下已定，法令出一，百姓当家则力农工，士则学习法令辟禁。今诸生不师今而学古，以非当世，惑乱黔首……人闻令下，则各以其学议之，入则心非，出则巷议，夸主以为名，异取以为高，率群下以造谤。如此弗禁，则主势降乎上，党与成于下。禁止便。*

李斯所以要对整个士阶层发起进攻，很可能从日常接触中摸到了秦始皇对士已经很厌恶的内心。不过我能说出来的根据只有一条，就是登泰山进行封禅礼前后鲁地儒生给秦始皇留下的不愉快的印象，《史记·封禅书》特地记过一笔："由此而绌儒生。"在李斯看来，只有在诸侯纷争时期，才需要以优厚的待遇招致那些游学之士；一旦统一局面出现，帝国子民只要做两件即可：所有百姓老老实实种田做工；所有士人一门心思学法守令，不使自己言行违禁。可如今儒生学士们还在引古论今，说三道四，那不就是惑乱黔首、率群造谤、结党营私吗？他认为如此下去，就会降低皇帝威势，因而必须明令禁止！

淳于越不过是在朝堂上说了那么几句话，李斯却一下子推演出这么一大套吓人的罪名来，他这第二级跳也实在跳得太远啦！

不过仔细想来，李斯纵然有夸大，恐怕也并非全是无中生有，至少说明了学士们对朝政是有不满的。"入则心非，出则巷议"。在朝堂上他们只好在内心暗自嘀咕，走出朝堂才敢相互有所议论。其中自然也不会没有意在反秦之论，但多数应属于对帝国未来命运的担忧。李斯的这种描述，恰恰反映了多数学士在秦始皇高压和独断下，那种报国无门的苦恼和无奈，怎么也得不出"惑乱黔首"、"率众造谤"、"党与成于下"的结论来！

李斯却还觉得不够，第三次再跳一级：从人跳到书，奏请秦始皇烧书。除"医药、卜筮、种树之书"外，其余书都要烧。所谓《焚书令》的主要内容为——

（一）命令史官将所藏史书，除《秦记》外全部烧毁；

（二）除博士掌管的国家藏书外，天下凡藏有《诗》、《书》、百家诸子著作者，一律将此类书缴到所在郡县主管处烧毁；

（三）有敢三三两两谈论《诗》、《书》者，处以死刑并暴尸示众；

（四）有敢以古非今者，灭族；

（五）官吏若已发现而不检举者，与之同罪。

（六）本法令公布后三十天内还不焚烧者，脸上刺字，罚做筑城劳役。

秦始皇对李斯的全部建议，说出了一个启动邪恶之门的字："可"！

于是一场焚毁文明的大火便首先在咸阳，接着又在全国各郡县守令所在地熊熊燃起。

春秋战国时期，各诸侯国大都设有史官专门从事历史记载。这类记载中，难免有对当时秦国的"刺讥"，这当然是秦始皇最不可容忍的，所以被列为《焚书令》第一条：除《秦记》外一律焚毁。就因这一烧，致使司马迁写《史记》时屡屡感到列国资料的缺乏，连声长叹："惜哉，惜哉！"（《史记·六国年表》）

《诗》、《书》及百家著作，也是焚烧重点。这类书我们现在之所以还能读到，全赖当时一些志士仁人冒着生命危险千方百计地转移和秘藏。这样的人一定很多，见之于史书记载的，除了上文已提到的孔鲋，还有孔腾和伏生——

孔腾，字襄，畏秦法峻急，藏《尚书》、《孝经》、《论语》于夫子旧堂壁中。

秦时禁《书》，伏生壁藏之，其后大兵起，流亡。汉定，伏生求其书，亡数十篇，独得二十九篇，即以教于齐、鲁之间。

以上均引自《汉书·艺文志》。

今天，当我们读着这些"火"口余生的典籍时，不能不为那些冒死保存人类智慧和文明作出贡献的先哲们深表敬意。而当我们看到古籍那些残简缺篇时，又不能不谴责那场罪恶的大火！

不管有多少理由，如说什么"厚今薄古"呀，"统一思想"呀，都不能为这愚蠢之举辩解。这场大火做了一个极坏的结束：春秋末期以来那种百家竞说、生气蓬勃的自由探索氛围，不管人们如何向往，从此永远只存在于高远的历史天空之中。这场大火又开了一个极坏的头：它使历朝历代那些名目各异的摧残文明之举仿佛有了先例可援，其流风"久远得多么骇人啊"（鲁迅语）！此外，难道还需要再说些什么吗？

## "秦坑儒耶？儒坑秦耶？"

李斯的第三级跳，从人跳到了书，学士们侥幸得免了吧？不，后来的事实说明，这只是暂时放过，相隔不到一年。焚烧竹帛的余火未灭，秦始皇又制造了一起暴虐事件：发生于秦始皇三十五年（公元前212年）的"坑儒"。

事情的导火线是侯生、卢生这两个曾被秦始皇派去求仙药的方士的出逃。据《史记》本纪记载，两人在出逃前有一番议论，认为秦始皇这个人，"天性刚戾自用"，特别是兼并六国后，"以为自古莫及己"，又极度"贪于权势"，"事无大小皆决于上"，自己日夜操劳，对大臣都不信用。而且按照秦法，一种方术只准施用一次，"不验，辄死"。因此他们认为不能再为这样的人求仙药,"于是乃亡去"。

秦始皇听说侯、卢二生逃走,雷霆大怒。本纪载录了他大怒时说的一番话,内容有两条,一是认为侯、卢二生以及徐市、韩终、石公等人非但骗去了他数以巨万计的财物而始终未见仙药影子,而且还在背后诽谤他。如果单是这一条,那么或关或杀也只涉及到少数几个方士,但是还有第二条。秦始皇的意识流也像李斯一样飘忽无规则,突然从方士跳到了儒生,从少数人跳到了多数人——

诸生在咸阳者,吾使人廉问,或为妖言以乱黔首。

廉问,意为暗中察问。这就是说秦始皇动用了现代人称之为特务的秘密侦探手法,但即使用了这种方法,也只是"或为妖言":有的人可能有妖言惑众嫌疑。秦始皇竟以此为据,诏令御史拷问所有儒生,制造了一起史无前例的骇人听闻的惨案——

于是使御史悉问诸生,诸生传向告引,乃自除。犯禁者四百六十余人,皆坑之咸阳,使天下知之,以惩后。

四百六十余名学士,就这样在严刑拷问下,深文巧诋,辗转牵引,然后以"犯禁"的罪名一起活埋了!这些人的姓名一个也没有留下来。我能够想到的就是一年前在朝堂上直言进谏的淳于越,此后史书上再也见不到他名字,估计很可能就在被活埋之列。

这时候的秦始皇已经毫无理性可言。他杀人完全是出于感情用事,即为了宣泄因受骗和受人背后指责所引起的狂怒。

事情到此还没有完。据一些史籍记载,还可能发生过第二次坑儒事件。

东汉人卫宏在《诏定古文尚书序》中有这样一段话——

秦既焚书,恐天下不从所改更法,而诸生到者拜为郎,前后七百人。乃密种瓜于骊山陵谷中温处。瓜实成,诏博士诸生说之。人言不同,乃令就视,为伏机,诸生贤儒皆至焉。方相难不决,因发机,从上填之以土,皆压,终乃无声也。

这是说设下了两个骗局。先是以封郎官为诱饵,把全国七百名学士骗到咸阳,接着又以种于骊山陵谷"温处"的瓜提前结实这种异常的自然现象,骗他们去一边观看一边议论。正当他们相互辩论得难解难分时,预先埋伏的机关突然发射,将七百名学士全部坑杀。此事如果属实,秦始皇为了杀人,真可谓煞费苦心。但因过于使用了心术和机巧,使有些学者怀疑它的真实性,认为这种做法不符合秦始皇的地位和性格。如《史记志疑》引《雍录》语说:"议瓜之说,似太诡巧,始皇刚暴自是,其有违己非今者,直自坑之,不待设诡也。"不过卫宏的这段材料,屡为《史记·儒林列传·正义》、《汉书·儒林传注》、《后汉书·陈蕃传注》等所引;而且骊山温谷从此就叫坑儒谷,在汉代又称愍儒谷,唐代还称愍儒乡、旌儒庙，至今那里还流传着一些有关焚书坑士的民间传说，当不至于纯属子虚乌有。这段材料至少提出了这样一个问题：秦始皇焚书是既焚咸阳也焚全国各郡县的，而他所坑四百六十余名学士全属咸阳，还有全国各地数量更多的学士，按他一贯的性格和作用，难道能网开一面、稍示宽容吗？

富有戏剧性的是刘向《新序·反贾》的一则记载：秦始皇坑儒的导火线是方士侯生、卢生的出逃，后来其中之一侯生终于被捉到，并押解到了咸阳，秦始皇将会怎样对待他呢？

据说，秦始皇特地"升东阿之台，临四通之街"，准备在大庭广众之下把侯生痛骂一顿然后"车裂之"的。但侯生倒过来却把秦始皇大骂了一通。从生活上如何竭欲穷奢，一直骂到对百姓如何横征暴敛，然后与历史上圣王比，自然根本无法比；又与历史上暴君比，则认为千倍、万倍于他们。秦始皇听了居然"默然之久"，接下去的对话是——

始皇曰：吾可以变乎？
侯生曰：形已成矣，陛下坐而待亡耳。……
始皇喟然而叹，遂释不诛。

刘向完全是在做小说，无非是想借这么一个形式对秦始皇作一番讽刺和痛骂。不过就是作为小说也不甚高明，因为这样的结局明显违反秦始皇性格。此外，《淮南子·人间训》和《湖南通志·方外志》，则提供了侯生、卢生下落的另一种说法。前者认为他们逃亡到了海上，后者说隐居于邵陵云山。

## 胡亥赶上了末班车

焚书、坑儒两桩暴虐事件，是秦帝国临近灭亡的信号；而这个信号恰恰是由帝国的创建者秦始皇本人发出的。唐代司空图的《铭秦坑》，言简意赅，深刻地揭示了"灭人实为自灭、坑儒即是坑秦"这个平凡的真理——

秦求庋儒，厥民斯酷；
秦儒既坑，厥祀随覆。
天覆儒仇，儒祀而家；
秦坑儒耶？儒坑秦耶？

在坑儒过程中，帝国朝堂上能够稍稍发出一点正直之声的，只有一个年轻人。他多少看到了一点这种暴行将带来严重后果，并曾试图劝谏秦始皇不要这样做。这个年轻人就是秦始皇的长子、淳于越的弟子扶苏。

扶苏的进谏与太傅淳于越被坑是否有关，不得而知。他进谏的主要内容，可见于《史记·秦始皇本纪》——

> 天下初定，远方黔首未集。诸生皆诵法孔子，今上皆重法绳之，臣恐天下不安。唯上察之。

他从天下初定的大势，诸生皆诵法孔子并未犯禁的事实，说明不应对他们"皆重法绳之"；对那样做将出现"天下不安"的严重后果更深表忧虑。秦始皇听了以后却是：

> 始皇怒，使扶苏北监蒙恬于上郡。[1]

此时蒙恬正将三十万之众驻守北边并督造长城。这就是读者在上章之末已经看到过的那一幕：在修建长城的工地上，突然来了一位年轻人……

值得一提的是秦始皇因何而怒？这怒与前怒内涵显然不一样。从后面将要说到的，秦始皇临终前还给扶苏写了特地盖上御玺的遗诏来看，他并没有一怒之下要废黜这位长子的意思。处理此事时，他是恢复了理智的，只是恨铁不成钢，嫌儿子太软弱，成不了大事。其中最使他反感的可能就是那句"诸生皆诵法孔子"的话。扶苏大概忘记了他老子最讨厌的就是早被商鞅、韩非先后分别讥之为虱子、蛀虫的儒家那一套！所以秦始皇决定让扶苏去北监蒙恬，使其握有相当大兵权（详后文），很有点要他到艰苦的环境和重要的岗位上去锻炼锻炼的意思吧？

但扶苏的离开咸阳，对秦帝国未来命运来说，却实在是超出秦始皇意料的一个严重事件。

据翦伯赞在《秦汉史》中分析，随着秦始皇的进入暮年，这时候的帝国宫廷内部大致已形成了三种派别政治力量。其一便是以扶苏为首的新贵族派，大多数公子和公主都属于这个派，因扶苏系长子，在习惯上最有可能被立为太子而享有特殊地位。其二是以李斯为首的官僚派，这一派拥有雄厚的财政后援，把持着中央机构，在相当程度上左右着秦帝国大政方针。其三是以赵高为首的宦官派，宫廷中的"中人"或"内官"大多属于这一派。他们包围着秦始皇，掌握着宫廷的机要和秘密，一旦出现某种时机，就会利用他们能够接近皇权核心这个极有利的条件，运用他们的机智和狡诈成为主宰局势的一种特殊力量。

扶苏为人，据赵高评价是"刚毅而武勇，信人而奋士"（见《史记·李斯列传》），显然不大为其余两派人所喜欢。扶苏离开咸阳出现了空缺，等于为两派发展势力腾出了余地，该是使他们高兴的；但扶苏一旦与过去曾战功赫赫、如今又拥有数十万之众的蒙恬结合，对他们来说又是一桩十分可怕的事情。由于秦始皇的狂暴，既使内外各种矛盾日趋激化，又使自己生命快速迫近黄昏，于是，还不满十周岁的大秦帝国，双脚已踏上了命运女神福

---

[1] 关于扶苏北监蒙恬时间，《史记》记载互异。此处据本纪为秦始皇三十五年（公元前212年）赴边，至三十七年二世矫诏赐死，共二年。《李斯列传》录二世赐扶苏书则谓："今扶苏与将军蒙恬将师数十万以屯边，十有余年矣……"若依"十有余年"计，该在秦帝国建立以前就赴边了，而事实上蒙恬也是要到帝国建立后第六年（公元前215年）才奉命北伐匈奴的。恐有误。

耳图娜那个不断转动的圆球，它的未来岁月布满疑云迷雾，变得不可捉摸起来。

不过秦始皇作为开国大帝，在他亲手创建的那样一种集权专制格局下，只要他活着，不管病、老、昏、暴到何种程度，他的绝对权力决不会动摇。各派也只能在暗中较劲角斗，纵然日趋激烈，却不可能表面化。

第二年，即秦始皇三十六年（公元前211年），正是在这种情况下度过的。扶苏频频送来谏书，除了对政局的关切，也表明他这位长子对未来的大位是决不肯轻易放弃的。李斯则继续发挥自己这派优势，竭力从政治主张方面迎合秦始皇。此时秦始皇已改称"真人"，因相继发生的陨石事件和玉璧事件而内心愈益郁闷。李斯就组织手下的一批博士创制《仙真人诗》，并配以音乐，为秦始皇演奏。赵高此时的权位虽然还难与扶苏、李斯正面较量，但他是秦始皇第十八个儿子胡亥之傅；而这个才智平庸、离太子之位不下十万八千里的小男子，却因长子扶苏的出走而突然升值。赵高巧妙地抓住这一时机，把赌注全押在刚满二十岁的公子胡亥身上[1]，百般调教他如何利用秦始皇开始进入老年的孤寂心理，想方设法去亲近和讨好这位皇帝兼父亲。即将出现的事实证明，赵高的计谋获得了巨大成功。

又过了一年，现在已到了决定秦帝国未来命运的最后一年了：秦始皇三十七年（公元前210年）。

这一年十月，也即秦历新年，秦始皇将作最后一次全国性巡游。

这次巡游，随行的大臣有左丞相李斯、上卿蒙毅和中车府令赵高，右丞相冯去疾则留守在咸阳。

在以往的四次巡游中，从一些地方志的记载来看，秦始皇大概都要选心爱的子女带在身边，以排遣旅途寂寞的。其间，并有一子一女先后死于旅途：子葬于大城县段堤村（《顺天府古迹考》引《城冢记》），女葬于曲阜女陵山（《山东通志》）。

前四次，胡亥都没有获得这项殊遇。这一回，由于近一年多来他已获得了秦始皇的相当欢心，因而当即将成行时，他过来请求说：臣儿最喜欢到父皇帝国各处看看，请父皇恩准。秦始皇听得高兴，果然答应。

由于此事关系重大，《史记·秦始皇本纪》特记下一笔：

*少子胡亥爱慕请从，上许之。*

就这样，胡亥抢搭上了始皇全国大巡游的这趟末班车。

因此一举，当皇冠出人意料地忽而从天空降落时，起决定作用的便是"近水楼台先得月"，连历史老人也显得无奈了。

---

【1】关于胡亥的年龄，《史记·秦始皇本纪》有两处记载，一处即位为二十一岁，一处即位为十二岁。此处依前说。

# 始皇大帝之死

## "顶峰心理"试析

秦始皇的人生和事业都行将终结,但他现在的自我感觉还处于"顶峰"。我且尝试着对他此时的心理状态作一个简略的分析。

就从他第五次巡游至琅琊某夜做的那个战海神之梦谈起吧!

对梦的研究,在我国可谓历史悠久,譬如被列为十三经之一的《周礼》就对梦的分类和占梦的方法作了详细介绍,并说周时曾设有专门掌管占梦的官。近年来,国内外研究梦成了热门,专著连篇累牍。我不想旁证博引。

秦始皇毕竟是个巨人,一生都在追求,在征服——征服他所感觉得到的一切不愿臣服于他的对象。这样即使进入老年,他做的梦也与像我们这样的凡夫俗子大不一样。

秦始皇三十七年(公元前210年),初冬,深夜。

琅琊,行宫。

窗外,彻骨的寒风卷着满阶干枯的落叶。远处,东海的咆哮声隐隐可闻。

睡在行宫龙床上的秦始皇只是一具躯壳,他的"神"已离体游历在梦境中。我以为他做的也属"典型梦"。他做过多次与此场景略有变异的梦。现在他感到自己在不断被提升。他站在銮车上,而成千上万士卒正在齐心竭力往上抬举着。他感到自己已站在众人、众山,也即整个"天下"之上。迎面吹来的海风,拍打着他的冕旒和袍裾,升起了一种得意。但一想到吹来的是海风,面前果真出现了天水相连的大海。胸口顿时拱上一股怒气,因为记忆之库已经在同一瞬间向他提供了不知什么时候存放进去的那个三神山的画面。他立刻极清醒地记起那里像是居住着一个至今不肯臣服的什么神,对,叫海神!刚这么想到,那轰然拍天而起的巨浪里,已看到有个穿冕服的身影闪现了一下,随即便听到了那狂傲的笑声。奇怪的是,那笑声初听像韩王安,再听像齐王建。他不由怒火喷发,连喝两声:大胆!放肆!想到应当改乘马,胯下已是马鞍。他狠狠挥鞭,跃马踏浪冲去。这时才看清,那实在不是什么韩王安或齐王建,而是一条艨艟巨舰似的大鱼,张开城门似的大嘴迎面扑来。他不由大惊,赶紧伸手拔剑,却又像上回对付荆轲似的怎么也拔不出来。眼看那大鱼锋利巨牙快要刺到额头，他焦急喝令左右：尔等为何还不快上？！左右竟是空无一人！正当可怕的死亡感觉向他袭来的时候，却又听到了那种狂傲的笑声。睁开眼来看时，大鱼已经消失，见到的却是一个王者踏浪扬长而去的背影。剑已经拔出，待要狠狠挥剑劈去，那剑却忽而重似千斤，连手臂也垂了下来。心上冷不丁掠过一阵寒意：难道我就这么快老了吗？

秦始皇最后疲惫不堪地脱出梦境处于似醒非醒时，突然跳出一个担心：左右侍臣中是否有人看到了他刚才的狼狈相？看到的人必须立刻处死！但他很快完全清醒了，知道这其实是一个绝对不可能有任何人看到的梦。于是便命令史官记下他做的这个称之为战海神的梦。半个多世纪后，司马迁根据《秦记》在《史记》本纪里复记了这个梦——

*始皇梦与海神战，如人状。*

因此一梦，秦始皇果然亲自率众下海射鱼，这未免荒唐。但我以为他的梦倒是做得非常真实，即真实地反映了他在处于人生和功业顶峰时期的心理状态。

这种心理状态的特征是——

【极端自大，自大到近于疯狂】

秦始皇的自大也是旷古第一。从心理角度差强可与之一比的是宋王偃。据《吕氏春秋·过理》载录，侥幸存留到战国时代的小小宋国，到了偃一即位，便自立为王，东败齐，取五城；南败楚，取地三百里，骄横不可一世。为了显示他的威力不仅诸侯无敌，连天帝也不在话下，特地命人用木头做成天帝模样，以皮囊盛血作为天帝心脏，高高挂起，由他来仰天而射。箭中皮囊，血流满地，左右上下便一起欢呼"万岁"，说是大王战胜了天帝。宋王偃就在这样虚妄的气氛中获得了某种满足。

宋王偃比之于秦始皇，自然是小巫见大巫。秦始皇似乎更有可以自大的"资本"，那就是他并吞了六国。这使他自以为战遍天下无敌手，"天低吴楚，眼空无物"，自己成了天之下、地之上的唯一强者。但他的性格毕竟还是与庸俗的宋王偃不同。他喜好从征服对手中去获取更富刺激的快感。因而所谓"战遍天下无敌手"既使他狂傲自大，又使他狂躁不安，于是他上天入地寻找新的征服对象。这种情绪甚至已积淀成为一种心理，以致产生了那样一类梦。现代心理学创造了"梦意识"这样一个概念，即指人在梦中的精神活动并非全是无意识，其中一部分与清醒时是一致的，有时甚至比清醒时更清醒。秦始皇梦中战海神的心态，简直可以视为他整个晚年期的心理缩影。

自大又是以轻视他人为前提的。读者大概还记得五章一节里尉缭评议秦始皇性格的两句话吧："居约易出人下，得志亦轻食人。"当初在还没有"得志"的时候，他可以低下那高傲的头，移席求教尉缭，登门拜请王翦；如今他已志满意得，天下所有人突然一下子都变成了蝼蚁，唯独留下他一个才是至高至上的超人。尉缭语中"轻食人"这一"轻"字评得十分深刻，秦始皇随意杀人就因为他根本不把别人当作人。"专制制度的唯一原则就是轻视人类，使人不成其为人"（马克思语）。如果同是人，怎么可以因怀疑侍臣中有人泄漏了他说的话，就把当时所有在场侍臣统统杀死呢？怎么可以因为落下的陨石上有人刻了诅咒他死的文字，就把周围那么多居民都一齐杀死呢？但是，如果真是只有自己一个人至高至上，别人都等同蝼蚁，那么他就会有一种更奇特而可怕的感觉，这便要说到秦始皇"顶峰"心理的第二个特征了——

【因自大而孤独】

说出来真叫人难以相信：秦始皇宫内宫外、前后左右，日日夜夜都有大批男男女女和非男非女的太监侍候着，即使外出巡游，单是属车就有九九八十一乘，他怎么会感到孤独呢？但他确实感到孤独，而且越是前呼后拥越是孤独，原因是他们双方都已经不把对方看作是人。在秦始皇心目中，周围侍臣就像他的车马衣冠那样一些可用的物件而已，也许还不如物件，因为他并不信任他们。就像上一节提到过的方士侯生、卢生说的那样，"博士虽七十人，特备员弗用。丞相诸大臣皆受成事，倚辨于上"；"候星气者至三百人，皆良士，畏忌讳谀，不敢端言其过"。侍臣们唯一的作用，似乎都是作为一面面放大镜而陈列在他周围，他从他们不断升级的面谀中，看到的是一个越来越庞大的自我。而他的愈是庞大，同时也就反衬着别人的愈益渺小，因而也就更加不信任他们。这样，当他在梦境中真正需要他们救助时，周围竟是空无一人！

周围侍臣呢，尽管他们在口头上不断神化秦始皇，但实际上既不会把他当作神，也没有把他当成人，而是看作一把作为绝对权力象征的剑。在这把锋利的剑面前，他们的小命随时有可能突然失去，因而必须时刻提防、躲避着这把剑；但一旦沾上此剑之光，那就意味着拥有享用不尽的权位利禄、玉帛美女，因而又千方百计想去讨好、亲近这把剑。既要提防、躲避，又想讨好、亲近，侍臣们就处在这种提心吊胆的尴尬中。

由于秦始皇的极度自大和自信，他的周围不可能像常见的暴君昏王那样，出现若干个特别亲近的一边诱之以声色犬马、一边趁机弄权作势的佞臣。李斯只是多次从政治主张上竭力迎合他，远没有做到能够摆布他的程度。而且从上文已提到的那个车骑事件来看，他对这位丞相实际上也已开始有所不信任。每项重大政务，包括生活上穷奢极侈的享受，秦始皇始终处于终生为之追求的"独断"之中。他实在是一个爱走极端的人，连孤独也是极端的。他不仅居处要与众人隔离开来，"有言其处者，罪死"；即使在最贴近的侍臣面前，也要严密封闭自己，绝不容许别人窥察他的内心，做出俨然是一尊神的样子。但他毕竟还是一个人，在如此惨烈、频繁的内外政治、权力角逐中，内心的重负是可想而知的。这种心理重负只有通过适当的途径随时宣泄，才能重新获得平衡。偏偏秦始皇又往往以征伐或杀人来发泄一时之怒，那结果只能是"抽刀断水水更流，举杯销愁愁更愁"。瑞士著名心理学家荣格曾以自身体验为例，说明向亲人或相知的人倾诉，是消解心理重负的最好方法。童年时代的荣格，曾经承受过沉重的内心痛苦。他父亲脾性暴躁，母亲又属心理变态，两人碰到一起就大吵不休，小荣格只好独自逃上阁楼躲藏起来。荣格说他那时之所以仍能保持一种奋发向上的健全心理，是因为后来他想出了一个以小木头人作为倾诉对象的办法。

他给木头小人穿上衣服、鞋子，像最知心的朋友那样爱它们。每逢父母亲大吵大闹时，他就躲在阁楼里对着小木头人尽情倾诉自己内心的痛苦和隐秘，心情顿时感到宽解和舒适。尽管秦始皇周围的侍臣们倒一个个全是活人，但他们却全都收起了真情实感，比之于木头小人反而多了一层虚伪，更何况秦始皇本人也早已失去了童年时代的天真。在他周围实在已没有一个亲人或相知的人。仅有的几个亲人不是被他逼死，就是遭他放逐。在前五章二节里，我曾经设想华阳太后也许是他唯一可以也愿意与之倾诉内心的人，但此时这位德高望重的太后也早已作古。这里值得重复提一下扶苏。史书没有记下秦始皇与这位长子的感情关系，可能开头还是比较融洽的吧？但当他向着他心目中的政敌——那数百名手无寸铁的儒生挥舞太阿乱砍乱杀的时候，大概没有想到这位长子竟会有那样一次进谏。于是他勃然大怒，立刻果断决定命令扶苏远离自己去北方驻边。这一年秦始皇已经四十八岁，由心力交瘁引起的老态该已十分明显。车马已备，扶苏来向他作最后一次辞行。纵然当时他无法预料这竟是永别，那刚烈的秉性又决定他不肯流露些微儿女私情，但内心多少也会掠过阵阵阴凉吧？儿子终于走了，望着那青春年少的背影，他不由会在心里悲叹一声：孤独啊，可怕的孤独！

【因孤独而恐惧】

说秦始皇竟然会恐惧，似乎更难叫人相信。一是他的性格从来是勇猛坚强，无所畏惧；二是前后左右有那么多禁军、卫士保护着他，还有什么可怕的呢？但世界上的事情就是这么怪：最有安全感的是乞丐，最有危险感的却正是帝王！秦始皇不但怕，而且时时、处处都在怕，有时甚至弄到惶惶不可终日的地步。如此恐惧自然是一种主观心理状态，不过客观上却也不无根据。试想一下：他孤零零独自一人，高踞顶峰之上，却无法逃脱多种力量的威胁：既有人觊觎他的皇位要取代他，又有人因他的暴政要报复他；除此之外，尽管他自认受命于天，但造化对他这位至尊至贵的"天子"却与被他视为蝼蚁的"黔首"一视同仁：都只拥有一个有限的生命，而属于他的生命却正在加速向死亡接近……

心理学上有一种所谓"成功恐惧"。譬如人们事业上一下子取得很大成功，或突然获得巨额财富，就往往会立刻想到别人的妒忌、攻击、抢劫以至谋害，从而产生一种恐惧心理。要说成功，秦始皇是到他那个时代为止的最大成功者，他拥有的财富更是无人可与比拟。他的信条就是"独断"，连让大臣分享一点权势也是不容许的，岂肯让人取而代之呢？一听人报告说"东南有天子气"，他立刻兴师动众"东游以厌之"。可以想见，他在作出这项决定前后，和坐在銮车里日夜兼程前往时，该是怎样一种急迫、仓皇、慌张的心情？绝不会再有当年亲临中原决战前线那种威武雄壮的气度，因为现在他在进行的是一场荒唐的战争。事情偏又出现了相反的效果：他原想以自己这一身"天子正气"去压服东南之地的"天子邪气"的，但因出行时那种盛大气势和排场，反而引起了多少敢于胆大妄为者的眼红！庞大的卤簿行列刚出咸阳，恰专带领一些人在咸阳服徭役的刘邦看了就不胜羡慕地长叹一声说："嗟乎，大丈夫当如此也！"（《史记·高祖本纪》）渡过浙江时，项羽也正好与叔父项梁一起在观望的人群中，他说得更加直露："彼可取而代也！"（《史记·项羽本纪》）幸好秦始皇都没有直接听到，要不怕真会当场活活气煞！

想要谋杀秦始皇的人自然更多。单是见之于史书记载成为事实的谋杀就有荆轲献图行刺、张良博浪沙一击和夜出兰池遇险等多次。这类事实进入他的脑海，不免要加以演绎和夸大，于是"八公山上，草木皆兵"，觉得自己一直处于谋杀阴影的笼罩之中，命令阿房宫制作磁铁之门，严禁百官带剑进殿等等，都是在这种心理状态下做出的。更有甚者，就像他要用长城把他的帝国卫护起来那样，还要用砖石把自己居处也封锢起来："乃令咸阳之旁二百里内宫观二百七十复道甬道相连，帷帐钟鼓美人充之，各案署不移徙。"（《史记》本纪）这简直是一种甲壳动物的心理状态，与原先那个囊括四海、包举宇宙的始皇大帝形象多么不相称啊！但即使这样，秦始皇也还无法逃脱那种恐惧感对他的追捕，于是在梦境中他险些坠落到了那条巨鱼长着坚齿利牙的城门似的大嘴！

如果说上述恐惧感多少还有点形迹可察、有措施可防的话，那么生命的老化和死亡的临近则是超越人类自身控制因而也更加严重地折磨着秦始皇的一种恐惧感。对死亡的恐惧虽说人所难免，却也因人而异。达观者对生死处之泰然，厌世者对人生并不留恋，而愈是拥有并贪恋尊荣富贵的人，则愈是害怕死亡。秦始皇实在太难以接受他也要与常人一样撒手归去这一铁定的事实了！他一次又一次地命人寻求长生仙药，但佳音却总是杳如黄鹤。恐惧而至于极，便临近绝望。这时他便开始实行一种鸵鸟政策："始皇恶言死。"想以不言死拒绝死神的到来，恰恰说明他感到时时处处都置身于死神的巨掌之中。由于他恶言死，迫使"群臣莫敢言死事"（同上）。嘴上不敢言，心里却不能不想。只要心里在想，就无法不在举止脸色上写出来。到了这个地步，周围那些放大镜也变了。秦始皇睁眼一看，不由打了个寒噤：每面放大镜上都赫然写着一个吓人的大字：死！

上述粗疏的勾勒，大致也可以看出，所谓秦始皇的顶峰心理，实际上是一种变态心理，或称病态心理。

写到这里，我眼前不由又一次闪过邯郸街头那个性子倔强却不失赤子之心的小男孩的形象。他一生奋力追求权势，当那个时代所可能有的权势全都为他所拥有时，他却变成了这样！

十九世纪英国历史学家阿克顿有一句经典性的名言是一再被人引用的："权力必须受到制约，不受制约的权力必然导致腐败，绝对的权力导致绝对的腐败。"现代德国心理学家E·弗洛姆补充一句：绝对的权力不仅导致绝对的腐败，而且还会导致这种权力拥有者的暴虐和疯狂。

E·弗洛姆分析了加缪戏剧《卡利古拉》中同名主角罗马皇帝的例子。卡利古拉毫无节制地使用他的绝对权力，荒淫无度，滥杀无辜……当所有这一切再也无法使他满足时，他便进而提出要月亮、要长生，最终导致自己走向疯狂。由此这位心理学家说——

从这个例子我们可以看出，疯狂不仅是一种狭义上的疾病，也是解决人类存在难题的一种方式。如果一个人否认人类力量的限度，而现实的限度又无法使他超越时，他就会变

得疯狂。从这个意义上讲，疯狂又是哲学，一门宗教。(《生命之爱》)

现在我们可以看得很清楚；其实秦始皇根本不需要上天入地寻找征服对象，首先和急需征服的正是他自身，正是他脑子中的那个自大狂。

就像如今连每个儿童都能说出泰山的高度远不是中国群山中的顶峰那样，秦始皇的功业和人生也远远不能算是顶峰。倘若他今天重新返回人世，只要一翻开地图，就定然会讥笑自己的无知：他用长城这道围墙围起来的大秦帝国，即他所谓的"天下"，实际上只是地球东方亚洲中国版图中的不到三分之一那么一块地方；而整个地球在浩渺无垠的宇宙中却连沧海一粟也谈不上。具体的人生和事业毕竟都是有限的，它们在活生生的流动中永远不可能有顶峰，顶峰的出现同时也就标志着终结。因为只有当生命和事业终止时，后人才从它们的轨迹线中，找出曾经有过那么一个属于他个人历史的顶峰点。一个活生生的人突然有一天感到自己到达了顶峰，那就难免陷入有位禅师揭示出的尴尬——

一个人在孤峰顶上，无出身之路。[1]

真的，既是顶峰，除了滑下坡去，你还能往哪里走呢？

不过，我得赶快把话头打住。用现代人的观点去要求一位古人是不公平的。因为很显然，阿克顿揭示的规律纵然非常正确，但秦始皇所处的社会远没有成熟到对权力能够产生出相应的制约机制的程度。作为历史，我们还得承认嬴秦这个民族和他们的代表人物秦始皇已经最充分地发挥了自己的才智和力量，登上了那个时代所能出现的顶峰……有关这类意思的话，我想留到本书《结语》中去说。现在还是让我们接上因尝试分析"顶峰心理"而被打断了的话头，追上秦始皇第五次巡游庞大的仪仗队，伴随这位古代巨人度过他生命中最后那一段黯淡而又离奇的时光吧！

## 辒辌车里的秘密

秦始皇在第五次巡游回程途中突然病倒了！

他是在东海射过大鱼、行至平原津（今山东平原县西南古黄河上）病倒的。

秦始皇患何种病，史书没有载录。从他长年疾力强作，从他屡屡暴怒，还有上面说到的那些变态心理现象，很有可能是"脑血管意外"一类病症，又称"卒中"，也就是通常所说的"中风"。此时还处于短暂的脑缺血发作阶段。现在他半躺在銮车内，座下的车轮在平稳地向西行进。危险期虽暂时过去，但由于脑部血液循环受到障碍，视力降低，语言也有困难。他的神志模糊不清，种种颠三倒四的感觉在脑际掠过，扯成碎碎片片的形影在

---

[1] 见《古尊宿语录》卷四《镇州临济慧照禅师语录》。原文是："一个人在孤峰顶上，无出身之路；一个人在十字街头，亦无向背，哪个在前，哪个在后？"

眼前浮来飘去。

有一位大臣，这时接受了一项特殊秘密使命，已飞马退回原路，他就是蒙毅。

蒙毅是率师三十万驻守在北边的将军蒙恬之弟，位至上卿，出则参乘，入则御前，受到秦始皇非同一般的信用，所以这回才被授与一项特殊使命："还祷山川。"

因何要授命蒙毅去"还祷山川"？在何处祷祀山川？史书均无确记。猜想司马迁特著这一"还"字，是否有返回到射杀大鱼的芝罘海边祭祷的意思呢？如果真是这样，那么重病中的秦始皇终于向他梦中交战过的海神彻底屈服认输了。因为他以为，此时正在折磨着他的那种可怕的病，分明是海神对他报复性的惩罚。所谓"还祷"说得直白一点就是去向海神讨个饶吧！

整个卤簿仪仗和车骑行列依旧在威武庄严地行进中，除了赵高、李斯、胡亥、太医和几个最宠幸的宦官，再没有一个人知道秦始皇已经病倒。

渡过老盐河，便是一片平原。直道两旁田野里，麦穗已经成熟，满眼一片金黄。早熟的一些田垄已在开镰，一群儿童边拾麦穗边唱歌谣——

*秦始皇，何奄僵！*
*开吾户，据吾床；*
*饮吾酒，唾吾浆；*
*餐吾饭，以为粮；*
*张吾弓，射东墙，*
*前至沙丘当灭亡！*

这首见之于《太平御览》卷八六引《异苑》的童谣，自然多半又是后人的附会，只是由此也可以看出当时多数平民百姓对秦帝国和秦始皇已经从盼望到失望，又到了深恶痛绝的地步了！

童谣中说"前至沙丘当灭亡"，由老盐河再西行到沙丘，也只有五六十里路了，难道死神真的已在那里等候这位始皇大帝了吗？

沙丘，古址在今河北省广宗县西北。这个地图上无法查到的小城，却有不平常的来历。相传殷纣王曾在此筑台，并命人驯养禽兽。早年还曾留有一座坯台，据说纣王宠妃妲己曾在台上与珍禽异兽一起跳过舞。战国末期，亲自胡服骑射、迅速振兴了赵国的赵武灵王，晚年却为公子成和大臣李兑所困，饿死在此沙丘宫。

公元前210年七月的某一天，秦始皇作为匆匆过客，也住进了这个已演出过多出历史悲喜剧的沙丘宫。

他在此度过了平静的三个昼夜。

拂晓，由于天气渐趋炎热，秦始皇在胡亥、赵高和李斯等的严密护卫下，改乘一直紧随在銮车之后的辒辌车，踏上继续按照预定路线回咸阳的路程。

辒辌车可算是古代的空调车了。《史记集解》引孟康的话说："如衣车，有窗牖，闭之则温，开之则凉。"可能还有夏则置之冰、冬则焚以炉一类巧妙装置，非一般臣民所能享受。不过即使这样，所能调节的温差还是极为有限，与现代化空调设备自然不可同日而语。

从这一日开始，秦始皇就安睡于辒辌车内，每餐进食，都由御膳房跪奉于车前，再由当值宦官代为接过端进车去侍奉。

每过一城邑，照例有郡县守令率领子民夹道跪伏迎候，口呼"万岁"之声惊天动地。随行百官每日照常奏事，都由当值宦官转达皇帝谕旨可或不可其奏。留守在咸阳的右丞相冯去疾，凡遇紧要奏章，也还继续派专使快马飞驰来进呈，也由赵高依皇帝谕旨批复。

总之，从这一日开始，一切都在依照原来秩序运转，不同于往常的只有一点：赵高成了秦始皇的代言人，忙碌地应付着沿途内外大小事务。

李斯虽为丞相，此时却显得较为清闲。赵高是中车府令，又兼行符玺令事，这些职务决定了他需要日夜侍奉在皇帝周围。李斯似乎已有了失势之感，却也奈何不得。

这样过恒山，经井陉，出燕门，来到九原，秦始皇安睡在辒辌车里已有八九天，离咸阳却还有千余里之遥。这时虽已是仲秋，天气却还酷热难当。奇怪的是赵高忽而向全体随行官员下达了一道皇帝诏旨：令每车载上鲍鱼一担，带回咸阳！

既是皇帝谕旨，自然不敢怠慢。于是立即召见当地郡县守令，火速采办鲍鱼，并以最快速度运来进献皇帝。可以想见，当年九原郡邑纷纷抢购并进献鲍鱼这种奇特的贡物，曾传为一大新闻。鲍鱼，古代又称鳆，《本草纲目》称它为石决明，有硬壳，呈耳状。《孔子家语·六本》说："如入鲍鱼之肆，久而不闻其臭。"就这一句话，使鲍鱼受了千年不白之冤，不少人都以为鲍鱼是臭的。其实，鲍鱼非但不臭，壳内呈现极美丽的珍珠光泽，肉为海味珍品，实在是一种可爱的小动物。不过赵高此时急于要的却不是这种小动物，正是那种有臭味的鲍鱼。原来古代又称咸鱼为鲍鱼。这样，当这支宏大庄严、连绵有三五里之长的銮车行列再次起程时，就有了一股带咸腥的臭味，一路向咸阳散去，数里之外都可闻到。

随行的朝廷百官，后宫嫔妃，还有卤簿仪仗和虎贲卫士，无一例外地不能不呼吸着这股令人作呕的臭气，却没有一个人敢问声为什么。

其实，不用问，也已有好些人多少察觉到了内中的蹊跷。因为臭味不是运来了咸鱼才有的，早就有人闻到。臭源正是那辆至尊至贵的辒辌车。

难道皇帝已经……？！

没有人敢再想下去。

是的，秦始皇早在八九天前就死了！所谓"所至上食，百官奏事如故"，只不过是一出在赵高一手操纵下的滑稽戏。那惊天动地的"万岁"声，也是对着一具尸体在喊。

由于天气炎热，辒辌车也起不了多少作用，尸体已开始腐烂，臭气四逸。赵高与李斯为了掩人耳目，特地假传皇帝诏旨："乃诏从官令车载一石鲍鱼，以乱其臭"，他们所以要合演这么一出滑稽戏，原因是担心"上崩在外，恐诸公子及天下有变，乃秘之，不发丧。"

(《史记》本纪)

秦始皇死亡的地点，正是童谣中所说的沙丘。

死亡的时间是秦始皇三十七年（公元前210年）七月丙寅日。[1]

秦始皇是死于巡游途中的，这很自然会使人联想起一个传说人物，就是舜。据说舜也是在巡游途中死于苍梧之野的。也许不能这样比：舜不是头上戴有光环的"五帝"之一吗？其实，舜这个传说人物在古代文献记载中也颇有分歧。法家著作对尧、舜、禹、汤就都不乏微辞，《吕氏春秋·离俗》甚至认为"神农、黄帝，犹有可非，微独（岂但）舜、汤"？舜死后葬于江南九疑。有意思的是，秦始皇在这最后一次巡游的第一阶段到达云梦泽时，还为几年前给湘君夫人剃光头的事，特意"望祀九疑山"向舜大哥做过一次检讨，没有想到未等全程巡游结束，自己也去了那个世界。

秦始皇的一生犹如霹雳闪电，暴起暴落，又很容易想起另一个人，就是古代马其顿国王亚历山大帝国创建者亚历山大。已有学者对这两位时间仅相隔百年、空间却相距万里的帝王作了对比研究[2]。这两位大帝确有不少相似之处。同秦始皇有一个受人轻贱的母亲一样，亚历山大出生于希腊半岛北部一个落后的山区小国，母亲奥琳匹娅斯也曾因非希腊血统而遭人唾弃。他也是二十岁左右登上王位，一举平定国内叛乱，又挫败反马其顿的希腊城邦，将底比斯城夷为平地。秦始皇在王位稳固后，立即指挥百万大军，拉开了兼并六国的大决战，用十多年时间完成了统一大业；亚历山大则自任为远征军统帅，大举向东方挺进，在长达十一年时间内，败波斯，破埃及，攻入阿富汗，一直打到印度的希发西斯河。自称为太阳神阿蒙之子的亚历山大大帝，在他人生和事业到达顶峰后，也像秦始皇一样，滥用帝国权力，狂热神化自我，迫使臣民崇拜，同样给民众带来深重灾难。亚历山大也是病殁于客地——巴比伦的，寿命比秦始皇还短，只活到三十三岁（公元前356年~前323年）。他死后不到一年，庞大的亚历山大帝国也像秦帝国一样迅速瓦解（只存在十三年，稍短于秦帝国）。当然如果细细分析，两人在气质上还有很大不同。这种不同，并非全是个人的，还有民族的、地域的等多种因素构成。生活于半岛之国的亚历山大，可能更多受到海洋文化的浸染，表现为更大的扩张性，亚历山大帝国的势力范围，东起印度河、中亚细亚，西至巴尔干半岛，南自尼罗河第一瀑布，北达多瑙河下游南岸那样一个广袤的地区。而秦始皇更多的则是受内陆文化的熏陶，相对地说就表现得较为封闭。这种气质的一个典型的物化标志，便是用一道称之为长城的高墙把自己帝国围护了起来。

除此之外，像眼前这样一个与鲍鱼为伴的可悲而又神秘的结局，在亚历山大所生活的那种历史、文化氛围下，大概也是不可能发生的。

这支散发着越来越浓烈的腐朽臭气的銮车行列，继续庄重而又威严地向西南行进着，抵达咸阳还有近千里路程。趁这时机，让我们回过头去，追探一下秦始皇在沙丘弥留之际的那一幕。

---

[1] 见《史记·秦始皇本纪》。丙寅日究竟为哪一日？有待考订。马非百先生曾作过考订，提出了几种可能，其中之一是七月二十二日。

[2] 见何玉屏、罗任重合著《亚历山大和秦始皇》一文，发表于《湘潭师范学院学报》1993年增刊号。

## 孤单悲怆的沙丘之夜

还是赵国赵武灵王时代留下的那个沙丘宫，由于预定为秦始皇第五次巡游驻跸之地，这座古老的宫殿日前已装修一新，恢复了当年的庄严和堂皇。

已经三日两夜了，秦始皇临时居住的寝宫四围昼夜肃立着密密层层的虎贲卫士，一个个犹如铜铸铁浇，纹丝不动。任何人都必须离此百丈外回避，连飞鸟和鸣禽也都逐之数里之外。

随行的侍臣和不当值的卫士，都已在四周几个偏殿安睡。这次巡游长途跋涉数千里，时间过去了近十个月，他们都相当疲惫，虽暗中纷纷在传说皇上病倒了，但详情无缘得知，想要操心也轮不上，落得顾自睡觉。由于眼前少了对鹰隼般的目光，少了个使人丧胆的声音，反倒睡得特别香。

所以我在上文说，秦始皇在此度过了平静的三个昼夜。这是就周围环境，就多数人的感觉而言。

但对赵高、李斯等少数几个知情的近臣来说，却实在无法平静，秦始皇的心灵自然更在极度痛苦的挣扎中。

左右两个几案，一对大蜡烛，摇曳着昏黄的光，这使一些黯淡的阴影在交叠中晃动，若隐若现地映照出周围这片在无声中动荡的世界。

唯有秦始皇的体躯是静止的。他半躺在御床上，微合着眼。与死神经过几次剧烈搏斗后，现在已不得不就缚。在烛光下，显得那样苍老和委琐，不仅完全失去了往日的威严、光辉，连身子也似乎突然收缩了许多，他实在既不高大，也不魁伟。

周围的环境是严格按照作为帝王在病重期间的礼制规定布置的。即清扫三遍，熏以菖艾。病者寝于北窗下，首西面东。周围原挂的钟鼓琴瑟等乐器，一律撤除。只有一点没有做到：若按病情的严重程度，本该废床寝地。这隐含有一个深意：人本生于泥土，也应归于泥土（参见《礼记·丧大记》）。但这等于告诉病者死期已到。秦始皇恶言死，谁也不敢提出要这样做。

秦始皇仍半躺在御床上。如果他患的确实是脑血管意外一类病的话，那么此时因脑出血而严重障碍了思维和活动的能力。他已只剩下奄奄一息。

但他残存的思维，还在东碰西撞地奔突，竭力想要干点什么，只是不知道还能干点什么。

人类的永恒遗憾是无法亲身感受他人的思维活动。我们多么希望进入此刻秦始皇的内心，可惜永远没有这个可能。

不久前，在报上看到了一则有趣而极富生命哲学意义的报道：美国一些科学家正在全力捕捉稍纵即逝的"临终幻境"。专门从事精神病研究的伊安·斯蒂文森和他的同事布鲁斯·格雷森，就是这样两位收集和研究临终幻境的科学家。他们把那些因病、因伤曾经在濒临死亡的边缘苦苦煎熬过、后来又奇迹般地康复过来的人，一个个请来，请他们努力调动记忆，尽可能详尽地描述一下在那生死交错的刹那间，"见"到、感到、想到了什么。据斯蒂文森说，有不少人眼前闪现的是一生的回忆，尤其是那些不幸的事件；更多的人则是对过去过失和错误的悔恨。有位女性受调查者,说她当时有一种游荡出肉体的奇异感觉,似乎成了病在床上的自己的旁观者。[1]

说来真巧,笔者也曾有过一次类似的经历,因而读此文中一些人临终幻境回忆颇有似曾相识之感。由此,我揣摩此时残存于秦始皇脑海并不断相互击撞着的记忆碎片,很有可能正是那个战海神的梦境和追逐近千里射杀那条大鱼的过程。不过情况比实际发生过的肯定要糟糕得多。那些碎片经过重新剪辑组合,他已完全成了一个受报复者。不是大鱼被他射杀,而是他被大鱼咬伤。也不单是鱼,还有影影绰绰似乎相识其实又并不认识的人,偶尔闪过齐王建、韩王安之类的鼻子或眼睛,随即又扭曲、拉长,变得十分可怕。他感到被咬伤或击伤的部位大概是头部。眼前全是血,闻到了血的鲜腥气。剧痛使他大声呼叫,其实大多只有嘴唇的歙动,并没有发出声音来。疼痛而至于极,渐渐地痛的感觉转为麻木,光的感觉也趋向黯淡。如此折腾多时,开始隐隐觉得身子正在向一个漆黑的深洞下沉,下沉,下沉。现在下沉速度越来越快,自身的体积却越来越小、小、小、小……突然跳出一个极可怕的意念:我这就是在死呀!这个意志坚强而又如此迷恋着权位和现世的人,意识到这一点时,立刻大惊大吓,调动起全身心所有体力、精神、感觉拚命强使自己"活"过来。他的这种努力似乎有了效果,眼前黑暗在散去,光亮在升起。在这最短暂的一瞬间,在有了一种极度疲劳和天旋地转感觉的同时,他依稀"看"到身旁有个躺着的陌生人,当想到那人就是自己时,一切感觉便已回到了自身。这时他看到的已是一片昏黄的烛光,意识也在清晰起来,知道自己仍是始皇大帝,只是旁边怎么竟没有侍臣、卫士和宫女呢?待要爆发天威,隐隐看到御床前跪着一个口称"臣该万死"的人,顿时大怒,厉声喝问:大胆何人,竟敢私闯禁宫?!

跪着的是赵高。

赵高看到秦始皇再度醒来,嘴唇微微歙动了几下,隐隐听得似乎说了句什么,也不去细辨,便把滚瓜烂熟的谀词又说一遍:臣赵高万死。臣一直恭候在陛下床前。陛下刚才睡去了,现在已经醒来。皇帝圣体承天护佑,很快就会康复的……

秦始皇模模糊糊听到了一句两句,又用恍惚的目光看了看,才认出是赵高。由赵高而想到了儿子胡亥,记起了这一次巡游,明白了自己已病倒在某个驻跸之地。突然涌起一阵隐忧。这隐忧迅速扩大,并成为一个可怕的现实:看来自己已难逃一死,那么让谁来接替皇位呢?这个问题虽说过去也曾想到过,但总以为那是遥远以后的事,从未像现在这样紧迫过。帝国建立之初他倒是考虑到如何二世、三世以至传至万世的。但后来却太执迷于求仙药了,把长生的希望寄托在海边那个偶尔出现的海市蜃楼上,以至年已半百连太子也还没有选立。如今可该怎么办?……经不起一阵紧一阵的焦急的折磨,他又昏厥了过去。

赵高早已站起。他熟练地用新棉絮芒试了试秦始皇的鼻息,看了看他的眼神,知道他还不能算死,就在近旁一张床上躺了下来。赵高实在太困乏了!他已经守候了三日两夜,只是在刚才皇帝昏死过去时才敢略微打个盹。其间,太医经过几次救治,说是需要静养。

---

[1] 此文原载《羊城晚报》,转载于1995年11月20日《新民晚报》,题为《临终幻境稍纵即逝,美科学家全力捕捉》。

赵高让当值的侍臣和宫女都伺候在寝殿外厢，由他一个人留下来。他觉得这是他的义务，也是他的权利。

他在等待着秦始皇的死。

从《史记》记载的一些情节来看，秦始皇临终这段时间里只有赵高一个人在场。赵高后来正是巧妙地利用了这一机会，先笼络胡亥，再与李斯合谋矫诏除掉扶苏，接着再杀死李斯，然后玩弄胡亥于股掌之上，把帝国大权全都抓到自己手里。依据他后来的这些行迹，人们难免要引起怀疑：秦始皇究竟是不是自然死亡？赵高是否在其中做了手脚？譬如1986年第1期《中国社会科学院研究生院学报》上，就曾发表过朱星撰写的《秦始皇沙丘疑案》一文，认为赵高有谋害秦始皇的嫌疑。的确，赵高此种作案动机是存在的。在上文提到的帝国宫廷内部三派势力角逐中，对赵高来说，最理想的结局便是在他扶植下由胡亥继位。这不仅因为他是胡亥之傅，还因为胡亥幼稚、软弱，便于操纵。但要让胡亥登位，必须先除掉扶苏。有一点他是早已看得清楚的：若让秦始皇自己挑选，十有八九是扶苏，也可能会想到其余公子，却决不会是胡亥。这样，要除掉扶苏，就得叫秦始皇提前结束生命，而要干这件事，此时此刻实在是绝无仅有的最佳时机：蒙毅已离开沙丘（如果赵高真有此谋，那么蒙毅的回祷山川，肯定也是他出的主意），胡亥不用说可以成为同盟者，剩下一个李斯，对付起来也不难。事情是在中途干的，离咸阳还有一千余里，不用担心会引起意外变故。秦始皇已经病倒，通常人们也不会再对此产生怀疑。当然，所有这一切，都还只能作为一种猜想，并无史料可证。赵高是个极机敏狡诈的人，又精通狱法，他真要做这样的事，决不会留下痕迹。因而就像秦始皇是否是吕不韦的私生子，只有赵姬最有发言权一样，赵高是否谋害了秦始皇，也只有他自己心中有数。它们都只能成为永久的疑案。

无论如何有一点可以肯定：秦始皇客死沙丘，最高兴的一个人便是赵高。因而这三天两夜来，尽管他相当疲劳，情绪却极为兴奋，一种冒险的冲动和成功的诱惑，不时激励着他。当然他同时又是个聪明的人，多年的宫廷生活使他练就了一套像泥鳅那样圆滑和善于钻营的本领。只要秦始皇还留有一点感觉，能够对他的存在作出反应，他必须做出双倍的忠顺、谄媚和周到的样子，那样万一秦始皇又活了下来，他就将成为在客地守护病危中的皇上的大功臣。

天将拂晓。随行来的宫廷鸡人开始啼鸣，报道天已五更。

赵高发出了轻舒的鼾声。

昏迷中的秦始皇，他那残存的思维还在痛苦地挣扎。

我猜想，在这弥留之际，他对两年前一怒之下命令扶苏离开咸阳去监守北边这件事，可能已很后悔。作此猜想的根据，除了后文将要提到的临终遗诏之外，还有"扶苏"这个颇为特别因而很能引后人联想到一点什么的名字。

流传至今的《诗经·郑风》中有一首诗，题为《山有扶苏》。

当然也有可能当年给扶苏起名时，并没有想到过这首诗。但也不能排除另一种可能，这首诗与扶苏生命的孕育有着一段因缘关系，其中隐含着一个美好的故事，这个故事秦始皇自然早忘了，此刻在他即将离世时，却又突然跳了出来。

如果这种猜测可以成立的话，那么既然这首《山有扶苏》原采自郑国，那么扶苏的母亲也很有可能是郑国人。胡亥是秦始皇的第十八子，《史记》记他这一年是二十岁。据此推算，作为长子的扶苏该已有三十上下。这也就是说，秦始皇是在二十岁左右，即在他亲政前与那位郑妃生下扶苏的。那时候的秦王嬴政还保留着一些青春年少的纯净和真情，郑妃或许还是他第一个宠幸的女子，他对她多少还有几分真情可言，不像后来对充斥后宫的嫔妃姬妾那样，只表现为对异性的征服和玩弄。郑妃想必是一位秀丽而多情又有高度文化修养的少女，他们在相互戏谑时，她就这样吟唱了起来——

山有扶苏，隰有荷华；
不见子都，乃见狂且。

山有桥松，隰有游龙；
不见子充，乃见狡童。[1]

后来他们喜得贵子，于是便取名"扶苏"。扶苏，既是大木的称谓，又是对树木枝叶繁茂的形容。除了使人联想起那首诗，也寄托着对这个儿子的希望。

现在，这久违了的歌吟声，大概又在秦始皇耳边响起来了。尽管记忆历经岁月的驳蚀、现在又受到病魔的阻遏变得支离破碎，但他还是感到了慰藉，受到了冲击，从而又接连记起了一些扶苏远远胜过其余诸子的地方，也愈益反悔那道导致他们父子永别的诏令。他越是感到死亡在即，越是急于要从死神手里争回瞬时片刻，积聚起全身仅存的精力来做一件事，做一件多少能够弥补一下由那道诏令所造成的缺憾的事……

秦始皇再次苏醒过来时，急不可待地抬起了他的一只颤抖不息的手，示意赵高快拿书写用具来。乖巧的赵高早已会意，立刻躬腰趋步端来了一张小几，小心安放到御床上，铺上绢帛，理好笔，再调匀一罐精制的漆，然后绕到秦始皇身后去，搀扶他缓缓仰起来。这个过程很艰难。秦始皇几次出现呼吸短促，脸色灰黑，有再次昏厥过去的危险。他不是没有想到口授，由赵高记录。只要有一线可能，他就必须亲笔。[2] 他相信自己作为始皇大帝的神威，他的点墨既可以扭转乾坤，也可以镇定乾坤。这个坚强的人，硬是颤颤巍巍地仰了起来，并且握住了笔。笔在颤抖。他突然狠狠咬紧牙关，凝起了全身的血气和精力。笔尖终于触到了绢面，第一笔滑到边上去了，后来几笔倒渐渐端正起来。他就这样强迫着自己坚持到最后一笔，忽而一撒手，就全身软瘫了下去……

赵高现在已经知道盼望中的时刻终于来到。不必再顾忌那些尊卑悬殊的礼节了，就径

---

[1] 此诗有二解，我取其一，认为是一对青年男女在热恋中的情歌，以女子戏谑男子的口吻写出，笑谑中蕴含着真挚的爱。诗中"扶苏"、"桥松"都为高大的树木。桥通乔。"隰"，低下的湿地。"荷华"即荷花。"子都"、"子充"均为郑国美男子。"狂且"、"狡童"相对为文，都是指狡猾的男子；当是戏谑语。"且"，借为狙，猕猴。"游龙"，小草名，即水荭。"龙"，借为茏。

[2] 此处据《史记·秦始皇本纪》，遗诏系秦始皇亲笔所写。《史记·李斯列传》则记为由赵高代笔。

自去收拾几案上的遗诏。就在这时，猛然听到一声威严的喝斥声，他习惯地一下跪倒在地，微用眼梢瞟去一眼，只见秦始皇怒睁双眼，艰难地伸着一只手，说着三两个模糊不清的字音，命令立即做一件事。

赵高忠顺地执行了他的第一个主子的最后一道命令：他捧来刻着"受命于天，既寿永昌"小篆书体的玉玺，当着秦始皇的面，在遗诏上盖上玺印，再当着他的面，将遗诏纳入木函，熔上火漆，盖上封印——这就是说，已办完了即将派特使日夜快马飞驰送出的全部手续。

遗诏是写给扶苏的，据《史记·李斯列传》所录，其文为——

以兵属蒙恬，与丧会咸阳而葬。

这说明扶苏是握有兵权的。秦始皇一生东征西伐，他的帝国就是铁与血的产物，深知武力对于稳定政局的重要。他让扶苏暂时以兵属蒙恬，可能就有防止他死后会有变故的考虑。从遗诏全文看，明显有让扶苏主持葬礼后继位的含义。

秦始皇一直眼睁睁看着在火漆上磕上封印，心事才了，手突然垂了下去，悬荡在床沿边，两片眼睑却再也无力闭合拢来。

整部中国历史唯一自称始皇大帝的人就这么死了，死在一个露重花鲜、犬吠鸟鸣，已是金秋却依然炎热的早晨。

按照《礼记·丧大记》规定，这时候应该是："始卒，主人啼，兄弟哭，妇人哭踊。"

但是，没有人哭。除了赵高的笑脸，就是一个被拾掇得空荡荡的寝殿。

如果说，秦始皇在晚年有众多的遗恨和懊丧的话，弥留之际倒是带着自信走的：他相信没有一个人竟会敢于违抗他的遗诏，因而他临终作出的安排定然实现。

他死了，眼睛虽还睁着，却已无一丝光泽。干燥、皱瘪的脸颊，杂乱、卷曲的胡须。只要脱去那件冕服，实在是一个极普通的关西老头。

我眼前又一次闪过了流浪在邯郸街头的那个小男孩。

世间的人纵有千差万别，起点与终点却大致相同。

---

下章一开始，读者就将看到中国帝王集权制度史上第一次皇位继承典礼。秦始皇第十八子胡亥做了二世皇帝。皇位座下，便是数十位大臣和公子、公主的累累白骨。

秦二世与秦始皇有一点倒是相同的：即位时都是三驾马车。不同的是后者手持太阿剑从重重包围中冲决而出，成为国政独擅者；前者则始终只是一具受制于人的傀儡，连死也是被逼着饮剑的。所以，胡亥实际上比被他杀死的众多兄弟姐妹更可悲！

战国时期是百家学说空前繁荣的黄金时代，本书一直想作点介绍却未有合适机会，到这一章才总算有所提及又只好点到为止。

一个群星璀璨的时代就这样结束了，冷落的天宇间最后划过一抹寒光，那就是李斯的死。

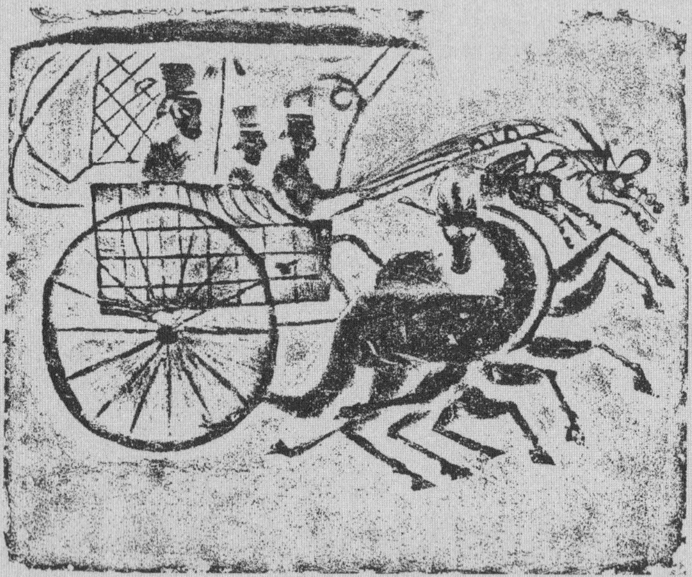

# 第 九 章
## 龙种与跳蚤：秦始皇的继承者们

灵车里凑成的三驾马车

两匹老马的一场肉搏

李斯的四种生命

# 灵车里凑成的三驾马车

## 矫诏就从尸体旁发出

秦始皇临终之际的自信瞬间成了泡影。

这个中华第一帝国的始皇帝与他以后的那些帝王一样，生前那种一言九鼎的绝对权力，随着心脏的停止跳动顿时化作烟云散去。

赵高非但扣留了按秦始皇遗嘱必须以最快速度发出的遗诏，而且倒过来拿它作为一种威慑力量去胁迫他的未来同盟者就范，以实现他的全部计谋。

《史记·李斯列传》详细载录了赵高先后利诱与威胁胡亥、李斯入彀后，再共同密谋的全过程。

赵高先去找胡亥。

他对这个秦始皇的第十八个儿子说：皇上已经驾崩。临终时，对诸位公子都没有封王封侯，唯独对长子扶苏有一书在此。如果此书发出，扶苏来到咸阳，那么下一步便是他嗣立为帝，拥有整个天下，而您却连一寸土地也没有，这该如何是好？

胡亥说：也只好如此。古人有言，知臣莫若君，知子莫若父。既然父皇没有分封诸子，为臣、为子都应当遵从，还有何话可说！

赵高逼近一步说：不见得一定就是这样！如今帝国的大权，全在公子与高，还有丞相三个人手中了，天下事全凭我等一言。请公子早为自谋。须知为人臣与人臣于我，受人控制与我控制人，这可大不一样啊！

胡亥遽然作色说：不能那样做！废兄立弟，便是不义；不奉父诏，便是不孝；才智浅薄，强自为功，便是不能。这不义、不孝、不能皆为逆德背理之事，天下不服，岂可妄为！若执意孤行，必然遭致国危身殆，社稷祭祀也终将难保！

赵高哑然失笑说：公子不信高言，总该相信历史吧？从前汤、武弑主，天下都称大义，并没有人说他们不忠；卫辄杀父，卫国都称颂其德，孔子作了记载，也不认为他不孝[1]。

---

【1】赵高为了说服胡亥，对所举史实作了夸张或改易。如卫辄杀父云云，就与《左传》及《史记·卫康叔世家》

况且从来大行不顾小谨，盛德不矜小让，事贵达权，岂可墨守成规！倘若顾小而忘大，后必有悔；犹豫而让人，反遭其害。只要果断地敢作敢为，连鬼神也会退避三舍，何愁大事不成！愿公子三思。

胡亥喟然叹息一声，心已被说动，且说道：如今大行未发，丧礼未终，怎么可以为了这样的事，去干扰丞相呢？

赵高兴奋地紧接一句：此事好办！时机、时机，稍纵即逝，刻不容缓。丞相那里，臣即去说动，公子尽可放心！

好了，胡亥已落入赵高掌握之中，形成二比一的态势，说动李斯就不再是难事。

赵高又去找李斯。

李斯正关切着遗诏的事，一见赵高就问：赴北边的特使是否已经出发？

赵高说：遗诏现在公子处，高正为此事来与君侯商议。如今皇上驾崩和留有遗诏之事，外人全都还未曾听说，这样，究竟立谁为太子，就看君侯与高如何说了。君侯意为如何？

李斯不由一惊，说：足下此话从何处得来？此等亡国灭族之言，岂是为人臣者所当议论的！

赵高说：君侯却先莫惊慌。高有五事，愿求教君侯。

李斯说：你且说来。

赵高说：君侯不必问高，但当自问：才能与蒙恬比比如何？功绩与蒙恬比比如何？谋略与蒙恬比比如何？在天下人口碑中，与蒙恬比比又如何？最后，同长子扶苏之情好与蒙恬比比又如何？

李斯说：此五者，斯自然皆不及蒙恬。只是不知足下何故要以此责斯？

赵高说：高岂敢有责于君侯，只是提醒一句罢了。高原本一内宫厮役，赖粗知刀笔，入事秦宫已有二十余年。这么些年来，高从来见过秦国封赏过的功臣，有能连事二世君主的，最终还不是都遭到了诛夷！如今皇上有二十余子，皆为君侯所熟知。拿长子扶苏来说，他刚毅勇武，善于任人和激奋将士。如果依照皇上遗诏由扶苏嗣位，那么他必然任用蒙恬为相，到那时，君侯难道尚得保全印绶、荣归乡里吗？高曾受诏教习胡亥，他仁慈笃厚，敬贤礼士，拙于言辞而明于心志，在所有公子中无一能及。高以为应立胡亥为嗣，请君侯计议酌定。

李斯微露嗔怒说：请勿再言！斯仰受主诏，听由天命，自身得失利害已无暇顾及了！

赵高说：安可以转为危，危可以转为安。如今安危之势未定而听任其事，这如何算得明哲之士呢？

李斯勃然变色道：斯原本上蔡布衣，蒙皇上宠擢，才得以为相，又加封为彻侯，子孙

---

记载有出入。卫辄并没有"杀父"，只能说"拒父"。卫辄之父为蒯聩，祖父为灵公。蒯聩因与灵公夫人南子相恶而被迫逃亡在外，灵公死后由辄继位，称出公。出公在位期间，蒯聩曾经试图入国，出公拒之。又，孔子去世早于蒯聩，因而根本不可能发生赵高说的"卫君杀其父，而卫国载其德，孔子著之，不为不孝"（《史记·李斯列传》）那样一类事。孔子在世时，曾对卫辄拒父一事表示强烈不满（参见《论语·子路》、《史记·孔子世家》）。

也都获得高位重禄。皇上以帝国安危存亡属斯,斯如何能有负此重托呢？有道忠臣不避死,孝子不惮劳,作为人臣,斯只有克尽职守而已。请你不要再说了,免得斯因此获罪!

赵高看出,李斯实际是色厉内荏,已经显示出了内心的虚弱。刚才,他有意不把胡亥这张牌摊出来,现在他觉得已到了适当加点威慑力量的时候了。于是便又说道：从来圣人无常道,无非能见微知著,见末知本,适变顺时,观指睹归而已。方今天下权命,已全在胡亥握中,高也已遵从胡亥意旨,当可得志遂行。只是想到与君侯交好多年,不敢不以真情奉告。君侯老成练达,该能明察此中利害。有道从外制中为之惑,从下制上为之贼,君侯难道真愿意置身于此外、此下吗？其实,秋霜降,草木落；水解冻,万物苏；人事代谢,也属理之固然。先哲有言：物有本末,事有始终,知所先后,则近道矣。望君侯明断速决!

李斯默然良久,叹息一声道：历史明鉴,历历在目。晋废易太子,三世不安；齐桓兄弟争位,身死为戮；纣杀忠戮戚,社稷倾厄,国为丘墟。此三事皆违天逆理,最终导致宗庙绝祀[1]。我李斯还是个人呀,怎能参与此等逆谋!

赵高听后故作愠色道：君侯既已如此说,高自然也不便勉强,只是尚有数语作为最后忠告。从古以来,大凡上下合同,事可必成；内外如一,业可永久。君侯若能听高之计,便可长为列侯,世世称孤,且寿若乔松,安享天年。倘若舍此而执意不从,不但自身危在旦夕,还难免祸及子孙,高实在为君侯寒心。有道善处者能因祸为福,请君侯择取吧!

说完这番话,赵高便做出要走的样子,实际是在观察对方的反应。

李斯这才明白了自己已处于二比一的危势之中。若待不从,祸患在即；勉强屈从,又觉违心。一时无法摆布,不由仰天长叹,垂泪自语道：我生不逢辰,偏遭乱世,既不能以死效命,又何以安托此身？主上不负臣,臣却要有负主上了!……

看看李斯也已被降服,赵高拱手一挥,便快步去向胡亥禀报。一开口,兴奋得已改称胡亥为太子了：臣奉太子之命,往达丞相,丞相岂敢不俯首遵奉。现请太子明示!

胡亥听了喜出望外,立刻召李斯来见,共商国是。

经过赵高这么一番奔走拉拢,决定未来帝国命运的三驾马车很快凑成。接下去便发生了《史记·秦始皇本纪》记载的这样三件事——

*高乃与公子胡亥、丞相斯阴谋破去始皇所封书赐公子扶苏者。*

——秦始皇临终时那样艰难地写出的遗诏,这时大概还字迹未干,而他的继承者们却就在他尸体旁公然拆封,弃之如同废物。这实在是对秦始皇一生汲汲以求"独断"权势的一个极大讽刺。

---

【1】 晋易太子：指晋献公时废申生、立奚齐,见本书一章二节。齐桓公兄弟争位：齐桓公即公子小白,其弟公子纠。齐襄公被杀后,逃亡在外的公子小白、公子纠回国争位,结果小白立而公子纠被杀。纣杀亲戚：殷纣王杀死叔父比干等,不久为周所灭。三事中,唯殷纣因此而国灭身亡；晋、齐两事只是带来了祸乱。

诈为丞相斯受始皇遗诏沙丘，立子胡亥为太子。

——李斯刚才还说过什么忠臣不避死、孝子不惮劳一类话，决心要克尽职守；现在却公开说谎了，而且是一个弥天大谎：以唯一的遗诏接受者的身份，证明秦始皇临终立胡亥为太子。

更为书赐公子扶苏、蒙恬，数以罪，赐死。

——胡亥还没有正式继位就先开始杀人，杀一切在他看来有碍于他继位的人。

这篇伪造的秦始皇赐长子扶苏以死的遗诏，据《史记·李斯列传》记载全文如下——

朕巡天下，祷祠名山诸神以延寿命。今扶苏与将军蒙恬将师数十万以屯边，十有余年矣，不能进而前，士卒多耗，无尺寸之功，乃反数上书直言诽谤我所为，以不得罢归为太子，日夜怨望。扶苏为人子不孝，其赐剑以自裁。将军恬与扶苏居外，不匡正，宜知其谋，为人臣不忠，其赐死，以兵属裨将王离（王翦之孙）。

矫诏封就后，胡亥派出他宠幸的侍臣作为特使，迅速飞送扶苏所在的上郡。又恐扶苏违诏争先入咸阳，因而在这同时，又趁着天色微明，将秦始皇尸体安置于辒辌车，即日兼程回都，直至过雁门、入九原后，又演出了以鲍鱼乱尸臭那样一幕。看看已近咸阳，早有留守京都的右丞相冯去疾率众在郊外迎候。胡亥此刻最关心不是什么迎候，而是抢先一步进入阿房宫，占据皇帝大位。于是当即由赵高传旨：皇上疾重免朝。冯去疾等都还蒙在鼓里，对那一阵阵铺天盖地的奇臭自然不免惊疑，却也不敢多问，当即拥着辒辌车一齐驰入秦皇城。

胡亥该放心了：扶苏并没来咸阳。现在，他急于等盼的是：派出的宠臣来复命时，不知能否提着扶苏、蒙恬的头颅来？

## 三颗给嗣位做祭礼的人头

上郡。

绵延起伏，两端都望不到头的长城工地。

离工地不远是一片兵营，居中为将军帐。

将军帐内，一场悲剧即将发生。

现在扶苏以兴奋的心情在跪接父皇赐书。听到父亲巡游天下祷祠名山以求延寿，感到一阵担心和作为长子不能尽孝的不安；不料再听下去竟是"赐剑以自裁"，接着便是使者掷下一柄闪着寒光的冷剑。犹如一个晴天霹雳，他被猝然降临的灾难震得不能自制，回到内营，悲泣不止，也没有多想，便要举剑自刎。蒙恬抢上一步劝止说：皇上命臣将三十万众守边，以公子为监，这是关系帝国安危的重任，非得主上亲信，如何可以轻易授人！如今皇帝巡游在外，太子又未立，但凭一使者，便欲自杀，如何能知道他其中不藏诈谋呢？且待派人驰赴行在向上请命，倘然属实，再死也不迟呀！

扶苏自然也有怀疑，但经不住使者连番催促，速令自尽，逼得他胸无主宰，便对蒙恬说：父要子死，不得不死。我死便罢，何必多请！说罢便抽剑一挥，冰锋入项，颈血狂喷，当即倒地。

扶苏之死，很有点类似一章二节里提到过的晋太子申生，扶苏是又一个申生。

我忽而想，假设秦始皇在扶苏这个年岁上遭遇到同样的处境时，他会不会也说声"父要子死，不得不死"便挥剑自刎呢？我想可以肯定不会。由此说明，申生、扶苏的悲剧既有外部多种社会原因，也有个人性格因素。这也就是说，扶苏实在一点不像父亲。这使我又一次想到了他那个史书上并没有记载而我妄称她为郑姬的母亲。遥想她不仅端庄娟秀，而且善良温文，扶苏的性格大概主要取她的遗传基因。这样的女子很可爱，这样的男子纵然也令人羡慕，但在那个特殊的时代里却往往难以成就大事，特别是在残忍的政治角斗中更难免成为牺牲品。明代李贽在《史纲评要·后秦记》中认为，秦帝国所以速亡，是由"贼臣赵高杀太子，立胡亥"造成的，"使扶苏嗣位，即二世、三世传之无穷，何所不可"！如果扶苏嗣位，秦帝国的命运可能会有所改变，至少不至于那样残暴；但说能"二世、三世传之无穷"，恐怕未必。本书《结语》将讨论秦何以会速亡这个问题。我以为无论由谁继位，情况或时间可能稍有变更，但秦帝国的灭亡却是必然的。不过人心总是向着善良的弱者一边，一个像扶苏这样的好人被杀害了，人们会久远地同情和怀念他。扶苏死后，当时肯定有不少人为之深深惋惜；而当看到秦二世才智和胆识根本不能与秦始皇相比，而暴虐和残忍却超过乃父时，人们更会很自然地怀念起扶苏来。这从后来陈胜、吴广揭竿而起打出的旗号中也可以得到证明："乃诈称公子扶苏、项燕。"为什么要这样做呢？"从民欲也！"（《史记·陈胜世家》）

扶苏死后，子女是否同时被杀，无从查考。《陕西通志·陵墓》记载了兰水县东北七十里有两座女冢，相传为扶苏二女葬处。既说是二女而又葬于一处，该是尚未婚嫁的少女，且又同时死亡，那就很有可能是受到扶苏之案的株连。据《史记·高祖本纪》载录汉高祖刘邦的话说，秦始皇等人"皆绝无后"，所以特予若干家以为守冢。这就同时说明扶苏也是绝了后的。但马非百在《秦集史》中却引录了王桐龄《东洋史》一则很有意思的材料——

日本史载有融通王者，又号弓月君，于应顺天皇时率一百二十七县人口逃至日本，居于太和。其部民能养蚕，善织绢帛。仁德天皇见而爱之，赐融通王子孙姓秦氏，分置其邻族于各处，以养蚕为业。雄略天皇时，秦氏部民滋生至一万八千六百余人。朝命融通王之孙秦酒公率之养蚕，蚕大繁息。新成大藏以酒公为长官，赐姓大秦。融通王据称乃秦公子扶苏之苗裔云。此言果信，则扶苏虽不得良死，而其子孙尚能在中日两国文化史上作出巨大贡献，亦所谓"仁者必有后"者非耶？

我则以为这只能作为传说来读，但其中所寄托的愿望却是真诚的。其实，马老先生所引的"仁者必有后"这句古语，也只是人们的一种愿望，并非总是事实。鲁迅先生在《我谈堕民》中还说过相反的话。他认为"是好人的子孙会吃苦,卖国者的子孙却未必变成堕民的。举出最近的例子来,则岳飞的后裔还在杭州看守岳王坟,可是过着很穷苦悲惨的生活,然而秦桧、严嵩……的后人呢"?

现在再来看看蒙恬。

这员守边大将当然不肯就这样死。使者急于回报邀功,便把他交给狱官,先囚禁于上郡阳周,自己则立刻回咸阳复命。胡亥听到扶苏已死,心上重负顿解,高兴之余,倒也有意要宽容蒙恬,但赵高却非但不肯放过蒙恬,连恬之弟蒙毅也要一并杀之而后快。这里有一段宿怨。原来,蒙氏兄弟为蒙骜之孙,蒙武之子,蒙氏一门三世为秦将,功勋卓著。赵高在进入秦宫后,据《史记·蒙恬列传》记载,曾犯有大罪,"秦王令蒙毅法治之,毅不敢阿法,当高罪死,除其宦籍"。后因秦始皇看他办事机敏,就赦免了他,恢复了他的官职。如今赵高觉得终于等到了一个报复蒙氏兄弟的机会。他趁机向胡亥进谗说:臣听说先帝在世时,早欲择贤嗣而立,以陛下为太子;只因蒙恬擅权,多次谏阻;蒙毅又在先帝面前日短陛下,致使先帝遗诏,改立扶苏。今扶苏已死,陛下登位。若蒙氏兄弟不诛,则其必为扶苏复仇,恐陛下终难以安枕,不如早日除之,以绝后患!

胡亥最关切的自然是帝位能否坐稳,听赵高这么一说,立刻下诏缉拿正在"还祷山川"后归途中的蒙毅。毅就缚后,暂时被拘禁于代地监狱。

这样,秦始皇时代的两位重臣,被分别囚禁于上郡和代郡;他们兄弟二人东西相隔近千里,却同时笼罩在死亡的黑影中。

丞相李斯,眼看着昔日的同僚命悬旦夕,却不置一词。

倒是年幼的皇孙子婴[1],勇敢地站出来作了这样一番直言进谏——

臣闻故赵王迁杀其良臣李牧而用颜聚,燕王喜阴用荆轲之谋而倍(通"背")秦之约,齐王建杀其故世忠臣而用后胜之议。此三君者,皆各以变古者失其国而殃及其身。今蒙氏,秦之大臣谋士也,而主欲一旦弃去之,臣窃以为不可。臣闻轻虑者不可以治国,独智者不可以存君。诛杀忠臣而立无节行之人,是内使群臣不相信而外使斗士之意离也,臣窃以为不可。

这段话载录于《史记·蒙恬列传》。赵王、燕王、齐王事,见前六章各节。其中"立无节行之人"一句,明显暗指当时已是炙手可热的显赫人物赵高,说明这位小皇孙不仅有识,也有胆。

但是,胡亥褊窄的胸襟早被赵高所进的谗言塞满,再也听不进别的话。他派出一个叫曲宫的御史,搭乘驿车来到代地,传谕谴责蒙毅说:先帝尝欲立朕为太子,而卿乃屡屡阻挠,

---

[1] 子婴:《史记》所记不一。始皇本纪记为"二世之兄子",李斯列传则记为"始皇弟"。《史记索隐》引刘氏语云:"弟字误,当为孙。"二世继位不久,便将他的兄弟姐妹尽行诛杀,子婴当为始皇孙,且尚年幼,才得以幸存。故从本纪。

究竟如何用心？如今赵高以卿为不忠，罪当连及宗族。朕颇为不忍，只是赐卿以死。卿当曲体朕心，速即奉诏！

蒙毅跪着对答说：如果责臣以不能获得先帝的称意，那么臣自年少时就开始事奉先帝，谨顺上意，迭沐厚恩，直到先帝崩逝，该是使先帝称意了吧？如果责臣以不知太子的才能，那么太子独自跟随先帝，巡游天下，宠幸远远超过诸位公子，臣还能有什么可怀疑呢？再说先帝选立太子之事，那是思虑了多年的结果，臣又能有何言敢谏，何谋敢进？且其时臣又未侍于先帝之侧，何嫌何疑，乃加臣罪？臣非敢以粉饰言辞来逃避死罪，只是因为事情牵累到先帝的声名，又恐近臣蛊惑嗣君，故臣不敢无辞。从前昭襄王杀白起，楚平王杀伍奢，吴王夫差杀伍子胥，三君所为，皆贻讥后世。所以说圣帝明王，不系无罪，不罚无辜。请贤大夫垂察，代为上达，则罪臣幸甚。

那曲宫早已知道胡亥是非杀蒙毅不可的，已没有耐心再听，抽出佩剑，手起锋落，蒙毅已倒在血泊中。

接着胡亥又派出使节赴上郡阳周去向蒙恬宣读诏书，说是卿过错甚多，而卿弟又犯有大罪，故赐卿死！

蒙恬作了长篇辩答，其辞载录于《史记》本传。辩辞一开头便说——

自吾先人，及至子孙，积功信于秦三世矣。今臣将兵三十余万，身虽囚系，其势足以倍畔（通"背叛"），然自知必死而守义者，不敢辱先人之教，以不忘先主也！

蒙恬是秦国继王翦之后的著名大将，将兵三十余万在外守边十数年，确实有可能藉以发动叛变。事实上，富有政治斗争经验的李斯、赵高也已经估计到了这一点。《资治通鉴·秦纪二》在记到蒙恬被囚于阳周后，特地点出一句："更置李斯舍人为护军"，就是派李斯信得过的家臣到原由蒙恬所率数十万之师去担任护军都尉。为什么要这样做呢？胡三省在注中作了解释："当是时，恬已属吏，恐其军有变，故以李斯舍人为护军，使之护诸将也。"不过，在这里，关键人物是扶苏。扶苏一死，即使蒙恬所部叛变，估计也不可能坚持多长时间。

蒙恬在辩词中还详细讲述了周成王初即位的故事。当时周成王还"未离襁褓"，所以只好由周公旦辅政，即所谓"负王以朝"。当年幼的成王[1]得了重病时，周公旦又以剪下指甲投入黄河这样表示罪己的虔诚态度向神祈求："王未有识，是旦执事。有罪殃，旦受其不祥。"并把这些话写下来，藏之于金縢（金属装饰之盒）之匮。后来成王亲政，便有贼臣出来中伤周公旦，说他就要作乱，王若不备，必遭大祸。成王居然信了，一怒之下，要向周公旦问罪。周公旦只好出奔他国。这年秋天，庄稼一片丰收景象，但到收获时节，忽而雷电交加，狂风大作，庄稼倒伏，国人大恐。成王与大夫们穿上祭天礼服，打开金縢，看到了周公旦记下的话，才深深感到自己错了，杀了贼臣，又把周公旦请了回来。蒙恬是将自己比作了周公，是贼臣的中伤，才使他落到了这个地步；又把胡亥比作成王，希望他

---

[1] 据《尚书·周书·金縢》，生病的是武王，不是成王。武王是成王之父。

能明察——

> 夫成王失而复振则卒昌，桀杀关龙逢，纣杀王子比干而不悔，身死则国亡。臣故曰过可振而谏可觉也。察于参伍，上圣之法也。凡臣之言，非以求免于咎，将以谏而死，愿陛下为万民思从道也！

但是使者说，他只是依诏执法，不敢把蒙恬的话达于上闻。于是蒙恬仰天大呼："我何罪于天？无过而死乎？"如此良久，最后被迫吞药自杀。

蒙恬不仅善于打仗，传说还发明了毛笔和筝。童蒙课本《千字文》中有一句"[蒙]恬笔[蔡]伦纸"，流传极广。

对蒙恬的被迫自杀，《史记》本传评语认为不值得同情："夫秦之初灭诸侯，天下之心未定，痍伤者未瘳，而恬为名将，不以此时强谏，振百姓之急，养老存孤，务修众庶之和，而阿意兴功，此其兄弟遇诛，不亦宜乎？"太史公从秦帝国初立，百姓需要休养生息，国事百废待兴，秦始皇不应兴师动众修造长城，这自然是具有经世济民眼光的确论；指责蒙恬没直言强谏，反而"阿意兴功"受命督造长城，似也不无道理；但因此而认为"兄弟遇诛，不亦宜乎"，是否对这两位古人过于苛求了呢？不过比起司马光在《资治通鉴·秦纪二》的评论来，《史记》毕竟要高出一筹。这位司马迁以后最著名的历史学家先指责蒙恬在暴秦时期助纣为虐"不仁可知"，接着笔锋一转称道起蒙恬的"宁死不贰"来了："然恬明于为人臣之义，虽无罪见诛，能宁死不贰，斯亦足称也。"唉唉，蒙氏兄弟倘若泉下有知，读此不知将作何感想？

三个心腹大患除去了，胡亥便一面为秦始皇发丧，举行隆重的葬礼，一面忙着为自己筹备登临极位的盛大庆典。

## 秦二世的"借光术"

读中国通史，可以看到一个几乎成为规律的现象：在声威赫赫的一代雄主离世后，继位者多半平庸甚至昏庸。也许正是由于他们自己平庸或昏庸吧，因而通常总是要想方设法借先皇巨大的光辉来折射自己，运用这种"借光术"使自己突然一个早晨膨胀至无穷大，成为所谓"当之无愧"的继承者。

最常见的借光术之一便是在历史条件下，以所可能做到的最宏大的规模，最隆重的方式，为先皇举行葬礼，自己则以对先皇最崇敬、最忠诚的姿态出现在公众面前，以便在人们心目中使自己与那个高下悬殊的前任一夜之间能够并列起来。

即将成为秦始皇继承者的胡亥，扮演的就是这样一个角色。

胡亥的平庸或昏庸，论者都较为一致。刘向的《新序·杂事五》记了这样一件事——

> 秦二世胡亥之为公子也，昆弟数人，诏置酒飨群臣。召诸子，诸子赐食先罢。胡亥下

阶，视群臣陈履状善者，因行践败而去。诸子见之者，莫不太息。

这虽是一件小事，多少也可看出此人胸襟之褊窄：连看到群臣放在台阶上的鞋子有样式较为好看一点的，他也气不过，硬是要踩坏了再离去，难怪诸位公子要对他这种恶少行径摇头叹息了。

现在胡亥就要嗣位，自然要利用秦始皇葬礼，对他来说也就是第一次在皇室和群臣面前亮相的机会，着意重新塑造一下自己的形象。

胡亥主持下的秦始皇葬礼，史书没有完整载录，下面是一些散见于古籍的零星记载——

穿三泉，下铜（一作"锢"）而致椁，宫观百官奇器珍怪，徙臧（通"藏"）满之。令匠作机弩矢，有所穿近者，辄射之。以水银为百川、江河、大海，机相灌输。上具天文，下具地理。以人鱼膏为烛，度不灭者久之。（《史记·秦始皇本纪》）

合采金石，冶铜锢其内，漆涂其外。被以珠玉，饰以翡翠。中成观游，上成山林，为葬薶（同"埋"）之侈至此。（《汉书·贾山传》）

昔始皇为冢，敛天下瑰异，生殉工人，倾远方奇宝。于冢中为江海川渎及列山岳之形。以沙棠沉檀为舟楫，金银为凫雁，以琉璃杂宝为龟鱼。又于海中作玉象鲸鱼。衔火珠为星，以代膏烛。光出墓中，精灵之伟也。（王嘉《拾遗记》）

如此穷奢极侈的葬礼，睡在铜棺中的秦始皇如果还能有知，他将作何表示呢？他将暴怒！这当然不是因为靡费，而是因为他看出，尽管参加葬礼的臣民人山人海，可是毫无真实可言，除了虚情假意，便是装腔作势。

没有一滴出自真情的眼泪；

没有一丝发自内心的悲哀。

他自然知道不肖之子胡亥如今正在扮演什么角色，他后悔不该让他随从第五次巡游，使这逆子有了可乘之机。

这时候他很可能会羡慕起一个人来，那就是被他逼死的吕不韦。吕不韦丧葬时，不仅有成百成千人真心吊唁，还有成千成百人为他"窃葬"。这些人非但绝对不是慑于权势应召而来，恰恰相反，是冒着生命危险违禁而来；他们向死者捧出的是一颗真诚的心。

秦始皇从此是永远地陷入彻底孤独了："但见三泉下，金棺葬寒灰。"（李白：《古风·其三》）

但胡亥却还觉得不够，还要在负担已经够多的秦始皇尸体上再加重罪恶。他接连下了载录于《史记·秦始皇本纪》的这样两道命令——

先令后宫非有子者，出焉不宜，皆令从死。

——野蛮的人殉制度在秦国虽比中原六国延续时间要长，但到秦献公一即位也就宣布"止从死"，废除了这种违反最基本人权的野蛮制度（见二章一节）。时间过去了一百六七十年，现在胡亥却又把它搬了出来，借口是没有生育过的后宫嫔妃不宜再出宫，结果是"死者甚众"。这个"甚众"里埋着多少条女子性命，只要看看秦始皇时后宫有多少人便大致有个数。《史记正义》引《三辅旧事》说："始皇表河以为秦东门，表汧以为秦西门，表中外殿观百四十五，后宫列女万余人，气上冲于天。"如果这一记载确实，那么秦始皇有二十余个儿子、十个女儿。就算：这三十余个子女均为独生，"列女万余人"除去三十余人，被迫殉葬的至少还有整整一万！

大事毕，已臧，闭中羡，下外羡门，尽闭工匠，臧者，无复出者。
——臧通"藏"。臧者，就是在陵墓中负责放置珍宝礼器等人。羡，指墓中甬道。为什么在落葬完毕后，要封闭墓道中门，把藏者和工匠统统活埋在地宫里呢？借口就是为了防止泄密。用如此惨无人道的方法害死的人究竟有多少，《史记》无录，《汉书·刘向传》记下了一个约数："多杀宫人，生埋工匠，计以万数！"

如此残暴的葬礼实在是旷古未闻了！但当时的胡亥却肯定不会这样想。他可能为此而得意，以为这正是表明他对秦始皇的忠诚：为颂扬父皇神圣的声威，为使父皇陵墓万世长存，他设想得何等周到啊！

胡亥正是带着这种得意的心情，在臣民们的山呼"万岁"声中，大摇大摆地登上了大秦帝国的极位，宣布自己是秦二世皇帝，这一年（公元前209年）为秦二世元年，恢复自称"朕"。第二得意人该是赵高。他已任为总管宫中事务的郎中令，成为九卿之一，受到二世皇帝特别信用而专权用事。李斯此时还能勉强自保，内心虽是忐忑不安，屁股总算还依旧坐在左丞相位上。

胡亥的借光术还没有演完。继位后的第一道诏旨就是要再次借光："二世下诏，增始皇寝庙牺牲及山川百祀之礼。令群臣议尊始皇庙。"

一是要增加秦始皇寝庙祭祀时的牺牲及祭品；二是要把秦始皇庙尊奉到比所有上古帝王包括嬴秦列祖列宗都更要崇高的地位。

尽管秦二世在其他方面可说一无建树，但他在一个巨人刚刚离世的那种氛围下提出这两点，倒也有他高明处，那就是决不会有人反对，调子只会越唱越高。果然，《史记》本纪接下去作了这样记载——

群臣皆顿首言曰："古者天子七庙，诸侯五，大夫三，虽万世世不轶（dié，更迭）毁。今始皇为极庙，四海之内皆献贡职，增牺牲，礼咸备，无以加。先王庙或在西雍，或在咸阳。天子仪当奉酌祠始皇庙。自襄公以下轶毁。所置凡七庙，群臣以礼进祠，以尊始皇庙为帝者祖庙。"

就是说，要把始皇庙尊奉为秦帝国此后历世皇帝的祖庙，规定四海之内都要按职阶来贡献祭品，一切祭祀礼仪都完备到无以复加的地步。为了突出秦始皇，嬴秦的历世先祖只好委屈一点了：自襄公以下的祭庙一律毁废。

如此这般做了以后，秦二世坐在那原先父亲坐的大位上，不知为什么，心里还是不怎么踏实。总觉得阿房宫实在太宏大，每次沿着陛阶一档档登上那高位去，又觉得实在太高。

于是他决定第三次借光。

这一回，要学他老爷子的样，也来一次全国大巡游。且看《史记》始皇本纪的记载："先帝巡行郡县，以示强，威服四海。今晏然不巡行，即见弱，毋以臣畜天下。"当年，俺老爹是通过大巡游威服四海的；如今，俺要是不游一游，岂非让人小看了，还怎么让天下臣服呢？那就走着瞧吧！别觑着俺年少，咱照样也能游！

秦二世元年（公元前 209 年）春天，小皇帝开始依样画葫芦地大巡游：用与秦始皇一样庞大的卤簿仪仗，走与秦始皇当年走过的相同路线：从咸阳出发，北至碣石，南达会稽；每到一地，也学着老子的样子不是登山，就是观海，照样也要刻石；不过没有另外立石，而是同刻在秦始皇所立刻石之旁。据《史记》记载其所刻之辞为——

金石刻尽始皇帝所为也。今袭号而金石刻辞不称始皇帝，其于久远也如后嗣为之者，不称成功盛德。

这篇称之为二世诏书的刻辞，照例由李斯以小篆书丹，精工刻就。内容无非说，这些金石碑刻全是始皇大帝制立的，但原刻辞中没有指明这一点，为了免使年代久远后被人误以为是后世皇帝制立的，特作此说明。

这样两篇刻辞并列在一起，实在有些不伦不类。但秦二世这一回更得意了：这一下谁还敢说，朕不是与先皇并列在一起了呢？

以上所述，便是由秦始皇创立的帝王集权制所规定的、号称皇帝的这个国家元首大位，在中国历史上第一次传世接代。

皇帝之位，这是一个充满着诱惑力的神奇的宝座，同时也是一张罪恶的魔椅。坐上它，就意味着拥有万里江山，万千臣民，拥有生杀予夺的一切权力，享受不尽的荣华富贵、珠宝美女；坐上它，却又意味着成为众人所妒，众矢之的，如临深渊，似履薄冰，没个安生时日。它使多少人迷恋得发狂，又使多少人丧失了生命。它在中国延续两千余年的漫长历史中，不说改姓换朝期间的大砍大杀，单是每个王朝内部的传世接代，也不知演出了多少出兄杀弟、弟杀兄，父或母杀子女、子或女杀父母的惨剧，为的就是争夺这个神奇的宝座，这张罪恶的魔椅！

纵然这类惨剧从人类一跨进文明社会门槛就有，但作为"帝王集权"这种国家制度发展史上的第一幕，却是由秦二世这个历史舞台上既低能、又昏庸的匆匆过场人物揭开的。

不过，这还只是第一幕。除去那因其卑贱通常不予计数的埋在地宫下的一两万人以外，帝国朝堂上现在还只落下区区三颗人头，只能算是刚开了个场。更大量的流血还在后头呢！

## "愿身不复生帝王家"[1]

《史记·李斯列传》在将要记述后面许许多多血淋淋的场景前，却用"二世燕居"这样悠闲的文句起笔，实在妙不可言。

燕，通宴，就是安闲。的确，经过三次借光，秦二世自我感觉俨然一代雄主，坐在皇帝大位上已经十分安闲了。但安闲是一种人生境界，并非人人都能享受。有些人安闲不到半日，就会感到腻味。这不，秦二世现在已经耐不住了，觉得需要寻点刺激，于是便把赵高召来说：人生天地之间，犹如白驹过隙，太短暂啦！如今朕已君临天下，想要充分享受声色滋味和满足心志所乐，同时又要安社稷而乐万姓，长有天下，享尽天年。这样能做到吗？

赵高一听，正中下怀，他早就等待着这句话了。在他的计谋中，所谓三驾马车只是一个短暂的过渡阶段。第二步便是分解这三驾马车，由他独擅大权而玩弄小皇帝于股掌之上。但要做到这一点还很不容易。正像有一次他自己向秦二世吐露心事时说的那样：臣本是一个卑贱的内侍，幸而得到陛下的抬举，才得以掌管宫禁事务。可帝国朝堂上文武重臣济济，还有众多皇室公子，有谁会甘心听命于臣呢？他们"特以貌从臣，其心实不服"。赵高说的这句话，倒是事实。怎么办？办法他早已想好，就是借秦二世之手向他们一个个开刀！只是就像做文章那样，一时还找不到好的开头。现在小皇帝提出要玩乐了，文章以此为开头做下去可谓顺理成章，且天衣无缝。

他先来个欲抑故扬，针对秦二世既要长有天下，又想充分享乐的话头，回答说：只要是贤明的君主，一定能够做到；若是昏庸的君主，那就行不通。陛下是从古至今最贤明的君主，所以当然能够做到了！

秦二世听得喜笑颜开，当即说：那朕现在就要各种享受，就由卿代朕去办吧！

这回答也在赵高意料之中。他故意先作迟疑，随后突然一下跪伏于地，禀奏道：臣不敢逃避斧钺之诛，昧死请言，如今还没有到可以高枕无忧，尽情享乐的时候，愿陛下听臣一句话：危险还在眼前！

秦二世不由一惊，赶紧赐以平身，让赵高站着尽奏。赵高下面的话见之于《史记·李斯列传》，是专为后面大杀旧臣及诸公子制造口实的——

夫沙丘之谋，诸公子及大臣皆疑焉，而诸公子皆帝兄，大臣又先帝之所置也。今陛下初立，此其属意怏怏皆不服，恐为变。且蒙恬已死，蒙毅将兵居外[2]，臣战战栗栗，唯恐

---

[1] 南北朝时，宋孝敬王刘鸾年方十岁，被其兄赐死，临死前喊出："愿身不复生帝王家！"
[2] 《史记·蒙恬列传》则记蒙毅死于蒙恬之前。

不终（不得善终）。且陛下安得为此乐乎？

说诸公子及群臣已对沙丘矫诏引起怀疑，这首先自然是赵高用来威胁秦二世的，但也很可能是事实。如果真是这样，那么"恐有变"也并非全是捕风捉影。秦二世一听急了，连忙问该怎么办，于是赵高便说出了早已想好了的全部计划。综合《史记》始皇本纪和李斯列传的记载，这个罪恶的计谋大致包括以下内容——

（一）诛杀对象：诸公子、公主；诸大臣；并"以罪过连逮"到一些近侍郎官和部分郡县守尉。此外，还要杀掉秦二世"生平所不可者"。

（二）立案方法：第一，"愿陛下遂从时毋疑，即群臣不及谋"，就是说要赶在群臣合谋反叛之前，以迅雷不及掩耳之势，一网打尽；第二，"严法而刻刑，令有罪者相坐诛，至收族"。也就是要严刑逼供，扩大株连，直到灭族。

（三）善后措施："尽除去先帝之故臣，更置陛下所亲信者近之。"就是要来一个大换班，大翻个儿："贱者贵之，贫者富之，远者近之，则上下集而国安矣！"

赵高此人从来为当国者所不齿，但他这三点计谋，却可谓流风百代，一直为两千多年来历世新君所乐于暗中忠实奉行，只是花样有所变换而已，即所谓"戏法人人会变，各有巧妙不同"也！这原是帝王术中一大奥秘，不料却被粗鄙的百姓一眼看穿，且在戏台上唱了出来，道是："万里江山万里云，一朝天子一朝臣！"

且说当时，秦二世听完赵高全部计谋，学着秦始皇那种一言定乾坤的气派，手一挥说出了一个字："善！"

在这个"善"字之下，究竟躺着多少冤魂，因未留下确切记载，连司马迁也只好记了这样一句："不可胜数。"

朝廷及郡县臣属中被杀的，除李斯外，一个也没有记下来；对公子、公主的诛杀，散见于《史记》的有以下多笔。先说公子——

公子十二人僇死咸阳市；
六公子戮死于杜。

两者相加，已有十八人。用了两种死刑。僇，据《礼记·大学》郑玄注为"大刑"，也即"辟"，就是砍头。戮，《国语·晋语九》韦昭注："陈尸为戮"，即杀后再暴尸示众。

以上诸公子的审问官，都是赵高："群臣诸公子有罪，辄下高，令鞫（通"鞠"，审讯）治之。"赵高自称长于刀笔，精通狱法，惯于罗织周纳，诸公子落到他手里，自然绝无活命指望。

再说公主——

十公主矺死于杜。

实在令人难以置信，秦二世竟连他那些文静秀丽的姊妹也不肯放过！"矺"与"磔"同，即袭其肢体而杀之。想象一下吧：十位少女，一起被刽子手一刀刀割裂她们娇嫩的体躯，直到她们撕心裂肺的哭叫声也渐渐微弱下去时，再砍下她们的首级。而坐在高殿上下令处以此毒刑的，正是她们的弟弟或哥哥——胡亥！呵，人世间怎么会出现如此野蛮、残忍、丑恶的一幕呢？这些自幼长于深宫的公主，如果说有什么过错的话，那就是不该生于帝王家。她们在忍着剧痛临死时，一定也会像六七百年后的南朝宋刘鸾那样向苍天大声呼喊：唯愿来生不再生于帝王家！

但屠杀到此还没有完。

"公子将闾昆弟三人，囚于内宫，议其罪独后。"这可能是一母所生的兄弟三人，由于生性敦厚，一时实在抓不到可以定罪的辫子，因而暂时囚于内宫，放到最后一批处理。秦二世挖空心思，终于挖出了一个罪名，便派使者去对将闾等三公子说："公子不臣，罪当死，吏致法焉。"这是一个主观罪名。什么叫"不臣"？就是你没有臣服我秦二世大皇帝；无论你怎么辩解，只要我认定你不臣就是不臣，就得杀！

将闾明知辩解无用，临死前还是要一吐胸中奇冤——

阙廷之礼，吾未尝敢不从宾赞也；廊庙之位，吾未尝敢失节也；受命应对，吾未尝敢失辞也。何谓不臣？愿闻罪而死。

这是一只孤雁在临烹前的悲鸣。我处处、时时、一言一行，都是遵照礼制规定做的，总算谨小慎微了，哪有半点"不臣"呢？我不敢不死，只是要求在死前讨个"说法"："愿闻罪而死"。对他这个可怜的要求，使者回答是他没有资格参与皇上计议，他只能奉诏行事。于是——

将闾乃仰天大呼天者三，曰："天乎，吾无罪！"

昆弟三人皆流涕拔剑自杀。

嬴秦自从襄公立国五百多年来，尽管也有过多次宫廷内讧，却从没有像现在这样惨烈过！咸阳宫自从秦孝公修造启用一百多年来，纵使也有过一些屠杀事件，却从没有像现在这样到处流淌着殷红的鲜血！

死亡的恐怖不仅震惊了京都，也震惊了整个帝国。司马迁接连记下了两个"振恐"：

宗室振恐！
黔首振恐！

这时候，却偏有一座府第显得异常宁静。
它就是秦始皇众多儿子之一的公子高之家。

门窗紧闭着。僮仆婢女早已遣散。母亲和妻妾都穿戴得整整齐齐安坐在席上。几个孩子也都依偎在母亲或祖母怀里不出一声。最小的一个,已衔着母亲奶头进入睡乡。

没有像其余诸公子府上那样恐慌,忙乱;没有人呼天抢地地哭叫。

没有,丝毫没有。

她们似乎在等待什么?

是的,在等待,而且是急切的等待。

等待获救吗?——不,等待死神的到来,而且是急切的等待!

如果这时候带着秦二世诏旨的搜捕队破门而入,她们便会如释重负地哄住受惊的孩子,一起平静地束手被捕,带着宽慰、带着希望走向死亡。

这个希望便是:公子高已于当天拂晓扮成一介寻常书生逃出咸阳城去了!

这群女人就怀着这样一个高于她们生命的希望,等盼着死神快快到来。

她们甘愿以自己的死,来掩护公子高的生。

黄昏来临了,她们万万没有想到,等来的不是死神,而是逃亡一段路程后又奔了回来的公子高!

破门而入的公子高,双膝跪倒在母亲面前,哭着哀求:不,母亲!臣儿绝不能把生留给自己,而把死亡留给母亲!臣儿作为七尺男儿,也不能为了自己活下去,而把妻妾儿女送向断头台。臣儿已经想好了一个办法:臣儿要用自己的死,换来母亲和妻妾儿女的生!

母亲一听,气得浑身颤栗,严命儿子立即出逃。一群妻妾携着孩子全都跪地,恳求公子赶快逃生。

这座宁静了一整天的府第,此刻已笼罩在一片惊慌、恐怖、凄惨之中。

公子高挣脱这群女人的拖牵,急步冲进书房,紧锁房门,匆匆写就了这样一封奏书——

*臣高昧死谨奏:昔先帝无恙时,臣入则赐食,出则乘舆。御府之衣,臣得赐之;中厩之马,臣亦得赐之。臣当从死而不能,为人子不孝,为人臣不忠。不孝者无以立于世,不忠者无以存于天下。臣请从死,愿葬骊山之麓。唯上幸哀怜之。*[1]

奏书呈到咸阳宫正殿,秦二世看了大为高兴:朕正要命人去捉来正刑,他倒自己上书来请死了,这不省却朕好些精力了吗?又转念一想:莫非此中暗藏计谋诈变?朕得时刻提防着,莫为这些满肚子诗书的兄长们所算!立即召来赵高商议。赵高说:慑于陛下圣威,如今这些人担心死都来不及,哪里还会有诈变呢?二世这才放心,恩准公子高从死。

公子高是作为给秦始皇殉葬处理的,所以在三十余名公子、公主中得到破例的优待:"赐钱十万以葬"。

到这时,我国历史上皇位传世接代的第一幕,总算听到了落幕的锣声。

这数十名有幸生在帝王家的青年男女,他们的不幸也因为生在帝王家。

---

【1】此书全文载于《史记·李斯列传》。为便于阅读,我增补、改动了几个字。

没有人知道他们被僇、戮、矺的尸骨存于何处。

他们自己也万万没有想到，事隔两千多年后，他们的墓葬地竟会成为人们研究的一个课题。

已经出版过多种秦始皇陵考古专著的王学理先生，不久前在新著《秦始皇陵研究》中宣布：秦公子、公主的墓葬有几处已经找到，都在秦始皇陵东陪葬墓区。提出的根据是：这些墓主身首异处，尸骨不全，被处死方式很可能是射杀或肢解；墓旁剩有用以取暖的柴火灰烬，说明墓葬时间是在寒冷的冬季。这些，都与秦公子、公主被害时的情景及时间是一致的。此外，这些尸骨经鉴定女性在二十岁左右，男性为三十岁上下，这又与秦始皇死年五十岁时他的子女们的年龄大体相符。至于秦宗室当时都是杀戮于市曹的，为何又搬到秦始皇陵畔来陪葬呢？王学理的回答是："道理很简单，因为这些人的社会影响，具有二世、赵高们意想不到的号召力。杀戮是为了消灭政敌，既然目的已经达到，就按当时的社会意识……把他们陪葬到郦山。此举既反映了这些阴谋者的虚伪，无疑也是始皇用人失当而造成绝嗣误国的悲哀。"

被处死的三十余名秦公子和公主，《史记》只留下了扶苏、将闾、高三个名字。有意思的是，在这些陪葬墓中，还发现刻有"荣禄"、"阴嫚"字样的两枚私印，王学理认为："可以断定：前者为公子，后者为公主，从而也填补了史载之缺失。"

现在好了，该杀的人已经全部杀尽。秦二世一边擦洗满手血污一边想：这一下总可以高枕无忧、尽情享乐了吧？

《史记》始皇本纪在秦二世元年（公元前209年）四月，即在陈胜、吴广揭竿而起，全国掀起汹涌的反秦怒潮前三个月，记下了秦二世这样一些倒行逆施的诏令——

复作阿房宫。

尽征其材士五万人为屯卫咸阳，令教射狗马禽兽。

当食者多，度不足，下调郡县转输菽粟刍藁，皆令自赍粮食，咸阳三百里之内不得食其谷。

用法益深刻。……

这些诏令，秦二世自然还是要依赖三驾马车中的另外两匹老马去受命实施的。两匹老马之一的赵高这时候却在想：现在离计谋的全部实现只差一步了：如何最后再借一次小皇帝的手把李斯也干掉呢？

# 两匹老马的一场肉搏

## 陷在泥淖里的艰难自拔

一失足成千古恨!

这句俗语不知是否能够用来描述李斯近日来的心情。

以下记述和分析,主要依据《史记·李斯列传》,凡出自本传的引文不再加注。

李斯生于楚国上蔡,先在郡里做小吏,后又去追随荀卿学帝王之术,学成后再西游入秦成为吕不韦门客。如此推算起来,他该是略少于吕不韦而长于秦始皇,这时候大约已到了近七十的年岁。一个人到了这个生命历程上,而又处于并不得意的时候,通常是会有所反省和自责的。在那个决定帝国命运的沙丘之夜,李斯开头对赵高说的那些要恪守人臣职责的话,不能认为全是虚伪,只是到了最后在他看来个人的荣辱存亡都处于迫在眉睫的临场一决时,心上的天平才在无奈中向屈从一方作了倾斜。这当然是一次不可原谅的屈从,已经不知有多少人为此丧失了他们无辜的生命。李斯自己,现在也不得不啜饮着由那些血浆酿成的苦酒。

这苦酒有多种成分。杀了那么多人,作为左丞相,他是难以推卸其责的。而胡亥继位后,"法令诛罚日益刻深,群臣人人自危,欲畔(通"叛")者众";"赋敛愈重,戍徭无已",这自然也引起他不安。除此之外,他之所以屈从,原是为了保住自己的爵禄富贵,而如今眼看着赵高那咄咄逼人的气焰,使他明显地预感到自己已处于岌岌可危之中。

不过比较起来,所有这些都还是次要的。

秦二世元年(公元前209年)七月,一个晴天霹雳突然震响,秦帝国第一次被推上了存亡绝续的险境:"楚戍卒陈胜、吴广等乃作乱,起于山东,杰俊相立,自置为侯王,叛秦,兵至鸿门而却……"

李斯心急如焚了!在如今的三驾马车中,毕竟只有他,早在平定嫪毐集团叛乱前,就臣事秦始皇一起奋斗过来的。整整二十八个春秋了,他不能忘记兼并六国大决战中那些既紧张又兴奋的日日夜夜。他对秦帝国有着血肉感情,这不会虚假。除此之外,他总还坐在相位上,关系到帝国存亡的如此紧迫大事,叫他如何能不急!

李斯一次又一次地请求秦二世给予机会进谏，二世都没有准许。

这一天，李斯终于受到了召见，他急忙上殿去准备禀奏。谁知秦二世召他根本不是为了听他进谏，反而一见面就提出了长篇责问。这篇责辞很能反映在帝国存亡危急关头秦二世还在想些什么，所以特地予以全文抄录。

吾有私议而有闻于韩子也，曰："尧之有天下也，堂高三尺，采椽不斫，茅茨不剪，虽逆旅之宿不勤（艰苦）于此矣。冬日鹿裘，夏日葛衣，粢粝之食，藜藿之羹，饭土塯（guǐ,此处指粗陋食具），啜土硎（xíng,此处指粗陋饮具），虽监门之养不觳（què,俭薄）于此矣。禹凿龙门，通大夏，疏九河，曲九防，决渟水致之海，而股无胈（bá，肉），胫无毛，手足胼胝，面目黎黑，遂以死于外，葬于会稽，臣虏之劳不烈于此矣。"[1] 然则夫所贵于有天下者，岂欲苦形劳神，身处逆旅之宿，口食监门之养，手持臣虏之作哉？此不肖人之所勉也，非贤者之所务也。彼贤人之有天下也，专用天下适己而已矣，此所以贵于有天下也。夫所谓贤人者，必能安天下而治万民，今身且不能利，将恶能治天下哉！故吾愿赐（通"澌"，穷尽）志广欲，长享天下而无害，为之奈何？

李斯一听惊住了！秦二世关心的根本不是什么帝国命运，而是如何随心所欲地尽情享受！在责辞中，二世还引了韩非的话，认为像唐尧、夏禹那样住比旅店还简陋的居处，吃的是比看门人还粗劣的食物，干的是比奴隶更苦更累的活计，这只有不肖的人才会那样去自讨苦吃，贤明的君主是不屑一顾的。君主之所以要拥有天下，拥有天下之所以可贵，只为两个字："适己"，就是说整个天下都为了让他一个人尽情享受！最后，秦二世给李斯出了一道题目，命他交出答卷来：我既要"赐志广欲"，又要"长享天下"，你说吧，该怎么办？

在这种情势下，为私利所困的李斯再次显出了怯懦的弱点，不敢犯颜直谏，仓皇退下朝来。

李斯非但没有从泥淖中自拔出来，而且陷入了更大的矛盾和痛苦。

在这个时候，他很可能会想起扶苏来：如果在那个如今一切祸乱之根的沙丘之夜，我不是屈从，而遵照先皇遗诏迎回扶苏来继位，处境是否会比现在好一些呢？

事实上，真让扶苏继位，李斯将会有怎样的命运，也很难逆料。因为赵高说的话也不无根据："高……管事二十余年，未尝见秦免罢丞相功臣有封及二世者也，卒皆以诛亡。"商鞅、范雎、吕不韦等等不都是这样的吗？但李斯还是会那样想。人在处于逆境时，难免会对事件初端曾经可能有的另外一种或几种选择，赋予比现实更美好的结局而加以追念。

但接下去李斯连在这样的追念中犹豫彷徨的时间也没有了，他遭到狠狠的当头一击，于是便在悚惧惶恐中又做出了第二次不可饶恕的屈从。

这狠狠一击来自他的政敌赵高。

---

[1] 秦二世的这段话，包括所引韩非语，又见《史记·秦始皇本纪》。所引韩非语，见今本《韩非子·五蠹》，文字有异，韩非据以说明的论旨也与秦二世不一样。

李斯的长子李由，时任三川郡郡守。三川之地为函谷关东西必经通道，前三章二节在说到秦武王攻取三川之地宜阳时，曾经作过一点介绍。秦二世元年（公元前209年）七月，一夫作难，群雄并起。陈胜、吴广在大泽乡被迫发出一声怒吼，立刻得到全国响应，各地反秦义军很快形成燎原之势。作为主力的西征部队，兵分三路，意欲对秦帝国心脏咸阳形成包围之势。其中第二路和第三路分别由铚人宋留和陈人周文率领，前者从南阳挺进武关，后者绕道主攻咸阳。第一路由假王吴广率领，进攻属于三川郡的荥阳，以开辟进军咸阳的东西通道。这样，首当其冲的三川郡郡守李由，就要与吴广的一路军交锋了。为避其锐，他采取闭城固守策略；义军几次进攻不下，双方暂时处于胶着状态。出乎李由意料的是，由周文率领的三路军，却正是利用了这种胶着状态，绕过荥阳，长驱千余里，直逼函谷，其前锋已威胁到咸阳。

荥阳前线这些急速发展中的消息，自然都没有逃过眈眈虎视于一旁的赵高的眼睛。现在他觉得铲除最后一个政敌的机会已经到来。他抓住李由阻击不力这个突破口，暗中派人搜集材料，上书诬陷李由通盗谋反，并向李斯发出责问："居三公位，如何令盗如此！"（《史记·李斯列传》）李斯害怕了，为求自保，再次屈服于压力，向秦二世进呈了一份让他在回顾自己一生时感到羞耻的奏书：《谏督责书》。

## 李斯阿进"督责"之谏

《谏督责书》洋洋千余言，略长于李斯名篇《谏逐客书》。

如果说《谏逐客书》是李斯这颗政治明星跃升长空的信号的话，那么《谏督责书》便是它行将陨落的回光返照。前一谏里那种指画天下江山的气度，那种卓厉风发的进取精神，以至包括清朗酣畅的文笔都统统不见了，留在后一谏里的，只有狐假虎威的武断和霸道以及畏首畏尾的谀词和媚语。可以想见，昔日《谏逐客书》的作者今日写这样的文字，内心一定也是很痛苦的，但这种痛苦只能引起人们厌恶，毫无美感。

《谏督责书》共分四段。从第一段导论可以看出，作者完全是在奉诏作文，根据秦二世出的那道题目编写答案。问：如何做到既可"赐志广欲"，又可"长享天下"？答：臣昧死上言，请陛下实行督责之术吧！

> 夫贤主者，必且能全道而行督责之术者也。督责之，则臣不敢不竭能以徇（效命）其主矣。此臣主之分定，上下之义明，则天下贤不肖莫敢不尽力竭任以徇其君矣。是故主独制于天下而无所制也，能穷乐之极矣。贤明之主也，可不察焉！

实行这妙不可言的督责之术，既能独制天下，又可穷乐之极，而且还是"贤明之主"的专利，秦二世单是读了这段导论，想必就会乐不可支的。

第二段是总论，依照秦二世提出的题目，论述君主拥有天下的目的何在：是自适，还是适人？要旨就是主张自适，反对适人。文中引用了申不害的一段话："有天下而不恣睢，命之曰以天下为桎梏"：君主拥有天下而如果不肆情纵恣地享受，那拥有天下岂非成了镣铐！谁把天下当作镣铐了呢？那就是一味只顾为天下之民而劳苦的唐尧和夏禹。这些内容简介大多是秦二世责辞的复述，只是文句略有变换而已，明显看出作者为了媚上而在曲意学舌。唯一的新东西，是把这两者区别硬拉到是否"督责"这个题旨上来：行督责之道，则专以天下自适也；不能行督责的结果，则以天下为桎梏也！

第三、四两段回答如何实行督责，分别从君与民、君与臣两个方面作了论述。对民众强调要严刑峻法。引了韩非的一段话："慈母有败子而严家无格虏。"但这话有很大的片面性：慈母家并非都是败子，而主人严厉的家里不见得就没有强悍不驯的奴隶。作者引用这句话的目的，是想借以说明：只有严刑峻法、轻罪重罚，民众才不敢轻易犯法，君主才得以长享天下和久处尊位。轻罪重罚到什么程度？文中举了商鞅之法中的一个案例："刑弃灰于道者。"谁把灰倒在道路上，就刑罚谁。据《史记正义》说，其刑罚名称为黥，也称墨刑，就是额颊刺字，再涂上墨。李斯认为如此轻罪重罚的意义在于——

夫弃灰，薄罪也，而被刑，重罚也。彼唯明主为能深督轻罪。夫轻罪且督深，而况有重罪乎？故民不敢犯也。

为了说明这层意思，文中例举了众多日常生活现象。譬如：地上有些许布帛，通常人们见了都想拾取；百镒美金在库，连跖这样的强盗也不敢来抢夺。其中原因并不在于一般人私心重或盗跖欲望浅，而是在于前者法律并不一定会予以惩处，后者只要一动手刑罚就立即跟上。据此，李斯认为——

明主圣王之所以能久处尊位，长执重势，而独擅天下之利者，非有异道也，能独断而深督责，必深罚，故天下不敢犯也！

最后一段论君臣关系，强调君主要独断专行，权力绝对不能让臣下分享。为了做到这一点，君主必须将以下三种人排斥在外——

一是"俭节仁义之人"，因为有这些臣子在朝堂上，那么"荒肆之乐辍矣"，君主就不能随意欣赏荒诞放肆的音乐了；

二是"谏说论理之臣"，因为有这样的臣子在旁边，那么"流漫之志诎矣"，君主就不能随心所欲了；

三是"烈士死节之行"，因为如果让这种行为在社会上显扬开来，那么"淫康之虞废矣"，君主就不能自由享受淫逸娱乐了。

李斯在写这几行文字时，不知道有没有想到过自己：他属于哪一类人呢？就在受到秦二世责问以前，他不是还一再想就陈胜、吴广山东之乱问题向二世进谏吗？而且他此刻正在写着的不就是一份谏书吗？而他居然把"谏说论理之臣"列于君主必须排斥的三种人之一，这实在令人惊诧莫名！二者必居其一：或者李斯认为自己就该列在被排斥人之一；或者他承认自己已经没有资格做谏臣和进谏，他只是在阿谀求容！

这与其说是自嘲，不如说是悲哀。

李斯忍着内心的这份悲哀，还得把颂歌唱下去——

凡贤主者，必将能拂世磨俗（抗世绝俗）而废其所恶，立其所欲，故生则有尊重之势，死则有贤明之谥也。是以明君独断，权不在臣也。然后能灭仁义之涂（通"途"），掩驰说之口，困烈士之行，塞聪揜明，内独视听，故外不可侵以仁义烈士之行，而内不可夺以谏说忿争之辩，故能荦然独行恣睢之心而莫之敢逆。

由此，强行得出全篇结论便是"国富君乐"。请看这"国富君乐"他是怎么演绎出来的吧！——

若此则谓督责之诚，则臣无邪，臣无邪则天下安，天下安则主严尊，主严尊则督责必，督责必则所求得，所求得则国家富，国家富则君乐丰。故督责之术设，则所欲无不得矣。群臣百姓救过不给（补救过失还来不及），何变之敢图？若此则帝道备，而可谓能明君臣之术矣！

尽管李斯这篇谏书的主要论点，如严刑峻法、独断专行等，都可以从韩非和商鞅的著作中找到依据，但把它们整合而成一种名之为"督责"的统治术，还是应当归之于李斯名下。如果这也算是一种理论，那么把它归属于法家体系大概不会错。只是应当说明它已是法家的末流。法家著作《商君书》，特别是《韩非子》，博大精深，自成体系，不愧是一个时代的智慧结晶。而所谓督责之术，是专门摘取其中若干过激论点，使其从整个体系，也即从它的合理的存在环境中游离出来，并把它引向极端，重新组合，且用之于一个已经建立了统一的大帝国的新时代，这就变成了赤裸裸的独裁和暴君的统治理论，说得彻底一点，便是一种导致亡国的理论。

公平地说，这当然违反李斯本意。

但不能否认，这却又是他经过一番苦心思索以后才写出来的。

如何理解此种矛盾现象呢？我的看法是：《谏督责书》不是李斯真实的政治主张，但却是他那可悲的性格的真实反映。

结果是这样的——

书奏，二世悦。于是行督责益严，税民（向民众抽税）深者为明吏。二世曰："若此则可谓能督责矣。"刑者相半于道，而死人日成积于市。杀人众者为忠臣。二世曰："若此则可谓能督责矣。"

看到"二世悦"，李斯大概也是高兴的；但高兴以后内心又作何感想呢？

看到"二世悦"，赵高脸上自然也呈高兴之状，但心里却很不高兴了。哼，就算暂时让你领先了一分，咱们走着瞧吧！

## 赵高巧解"朕"字含义

随着督责术的实行，朝堂上下，咸阳内外，臣民的怨愤在迅速积聚、激化，纵然不敢公开反对，暗中议论则愈来愈盛。这时候李斯似乎又有了重新受到信用的迹象，因而议论集中到了赵高身上。赵高自知"所杀及报私怨众多，恐大臣入朝奏事毁恶之"，因而便紧急行动起来，运用自己的巧智，挽回面临的殆势。

秦始皇曾一度将皇帝自称"朕"改成自称"真人"，秦二世嗣位，又明令恢复自称"朕"。可这位已经二十一岁的皇帝，似乎连"朕"是什么意思也还没有弄懂。

于是赵高便利用自己曾是太傅的身份，以向秦二世解释"朕"字含义为幌子，把面奏皇帝之权全都抓到自己手上来。

赵高玩的这套花样《史记·李斯列传》有详录。我们先来看看他是怎么解释"朕"这个字的含义的——

天子所以贵者，但以闻声，群臣莫得见其面，故号曰"朕"。

"朕"字本有多义，其中常用的，一是朕即身，也即自身，古人用来自称，义与我、吾等同；至秦始皇才宣布朕为皇帝自称。二是朕为征兆，预兆。作为皇帝自称自然该取第一义，赵高却玩了个花招，改取第二义，并作了随心所欲的发挥。

秦二世居然听信了。赵高立刻抓这个机会，趁势贩卖他的私货——

陛下富于春秋，未必尽通诸事，今坐朝廷，谴举有不当者，则见短于大臣，非所以示神明于天下也。且陛下深拱禁中，与臣及侍中习法者待事，事来有以揆（研究处理）之。如此则大臣不敢奏疑事，天下称圣主矣。

这就是要秦二世深居禁中当傀儡，不要临朝管事。理由是你皇帝尚年轻，未必什么都懂，若是当朝断事，容易露短，反而有损于自己的"神明"。所以皇帝尽可安居深宫，大臣奏事上来，让我赵高和几个熟习法典的内侍来酌情处理。这样大臣们就不敢上奏那些混淆是非的事，天下都将称颂陛下为圣主。

结果是："二世用其计，乃不坐朝廷见大臣，居禁中。"

赵高之所以能够售其计，除了他那个曾经是太傅的身份对二世有一种迷惑作用，还因为类似这种所谓"虚君实臣"的理论，在那个时代是颇为流行的。如《管子·霸言》："夫权者，神圣之所资也；独明者，天下之利器也；独断者，微密之营垒也"。《韩非子》的《主道》、《扬权》篇："道在不可见，用在不可知。虚静无事。以闇见疵"；"上固闭内扃，从室视廷"。这里的根本区别，在于主动权究竟掌握在谁手里。无论是管子的"独断于微密之营垒"，或韩非子的"虚静无参，从室视廷"，都只不过是君主使用的一种南面术，也即帝王术，是一种方法，一种手段，君主绝不会放弃主动权。就像《吕氏春秋·君守》说的那样："大圣无事，而千官尽能"，君主只是不参与具体政务，事情都让臣下去做，自己则行使任免、奖惩之权。这也就是说，在国家权力运作过程中，要把君主行使的决策、指挥职能，与臣子也即行政机构行使的实施决策和具体启动运作职能区别开来。在当时社会条件下，这样区分不失为一种合理的政治主张。而赵高由巧解"朕"字含义而诱使秦二世在禁中"深拱"起来的计谋，则是以这种南面术为幌子，实际上是要秦二世靠边站，由他一人来专擅朝政。

奇怪的是，李斯谏行"督责"之术，秦二世很高兴地采纳了；这回赵高再献"深拱"之计，他也采纳了，简直像杂耍场上一条猴子，随便抛去一个花花绿绿的什么玩意儿，它都会高兴地抱住。不过，毫无原则的秦二世还是有他自己的"原则"的，那就是既要感到自己至尊至上，又要充分获得感官享受。

这样，赵高便达到了预期的目的："赵高常侍中用事，事皆决于赵高。"

现在赵高已可玩弄二世于股掌之上了，这也就是说，已经到了可以收拾李斯的时候了。

这一天，赵高特地去拜谒丞相府，寒暄过后，故意渐渐把话题引向山东乱事。李斯毕竟还是牵挂着帝国命运的，顿时锁眉长叹，唏嘘不已。赵高便趁机说道：关东群盗多如牛毛，警信日至。听说山东六国后裔，如今都在纷纷图谋复立，倘若任其长成羽翼，这秦氏天下实在堪忧啊！

李斯说：皇上近日来，不知可有励精图治、全力平乱的意向？

赵高移席近前说：主上太年轻了，成日里只是耽于淫乐。如今又急于征发役夫，修筑阿房宫，采办狗马，珍禽异兽，充斥宫廷，且从不知自省。高几次想进谏，终因位卑职贱，人微言轻，不敢唐突啊！

这么说着，长叹不已。

李斯也随之扼腕而叹，说道：皇上年少，如今若能有周公旦再世就好了！

赵高忽而兴奋地接口说：高倒记起一事来了：那回沙丘之夜，高曾听君侯说过先帝曾以存亡安危属君侯的话，那时君侯不正以周公旦自况的吗？高以为，如今朝堂上下，也唯君侯一人，既为先帝功臣，又受当今隆恩，德高望重，主上可以听从进谏。君侯曾经说过，有道忠臣不避死，孝子不惮劳，为帝国前途计，君侯何不一谏呢？

李斯被赵高一番话说得心热了起来，也无暇去想其中是否藏着蹊跷，便说道：斯欲进谏已经多时了，只是皇上如今已居于深宫，不坐朝廷。斯所欲言之事，又是不便于由别人转达的。想要当面进谏，又没有合适机会，所以一直延搁至今。

赵高说：这好办。君侯若是真要进谏，待高探得主上有闲暇时，即来报知君侯，君侯前去面奏便是！

李斯很高兴，便在府第里闭门不出期盼着。

过了两天，赵高果然派人来说，君上此刻正闲暇无事，机会难得，请君侯急速进宫。

李斯不敢怠慢，匆匆换上朝服，赶到深宫门外，求见皇帝。

这时候，秦二世正在宫中宴饮，左拥右抱，与一群美女作乐。忽有内侍来禀报说，丞相李斯求见。二世怫然说：有何要事，来败朕酒兴？说朕正忙着呢，快叫他回去吧！

又过了两天，李斯再次由赵高派人通知而进宫，却再次因二世正玩乐在兴头上而无法晋见。

读者不难猜到，赵高是有意选在这种时候通知李斯来进见的。

李斯这样前后求见了三次，自然全被二世叱回。

秦二世发怒了。他对赵高说：朕平常闲暇的时间很多，丞相倒不来奏事。每次朕正在宴乐，他就偏偏在这个时候来求见了，这事情很怪！怕是丞相因朕年少轻视朕，或者故意刁难朕吧？

赵高故作一惊说：哎呀，这事可太危险啦！沙丘那个计谋，是丞相一起参与的。如今陛下已即临帝位，而丞相恩宠没有增加，爵禄未见加赏，他自然内心不满，有意轻视或刁难，还是小的呢！臣有一事，已经狐疑很久，只是怕有违圣听，一直不敢禀奏……

秦二世大声催促：卿快奏来！显然他已被赵高撩拨得怒火中烧。

赵高说：丞相原是楚国上蔡人，如今在山东犯上作乱的众盗之首陈胜、吴广，原来也都是楚国人，而且就是丞相邻县之子，他们本有乡邻之谊[1]。所以这回强盗在楚地公开横行，吴广率领众盗侵犯山川之地时，丞相之子李由身为三川令，却只是固守，不肯出击众盗，致使盗酋周文得以破函谷、逼咸阳。臣听说李由与群盗之间多有文书往来，只是由于还未曾核实，所以不敢来奏禀陛下。如今看来，丞相很可能就是因为未获增封加赏而心存不满，由其子与群盗勾结起来，借此机会裂地为王。而且丞相府又在宫外，丞相之权又重于陛下，一旦起谋，后果不堪设想啊！

秦二世又信了，就决定惩办李斯。

但这一回昏庸的二世倒忽而有了一点清醒。因为赵高说得很含糊，他怕不确切，就派人去核查三川郡郡守李由与盗贼暗中勾结的实际情况。

《史记·李斯列传》记到这里时有这样一句："李斯闻之。"

禁宫之内如此机密情报，居住于宫廷之外的李斯是怎么"闻之"的呢？这只要联系八章一节中提到的秦始皇随口说了声李斯出行车马太多，立即有人暗中去报告李斯一事便可明白。在宫廷各派的权力角逐中，原是你中有我、我中有你的。赵高虽然已经笼络二世、专擅朝政，但他手下不见得就没有李斯的人。

李斯得密报，这才发觉自己已经坠落在赵高设下的陷阱里了！陷阱从来都是设置在花丛下的，李斯只好责怪自己不该在赵高那些谄言媚语下失去了戒备。而且这一回是直接得罪了皇帝，触犯了龙喉下那片其长径尺的逆鳞。儿子李由的所谓通盗案，也落到了皇帝手

---

【1】李斯与陈胜、吴广，确实同为原楚地人，原籍都属今河南省；但并非像赵高说的那样"皆丞相傍县之子"（《史记·李斯列传》）。李斯上蔡（今河南上蔡西南）人，陈胜、吴广分别为阳城（今河南登封东南）、阳夏（今河南雨太康）人，三地呈三角形，各相距三四百里。

里。李斯越想越怕，寝食难安，紧张地思谋着如何来跳出眼前这一灭顶的险境……

## 坠落陷阱后的垂死挣扎

在这期间，《史记》始皇本纪和李斯列传各记载有李斯的一次进谏，内容全异，估计可能是两次。

本纪载录的一次是李斯与右丞相冯去疾、将军冯劫一起进谏的。一种可能是，此时已感到岌岌可危的李斯，觉得需要拉二冯壮壮胆。进谏内容是为止息盗患提供对策的，李斯也许想借以重新获得二世的信用。

关东群盗并起，秦发兵诛击，所杀亡甚众，然犹不止。盗多，皆以戍漕转作事苦，赋税大也。请且止阿房宫作者，减省四边戍转。

谏言认为"盗多"杀而不止的原因有两条，一是戍守、漕陆运输等各种差役太多、太苦；二是赋税太重。这虽不能说是民众奋起抗秦的全部原因，却正是其中两个重要原因。谏言提出的对策也是两条：停止修造阿房宫，减省四边屯戍和物资转送。这样既可减少大量劳役，又可节省国家开支因而得以减轻民众赋税负担。

秦二世根本听不进去。

他在批复中又引了韩非那段记述尧、舜、禹贵为天子仍然苦心劳身的话，然后说——

凡所为贵有天下者，得肆意极欲，主重明法，下不敢为非，以制御海内矣。夫虞、夏之主，贵为天子，亲处穷苦之实，以徇百姓，尚何于法？朕尊万乘，毋（无）其实，吾欲造千乘之驾，万乘之属，充吾号名。

秦始皇当年巡游全国时，也只有八十一辆属车，如今这位小皇帝居然认为自己既已为万乘之尊，因而要建造什么"千乘之驾，万乘之属"，才能与他名号相称。好在他不久便被迫自杀，要不，如果真把这千乘加万乘的车驾连接起来，那不是要出现第二道长城了吗？

秦二世非但拒谏，倒过来又责问三人——

且先帝起诸侯，兼天下，天下已定，外攘四夷以安边竟（通"境"），作宫室以章（即"彰"）得意，而君观先帝功业有绪。今朕即位二年之间，群盗并起，君不能禁，又欲罢先帝之所为，是上无以报先帝，次不为朕尽忠力，何以在位？

李斯等三人的进谏，竟被认为是犯了"上无以报先帝，次不为朕尽忠力"的大罪，处境已十分危险。

李斯的另一次见之于《史记》本传的进谏，可能是紧接此次进谏以后。

这一天，秦二世在甘泉宫"方作觳抵优俳之观"。

觳抵，即角抵，是秦汉时期一种技艺表演，大致类似现代的摔跤。

李斯刚要进宫，听得阵阵喝彩声从宫内传出。秦二世正在赵高等人的侍侯下，看得手舞足蹈入了迷。李斯有了上几回教训，既不敢再让谒者通报，更不敢唐突进去，只是站在阶前徘徊，一种莫可名状的怨愤和耻辱感折磨着他那颗怯懦的心。他多么想立刻转身回相府去，但一想到那个更可怕的厄运已经笼罩在头顶，又不忍就此离去而失却一个或许还能勉力挽回命运的机会。

偏是冤家路窄。

赵高偶尔离席出来走走，一眼看到在阶下悻悻徘徊着的李斯，自然立刻明白了一切，却故意大声吩咐宫前和廊下手执戟钺威严地站立着的虎贲卫士道：尔等听着：皇上今驾幸于此，一切闲杂人等必须肃静回避。凡有敢滞留不避者，格杀勿论！

两个卫士小心翼翼地来到李斯面前，恭恭敬敬地转达了郎中令的命令。

一团怒火猛地拱上心头。李斯怒斥一声：大胆，我自有事求见皇上，与尔等何干！

双方争执了起来。

站在宫门口的赵高，兴奋地远远看着自己导演的这一幕，着实欣赏了好一会，才走出宫去，喝退卫士说：谁让你们如此无礼！你们难道连丞相都不认识了吗？又急急走下阶去恭敬地说道：君侯要见主上，何不让人通报呢？现在高就为君侯去通报如何？

李斯狠狠朝赵高瞪去一眼，拂袖转身就走。

当他登上车乘时，几次大声喝令御者加鞭，就像背后正追赶着一群饥饿的猛虎。

回到相府以后，李斯觉得他不能就这样束手待毙。只要还存在一线希望，就得挣扎！

他在几案上铺开绢帛，写出了又一份谏书。

> 臣闻之，臣疑（通"拟"）其君，无不危国；妾疑其夫，无不危家。今有大臣于陛下擅利擅害，与陛下无异，此甚不便。昔者司城子罕相宋，身行刑罚，以威行之，期年遂劫其君。田常为简公臣，爵列无敌于国，私家之富与公家均，布惠施德，下得百姓，上得群臣，阴取齐国，杀宰予于庭，即弑简公于朝，遂有齐国。此天下所明知也。今高有邪佚之志，危反之行，如子罕之相宋也；私家之富，若田氏之于齐也。兼行田常、子罕之逆道而劫陛下之威信，其志若韩玘为韩安相也。陛下不图，臣恐其为变也。[1]

---

【1】谏书中提到的三个历史人物，简介如下。司城子罕：司城，即司空，主管工程的卿官，因避宋武公名司空讳而改称司城。子罕为其名。《韩非子·外储说古》、《淮南子·道应训》等，都把子罕描写为逐君擅政的权相，但《吕氏春秋》中之《异宝》、《召类》，又有子罕不受货贿、仁节待人等事迹，并称其历相平公、元公、景公三世，前后数十年，是春秋时代宋国著名贤相。孰是孰非，诸家虽多有考释，但尚无定论。田常：即田成子，或陈成子，春秋时齐国大臣，以大斗借贷、小斗收进等手段收揽民心。齐简公四年（公元前481年）杀死简公，任相国，尽杀公族中的强者，扩大封邑。从此齐国由田氏专权，奠定了田氏代齐的基础。韩玘：《史记索隐》认为韩王安时无韩玘，韩玘是韩昭侯时的相国，其间相隔两代，所以认定"其说非也"。胡三省注《资治通鉴》则说：李斯与韩王安同时，韩安之时其臣必有韩玘者，特史逸其事耳。

陛下，赶快采取措施呀，您身边的赵高就是当年宋国的子罕、齐国的田常、韩国的韩玘式的人物，太危险啦！——这便是李斯这份谏书的要旨。

谏书内容无疑是切中要害的，但李斯的这种挣扎却只能加速自己的灭亡。因为他的这次进谏与二十五年前韩非的进谏（见六章一节）极为相似，只不过位置倒过来了。那一次韩非在秦王嬴政面前诘难李斯的伐韩论和揭露姚贾私交诸侯之罪，而李斯、姚贾当时正为秦王嬴政所信用，因而反被怀疑为是在离间他们君臣关系，秦王嬴政一怒之下便"下吏治非"；这回是李斯在秦二世面前揭露受到二世信用的赵高是个危险人物，他难道还能逃脱类似韩非的结局吗？

也许是谏书把问题提得太尖锐了，迫使秦二世单独召见李斯。

秦二世在李斯面前，反把赵高夸奖了一通。他说：赵高纵然是个宦官，可他没有因为安逸而随心所欲，也不因为危难而改变忠心。他到这里受事以来，由于忠诚而得到提拔，因为信实而持有禄位。朕确实认为他很善良，可你却偏偏怀疑他，那是为什么呢？再说朕这么年轻就失去先父，缺少识见，不习治民，而丞相你已年老，朕若不把国事托付给他，又能托付给谁呢？而且赵高为人精廉勤力，下知民情，上适朕意，你可不能再怀疑他啦！

李斯知道自己已经全军覆没，只是还想最后挣扎一下。他说：陛下，事情可不是这样啊！赵高原是个卑贱的人，他根本不懂道理，他的权势已经可以与陛下并列，他却还是贪得无厌，求利不止，这样的人对陛下太危险啦！

有句谚语说得好：偏见比无知离真理更远。囿于成见的秦二世怎么也想不通，李斯为何要平白无故如此怀疑赵高。他甚至有一种担心：怕李斯会去杀赵高。对，得提醒一下赵高！于是便召见赵高，把李斯谏书的内容全告诉了他。到了这一步，赵高已欣喜地看到李斯的末日近在眼前了。落井再下石，他巧妙地拾起李斯谏书中田常那块石头，再向李斯掷去：陛下，真正的田常就是丞相呀！丞相现在所以还有顾忌，正是因为有臣赵高在，所以他要杀臣。只要臣一死，他就可以放手像田常那样做弑君谋位的事啦！

秦二世忽而觉得恍然大悟，就说：那就把李斯交给卿去办吧！

李斯落到这个狡猾而残忍的政敌手里，还能指望有什么善终吗？

# 李斯的四种生命

## 跳进谷仓的老鼠

年近古稀的李斯，现在行将抵达生命的终点。他将死于一种惨烈的酷刑——具"五刑"（参见七章三节）并腰斩。

对一个人的死，又是死得如此凄惨，是不由人不同情的；但如果我们能大致探索一下李斯一生的行事和心理轨迹，那么感受就会比单纯的同情要复杂得多，从中还可领悟到多方面的生命含义和人生真谛。

李斯可说是那个群星璀璨时代的最后一个句号，是一出终生奋力改变命运、终为命运所吞噬的悲剧。

司马迁在《史记》中为这个性格复杂的人物立传时，用了一件极具深意的象征物——老鼠。

> 李斯者，楚上蔡人也。年少时，为郡小吏，见吏舍厕中鼠食不洁，近人犬，数惊恐之。斯入仓，观仓中鼠，食积粟，居大庑之下，不见人犬之忧。于是李斯乃叹曰："人之贤不肖譬如鼠矣，在所自处耳！"

同是老鼠这一种小动物，处于不同的生存环境中便有不同的生存状态。这一习见的自然现象似乎从未有人注意过，偏是李斯作了细心观察，并且得出了他独特的人生感悟：人与老鼠一样，荣辱穷达，贵贱贫富，就看他处于什么样的环境。如果老鼠有知，那么想到要改变环境的当然是厕中鼠而不是仓中鼠。这也就是说，李斯所以会有这样感悟，说明他当时还处于困厄之中，他就是一只身在厕中却渴望跳向谷仓的老鼠。这是处于下层而又不安于下层的那些人们的一种心理状态。其中有令人感佩的奋发进取精神，却也杂有可怜以至可鄙的心理因素。此后，从厕所跳向谷仓，又从小谷仓跳向大谷仓；由于过分留恋在大谷仓中"食积粟，居大庑"的禄位，有时甚至不惜阿谀奉承，违心屈从，这便成了李斯一生的写照。

李斯第一次跳是跳出厕所，即脱离当个郡县小官吏这种困境，去向荀子学习帝王之术。

正是在荀子门下，他结识了韩非、浮丘伯这样一些同时求学于荀子的杰出人士。他们很快都学有所成。韩非回韩国，立志报效故国。浮丘伯也回齐国故土，只是无意仕途。李斯基于此生必须有所作为的动机，学习时自然分外勤奋，学成后更急于为君主所用。但由于楚国当时已一蹶不振，他认为不值得再为之效命；列国又都日趋微弱，无法施展抱负，于是便决定西游入秦。告别老师荀子时，他直抒胸臆，说了这样一番话——

斯闻得时无怠，今万乘方争时，游者主事。今秦王欲吞天下，称帝而治，此布衣驰骛之时而游说者之秋也。处卑贱之位而计不为者，此禽鹿视肉，人面而能强行者耳。故诟莫大于卑贱，而悲莫甚于穷困。久处卑贱之位，困苦之地，非世而恶利，自托于无为，此非士之情也。故斯将西说秦王矣！

读这篇讲话，可以触摸到这位年轻学子胸中那颗急于求取功名利禄的心蹦跳得有何等剧烈！这颗心分明还连着那只厕中鼠的影子，只是如今眼光更远大，因而改变处境的要求也更迫切。"垢莫大于卑贱，而悲莫甚于穷困"；如果一个人处于卑贱穷困而不发愤改变这种状态，在他看来那简直是光长着一副人面孔的两脚兽！

李斯师事荀子的确切年代，很难稽考。推算起来，该是荀子应楚国宰相春申君之邀到楚国担任兰陵令期间。如果真是在这个时候，那么荀子已经游历过秦国，对秦国的地理、民风、内政、外交都有较深的了解，对它的长处和短处也有他独到的观察（参见前八章二节）。现在弟子要去入秦游说，做老师的似乎应当指点几句什么。《史记》没有载录，《荀子·议兵》中有一段荀子与李斯的对话，正是说到秦国的，不知是否与李斯的入秦之游有点关系。论题是用兵。荀子主张用兵要"以仁义为本"。李斯似乎不同意，便向荀子提问——

秦四世有胜，兵强海内，威行诸侯，非以仁义为之也，以便从事而已。

秦四世，指从孝公、惠文王、武王到昭襄王。李斯认为秦国的逞雄诸侯，靠的都是实力，"以便行事"，怎么有利便怎么干，并不讲究什么仁义。荀子回答说——

非女（通"汝"）所知也。女所谓便者，不便之便也（以不利于人为利）。吾所谓仁义者，大便之便也（以大利于人为利）。彼仁义者，所以修政者也。政修，则民亲其上，乐其君，而轻为之死。故曰，凡在于军（当作"君"），将率末事也。秦四世有胜，諰諰（音xǐxǐ，恐惧貌）然常恐天下之一合而轧已也。此所谓末世之兵，未有本统也。故汤之放桀也，非其逐之鸣条之时也；武王之诛纣也，非以甲子之朝而后胜之也，皆前行素修也。此所谓仁义之兵也。今女不求之本而索之于末，此世之所以乱也。

从这次对话中可以看出，李斯虽是荀子门下出类拔萃弟子之一，但这对师生在政治主张上却存在着颇大分歧；这种分歧，还将随着历史的发展而愈来愈大。

李斯是带着充分自信离开荀子的，但事情的发展并不像理想那样径情直遂。他告别荀子时说要"西说秦王"，而一到秦国后，偏巧逢上庄襄王刚死，朝政正处于一个新旧交替的忙乱状态中。而且当时列国学士纷纷西游，咸阳人才济济，单是吕不韦门下就有宾客三千，秦王不见得就一定会对他这个初出茅庐的楚客分外青睐。总算有幸，后来得被吕不韦收为门客。荀子之学虽然对道、法、名、墨都有所吸取，但主体思想还应属儒家。而吕不韦则是以融会百家之长自命的，该是后期道家，或称黄道学派（参见前五章三节）。这样，李斯从作为荀子门生到成为吕不韦门客，尽管吕不韦标榜宽容，多少总还存在着一个学派改换问题。李斯似乎转换得很轻松，这除了他与荀子之间原本就存在某些分歧之外，主要恐怕还是受到禄位的驱使。他给吕不韦留下了很好的印象："不韦贤之，任以为郎。"这样李斯就完成了第二次跳跃：从一个门庭跳到另一个门庭。他终于跳进了谷仓，一定高兴过一阵子。

更可庆幸的是，由于被吕不韦任以为郎，就有了接近秦王的机会。郎即"廊"，指宫殿四周的廊庑，因而成为帝王侍从官的通称。这位原来自况为厕下鼠的上蔡学子，现在居然让他登上了帝王宫殿，即使还只能站在廊庑之下，那也是何等不易！

天赐良机。已经成年的秦王嬴政即将亲政，他气吞斗牛，雄心勃勃，但吕不韦、嫪毐两个政治集团却阻碍着他独擅国柄。站在廊庑下精心观察的郎官李斯，终于望到了自己一个日出般辉煌的前程。现在才真正出现了告别老师时说到的那个理想中的机会："今秦王欲吞天下，称帝而治，此布衣驰骛之时而游说者之秋也！"他巧妙地利用宫殿廊庑与秦王宝座近在咫尺这个极有利的条件，越过吕、嫪两派政治势力，直接向秦王进说，就像本书五章一节中介绍的那样，他一举成功："秦王拜斯为客卿。"

这是李斯的第三次跳跃：从吕不韦跳到了秦始皇。这次同样也有个学派问题。秦始皇可说是倾倒于韩非著作的，他与后期法家有一种气质上的默契，实际执行的也始终是一条法家路线。李斯直接臣事秦始皇后，自然也成了一个法家，而且为了百般迎合，总是宁过而无不及。后人对李斯的这第三次跳跃非议较多，但在当时李斯自己也许不仅不以为非，可能还认为很明智呢！因为这是从一个行将沉没的小谷仓，跳到一个宽大无比、前途无量的大谷仓呀！

从这个时候开始，李斯这个自认局促于上蔡的卑微人物，在秦国和秦帝国对外作战和内部政治角逐中不断跃升，由客卿而廷尉，而左丞相，又被封为彻侯，可谓一路顺风，飞黄腾达。在长达二十余年时间里，从进谏《逐客令》，提出首次伐韩，主张废封建行郡县，直到焚书坑儒，秦始皇的每一项善政或暴政都与李斯分不开。李斯对秦始皇是称得上尽忠竭智的，汉高祖刘邦作过这样评价："吾闻李斯相秦皇帝，有善归主，有恶自与。"（《史记·萧相国世家》）秦始皇对李斯的信用和恩宠也超过了其他任何大臣，最突出的实例是，李斯"诸男皆尚秦公主，女悉嫁秦诸公子"。这对君臣竟成了多重含义的"两亲家"！

就在秦始皇离世前一年，有一次，任三川郡郡守的长子李由告归咸阳，李斯在丞相府设家宴，百官长都应邀前来祝贺，停在府第门口的车骑多到数以千计。已过花甲之年的李斯，面对如此盛况，想必眼前又浮起了残存在记忆库中的那厕中鼠和仓中鼠的影子，不由感慨系之，拂髯喟然而叹道——

嗟乎！吾闻之荀卿曰："物禁大盛"。夫斯乃上蔡布衣，闾巷之黔首，上（指秦始皇）不知其驽下，遂擢至此。当今人臣之位无居臣上者，可谓富贵极矣。物极则衰，吾未知所税驾也！

末句中的"税"，通"脱"。税驾即脱驾，到达终点；喻之于人生，就是结局、归宿一类意思。

一个人在位极人臣、尽享富贵之时，还能够想起年轻时候师长的教导，记起"物禁大盛"这样的箴言，想到自己的归宿将是如何，应当说是一件颇为不易的事；如果不仅这样想了，而且还付之于行，即所谓能激流勇退，那更是一种需要有相当高的修养才能达到的人生境界。

就本书叙述所及的时空范围来说，能够达到这种境界的，在李斯之前有范蠡，在李斯之后有张良。范蠡臣事越王勾践，尽忠竭智，苦身戮力二十余年，待佐助越王灭吴雪耻后，深知"大名之下，难以久居，且句（同"勾"）践为人可与同患，难与处安"，所以辞别越王勾践，"乃装其轻宝珠玉，自与其私徒属乘舟浮海以行，终不反"（《史记·越王句践世家》）。张良佐助刘邦兴汉，文韬武略，深谋远虑，不愧为王者之佐，连刘邦也承认："夫运筹策帷帐之中，决胜千里之外，吾不如子房。"但张良很清醒，一旦功成名遂觉得为韩报仇之初愿已了，便及时引退。他说："家世相韩，及韩灭，不爱万金之资，为韩报仇强秦，天下振动。今以三寸舌为帝者师，封万户，位列侯，此布衣之极，于良足矣。愿弃人间，欲从赤松子耳。"（《史记·留侯世家》）据《列仙传》，赤松子是"能入火不烧"神仙一类人物，张良的欲从赤松子是一种淡泊富贵的表示。尤为难得的是，张良终生不忘逃亡在下邳时遇到的那位黄石老父的教诲。老人临别时告诉张良，十三年后，你到济北去，看到穀城山下的黄石，那就是我。后来张良果然到那里取来黄石，虔诚地祭祀，直到临终，还嘱咐子孙"并葬黄石，每上冢伏腊，祠黄石"。

李斯显然远远没有达到类似范蠡、张良那样的境界。

我们仔细品味他在家宴上的那段话，与其说是对穷通进退的彻悟，不如说是志得意满后的炫耀。老鼠从厕所跳进谷仓固然不易，但要主动从谷仓跳出就更加艰难，何况如今李斯身处的又是这么一个天下无双的大谷仓！他实在太留恋于这个"富贵极矣"的滋味了，所以纵使他的理性还隐约记得"物极则衰"的警告，他的感情却早已把它置之脑后。这样沙丘之夜的"失足"就成了必然。

刘向在《说苑·谈丛》里引了曾子一句极深刻的话——

鹰鹫以山为卑，而增巢其上；鼋鼍鱼鳖以渊为浅，而穿穴其中。卒其所以得者（被人捉住），饵也。君子苟不求利禄，则不害其身。

李斯也像鹰鹫、鼋鳖一样，极善钻营，既增巢于上——如与秦室结亲；又穿穴于下——如豢养众多宾客，却仍不免于难。当事者迷，旁观者清。据说当李斯取代王绾而成为秦相时，他的老师"荀卿为之不食，睹其罹不测之祸也"（马非百《秦集史》）。秦始皇一死，荀子的预感不幸而应验了，只是这不测之祸原是可测的，那就是曾子说的"利禄害身"啊！

## 幻想与遗恨

秦二世二年（公元前208年），李斯与冯去疾、冯劫三人被一起收入监狱，等待发落。二冯认为这是对他们人格的极大污辱。"将相不辱！"说完这句话，两人便愤然自杀。

李斯现在终于发现：周围不是谷仓，而是囹圄！

但他没有像二冯那样为维护自己的人格尊严而断然、决然。他还有幻想，还不想死。

在阴冷潮湿的囚室里，他长吁短叹，脑海里种种杂乱的思想在不断翻滚。杂乱中稍有点头绪的是两端：一是自己忠心反而受害，二是秦二世无道而帝国已危在旦夕。先是眼前闪过一个又一个的忠言直谏的古人形象：龙逄、比干、伍子胥，他们分别被夏桀、商纣和吴王夫差杀死；接着想到自己的智能不及三位忠谏古人，而二世的无道又超过桀、纣、夫差，所以自己的死看来已属无疑。但一想到死，又于心不甘，觉得自己是尽了忠谏的责任的，只是皇上不听罢了。随后便是在心里一件一件数落秦二世的过错：行逆昆弟，侵杀忠臣，大造宫室，厚敛天下；特别是以赵高为佐，以至如今天下反秦者已过其半，从而预言秦帝国的毁坏已在眼前："吾必见寇至咸阳，麋鹿游于朝也！"

如果脑子里全是这些混乱的东西，李斯就会绝望。但他还有幻想。奇怪的是这幻想又是寄托在他已认定为无道的秦二世身上的："斯所以不死者，自负其辩，有功，实无反心，幸得上书自陈，幸二世之寤（通"悟"）而赦之。"

赵高开始以极残酷的手段审理李斯之案。

他先把李斯的宗族和宾客尽行收捕入狱，接着便派人以严刑审问李斯，硬逼他承认与长子李由一起通盗谋反，有时甚至"榜（通"搒 péng"）掠千余"杖。李斯被打得皮开肉绽，实在打熬不住，只好当堂诬服。赵高便将李斯的伪供呈上二世，以为定案。

创伤的剧痛无情地折磨着年迈的李斯全身。这个怯懦的人，已处于奄奄一息中却还不肯放弃最后一丝幻想。他忍着剧痛，挣扎着向秦二世第三次上书。这最后一封谏书，写得有些特别，故予以全文录出。

臣为丞相，治民三十余年矣。逮秦地之狭隘。先王之时秦地不过千里，兵数十万。臣尽薄材，谨奉法令，阳行谋臣，资之金玉，使游说诸侯；阴修甲兵，饰政教，官斗士，尊功臣，盛其爵禄，故终以胁韩弱魏，破燕、赵，夷齐、楚，卒兼六国，虏其王，立秦为天子。罪一矣。地非不广，又北逐胡、貉，南定百越，以见秦之强。罪二矣。尊大臣，盛其爵位，以固其亲。罪三矣。立社稷，修宗庙，以明主之贤。罪四矣。更克画，平斗斛度量，文章布之天下，以树秦之名。罪五矣。治驰道，兴游观，以见主之得意。罪六矣。缓刑罚，薄赋敛，以遂主得众之心，万民戴主，死而不忘。罪七矣。若斯之为臣者，罪足以死固久矣。上幸尽其能力，乃得至今，愿陛下察之！

从兼并六国开始到秦帝国建立，李斯为自己列举了七大功劳，目的自然想让秦二世看了有所感触"寤而赦之"。与前两次恭谨庄重的态度有所区别，这回多用反语，故意把功劳说成了罪状，多少泄露了内心的一些不满和愤恨。特别是最后几句"若斯之为臣者，罪足以死固久矣，上幸尽其能力，乃得至今"，牢骚直接发到二世头上了，似乎有点违背李斯往常阿顺苟合的性格，不过联系特定情景也还可以理解。其时李斯满身伤痛、满腹怨愤，且自知死多活少，便不免出言有所不逊了！只是他的部分自我感觉还处于过分乐观的幻想中。忘记了从被押进监狱开始，他已不再是丞相而是罪犯了。他与咸阳宫正殿之间至少隔着狱卒、内侍、御史、赵高这四道关卡，他的这份谏书能呈上秦二世之御览吗？

谏书总算越过三关来到赵高手里。

——岂有身为囚犯，还可上书之理！

赵高这么说了一句，就把它抛进了废物堆。

再说秦二世派去核查李斯长子李由通盗谋反情况的使者到达三川郡时，李由正在前线与义军浴血奋战。这时候最先发难的义军首领陈胜、吴广已先后被杀，继续高擎反秦大旗的是起自会稽的项氏叔侄项梁、项羽，和起自下邳的刘邦。义军在雍丘与李由率领的秦军展开了激战。战斗开始，李由奋勇出击，义军遭到挫折。就在这时，刘邦的部将曹参（后继萧何而为西汉名相，成语"萧规曹随"即指此公）攻定陶、取临济后，赶来救援，杀死李由，秦军大败，仓皇溃逃，去核查情况的使者也只好匆匆赶回，如实向赵高作了禀报。李由既是在战场上被敌军杀死的，所谓通盗谋反之说当然也就不攻自破。但赵高却反而高兴了：人既已死就不会再开口，这下我爱怎么定案就可以怎么定案啦！

所有这一切，囚禁于斗室的李斯都还蒙在鼓里。

接连几天，有十余批御史、谒者、侍中模样的人来复审他的案件，他终于看到了幻想中的一线希望，以为他的谏书已晋呈御览，这些人都是皇帝派来的。这一线希望温暖了他受尽磨难的心，觉得皇帝毕竟没有忘记他这个忠心耿耿的老臣，以至有些后悔自己不该在谏书中写了那些对圣上不恭的措辞。他向这些皇帝派来的使者恳切说明：先前的那些供词，都是由于受刑不过被逼出来的诬服，我李斯实在从未有过一丝一毫谋反之意。此心日月可鉴，务求诸位贤大夫上达圣听！

李斯说完，便伏地跪拜。当他抬起头来时，忽见两旁站出十几个手执刑杖的武士，劈头盖脑地就是一顿狠命的搒掠，直到他昏厥过去。

李斯被冷水泼醒过来后听到的第一个声音，便是怒斥：大胆叛贼，胆敢再翻供戏弄皇上，就当场搒死杖下！

李斯只得再次承认开头的诬服属实。

过了几天，又来了一批御史、谒者、侍中模样的人，复审李斯：罪犯李斯听着：你上次供称犯有与长子李由内外勾结，共同通盗谋反之罪，可是事实？

李斯不想再受皮肉之苦了，便点了一下头说：是事实。

——句句是实？

——句句是实。

这真应了一句俗话：假作真时真亦假。李斯又上当了！

原来，此前那十几批来复审的人，全系赵高手下人所扮；这最后一批倒真是皇帝派来的！

秦二世听了两方面如同一辙的禀奏，自然更加深信不疑。他欣喜地对赵高说：卿真是朕之肱股贤佐。要不是卿及时识破，朕几乎为李斯这叛贼所卖！

秦二世御笔一挥，李斯的命运就这样定了下来："具斯五刑，论腰斩咸阳市。"【1】

## 群星消失之后的一抹寒光

在上一小节中说到能够激流勇退的，只举了先于和后于李斯的范蠡、张良，有没有与李斯同时的呢？

可能有一个，那就是尉缭。

尉缭是在秦王嬴政因李斯之谏而撤销《逐客令》，重新向列国客卿敞开大门以后，从大梁来到咸阳的。不久，因认识到秦王嬴政其人不可与之久游而离去，只是在秦王屈尊固请的情况下才勉强留了下来，与李斯一起，共同辅佐秦王完成统一大业。此后史书上再也见不到他的影踪。

尉缭的结局究竟如何呢？

尉缭入秦的第一篇谏言是用贿赂列国大臣的办法，来达到瓦解诸侯的目的，这与李斯在尉缭之前向秦王进说中所表述的见解完全一致；秦王采用尉缭计策而李斯用事，两人该是通力合作的，不大可能或因争宠或因妒忌而内讧，以至发生类似此前李斯与韩非之间那种事。如果在此期间战死或病死，《史记》通常总会记下一笔。帝国建立至秦始皇离世，未闻杀过大臣；坑儒四百余人，其中也不大可能有尉缭。

这就是说，在秦帝国时期，尉缭应该还活着，只是已不在咸阳。

他到哪里去了？合理的猜想是：他去了他愿意去的地方。

他早已有言在先："诚使秦王得志于天下，天下皆为虏矣。不可与久游。"如今秦王已经得志，他不想当秦王的"虏"，继续要做一个具有独立人格的人，于是说走就走。第一次走是不辞而别，你看："乃亡去。秦王觉……"（《史记·秦始皇本纪》）要到走了以后秦王才发觉。据此推测，这一次也是不辞而别。

这就是我想在这一小节说的一点意思：正由于尉缭能不为名位利禄等外物所囿，始终

---

【1】李斯的囚禁与就刑地《史记》都记为咸阳，《盐铁论·毁学篇》则称："因于囹圄，车裂于云阳之市。"如果真是这样，那么当年韩非也正是在囚于云阳狱中时，"李斯使人遗非药，使自杀"（《史记·老子韩非列传》）的。虽说历史似乎并非有意，却常常出现这类巧合，不由令人深为感叹！

保持独立不倚的品格和人格，从而也就保持了作为学士的灵性和品性。他离开了繁华喧嚣的咸阳，到了一个他愿意去的地方，做了些什么，自然外人更无人知晓。估计有一件大事他正是利用这段时间做了的，那就是写了流传至今的《尉缭子》一书。

《尉缭子》是我国古代一部著名兵书，最早见于《汉书·艺文志》，下注"六国时"三字。宋代钦定颁发的《武经七书》中，把它与《孙子》、《吴子》、《司马法》、《李卫公问对》、《三略》、《六韬》并列为军家必读书。但由于史籍记载不详，人们对其作者和成书年代曾提出过种种怀疑。如明宋濂《诸子辨》认为此书"固后人依仿而托之者也"。清姚际《古今伪书考》把它列为伪书"证据"之一。应当说，这是可以理解的：既然尉缭其人的去向都成了谜，在没有确据以前，又如何能轻易相信其书呢？1972年山东临沂银雀山西汉墓出土竹简中，有一部《尉缭子》残简，内容与今本《尉缭子》大体相同。这是一个有力的证据，证明此书确实成书于西汉以前，并非后人伪托。作为此书作者尉缭，可以当之无愧地与孙子、孙膑等先师并列成为我国古代一位著名的军事理论家，他是那个群星璀璨时代一颗属于兵家星座的明亮的星[1]。

从时间上说，他已是最后一颗升空的新星，至此一个令人神往的时代宣布终结，并永不复现。

李斯是荀子的高足，他本可发出比尉缭更明亮的光芒，他应当成为那个时代最后一颗新星。遗憾的是，当他完成一次接一次的跳跃以后，把名位利禄视为生命归宿，以阿顺依附作为生存状态；失去了独立不倚的品格和人格，从而也就失去了作为一个学士的灵性和品性。他的作品，自《谏逐客书》后一无可读，便是明证。

用这样一个标准来论说先秦诸子地位未免粗疏和武断，不过我还是想说说我的一点认识。

春秋末期至战国，是我国古代史上学术思想蓬勃发展的黄金时代。各种学说，尤其是政治学说，百家并起，异彩纷呈，各显光芒的诸子犹如夏夜晴空群星争辉。出现这种盛况该有历史的和社会的多种原因，诸如历史和社会发展到此时正面临一个大的转变期；人对自然、社会和自身的认识正处于一个承前启后的转折期等等，这需要作专门研究，既非本书讨论范围，也非本人学养和能力所及。我所侧重关注的依然是人。当然人也是历史和社会的产物。那样一个特定的时空条件孕育出了一批具有特别气质的人，而特殊的环境又提供了必要的自由度，使他们得以充分发挥自己的智慧和创造才能等等，这些自然都是前提。但即使这样，并不见得人人都能创造一种学说。除了需要有超常的天赋、智力，更为重要的，我认为便是要有一种力排物欲、独立不倚的人格，一种无论穷通荣辱终生孜孜以求的毅力，一种把自己所创造或执持的学说置于至高至上地位，不惜以生命为殉的牺牲精神。我们如果把先秦诸子通读一过稍作思考，就不难发现他们纵然主张迥异，风格各别，但上述共同品格却极为明显。你可以清晰地感受到，他们的作品就是他们生命的结晶。正是这

---

[1] 也有另说。如马非百先生认为当有两部《尉缭子》，两个尉缭。银雀出土竹简可能是魏王时期的尉缭，属兵家；秦始皇时期的尉缭，据刘向《别录》称，为商君学，属杂家，书已亡。

一点，使这些著作成为经典，超越时空局限具有了永恒的意义。

这该是中国文化史上一次最悲壮的行动了：已经五十六岁的孔子，在几位忠实弟子的随从下，驾着老马、破车，开始作著名的"周游列国"之行，时间长达十四年之久！期间，拘于匡，厄于宋，困于陈、蔡，有时还落到了饿瘪肚子不得不以野菜充饥的狼狈地步。《论语》和《史记·孔子世家》等典籍载录了游历中的众多细节。譬如一次孔子被过路人讥为"累累若丧家之狗"，他老人家听后笑着说："谓似丧家之狗，然哉，然哉！"

这个倔老夫子究竟为了什么呢？

过去有些文章说他无非是为了想做官。这也有根据。譬如就在周游途中，反叛赵简子的中牟邑宰佛肸（xī）派人来请孔子去任事，孔子准备赴任，有位弟子觉得不应当去，孔子却认为有事情可做应当去做，并风趣地说："我岂匏瓜也哉，焉能系而不食？"连一个反叛的邑宰手下的小官也想做，真可谓有点饥不择食了。但正是此后不久，孔子准备去赵简子处谋事，刚要过黄河，听到赵简子杀死了两位享有贤名的大夫，他立刻停止过河。当弟子们询问原因时，孔子说了一段极富感情的话——

赵简子未得志之时，须此两人而后从政；及其已得志，杀之乃从政。丘（孔子名丘）闻之也，刳胎杀夭（幼兽）则麒麟不至郊，竭泽涸渔则蛟龙不合阴阳，覆巢毁卵则凤皇不翔。何则？君子讳伤其类也。夫鸟兽之于不义也尚知辟（通"避"）之，而况乎丘哉！

回程后，还特地谱写了一支名为《陬操》的琴曲，以示对被赵简子杀死的两位贤者的哀悼。

这就说明孔子的游历是为了宣传他的学说，他急于做官，是为了推行和检验他的学说。一旦发现违反他的学说，那么任何高位丰禄他都会弃之若敝屣："不义而富且贵，于我如浮云！"他对真理的追求，视之高于生命："朝闻道，夕死可矣！"听了一次他所提倡的《韶》乐，竟会心醉到"三月不知肉味"！为了捍卫自己的学说，这个年近古稀的老人，充分表现出一个智者的自信和勇敢。路过匡地时，匡人在搜捕孔子，弟子们很担心，孔子却说："天之未丧斯文（指孔子倡导的礼乐制度）也，匡人其如予何！"来到宋国时，有个司马叫桓魋（tuí）的要杀孔子，弟子们很害怕，孔子说："天生德于予，桓魋其如予何！"一次有人问起孔子弟子你们老师是个什么样人时，弟子碍于礼节不便回答，孔子坦然说："尔何不对曰'其为人也，学道不倦，诲人不厌，发愤忘食，乐已忘忧，不知老之将至'云尔。"

这就是孔子，这就是一个真正的学士的品格和品性。

这样的人是不可战胜的！

孔子的游历无疑是失败了，但他的学说，他的人格精神却在游历中得到了充分张扬，获得了辉煌胜利！

我们再来看看墨子。

尽管在学术上，墨家是以儒家主要反对派的面目出现的，但墨子对自己所创立的学说那种不为任何权势或利禄所动的坚定、执着精神，却与孔子相通。《墨子·公输》等文献记载中有个墨子跋涉数千里救宋的故事。有位叫公输般的巧匠为楚国制造了一种高大的云梯，楚国准备用它去攻打宋国。墨子一听此消息，便从齐国（一说鲁国）赶去，"裂裳裹足（鞋子磨穿，撕下衣裳裹脚），日夜不休，十日十夜而至于郢（楚之国都）"。墨子先从道义上说动楚王放弃攻宋，楚王承认攻宋会有不义之名，但以为有公输般制造的云梯攻宋将必胜，所以还是不肯放弃。墨子说这很好办，就在楚王面前当场做个试验：由公输用云梯攻，墨子守。结果是："公输般九设攻城之机变，子墨子九距（通"拒"）之。公输般之攻械尽，子墨子之守圉（一作"御"）有余。"公输般不得不承认输了，但他说已经有了胜墨子的办法，只是不想说。墨子说他已经知道了公输段将用什么办法，只是也不想说。在旁边的楚王听不懂他们的哑谜，问是怎么回事，墨子便说："公输子之意，不过欲杀臣。杀臣，宋莫能，可攻也。然臣之弟子禽滑釐等三百人，已持臣守圉之器在宋城上，而待楚寇，虽杀臣，不能绝也。"楚王彻底服了，只好说："善哉，吾请无攻东矣！"

十日十夜的徒步奔波，又要冒被杀身异国的危险，墨子所为何来呢？不少论者称道他反对战争、怜惜生灵的精神，这当然是对的；不过在我看来，体现在这个故事里的，仍然是墨家那种"摩顶放踵"的实践本派学说的执著精神。如果事情的发展出现了另一结局：楚王没有被说服，墨子真的为公输般所杀，那么相信墨子在接受这种结局时，将坦然、怡然，因为用生命殉自己学说本是他随时随地准备着的事。

与孔子一样，墨子多次寻访明主，希望能有机会推行和检验自己的学说。《吕氏春秋·高义》载录了墨子曾派弟子公上到越国去游说谋事的经过。越王很高兴，说只要墨子能够到越国去，就封给他"故吴之地，阴江之浦，书社（二十五户为一社）三百"。公上回来便如实向老师作了禀报。墨子对封地之事毫无兴趣，他最关心的还是越王能否采用自己的主张，偏偏公上对此却不能作出明确回答，说大概不大可能吧。于是墨子便说了下面这样一番话——

> 不唯越王不知翟（墨子名翟）之意，虽子也不知翟之意。若越王听吾言、用吾道，翟度身而衣，量腹而食（只要穿暖吃饱即可），比于宾萌（客居之民），未敢求仕。越王不听吾言、不用吾道，虽全越以与我，吾无所用之。越王不听吾言、不用吾道，而受其国，是以义翟（以义做交易。翟，交易）也！

一切以是否实施自己的学说为前提。如果"不听吾言，不用吾道"，那么即使整个国家给我也不要；非但不要，而且视为是一种出卖道义的奇耻大辱。

这就是一个真正学士的庄重宣告！

先秦时期儒、墨、道还有名家等等学派的代表人物，大都没有做官，即或做了官的，职位都较低，时间也不长。当时或许被别人或他们自己视为不幸，如果从学术发展角度看，恐怕倒是大幸。正是这种摆脱了名位利禄羁绊的生存状况，使他们的身心享有较大的自由度，能够较为切近、真实地观察和发掘社会生活的各个方面，张开思维的翅膀无所顾忌地作出理论概括。诚如徐复观先生所言："通观古今中外，学术与现实政治，必须有一相当距离，使其能在社会上生根，学术乃有发展可言，政治乃能真得学术之益。"（《两汉思想史》）

稍有例外的是法家。

法家代表人物，自春秋的管仲、子产，到战国的李悝、申不害和商鞅，都做了大官，多数还秉掌国政。不过这其实与我在上面说到的作为学士的独立不倚的品性、品格并不矛盾，因为他们身居高位后，利用自己手中权力推行的正是本派学说。如今我们读法家著作会感到它们特别富有实际感，这与作者大多数是理论家又是实践家当是分不开的。不过即使这样，执政者同时又是某种理论创制者，并非总是像想象那样十全十美的事，依靠权力来推行某种学说，最终还是不能不付出代价。理论不是主要依靠本身的说服力，而是以暴力为前导，固然可以在短时间内造成一呼百应、雷厉风行仿佛无所不能的气势，却也会因此而掩盖自身的欠缺、粗疏甚至违反常理之处，给整个社会埋下了或大或小的隐患。欠账总是要还的。总有一天，新一代的当国者与他的臣民，不是主动地设法弥补，便是被动地承受报复性的惩罚。

最能体现独立不倚的品性、品格的是道家学派。司马迁父亲司马谈在《六家要旨》中说："道家无为，又曰无不为，其实易行，其辞难知。"（见《史记·太史公自序》）确实，道家的学说是难于真正领悟的。这是因为，它不仅是宏廓而又深邃的学问，而且是一种难于企及的人生境界。《吕氏春秋·贵公》中有则寓言故事为这种人生境界作出了形象的诠释——

荆（即楚）人有遗弓者，而不肯索，曰："荆人遗之，荆人得之，何索焉？"孔子闻之曰："去其'荆'而可矣。"老聃（dān，即老子）闻之曰："去其'人'而可矣。"故老聃则至公矣！

楚人遗失了一张弓，认为反正是楚人失、楚人得，都是楚人，何必寻找。孔子说把"楚"字去掉就好了，都是人，分什么楚不楚的！老子却说，连这个"人"字也应当去掉，或得或失，弓总还在这个世界上，寻它干什么！道家学说所以能那样涵容古今，吞吐宇宙，就基于这样一种博大的人生境界。《庄子·天下》惊叹道："关尹老聃乎，古之博大真人哉！"

如果用诸子的人生境界来反视李斯，那么便可清楚地看到，他从越过正在坠落中的吕不韦，直接向秦始皇进说并很快受到信用开始，就失去了作为一个学士的品性和品格，或者说已经结束了一个学士的生命，而开始成为纯粹的政治家——需要申明的是：我这样说，无关道德评价，也绝非轻视政治家。我只是想用以说明两种不同气质的人，两种不同的人生境界。

那么李斯能不能像商鞅那样成为一个法家呢？

不可能。除了李斯有别于商鞅以外，决定性的前提是，秦始皇不同于秦孝公。

在秦始皇身边，只容许有阿顺依附，不可能有独立人格。也就是说只能有现在这样的李斯，不可能有历史上那样的商鞅。这种情况可以用刘向的两种形象比喻来说明："高山之巅无美木，伤于多阳也；大树之下无美草，伤于多阴也。"（《说苑·谈丛》）既伤于多阳又伤于多阴的李斯,如果说在当时也还算一个星体的话,那么他已是一颗不会自己发光的星体;如果说它曾经一度在咸阳上空显得那样耀眼的话,那么它是由另一个强大的光源折射出来的,那光源就是秦始皇。

在那沙丘之夜,李斯在向赵高屈从的同时,他的第二种生命——作为政治家的政治生命也随之终结。

现在在他身上还残留着由那个时代投影的一抹寒光,等待着消失。

即将结束的是他的第三种生命——自然生命。

"鸟之将死,其鸣也哀;人至将死,其言也善。"(《论语·泰伯》)李斯临死前发自内心的一句话,却能流传千秋,这就要说到他的第四种生命了。

## 长留人间的"黄犬"之叹

秦二世二年(公元前208年)七月,恰好是秦始皇驾崩沙丘宫的两周年。

与两年前的酷热相反,这一年秋风提早送凉,李斯在潮湿的石壁死囚牢里几次冻醒。他知道这已是最后一夜。人到了真正绝望时,反而又会趋向坦然。荣华富贵毕竟都是身外烟云,对于一个将死的人,荣辱寿夭都已视为同一。只是刚才最后一次被冻醒,又使他泪如泉涌。他曾经那样迷恋的名位利禄全都失去,最后剩下唯一可以留恋和值得留恋的只有童年和故乡。这时候他才发现,他曾经花了那么大精力像老鼠跳出厕所那样跳出的故乡上蔡,那是多么纯净、温馨和美好啊!

因为就在刚才,就在最后一次被冻醒前那似梦非梦的瞬间,他回到了阔别数十年的故乡。

还是那种熟悉的色彩,熟悉的气息,那丛丛古老的屋墙上还积着那些陈年的苔痕。真奇怪,当年自己为什么那样厌弃故乡,可此刻他却觉得这里的一草一石都如此美好,如此令人神迷心醉!就在这时,背后响起一阵清脆的马蹄声,接着是一声亲切的叫唤。他立刻回过头去,那是他的已经长成英俊少年的小儿子,正肩背弓箭,身骑白马,欢笑着朝他奔来,紧追在马后的是一匹机敏矫健的黄毛猎犬。他记起来了,今天是与儿子约好要到上蔡东门外猎兔的。近前几步,飞身上马,把儿子揽在胸前,拨转马头,两股用力一夹,那马便拉直马尾奋蹄疾驰起来。耳旁风声呼呼,眨眼间已出了东门。不远处是一片繁茂的矮林,他仿佛已经看到无数机灵的野兔正在那里东隐西现。忽然眼前一亮,是一弯清泉由北向南流去。呵,那不就是汝河水吗?那粼粼的清波,就像慈母脸颊的笑纹;故乡母亲张开双臂,正等待着游子重新投入她的怀抱来。李斯不由怦然心动,鼻腔一阵酸热。刚要跳下马去掬饮母亲河之水,却隐隐听到了阵阵歌吟声。抬头循声远望时,依稀看到汝水彼岸有个披着白色长袍的老者的背影。现在看清楚了,是一位老者;他一边缓步行进,一边鼓琴而歌。歌词无法听清,但李斯却有一种似曾相识的亲切感。赶紧催马赶去,却不防迎面扑来一阵大风,冷透入骨。在这同一瞬间,周围已下起了纷纷扬扬的大雪。抬头仔细看时,哪里是雪,分明是无数雪亮的箭镞正朝着他头顶降落。他大叫一声,就这么惊醒过来——故乡的山山水水和老者的背影已倏忽不见，石壁上正有点点冷水向他后背滴落。

李斯恢复了对自己处境的真实感知。感觉到了四周逼来的寒气和脚镣、头枷以及全身多处伤痛。他多么希望再次回到刚才的梦境中去，沉浸到无比温馨的母亲河去。搏击了整整一生，寻找了千里万里，到现在才知道，最美好的事物，最理想的生活，原来就在起点上！

但他却再也无法入梦。

隐隐传来了几声鸡鸣。高而小的窗洞透出了一方熹微曙色。

李斯知道再想入梦已经无望。他竭力镇静自己，希望能遏制住对死亡的恐怖，较为平静地捱过这最后时刻。

他的努力获得了一点效果，以至当狱卒来打开牢门，他被押上囚车时，也没有多少恐惧。

两旁除了虬髯怒目的刽子手，还有两长行武士和数十辆车乘，那威势与他作为丞相出行时的仪仗也不相上下，只是现在他正在被押向刑场。

浩浩荡荡的车骑队伍已驰出宫门，行进在咸阳街道上。跟随看热闹的老少男女正在渐渐多起来。

李斯闭上了眼睛。

周围是隐隐的、混杂的人声，似乎有咒骂也有叹息，李斯已无心去听。忽而传来了一阵歌吟声。心里不由一动，睁眼望去，果然在杂乱的人群之外又望到了那个曾在凌晨梦境中出现过的披着白色长袍的老者的背影，边缓步行进边鼓琴而歌。这回听得很清晰，是一首预言式的哀歌——

公无渡河！
公竟渡河！
堕河而死，
当奈公何？[1]

李斯一阵惊悸，记忆的库门忽而被撞开。现在他肯定那老者就是师事荀子时的同窗好友浮丘伯[2]了。记得那年因他执意西游入秦而告别好友时，浮丘伯就吟唱过这首歌谣。当时虽也想到其中隐含着劝阻之意，却以为不过戏言一句。数十年过去了，预言却成了可怕又可悲的事实。李斯急于想向老友道声永别，以示悔恨之意，用力一站，忘了身在木栅

---

【1】据《古今注》称，此为一首流传于秦末汉初的古歌谣。据说有位白发老翁晨起欲渡河，其妻忽有所感，追而止之，不及，老翁竟坠河面死。其妻不胜悲伤，因援箜篌鼓于河畔而歌此曲，曲终，亦投河而死。

【2】据《盐铁论·毁学篇》，浮丘伯与李斯同事荀子，后李斯入秦，取三公万乘而制海内，浮丘伯则饭糜蓬藜，修道白屋之下，无赫赫之势，亦无戚戚之忧。汉初时，还曾向鲁穆生、白生、申公等传授《诗》及《春秋穀梁》之学。这样，荀子的三个弟子：韩非、李斯、浮丘伯，在相同的社会条件下，走了三条各不相同的人生之路，实在令人感叹不已。李斯受刑之际出现浮丘伯的歌吟，既可能是实有其事，也可理解为只是李斯的一种幻觉。作现在这样的安排，当然出自我的虚构。

栏中，颈项被枷锁扣得几乎窒息过去。他忍着剧痛，拼命探头张望，白袍老者的背影早已不见，却意外地看到了最残酷的一幕，极度悲恸过后，他昏厥了过去。

对李斯的刑罚是具五刑、腰斩，并夷三族。这就是说，他的父母、妻妾、子孙，将全都被同时处死。

这时候，数百辆载着李斯三族的囚车已从另一监狱押来，两支行刑队伍汇合到了一起。

哭喊声，嘶叫声，连成一片。

刚才，李斯是从身旁长长的囚车行列中，很快触到了一双令他心碎的眼睛而昏厥过去的。那便是他在三个时辰前梦中见到过的已长成英俊少年的小儿子，稚嫩的颈脖被扣在重枷中，押在囚车里。

李斯苏醒过来时，令人心醉的梦境又一下涌到了眼前。他盯视着儿子，泪流满面地对儿子说了一句千百年来不知使多少人为之黯然神伤的话——

吾欲与若（你）复牵黄犬俱出上蔡东门逐狡兔，岂可得乎？

李斯就这样死了，是具五刑死的。但作为历史人物，他的第四种生命即历史生命，将与世永存。

这是因为，他用自己行动为自己写下的这部历史，不仅是大秦帝国从兴起到衰落的投影，更重要的它还蕴含着个体生命的极其复杂、曲折和丰富的含义。

李斯的人生如此曲折、多采、奇崛，以至常常引发后人赞美和诅咒两种完全对立的评价。历史上有明确记载的第一次激烈争辩，该是发生在李斯死后一百二十七年即西汉昭帝始元六年（公元前81年）著名的盐铁会议上。褒之者称李斯"功侔伊望（伊尹、吕望），名巨泰山"；贬之者则讥其"贪禄慕荣以没其身，从车百乘曾不足以载其祸也"（《盐铁论·毁学》），可谓各走各的极端。估计类似的争论今后还会继续下去，原因是人生原本多采，人们对历史人物的评价自然也各有各的价值判断。

最后，我以为李斯留给我们后人的还有三种具有同等研究、审美价值的东西：一种由他创制的小篆字体，一篇他的杰作《谏逐客书》，还有就是临刑前对着他儿子的那一声黄犬之叹。唐代胡曾以《上蔡》为题赋诗叹道——

上蔡东门狡兔肥，
李斯何事忘南归？
功成不解谋身退，
直待云阳血染衣。

现在，除了赵高，秦二世终于把周围他认为该杀的人全部杀光；除了秦二世，赵高也终于把周围他认为该杀的人全部杀光。

这下总该歇手了吧？

不，事情到了这个地步，就谁也别想再活！

就像澳大利亚土著居民用的一种叫作"飞去来器"的武器，杀过别人以后还会飞回来。现在那可怕的"飞去来器"已在秦二世、赵高头顶呼呼作响，明天，一个与扶苏、李斯相同的命运就将向他们降落！

---

接下去诸君将要读到的，是本书叙述的终点——第十章；但对中国历史来说，大泽乡被迫发出的怒吼，标志着它又跨上一个新的起点。

胼手胝足的农民阶级，第一次显示了他们的存在和威力，第一次主动地介入了历史的创造活动。正是农民起义的怒火，激起了全国规模的反秦战争，推翻了中国历史上第一个地主阶级专政的帝王集权制王朝——大秦帝国。

本书六章写到秦始皇吞灭六国时，我们说"成功有成功的原因，失败也有失败的必然性：都不会是偶然。"这个道理同样适用于秦亡而汉兴。

浪淘沙，风扬尘。当大秦帝国落幕锣声响起时，所有曾被当事者看得很重的表面的繁华与显赫，一时的得计与逞意，全都化作烟云悄然飘去；留下来的唯有朴实而沉重的东西，它们积聚到了我们脚下的大地。

那便是历史。

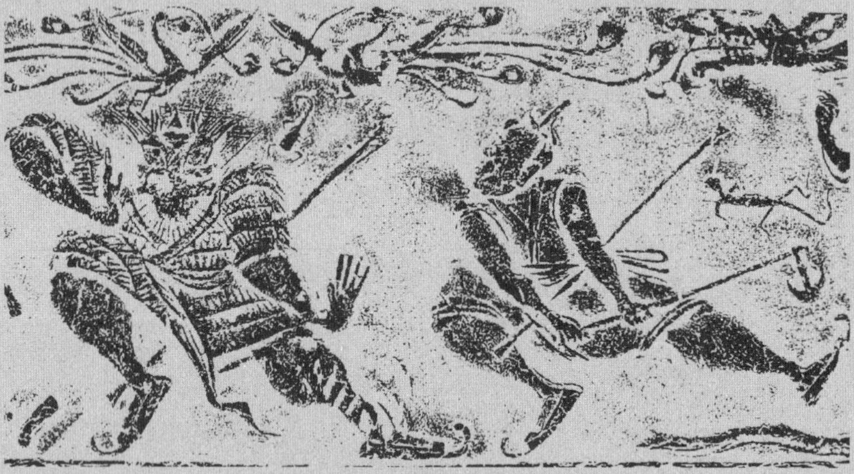

# 第 十 章
## 两个新生阶级的第一次生死较量

大泽乡一声怒吼震天下
"刘项原来不读书"
咸阳怒火：大秦帝国的葬礼

# 大泽乡一声怒吼震天下

## 有时黑夜比白日更明亮

每个社会都有它作为基础的群体,是他们以坚实的肩膀承受着这个社会的全部重负和苦难。

秦帝国的基础,便是新生的农民阶级和残余奴隶。

本书一直无暇直接描述他们,这不能不说是一个缺憾,为此,有必要在这一小节里作点补救。

大多数由奴隶和部分自由民或没落的小奴隶主转化而来的农民阶级,是与地主阶级同时诞生的新兴阶级。在以往地主阶级起先是为着获取生存,接着是为了扩展势力,最后是为了建立统治,而不断向奴隶主阶级发起的进攻中,农民阶级始终是它的忠实的追随者和可靠的同盟军。最沉重的苦难是农民承担着,最大的牺牲是农民付出的。本书《引言》中提到,单是秦国一国在一百二十年间就在战场上杀死了列国一百六十余万士卒,这庞大数字中的绝大多数当然不可能是旧的奴隶主贵族或新的地主阶级,而只能是胼手胝足的农民和奴隶。

农民,特别是原属秦国的农民,对秦帝国的建立该是欢迎的,高兴的。他们是数百年无休止战祸的直接受害者。对统一的要求,和对太平盛世的企盼,祖祖辈辈不知传递了多少代。当兼并战争开始时,秦国当权者又少不得会对穿上士卒服装的农民作出种种许诺。所有这些,都使得农民为之兴奋,为之冲锋陷阵,并为胜利的到来而尽情欢呼。

打了几百年的仗,只是到后来他们才恍然大悟:无论哪一方胜利都不是农民自己的胜利,而是别人的胜利。

不错,这个世道是翻过个儿来了,就像诗歌里唱的那样:"百川沸腾,山冢(山顶)崒(通"碎")崩。高岸为谷,深谷为陵。"(《诗经·小雅·十月之交》)昔日高踞于朝堂之上的旧的奴隶主贵族,已在由战死的农民和奴隶汇集起来的血海中沉没,而新的地主阶级则蘸着同一血海的血水,来装点大秦帝国始皇大帝的宝座和群山叠嶂似的宫殿。新生的农民阶级刚用无数兄弟姐妹的白骨埋葬了一个旧主人,转眼间一个更年轻因而也更厉害的新主人已傲然屹立在这白骨堆之上。从前的领主庄园已经变成地方政权的衙门，郡守代替了诸侯，大夫换成了县令。列国纷争自然是长期以来的苦难，但随着集中统一的大帝国的建立，和一系列严刑峻法、什伍连坐的实施，原来享有的一点自由和宽容也同时消失。在动乱年代至少还可以携带武器以自卫，如今帝国发布了收缴兵器令，武器防身成了违法，人们普遍失去了安全感。在这场地覆天翻的大变革中，农民获得的唯一的"胜利成果"，便是改变了一个称呼：从前被称为"庶民"，如今改称为"黔首"。

秦帝国焚书坑儒等暴政，农民自然也是反对的，但离他们毕竟还远着一点；他们最难以忍受的是繁重的租赋和徭役两项，因为这已严重地威胁到他们的基本生存权。

秦帝国庞大的国家机器在昼夜加速运转，造宫殿、修长城等数十项大工程同时铺开。此外还有皇帝、后宫和皇室种种穷奢极侈的享受，这些都需要有多大的财力、物力才能支持下去啊！如此巨大的开支主要来自对农民的搜刮。一个农民，一出娘肚就得交"口赋"，所谓"渭水不洗，口赋起"（《七国考·食货》）。口赋要交多少？《汉书·高帝纪》引《汉仪注》说"赋钱，人百二十为一算，为治库兵车马"。这里虽说的是汉，但汉承秦制，秦时自然不会少于此数。除了口赋，还有户赋。户赋要交多少？《后汉书·南蛮传》有一则记载说，秦惠王并巴中时，"其民户出嫁布八丈二尺，鸡羽三十镞"。这些实物参照云梦秦简《金布津》中的价格折算，约为四百钱左右。这还是在惠王时代的，帝国时期只会多不会少。口赋、户赋相加，一个五口之家，一年就得缴纳一千文钱上下。农民的生活来源靠土地，但他们大多没有自己的土地。秦代土地制度，是帝王集权制国家的土地国有制与地主私有制并存。国有土地的刍稿税和私有土地的田租，最后实际上都要出在农民头上。田租，是农民所有负担中最沉重的负担。《汉书·食货志》引董仲舒语："至秦……田租、口赋、盐铁之利，二十倍于古。"虽然学者们对古代的税率说法不一，但"二十倍于古"总是一个可怕的数字。即使古代为百取其一，那么秦代就高达百分之二十，即五取其一。《淮南子·氾论训》称秦之时"头会箕赋，输于少府"。少府是皇帝收取各种赋税的私库。按照人头计赋，榨取的民脂民膏多到要用畚箕搬运，藏之私库，穷奢极侈地任意挥霍，而劳苦民众却连粗衣鄙食也难以周全。难怪后人要叹息道："嗟乎，一人之心千万人之心也。秦爱纷奢，人亦念其家。奈何取之尽锱铢，用之如泥沙！"（杜牧《阿房宫赋》）

秦帝国征发徭役之频繁，役期之长，役事之苦，督责之严苛，更是旷古未闻。如果说租赋几乎吸尽了农民身上血液的话，那么徭役便是肢解他们的体躯，一个被征尽了青壮劳力的农民家庭，如何还能指望土地有好的年成！在帝国存在的十多年时间里，年年都要新征发数次役事。仅据《史记·秦始皇本纪》记载，规模较大的，就有修驰道、直道，作信宫、朝宫、阿房宫，造骊山墓，坏城郭，决川防，筑亭障，修长城，凿渠道等等。《汉书·食货志》引董仲舒的话说，古代"使民不过三日，其力易足"；秦代则大变，"加月为更卒，已，复为正一岁，屯戍一岁，力役三十倍于古"。郭志坤在《秦始皇大传》中对此算了一笔账，认为古民一生服役的役龄期为三十年，每年三天，合计为九十天。而秦代，从十五岁开始服役，六十岁才老免，一生的役龄为四十五年。其中，每年一个月的更卒，一生共为一千三百五十天；正卒七百二十天；屯戍三百六十天。三者相加，合计为二千四百三十天。再加上一些所谓"法外之徭",确实要"三十倍于古"。至于秦代徭、兵、戍总人数,更是大得惊人。徐了然在《人与神》中有这样一个估计——

> 据史籍测估:秦代南征戍五岭前后达七、八十万人,北伐匈奴三十万人,筑长城、亭障约五十万人,建宫造墓不少于一百五十万人。再加筑驰道、决川防、搞运输以及种种杂役,估计不少于二百万劳动力,合计总数多达五百万人。他们绝大多数是青、壮年男、女劳动者(其中有"贾人"、"刑徒"、"赘婿"、"奴产子"等),约占全国总人口(二千多万)的百分之二十五,占全国劳动力(约七百万)的百分之七十以上,几乎是举国就役。"超过劳动者个人需要的农业劳动生产率,是一切社会的基础。"(《资本论》第3卷第885页)秦代以不足三分之一的劳动力生产的粮食,除维持自身及其家庭的需要外,还要为其他三分之二的青壮年及其家人提供必需的口粮;使三分之二的劳动力脱离农业生产,丧失了人类社会赖以生存的物质基础,这无异于自掘坟墓。

农民是最讲究实际的。田租"二十倍于古",徭役"三十倍于古",这两个数字使他们清楚地看到了帝国与他们已处在一种什么样的关系上。

《汉书·伍被传》载录了伍被对秦末民众的反秦情绪如何不断增长的过程,描述得非常形象、生动。他说——

> 当是之时,男子疾耕不足于粮馈,女子纺绩不足于盖形。遣蒙恬筑长城,东西数千里。暴兵露师,常数十万,死者不可胜数,僵尸满野,流血千里。于是百姓力屈,欲为乱者十室而五。又使徐福入海求仙药,多赍珍宝,童男女三千人,五种(指五谷之种)百工而行。徐福得平原大泽,止王不来。于是百姓悲痛愁思,欲为乱者十室而六。又使尉佗逾五岭,攻百越,尉佗知中国劳极,止王南越,行者不还,往者莫返,于是百姓离心瓦解,欲为乱者十室而七。兴万乘之驾,作阿房之宫,收大半之赋,发闾左之戍。父不宁子,兄不安弟,政苛刑惨,民皆引领而望,倾耳而听,悲号仰天,叩心怨上,欲为乱者十室而八。

正是在民之"欲为乱者"从"十室而五"不断增长至"十室而八"的情况下,陈胜、吴广一声怒吼,刘、项群雄奋起倡和,于是天下响应,顿成燎原之势。

如果把伍被上述分析与黑格尔的一段话联系起来读,就会获得更深刻的启示。黑格尔的这段话见之于《历史哲学·绪论》,极其精细地描述了人对外界和对自己的认识过程,用来说明处于历史转折时期的底层民众由蒙昧到觉醒,实在再恰当不过了。他是这样说的——

> 试想一个盲人,忽然得到了视力,看见了灿烂的曙色、渐增的光明和旭日上升火一般的壮丽,他的情绪又是怎样呢?他的第一种感觉,便是在这一片光辉下,全然忘却了自己——绝对的惊诧。但当太阳已经升起的时候,他这种惊诧便减少了,周围的事物都已经

看清楚了，个人便转而思索他自己内在的东西，他自己与事物之间的关系也渐渐被发觉起来了。于是他放弃了不活动的静观而去活动。等到白天将近，人已经从自己内在的太阳里筑起了一座建筑，他在夜间想到这事的时候，他重视他内在的太阳甚于他重视那个原来的外界的太阳。

令人惊讶的是，如果用黑格尔的这段描述来对照秦帝国时代农民的认识过程，每个细节都竟是那样准确和精辟！当时的农民阶级也曾为新诞生的大秦帝国那"旭日上升火一般的壮丽"而狂欢过，他们也是"全然忘却了自己"，表示要为帝国的更加辉煌而尽忠效命。他们也是后来才渐渐看清了周围事物的本相和自己在有些方面甚至还不如过去的处境。他们也是"等到白天将尽"，夜幕层层降落，昏暗不断加深，即帝国日趋无道、残暴、横征暴敛，最终把整个华夏大地推向无穷黑暗的时候，他们才终于有了自身的觉醒。这就是说，他们曾经迷惑于刺目的旭日般的光明，是黑暗不断加深，促使他们对周围事物有了本质的认识。这样"个人便转而思索他内在的东西"，"他重视他内在的太阳甚于他重视那个原来的外界的太阳"——只是这最后一句黑格尔老人说得太堂皇了。苦难的中国农民阶级不敢奢望自己有内在的太阳，只要有一个能够勉强活下去的生存环境他们就心满意足。于是他们"放弃了不活动的静观而去活动"。是的，他们开始活动了！他们要用自己的行动昭告天下决不能无视他们的存在，因为这个社会就载负在在他们肩膀上！

还在秦始皇时期，处于最底层的民众，就通过在陨石上刻字"始皇帝死而地分"、托人送璧传语"今年祖龙死"等方式，表示了他们积聚于内心的愤怒和反抗。张良的博浪沙一击，则是直接诉之于行动的第一声号角。接着又有所谓"群盗"对夜游兰池的秦始皇进行了袭击。与此同时，不堪帝国暴政和徭役之苦的民众群起反抗或逃亡的事件，更是屡屡发生。见之于《史记》记载的就有：修造骊山皇陵的刑徒黥布，逃亡至江中，又纠集众多刑徒为"盗"；原以打鱼为生的彭越，率领一些少年在巨野泽中为"群盗"。连帝国的一些下级官吏也有逃亡的，如泗水亭长刘邦，在押送刑徒及服役农民时，"徒多道亡"，怕无法交差，索性全部放走，自己也在"芒、砀山泽岩石之间"隐藏了起来。还有受到秦帝国高额赏金通缉的大梁名士张耳、陈余，改姓换名，隐迹贱役，立志反秦。此外，在云梦秦简的某些法律条文中，也可以发现民众反抗官吏的一些线索。如《法律问答》提到"求盗追捕罪人，罪人格杀求盗"该如何处置的事。"求盗"是基层政权负责治安的小官吏。既已作为案例反映到了法律条文内，说明罪犯——大多数当是因无法生活下去被迫铤而走险的底层民众——格杀官吏这类事是经常发生的。云梦秦简的《治狱程式》中，还载录了一个"群盗"作乱的案例。说是某里有丁、戊、己、庚、辛五人相互串连起来，以弩两副、箭三十支为武器，"强攻"有爵位的公士某室。"盗万钱"，逃往山中。官府派亭的"校长"与"求盗"去追捕，经过一番搏斗，戊被当场杀死，其余四人被捉。这一案例，实际上已发展成为小规模的武装反抗。

秦始皇沙丘驾崩，赵高胁同胡亥、李斯矫诏杀扶苏一类事，当时处于社会最底层的绝大多数农民自然无缘得知内情，所以他们对秦二世的继位非但绝无异议，很可能还从内心发出过企盼，希望新皇帝能改弦更张，只要能够让他们还活得下去，他们就会感恩不尽。秦帝国如果有意振兴，这倒的确是一个好时机。正如汉初贾谊在《过秦论》中说的那样——

今秦二世立，天下莫不引领而观其政。夫寒者利裋褐（shùhè，粗鄙之衣），而饥者甘糟糠，天下之嗷嗷，新主之资也。此言劳民之易为仁也。乡（通"向"）使二世有庸主之行，而任忠贤，君主一心而忧海内之患，缟素（意谓从为秦始皇穿孝就开始）而正先帝之过，裂地分民以封功臣之后，建国立君以礼天下，虚囹圄而免刑戮，除去收帑（通孥，妻儿）污秽之罪，使各反（通"返"）其乡里，发仓廪，散财币，以振孤独穷困之士，轻赋少事，以佐百姓之急，约法省刑以持其后，使天下之人皆得自新，更节修行，各慎其身，塞万民之望，而以威德与天下，天下集矣！

遗憾的是秦二世非但没有这样做，反而戮宗室，杀功臣，复造阿房宫，厉行督责之术，"税民深者为明吏"，"杀人众者为忠臣"，结果是"刑者相半于道，而死人日成积于市"。处于最底层的民众，首先是农民阶级，已经忍无可忍了！他们"常衣牛马之衣，而食犬彘之食。重以贪暴之吏，刑戮妄加，民愁无聊，亡逃山林，转为盗贼"（《汉书·食货志》引董仲舒语）。秦二世在皇位上坐了刚满半年，一声震天怒吼就从大泽乡传来，中国历史上农民阶级与地主阶级这两个当时都还是新生不久的阶级，第一次全国规模的生死较量就这样开始了！

### 扶苏和项燕忽然"复活"

又是一个七月。

这是秦始皇死于沙丘那个闷热的七月的后一年，李斯腰斩咸阳市的那个阴冷的七月的前一年；这是秦二世元年（公元前209年）的七月，一个多雨的七月。

《史记·陈涉世家》的记载，向我们展示了发生在这多雨之秋里一个惊天动地的故事。

一支由九百名戍卒组成的队伍，在两个县尉的监押下，经过长途跋涉，这一天已进入了蕲县的大泽乡（今安徽宿县西南）地界。

瓢泼的大雨，泥泞的山路，他们艰难地行进着。这些发自"闾左"[1]的劳苦农民，虽说都还是正当徭役期的青壮年，但饥饿和疲惫已折磨得他们一个个瘦骨嶙峋，随时都有累

---

[1] 闾左：指居住于闾里之左的贫苦民众。但这样解释还没有回答出《史记》何以要特别点出"发闾左"这么一句的原因。《史记索隐》说："秦时复除者居闾左。"复除者，即受到豁免可不服徭役者。这又多了一个疑问：在帝王集权专制的秦代，难道贫苦农民反倒可以享受"复除"的特权吗？对此，学者们说法颇多，我以为林剑鸣先生所持较为合理。他说："他们之所以被复除，并非封建政府对他们特别优待，也并不是什么特权。而是由于他们所耕种的土地是地主的，而并非封建国家的，他们是依附于大、中、小地主的贫苦农民，比一般的直接受封建政府剥削压榨的自耕农更低一等。""秦王朝在正常的情况下，的确是不征发闾左戍边的。其实，这恰恰证明了闾左和军功贵族之间的依附关系。……闾左一般只向军功贵族提供无偿劳役，而不再应征国家的徭役。"（详见《秦史稿》）现在连已有明文规定"复除"的"闾左"也要强行征发了，这说明由于戍役繁多，秦帝国范围内已到了再没有别的劳力可以征发的地步，故《史记》予以特别点明。

倒的可能。而离服役的目的地渔阳（今北京市密云县西南）还有千余里之遥。

探路的回来禀报说，前面山洪爆发，此去已成一片泽国，再也无法前进一步。

没奈何只得找了几间破屋，又搭了几座营帐，好歹暂时安顿了下来。

漆黑的夜，雨还在哗哗下着。当人们都因极度疲乏倒地便鼾声大作时，有两个人却在悄声计议着。

一个是阳城（今河南登封县境）人，姓陈名胜，字涉；

一个是阳夏（今河南太康）人，姓吴名广，字叔。

两人都是穷苦农民，原先并不相识，这次队伍出发时，被推举为"屯长"。

陈胜说：这雨看来三日两日都不会停，还剩下如此遥远的路程，非有一两个月不能到达渔阳，算来到达时肯定已经误了期限。秦法规定，误期当斩。难道我们甘心去受死吗？

吴广愤然说：同是一死，不如逃走吧！

陈胜说：这恐怕不是上策。你我同在异乡，又有何处可以投奔！再说逃走也难免被官吏捉住，一刀了事。横竖都是死，倒不如另图大事，或许还能死中求生，讨个富贵呢！

吴广苦笑一声说：那自然好。可我辈无权无势，欲求富贵，只怕是画饼充饥。

陈胜说：不见得。照我看，天下苦秦已久，人人心里都有一团火，一点就着，就是缺少几个领头的人。你我何不就来担当此任呢？

吴广一阵兴奋，说：那你说怎么办吧！

陈胜说：我听说二世皇帝乃是始皇少子，公子扶苏，年长且贤，因多次进谏触怒始皇，所以调离咸阳，驻边监军。二世篡位，设计杀兄，百姓并不知道内情，有的以为扶苏还活着。还有楚将项燕，屡立战功，楚人至今还在怀念他，有的还说他没有死，可能逃亡在外。这大泽乡一带原属楚地。我等在此举事，最好托名公子扶苏和楚将项燕，以此号召徒众，定可一呼百应，何愁大事不成！

吴广觉得陈胜说得有理，两人决定一试。只是关系重大，未可草率从事。第二天清晨，得便去求诸卜卦，只说欲举大事，不知吉凶如何。那卜卦人见他们有些来历，便说：同心行事，必有可成；中有周折，当求鬼神。

两人听了一揣摩，忽有所悟说：这莫不是教我等先以鬼神来服众吧？

于是这一天便接连发生了两件神奇的事。

一件发生在中午伙夫切菜煮饭时。有一筐鱼是从市集买回的，其中一条鱼腹特别鼓胀，切开一看，肚中竟藏有一卷帛书，上书三个大字："陈胜王"。众人闻讯赶来，争相传阅，称奇不已。这时陈胜忽也来到人群中间，问过明白后，便大声喝斥道：尔等不可信此妄言，更不许相互传告，难道你们不知道朝廷大法吗？

另一件发生在这日夜间。戍卒们虽都已睡倒，但因白天鱼腹出书的奇事，还是使他们感到蹊跷，在枕边相互猜疑不息。就在这时，随同飒飒的风雨声，又传来了狐鸣狼嚎般的呼喊声。众人越发奇怪，探身往营外望望，昏暗中隐隐看到西北角处有老树一丛、古祠数间，荧荧鬼火，忽东忽西，时隐时现，呼喊声正从那里传来。仔细听来，是两句话："大楚兴，陈胜王！"

这数百名戍卒几乎为这两件奇事猜疑了一夜，谁都没有睡着。第二天，陈胜走到哪里，那里的人们便在他背后指指点点，相互悄声说个不休。陈胜却装作一概没有听见，神色、行事一切如常。

其实这两件奇事却正是陈胜与吴广暗中使出的计谋。鱼腹帛书是他们趁人不备塞入鱼肚再藏进鱼筐的；所谓篝火狐鸣，则是吴广乘夜潜出营帐，到古祠去伪作的。

也是天公有意作合，第三天雨还是下个不停。

陈胜见时机已到，与吴广密谋后，便一起进了营帐。两个县尉正在喝酒，都有些醉意，正好容易激怒他们。吴广故意说道：今日雨，明日又雨，看来老天存心不叫我等赴渔阳呢！与其逾期送死，不如远走高飞，各找生路。我等今日就准备动身，特来向二位告别！

县尉勃然而起，大声怒喝道：大胆，尔等眼中还有皇法吗？谁敢逃亡，立斩毋赦！

陈胜笑着揶揄道：请问二位，你们眼中的皇法又何在呢？二位监督戍卒，责任重大，如今眼看着逾期，我等自然必死无疑，难道二位还能活得下去吗？

两个县尉拍桌打凳，怒不可遏。一尉挥舞荆条，待要鞭笞两人。一尉挺剑而起，直刺吴广。吴广一闪身，飞起一脚，将剑踢落在地，迅即拾起砍去，一尉头颅已应声而落。另一尉大骇，赶忙丢掉荆条拔剑，在一旁的陈胜手起刀落，也了结了他的性命。

两人随即把九百名戍卒召集到一起，吴广大声说道：诸公随我等来此，为雨所阻，一住三日，纵然明日放晴，星夜赶路，也断然不能如期到达渔阳，按秦法定斩无疑。就算能侥幸活下来，戍守在寒冷的北方，十有六七也是死。即或不死，长年与家人相隔天涯，那滋味比死也好不了多少。诸公都是热血壮士，有道壮士不死则已，死则必举大事、成大名，公等以为如何？

群情愤愤，议论纷纷，最后异口同声说道：我等情愿谨受两位屯长之命！

这时陈胜掷出两颗血淋淋的人头，大声宣布说：我等已将两个县尉斩了，就此与诸公一起举大事。王侯将相难道是天生的吗？我辈佣耕垄亩之人为何就不可以管一管这朝堂大事！

那鱼腹帛书和篝火狐鸣的把戏，这时候起了重大作用。在人们心目中，陈胜已成了受命于上天的圣主。九百人欢呼雀跃，美好的前程和宏大的使命感鼓舞着这些庄稼汉。第一支反秦起义军就这样宣告成立。

他们打出的旗号是扶苏和项燕。可以看出陈胜、吴广很懂得利用民心。不过把这两个先后死去的人复活过来而又放在一起，未免有点滑稽。项燕是在抗击秦军、保卫楚国的战斗中壮烈牺牲的，扶苏正是秦始皇的长子。如果两人真的复活过来，那该是一对仇敌。他们的相同点在于先后在两个不同时代里，共同为人们所怀念。把这两个人放在一起居然能同样产生号召力，说明在底层民众心目中政治界线并不那么明显，他们更看重道德和人情。

老天似乎确实有心作美，起义军成立当天，雨过天晴，丽日高悬。义军们个个兴奋异常，很快就在大泽乡的旷野里筑起了一座高高的土台。所有的义军都袒露右臂以为标记，整齐地分列在台前。陈胜、吴广登上高台，举行隆重的誓师仪式，祭礼就是那两个县尉的头颅。在这期间附近三乡四村的贫苦农民，也拿着锄头、木棍纷纷赶来，不少人当场表示愿意加入义军。在叛变了的戍卒和农民的粗野奔放的欢呼声中，陈胜被一致推举为将军，吴广为都尉。接着便在惊天动地的反秦怒吼声中，打出了一面写着"大楚"字样的大旗，迎着山风猎猎飘扬。

这该是中国历史上直接发自社会最底层的第一声雷鸣。从来默默地肩负着整个社会重压的人们，第一次自觉地举起了为改变自己命运而战斗的大旗。从此历史和社会再也不能无视他们的存在。此后任何一个王朝都不能不时刻提防着这发自低层的强大呐喊。

第一次依据时代需要做成的事业是伟大的事业；完成这一事业的人是伟大的人。

但也正因为第一次，有时又不免粗疏和幼稚。经历了数百年角逐和磨砺，至战国时期，各种政治斗争已达到了高峰水准。仅就本书所描述到的一些侧面来看，从秦穆公到秦始皇，无论是他们自身抑或是他们对手，又不管是战场搏击还是外交较量，都是在相当高的水准上运作的。比较起来，陈胜、吴广的斗争方式，包括鱼腹出书、篝火狐鸣、伪托名人一类，显然还处于朴素的原初阶段。这种水准回落情况的发生，源于倡导人出身、教养的局限，但在这里，局限性反而成了"优越性"：因为它恰好适应了响应者们的接受习惯。这也就是说，以往的斗争都是在高层统治集团间进行的，而如今在展开的却是来自底层的自发斗争。前者拥有受教育的特权，他们继承了丰富的历史文化遗产；而后者却只能在一片白地里进行。在眼前，由于"天下苦秦久矣"、"欲叛者众"的形势，偏是这种最原初的方式最具有号召力，犹如干柴遇着烈火，会迅速形成燎原之势。但随着斗争范围的扩大和层次的提高，它的弱点就会很快暴露出来，挫折、失败，以致最终被逐出激流，将不可避免。毕竟，一个社会的某种文化曾经达到过的高度，是不会在短时期内被遗忘的。当一时的义愤渐渐消散以后，斗争最终还是要引向高层。这时候在政治舞台上较量的，除了实力和智力，更要看对这个社会的历史文化遗产掌握到何种程度。

不过那是后话。

现在我们看到大泽乡上空响起的这一晴天霹雳，正迅速向四周辐射。江淮之间的郡守、县令和三老、啬夫、游徼和亭长，一个个目瞪口呆，惊慌失措；而穷苦农民和其他底层民众则为之兴高采烈，有的也揭竿而起去投靠义军。在陈胜、吴广的指挥下，义军迅速占领了大泽乡，攻占了蕲县。接着又兵分两路，向东西两个方向推进，很快攻下了铚、酂、苦、柘、谯等县。短短十余天，横扫数百里，所向无敌。此时义军的兵力已发展到车六七百乘，骑千余，卒数万人。

在此节节胜利的形势下，义军决定西进攻略陈。

陈（今河南淮阳）为西周至春秋时陈国国都，陈国后为楚所灭。秦昭襄王二十九年（公元前278年）楚国国都郢为秦将白起所破时，曾迁都于陈。秦帝国建立后，这里是陈郡的首府，为秦代的一座重要城市。陈胜、吴广决定集中力量攻取陈，目的就是为起义军建立巩固的根据地，也可能此时已萌生了要称王的意向。

攻打陈城，比预计要顺利得多。原来郡守县令早已仓皇逃走，只有郡丞率领一些秦军在陈城丽谯门抵抗了一阵子，很快就全军覆没，郡丞也被杀死，义军便浩浩荡荡地开进了这座古城。

攻克陈城的消息，极大地鼓舞和推动了全国各地的反秦斗争。真所谓一夫作难，群雄并起。就像史书记载的那样，一时间，"家自为怒，人自为斗，各报其怨而攻其仇，县杀其令丞，郡杀其守尉"（《史记·张耳陈余列传》），各种反秦势力蜂拥而起。来归附、投奔陈胜的更是接踵于道。如大梁名士张耳、陈余，原被秦封为房君的上蔡人蔡赐，还有孔子八世孙孔鲋等等，纷纷远道来到陈胜帐下，参加起义军。

过了几日，一切安顿大致就绪后，陈胜、吴广便"号令召三老、豪杰与皆来会计事"。这些三老、豪杰自然是不难领会自己被请来的用意的，于是纷纷劝进说："将军身披坚执锐，伐无道，诛暴秦，复立楚国之社稷，功宜为王。"这样陈胜便可以众人劝进不便固辞为由宣布称王了。谁知偏在这时，新来乍到的张耳、陈余却提出了不同建议。据《史记》本传记载，两人先对陈涉"出万死不顾一生之计，为天下除残"的功绩称颂了一番，然后说——

今始至陈而王之，示天下私。愿将军毋王，急引兵而西，遣人立六国后，自为树党，为秦益敌也。敌多则力分，与众则兵强。如此野无交兵，县无守城，诛暴秦，据咸阳以令诸侯。诸侯亡而得立，以德服之，如此则帝业成矣。今独王陈，恐天下解也。

两人建议的主旨是要陈胜始终成为反秦势力的中坚，用立六国后裔的办法，为自己增加同盟力量，为秦帝国树立更多仇敌，这样便能所向无敌地西进咸阳，待条件具备后，一举而成就帝王之业。倘若只攻下陈城就称起王来，各地纷纷仿效，就会导致天下反秦势力处于离散状态。

尽管后来张耳、陈余都发生了很大变化，但单论这一建议，还是可以看出他们具有丰富的政治斗争经验和较为长远的策略思想。相比之下，曾经在大泽乡那一声为天下倡中表现出大智大勇的陈胜、吴广，此时却显得较为短视和褊窄。这里的区别，大致就是我在上文提到的两种不同斗争水准、两个不同社会层次的具体反映。过去有些论者因看到张、陈建议中有"遣人立六国后"一句，就认定这是代表没落奴隶主贵族利益的历史大倒退主张，这是否有些过于顶真。张、陈都是巧智狡诈人物，他们这样提无非只是一种策略。要知道在当时，六国之后人数虽在全国总人口中所占甚微，但他们的能量，特别是他们占据的巨大的文化优势和社会心理影响，却绝不能低估。可以这样说，能否认识、利用和驾驭这股力量及其影响，正是决定在这场两个阶级大较量中能否始终稳操胜券的前提。很可惜，陈胜、吴广固有的局限性，决定了他们不可能具备这样的胆识和魄力。

陈胜没有听从张、陈建议，称了王，吴广为假（意为代理）王。从这时候开始，就不再假托扶苏、项燕。一面鲜艳的旗帜在这座原曾为楚国国都的古城上升起，上书"张楚"两个大字，这便是陈胜为王的号，意为要张大楚国。

高举着这面"张楚"大旗，起义军在陈胜指挥下，兵分数路，向四面推进。南路，由汝阳人邓宗率领攻打九江郡；北路，由陈人武臣、邵骚等率领，渡黄河向赵国旧地进攻。与此同时，集中主力向西挺进，直逼秦帝国统治中心咸阳。西征部队又分三路：第一路由假王吴广率领，进攻荥阳，以打开通往秦都咸阳的大道；第二路由铚人宋留率领，从南阳直叩武关，以突破进入关中的另一通道；第三路人数最多，由陈人周文率领，直接进攻咸阳。沿途各郡县纷纷响应，与义军汇合一起西进。

咸阳震恐了！

## 纸终究包不住火

以下记述见于《史记》始皇本纪、李斯列传和刘敬叔孙通列传。时间要从上一章之末倒回去半年多，即在秦二世元年（公元前209年）八九月间，赵高以巧解"朕"字含义之计把二世控制到自己手里，李斯则已被排斥在外、但尚未被诬以通盗谋反的时候。

接连几日，甘泉宫都在开演刚刚时兴起来的杂戏，昼夜灯火辉煌，彩声阵阵，热闹非凡。

戏台搭在殿廊下，穿红着绿的精壮男女，就在那上面演出一个接一个令人忽而瞠目结舌、忽而捧腹大笑的节目。节目既有"吞剑"、"吐火"、"嗷雾"等小杂耍，也有"戏车"、"动雷"、"兴云"、"履索"、"扛鼎"等大型表演。

秦二世看得入了迷，几次在专为他设置的龙椅上睡着了，但一醒来还是嚷着要看。

二世入迷，赵高自然很高兴，因为这些杂戏都是在他筹划和命令下，安排到宫里来演出的。但他内心却不能不为近来山东盗贼蜂起而颇感不安。倒不在于那些盗贼，他不相信此等乌合之众真能打到咸阳来；他所担心的是如果这些消息传进二世皇帝耳朵，一旦这个傀儡皇帝当起真来，就会派出大将去征剿，那样武官的位置就显得重要起来，难保不会再生出一个甚至多个蒙恬来，到那时就不会再有由他一人玩弄二世于股掌之上的好日子过。所以他要变出各种法儿来，让二世沉湎于杂戏一类淫乐之中，希望在这期间，单依靠郡县兵力就能自行平息盗患。

但是，难道他真能一手遮天，使秦二世一直处于酣梦之中吗？

台上正在演着的是"吞剑"。一个被反剪着双手、仰着脖子的少女，已将一柄长剑吞没及半，两个精赤上身的男人，还在用力把剑往下戳。每往下戳一次，就爆发一次满堂彩声。

一个谒者正是在这时急步来到秦二世面前，跪地禀报。他原是朝廷按惯例派出去到关东诸地慰问回来的，两肩尘土，一脸奔波劳累之色。

谒者回复使命后，又心急火燎地说道：臣昧死禀奏，此一路来，盗贼横行，许多不明真相的黔首又纷纷裹胁而从，不少郡县都已树起了反旗。凡我官吏，若不降贼，就地杀戮。臣也是九死一生才得以入关……

——你在胡诌什么呀？

秦二世正看到少女吞没全剑，满足地连叫了数声好，才回过头来，听得什么盗呀贼呀，便这么大喝一声，打断了谒者的话。

赵高在一旁赶紧接过说：此人是第一次出使东方，少见多怪，胡乱说着些沿途所见风光呢！又回头严斥谒者：还不快退下去！败了皇上雅兴，你还想活吗？

可那谒者却不肯就此罢休，觉得事关帝国存亡，岂能不奏个明白，硬是又把山东群盗蜂起情况说了一遍。

这回秦二世算是听清楚了，问赵高可有此等情事。赵高说：臣但闻自皇上登临大宝以来，河清海晏，国泰民安，祥瑞连连，一片升平。即或偶有盗贼出现，赖皇上神威，各郡守县令不费吹灰掸尘之力，当可平息，又何烦陛下圣听呢！

秦二世听了以为有理，便立即命人把那多嘴的谒者绑缚了，交御史严惩。

过了几天，又有使者从关东来，复命完毕，秦二世忽而想到盗贼的事，便随口问了句。那使者回答说：大概有三两个地方听说有过盗贼骚扰黔首的事，当地郡守县令立即下令搜捕。臣来时，所有盗贼已全部落网归案，无须皇上担忧。

秦二世听了很高兴，重重赏赐了这个经过赵高调教的使者。

四周的反秦怒火越烧越旺，二世皇帝却依旧沉溺于享乐之中。也许他偶尔感到有些不安了吧，一次把几十个博士召来问道：听说从楚地征调来的一些戍卒攻蕲入陈，这件事，诸公以为如何？

博士之称，春秋战国已有，初泛指博学之士，后渐渐演化为官名。秦始皇时有博士七十余人，二世沿置，减为三十余人。诸子、诗赋、方技、术数等，皆曾立博士。职掌顾问应对，参与议政、制礼，典守图书等。

那些博士听到皇上垂询，都气愤地说：做臣子的绝不可以逆上，逆上就是反叛，就是犯了不可赦免的大罪。希望陛下赶紧发兵去歼灭他们！

秦二世一听勃然变色，就要发作。这时候，有个薛城（今山东滕州薛城）人叫叔孙通的文学博士，向前跪进道：臣以为刚才诸生都说得不对。如今赖圣皇大德，四海已为一家，拆毁了旧有城堡，销熔了各地兵器，向天下表示不复再动用武力。况且上有圣主，下有法令，臣民各尽其职，四方咸来归附，哪有什么反叛者！至于说到陈胜之徒，无非是几个偷鸡摸狗小窃贼罢了，不足挂齿。况且郡守县令早在捕捉，不日即可归案，何须圣上忧虑呢！

秦二世这才高兴了，说：你说得对！接着又遍问诸生该如何论定陈胜之徒。诸生有的回答是盗贼，有的回答是反叛。凡是回答盗贼的，不作论处；回答是反叛的，一律发下御史追究，交狱吏惩办。而对叔孙通，特赏赐丝绸二十匹，锦衣一套，并正式任命为博士。

叔孙通回到馆舍，诸生都围拢来责问他为何不顾事实，当面如此阿顺谄媚皇上。叔孙通辩解说：此中道理，诸位多想想就能明白的。我也是临时想到的，差点逃不脱虎口呢！

这天晚上，叔孙通忽然消失得无影无踪。

他到哪里去了呢？他逃走了，逃到了此时已归顺了楚军的他的故乡薛地。这个自称善于"时变"的文学博士，从此便开始了他的圆滑多变的人生道路：先追随项梁，项梁死又转而臣事楚怀王；怀王徙居长沙时，他又留下来事奉西楚霸王项羽，随后又叛楚降汉，归附刘邦。汉帝国初立，叔孙通为新建成的长乐宫制定了一整套严格区分尊卑的朝仪制度，使得那些原先在朝堂上吆五喝六的功臣宿将都只好毕恭毕敬地遵照仪制向刘邦朝贺跪拜。终于尝到了做皇帝的那种至尊至贵滋味的刘邦感慨地说："吾乃今日知为皇帝之贵也！"（见《史记·叔孙通列传》）从此叔孙通一路顺风，拜为九卿之一的太常，又任为太子太傅。《史记》本传赞语称其"希世（阿顺时势）度务制礼，与时变化，为汉家儒宗"，可说是一个趋时附势、追名逐利的典型。

让我们再回到咸阳宫来。

纸终究包不住火。

几个月来，各路义军都有较大进展。其中由周文率领的第三路义军，以"车千乘，卒数十万"的强大威势，迅猛向西推进。吴广率领的一路军，已经攻到中原重镇荥阳。荥阳属三川郡，郡守李由闭城固守，义军一时难有进展。但也正是双方这一胶着状态，使得周文所率之一路军能够顺利穿越三川郡，绕过荥阳，长驱千余里，破函谷关而入，前锋已抵达戏这个离咸阳已不满百里的小城邑。义军过处尘烟在望，马嘶可闻，帝国朝堂上下都不由不为之悚惧恐慌了！

秦二世紧急召集群臣商议，该如何来对付眼前这种危急局面。

当即有章邯禀奏说：盗贼之害已迫在眉睫，他们又人多势强，如今就是征发就近郡县的兵力也已经来不及了。依臣之见，原在骊山修造陵墓的徒众有数十万之巨，近在眼前，可供调遣。请陛下发令赦免他们的罪行，发给他们兵器，让他们去抗击盗贼。

秦二世认可了这一建议，并任章邯为将，由长史司马欣、都尉董翳佐助，统率数十万骊山之徒去迎战义军。

赵高想要闭塞山东之乱消息固然失败了，但他也并非全无所得：李斯的儿子三川郡郡守李由同那批盗贼打了几个月的仗，非但至今没有获得胜利，不是还让盗酋周文乘机西进直接威胁到帝国心脏咸阳了吗？好，就告他一个通盗谋反罪，再把这赃栽到李斯头上，看你这个两朝相还能活多久！赵高由此获得灵感而制作出的种种诬陷李斯的妙计，便是上章末节写到的那一切。

再说这回领兵出战的章邯，字少荣，早在兼并六国大战中就任为王翦部将，立有战功；此时任九卿之一的少府，为宫廷财务总管。他受命持节来到军中，调度有方，指挥若定，很快表现出是一员大将之才。他告诫全军，一旦令下，有进无退；进有重赏，退则斩首。这些兵卒多系刑徒，又加终身苦役，原是死多活少，无死可怕；如今可望有赏，自然个个拼命向前。第一仗下来，就获得大胜。周文所率领的义军不得不由戏退回函谷，固守于曹阳，等待援军的到来，以图再按预定计划攻入咸阳。

周文，《史记》称为"陈之贤人"，当年曾在楚将项燕部下当过"视日"（官名，占卜时日吉凶），还做过楚相春申君的门客，有一定的军事、政治斗争经验。此次溃败，除了主观上因一路胜利而萌生了轻敌心理以外，主要是原定三路进军对咸阳形成包围之势的计划没有全部实现，致使周文成了一支深入关西的孤军。退回曹阳后，他一面周密部署固守，一面派人急赴陈城，向陈王发出求援。陈王得报后，当即向由武臣等率领的北路军发出火速发兵西进入关支援周文的命令。但武臣拒绝执行陈王命令，坐视不救。孤立无援的周文之师，坚守两个多月后，不得不再次后撤至渑池。此时章邯率领的秦军士气大振，紧追不舍。双方在渑池激战十余日，义军几乎全军覆没，周文自刭身亡。

武臣的坐视不救，是导致周文之师彻底败亡的一个重要原因；那么武臣怎么会拒绝执行陈王西进入关救援之令的呢？

## 起义军第一道裂纹的产生

北路军是由武臣、邵骚和张耳、陈余率领的，其实真正起支配作用的还是张、陈二人。此二人可不是简单人物。

他们都是原魏国大梁人。张耳曾是魏公子信陵君的门客。陈余年少，像事奉父亲那样事奉张耳，两人相与结为古人所说的"刎颈交"也即生死之交。秦灭魏后，分别以千金、五百金的赏格缉拿张、陈，他们就改名换姓一起逃亡到陈县，以充当里监门暂时为生。当秦帝国通缉诏书下达到所在里时，他们就利用里监门这个身份，倒过来号令里中人查缉"张耳、陈余"，自然怎么也查不到。《史记》在二人合传中用了一个极典型的细节来说明他们身处逆境中的心志和心机。一次里吏借小事鞭打陈余，陈余打熬不住想跳起来反抗，张耳暗中踩了他一脚，提醒他要坚持忍受。事后张耳对陈余说：当初我不是再三提醒你要有大志吗？如今蒙受了这么点小屈辱就忍不住要杀这个家伙，那会带来怎么样的结果呢？陈余以为张耳说得很对，便牢牢记住了这一教训。

这样，当两人来投奔义军时，陈胜已早闻其名，所以非常高兴。张、陈进言陈胜不要称王，陈胜不听，这两个工于心计的人，表面上自然热忱地向陈王称贺，暗地里却已开始另作他图。当陈胜部署西进时，陈余就向陈王进谏说：大王举兵西讨，旨在入关建业，这固然是第一要务，若能同时兼及河北赵地，岂非更好！臣尝游赵地，素知河北地势，并结交豪杰多人。今愿请奇兵，北略赵地，既可牵制秦军，又可为大王抚定赵民，不是可收一举双得之功吗？

陈胜觉得有理，决定分兵三千，北略赵地。只是对这两个新来归附而又智谋出众的人，总还有些不放心，于是就让自己的友人武臣为将军，邵骚为护军，张耳、陈余只是作为左右校尉，随军佐助。两人别有隐衷，暂时倒也不计官职大小。这样这支北路军便由白马津渡过黄河向北挺进。

一路举着"张楚"旗帜，打着陈王号令，各地豪杰纷纷前来投奔，出发时三千人，不过几日就有了数万，并先后占领了十座城市，郡守县令及官吏一概处斩，威势大振。张耳、陈余等便推举武臣为武信君，召谕赵地其余各城来降。偏在这时候，各城相互串连，募兵拒守。张、陈佐助武信君转而引兵向东北，准备独攻范阳城。范阳令徐公闻讯立即下令厉兵缮甲，准备全力抵御，矢志保城。

这一天，有个著名辩士叫蒯彻的，来见徐公，劈头一句话便是：彻闻公将死，故特来吊公；但公得彻一句话，便转凶为吉，故又特来贺公！

徐公被弄得摸不着头脑，便说：盗贼日急，正需君来教我。请不必故作疑团，何当吊，何当贺，快快明白说来！

蒯彻说：公为范阳令已有十余年，杀人父，绝人子，断人足，黥人首，想来已是不可胜数。百姓无不怨恨，只是慑于秦法严酷，未敢拦道逾墙袭取公首罢了。如今天下大乱，秦法弃之如敝履，公还有何恃而能自保？一旦敌临城围，百姓必乘机报复，刃及公腹已是必然的事，这岂不是可吊吗？所幸的是，今彻来谒公，为公定计，趁武信君兵尚未来到城下，即由彻先为公去游说，使公转祸为福。这又不是可喜可贺了吗？

徐公三思而称善，于是蒯彻便乘快马来到武信君帐下，向武臣进说道：大军一路攻城略地，冒矢石，犯干戈，未免过于劳苦。如今彻有一计，只需将军檄书一封，即可收地千里，不知将军愿意一听否？

武臣说：果有此计，愿听教谕。

蒯彻说：彻自范阳来，知范阳等城邑守令，所以要守城拒抗，实在是因为将军前下十城见秦官吏便杀，既然降亦死，守亦死，他们就不得不拼死以图存。在这种情况下，即使城中豪杰起而杀死守令，也仍将据城固守，不甘心开城就死。所以为将军计，不如赦范阳令，并赐予侯印。此公贪生畏死，又迷恋禄位，果能如此，定愿开城出降，城中豪杰更无畏惧，全城便可唾手而得。将军再使范阳令乘朱轮，坐华毂，巡行燕赵郊野，燕赵吏民自然个个钦羡，争先恐后来归顺将军。这就是所谓不战而服、不攻而取的传檄而定之计！

张耳、陈余在一旁力劝武臣接受蒯彻之计，武臣也点头称善，便下令制印，交蒯彻赐予范阳令。徐公大喜过望，甘愿作为带头羊，乘着武信君赏赐的高车驷马在燕赵之地巡行一遍，果然就有三十余城，其中包括原赵国国都邯郸，不战而降，一起归附了起义军。蒯彻后来在楚汉相争中，还有凭他那精妙的说辞策动韩信背汉等行迹，汉惠帝时曾为丞相曹参宾客，著有《隽永》八十一篇，也可谓乱世一杰——这是后话。

再说北路军进入邯郸之日，恰好是章邯出击、周文败退曹阳之时，张耳、陈余认为时机已到，便劝进武臣从速称王，以与陈胜造成对峙之势。《史记》本传记载了他们两人的这篇进言——

> 陈王起蕲，至陈而王，非必立六国后。将军今以三千人下赵数十城，独介居河北，不王无以填（通"镇"）之。且陈王听谗，还报，恐不脱于祸。又不如立其兄弟；不，即立赵后。将军毋失时，时间不容息。

起义军内部的第一道裂纹就这样出现了。结果是："武臣乃听之，遂立为赵王。以陈余为大将军，张耳为右丞相，邵骚为左丞相。"

陈胜一收到武臣以"赵王"名义发出的通报，勃然震怒，就要下令全部族灭武臣等人还在陈的家属，并发兵讨伐赵国。

弓搭箭，剑出鞘，一声血腥的内讧即将爆发。

在历史上，通常是起义军一旦取得某些胜利，就往往会开演为争权夺利而内部相互残杀的悲剧。这一回，总算因有一个人站出来直言进谏而侥幸避免了。这个人叫蔡赐。

蔡赐是原楚国上蔡（今河南上蔡西南）人，曾爵之于房，因号房君。陈王征召楚国贤杰计事，蔡赐应召，陈王依照原楚国职官例，封他为上柱国。当陈胜冲冠一怒，就要在义军内部大开杀戒的紧急关头，蔡赐进谏说：如今秦国未灭，若诛杀武臣等家属，就等于又树立了一个秦国。那样大王就会腹背受敌，如何还能成就大业！依臣之见，不如派遣使节去祝贺，先稳住其心，再命令他们即速派兵西进入关攻秦，救援周文。如此，则东顾既可无忧，西略亦可得势。至于这个新冒出来的赵国，待灭秦后再收拾未迟！

一个要发兵讨伐，一个建议遣使祝贺，这又是上文提到过的两个不同的社会层次、两种不同的斗争策略反映。显然陈胜不可能一开始就想到采取遣使祝贺这样一种巧诈而高明的策略，但他还是很快领会了蔡赐的用心，立即采取了几项措施：一，派使节前往赵国祝贺武臣称王。二，命令武臣迅速发兵西进援救周文。这一条最重要。不但救周确是燃眉之急，还因为如果武臣发兵，那就说明赵王还在陈王统辖之下。三，封张耳之子张敖为成都君。这一条似乎隐含着对以前只让张耳、陈余担任校尉的一种补救。四，把武臣等家属迁到宫中软禁起来。这一条很能反映陈胜的心理：他终究还是不放心。

武臣一听说陈王居然派使节来祝贺就已是喜出望外了，但张耳、陈余却把对方心机看得一清二楚。他们对武臣说：这不是真心祝贺，是计谋！陈王如今承认大王称王，是出于不得已，并非本意。待到他一灭秦，必然回过头来加兵于赵。所以大王只可虚与周旋，善待来使，千万不要发兵西进。送走来使后，立即举兵北略燕、代，南收河内，乘机扩大自己势力。一旦大王据有南北两地，陈王即使西入咸阳灭秦而据有关中，也已奈何我不得。到那时，大王不妨坐定中原观时待变，究竟谁为天下共主，尚未定呢！

武臣大喜，就全部按照张、陈进言实施起来。

现在，起义军内部已不止是一条裂纹了，很快就将出现四分五裂的局面。

推究起来，第一道裂纹的出现，主要是张耳、陈余的隐怀异志和着意经营的结果。但陈胜自身的褊隘和短视，也在一定程度上催化了这颗苦果的成熟。

## 历史在筛选和等待

陈胜、吴广是中国历史上第一代农民起义领袖。作为农民阶级这个处于社会最底层的群体中的杰出人物，他们身上表现出来的智慧和勇气，他们对正义的追求和对富贵生活的倾慕，他们的创造力和局限性，都具有典型意义；这也就是说在往后类似历史际遇中，将有人一代接一代地来扮演类似陈胜、吴广的角色和故事。《史记》有《陈涉世家》，以字而不是以名称陈胜，不入列传而入"世家"，这些，都显示出司马迁卓越、博大的历史眼光。读《陈涉世家》，人们大都要为篇首陈胜当年受人雇佣在田间劳作时与伙伴们的那一番对话感慨不已——

> 陈涉少时尝与人佣耕，辍耕之垄上，怅恨久之，曰："苟富贵，无相忘。"庸者笑而应曰："若（你）为庸耕，何富贵也？"陈涉太息曰："嗟乎，燕雀安知鸿鹄之志哉！"

"苟富贵，无相忘"，大概是古代的一句常语，譬如一章二节中提到的百里傒的糟糠之妻在送别丈夫时就说过这句话，后来她万里寻夫来到咸阳，又对着其时已封为上卿、端坐在高堂上的百里傒唱过"今日富贵忘我为"这样的歌。"苟富贵，无相忘"是处于低层民众对亲情或友情的寄望和对富贵的企盼。但同是说这句话，面对不同的受众含义会很不一样。譬如百里傒之妻是对她丈夫说的，仅限于一个家庭；而陈胜是对他的伙伴们说的，他面对的是社会中的一个群体，或者说是农民阶级中最贫困的一个阶层——雇佣阶层。陈胜说这句话之前，"怅恨久之"。他"怅恨"什么呢？估计就是怅恨他和他的伙伴们不仅亲眼看到、而且都实实在在亲身感受到的"富者田连阡伯（通"陌"），贫者亡立锥之地"（《汉书·食货志》引董仲舒刺秦语）这样一种极不平等的社会现象。他是"怅恨久之"以后说这句话的，因而可以相信：至少在当时，他确实出自真心。

但陈胜，包括其后陈胜式的农民起义领袖们真能做到"苟富贵，无相忘"吗？

恐怕很难。

大泽乡起义，克蕲破陈后，陈胜果然称了王，就是说真的获得了富贵。这时发生了一件戏剧性的事：有个当年的耕田伙伴来看望他了。不是说"苟富贵，无相忘"吗？俺沾了陈大哥的光，今日也要来尝尝"富贵"究竟是个啥滋味！此人大模大样地敲打着宫门，说俺要见老陈。好个大胆刁民，竟敢对我们大王如此无礼！宫门官吏自然不会客气，立刻下令捆绑。此人吓慌了，再三辩解，总算放了他。这样处理已经够便宜了，当然不会再为他通报。可事有凑巧，恰好陈胜启驾外出，此人便拦路大叫老陈。这时候的陈胜，大概还隐隐记得自己是说过"苟富贵，无相忘"的，就破例让此人上了车，一起回到宫里。

这下此人乐了，以为终于尝到了"富贵"的滋味。不幸的是他没有想一想：面前这位"大王"还能是他记忆中的那个哥们"老陈"吗？

因为实际上，这对当年的耕田伙伴，如今已各自处于人类的两极：田垄与宫殿。

从穷困粗鄙的田垄到富丽堂皇的宫殿，其间相隔着多么遥远的距离啊！除了物质距离，还有心理距离。这两种距离，尤其是心理距离，无论陈胜本人，或他的伙伴、他的侍臣，都是无法超越的。因为归根结底，它不属于一个人或一些人特有，而是属于一部长长的帝王制度的历史。

于是这出历史性的悲剧便这样一幕接一幕拉开了——

第一幕，"入宫，见殿屋帷帐，客曰：夥颐（惊叹词，类"好家伙"）！涉之为王沉沉者！"这情景，有点像刘姥姥进大观园，这位客人的惊叹，倒是出自真心的。

第二幕，客人在宫里住了下来，"出入愈益发舒，言陈王故情。"发舒，不妨解为放肆。你说这客人越来越放肆，可他自己却觉得老朋友了，说说又何妨！居然把陈胜微贱时那些显然有损王者形象的陈年账簿都翻了出来。这里既有农民的纯朴，又受到小生产者虚荣心的驱使。他显然并无恶意，却确有借此炫耀自己的动机。愚昧和狭隘使他看不到他与这个昔日耕田伙伴今日"大王"之间的严重距离会带来何等可怕的灾祸！

第三幕，有人报告陈王说："客愚无知，颛（通"专"）妄言，轻威。"恐怕也不能责怪这个打小报告的人用心有多险恶。按照田垄规矩，老朋友打趣几句，确实又有何妨；但根据宫廷的法律，这却确实是有损王者声威的"妄言"，其罪难容。怪只怪，这个庄稼汉"愚"而"无知"，竟然把田垄思维带进了王宫！

第四幕，"陈王斩之"。当年曾经向耕田伙伴许诺"苟富贵，无相忘"，如今却把其中一个伙伴的脑袋也砍了下来，这是何等怵目惊心的变化啊！陈胜确实是变了，一出辉煌的正剧正是由此转向了悲剧。

更可叹的是，在陈胜以后的千百年中，还有陈胜式的人物不断来上演类似的悲剧。

不过，我们也得问问陈胜自己是怎么想的。他会承认自己变了吗？大概不会。当他在宫门口一见到老伙伴时，破格地让他同车回宫，以显示自己并没有忘记旧交。他处斩老友，实出无奈，心里还责怪不已：你怎么能如此无视本大王的面子呢！存在决定意识。田垄生活已迅速远去，如今作为宫殿主人的他，一切得依照一个大王的思维模式来办。

在这里，我们不仅真切地看到了，也严重地感受到了：宫殿——田垄之间那道尊卑贵贱悬殊的高墙是一个何等可怕的现实啊！

人生而平等。但人类一踏进有阶级社会，一面创造了文明，一面却在相互间设置了种种藩篱，其中出现在田垄与宫殿之间的，更是一道被视为不可逾越的高墙。几千年来，人们对存在于帝王与臣民之间的这道高墙似乎已习以为常，甚至认为天经地义；但现在，独具慧眼的司马迁，却用"故人来访"这样一件寻常小事，向人们揭示了一个历史悖论：一对昔日的田垄好友，如今却分隔在了高墙两边！

这一揭示令人怵目惊心，不寒而栗。

这一揭示同时也向世人宣告：艰难生存于社会最低层的民众，倘若遇有机会发愤而起，开头自然也总是以众人平等为号召，但一旦他们之中有谁成了领头人物，最先想到的一件事，却往往不是轰毁、而是维护以至扩展这道高墙，以尽情享受仰慕、期待久久的那种南面称王、受人拥戴、发号施令役使他人的快感。尽管这样的揭示会使人对历史产生悲观，但却已为数千年来无数历史事实所证实。

只是我们面前这位起义大军的领头人物陈胜，毕竟是刚刚从田垄登上宫殿的，他不该这么快就忘了自己原本来自田垄，而且，今天他之所以能够主宰这座宫殿，恰恰因为他昨天身在田垄。

他不该这么早就一刀砍断了他与田垄之间的那条脐带，要知道脐带的另一端正连着那九百名同在大泽乡起事的戍卒，如今他们都成了起义军的中坚。

突然，一颗昔日耕田伙伴的头颅从肩膀上血淋淋地滚落了下来，九百名军中将士看到了，惊呆了，也惊醒了！他们与昨日"屯长"陈胜之间那种在艰难岁月里建立起来的纯朴友情，顿时烟消云散。

于是，陈胜始料未及的事情发生了："诸陈王故人皆自引去，由是无亲陈王者。"

陈胜开始亲离众叛。[1]

---

[1] 吕思勉先生在《秦汉史》中论到此事时，认为陈王故人皆引去之类话"虽不足信，然可见陈王不任所私昵；惟不任私昵，乃能广用贤才，汉高实以此成大功，安知陈王非其人，岂得以成败论英雄乎？"卓然成一家之言，特予录出。若秉公论事，自然不应杂入私情，但陈胜的特殊出身和经历，又不容他一刀斩断其间联系。由此也可看出，陈胜在处理此等事时，确实陷入了两难境地。这大概是人在历史面前常常会显出无奈的众多实例之一吧？

他内心一定非常恼火，恨别人竟敢如此不尊重他这个大王，而他对他们不都是恩泽普施、赏赐有加吗？一个古老的规律开始在这个时候作用起来：当正直之士离散而去时，巧佞之徒便会浮萍似地依附拢来。这时陈胜旁边便出现了专以谄媚为能事的两个人：朱房，胡武。陈胜任前者以"中正"，任后者以"司过"，专让他们去主司群臣。这下可热闹了：将领们在外面攻城略地，回到陈城来复命，只要稍有不合这两个人的意，不是鞭打责罚，便是捆绑治罪。陈胜却以为只有这两人对自己最忠诚，结果是："诸将以其故不亲附。"在这种情况下，连陈胜的老丈人也说："怙强而傲长者，不能久焉。"

陈胜终于没有能够超越从田垄到宫殿的距离，仅在自封的王位上坐了六个月，他的人生和事业便开始走向终点。

得到西进第三路军全军覆没、主将周文自刭身亡的战报不过三五天，有使者从荥阳前线飞马而来，呈上一只木函，陈胜打开一看，不由大惊：竟是刚割下不久的吴广的头！

吴广率领的西进第一路军，久攻荥阳未下。部将田臧等认为，周文兵败，秦军很快会来解荥阳之围，那时就将造成极大被动。不如只留少数兵力围荥阳，集中主要精兵去抵御秦军。又觉得吴广很骄横，已经无法与他计议这样的事，所以索性假借陈王的命令把他杀了，特把首级送来呈上。

这可是一个极严重的事件啊！

吴广不同于那个傻乎乎地从乡下来看望陈胜的耕田伙伴。

吴广在大泽乡与陈胜共同起事，并被封为假王，在义军中地位仅次于陈胜。现在他却无辜被部将杀死了。这颗血淋淋的头颅是个棘手的烫山芋，且看你作为义军领头人的陈胜，如何来作出回答。

也许是两位首领间因权位之争而原本互存猜忌，也许是事出无奈不得不将错就错，总之是陈胜作出的反应既不明智，也不策略：赐田臧以楚令尹印绶，并任命他为上将。

这样处理只能助长一种离散心理。

此后田臧让部将李归留下来守荥阳，自己率领精兵到敖仓去迎战秦军。不久，两军均被章邯率领的秦军击溃，田臧、李归也先后战死。

与此同时，秦军则除章邯所率领的骊山之徒数十万兵力外，又调回了原戍守在北边以王离为主将的数十万军队，两军紧密配合，在接连对义军发起的猛烈反击中，屡屡得胜。这样，坐镇在陈城的陈王收到的只能是一连串败亡的战报：南路攻打九江郡的主将邓宗被杀；西征第二路军宋留在新蔡遭秦军围困，不得不全军降秦，宋留被押解到咸阳车裂示众；邓说在郏、伍徐在许，也分别被秦军击败，只有少量散兵逃回陈。

至此，陈胜所派遣的各路军队，除北路武臣自立为赵王外，其余几乎全都以失败告终。而在这期间，各地原六国宗室之后，则在纷纷扰扰的相互争战倾轧中，先先后后宣布成立了各自的"国"。除了武臣、张耳、陈余的赵国外，还有：魏国后裔魏咎，在由陈胜派去的周市军的支持下立国称王；赵王武臣派韩广去攻略燕地，韩广却在燕人的支持下自立为燕王；原齐国宗室田儋，也趁机在狄县自立为齐王；项梁应张良之请，立韩公子韩成为韩王。这也就是说，在旧的战国纷争局面结束了十三四年以后的华夏大地上，这时候又出现了一个更为纷乱的新"战国"。

秦二世元年（公元前209年）十二月，章邯率师乘胜紧逼起义军根据地陈城，陈胜所部均已溃不成军，只好派上柱国蔡赐率领残师出城迎战，另派张贺在城西策应。但秦军来势凶猛，义军如何抵挡得住。兵败，蔡、张皆战死。

陈胜带着少量随从，逃出已经陷落的陈城，向东南退到汝阴，再折向东北至下城父。《史记·陈涉世家》在这里用了"还至"二字。的确，陈胜的这条败退路线恰好是他半年前的进军路线，只是方向相反。下城父离大泽乡也只有百里之遥了，这位农民起义军领袖是否有回大泽重整旗鼓、东山再起的意图呢？可惜我们永远无从得知了，因为就在这一天他倒在了下城父（今安徽涡阳县东南），从此不再起来。

陈胜不是死在战场上，而是被他自己的车夫暗杀的。此人名叫庄贾，目的是拿着主人的头颅去投降秦军，可能是为了讨得一官半职。

从大泽乡掀起的反秦怒涛，震撼了全国，一时间响应者如雨后春笋，自称或拥立为王者，遍布四方。具有戏剧意味的是，称王者大多为当年秦所灭六国后裔，从表象看，仿佛又回到了列国争雄的战国末期。而最初的以农民为主的大泽乡起义军，经过一年多的激流回荡，如今跌落到了最低点。

高潮固然能催人激奋，低潮却更引人思索。

大浪淘沙。历史老人冷静地注视着一切。他在筛选，在等待：谁将有资格成为下一轮更大高潮的弄潮儿呢？

第一次高潮的余波是这样的——

陈胜被杀害后，他原来的侍臣、此时已担任了将军的吕臣，组织起一支以青布缠头的苍头军，拼死攻下陈城，杀了叛臣庄贾，重新在城头升起了"张楚"大旗。但不久，陈城又为秦军所破。百折不挠的吕臣率领残部，与在鄱阳湖一带活动的黥布起义军会合，再次夺回陈城。最后，当第二次反秦高潮起来时，吕臣率军与主力部队会合，那主力部队的领头人分别是项羽和刘邦。

# "刘项原来不读书"[1]

## 寻个牧羊郎来当楚怀王

大泽乡发出怒吼后两个月，即秦二世元年（公元前209年）九月，位于东海之滨的会稽郡（治吴县，今苏州市；辖原吴、越地）假守殷通，派人把项梁召来，说是有要事相议。

项梁便是著名已故楚将项燕之子。因为杀人，逃避仇家，来到会稽郡。每次郡里有大的徭役或丧葬一类事，项梁经常被邀请来做主办人，在他筹划组织下，事情总能办得妥帖周到，项梁也因此出了名。其实他的真正心志，则是为父报仇，反秦复楚。因而常常借操办众人之事的机会，暗中运用兵法原理部署和组织宾客子弟，为将来一旦起事做准备。

项梁应召来到郡里，殷通屏退左右郑重说道：蕲陈失守，江北皆叛，看来天意要亡秦了，不知足下有何高见？

对殷通的问话，项梁在应邀来的路上已料到八九分。但想到对方毕竟是秦二世委任的假守，不可唐突从事。便故意敷衍一句说：纵使天意亡秦，其奈人事何？

殷通似乎有些迫不及待了，说：有道先发制人，后发则为人所制。通思谋再三，决意乘机发兵起事，足下可否助我一臂之力？

项梁不由一阵高兴，且说道：如此大事，望公三思。若公意已决，梁自当效命。

殷通说：时势迫人，不由不决。有道千军易求，一将难得。眼前最紧要的是择将之事。当今将才，唯足下与桓楚二人，可以当之。可惜桓楚因犯罪逃离会稽，至今不知下落。

项梁一听已是计从心出，便说：桓楚下落，确实无人得知。但侄儿项籍，生性无赖，广交客友，定知桓楚去处，要找也不难。

殷通大喜，说：令侄既知桓楚行踪，烦他一往，代为请来。

项梁说：如此明日梁当嘱籍来谒公，面受公令。

项梁之侄项籍，字羽，就是后来赫赫有名的西楚霸王。史书没有记下项羽的父母，很可能他是由叔父项梁抚养成长的。项梁让他学书，历年无成；又改为学剑，也无所成就。

---

[1] 唐代章碣诗《焚书坑》："竹帛烟消帝业虚，关河空锁祖龙居；坑灰未冷山东乱，刘项原来不读书。"

项梁怒而责之，项羽却说：学书有甚大用，无非自记姓名罢了。学剑虽可护身，也只敌得一人。一人敌何如万人敌，侄儿愿学万人敌！项梁说：你既有此志，我就教你学兵法。项羽大喜。但也只学了个大意，不肯再用心研习。项羽年至及冠，身长八尺，力能扛鼎，才气过人，郡中青年人都很敬畏他。那一回秦始皇巡游全国时，来到会稽郡。项羽望着秦始皇那种威严的气势，忽然脱口说道："彼可取而代也！"（《史记·项羽本纪》）在一旁的项梁连忙捂住了他的嘴，警告他如此妄言将会带来灭族之祸。但项梁也因为项羽说了这句话而越发看重这个侄儿了。

第二天清晨，叔侄二人计议停当后，便一起动身前往。来到郡衙，项梁嘱咐侄儿静候门外，待宣而入，切勿任性误事。项羽点头答应，项梁才进谒郡假守，报称项羽已在门外待命。殷通召进，项羽行礼后恭立于一旁。殷通见项羽体躯雄伟，不由赞道：好一伟岸之士，不愧为大将军项门之后！

项梁说：徒有一表，何足过奖！

殷通刚要授命，项梁向项羽使个眼色悄声说：动手吧！项羽应声从怀中嗖地一下抽出藏剑向殷通砍去，首随剑落，尸身倒地。

项梁俯检尸身，解下所佩印绶，挂于自己腰间，提着假守头颅与项羽一起出来。门下大惊，混乱间，数十武士各执凶器冲来。项羽立马横眉，一声叱咤，举剑四挥，剑光闪处，数颗头颅四散滚落。合府上下，全都慑伏。

于是项梁便告谕全衙，嬴秦暴虐，郡守贪横，为此不得不为民除逆，改图大事。众衙吏已是惊恐莫名，哪里还敢说半个不字，只是连声应诺。项梁又召集城中父老，申述大义，父老等自然也都同声听命。这样不过一日，全城已定。项梁自任为会稽郡守，项羽为裨将。遍贴文告，招募兵勇。又访求当地豪杰，让他们担任校尉、司马。其中有一人不得充选，心有不服，责问为何不能任以某职。项梁说：选人任事，唯以才能为要。我不是不想用你，只因前日某处丧事，请你帮办，你尚且无力尽职；如今欲举大事，关系至巨，岂可轻易用人！一番话说得此人无言可对，众人更加敬服。接着，便派项羽引兵数百到郡属各地招安。此时项氏一门英名大振，无人胆敢反抗，却有从四处赶来投奔马前，愿随麾下，其中就有郡假守原想寻访的桓楚。项羽一并收纳，计得士卒八千，个个勇武精壮，强悍无敌。这便是所谓"江东八千子弟"，以后追随项羽南征北战，威名遍扬天下。

项梁、项羽起事后，始终尊陈胜为首领，统一在"张楚"大旗之下。他们率领八千起义军北渡长江后，先后与陈婴、黥布和蒲将军等几支义军汇合，此时已达七八万之众，在下邳（今江苏睢宁县西北）安营扎寨，不断扩展势力。这样，在陈胜衰落之后，下邳便逐渐成为新的反秦力量中心。

这时候，原曾接受过陈胜统辖的广陵人秦嘉，听到陈王溃败的消息，便自己找了个原楚国宗室之后景驹为楚王，驻扎在彭城以东地区，想要拒抗项梁、梁羽的北上。项梁宣布说：陈王首先起事，应成为义军之首。如今虽已战败，可能还在某个地方。秦嘉背陈王而立景驹，便是叛逆无道！当即发兵进击秦嘉，并在胡陵地方将他杀死，收编秦嘉所部。

接着，项梁、项羽率兵由胡陵西进，与章邯率领的秦军进行了第一次交锋。项梁派朱鸡石和余樊君出击。两将均遭惨败。项氏叔侄则在此时各自获得了不小的胜利：项梁取得了薛城，项羽攻下了襄城。襄城秦军曾作过顽强抵抗，项羽攻下后，竟将守城士卒"皆坑之"：全都活埋了！项羽这个第二次反秦高潮中的扛鼎人物，生性有粗野残忍的一面，这类一怒之下做出的暴虐事件，以后还将屡有发生。这也正是他最终败亡自刎乌江的一个重要原因。

项梁进驻到薛城。

这一天，有个男子带着百余骑士卒，满身征尘，行色匆匆赶来进谒项梁，开头第一句话便是：愿向明公，乞师救急！

项梁见此人隆准丰颜，生相不凡，却并不相识。问过姓名，才知道原来就是响应陈胜起义在沛县起事的刘邦。刘邦率三千子弟据守于丰（今江苏丰县），秦帝国的泗川监平率兵攻丰，被刘邦击退。后来刘邦命部将雍齿守丰，自己率主力向外扩展。不料，雍齿经不起威胁利诱，以丰城投降了在周市支持下以魏咎为王的魏国。刘邦数攻丰未下，急切中便来请求项梁救援。项梁当即慨然允诺，拨出五千士卒，并配以十员将领，刘邦万分感激，统领将士匆匆而去。

项梁得到确报知陈胜已死，便召集各路将领来薛城计议大事。

居巢（今安徽巢县东北）地方有位年已七旬、善出奇计的老人，名叫范增，这时进城来拜见项梁，说了载录于《史记·项羽本纪》中的这样一番话——

陈胜败固当。夫秦灭六国，楚最无罪。自怀王入秦不反（返），楚人怜之至今，故楚南公曰："楚虽三户，亡秦必楚"也。今陈胜首事，不立楚后而自立，其势不长。今君起江东，楚蜂午（蜂拥）之将皆争附君者，以君世世楚将，为能复立楚之后也。

所谓陈胜之败原因全在不立楚后，秦灭六国、楚最无罪，楚虽三户、亡秦必楚等等，自然都是楚民观点、楚民心理，并非各地全都如此。但在秦始皇兼并六国决战中，疆域最大、人口最多的楚国反抗最烈，这又确是事实（参见前六章四节）。这种反抗及尔后作出的牺牲，在遭到类似命运的列国民众心里自然很容易产生同情和共鸣，并渐渐积聚成为一种潜在的反秦力量。再考虑到项氏原本楚国名将项燕之后，而且又是在楚地起事，作为一种策略，范增的进言就有相当的合理性。项梁采纳了他的建议，于是便发生了本书六章四节中已约略提到过的寻个名叫心的牧羊郎来当楚怀王的事："乃求楚怀孙心民间，为人牧羊，立以为楚怀王，从民所望也。"（同上）这个"复活"的楚怀王和楚国，建都于盱眙（xūyí，今江苏淮阴西南），实际领导权则在项氏叔侄手里。

再说刘邦借得项梁援军，攻下丰城，传集父老子弟，都要以雍齿叛变为诫。又筑城设堡，留兵扼守，随即向薛城告捷，送还援军。恰好项羽攻克襄城凯旋而归，刘、项这两位最终埋葬秦帝国的非凡人物，第一次在薛城相见，时间是在秦二世二年（公元前208年）五、六月间，即陈胜被杀害半年以后。项、刘会合标志着第二次反秦高潮即将到来。

这年七月，项梁率军北进接连取得大胜：在陈阿把章邯军打得大败；在濮阳之东又破秦军。八月，项羽、刘邦部队在雍丘再败秦军，杀死三川郡守李由。接着，项梁所率主力军经过一场激战，攻下了定陶（今山东定陶西北）。定陶是战国时期著名繁华都会，秦帝国时仍为东方重镇。这些胜利的连续取得，使得项梁颇有骄色，进入定陶后，一连几日纵情饮乐，军纪松弛，滋长了轻敌情绪。当时有个谋士曾提醒过项梁，但项梁听不进去。两军在激战中，双方的动静都不能瞒过紧密监视中的对方耳目。章邯获得义军的这些动向后，经过周密准备，来了一次深夜偷袭，结果义军大败，项梁被杀，定陶又回到秦军手里。

正率兵在攻打陈留的项羽、刘邦听到项梁兵败消息，与原陈胜侍臣吕臣所率军一起，立刻回师东向至彭城（今江苏徐州市）集结。项、刘及吕各率一路军分别驻扎于彭城之东、西及砀郡，结成犄角之势，接着又把楚怀王从盱眙迁来彭城，任吕臣为司徒，吕臣之父吕青为令尹；任刘邦为砀郡长，封武安侯；封项羽为长安侯，号鲁公。这样，起义有了一个较为稳固的中心，便于发布统一的指挥和号令，正如司马迁在《陈涉世家》中所说："陈涉虽死，其所置侯王将相竟亡秦，由陈涉首事也。"薪尽而火传。几经曲折的起义军，终于走出了低谷，现在就要发起宏大的攻势了，而主宰第二次反秦高潮的核心人物，便是项羽和刘邦。

## 倒了霉的白帝之子

这一小节，该着重说说刘邦。

刘邦，字季，沛县丰邑人。《史记》本纪说到他的形貌品性时，有这样一段话——

> 高祖为人，隆准（高鼻梁）而龙颜，美须髯，左股有七十二黑子。仁而爱人，喜施（施舍；周济），意豁如也。常有大度，不事家人生产作业。及壮，试为吏，为泗水亭长，廷中吏无所不狎侮。好酒及色。

一次，沛县县令的友人吕公，因避仇家从单父迁来沛城居住，城中官吏和名流都到他府上去祝贺。主持礼仪的沛县主吏萧何宣布说：贺礼不满千钱的，只能坐在堂下！刘邦作为亭长也去参加祝贺。他分文未带，却不慌不忙取出名札上书"贺礼万钱"，就这么投给谒者，昂然而入。吕公一看谒者呈上的名札上写着如此巨额贺礼，不由大惊，赶快亲自出迎。待见到刘邦一副丰盈轩昂状貌，尤为高兴。萧何和刘邦原就相善，此时自然也早已看出刘邦的把戏，便调笑一句说：只怕此人专好大言，吕公可不要只看貌相啊！诸吏也在一旁帮着讥诮，刘邦却应对如流，谈笑自若，反使吕公越发敬重，邀之上座，奉为贵宾。及至酒阑席散，众客告辞，吕公还盛情固留刘邦，一夕长谈后，竟然要将女儿许配给他。吕夫人责怪说：你平常总说我们这个女儿日后将大贵，沛县县令几次相求，你都不允，这回如何胡乱许与了无赖刘邦呢？吕公却坚持己见，说：此非尔等女子所可知也！吕公女儿名吕雉，也是巾帼一杰。后来刘邦做了汉帝国开国皇帝，吕雉被封为皇后，曾助刘邦杀韩信、彭越等诸侯王。刘邦卒，在其子惠帝继位及死前后，吕后临朝称制，智深计险，手段残忍，实际执政达五六年之久。

以上还只是刘邦的一些轶事，对他一生具有决定意义的事是一次赴咸阳的公差。

那是秦始皇死后第二年，秦二世发诏加筑骊山始皇陵墓。刘邦作为泗水亭长，为沛县押解着一批刑徒到骊山去服劳役。这样的差使，刘邦此前也曾办过几次，这回不同的是，一出县境就有人逃亡。住了一夜旅店，第二天早晨一点数，又少了几个。刘邦也不严责，只是一路走一路想，如此下去，只怕到骊山时已逃个精光。这一天来到丰乡西向的大泽中，看到有个酒亭，一向好酒的刘邦就不想再走了，坐下来喝酒解闷，叫刑徒们也就地休息。这么喝到黄昏，已有几分酒意，心中勃郁不平。记得前些年去咸阳服徭役恰好看到秦始皇出巡那种威风样子，不由发过"大丈夫当如此"的感慨；可这一年他已经四十八岁，依旧还干着此等苦差，难道能就此蹉跎一生吗？一时兴起，便对众刑徒说道：诸君到得郦山，也是死多活少，我如今一概释放各位，让你们自己找生路去，不知可好？

众刑徒开头当是戏语一句，谁也不作认真回答；及知出自真心，全都感激涕零，纳头便拜。刘邦为他们一个个解缚，挥手令去。众人欢呼一声而散，不一会却又大半走了回来说道：公不忍我等去送死，慨然释放，此恩没齿难忘。只是我等不明白：公将如何回县去销差呢？

刘邦又将一大碗酒一饮而尽，说道：我当然不会再回沛县去送死了，天下之大，总该有一栖身之处吧？有道大丈夫当以四海为家，邦又何患无家！

众人一听，越发感激。当即有十几位壮士甘愿留下来，誓死相从。刘邦很高兴，就收留了他们。

这日夜里，一行十余人，为避人耳目，披星戴月寻找偏僻小路鱼贯行进。径中多荆莽，沼泽泥泞，刘邦又醉眼朦胧，只得在左右的侍从下缓缓举步。这么走了一程，前面探路的回报说，此去有大蛇挡路，还是另找一条路吧！刘邦一听大声答道：壮士行路，岂有畏蛇挡路之理！便挣脱左右，大步急进，果然有巨蛇似长堤，横截路中。刘邦也不细辨，抽出佩剑，用力一挥，就将蛇砍成两段。众人拨开死蛇，继续行进。

到第二日天晚，来到一个去处，听人们在传说一桩奇闻，说是昨夜有人路过一条被砍杀的死蛇旁，见一老妪在那里哭得好生伤心。那人问她因何而哭，老妪说是有人杀了她的儿子。那人又问她儿子在何处被杀，老妪指指死蛇说：这就是我的儿子。那人很奇怪，说这蛇怎么会是你儿子呢？老妪说：我的儿子就是白帝的儿子，化成蛇在此道上，被人杀了。杀我儿子的人也是有来由的，他是赤帝之子！

众人听了都啧啧称奇，唯独刘邦听了暗暗高兴。随从们也因此对他更加敬畏。

刘邦杀白蛇的事，可见之于史书正式记载。推想起来，一种可能是也像陈胜、吴广的鱼书、狐鸣那样，是刘邦自己或随从者宣扬出来的；另一种可能则是后人的伪托。一个泗水亭长后来竟然成了大汉帝国的开国皇帝，人们总要把他的起义与陈涉或项羽说成不一样。你看他杀死一条蛇这样的寻常小事，竟也被说成了赤帝之子杀死白帝之子那样的神奇之事。后来更越说越玄：原来白帝是嬴秦氏族敬奉之神，因而杀死白帝之子，也就预示着将来他要灭亡大秦帝国！

有趣的是，读者诸君在七章一节已读到秦始皇在建立大秦帝国的同时，又按照嬴秦氏族的观念和地上帝国的模式，改造了天国的神灵系统。其中最重要的一项是，原为一方之神的白帝一跃而坐上了天国共主的宝座。在那里，笔者提醒一句说："白帝呀你也不要高兴得太早，过不了几年，你就将为这次僭越行为付出血的代价！"现在各位不是已经看到了吗？这代价便是白帝之子倒了霉，代父受过丧生在泗水亭长的利剑之下！

斩过白蛇的刘邦，与十几个壮士一起，暂时躲避在芒砀二山之间，二山相距仅八九里，因而常合称为芒砀山。山多峭壁绝岩，便于防守。刘邦避此一面等待时机，一面接纳临近豪杰，不过几月，队伍已扩展到近百人。

这时候，陈胜、吴广在大泽乡发难为天下倡的强大震撼力，已经冲击到沛县，往日气焰炙天的县衙门，如今已在狂风怒涛中瑟瑟颤抖。

沛县县令看到附近郡县黔首起事时，总是首先拿长官开刀，因而使他日夜提心吊胆，犹豫再三，最后才拿定主意举城归顺陈胜，便召集几个可靠的县吏来计议此事。此时分别在沛县任主吏和狱掾、后来先后成为大汉帝国名相的萧何、曹参，趁机向县令献议说：公本为秦吏，如今若背秦而降陈，再要率领沛县子弟，恐怕子弟们不会听从。不如先招收原来因罪逃亡在外的人，大概总可以招得数百人吧，作为依靠，这样便可压住众人，众人不敢不听从公之令。

县令听从了他们的建议，便派人四出招访。

原来萧、曹二人早与刘邦相善，他们向县令献议召回逃亡人的主要目的，就是要让刘邦出来主事。因而接着他们便进一步献计说，逃亡在外的刘邦最具豪气，子弟敬服，若赦罪召还，定然感激图报，可为公忠实辅佐。县令也觉得有理，只是未知刘邦踪迹，无从寻访。萧何又进荐说，有个在街头以屠狗为业的樊哙，是刘邦连襟，二人分别娶吕公的一对女儿吕雉、吕媭为妻，十分相得，估计樊哙定然知道刘邦的下落，命他去寻访事必有成。县令又依从了萧何这个主意。其实萧何自己何尝不知道刘邦逃亡去处呢？他这样做，无非是要把膂力过人、肝胆忠烈的樊哙引荐出来，成为起义的骨干力量。樊哙此后一直忠实地追随于刘邦鞍前马后，在危急关头保护刘邦，功勋卓著，汉初曾任为左丞相。

此时刘邦已在芒砀山隐避了八九个月。樊哙既得到县令明召，便用不着再像以前那样秘密联系，径自大模大样来到山中，通报了县令欲举城降陈的消息，并转达了萧何、曹参以为可以利用这一机会起义的想法。刘邦也觉得时机已到，事不宜迟，便率领徒众即日随樊哙起程。自芒砀山至沛县，有近两百里之遥。晓行夜宿，刚走过半，不意在渡口遇上正从沛县匆匆赶来的萧何、曹参。当即找了个僻静处，萧、曹二人急切说道：事情有变，请公切勿再回沛县！

原来沛县县令是个颟顸又多疑人物，睡过一宿，便反悔前日举城降陈的主意，又怕萧、曹等引来刘邦，发生变故，弄到不可收拾地步，因而关闭城门，并下令搜捕萧、曹，诛杀灭口。幸得萧、曹平日广为交结，预先有人通报，才得以逾城而出。刘邦听了却并不惊慌，说：承蒙二位远道来报信，甚为感谢。只是箭已在弦，不得不发。况且我有壮士百余，谅他也不敢轻易奈何于我。二位不如随同我等到城下察看一下如何？

萧、曹一听觉得还是刘邦有识见，便随同一起返回沛县。

此时的沛县，城门紧闭，城头武士执戈肃立，一派森严景象。

刘邦说：城虽守得严固，只怕城中百姓未必尽服县令。

萧何说：若能先投书函，广告城中百姓杀令自立，不难有人响应。只是城门未开，无法投递，这却如何是好？

刘邦说：这有何难！请公从速写来，我自有办法。

萧何倚马立就，把帛书交与刘邦。刘邦看过，将帛书系于箭上，向城头武士大声呼喊道：诸位不必自苦了，请速相互传告此书，便可保住全城性命！说罢张弓搭箭，嗖的一声，将帛书射上城头。这封《告沛县父老书》录于《史记·高祖本纪》，全文如下——

天下苦秦久矣！今父老虽为沛令守，诸侯（指各地义军）并起，今（即）屠沛。沛今共诛令，择子弟可立者立之，以应诸侯，则家室完（意谓可免被杀）。不然，父子俱屠，无为也！

城中父老果然很快行动起来，带领子弟攻入县署，杀死县令，大开城门迎接刘邦等入城。

刘邦召集众人来商议善后，众人推举刘邦为县令，背秦自主。刘邦很懂得所谓谦让之礼，知道那样做更能收揽人心，因而一再说明自己德薄才浅，不能完成父老子弟重托，还请能推举更恰当的人选。萧何、曹参等又都是文官，对自身顾惜较多，担心起事不成将会招来灭族之祸，也都推举刘邦。城中父老大多听到过一些刘邦将来会大贵的传闻，都拥推由他来担当此任。这样，刘邦就做了沛县县令。楚制县令称"公"，史书常称刘邦为"沛公"，就因了这个缘故。

秦二世元年（公元前209年）九月，即大泽乡起事后两个月，刘邦举行隆重仪式，宣布沛县响应陈胜、吴广起义，背秦自立。祀黄帝，祭蚩尤，杀牲衅鼓。因斩白蛇而有所谓赤帝之子杀白帝之子一说，所以色尚赤。特制大批赤旗，一时间全城皆赤。拜萧何为丞，曹参为中涓，樊哙为舍人。招纳沛县子弟共得两三千人，攻胡陵、方与，还守西距沛县约一百里的丰县。这以后便发生了上文提到过的雍齿投魏叛变、刘邦借得五千项梁军再度攻下丰城的事。

项羽、刘邦两军已经汇流。

一场大决战即将拉开。

义军和秦军都在寻找最佳的时机与战机。

## "先入定关中者王之"

项梁因屡屡得胜而骄傲轻敌，最后导致定陶之败。

现在又有一个人，也由于屡屡取胜而开始骄傲轻敌，看来他也将难逃溃败的结局。

令人不胜感慨的是，此人却正是战败了项梁的章邯。

章邯自受命首战周文，旗开得胜，继而率师东进以来，累建奇功；至定陶破项梁军后，他居然认为"楚地兵不足忧"，于是渡过黄河，率师北上，攻略的目标是赵国。

在这之前，赵国发生了一个重大变故，起因是属将李良的叛变。

李良原是秦小吏，武臣略定赵地称王后，李良归附了义军，并受命平定常山，立了大功。赵王再命他去略取太原，他率兵来到井陉，关塞秦军防守甚严，无法再进。正当李良踌躇着如何破关时，忽有名军中使者送来一书，还说是皇帝御书。

**皇帝赐书李良**：汝前曾事朕，得膺显贵，应知朕待遇之隆。今乃背朕事赵，或有不得已处，若能幡然知悔，弃赵归秦，当既往不咎，并予贵爵。朕决不食言！

《史记·张耳陈余列传》记此书为"秦将诈称二世"，原是一计。这位"秦将"为谁？没有明说。井陉已近北边，似乎不是称为"河南之军"的主将章邯，很有可能是原来驻守在北边以防匈奴并督造长城的所谓"河北之军"，其主将为著名秦将王翦之子王离。

李良读罢，不知其诈，偏是心旌摇动起来，犹豫中回师邯郸，想再请赵王增加点兵力再说。行至中途，见一长列卤簿威严地吆喝着迎面过来。前后有羽扇遮蔽，中拥着一乘銮车，颇有王者气势。李良心想在此赵地，除了赵王还有何人能如此风光？随即一跃下马，伏谒道旁，口称臣李良见驾。忽有从骑过来大声怒喝：大胆何人，为何不早早回避！跪着的李良稍稍一抬头，恰好那銮车在眼前一闪而过，隐约见座上并非赵王，而是一盛饰华服的女子。李良勃然而起，问左右随从刚才过去的究竟为何人，有认得的禀告说是赵王胞姊。原来这位王姊恰好喝醉了酒，没能认出赵良，因而命从骑发出了那样的责问。李良一向骄矜自负，顿觉满面羞惭，气愤地说：一个王姊，何以竟敢如此无礼！旁有裨将也愤愤地说：李将军威武远胜赵王，赵王也从不敢怠慢李将军。如今王姊乃一女流，反敢如此目中无人！李将军堂堂八尺，难道甘心屈身于一女子而不思雪耻吗？一番话更激起了李良满腔怒火，说声快追，纵身上马，挥鞭疾驰。眨眼间便追上王姊仪仗，不由分说，先砍倒几个随从，又奋剑直刺銮车。不意就此一剑，王姊已倒于血泊之中。事情到了这一步。李良已欲罢不能，索性勒转马头，率军直攻邯郸。邯郸毫无准备，李良军又原都为赵国旗号，所以如入无人之境，竟将赵王武臣和左相邵骚一并杀死。还算张耳、陈余有幸，得人通报，仓皇逃出，捡了条性命。后来章邯来攻赵时，李良便投奔归附了章邯。

武臣智能、声望平平，无法与张耳、陈余相比，当初仅仅因为他与陈胜相善，才让他做了北路军主将，后来又当上了赵王的。不用说，张、陈二人早已在觊觎这个王位，据《史记》二人合传记载，连部属也早已看出了他们这种内心："各欲南面而王，岂欲为卿相终已邪？"所以武臣之死，就张、陈本意来说，不啻天赐良机，借此可以去接近王位。但这两个人对为王之术都颇为精通，知道自己原本都为魏国大梁人，若自立为赵王是难以服众的；更好的办法，还是找一个平庸的赵国之后来当傀儡，实权则掌握在自己手里。

他们找到了，是原赵宗室的一个后裔，叫赵歇，让他当了赵王。又把国都从邯郸迁至信都（今河北邢台西南）。

赵国的这场内乱，让章邯找到了一个灭赵的好时机。

赵歇还没有在王位上坐稳，章邯统领的数十万大军已渡过了黄河。

秦军挟带着胜利者的威势，一进入邯郸，便将城郭夷为平地，又把城中百姓强行迁徙至河内。信都在邯郸之北，相距不过近百里地。这个连脚都没有站稳的新都，顿时起了恐慌。偏在这时候，陈余又北上收编军队未归，张耳便率众护卫着赵王弃新都仓促东奔到巨鹿（今河北平乡西南）。但他们前脚刚进，秦将王离后脚便追到，将巨鹿城团团围住。

紧接着，章邯军又从邯郸蜂拥而至，河南、河北两军在此会师。

于是便出现了《史记·张耳陈余列传》所描述的这样一种态势——

王离围之（指巨鹿）。陈余北收常山兵，得数万人，军（驻军）巨鹿北。章邯军巨鹿南棘原，筑甬道属河（与黄河连接），饷王离。王离兵食多，急攻巨鹿。巨鹿城中食尽兵少，张耳数使人召前陈余，陈余自度兵少，不敌秦，不敢前。

巨鹿危急，赵国震恐。

张耳怒气冲冲地写了一封信，派出张黡、陈泽两个使者设法缒出城去，送给陈余。信中责问陈余说：你我曾结刎颈之交，如今赵王与我命悬旦夕，而你拥兵数万不肯相救，所谓生死情谊何在？倘若你能守信，为何不快与我等赴秦军共死？

陈余读信后对两位使者说：我不是不肯救援，只是想到出击终究不能救赵，只是白白耗尽兵力罢了。我之所以不想现在共死，为的是将来为赵王、张君报复秦军。如今共死，就像以肉投饿虎，又有什么意思呢？

张、陈两位使者说：事情已紧急到这个地步，还空说将来做什么，要紧的是以共死的行动来表明自己的诚信！

陈余无奈，只得派出五千人让张、陈带领去尝试进攻秦军，结果是全军覆没，两个使者也同时战死。

尽管所谓"新战国"的列国也存在着种种利害冲突以至相互攻战，但它们毕竟都是属于起义军，秦帝国才是它们的共同敌人。因而巨鹿的危急不能不牵动着中原各起义国的心。

挣扎在死亡线上的巨鹿，接连设法向列国，首先是楚国发出呼救。一批接一批的赵国使者，狠命鞭打着汗湿淋淋的快马，急驰在中原纵横交错的驰道上……

这一天赵国使者的快马飞进了彭城。

彭城是一个古老的城邑。相传唐尧时封后来以高寿七百六十又七而著闻于世的彭祖于此，号为大彭氏国。现在它成了全国最大的义军中心。初具规模的宫殿上，牧羊郎出身的楚怀王正召集群臣商讨着军情大事。经过计议，认为已经到了义军与秦军进行最后大决战的时刻。因而作出了一项重大决策：在关东诸地与秦军展开全面交战的同时，决定再派一支军队西进入关去直接攻取咸阳。

派谁去率领这支西征军呢？

君臣上下都觉得这是一个难题。从彭城至咸阳，长驱数千里，其间将要碰到多少坚关险塞啊！何况即使幸而入关后，孤军深入也为兵法所忌，一年前周文的败局也还殷鉴不远。这就是《史记·高祖本纪》说的："当是时，秦兵强，常乘胜逐北，诸将莫利先入关。"

楚怀王见诸将面有难色，便提出了一个颇有诱惑力的许诺："先入定关中者王之。"

怀王话音刚落，当即有两员将领几乎同时站出来大声应答：末将愿往！

众人看时，年轻的一个身长八尺，英气逼人，他就是项羽。年壮的一个隆准宽额，美髯丰姿，他就是刘邦。

项羽又特为进说道：臣叔父战死定陶，此仇未报，誓不甘休。今愿请兵直捣秦关，上报吾主，下慰叔父九泉之灵。就使刘将军愿往，末将也决与同行，暂为前驱杀贼！

怀王听了既高兴却又有难处，一时不知派准去好。便暂时退朝，再作商议。

待项羽、刘邦一走，楚怀王身边的几位老将纷纷进言，把项羽与刘邦作了一番比较，认为项羽不足任，应当选择刘邦。据《史记·高祖本纪》记载，他们是这样说的——

项羽为人僄悍（同剽悍）猾贼。项羽尝攻襄城，襄城无遗类，皆坑之，诸所过无不残灭。且楚数进取，前陈王、项梁皆败。不如更遣长者扶义而西，告谕秦父兄。秦父兄苦其主久矣，今诚得长者往，毋侵暴，宜可下。今项羽僄悍，不可遣。独沛公素宽大长者，可遣。

楚怀王据此作出决定：派刘邦独自率军西进入关破咸阳。

在刘、项竞选中，项羽败下阵来了。依照他那"僄悍猾贼"的性格，当时少不得要大为光火一阵子的。

后来的事实的证明，无论楚怀王主观意图如何，他作出这样抉择还是正确的；但并非全像几位老将说的那样，似乎项羽此人只会捣乱，成事不足，败事有余。恰好相反，在即将到来的大决战中，正是项羽肩负起扛鼎大任，挡住了绝大部分秦军压力，才使刘邦得以较为顺利地西进入关，抢到了"入定关中"的头功。

项羽将要担当的重任，与刚才那匹飞入彭城的快马有关。

赵国使者接连发出呼救，楚怀王决定派项羽等率师北上救赵。

西进和北上两支义军，几乎在同一天从彭城出发。

现在秦帝国将面临来自两个方面的重击：如果说刘邦的使命将是用匕首刺向它的心脏的话，那么项羽的任务便是挥动长剑砍断它的四肢，预先剥夺它的反抗能力。

当亡国灭族的厄运已经笼罩咸阳宫上空的时候，秦始皇的继承者们又是如何作出反应的呢？

## 鹿是怎样变成马的

秦始皇撒手离去他创建的大秦帝国，被葬入骊山地宫已近三年。

在这期间，咸阳宫里最显赫、引人注目的人物，便是赵高。他的所有政敌都在他设下的机关圈套下先后丧生，如今他已经成了独霸朝政的权臣："二世拜赵高为中丞相，事无大小辄决于高"（《史记·李斯列传》）。这就是说，当初沙丘之夜他那个似乎还颇为遥远的理想，现在已全部实现。

这个精于权谋狡诈的人物，接下去还将有更出格的表演，趁这机会，想先对他的众说不一的身世作一点介绍。

《史记》没有为赵高单独立传，对他身世较为系统的介绍是在《蒙恬列传》里的这样一段话——

> 赵高者，诸赵疏远属也。赵高昆弟数人，皆生隐宫，其母被刑僇，世世卑贱。秦王闻高强力，通于狱法，举以为中车府令。高即私事公子胡亥，喻之决狱。高有大罪，秦王令蒙毅法治之。毅不敢阿法，当高罪死，除其官籍。帝以高之敦于事也，赦之，复其官职。

这段话的要点是：一、赵高祖上原为原赵国王室疏远的亲属，但陷入卑贱已有好几世，他和他的兄弟们都生于"隐宫"；二、赵高很有办事能力，又精通狱法，且善于钻营，秦始皇任他为中车府令，他私下里又侍奉公子胡亥，因而又成为胡亥之傅；三、赵高犯过死罪，秦始皇因他办事勤勉，赦免了他，仍让他担任中车府令。

但这段引文也留下了不少疑问。如赵高因何而犯死罪，史书无录，令人不解。郭志坤在《秦始皇大传》中说赵高"为了改变地位而玩弄权术，触秦法"，这当是一种猜测。还有，赵高犯了大罪，明明是秦始皇令蒙毅治罪的，可真要绳之以法时，秦始皇又赦免了他，且官复原职，似乎有违常情。不知另有什么原因，等等。其中，人们疑惑最多的是"兄弟皆生隐宫"和"诸赵疏远属"两事。

关于"兄弟皆生隐宫"，《史记索隐》说："谓隐宫者，宦之谓也。"既是宦官，自然失去了生育能力，因何还有子女呢？《索隐》接着又作了引申："盖其父犯宫刑，妻子没为官奴婢，妻后野合所生子皆承赵姓，并宫之，故曰'兄弟皆生隐宫'。"据此，赵高也是受过宫刑的；但后文将提到赵高有一个名叫阎乐的女婿。既有女婿必有女儿，那女儿又是怎么来的呢？按照《索隐》的说法，只好假定赵高之妻也是"野合"而生。

不仅如此。如果认定"隐宫"就是受过宫刑的宦官，那么《史记·秦始皇本纪》中有一句"隐宫徒刑者七十余万人，乃分作阿房宫，或作丽山"，这话又该作何解释呢？难道受过宫刑的人竟会有"七十余万"这样一个庞大的数目吗？

但多少年来，人们即使心有疑虑，因无确据，只好因袭《索隐》的说法。

直到1975年云梦秦简出土后，这种情况才很快有了改变。杂简中法律部分多处提到"隐官"之名，如——

> 工隶臣斩首及人为斩首以免者，皆令为工，其不是完者以为隐官工。
> 将（伺）人而亡，能自捕及亲所知为捕，除毋罪，已刑者处隐官。
> 可（何）罪得处隐官？群盗赦为庶人，将盗戒（械）囚刑罪以上，亡，以故罪论。断

右趾为城旦。后自捕所亡，是为处隐官。它罪比群盗者，皆如此。

据此，学者们怀疑《史记》中的"隐宫"系"隐官"之误。

关于"隐官"，马非百在《秦集史》中认为它似乎是一个收容受过刑罚后因立功或其他原因而获得赦免的罪人的机构；处于隐官之人仍非完全自由民，且必须做苦役，大致犹如后世罪犯刑满后继续强留于劳改工厂、劳改农场一类。这样，所谓赵高兄弟"皆生隐宫"，应是其母一度受到刑罚，后来获得赦免，但还得处于"隐官"，此后她生了赵高兄弟数人。

若依此新说，赵高所以有女婿，修造阿房宫和骊山陵墓之"隐宫刑徒"多至七十余万，均可冰释。疑问全解了吗？还是有。《史记·李斯列传》中记二世说"夫高，故宦人也"、李斯说"夫高，故贱人也"这样一类话。司马迁这样写时，当是认定赵高是个阉人，也称寺人，也即通常说的太监。马非百解释说，这里说的"宦人"，"当是指赵高曾早事二世，受诏教以法事而言"，但二世特别是李斯说话的口气是很轻贱的，则又与"受诏教以法"这样堂堂正正的职务对不起来。要消除这条疑问，除非确认《史记》不仅错把"隐官"写成了"隐宫"，还误称赵高为宦人即寺人。但又缺少这样确认的可信根据。

再说关于赵高为"诸赵疏远属"的事，也令人生疑：赵高既为"诸赵疏远属"，就多少与王室沾了点边，那又怎么会"世世卑贱"呢？基于这一疑问，到了清代，有人忽发奇想，认为赵高原为赵国诸公子，就像当年越王勾践为了报仇雪耻不得不忍垢负辱去臣事吴王那样，赵高也是为了替赵国报仇，才"自宫"赴咸阳去侍奉秦始皇的。所以赵高非但不是通常所说的奸诈小人，实在是打进秦宫内部的反秦大功臣，他的功劳甚至比张良等等还要大。如清人欧阳轩还写过这样一首诗——

*当年举世欲诛秦，*
*那计为名与杀身！*
*先去扶苏后胡亥，*
*赵高功冠汉诸臣。*

不能肯定说这种可能性绝对不存在，不过这类说法大多出于宋明以来，距离秦代已相当遥远，又没有提供确切的佐证材料，估计多半出于想象。这种想象的背后，则是后人因对秦帝国暴政的愤恨，从而把同情转向了被灭亡的六国。

无论赵高身世如何，有一点却是肯定的：他并没有因为沙丘理想的全部实现而止步，恰恰相反，他的欲望正因此而大肆膨胀。如果说过去他还不得不依赖秦二世这块牌子来逐个除去政敌的话，那么如今已不存在任何别的政敌的情况下，再保存这块牌子就显得有些累赘。这个世世卑贱，又犯过死罪，幸得秦始皇赦免才存活下来的中车府令，如今居然大胆地把眼光投向了大秦帝国的皇位！

但他毕竟还有点心虚胆怯，怕群臣不听从。他想先试试自己在朝堂上说话的分量。于是想出了一个奇特的办法，那便是流传至今的一个典故："指鹿为马"。

《史记·秦始皇本纪》在秦二世三年（公元前207年）下作了这样记载——

八月己亥，赵高欲为乱，恐群臣不听，乃先设验，持鹿献于二世，曰："马也。"二世笑曰："丞相误邪？谓鹿为马。"问左右，左右或默，或言马以阿顺赵高，或言鹿。高因阴中诸言鹿者以法。

赵高试验出来了，群臣对他有三种不同态度。最称他心的自然是曲意阿顺把鹿说成马的那些人。其次是保持沉默的人，他们虽然不肯屈从，却也不敢公开反对。第三种竟敢公然对抗把鹿说成鹿的，赵高在暗中一概将他们绳之以法，严惩不贷。其中被他处死的，当不在少数，只是未留下姓名。《史记志疑》引《汉书·京房传》记下了一个名叫正先的人："秦时赵高用事，有正先者，非刺高而死，高威自此成。"

最可笑的是秦二世。赵高指鹿为马，二世非但不怀疑赵高，反而倒过来怀疑自己是否神智出了毛病："二世惊，自为惑，乃召太卜，令卦之。"太卜也是赵高一路人，居然说秦二世是由于春秋郊祀和宗庙祭祀时"斋戒不明，故至于此"。二世完全听信了太卜的话，"乃入上林斋戒"。

秦帝国确实气数已尽。

上面说到项羽、刘邦将分别从体外欲致秦帝国以死命，但如果帝国还像初建立时那样具有健康强壮的肌体，又何惧于区区两路义军呢？

致帝国死命的是帝国自身。是它体内出了毛病，而且不是一般毛病，它已经病入膏肓了[1]，而那个隐藏于膏肓之下的病魔，便是赵高。

听，丧钟响了！

丧钟为还不满十五周岁的大秦帝国而鸣。

---

【1】病入膏肓：据《左传·成公十年》记载：晋景公得了重病，急请秦国名医叫缓的来诊治。缓还没有来到，景公就做了个怪梦，梦见由病魔变的两个童子在那里对话，其一曰："彼良医也，惧伤我，焉逃之？"另一曰："居肓之上，膏之下；若我何？"医来，曰："疾不可为也！在肓之上，膏之下，攻之不可，达之不及，药不至焉，不可为也！"

# 咸阳怒火：大秦帝国的葬礼

## 破釜沉舟与巨鹿大捷

项羽在救赵的巨鹿大战中写下他个人生命史、也是整个反秦战史上最辉煌的一页。但这支军队从彭城出发时，主将却不是项羽。

也许是老将们对项羽那个"为人僄悍猾贼"的评价起了作用，也许是楚怀王原本就对项氏专权心有不满，如今项梁一死，他便乘机来收项氏之权[1]，因而作出的人事安排是："怀王乃以宋义为上将军，项羽为次将，范增为末将，北救赵。"（《史记·高祖本纪》）

宋义此人为何一下子受到怀王如此器重呢？其中有个插曲。

上文提到，项梁攻下定陶后颇有骄色，当时有个谋士曾提醒过项梁，但项梁不听，这个谋士便是宋义。后来宋义因事出使到齐国去，路上恰好碰到齐使高陵君来楚，宋义便说：足下是要去见我们主将项梁吧？高陵君说：是的。宋义又说：我料定项将军必败。足下若是慢慢走可以免祸；走得快就难免受到连累的。几天后项梁果然遭到章邯夜袭而军败身亡，这使高陵君大为钦佩，便在楚怀王面前说：兵未战而能够预见败兆，像宋义这样才真正可以称得上"知兵"！这事给怀王留下极好印象，因而这回发兵救赵便拜宋义为上将军，并称之为"卿子冠军"，救赵诸将皆由宋义统领。

但后来的事实证明，宋义别有隐衷，不能当此重任。

这支救赵部队渡过黄河，抵达漳河南岸的安阳后，宋义便下令驻扎下来，不再行进。

一住，竟住了四十六日！

安阳离巨鹿还有三百余里地，数万名救赵楚军，竟就这么隔漳河北望，眼看着巨鹿危在旦夕，宋义却还有闲心来一个隔河观虎斗！

这时候，燕、齐等等其他十余支义军的援兵也已来到，也都只是驻扎在巨鹿附近，不敢出击。章邯、王离南北联合的秦军气势愈壮，攻城日急。

历史出现了与五十余年前秦昭襄王以数十万之众围攻赵国国都邯郸极为相似的一幕

---

[1] "收权"一说，首先提出的为吕思勉，详见其所著《秦汉史》。

（参见前三章四节）。那时也是邯郸危在旦夕而诸侯援军因畏秦而不敢发兵；那时也有一支将起决定性作用的援军驻扎在远离前线的安全地带静静观望，只不过那时是魏军，如今是楚军。那时统率魏军的主将是晋鄙，这回统率楚军的主将是宋义；那时发生了一个信陵君窃符杀晋鄙救赵的故事，那么这一回呢？

这一回扮演信陵君角色的将是项羽。

在滞留安阳四十六日这段时间里，项羽几次催促宋义火速率军北进击秦，宋义却一概不听。

项羽说：秦军围攻甚急，我军既已来援，理应从速与秦交战。我为外合，赵为内应，秦围必破。如何能久驻此间，坐失良机呢？

宋义说：这你就不懂了！俗话说得好：若要拍死牛背上的大虻虫，就顾不得牛毛下的小虮虱。我们的目标是"秦"这只大虻虫，就不能只想到"赵"这只小虮虱。如今秦、赵在那里相互厮杀，这对我们正是件大好事。秦军若是战胜了赵军，我们正好趁它疲惫不堪时攻击它；倘使赵军战胜了秦军，那就更好，我们便可乘机向西挺进，一举攻灭秦帝国。这就是我所以按兵不动的主意所在。这么看来，若论披坚执锐，我可能不如足下；要说运筹决策，足下还远不如我宋某呢！

说罢拊掌大笑。

项羽催促得多了，宋义感到厌烦起来，索性向全军下了道军令：

猛如虎，很（通"狠"）如羊，贪如狼，强不可使者，皆斩之！（《史记·项羽本纪》）

项羽看出这军令分明是冲着他来的，直气得怂怂而出，北望漳河，长叹不已。

时令很快进入严冬。雨雪交加，刺骨寒风直透军营。士卒们一个个既冻又饥，都渴望渡过漳河去一战。

偏在这一天，宋义的儿子宋襄要到齐国去做宰相，宋义动用了数百车骑，浩浩荡荡一直送到无盐，又饮酒高会，猜五喝六，热闹非凡。项羽早已积愤充膺，眼前又看到如此情景，哪里还遏制得住！便对着宋义和众多宾客大声说道：今岁年荒民贫，士卒食芋菽尚且不得一饱，又兼衣单袭薄，饥寒难熬。列位将军，我等不图早日引兵击秦救赵，使士卒得以享受赵地给养，却在这里饮酒高会，这哪里还有一点为将之道呢？

宋义没有想到项羽竟会在这个喜庆场合下给他难堪，待要发作，又碍于有众多宾客在场，只得强笑着说道：项将军莫非是酒已过量好忘事吧？我不是已经多次与足下谈过，我军之所以不仓促北进，原因就是要伺可乘之机而击之。听说项将军少时也曾就令叔项梁学过兵法，难道忘了兵法有"承其敝而击之"一说吗？

项羽砰然击案而起，厉声怒斥道：一派胡言！以强悍之嬴秦，围攻新立之赵国，犹若怒牛败嫩草，劲风卷残叶，赵国之亡，势所必然。秦灭赵则秦更强，又有何敝可承？况我楚国新遭败衄，王上坐不安席，尽发境内士卒而统属上将军，国家兴亡在此一举。如今上将军不恤士卒，但顾自乐；不思救赵，但顾私谋，这还能算是一个社稷之臣吗？

宋义哪里还忍得住，但看到项羽怒眉横目，按剑而立，却又不敢发作。酒宴不欢而散。

项羽一夜怒气难平。次日凌晨，大步走入上将军营帐，宋义尚在盥洗，项羽抽出佩剑，砉然一声，已将宋义劈死帐下。项羽提着宋义首级，向众人举示，宣布说：宋义与齐私通，谋反楚国，我奉楚王之命，已将他斩首！

说时，奋髯似戟，振喉如雷，众人个个生畏，哪里还敢有异议。当即有人应命，说：首先立楚王的，原是项将军一家。如今项将军诛逆有功，应该代任上将军，统辖全营，以便早日北进救赵。

项羽说：这也须禀明王上，静候旨意。

众将士说：军中不可一日无主，项将军不妨先摄行上将军之职，再候王命不迟！

于是诸将士便共拥项羽为假上将军。项羽发出的第一项命令，便是派人追上宋襄，一刀杀死。然后再派出部属桓楚，飞马报命怀王。怀王很可能还认为自己所选定的宋义是称职的，但鞭长莫及，也只好将错就错，承认项羽为上将军。项羽立即发令：遣黥布、蒲将军率士卒二万，即日渡过漳河，进军巨鹿救赵。上将军项羽之名，很快传遍各地义军，威震楚国，全军肃然。

前方传来了很难取胜的消息。赵国又发使来乞援。项羽毅然下令驱动全军连夜渡过漳河去。数百艘船只，在宽阔的河面急速地穿梭往返，不啻是架起了一座座浮桥。在这茫茫的风雪之夜，但见火炬点点，汇成一条火龙，滚动于南北河岸之间，蔚为壮观。

天寒地冻，河岸上铺着皑皑雪毯。

项羽骑着乌骓马在江畔来回巡视，下令让已经到达北岸的士卒，生起堆堆篝火用以取暖。

一夜忙碌，至拂晓，数万士卒、车骑和辎重，悉数渡到漳河北岸。

项羽立马横槊，望着在风雪中呜咽的漳河，望着河滩上堆堆篝火。

篝火吐着红舌，红舌舔着一个个纯朴的脸膛。

这些脸膛有许多是他熟识的，他们便是那些与他一起起自江东的八千子弟。其中有一些已在别的战场上流尽了他们最后一滴年轻的血。还活着的，此刻就要跟着他去进行一场吉凶难卜的大决战。如今他们离故乡越来越远了，每往北一步，就是又远离故乡三尺。山清水秀的江南啊，也许从此永远不能再见到……

突然一个成熟的想法，跳出了上将军的脑海。

他开始在心里计算行程。由此至巨鹿，已只有两百余里，要不了两昼夜即可赶到。这就是说，或者胜利，或者败亡，必须在三日之内见出分晓。

于是，上将军的一道紧急军令，立刻由裨将传达到全军——

所有渡河北来的船只，全部凿沉；

所有釜甑全部砸坏；

所有临时庐舍全部烧毁；

除了带足三日干粮以外，所有辎重全部抛弃。

有敢违抗此令者,立即处斩!

数万将士竟没有一个人说一句话。一股悲壮的气氛笼罩着全军。无数筋骨条条的手在挥动,却没有一点人的声音,只有轰然砰然船只被凿、釜甑被砸的声响,还有毕毕剥剥爆裂着的火焰在漳河上空横拖竖曵。

面对着数万无声肃立的将士,项羽,这条江东八尺汉子,咽下了激动的泪水,大声说了两句话:我等已经没有退路,不是我死,就是秦亡!随即拨转马头,率领全军,怒潮般直向河北平原冲去。

这就是项羽用他的胆识和热血创造的一个"投之亡地然后存,陷之死地然后生"(《孙子·九地》)的范例。由这个范例形成一个典故:"破釜沉舟",以其深刻的内涵激励了一代又一代的后人。

哀兵必胜。[1]

接下去,项羽军将成为巨鹿之战的胜家已属必然,因而也无需再作过多描述。下面是司马迁在《史记·项羽本纪》中对这场大决战的惜墨似金的概括——

于是至则围王离,与秦军遇,九战。绝其甬道。大破之,杀苏角,虏王离。涉间不降楚,自烧杀。当是时,楚兵冠诸侯。

这次大决战共有九个战役,项羽军个个以一当十,大获全胜。俘虏河北之军主将王离;其所属两员部将一被杀,一自杀。

由于直到此时齐、燕等十余支援军依然作壁上观,所以这次对攻灭秦帝国具有决定意义的巨鹿大战,几乎是由项羽统领的楚军单独完成的。这样到大战取得全胜,楚军与诸路援军之间便出现了古今战场上罕见的以下奇观——

诸侯军救巨鹿下者十余壁(营垒),莫敢纵兵。及楚击秦,诸将皆从壁上观。楚战士无不一以当十,楚兵呼声动天,诸侯军无不人人慴恐。于是已破秦军,项羽召见诸侯将。入辕门,无不膝行而前,莫敢仰视。

"诸侯军无不人人慴恐";诸侯将应召入辕门来见项羽时,"无不膝行而前,莫敢仰视",多么形象,多么深刻!这应该是中国古代历史文献中最具有经典意义的描写了。

被解救的赵王歇下令大开城门,率领群臣恭迎楚、燕、齐等义军将领,赵王亲自为项羽执鞭引马入城。

在一片欢呼声中,项羽被诸将奉为上将军,楚、燕、齐等义军全由他统率。

清代郑燮,也即因诗、书、画三绝,又有众多民间传说而在中国妇孺皆知的郑板桥,

---

[1] 语出《老子·六十九章》,原文为:"抗兵相加,哀者胜矣。"

曾以《巨鹿之战》为题，盛赞项羽在此战役中所取得的巨大胜利——

怀王入关自韋鞼，楚人太拙秦人虎。
杀人八万取汉中，江边鬼哭酸风雨。
项羽提戈来救赵，暴雷惊电连天扫。
臣报君仇子报父，杀尽秦兵如杀草。
战酣气盛声喧呼，诸侯壁上惊魂道。
项王何必为天子，只此快战千古无。
千奸万黠藏凶庆，曹操朱温尽称帝。
何以英雄骏马与美人，乌江过者皆流涕！

巨鹿大胜不仅对攻灭秦帝国具有决定意义，对项羽本人也带来了极其深远的影响。这一辉煌胜利的强烈光照，既确立了他在义军中无人敢于置疑的统帅地位，同时却也使他神昏志迷，自我膨胀，以为既不需要盟友，也不需要辅佐，只要一个"力拔山兮气盖世"的自己，便可称霸天下。因而不妨说，正是这场巨鹿大胜，埋下了他尔后垓下惨败、最终自刎乌江的种子——不过这么说下去已属楚汉战争因何刘胜而项败的问题了，还是放到我的下一部书稿《大汉帝国》中去说吧。

接下去要说的是还处在屡屡得胜、特别是定陶大胜兴奋中的秦军大将章邯。

现在乘着巨鹿胜利强大威势的诸路义军，就要在项羽的统一指挥下，向尚驻扎在棘原的章邯军发起总攻了。世间没有后悔药，章邯现在也尝到了骄矜轻敌的苦果。他曾经以为"楚地军不足忧"，可如今出现在他面前的楚军，却正是一道无法逾越的高墙。自东征以来，他第一次遇到了难与匹敌的对手，第一次感受到全军覆没的厄运正在向他迎面扑来，这该如何是好？

## 章邯将军举起了白旗

章邯正与长史司马欣、董翳等紧急商议对策，忽有咸阳特使赶到，宣读了一道谕旨，是秦二世切责章邯平息盗患不力的，说是区区乌合之众，因何征讨有年而未亟荡平，近闻巨鹿又新遭溃败，如何能如此玩忽，详情速报！

章邯大惊。他自然知道日夜泡在声色犬马中的秦二世是难得关心前线战事的，很大可能是一直想要陷害他的赵高，这回恰好抓到了巨鹿之败的把柄。如果真是这样，情势就变得非常危险。章邯立即派司马欣到咸阳去请事。临行前再三嘱咐，要尽可能设法面奏皇帝。司马欣日夜兼程赶到咸阳，结果却是"留司马门三日，赵高不见，有不信之心"（《史记·项羽本纪》）。司马门是咸阳宫外门，在宫垣之内，为兵卫住处。这就是说，赵高连宫门也不让司马欣跨进一步！

赵高为什么要这样做，《史记》未作说明。按常情推论，总是为了因争宠而忌功。从后来事件的发展看，还有另一种可能是赵高此时已在酝酿一个新的阴谋：杀二世而自立，再单独与义军媾和。无论属于哪种可能，总之是赵高已下决心要把坚决抗击义军的章邯推向绝路了！

司马欣在司马门一连等待了三日，不要说秦二世，连赵高的面也没有见到。他预感到再等下去将会有何等样的结局，立即还走棘原。这时候他使了个乖：不走原路，换了另一条僻静的小路走。赵高果然派人来追杀了，司马欣幸得有所防备，才侥幸脱险。回到棘原后，他向章邯报告说：赵高已在朝中专权，下面做事的再也不能有所作为。我等在这里如果战而不胜自然不免一死，即使战而能胜，赵高必然因妒功而陷害，也难逃一死。这就是说，战也死，不战也死；胜也死，不胜也死。请大将军仔细想想这种情况吧！

在一旁的都尉董翳，也认为司马欣说得有理，为今之计，战已无益，不如向项羽求和。章邯陷入了两难困境。

就在这时，从义军营地送来一信，拆封一看，系赵将陈余所写。

章邯大将军麾下：仆闻白起为秦将，南征荆楚，北坑长平，攻城略地，不可胜计，而竟赐死。蒙恬为秦将，北逐匈奴。开榆中地数千里，竟斩阳周。何者？功多，秦不能尽封，因以法诛之。今将军为秦将三岁矣，所亡失以十万数，而诸侯并起滋益多。彼赵高素谀日久，今事急，亦恐二世诛之，故欲以法诛将军以塞责，使人更代将军以脱其祸。夫将军居外久，多内郤，有功亦诛，无功亦诛。且天下之亡秦，无愚智皆知之。今将军内不能直谏，外为亡国将，孤特独立而欲常存，岂不哀哉！将军何不还兵与诸侯合，约共攻秦，分王其地，南面称孤，此孰与身伏斧锧，妻儿为僇乎？[1]

此信所述，与司马欣的报告，董翳的进言，竟是三口而同声！

是啊，无功亦诛，有功亦诛；战败是死，战胜也是死！章邯动摇了。他暗中派出军侯始成去见项羽，试探一下能否达成一个和约。不料始成很快被逐出楚营，逃了回来。

原来项羽一听要谈和约就雷霆大作，根本谈不拢。

这时候的项羽，因巨鹿一战杀出威风，气焰炙天。他是个血性刚烈汉子，却也极重义气。因自幼由叔父项梁抚养长大，一直敬重叔父如同生父。项梁为章邯军所杀，项羽誓报此仇，杀章邯头祭叔父亡灵。因而章邯派使约和，反而激起了这位上将军的一团怒火，立即派蒲将军日夜引兵渡三户，驻军漳南，再次战败秦兵。项羽余怒未消，又亲自率领义军与秦军激战，大破秦军于汙水之上。

如此接连遭到两次大败，秦军已无力再战。章邯无奈，只得匆匆给陈余写了封复信，表示愿意接受陈余劝降之意，并请代为向项羽斡旋。谁知使者回来报告说，陈余军已为张耳所收，陈余却不知去向。章邯不由一惊，越发陷落到穷途末路的境地。

陈余到哪里去了？这里据《史记·张耳陈余列传》简单作个交代。

---

【1】此信全文录于《史记·项羽本纪》。为方便读者阅读，我在文前增加了一句话，文中改动了个别字。

事情起因是上一节已提到的巨鹿被围时张耳派出张黡、陈泽去下书，责问陈余因何见死不救，所谓生死情谊何在！后来陈余勉强派出五千人让张、陈两使者带着去试战，结果全军覆没。这件事张耳一无所知。因而在巨鹿围解后，张耳就以此责问陈余，并认为他派去的张、陈二人也是陈余杀死的。这样，这对多年结为刎颈之交的朋友第一次争吵了起来。陈余一气之下解下印绶一丢说：想不到足下竟会为此事如此责怪于我！我难道就这么稀罕这颗将印吗？说罢便负气而出去上厕所。毕竟是多年老友，张耳开头倒也感到自己是否有点过激，一时颇费踌躇，近旁的随从却说道：古人有言，天与不取，反受其咎。今陈将军解印与公，公若不受，恐违天不祥，何必多辞！张耳听了就取过印绶佩到自己身上。此时陈余恰好走了回来，见此情景，转身快步趋出。此后，张耳身兼将相二职，仍臣事赵王歇；陈余则带了百余个平时相善的部属，到河上泽中去捕鱼猎兽，自寻生活。后来，张耳随项羽西进入关，因而被封为常山王；陈余未从入关，只受到三县之封。从此这对昔日的刎颈友反目而成不共戴天的仇雠，相互攻战不已。对此，司马迁在两人合传中作了这样评论——

张耳、陈余始居约时（贫贱时），相然信以死，岂顾问哉！及据国争权，卒相灭亡，何乡（通"向"）者相慕用之诚，后相倍（通"背"）之戾（激烈）也，岂非以势利交哉！

这就是说，是"势利交"葬送了"刎颈交"，不由令人一叹！

再说项羽接连取得大胜，正紧张准备着再组织一次大战，以便全歼秦军，生擒章邯。这一天有士卒到帐前来报，说是秦军又派使者来求和，乞上将军赐见。项羽大喝一声，刚要下令拿下来使斩首，老将军范增却进言道：兵法有云：百战百胜，非善之善者也；不战而屈人之兵，善之善者也。况且我军累战已极为疲惫，而存粮又将告罄，末将以为上将军还是准许其和议为好。

项羽威势正盛，虽觉得范增言之有理，却犹跃跃欲试一举全歼秦军。正犹豫时，来使已叩拜在帐前。项羽一看，不由大惊，赶紧离席回礼欣喜地说道：恩公因何事来此？恕小侄不知，有失远迎！

来人正是章邯所派的长史司马欣。

原来，在章邯走投无路时，董翳忽然想到司马欣过去似乎与项梁有过一段旧交，不妨找他来问问，不知是否可以利用这层关系说动项羽。章邯请来了司马欣。司马欣说那还是多少年前他在栎阳担任狱掾时的事。那回项梁因犯罪而被拘系于栎阳狱中，项梁通过他的一个在蕲县也是做狱掾的朋友写信给司马欣，希望能够宽免项梁，后来司马欣就帮助项梁了结了这桩案子。事情过了这么些年，加上那时项羽还年少，未必还能记着，不过司马欣还是答应章邯愿意到楚营一试，不想项羽倒还真的记着！

现在出现在项羽面前的是一道深奥的伦理选择题：一个是叔父的仇人；一个是叔父的恩人。这个恩人来为那个仇人说情，他该怎么办？

司马欣只说了一句话：望上将军从公明断。

这却是一句不仅得体，而且耐人寻味的话。

项羽沉默有顷，忽而庄重地点了一下头。许久后，又爆出一阵畅怀大笑。

秦二世三年（公元前207年）七月，和约仪式在洹水南岸的殷墟上进行。

所谓殷墟，就是一千余年前商代盘庚自奄迁此的遗址。岁月悠悠，以往的历史已成陈迹，新的历史又在此开篇。

和约之成，标志着秦帝国名存实亡。

章邯率领部将提前来到殷墟。满眼破败的歪台矮墙，却是当年繁华的残骸。一种苍茫悲凉之感，笼罩着这位身经百战的大将军之心。三年前，他曾主动献计请缨，想以平定盗患为帝国尽忠，为自己建功，未曾料到在内外交困的逼迫下竟然落到了这一步。这些日子以来，为着和议，实际上也就是为着投降，几番出使恳求；待到真的被允许投降时，一阵轻松过后顿觉两眼茫茫，失落感和羞耻感消解了他的英雄之气。他不知道留着此身还有何用！

随着阵阵雄壮的马蹄声的响起，胜利之师的统帅项羽率领着诸路将领昂然来到。旌旗严整，甲仗鲜明，映照得破败的殷墟也豁然亮堂起来。

章邯一阵颤栗，仓皇下马，长跪在道旁。司马迁记下了这么一笔："章邯见项羽而流涕，为言赵高。"（《史记·项羽本纪》）竟已是一副儿女之态，令昨日的章邯活活羞煞。

项羽颇示宽容，暂立章邯为雍王，置于楚军帐中。项羽入关后，又正式立章邯为雍王，封有咸阳以西之地，都废丘。另立司马欣为塞王，封有咸阳以东至黄河之地，都栎阳。立董翳为翟王，封有上郡之地，都高奴。叛降之人从来不会有好日子过，何况章邯等三人又是在秦地为王，更是无法逃脱周围一片愤怒的眼睛。《史记·淮阴侯列传》录有韩信与刘邦的一次对话，其中就说到了关中"秦父老怨此三人，痛入骨髓"。不过，就连这种遭人诅咒的日子也未能过得多久。汉王二年（公元前205年）一月，塞王欣、翟王翳皆降于汉。同年六月，汉王刘邦西略地，引水灌废丘，废丘降，章邯在受汉军包围中自杀。

项羽受降后，统率着各路义军四十万及原秦军二十余万，浩浩荡荡向西行进。到达黄河北岸的新安县时，不意一场大悲剧就在这支混合大军中酝酿并发生。原来各路义军中许多人过去都到关中服过徭役，受到过关中秦帝国吏卒的种种虐待。冤家路窄，如今他们却走到了一起。义军中少不得有人要趁机报复，倒过来折辱投降了的秦吏卒。秦吏卒打熬不过，纷纷暗中相互发出怨言，说是章邯欺骗他们投降了义军。能够入关破秦还好；不能破秦，义军就会逼他们东迁，那样他们尚在关中的妻儿老幼难免要遭大难。这些话传到诸将耳朵里再上报给项羽听闻，项羽便与黥布、蒲将军等计议，认为"秦吏卒尚众，其心不服，至关中不听，事必危，不如击杀之"。于是，"楚军夜击坑秦卒二十余万人新安城南"（《史记·项羽本纪》）。一夜之间，二十余万秦吏卒就这么都被在新安活埋了！这次大屠杀，仅次于五十三年前秦将白起的长平之坑。那次是秦人坑列国，这回是列国坑秦卒，多么残酷的历史报应啊！

就在这时候，关中传来刘邦已破关入咸阳的消息。项羽一听冲冠大怒，统帅四十万大军渡黄河，越函谷，兼程西进。秦鹿尚未全死，一场楚汉逐鹿大战已紧锣密鼓，即将拉开序幕！

## "扶义而西"，捷足先登

现在让我们再回过头去简略介绍一下刘邦统兵西进入关的经过。

在楚怀王授命时，诸老将说到要刘邦"扶义而西"，但刘邦率众行至第一关昌邑，就遇到了麻烦。非但"扶义"不成，用上强弓利戟也屡攻不下。这期间，他招收陈胜、项梁的散卒，又与本章头里提到的在巨野泽中为盗的彭越及其徒众会合，同时收编了楚怀王故将刚武侯的部队，以不断壮大自己的力量。但因攻不下昌邑，只好折道西进高阳，这才有了一个落脚地，暂作休整。

这一天，刘邦正在驿馆中，踞床而坐，叫两个侍女为他洗脚。忽报有位高阳儒生求见。刘邦平日最不喜欢儒生，据说有次竟摘下儒生头上高高的儒冠撒尿，以示轻贱。所以这回他一边仍然让侍女搓他的脚，一边高声说道：如今我正忙着做的是打天下的大事，哪有闲暇会见儒生！

不料这话刚传了出去，门外忽而吵了起来。听得一人在那里大声嚷道：走，快给我再去通报！就说我不是高阳儒生，是高阳酒徒！你家主公智慧不及我，勇气也不及我，他如果真要想得天下，就得好好请教我！

刘邦一听，赶紧斥退侍女，着履整冠，历阶恭迎，把客人请到上座。

来人叫郦食其，陈留高阳（今河南杞县西南）人。喜好读书，家贫落魄，只在乡里当个监门小吏。为人放达，人称"狂生"，县中豪杰都不敢轻视他。司马迁在《史记·郦生列传》中就这样生动地记下了这个"狂生"与刘邦的第一次见面。

郦食其也不谦让，径自昂然上座。论及六国成败之势，滔滔若大江东流。刘邦着实为之佩服，当即又请教伐秦之计。郦食其道：公今兵不满万，乃欲孤军直入强秦，不啻驱羊入虎口。据仆愚见，不如先据陈留。陈留当天下之要冲，四通八达，进可战，退可守。尤为要者，陈留为秦大谷仓，城中积粮甚多，足供军需。仆与陈留县令相识多年，愿往招安。倘若该令不从，请公引兵夜袭，仆为内应，城可立下。既得陈留，然后招集人马，进破关中，此为上计。

刘邦听了很高兴，就请郦食其去依计行事。

郦食其来到陈留，任凭他巧说联珠，陈留县令却不为所动，誓与城共存亡。郦食其假意转而与其计议守城，县令果然为他所惑，十分相得，设宴款待。郦食其原是高阳酒徒，三樽落肚，要求换大觥畅饮。县令哪是他对手，酒过三巡已烂醉似泥。郦食其乘机潜出，假借县令之令，开了城门，刘邦率军一拥而入，轻取一城，并获得满仓积粟。因此大功，郦食其被封为广野君。

刘邦获得陈留之胜后，又在白马、曲遇接连与秦将杨熊作战，大破秦军，并与在这里攻略韩地的张良会合，一起攻下了颍阳。

原来张良自博浪沙一击，得遇圯上老人指点后，一直匿居于下邳。当陈胜、吴广在大泽乡起义的消息传来时，他也招集百余青年为之响应，不久便与刘邦的起义军会合，成为刘邦的部属。此前，张良曾向一些人讲解过圯上老人所授的《太公兵法》，几乎没有一个人听得懂。令他惊奇的是，刘邦不仅一听就懂，而且还能实际应用。张良不由感叹说："沛公殆天授！"（《史记·留侯世家》）

项梁立楚怀王后，张良终于获得机会提出一个埋藏于内心多年的心愿：立韩之后，复国反秦。他向项梁建议说，韩诸公子中以横阳君韩成最为贤德，可立为王。项梁同意他的建议，并让他率领千余士卒，使之求韩成以为韩王，并往来颍川一带与秦军作战，攻略原属韩国的土地。刘邦与张良的再次会合，是西进途中的一个重大转机，在此后的几个紧要关头，都是依靠了张良的运筹帷幄，才得以节节取得胜利。

刘邦攻下颍阳，只因守城吏卒曾有过激烈抵抗，竟将他们全部杀死。这时候，忽有人来报，说是赵将司马卬有渡过黄河西进入关的迹象。刘邦一听急了，怕让人家抢了先，立即北向攻打平阴，切断司马卬所要经过的黄河渡口。再折而向南进军，在雒阳东面与秦军交战，不胜。又回到阳城，收整了军中的车骑战马，与南阳郡守齮战于犨（chōu）地，大胜秦军，占领了南阳郡。郡守齮逃入郡治宛城，固守不战。刘邦一心想着楚怀王"先入定关中者王之"的约言，更何况如今身旁又出现了司马卬这么一个竞争者，自然再也无心顾及小小宛城，便下令绕过宛城，急速向西行进。

这时候，队伍中的张良，却在马背上捻须沉思。他有意等到队伍已离宛城数十里，远山衔日，暮色将起时，这才叩马而谏——

沛公虽欲急入关，秦兵尚众，距险（凭险拒守。距通"拒"）。今不下宛，宛从后击，强秦在前，此危道也。（《史记·高祖本纪》）

人一旦热衷于某种欲望，往往会为其困而表现出不冷静。刘邦为抢先入关而放过宛城，确实很有可能陷入"宛从后击，强秦在前"，前后夹攻的险境。刘邦的长处是能够所谓"从善如流"，他听从了张良的建议。于是在张良的策划下，一条袭取宛城的奇计，便悄悄地开始实施。

孤守于宛城内的南阳郡守齮，听得探子多次确报刘邦军已远离宛城迤逦西去，放下了多日惊恐悬着的心，酣睡了一宵。至凌晨，忽被四周震天杀声惊醒，仓促登城俯视，但见四周义军旌旗蔽天，戈戟如林，已把宛城围了个水泄不通。郡守齮大喊一声，往后便倒，幸得左右扶住，才没有吓昏过去。

原来昨日刘邦军离宛城数十里后，依张良之计，另找便道，偃旗息鼓，黉夜潜回，将宛城围住。更遍插旌旗，以为疑兵。子时一过，群起擂鼓喧噪，造成万军压城城欲摧之势。再说守城吏卒都已劳累不堪，一听敌人已远去倒地便睡，此时又一个个被惊醒，丢盔弃甲，乱作一团。郡守齮见此情景，长叹三声"罢、罢、罢"，抽出佩剑，待要自刎，背后却有一人大声叫道：明公且住，死尚早着呢！齮回头一看，见是舍人陈恢正匆匆赶来，便说：

君叫我不死，难道有解困之计吗？

陈恢说：仆闻刘邦当年曾义释刑徒，想来是个宽厚之人。明公何不就归顺于他，既可免死，又可保全禄位，且城内百姓也得以幸存。明公倘若愿意，仆当缒出城去，说动刘邦。

郡守齮沉思半晌，也觉得只此一路可走。

陈恢缒城而出，这既在张良意料之中，也在他的希望之中。他设下此计的用意本是为轻取，不想真的硬攻。令人惊奇的是，记载在《史记·高祖本纪》上的陈恢对刘邦的说辞，竟与上文张良对刘邦的劝谏不谋而合，可见若不取宛，"宛从后击，强秦在前"的险遇，确实很可能出现。下面便是陈恢的说辞——

臣闻足下约，先入咸阳者王之。今足下留守宛。宛，大郡之都也，连城数十，人民众，积蓄多，吏人自以为降必死，故皆坚守乘城。今足下尽日止攻，士死伤者必多；引兵去宛，宛必从足下后：足下前（指留下攻宛）则失咸阳之约，后（指离宛西进）又有强宛之患。为足下计，莫若约降，封其守，因使止守，引其甲兵与之西。诸城未下者，闻声争开门而待，足下通行无所累。

刘邦自然求之不得，当即准许南阳郡守齮归降。齮大开城门，恭迎刘邦等入城。刘邦封齮为殷侯，封陈恢为千户侯，仍留守宛城。随即收编宛城士卒，引与俱西。这时刘邦兵力已增至数万。此后沿途城邑，果然无不开城迎降。到达丹水时，高武侯戚鳃、襄侯王陵，都到西陵地归降。又回师进攻胡阳，与番君的别将梅涓联合作战，并招降了析城和郦城。这样，到秦二世三年（公元前207年）七月初，西入咸阳的重要关隘武关，已不远在望。这一天，刚要筹划西进攻关，却有数匹快马匆匆赶来，原来是咸阳派来的使节。这是义军第一次与帝国使者打交道，刘邦特为束冠整衣坐帐，命裨将将使者引入帐内。使者呈上帛书，刘邦拆封一看，竟是赵高有意求和，"欲约分王关中"[1]，不由又惊又喜，当即请出张良，计议此事：对赵高的求和是该答应，还是该拒绝？

## 秦二世做了个怪梦

原来此时秦二世已死。

他是被赵高威逼自杀的。

赵高逼死秦二世后，就派出使者向刘邦求和。

那么他是怎么逼死秦二世的呢？

自从演过那指鹿为马一幕，赵高的权势已到了登峰造极的地步，成了咸阳宫的实际主宰者，可谓志得意满。偏是这时候，"关东群盗"又成了他的心腹之患。赵高曾在秦二世

---

[1] 此处据《史记·高祖本纪》。而《史记·秦始皇本纪》则记为"沛公将数万人已屠武关，使人私于高"，则似乎是刘邦主动下书给赵高的。也可能破武关后，刘邦曾有复书予赵高。待考。

面前多次说过"关东盗无能为也"一类话，吴广、陈胜先后被杀，着实使他高兴过一阵子。岂料不久项羽、刘邦便继之而起，而且这一回，不仅其势凶猛，更有智谋之士佐动，远比陈胜、吴广更为可怕。特别是近些日子来，王离被擒，章邯降敌，六国之后死灰复燃，关东秦吏纷纷叛变，而刘邦又正率领数万之众汹涌西来……这些接二连三传来的噩耗，都说明关东群盗决不是"无能为"，而是已经动摇到了秦帝国的根基，帝国大厦已面临倾覆的危险。赵高怕秦二世怪罪下来罪责难逃，于是便"谢病不朝见"。

显然，赵高"不朝见"并非真想对朝政撒手不管，他只是想用装病赢得时间以筹划下一个计谋。

秦二世却因此而颇有些手忙脚乱。平日朝政都由赵高执掌着，他尽可沉溺在自己的游乐之中。赵高称病连日不见，一上朝，这个禀那个奏，半日下来，几案上就是堆叠如山的竹简，弄得他不胜其烦，以至夜来都无法安稳入睡。

这日夜里，秦二世做了一个梦，梦得很怪。

他仿佛觉得自己坐在銮车里，一路颠簸着，不知将驶向何处。

忽听得一声怒吼，从近旁树林中窜出一头白额猛虎，直扑銮车的左侧之马，竟将那马活活咬死。梦中秦二世几次喝令左右侍臣击杀猛虎，他们却不是逃避，就是畏缩不敢近前。

秦二世在梦中对侍臣们的渎职很不高兴，大发了一通脾气。醒来后，却以为此梦不祥，越想越恐慌，急召太卜入宫占梦。占卜的结果说是"泾水为祟"。何以泾水作怪就会做这样的梦，占梦的人没有说，秦二世却似乎用不着解释就相信了。于是便到离咸阳城东北四五十里建于泾水之畔的望夷宫去祭祀泾水。既然梦中白虎要咬左骖，想必它是饿了，所以祭礼便是四匹白马，沉入泾水，供其享用。一部秦史三个梦。秦襄公梦见一对神雉，"得雄者王，得雌者霸"，给艰难跋涉中的秦人带来了多大鼓舞啊！他们特地为之立时，年年祭祀，实际上是以梦自励，一代接一代地在忍辱负重中顽强搏击，表现了何等可贵的创业精神！秦始皇梦与海神作战，醒来后还硬是顶风击浪追赶千余里去射杀那条大鱼，虽未免虚妄，却仍表现出一种目无鬼神的狂傲精神。如今到了秦二世，连对梦境中的老虎也怕得发抖了，醒来后又是祭祀，又是沉马，一味迁就曲从，充分显示出一副衰败之气。

在赵高装病期间，秦二世由于多少亲理了一点朝政，知道关东群盗早已猖獗一时，如今刘邦、项羽都正在向咸阳逼来，因而派人去责问赵高，为何一直知情不报，并命令他火速遣将发兵，务必阻贼于关东，随后再图全歼。

赵高害怕了，他立即召集他的女婿咸阳县县令阎乐和弟弟郎中令赵成等，提前实施他的计谋。他对他们说：皇上往日不听我的劝谏，听任关东盗贼横行。如今危机日迫，又欲倒过来加罪于我一家。我等不能束手待毙，坐等灭门。现在必须立即先行下手，改立子婴。子婴为人仁俭，百姓悦服，或能有所转机。尔等以为如何？

阎乐、赵成都跃跃欲试，自然竭力赞成。当即议定计谋，赵成作内应，阎乐为外合，诈称宫中有变，奉丞相之命引兵捕贼，乘乱闯进宫去。待阎乐引兵出发后，赵高对他女婿也不怎么放心，怕他中途生变，又密令家奴至阎乐家，劫得其母，置于密室，以为抵押。

秦二世为祭祀泾水，暂居于望夷宫，宫门自有卫令仆射严守。阎乐带领千余吏卒匆匆赶到，卫令仆射上前拦阻。阎乐大喝一声，下令先将他们绑缚起来，随即怒斥道：适才有贼人进此宫门，尔等故意放行，还不知罪吗？卫令说：宫外有卫队驻守昼夜梭巡，哪里会有贼人擅敢入宫！阎乐也不答话，顺手一刀，枭了卫令首级，随即率众昂然直入，命令吏卒射箭，且射且进。一见飞箭如蝗，那些侍卫郎官及阉人婢仆，大多惊恐逃窜，难得有几个胆壮的卫士奋力向前格斗，毕竟寡不敌众，转眼间已有数十人被杀倒在地。这时候赵成也率众而出，内应外合，两军鼓噪着一起放箭，射向秦二世起居的帷幄。二世大惊而起，急呼左右护驾，岂料左右个个抱头鼠窜，只顾自己逃命。二世仓皇躲进卧室，环顾左右才发现，有个平时木讷畏缩的太监倒一直还跟随他身旁，不敢逃避。二世说：这些人怎么竟敢如此对待朕呢？这个太监说：这恐怕不能全怪他们，皇上也多有不端之处。二世说：你何不早告诉朕呢，事情也不至于会落到这个地步？太监说：正因为奴才不敢说话，所以才能苟活到今天。要是奴才早就向皇上进谏，不是早已像别人那样被诛杀了吗？

这么说话时，阎乐已率着众人气势汹汹追到，厉声向二世宣布说：你暴虐昏庸，滥杀无辜，天下人都背叛你了，你就赶快自处吧！

二世说：你这位将军朕未曾见过，不知是何人派来？

阎乐回答说是丞相赵高。

二世说：朕欲见丞相一面，可以吗？

阎乐说不可以。

二世说：想来，丞相是要我退位，我愿得一郡为王，不敢再称皇帝，可以吗？

阎乐又说不可以。

二世说：既不许我为王，那做个万户侯总可以吧？

阎乐又断然拒绝。

二世沉默良久，不由黯然泣下，说道：愿禀明丞相，放胡亥一条生路，与妻子同为黔首，躬耕自食。

阎乐嗔目斥道：我今奉丞相之命，为天下人前来诛杀足下，足下任何言语臣都不敢回报，多说又有何用！说时，就要向前刺杀。

秦二世万般无奈，只得饮剑自刎[1]。死时年二十三岁，在位三载。具有讽刺意味的，二世死前的最后一个要求是只想做个"黔首"，赵高也不肯答应，他自杀后这个要求倒是实现了：赵高把他作为普通"黔首"草草埋葬于杜南（今陕西西安东南）宜春苑。

赵高逼死二世后，三年前在沙丘之夜根本还不可能想到的一个具有更大诱惑力的梦想，

---

[1] 关于赵高逼死秦二世事，《史记》记载有异。此处所述据《始皇本纪》。《李斯列传》则记为赵高先设计使秦二世避居望夷宫，然后亲自去恐吓、逼迫二世自杀。其原文为：赵高"指鹿为马"，"二世惊，自以为惑，乃召太卜，令卜之。太卜曰：'陛下春秋郊祀，奉宗庙鬼神，斋戒不明，故至于此。可依盛德而明斋戒.' 于是乃入上林斋戒。日游弋猎，有行人入上林中，二世自射杀之。赵高教其女婿咸阳令阎乐诬不知何人贼杀人移上林。高乃谏二世曰：'天子无故贼杀不辜人，此上帝之禁也，鬼神不享，天且降殃，当远避宫以禳之.' 二世乃出居望夷之宫。留三日，赵高诈诏卫士，令士皆素服持兵内乡，入告二世曰'山东群盗兵大至！' 二世上观而见之，恐惧，高即因劫令自杀。"

突然一下子活生生推到了他的眼前：最大的权臣也终究还是个臣；有道宁为鸡首，毋为牛后，我何不自己坐到皇位上试试呢？

他充分估计了他要这样做将面临的巨大阻力：首先是嬴秦宗室，其次是众多大臣。当他这样设想时，原先的"心腹之患"关东群盗忽而成了盟友：如果我跳过嬴秦宗室和众位大臣单独去与"群盗"媾和，一旦与他们结成同盟，还有什么可怕呢？自然媾和是必须付出代价的，那就让他们去当中原"大王"，我就在关中多少封到一点土地当个"小王"吧，只要能坐上王位就好！

这就是赵高派出特使向刘邦求和，"欲约分王关中"的由来。

## 句号圈在葬礼与祭礼之间

刘邦找张良商议后，认为赵高求和，乃是一计，其中可能有诈；而且事实上秦帝国已众叛亲离，难与义军为敌，再没有必要与之议和。因而将计就计，善待来使，赐以厚礼，使之回复赵高，虚应一句："分王关中"一事当择日妥为商议。与此同时，立即进军武关。开头，刘邦欲以二万之众强攻武关守军，张良则献计可用智取：一面布设疑兵，大张旗鼓威胁秦军；一面对守关秦将诱以珠宝，引其叛降，随即乘其不备发起突然袭击。张良计谋获得完全成功。刘邦之军破武关，占蓝田，浩浩荡荡地率先来到与咸阳仅有一条渭河之隔的霸上。

"秦失其鹿，天下共逐之，于是高材疾足者先得焉"（《史记·淮阴侯列传》）。现在这头宝鹿，已攫在这位年已半百的昨日泗水亭长的掌下了，时间是公元前206年10月。这一年既可说是末世秦王子婴元年，也可说是汉王刘邦元年。

让我们再来看一下处于四周反秦怒涛中的咸阳宫。

赵高在派出特使向刘邦求和的同时，很可能曾有过自立为王的打算。《史记·李斯列传》在叙述赵高逼死秦二世后，有这样一段记载——

[赵高]引玺而佩之，左右百官莫从；上殿，殿欲坏者三。高自知天弗与、群臣弗许，乃召始皇弟（指子婴；《秦本纪》记为二世兄之子），授之玺。

赵高是因担心"群臣弗许"、"天弗与"，后来才终于不敢自立为王的。其中"天弗与"大概是指"上殿，殿欲坏者三"。他一上宫殿，宫殿怎么会接连三次像要倒坍的样子呢？一种可能是此时恰好发生了地震；更大的可能是出自赵高的心理幻觉。如果真是幻觉，那么这个"世世卑贱"的人，终于未能征服自己潜意识中那种自卑感，无法承受骤然凌驾于千万人之上的巨大精神压力；在那一瞬间，他仿佛觉得就要从高高的宫殿上跌落下来。

即使出于无奈，赵高终于放弃了篡位的打算，也还算他有一点自知之明。他召集群臣和宗室诸公子，通报了秦二世自杀的经过，接着说：秦原本是一个诸侯王国，后来因始皇君临天下，所以称帝。如今六国已经纷纷复立，秦地日益缩小，如果还留个称帝的空名，没有必要。应该恢复原来的样子，改称为王吧！

于是便立公子婴为秦王。并依照礼制，让子婴斋戒沐浴，待斋戒期满，再到祖庙举行接受传国玉玺仪式。

本书前九章一节提到在秦二世诛杀功臣蒙氏兄弟时，子婴曾有过一次直言进谏，说明他还是有一点胆识。这回虽被推立为王，但他看出赵高的用心无非让他扮演一个比二世更无用的角色，这是他不能接受的。因而名为静心斋戒，实际上却在暗中计议如何脱出此种困境。斋戒到第五天，他的心腹太监韩谈来禀告说，赵高秘密派出与楚军媾和的特使已经回来，看样子就要大杀宗室，自称为王，与楚军平分关中了。子婴不由一惊，知道事不宜迟，就派韩谈去召来他的两个儿子，对他们说：赵高叛逆无道杀了二世皇帝，原想与楚军媾和称王，只是因为布置未妥，担心群臣不服起变，才假意立我的。如今他让我斋戒数日，就为的是在这段时间里他好预为筹划；我若入庙告祖，他先已设下埋伏，就会在庙中杀我。所以我只是称病不去，他派人来请也不去，就等他自己来请。尔等各自怀剑以待，一等他进入此室，就立刻刺杀了他！

事情的发展果然如子婴所料。这样，三年来一直用巧计暗算别人的赵高，终于也坠入了别人设下的陷阱，《史记·秦始皇本纪》记下了这样两笔："高果自往，曰：'宗庙重事，王奈何不行？'子婴遂刺杀高于斋宫。"只是连累他的亲属做了无谓牺牲："三族高家，以徇咸阳。"

公元前206年8月，子婴祭告祖庙，登上了风雨飘摇中的王位。连头带尾，一共才四十六天。

四十六天后，即同年十月，《史记·秦始皇本纪》记道——

> 楚将沛公破秦军入武关，遂至霸上，使人约降子婴。子婴即系颈以组，白马素车，奉天子玺符，降轵道旁。

坐在用白马拖着的一辆用缟素装饰起来的丧车上，再在自己颈脖上套上绳索，这是历经近千年的嬴秦氏族最后一个代表人物，向当世表示服罪，向历史作出忏悔。

地点是在轵道。

轵道原为古亭名，其遗址在今陕西西安市东北。这里原是个极平常的小地方，现在却因它要成为秦国和秦帝国历史的终点而长留历史。

载着子婴的丧车的车轮，缓缓滚动在沿着霸水修筑起来的直道上，正在向那个终点近去。

已是初冬了，寒风吹动着车盖上的白麻布带子，河水在微波中呜咽。两行鸿雁在天空列成一个硕大无朋的"人"字，由西北向东南悄然飞去。

我们无法了解这位末世秦王此刻在想些什么。但他肯定知道，他的先祖秦始皇五次全国巡游，有两次正是从他此刻车下的这条直道驶向全国；在秦国历史上，有多少回也正是由此发兵东征中原；可他，作为那些嬴秦声威赫赫的列祖列宗的后裔，此刻正在走向哪里呢？

就说车旁这条霸水吧，子婴肯定也知道，这条源出蓝田的渭水的支流，古代原名滋水；四百余年前，他的先祖秦穆公在三置晋君、大举东进前夕，特地将新落成的一座宫殿命名为"霸城宫"，又将所在地雍水改名为"霸水"。后来，他的另一位先祖秦孝公迁都咸阳时，便将这"霸水"之名移赐给了滋水。霸水悠悠，它可以自豪地向世人宣告，秦人确实没有辜负霸水之名，他们不仅完成了霸业，而且还成就了帝业，做了天下共主。可如今，一到他这个末世秦王手里，帝业、霸业又到哪里去了呢？

寒风送来了阵阵呜咽声，随从的人们都听得很清晰，只是他们分不出这究竟是霸水在叹息，还是子婴在哭泣？

本书《引言》引了刘禹锡的竹枝词："东边日出西边雨，道是无晴（情）还有晴（情）"，来概括秦帝国建立之日的中国大势：秦人在狂欢而六国宗室在哭泣。时间仅仅过去了四分之一甲子，大势恰好全倒了过来：秦人在哭泣，而进入咸阳后的楚军在狂欢。《史记·秦始皇本纪》记得很简略："沛公遂入咸阳，封宫室府库，还军霸上"，似乎刘邦对咸阳城内重山叠嶂似的宫殿及其中所藏珍宝美女，无一贪恋之心。《史记·留侯世家》却道出了其中的曲折——

沛公入秦宫，宫室帷帐狗马重宝妇女以千数，意欲留居之。樊哙谏沛公出舍，沛公不听。[张]良曰："夫秦为无道，故沛公得至此。夫为天下除残贼，宜缟素为资（俭朴为本）。今始入秦，即安其乐，此所谓'助桀为虐'。且'忠言逆耳利于行，毒药苦口利于病'，愿沛公听樊哙言。"沛公乃还军霸上。

刘邦初进咸阳自己就是这副样子，他的部将及士卒恐怕也好不了多少。所以翦伯赞在《秦汉史》中说："咸阳城里，烧杀淫掠，已经闹得不成世界，张良觉得不大妥当，才劝刘邦还军霸上。"说起来，这又是一种历史性的报复，当年秦国不就是这样对待六国的吗？"燕赵之收藏，韩魏之经营，齐楚之精英，几世几年，取掠其人，倚叠如山！"（《阿房宫赋》）只是如今也颠倒了过来。

张良总是能够比较冷静地对待事变，对待历史。在张良的建议下，还军霸上后的刘邦，召集诸县父老豪杰，说了下面这么一番话——

吾与诸侯约，先入关者王之，吾当王关中。与父老约，法三章耳：杀人者死，伤人及盗抵罪。余悉除去秦法。诸吏人皆案堵（安居；案即"安"）如故。凡吾所以来，为父老除害，非有所侵暴，无恐。且吾所以还军霸上，待诸侯至而定约束耳。（《史记·高祖本纪》）

这就是历史上著名的所谓"约法三章"。

项羽所率领的四十万大军，正是在这时候以狂飙怒涛般的气势，渡黄河，破函谷，来到戏西，驻军于新丰鸿门。

刘邦仅有兵十万，驻军于霸上。两地相距四十里，快马来回不过餐饭时间。

很显然，项羽是来与刘邦争王的。不难想象如果刘邦不听张良、樊哙之谏仍止休于咸阳宫，那将会出现何等可怕的局面！即使像现在这样，这位只手降伏章邯、王离数十万秦军的上将军还是怒满胸臆，只要落下一颗火星，当即爆发为冲天怒火，足以将小小的霸上以至整个咸阳城夷为平地。

火星很快落下了！

是刘邦部属有个任左司马叫曹无伤的，派人去向项羽报告说刘邦想在关中当王，任子婴为相，咸阳宫里的珍宝，也都被他占有。这时已被项羽尊为"亚父"的范增老人也说：刘邦此人原来既贪财又好色，如今居然退出咸阳，不近女色珠宝，其志不小，赶快击杀，不要错过机会。于是，"项羽大怒，曰：'旦日飨士卒，击破沛公军！'"

只剩下一夜时间。

如果这一夜在平静中过去，秦以后的中国历史恐怕就得重写。

偏在这时候出来一个人，名叫项伯。他是项羽的又一个叔父，因杀人获罪张良曾救过他，所以这回为了免使张良同死，连夜赶到霸上想带着张良一起逃走。而张良却认为独自逃生不义，就把即将降临的灭顶之灾告诉了刘邦，并劝他主动去向项羽谢罪。这样第二天清晨，在戏水与渭水之间，因受雨水冲刷形似鸿沟，其北端出口处形如门，故称为"鸿门"的那个小地方，发生了一个重大的历史事件：鸿门宴。

鸿门宴的故事，因司马迁在《史记·项羽本纪》中出神入化的描述，两千多年来一直广为流传，几乎妇孺皆知。

刘邦登门谢罪，项羽设宴款待。席上主张立即击杀刘邦的范增几次提醒项羽无效后，以助兴为名指使项庄舞剑欲伺机刺杀刘邦。项伯一见立刻起而拔剑对舞，不时以身翼护刘邦。正在这时，忽听一声叱咤，军门外闯入了带剑拥盾的樊哙，"头发上指，目眦尽裂"，连项羽也不由一惊，按剑跽身……

司马迁的这些描写，我们现在读来依然还能感受到那种令人惕息的紧张气氛。

鸿门宴是一次胆识、信念和性格的大较量，从某种意义上说，正是这次较量的胜负决定了尔后楚汉相争的结局。项羽背后是老谋深算的范增，刘邦背后是沉着运筹的张良。作为一个人，项羽勇悍，慷慨，坦诚，刘邦则务实，机智，善变；作为一个政治家，刘邦精于权变之术，韬晦之计，项羽却不免过于多情和愚戆。

在张良的策划下，宴会未散刘邦就抄小路逃回霸上。临走，让张良以白璧及玉斗各一双，分别献于项羽与范增，作为谢礼。项羽收下了一对白璧，而范增则椎碎了赠给他的那对玉斗，怒叹一声道："唉，竖子不足为谋，夺项王天下者必沛公也，吾属今为之虏矣！"

后来事态的发展，完全证实了范增老人的预言。

项羽率领着原由列国义军组织起来的四十万大军进入咸阳后，立即爆发了一场空前规模的报复性大烧杀。那郁积已久的仇恨，从近处说是秦帝国建立后十五年，从远处说是列国争战数百年；从国家说，楚国被秦灭得最为惨烈；从个人说，项羽的祖父项燕、叔父项梁先后为秦军所杀：所有这一切郁积已久的仇恨，一齐喷发了出来。其中作为标志性的报复之举，一是杀了降于刘邦的秦王子婴，二是烧了秦阿房宫及其他宫殿[1]。设想一下，如果先入关的是项羽而不是刘邦，项羽会怎样做呢？看来免不了还是要烧杀，但可能就不会这么狂、滥。譬如他对有杀叔之仇的章邯就没有杀。现在这种血与火的大肆报复中，可能就杂有对刘邦、对秦人示威的意思。

这场咸阳的冲天大火，竟烧了三月之久！

在熊熊的烈火中，嬴秦列祖列宗在漫长的数百年间曾经为之前仆后继顽强搏击而创下的皇皇业绩，赫赫声威，已伴随青烟逝去，进入了任凭江上钓翁、里巷老媪随意戏说的历史领域。

而熊熊的大火，又宣告了另一场新的争战即将开始。

因而这场大火，既是大秦帝国的葬礼，同时也是楚汉战开幕的祭礼——那已属我写的另一部书《大汉帝国》的记述范围。

作为一部通俗的新史话体秦史，请允许我就将此书结束在这葬礼与祭礼之间吧！

---

【1】说尚未全部完成的阿房宫也被项羽烧毁，是沿用传统的说法。《史记·秦始皇本纪》称：始皇三十五年（公元前212年）"作阿房，故天下谓之阿房宫"。又云："阿房宫未成。"同书《项羽本纪》谓：项羽"烧秦宫室，火三月不灭"。又云："项王见秦宫室皆以烧破残。"因有一"皆"字，当可理解为包括阿房宫。《汉书·刘向传》还记有项羽焚烧秦"宫室、营宇"，一牧羊儿持火进入寻羊，"失火烧其藏椁"的传说。唐代杜牧《阿房宫赋》说得更明确："蜀山兀，阿房出"，"楚人一炬，可怜焦土"。因而在历史上项羽烧阿房几成定论。2007年12月12日《文汇报》的一篇报道则否定了这一说法。文中说：中国社科院考古队历经五年勘探，"在阿房宫前殿遗址20万平方米的勘探面内，只发现了几处红烧土遗迹。专家认为，这意味着阿房宫前殿遗址在秦末战乱中并未遭到大火的焚烧，表明历史上有关项羽放火焚烧阿房宫的记载是不准确的。"谨录以备考。

# 结　语

## 历史在回旋中从悲壮走向辉煌

当1996年春回大地之时，我也大体完成了一次对大秦帝国只能说是十分简略的漫游。

开始执笔时，不断提醒自己，不要使读者有压抑、沉闷之感，尽可能写得轻松、洒脱些。写到中途，却常常不能做到：一些时候是感情不答应，另一些时候是与理智有矛盾，使我落笔时无法摆脱一种沉甸甸的感觉。这时候，我才渐渐认识一个成熟的民族其历史应该就是沉重的，唯其如此，才能真切地感受生命，感受人生，感受这个世界，才能为全人类贡献出些什么。我不知道诸君读完此书感受如何，如果也感到有些沉重，那么第一，恕我连累了各位；第二，我则从中获得了莫大的宽慰，因为这说明我多少写出了一点历史的真实。

不过此刻当我们共同完成了一次漫游，从中跳出来，保持着一定距离，再回过头去审视它时，就有了相当自由度，不应再有负荷。现在呈示在我们面前的大秦帝国前后这段历史，犹如都处于"定格"状态，变得相当简单而明白。对于当时的秦人，和秦以外的中原人，以及那时正处于融合中的我们整个民族，我的粗浅的认识可以简略归结为如下一些话。

### 秦人留给后人的遗产

本书《引言》一开头就提到联合国教科文组织世界遗产委员会，已将中国五处古代文化遗址其中包括长城、秦始皇陵，列入世界遗产保护目录。长城和始皇陵成为全人类文化遗产，自然当之无愧，而我则从本书关注的侧重点出发，认为秦人留给人类的遗产远不止这些。秦人最大遗产应该是表现在整部秦史中的为秦人所特有的精神力量，即那种承认落后而决心改变落后，忍受屈辱而决不甘心于屈辱，不断从谷底百折不挠向上进击、攀登，直至创造出前无古人的辉煌事业的精神，我姑且称它为"秦人精神"。长城和秦始皇陵便是这种秦人精神处于顶峰时期的物化而又保留至今的那一小部分。

秦人由于特殊的生存环境，在长达数百年的时间里一直处于《引言》中提到的著名历史学家汤因比所概括的那种对逆境的挑战的不断应战中，几乎无暇顾及其他，以至与中原文化精神造成对立并战而胜之，不仅成了一代接一代的嬴秦代表人物的终生心志，甚至渐渐形成了全民族的共同心理。这样，所谓秦人精神在不断张扬自己长处的同时，它的短处也就愈益明显地暴露了出来。这也就是说，他们在收获成功的同时，也已播下了失败的种子。由此可见，秦帝国的暴兴暴亡，不但是历史的必然，还可能是历史的幸运，是"社会生态"的最佳选择。秦人的理想、智慧、勇气、毅力，到秦始皇时代已经发挥到了极致。这种独特的文化精神只能做到这样，它果然做到了这样，这便是它的伟大处。硬要它延续下去，对历史不见得有好处。或者换个方式改良一下，使它能兼容各种长处如何呢？第一，看来搽点万金油是不管用的，非得经一番脱胎换骨手术不可；第二，既是脱胎换骨，若是手术成功，那它就不再是在那样一个特殊历史、特殊群体中产生的秦人精神了。在想象中，人们可以创造出"龙"这样一种既能腾云驾雾又能翻江倒海的海、陆、空三栖动物；在现实生活中，我们却既不能要求搏击长空的鹰隼长出鳞片来去遨游水宫，也无法给巨鲸插上翅膀让它翱翔蓝天。

不仅如此，所谓长处或短处，往往是同一银币的两个面，很难把它们分开。有时你说这是短处，从另一个角度看起来，可能正是它的长处。在书中，我曾经写到荀子这位后期儒家大师，在秦国考察后就所看到的不足之处向昭襄王提出了忠告。荀子是一位以中原文化为主要滋养的学者，又有以儒家学派的观点作为参照，所以对秦人不足之处看得很清楚。反过来说，在考察秦国之后，在相互对照中，荀子是否也发现了中原诸国的一些不足之处呢？我以为这是肯定的，而且很可能比他在秦国发现的短处还要多，还要严重，还要致命！所谓中原文化，主要渊源就是周文化。孔子说："郁郁乎文哉！吾从周。"（《论语·八佾》）那不是很完美的吗？是的，如果没有旋风似的秦人精神在关中崛起，中原诸国大概还会长期沉醉在自以为具有完善无缺传统文化的酣梦中，以高傲的眼光睥睨四周包括秦人在内的那些所谓化外之邦。只是在几经较量且又屡屡败下阵来以后，中原人才突然惊醒过来。只有到了这时候，他们才能发现，原来被他们引为自豪的那种文化精神，它的不足之处正是在于所谓完美无缺，即完美无缺到了停滞不前，而丧失了原有的生命活力。与此相反，不那么完美的秦人文化精神，却显得如此凌厉剽悍，掀天揭地，锐不可挡！

如果上述粗疏的分析可以勉强成立的话，那么我尝试把所谓"秦人精神"归结为以下三句话——

不是在艰难的环境中沉沦，而是在这种环境中顽强地一次接一次、一代接一代地奋起再奋起；

不是陶醉于初次胜利，而是紧紧抓住一切可以利用的时机，不停顿地勇猛进击，胜利再胜利，直至夺取最后胜利；

不是因循古已有之的模式，而是只吸取其中仍然有用的成分，依据新的时代，勇敢地创建出一个纵然有许多不完美之处，但总体上却是气势恢宏的新天下。

当然不能说，这些精神只是秦人才有，但作为一个完整的典型，应当打上"嬴秦"的标记。

可以想见，这样一种秦人精神曾经给那个时代带来了多么巨大冲击力！从一定意义上说，正是它激醒并激活了曾经创造过灿烂的中原文化、此时却已显得老迈了的中原人，从而促使在那个历史时期里我们的整个民族文化、民族精神都奋发昂扬起来。诚然秦帝国灭亡后，秦人包括秦人精神已融入了我们全民族而不复单独存在，但我们还是不应当忘记嬴秦氏族用他们一代又一代的特别旺盛的生命活力所作出的这一可贵贡献。

当然，对秦人来说，秦帝国的暴亡总还是一件不幸的事。

这就要说到我的第二点想法了：秦人怎么会在建立秦帝国的同时，无意间又造就了它的掘墓人？

## 中原人对历史的再创造

秦帝国何以二世而亡，正如学者们已经作出的研究那样，是由政治、经济以至道义等多种原因造成的。如果从本书特定的视角出发再多作些思考，就可看到还有一种不应被忽视的精神力量那时起过相当大的作用，它就是故国心理，或者叫作故国观念。

这里的国是指诸侯国，与我们现在说的国家、祖国还不是一回事。诸侯国也即封国。我国至商代，分布在中原一带的，大致还是一个个以血缘为维系纽带的氏族群体，各自保持其独立发展。周灭商而兴，因分封诸侯而在中原划分出许多封国，这便出现了同一氏族分属于不同封国，而同一封国又由不同氏族混合而居的情况。开头，封国的建制是很松散的，封国之间也较少往来，但时间一长，情况渐渐起了变化。所谓战国七雄，大都已有数百年历史，最年轻的韩、赵、魏也存在了一百多年。更重要的是如此漫长的时间，几乎都是在相互争战中度过的。战争原是个无情的怪物，但在参战各方内部却因面临战争一下子变得命运与共而反比平常更为有情。本来封国都属诸侯宗室，与平民并没有多少关系。但战争一来，动辄"争地以战，杀人盈野；争城以战，杀人盈城"（《孟子·离娄上》），这便使得国中大多数人渐渐把自己与国家的兴衰存亡联系了起来。此外，由于世代聚居一地，加上较为接近的民俗世情，自然也会产生一种亲和感。因而所谓故国观念，对故土的缱绻之情，当时该是普遍存在的。在秦之前，无论商汤或周武，都是以联合诸侯共伐"无道"的形式据有天下的，那样除了夏桀或商纣宗室，其余诸族大都不会有被征服的感觉。但秦却没有条件这样做。秦灭周根本用不着联合诸侯，轻而易举，灭周后却还得花很大力气逐个吞灭诸侯才能一统天下。这也就是说，秦的天下主要不是由灭周而得，而是从诸侯手里夺来的。这样，秦始皇在挥剑削平六国的同时，也就血洗了六国人民的故国之情，无意间在数倍于秦本土的中原大地上普遍撒下了反秦种子。

这还只是问题的一面。

同样的，秦人也有自己的故国观念。他们在这片关中土地承受过屈辱，经历过艰辛；如今，凭着这片土地，他们居然把那些多少世代来一直在他们头顶高视阔步的中原诸侯一个个降伏在自己脚下，这真是一个翻天覆地的大事变啊！这个事变反映在秦人头脑里就是：秦人征服了中原人！既是征服者自然有权惩罚被征服者。秦始皇在兼并六国过程中动辄"屠城"、"灌城",连普通士卒也受到影响,常常以征服者自居,傲视以至凌辱中原人[1]。秦始皇虽然做了天下共主,但他的故国观念似乎没有多少改变。他建立的帝国仍然称秦,他毁废六国国都,却把那些各具特色的宫殿在咸阳照式照样造了起来,甚至开始全国大巡游时,也先要在自己故国兜一圈。这样,当帝国大厦在华夏大地上建立起来时,无论在秦人或在中原人观念中,只有一根柱子是属于秦的,其余六根柱子分明都还残留着当年列国标记。这当然非常危险。

在秦国兼并六国决战中,楚国反抗最为激烈;楚亡后,楚人对被秦国害死的楚怀王,对在抗秦战争中壮烈牺牲的大将军项燕,都一直深深怀念着。特别是楚国出了位伟大的诗人屈原,在他那些雄浑瑰丽的诗作中,把产生于特定时空条件的故国之情,升华到了具有永恒魅力的一种人类共有的纯真感情。所有这些都说明楚人的故国之情比其余五国更为浓烈。如果历史照此轨迹发展下去,那么楚南公的预言很可能就会应验:"楚虽三户,亡秦必楚也!"(见《史记·项羽本纪》)

而如果楚南公的预言果真应验,那么中国历史就会陷入秦人—中原人相互报复、列国存亡交替的循环圈,那将是莫大的悲哀!

历史没有走这条路。

或者说,当历史的车轮很有可能折入这一岔道的时候,被两只巨人的手一左一右握住,换了个方向,由岔道转入到正道。

不过那实在不是什么巨人之手,而是两个普通贫苦农民沾满牛屎、长满老茧的手。他们的名字一个叫陈胜,一个叫吴广。

陈胜、吴广这两个秦帝国的最主要的掘墓人,同样也是由秦帝国自己造就的:帝国首先剥夺得他们一无所有,接着又逼得他们无路可走。而在帝国时代,处于这种境遇的人千千万万。因而这两个人代表着一个阶级,代表着帝国人口构成中的最大多数。这样,当他们面临到所有可能选择的出路都写着一个"死"字的时候,他们选择了造反,同时也就唤醒了所有同类遭遇的人。事情便这样出人意料却合乎情理地发生了:最先起来倾覆秦帝国大厦的,不是六根柱子中的任何一根柱子,而是肩负着整座大厦重压的基础。对于陈胜、吴广所代表的农民阶级来说,故国观念已降到极其次要的地位。道理很简单:人总得首先能勉强活下去,才能再顾及其他。陈、吴等起义的初衷就是要争取基本生存权:"今亡亦死,举大计亦死,等死,死国可乎?"(《史记·陈涉世家》)可以归结为一句话:我们要活!这声呐喊因它激起了最大多数人的共鸣而显得如此洪亮而有力,以至包括项羽、刘邦在内的所有起义者一开始都自愿归之于陈胜、吴广的大旗之下。这就清楚不过地向世人表明,这场斗争的性质既不是六国为复国而抗秦,也不是中原人联合起来共同反秦;而是帝国范围内所有被奴役的阶级、阶层、民众,一齐起来抗击秦帝国的暴政。

所以我想这样说:随着大泽乡一声怒吼,中国政治斗争舞台上出现了一个全新的人物,

---

[1]《史记·项羽本纪》有一段关于项羽坑二十余万秦降卒的记载,其中就反映了秦人与中原人相互仇恨、相互报复的心理状态:"诸侯吏卒异时故徭使屯戍过秦中,秦中吏卒遇之多无状,及秦军降诸侯,诸侯吏卒乘胜多奴虏使之,轻折辱秦吏卒。"

他的登场，标志着秦人——中原人之间那个很有可能出现的"循环圈"已被冲破，从此历史将在一个新的起点上演进。

这就是以陈胜、吴广为代表的中原人，客观上对历史作出的一次伟大的再创造。

这里特别值得提一下张良。自从在焚烧中的故国国都侥幸逃亡出来后，张良便以"为韩报仇"作为自己生命的全部价值。一听到陈胜、吴广发难，他便立刻响应；见到项梁后的第一句话就是要求寻访韩公子成，并立以为王。由此不难看出他的故国之情是十分强烈的。但张良又是一个极为难得的能够与时代同步前进的人。随着时变发展，他用自己的理智说服自己的感情，突破"为韩报仇"的狭隘心理，具备了一种创造新历史的眼光和魄力。因而在后来的楚汉战争中，当郦食其建议刘邦以复立六国之后来摆脱为项羽所围的困境时，他详细论述了其中弊端，说服刘邦放弃了这种违背历史规律的做法。

不过在当时，能够像张良这样清醒地顺应历史大势，自觉更新自己观念的人，毕竟只是凤毛麟角。抗秦复国依旧是六国之后的强烈愿望，故国之情更是还相当普遍地存在着。

凡是精神的东西，既无法强行压服，更不能用暴力去消灭。

于是，历史需要遴选出一个恰当的人，来演绎一个悲壮的故事，最后由他自己来对这种观念和这种愿望举行一次葬礼。

选中的人是再恰当不过的：他生于楚国将门之后，长乎故国患难之秋。他身长八尺，力能扛鼎。他从小立下宏志：要学万人敌；要取秦始皇而代之！

此人姓项名籍字羽，以字名世，通称项羽。

项羽简直就是屈原那些雄浑瑰丽诗句的化身，通身闪发着一种纯真、豪放的人性的光辉。只有他堪称是那个时代的真正英雄。他率领江东八千子弟，破釜沉舟，跃马横槊，战遍河南河北，破关西进，杀秦王，焚秦宫，没有等到那场冲天而起的复仇大火熄灭，便又率领着他的江东子弟回马故土。听听，这个南国丈夫说出的话有何等率真！

*富贵不归故乡，如衣绣夜行，谁知之者！*

接着，项羽自封为西楚霸王，并一口气封了十八个诸侯王，竟是秦始皇歼灭的诸侯国数的三倍！历史在这里打了个回旋，似乎又要回到那个列国纷争的循环圈。但既然大泽乡的怒吼已经唤醒了最大多数的底层民众，那么历史已注定了这种回旋只能是以项羽为主人公的那个悲壮故事中的回光返照式的仓促一章，其意义无非是为最后的葬礼准备下丰盛的牺牲而已。

清波粼粼的乌江，不过是南国水乡中的寻常一景，此后它却将永享盛名了！因为在这里演出了中国历史上最悲壮的一幕，一位亘古无双的英雄在江畔用佩剑割下了自己价值千金的头颅[1]。

项羽兵败垓下在乌江畔自刎前，乌江亭长欲以船急渡项羽去江东为王，这位末路英雄朗然一笑说道——

---

【1】刘邦曾以千金为赏购项羽之头。因而项羽在乌江畔自刎前，看到追来的汉军中有他的故人吕马童时，愿以头颅为赠："吾闻汉购我头千金，邑万户，吾为若德。"（《史记·项羽本纪》）读此不禁令人泣下长号！

天之亡我，我何渡为！且籍与江东子弟八千渡江而西，今无一人还，纵江东父兄怜而王我，我何面目见之！纵彼无言，籍独不愧于心乎？

呵，江东有此英雄，河山为之增色！

于是我想，项羽如果战胜了刘邦，那么很可能残暴、昏庸远胜秦始皇，而功业、政绩则无一可与后者相比。但他却是英年而死，死得又如此壮烈，这不仅为他个人生命史加演了一个最为光辉的尾声，也为到那时为止的中国历史写出了一篇悲壮的跋文。项羽的头颅是献给六国亡灵的祭礼，用以祭告他们：诸侯纷战数百年的恩恩怨怨，从此终于永远成为历史。

项羽为昨天打上了一个句号，陈胜、吴广为明天完成了一个开篇。接下去的事便是谁来谱写这部新历史的第一页。

应命而出的是刘邦。

刘邦此人，历史学家们，特别是文学家们，大多对他没有好感。的确，作为一个人，他在慷慨、坦荡的项羽面前黯然失色。但我们还得承认，他是由时代推出来书写这部新历史的合适人选。他有一种本事，就是把从陈胜、吴广直到项羽无数英雄豪杰浴血奋战创造出来的成果，统统收集起来为他所用；随后，又将那些创造者逐个降服或者消灭。这自然不大符合我们这些普通人的道德准则，但在政治学那里，他却会得到一个堂皇的评价，叫作具有"王者气度"。

至于刘邦做了大汉帝国开国皇帝后，一些文人学士见他出身微贱以为脸上无光，便挖空心思为他编造假家谱，说什么刘姓原为帝尧后裔，刘邦祖母是与龙交配才生下刘邦父亲，母亲又是吞了龙珠才生下了刘邦等等、等等，那非但是一派胡言，而且实在是大帮倒忙！因为事情很清楚：如果刘邦真是王室贵族后裔，那么充其量只能做个项羽第二。刘邦的幸运，恰恰在于他是"泗水亭长"这个比平民高不了多少的身份，这才使他能够摆脱故国观念的羁绊，跳出封国地域的拘囿，具备一种气度，一种眼光，直接去继续陈胜、吴广的未竟事业，抓住历史机遇，创立一个真正大统一的大汉帝国。

大风起兮云飞扬，
威加海内兮归故乡，
安得猛士兮守四方！（《史记·高祖本纪》）

刘邦在故乡沛县大宴父老子弟时即兴创作并吟唱的这首歌，却确实表现出一种所谓王者气度，它预示着新生的大汉帝国即将创造出一个辉煌的未来。

## 站在长城之巅遥望

最后说一说秦帝国时代的我们整个民族。

我国在史前的传说时代，有所谓唐尧、虞舜等等，他们都是及身而止，没有开创朝代。大约到了禹之世,权力及权力的传递才渐渐制度化,于是有了国家这样一种统治形式,有了称之为三代之首的夏代,其后相继而起的是商和周。夏代的国家形式还只能说规模初具,它的控制或影响范围不可能很大,大概只是在黄河中下游一带,其周边更为广阔的地区,则分别由大小不等的各个氏族自行统治。有关这些氏族的资料,古籍中有零星载录,近代学者们经过整理,提出了多种总体概括,其中一说是认为有河洛、江汉、海岱三个氏族系统。总之是那时的中原地区,除了先后建立了国家的夏、商、周以外,同时还星罗棋布似地散居着众多氏族,在漫长的岁月中,他们生息于斯,劳作于斯,就形式来说是分别地、就客观效果来说则是共同地开发着这片沃土,付出了他们一代又一代人的智慧和辛劳。

周代封国的出现,可能是促使中原各氏族间较快地走向融合的一个动因。

上文已有所提到,封区多数不是按照氏族聚居地域划分的。往往同一氏族分属于不同的封区之内;反之,同一封区,又可能由若干个不同氏族组合而成。这种状况,起初自然会使人们感到不习惯,以至引起一些不满,但随后也就逐渐适应,原有的氏族分野渐次淡化,封国观念则开始萌生。特别是进入春秋战国后,频繁的战争的发展,既促进了诸侯内部之间的联系和认同,又增加了诸侯国之间的接触和交流,诸氏族融合为一个统一民族的条件逐步趋向成熟。

在这期间,嬴秦氏族为改变自己命运而进行的一系列顽强奋斗,客观上对民族融合起了有力的催化作用。

秦人原居于东海之滨,至周初而被迫进行了一次长达数千里的大迁徙,来到他们陌生的西陲之地。此后他们无数次地向东、向南、向北,也向西,图谋施加影响,扩展势力;始而试探,继而蚕食,最后是大踏步地挺进,直至建立了统一大秦帝国。在这个历史阶段内,嬴秦氏族很像一把梭子,在函谷内外,黄河南北,不知编织了多少来回,极大地推进了原来不同氏族之间经济、文化等各个方面的接触与交流。帝国建立后,又实行了高度的集中统一,所实施的一系列政令、法令,如实行多次动辄数万人之众的大迁徙,接连在全国范围内大规模地征发徭役,修筑纵横交错的直道、驰道等等,客观上都有利于诸氏族间相互取长补短走向融合。

翦伯赞在《秦汉史》中,对这个过程作了极为生动、形象的描述——

当时的中国正像一个鸡卵,中原诸种[族],有若卵黄,四周诸种族,有若卵白,卵黄与卵白虽各为一物,而在鸡卵之有机构造上,则是血肉相连的。当秦之时,中国的历史,正在发生一种适当的温度,来孵化整个鸡卵。所以到西汉之初,鸡雏遂破壳而出,是为汉族。

如此说来,统一的汉民族该是诞生于秦帝国这座产房,而至汉初而命名。

汉族是中华民族大家庭中的主要成员,不是它的全部。

在秦帝国时期,我们如果站在长城之巅,便会看到一幅波澜壮阔的多民族生活画图:在长城之北的蒙古高原一带是主要从事畜牧业的强悍的北狄之族,也即匈奴;在长城东北和长城之西，分别是东胡等东夷诸族和月氏羌等西羌诸族；在长城之南，越过中原地区至浩瀚的南海，在那气候温润的丛山密林间，生活着闽越、南越诸多种族。秦帝国建立之初，凭着它吞并六国后的强大威势，南征北伐，强劲地向周边扩张，周边诸族则在不得不有所退缩的同时，不断积聚着实施反攻的力量。帝国末世中原大乱，这就为周边诸族实施反攻提供了极好的时机。其中特别是西北匈奴，因秦帝国为了镇压义军而急调驻守边防部队开赴中原战场，使他们得以长驱南进，直至长城脚下，有的甚至进逼到河套以内。这样，当刘邦登上极位，高吟大风之歌呼唤猛士守四方时，汉帝国实际上已处于周边诸族一片连天强弓怒马的包围之中，其所真正能够控制的疆域反比秦时为小。有汉一代，匈奴的屡屡进犯，长期成为棘手难题，而在武帝时期则发起了接连不断的北伐征战。有句俗话说得好：不打不相识。在此后的漫长岁月中，汉族与周边诸多兄弟民族虽有时不免戈戟相见，但总的趋势则是走向礼让亲和，并最终形成为一个总称为中华民族的大集体。

一个成熟的民族，在发展自己的同时，总要不断突破地域局限，向四周发出友好的问候，献出他们自己的历史和文化的光焰，以共同点燃人类的文明火炬。

这个发展自身同时促进全人类发展的过程，我想把它比之为行星的自转和公转。纵然至秦帝国之世，分布于世界五大洲的人类活动能力，即使是其中出类拔萃的民族，也尚不足以全部贯通巍巍群山、淼淼海洋的阻隔，也就是说还没有能力完成一个公转周期，但毕竟已接近了相会点。当时如果我们能够登上喜马拉雅山之巅，那就会看到爱琴海畔希腊半岛上的文明灯塔虽已被历史狂飙吹灭，但它的余火依旧在向四周辐射，而地中海正在掀起拍天巨浪，预告着强悍的罗马帝国将在意大利半岛勃兴，成为地中海上之霸主。由红海而东，阿拉伯人驱赶着铃声叮当的骆驼队，或是从麦加出发东行，或是由伊朗高原北麓南下，经过艰难跋涉以至流血搏击，分别建立了古籍上称之为"条支"、"安息"这样一些国家，展示他们古朴的生活方式和色彩斑斓的文化。再向东望，位于南亚恒河平原上的印度，一度因亚历山大骑兵队的侵入而受到希腊文化的洗礼，此时孔雀王朝正处于旃陀罗笈多孙阿育王当政的鼎盛期。由悉达瞿昙（即释迦牟尼）创立的佛教已成为印度国教，这种充满着东方特殊魅力的文化，正开始越过喜马拉雅山而向中国长城隐隐传来它的光芒。[1]

最后，让我们把目光收回到华夏大地。

事实上，早在世界先进民族向长城隐约传来文明闪光之前，中华民族中的杰出智者就已经在不断地向世界以至广阔的天宇发出了探问——

那是春秋末期，诸子并兴的时代。在波涛滔滔的东海之滨，已进入暮年的孔子正与他的弟子们在望海论道。老夫子忽而说：如果我的道不能行于中原，我将乘着木筏漂洋

---

[1] 马非百《秦始皇帝传》有《关于佛教东来的传说》一节，辑录了不少资料，认为至秦时，印度佛教可能已开始东来。

过海而去，你们之中能跟我一起去的，大概只有仲由吧？【1】虽是一句戏语，却也说明这位圣哲是相信在茫茫大海的彼岸同样有人类生息着，他很想把自己智慧献给那里的同类。孔子的这种遐想可能是以当时的一个传说为据的：商末周初时，曾有大批中原人流亡去了海外【2】。

一百多年后，在孟子的故乡有个好发"宏大不经"之论的驺衍，竟然说：你们儒家说的中国，其实只有天下的1/81，整个天下还大得很呢【3】！此论虽在当时同样被视为"宏大不经"，却还是给人以极大的鼓舞和无限的向往：此生若得向那个大"天下"一游，该是一件多大的乐事啊！

进入战国时期，在山林钟秀的汨罗江畔，楚国诗人屈原正在披发行吟，纵然颜色憔悴，形容枯槁，却依然神游天地，思接广宇。他以《天问》为题的长诗，一口气向上天发出了一百几十个追问："九天之际，安放安属？隅隈多有，谁知其数？……"不难看出诗人多么渴望与天宇间所有有智慧的生命对话啊！

现在已到了战国末期，大一统的曙光初现，智慧之士更把好奇的目光投向那个未知的"天下"，从而产生了像《山海经》这样的奇书：它记下了5370座山峦，300余条河流，还探访了95个奇邦异国，全都是见所未见，闻所未闻，读来令人拍案叫绝！这里是秦都咸阳，巍峨的丞相府。此刻，吕不韦和他的门客们，正在讨论一个使他们既兴致勃勃又惊奇不已的问题：在称为"极"的那个地方，怎么会不分昼夜呢？中午阳光下又怎么会没有影子呢【4】？呵，这样的问题不仅古人惊奇，我们现在读来也还很惊奇：这类南北极地奇特的自然现象，单凭想象是绝对不可能描写得如此具体的；但如果说那时在极地已有了我们祖先的足迹，那么在古代那种交通条件下，他们是怎么过去的呢？……

上面这幅站在喜马拉雅山之巅勾勒的古代世界文明图，尽管简略，却已不难使我们得出这样的结论：经过夏、商、周三代，特别是春秋、战国、秦这个特殊历史时期的熔炼，中华民族已经跻身于世界最先进的民族之列，与希腊、罗马、印度等一起，成为古代世界文明史的几个主要动力源。正是在各个动力源的驱动下，民族"行星"们不久就将联合完成首次"公转"周期，于是不同肤色的手第一次相握在一起。

当大秦帝国落下帷幕的时候，这个世界史上激动人心的时刻，已不远在望。

---

【1】见《论语·公冶》。原文为："子曰：'道不行，乘桴浮于海，从我者其由（指仲由，孔子弟子，字子路）与？'子路闻之喜。"

【2】近年来中外学者发表研究专著或文章颇多，认为至迟至商末周初，中原诸族已向海外移民，总数达十几万，其中有些漂洋过海，到达了如今的南美洲，并在那里生存了下来。已出版的专著有：《中华祖先拓荒美洲》（黑龙江人民出版社）、《谁先到达美洲》（中国社会科学出版社）、《几近褪色的记录》（海洋出版社）等等。

【3】见《史记·孟子、荀卿列传》。文中称：驺衍以为"儒者所谓中国者，于天下乃八十一分居其一分耳。中国名曰赤县神州。……中国外如赤县神州者九，乃所谓九州也。于是有裨海环之，人民禽兽莫能相通者，如一区中者，乃为一州。如此者九，乃有大瀛海环其外，天地之际焉"。

【4】见《吕氏春秋·有始》。原文为："当枢之下无昼夜。白民之南，建木之下，日中无影，呼而无响，盖天地之中也。"

# 秦国和秦帝国大事年表

（公元前 770 年～前 206 年）

公元前 770 年　秦襄公八年
　　周平王东迁，史称东周。秦受封为诸侯，始立国。立西畤，祠白帝。

公元前 766 年　秦襄公十二年
　　秦襄公攻戎，至岐而卒，子立，是为文公。

公元前 762 年　秦文公四年
　　迁至汧、渭二水会合处（今陕西眉县附近），筑城邑。

公元前 756 年　秦文公十年
　　作鄜畤，祭白帝。

公元前 753 年　秦文公十三年
　　初设史官记事。

公元前 750 年　秦文公十六年
　　伐戎，地至岐，献岐以东于周。

公元前 747 年　秦文公十九年
　　作陈宝祠。

公元前 746 年　秦文公二十年
　　秦法初有三族（父族、母族、妻族）之诛。

公元前 716 年　秦文公五十年
　　文公卒。孙立，是为宁公（亦作宪公）。

公元前 714 年　宁公二年
　　伐荡社。徙于平阳（今陕西宝鸡东）。

公元前 713 年　宁公三年
　　败亳王，灭荡社（亳即荡社）。

公元前 708 年　宁公八年
　　攻芮，兵败。

公元前 704 年　秦宁公十二年
　　宁公卒。大庶长三父等废太子（后为武公），立幼子出子，年五岁，是为出公。

公元前 703 年　秦出公元年
　　出公立。

公元前 698 年　秦出公六年
　　三父等杀出公，立故太子，是为武公。

公元前 697 年　秦武公元年
　　攻戎人彭戏氏，至华山。

公元前 695 年　秦武公三年
　　杀三父等，夷其三族。

公元前 688 年　秦武公十年
　　伐邽冀戎，初建县。

公元前 687 年　秦武公十一年
　　灭小虢，又设杜县、郑县。

公元前 678 年　秦武公二十年
　　武公死，初用人殉，凡六十六人。弟立，是为德公。

公元前 677 年　秦德公元年
　　徙都于雍（今陕西凤翔南）。

公元前 676 年　秦德公二年
　　作伏祠，杀狗御蛊。节令"伏"始于此。本年，德公死，子立，是为宣公。

公元前 672 年　秦宣公四年
　　与晋大战河阳，获胜。在渭南作密畤，祭青帝。

公元前 664 年　秦宣公十二年
　　宣公卒，弟立，是为成公。

公元前 663 年　秦成公元年
　　梁伯、芮伯朝秦。

公元前 660 年　秦成公四年
　　成公卒，弟任好立，是为穆公（一作缪公）。

公元前 659 年　秦穆公元年
　　伐茅津戎，获胜。

公元前 655 年　秦穆公五年
　　以五羖羊皮赎百里傒而授之以国政。伐晋，战河曲。

公元前 651 年　秦穆公九年
　　送晋公子夷吾归国，是为晋惠公。晋许秦河西八城之地。

**公元前 650 年　秦穆公十年**
　　晋背约，不给秦河西之地。

**公元前 647 年　秦穆公十三年**
　　晋发生灾荒，向秦借粮，秦给予。粮船自雍至绛，络绎不绝，称"泛舟之役"。

**公元前 646 年　秦穆公十四年**
　　秦发生灾荒，向晋借粮，晋拒绝。

**公元前 645 年　秦穆公十五年**
　　与晋战于韩，虏晋惠公，晋献河西之地。

**公元前 644 年　秦穆公十六年**
　　在河东置官司。

**公元前 643 年　秦穆公十七年**
　　晋太子圉在秦为质子，穆公以女怀嬴嫁之，并还晋河东地。秦、晋遂以黄河为界。

**公元前 641 年　秦穆公十九年**
　　灭梁。

**公元前 640 年　秦穆公二十年**
　　灭芮。

**公元前 638 年　秦穆公二十二年**
　　秦、晋迁陆浑之戎自瓜州至于伊川。

**公元前 637 年　秦穆公二十三年**
　　迎晋国公子重耳于楚。因此时晋太子圉已逃回晋，穆公再以其女怀嬴嫁重耳。

**公元前 636 年　秦穆公二十四年**
　　送晋公子重耳归晋，立为晋文公。

**公元前 630 年　秦穆公三十年**
　　助晋攻郑。郑烛之武说秦穆公。秦与郑盟而退师。

**公元前 628 年　秦穆公三十二年**
　　发兵越晋攻郑。

**公元前 627 年　穆公三十三年**
　　攻郑未成，灭滑。晋于崤大败秦军，虏秦三将。

**公元前 625 年　秦穆公三十五年**
　　伐晋，战彭衙，不利，归。

**公元前 624 年　秦穆公三十六年**
　　伐晋大胜，取王官及鄗，封崤尸作《秦誓》而还。

**公元前 623 年　秦穆公三十七年**
　　晋伐秦围邧。秦伐西戎大胜，"开地千里"，天子使召公贺以金鼓。

**公元前 622 年　秦穆公三十八年**
　　取郗。

**公元前 621 年　秦穆公三十九年**
　　穆公卒，以一百七十七人为殉。子罃立，是为康公。

**公元前 620 年　秦康公元年**
　　送公子雍归晋。晋败秦师于令狐。

**公元前 619 年　秦康公二年**
　　伐晋，取武城。

**公元前 617 年　秦康公四年**
　　晋伐秦，取少梁。

**公元前 615 年　秦康公六年**
　　伐晋，取羁马，并败晋军于河曲。

**公元前 609 年　秦康公十二年**
　　康公卒，子和立。是为共公。

**公元前 608 年　秦共公元年**
　　晋侵宋，求成于秦，秦弗许。

**公元前 607 年　秦共公二年**
　　伐晋围焦。

**公元前 604 年　秦共公五年**
　　共公卒，子立。是为桓公。

**公元前 601 年　秦桓公三年**
　　晋伐秦，杀秦谍。

**公元前 594 年　秦桓公十年**
　　伐晋，战于辅氏，晋败。

**公元前 593 年　秦桓公十一年**
　　与楚、宋、陈盟于齐。

**公元前 582 年　秦桓公二十二年**
　　与白狄伐晋。

**公元前 580 年　秦桓公二十四年**
　　与晋夹河而盟，归而背盟，与翟谋攻晋。

**公元前 578 年　秦桓公二十六年**
　　晋与齐、鲁、宋、郑、曹等国伐秦，秦军败走，至于麻隧。

**公元前 577 年　秦桓公二十七年**
　　桓公卒，子后伯车立，是为景公。

**公元前 564 年　秦景公十三年**

伐晋。

**公元前 563 年　秦景公十四年**
　　晋伐秦。

**公元前 562 年　秦景公十五年**
　　使庶长鲍伐晋救郑,败晋于栎。

**公元前 561 年　秦景公十六年**
　　与楚攻宋。

**公元前 559 年　秦景公十八年**
　　晋会诸侯伐秦,败秦师于棫林。

**公元前 550 年　秦景公二十七年**
　　至晋会盟,旋即背盟。

**公元前 541 年　秦景公三十六年**
　　秦公子鍼逃至晋,后又归秦。

**公元前 537 年　秦景公四十年**
　　景公卒,子立。是为哀公。

**公元前 506 年　秦哀公三十一年**
　　楚申包胥至秦求兵伐吴。

**公元前 505 年　秦哀公三十二年**
　　秦发兵五百乘救楚,大败吴师。

**公元前 501 年　秦哀公三十六年**
　　哀公卒,孙立,是为惠公。

**公元前 491 年　秦惠公十年**
　　惠公卒,子立,是为悼公。

**公元前 477 年　秦悼公十四年**
　　悼公卒,子立,是为厉共公。

**公元前 476 年　秦厉共公元年**
　　蜀人来赂。此后蜀始通秦。

**公元前 471 年　秦厉共公六年**
　　楚人来赂。

**公元前 470 年　秦厉共公七年**
　　义渠戎来赂,緜诸乞援。

**公元前 467 年　秦厉共公十年**
　　庶长将兵拔魏城。

**公元前 463 年　秦厉共公十四年**
　　晋人、楚人来赂。

**公元前 461 年　秦厉共公十六年**
　　伐西戎大荔,取王城。

**公元前 457 年　秦厉共公二十年**
　　厉公率兵与緜诸战。

**公元前 451 年　秦厉共公二十六年**
　　左庶长攻得南郑,筑城。

**公元前 444 年　秦厉共公三十三年**
　　伐义渠,虏其王。

**公元前 443 年　秦厉共公三十四年**
　　厉共公卒,子立,是为躁公。

**公元前 441 年　秦躁公二年**
　　南郑反。

**公元前 430 年　秦躁公十三年**
　　义渠戎攻秦,至渭南。

**公元前 429 年　秦躁公十四年**
　　躁公卒,弟立,是为怀公。

**公元前 425 年　秦怀公四年**
　　庶长鼂与大臣围怀公迫其自杀,立其孙,是为灵公。

**公元前 418 年　秦灵公七年**
　　与魏战少梁。

**公元前 417 年　秦灵公八年**
　　修城于河频。

**公元前 415 年　秦灵公十年**
　　筑籍姑城,修庞城。是年灵公卒,叔立,是为简公。

**公元前 413 年　秦简公二年**
　　与魏战,败于郑下。

**公元前 412 年　秦简公三年**
　　魏围秦繁庞。

**公元前 409 年　秦简公六年**
　　令吏初带剑。堑洛,城重泉。魏伐秦,筑临晋元里。

**公元前 408 年　秦简公七年**
　　初租禾。魏伐秦至郑而还。

**公元前 401 年　秦简公十四年**
　　伐魏,至阳狐。

**公元前 400 年　秦简公十五年**
　　简公卒,子立,是为惠公。

**公元前 395 年　秦惠公五年**
　　伐緜诸。

**公元前 393 年　秦惠公七年**
　　魏败秦于汪。

公元前 391 年　秦惠公九年
　　伐韩宜阳，取六邑。

公元前 390 年　秦惠公十年
　　与魏战武城。

公元前 389 年　秦惠公十一年
　　攻魏之阴晋。

公元前 387 年　秦惠公十三年
　　伐蜀取南郑。是年惠公卒，子出子立。

公元前 385 年　秦出子二年
　　庶长菌改杀出子，立公子连，是为献公。

公元前 384 年　秦献公元年
　　止人殉。

公元前 383 年　秦献公二年
　　徙都栎阳（今陕西临潼东北）。

公元前 378 年　秦献公七年
　　初行市。

公元前 375 年　秦献公十年
　　设户籍相伍。

公元前 371 年　秦献公十四年
　　与赵战高安，败绩。

公元前 366 年　秦献公十九年
　　战败韩、魏于洛阳。

公元前 364 年　秦献公二十一年
　　胜魏于石门，斩首六万。是为战国时期秦对东方各国第一次大胜。赵救魏，秦乃退兵。

公元前 363 年　秦献公二十二年
　　攻魏少梁。

公元前 362 年　秦献公二十三年
　　胜魏，虏其将公孙痤。是年献公卒，子渠梁立，是为孝公。

公元前 361 年　秦孝公元年
　　韩、魏伐秦。商鞅入秦。秦伐魏、伐西戎，斩戎之獠王。

公元前 359 年　秦孝公三年
　　用商鞅变法。

公元前 358 年　秦孝公四年
　　败韩师于西山。

公元前 356 年　秦孝公六年
　　以商鞅为左庶长。

公元前 355 年　秦孝公七年
　　与魏王会杜平。

公元前 354 年　秦孝公八年
　　与魏战元里。

公元前 352 年　秦孝公十年
　　以商鞅为大良造，将兵围魏安邑。

公元前 351 年　秦孝公十一年
　　城商塞。商鞅围魏固阳，降之。

公元前 350 年　秦孝公十二年
　　徙都咸阳（今陕西咸阳东北）。初聚小邑为县。开阡陌。

公元前 349 年　秦孝公十三年
　　初在县设秩史。

公元前 348 年　秦孝公十四年
　　初为赋。

公元前 343 年　秦孝公十九年
　　城武城。周天子致秦伯。

公元前 340 年　秦孝公二十二年
　　商鞅伐魏，虏公子卬。鞅受封于商。

公元前 339 年　秦孝公二十三年
　　与魏战岸门，虏魏错。

公元前 338 年　秦孝公二十四年
　　孝公卒，子驷立，是为惠文王。诛商鞅。

公元前 337 年　秦惠文王元年
　　楚、韩、赵、蜀朝秦。

公元前 336 年　秦惠文王二年
　　初行圆钱。

公元前 335 年　秦惠文王三年
　　攻取韩之宜阳。

公元前 333 年　秦惠文王五年
　　犀首为大良造，张仪为客卿。

公元前 332 年　秦惠文王六年
　　魏献阴晋，更名宁秦。

公元前 331 年　秦惠文王七年
　　义渠内乱，庶长操将兵定之。

公元前 330 年　秦惠文王八年
　　与魏战，虏龙贾，斩首八万；魏献河西之地。

**公元前 329 年　秦惠文王九年**
伐魏渡河，取汾阴、皮氏，围焦降之。

**公元前 328 年　秦惠文王十年**
始置丞相。张仪为相。魏献上郡十五县予秦。

**公元前 327 年　秦惠文王十一年**
义渠君称臣。更名少梁为夏阳。归还给魏焦、曲沃等地。

**公元前 326 年　秦惠文王十二年**
初腊。与楚、燕、齐、魏等参加赵肃侯葬仪。

**公元前 325 年　秦惠文王十三年**
惠王君称王。

**公元前 324 年　秦惠文王更元元年**
张仪率兵攻魏。

**公元前 323 年　秦惠文王更元二年**
张仪与齐、楚大臣相会于啮桑。

**公元前 322 年　秦惠文王更元三年**
韩、魏太子来朝。张仪免相。

**公元前 319 年　秦惠文王更元六年**
攻取韩之鄢地。

**公元前 318 年　秦惠文王更元七年**
乐池为相。韩、赵、魏等五国攻秦，不胜而回。

**公元前 316 年　秦惠文王更元九年**
司马错、张仪灭蜀。取赵中都、西阳。

**公元前 315 年　秦惠文王更元十年**
取韩之石章。败赵将泥（一作英）。

**公元前 314 年　秦惠文王更元十一年**
攻义渠，得二十五城。

**公元前 313 年　秦惠文王更元十二年**
张仪使楚，以空言割地六百里为饵，诱使楚怀王亲秦绝齐。樗里疾攻赵，虏赵将赵庄，攻取蔺。

**公元前 312 年　秦惠文王更元十三年**
庶长章击楚于丹阳，虏其将屈匄。又攻楚汉中，置汉中郡。楚攻秦兵至蓝田。

**公元前 311 年　秦惠文王更元十四年**
伐楚取召陵。樗里疾助魏伐卫。蜀相陈壮与蜀侯冲突杀蜀侯来降。惠文王卒，在位共二十七年。子荡立，是为武王。

**公元前 310 年　秦武王元年**
与魏襄王会临晋。伐义渠、丹、犂。诛蜀相庄。张仪至魏。

**公元前 309 年　秦武王二年**
樗里疾、甘茂为左右丞相。张仪死于魏。

**公元前 308 年　秦武王三年**
与韩襄王会临晋。甘茂、庶长封伐宜阳。

**公元前 307 年　秦武王四年**
始置将军。魏冉为将军。拔韩宜阳。渡河在武遂筑城。魏太子来朝。八月，武王举鼎绝膑死，族孟说。异母弟稷立，是为昭襄王。

**公元前 306 年　秦昭襄王元年**
归韩以武遂。

**公元前 305 年　秦昭襄王二年**
庶长壮及大臣诸公子为逆皆诛。

**公元前 304 年　秦昭襄王三年**
与楚在黄棘会盟。王加冠。

**公元前 303 年　秦昭襄王四年**
攻韩之武遂，晋之蒲阪、晋阳、封陵。齐、魏、韩共伐楚，秦救楚，三国引去。

**公元前 302 年　秦昭襄王五年**
魏襄王、韩太子婴入秦朝见。复与魏蒲阪。

**公元前 301 年　秦昭襄王六年**
蜀侯煇反，司马错定蜀。庶长奂伐楚。泾阳君质于齐。

**公元前 300 年　秦昭襄王七年**
攻克楚新城，杀楚将景缺。樗里疾卒。

**公元前 299 年　秦昭襄王八年**
齐孟尝君田文入秦为相。楚怀王被骗入秦。

**公元前 298 年　秦昭襄王九年**
孟尝君归齐。赵国楼缓为秦相。齐、韩、魏联军攻秦至函谷关。秦攻楚，大败楚军。

**公元前 297 年　秦昭襄王十年**
齐、韩、魏三国继续攻秦。楚怀王从秦逃走。

**公元前 296 年　秦昭襄王十一年**

楚怀王逃至赵，赵不纳，复归秦，死于秦。齐、韩、魏联军攻入函谷关，秦求和，归还韩河外及武遂，归还魏河外及封陵。

**公元前295年　秦昭襄王十二年**
免楼缓，用魏冉为相。予楚粟五万石。

**公元前294年　秦昭襄王十三年**
向寿伐韩取武始。左更白起攻新城。五大夫吕礼奔魏。

**公元前293年　秦昭襄王十四年**
白起大胜韩、魏联军于伊阙，拔五城，斩首二十四万，虏魏将公孙喜。

**公元前292年　秦昭襄王十五年**
白起攻魏拔垣，复又放弃，攻韩。

**公元前291年　秦昭襄王十六年**
攻韩取宛，封公子市（泾阳君）于宛，封公子悝（高陵君）于邓。

**公元前290年　秦昭襄王十七年**
复占垣。

**公元前289年　秦昭襄王十八年**
伐魏取六十一城。魏献河东地四百里，韩献武遂地二百里。

**公元前288年　秦昭襄王十九年**
十月，秦与齐同时称"帝"，后复去。

**公元前287年　秦昭襄王二十年**
苏秦与赵奉阳君李兑约赵、齐、楚、韩、魏五国攻秦，无功而散。

**公元前286年　秦昭襄王二十一年**
攻韩夏山，攻魏河内。魏献安邑。

**公元前285年　秦昭襄王二十二年**
与赵、楚会盟。蒙武率兵伐齐，得九城，设九县。

**公元前284年　秦昭襄王二十三年**
秦与燕、赵、韩、魏攻齐。

**公元前283年　秦昭襄王二十四年**
攻齐胜，取陶。昭襄王与楚顷襄王相会。攻魏取林，军逼大梁。

**公元前282年　秦昭襄王二十五年**
与韩、魏盟。

**公元前281年　秦昭襄王二十六年**
攻赵离石。

**公元前280年　秦昭襄王二十七年**
攻楚取黔中，楚献汉北及上庸。攻赵，取代、光狼。

**公元前279年　秦昭襄王二十八年**
秦赵会盟渑池。白起率兵攻楚取鄢。

**公元前278年　秦昭襄王二十九年**
白起攻下楚安陆，拔楚都郢，焚夷陵，取竟陵，至洞庭。楚迁都于陈。

**公元前277年　秦昭襄王三十年**
攻楚黔中、巫郡。

**公元前276年　秦昭襄王三十一年**
楚夺回十五邑。秦攻取魏二城。

**公元前275年　秦昭襄王三十二年**
攻魏，占启封。

**公元前274年　秦昭襄王三十三年**
攻取魏蔡、中阳等四城。

**公元前273年　秦昭襄王三十四年**
战赵、魏于韩之华阳，赵、魏败，秦占华阳。魏献南阳。

**公元前272年　秦昭襄王三十五年**
初置南阳郡。助楚、韩、魏伐燕。

**公元前270年　秦昭襄王三十七年**
客卿灶攻齐，取寿、刚，予穰侯。秦中更胡阳攻赵之阏与，赵将赵奢大破秦军。范雎入秦，以远交近攻说昭襄王，任为客卿。

**公元前268年　秦昭襄王三十九年**
五大夫绾收取魏之怀。

**公元前266年　秦昭襄王四十一年**
秦攻魏邢丘。用范雎为相。

**公元前265年　秦昭襄王四十二年**
攻取赵三城及韩之少曲、高平。

**公元前264年　秦昭襄王四十三年**
白起攻韩之陉城。

**公元前263年　秦昭襄王四十四年**
攻太行之南阳，断韩本土与上党之路。

**公元前262年　秦昭襄王四十五年**
攻韩，取野王等十城。大战赵长平。

**公元前 261 年　秦昭襄王四十六年**
　　续战长平。攻取韩缑氏、纶。

**公元前 260 年　秦昭襄王四十七年**
　　大胜赵于长平，白起坑降卒四十万。

**公元前 259 年　秦昭襄王四十八年**
　　取赵之武安、太原，并攻邯郸。嬴政生于邯郸，初名赵政，后为秦始皇。

**公元前 258 年　秦昭襄王四十九年**
　　续攻邯郸。任王稽为河东守，郑安平为将军。

**公元前 257 年　秦昭襄王五十年**
　　魏、楚救赵。郑安平降赵。白起罪迁阴密。

**公元前 256 年　秦昭襄王五十一年**
　　灭西周，得九鼎。周王赧卒，周嗣绝。

**公元前 255 年　秦昭襄王五十二年**
　　王稽、范睢死。

**公元前 254 年　秦昭襄王五十三年**
　　攻魏河东。魏向东攻取秦之陶。

**公元前 251 年　秦昭襄王五十六年**
　　昭襄王卒，子立，是为孝文王。

**公元前 250 年　秦孝文王元年**
　　十月，孝文王即位，三日即卒，子异人（子楚）立，是为庄襄王。

**公元前 249 年　秦庄襄王元年**
　　吕不韦为相。灭东周。攻韩建三川郡。

**公元前 248 年　秦庄襄王二年**
　　攻魏高都、波，攻取榆次、新城等三十七城。

**公元前 247 年　秦庄襄王三年**
　　全占韩之上党郡。平定晋阳之乱，重建太原郡。信陵君会五国兵攻秦。五月，庄襄王卒，子嬴政（赵政）立，是为秦王，统一六国后称秦始皇。

**公元前 246 年　秦始皇元年**
　　秦王嬴政即位，年十三岁。尊吕不韦为仲父。

**公元前 245 年　秦始皇二年**
　　攻魏取卷。

**公元前 244 年　秦始皇三年**
　　蒙骜攻韩十三城，又攻魏的畼、有诡。

**公元前 243 年　秦始皇四年**
　　蝗灾，天下疫。行纳粟千石，拜爵一级。

**公元前 242 年　秦始皇五年**
　　蒙骜攻魏之酸枣等二十城。建东郡。

**公元前 241 年　秦始皇六年**
　　攻魏取朝歌。将卫君角迁至野王。赵、楚、魏、燕、韩五国攻秦至蕞。

**公元前 240 年　秦始皇七年**
　　攻取赵之龙、孤、庆都，魏之汲。

**公元前 239 年　秦始皇八年**
　　长安君成蟜攻赵，后反叛。秦王派兵讨伐，成蟜死。

**公元前 238 年　秦始皇九年**
　　秦王嬴政行冠礼。嫪毐叛乱，即平。攻魏首垣、蒲阳、衍氏。

**公元前 237 年　秦始皇十年**
　　吕不韦免相。大索，逐客，李斯谏，止逐客。李斯用事。

**公元前 236 年　秦始皇十一年**
　　攻赵取阏与等九城。

**公元前 235 年　秦始皇十二年**
　　助魏攻楚。吕不韦饮鸩自绝。

**公元前 234 年　秦始皇十三年**
　　攻赵平、武城，杀赵将扈辄。

**公元前 233 年　秦始皇十四年**
　　赵将李牧大败秦将桓齮于肥。韩非入秦，被逼自杀。

**公元前 232 年　秦始皇十五年**
　　攻赵，为李牧所败。

**公元前 231 年　秦始皇十六年**
　　魏献丽邑，韩献南阳，秦派内史腾为南阳假守。

**公元前 230 年　秦始皇十七年**
　　内史腾攻韩，俘韩王安，韩灭。秦以韩地建颖川郡。

**公元前 229 年　秦始皇十八年**
　　王翦、杨端和率兵攻赵邯郸。

**公元前 228 年　秦始皇十九年**

大破赵军，俘赵王迁，赵亡。赵公子嘉逃代，自立为代王。

**公元前 227 年　秦始皇二十年**
王翦、辛胜在易水西败燕、代联军。燕太子丹派荆轲入秦刺秦王，不中，秦杀荆轲。

**公元前 226 年　秦始皇二十一年**
攻克燕都蓟，迫燕杀太子丹。燕王喜迁都辽东。王贲攻楚。秦之新郑叛。昌平君徙郢。

**公元前 225 年　秦始皇二十二年**
王贲攻大梁，决河水灌大梁城，魏王假出降，魏亡。

**公元前 224 年　秦始皇二十三年**
设上谷、广阳郡。李信、蒙武攻楚，为项燕所败。

**公元前 223 年　秦始皇二十四年**
王翦攻楚大胜，攻入寿春，俘楚王，楚亡。又攻江南，设会稽郡。

**公元前 222 年　秦始皇二十五年**
王贲攻辽东，俘燕王喜，燕亡。又攻代，虏代王嘉。

**公元前 221 年　秦始皇二十六年**
王贲攻齐，俘齐王建齐亡。至此六国皆亡。秦帝国建立，嬴政称秦始皇帝。

**公元前 220 年　秦始皇二十七年**
秦始皇开始第一次巡游，巡行陇西北地。开始修驰道。

**公元前 219 年　秦始皇二十八年**
秦始皇第二次巡游，派徐市入海求仙。南征百越，修凿灵渠。

**公元前 218 年　秦始皇二十九年**
秦始皇第三次巡游，张良在博浪沙击始皇，未中。

**公元前 216 年　秦始皇三十一年**
秦始皇微行咸阳，兰池遇盗，武士击杀之。大索二十日。

**公元前 215 年　秦始皇三十二年**
秦始皇第四次巡行。蒙恬率兵三十万伐匈奴，并开始修建长城。

**公元前 214 年　秦始皇三十三年**
平定南越，置桂林、南海、象郡。西北斥逐匈奴，设三十四县。

**公元前 213 年　秦始皇三十四年**
发五十万罪徒戍五岭。秦始皇下令"焚书"。

**公元前 212 年　秦始皇三十五年**
修直道。秦始皇下令"坑儒"。扶苏进谏，被斥至上郡监军。建造阿房宫并骊山皇陵。

**公元前 211 年　秦始皇三十六年**
迁三万户至北河、榆中。陨石落东郡，上刻"始皇帝死而地分"。有人传言："今年祖龙死"。

**公元前 210 年　秦始皇三十七年**
秦始皇第五次巡行，卒于沙丘。时年五十岁。胡亥矫诏赐死扶苏。

**公元前 209 年　秦二世元年**
胡亥继位为二世皇帝。七月，陈胜、吴广在大泽乡起义，项羽、刘邦等奋起响应。

**公元前 208 年　秦二世二年**
七月，项羽大败章邯于东阿。十二月，"巨鹿大战"。

**公元前 207 年　秦二世三年**
七月，章邯向项羽投降。

**公元前 206 年　秦王子婴元年　汉王元年**
秦王子婴向刘邦投降，秦亡。

# 后记

本书是我应上海人民出版社之约，尝试用一种"新史话体断代史"体例写的第一部，初版于1997年。进入新世纪后，又用这种体例写了第二部《大汉帝国》，对初版的《大秦帝国》也作了一些补充和修改，一并委托图书策划人苏少波代理，于2009年初版和再版。这次只改正了若干错别字和脱讹的字句，仍委托苏少波先生代理，由上海社会科学院出版社再版。

需要向读者诸君说明的是，我在2009年版的《致读者》中说我准备写的《大秦帝国》、《大汉帝国》、《大唐帝国》三部书，前两部已经与读者见面，"第三部《大唐帝国》准备明年开写"。时间一晃过去了六七年，惭愧得很，"准备明年"也即准备2010年开始写的《大唐帝国》，至今远没有写好，等于开了张"空头支票"，应该向读者诸君深表歉意。要说"理由"似乎也可以列出一大堆，譬如种种杂事的掣肘和一些意外的干扰，还有就是我已不知不觉进入了耄耋之年，不仅成了"药罐头"，还做了大小医院的常客。不过更为主要的，还应是自己没有抓紧。东坡居士有首《浣溪沙》说得好："谁道人生再无少？门前流水尚能西，休将白发唱黄鸡。"空叹黄鸡催晓、白日催年是没有用的，要紧的是抓紧做好眼前应该做的事。所以这次我将《致读者》中的那句话改为："第三部《大唐帝国》正在准备中，争取尽快写出。"

但愿这回不是"空头支票"。

作者 2016 年 8 月 5 日于上海

图书在版编目（CIP）数据

大秦帝国 / 萧然著 . — 上海：上海社会科学院出版社，2016

ISBN 978-7-5520-1616-1

I.①大… II.①萧… III.①中国历史—古代史—秦代—通俗读物 IV.①K233.09

中国版本图书馆 CIP 数据核字 (2016) 第 262394 号

## 大秦帝国

著　　者：萧　然
责任编辑：王　勤
特约编辑：苏少波
策　　划：上海法轩文化传播有限公司
封面设计：周清华
排版制作：储　平
出版发行：上海社会科学院出版社出版发行
　　　　　上海顺昌路 622 号　　邮政编码 200025
　　　　　电话总机 021-63315947　销售热线 021-53063735
　　　　　https://cbs.sass.org.cn　E-mail:sassp@sassp.cn
印　　刷：上海景条印刷有限公司
开　　本：787 毫米 × 1092 毫米　1/16
印　　张：32.25
插　　页：4
字　　数：720 千
版　　次：2017 年 1 月第 1 版　2025 年 10 月第 15 次印刷

ISBN 978-7-5520-1616-1/K·377　　全两册定价：88.00 元

版权所有　翻印必究